재테크와 금융상품

재테크와 금융상품

감형규 · 신용재 지음

율곡출판사

들어가는 글

세계 주요국 중앙은행의 긴축정책, 코로나19 팬데믹, 러시아-우크라이나 전쟁 등으로 물가가 상승하고 있다. 우리나라를 비롯하여 세계 각국에서는 치솟는 물가를 잡고자 금리인상을 단행하고 있다. 미 연방준비제도는 기준금리를 한 번에 0.75%P 올리는 '자이언트 스텝' 을 단행했으며, 한국은행 역시 또다시 금리인상을 준비하고 있다. 이제 고금리 시대가 열리고 있는 셈이다. 본격적인 금리인상기를 맞이하여 한푼이라도 더 높은 이자를 받을 수 있는 고금리 예금상품에 금융소비자들의 이목이 쏠리고 있다.

인공지능(Artificial Intelligence ; AI), 사물인터넷(Internet of Things ; IoT), 빅데이터(Big Data) 및 핀테크(Fintech) 등과 같은 기술이 주도하는 4차 산업혁명은 금융산업의 패러다임을 변화시키고 있다. 4차 산업혁명의 주요한 기반 기술들은 금융소비자들의 행동과 선호를 변화시키고, 이에 따라 금융서비스를 제공하는 기업에게도 다양한 기회와 위협이 되고 있다.

최근 테라, 루나와 같은 스테이블 코인 가치의 몰락으로 인한 여파가 가상자산 시장의 불안정성을 증폭시키고 있다. 2021년 11월 한때 7만 달러 가까이 육박하던 비트코인이 2022년 6월 중순 2만 달러 아래로 떨어졌다. 가상화폐의 가치 폭락은 일반 개인투자자들은 물론 수조원 규모의 가상자산을 운용하던 금융기관들을 파산 위기에 빠뜨리고 있다. 급기야 시장에서는 '코인판 리먼 브라더스' 사태를 우려하는 목소리마저 나온다.

성공적인 재테크를 위해서는 금융시장 및 금융상품에 대한 정보는 물론 경제 · 경영분야와 관련된 이론 및 실무 지식에 대한 기본적인 이해가 필요하다. 이에 저자들은 재테크와 금융상품의 기본적 개념 및 이론을 실무와 조화시키는 관점에서 본서를 저술하고자 노력하였다. 본서가 지닌 특징을 소개하면 다음과 같다.

첫째, 재테크와 금융상품의 전체적인 내용을 일관성 있게 구성하여, 재테크와 금융상품의 기초개념에 대한 확실한 이해를 바탕으로 재테크의 실제 활용 가능성을 높일 수 있도록 노력하였다.

둘째, 어렵고 복잡한 수식을 이용한 설명은 가급적 줄이고, 다양한 예제와 연습문제를 통해서 재테크와 금융상품의 기본적인 개념을 쉽게 습득할 수 있도록 노력하였다.

셋째, 재테크와 금융상품에 관한 이론과 실무의 관련성을 부각시키고, 현실 적용력을 높이기 위하여 최근의 새로운 지식 및 사례들을 '알아두기', '재테크 Tip', '시사포커스' 등으로 다양하게 구성하여 제시하였다. 재테크와 금융상품에 관한 이론이 현실과 어떻게 관련되어 있는지를 알기 쉽게 제시하기 위해 노력함으로써 독자들이 흥미를 가질 수 있도록 최대한 배려하였다.

본서가 경상계열 학생의 재테크 입문서 또는 비경상계열 학생의 재테크 관련 교양서로 활용될 수 있을 것으로 기대한다. 그러나 저자들의 의욕적인 노력에도 불구하고 여러 가지 부족한 점이 있을 것으로 생각된다. 독자들의 기탄없는 비판과 조언을 통하여 향후 완벽하게 수정 · 보완할 수 있기를 기대해 본다. 한편, 본서의 저술과정에서 국내외 많은 문헌들을 참조하였다. 이 자리를 빌려 국내외 학자들과 관련 기관의 양해를 구하며, 그들에게 깊은 감사의 뜻을 표한다.

본서가 출판되기까지 적극적으로 도와주신 율곡출판사의 박기남 사장님을 비롯하여 영업부 박정헌 상무, 깔끔한 디자인과 탁월한 편집으로 본서를 꾸며주신 방조일 주간께 진심으로 감사를 드린다. 끝으로 본서를 개정하는 동안 고통을 분담하면서 격려와 성원을 아끼지 않았던 저자들의 가족 모두에게 충심으로 고마움을 표한다.

2022년 6월

저자 씀

차 례

제3장 화폐의 시간적 가치

제4장 위험과 수익률

II편 금융상품의 활용

제5장 금융상품 선택기준

제6장 저축성 금융상품

제7장 간접투자 금융상품

제8장 보험과 연금

III편 증권투자

제9장 주식투자 I : 주식의 가치평가

제10장 주식투자 Ⅱ : 증권분석

제11장 채권투자

제12장 파생상품투자

부록

재테크의 이해

재테크의 기초개념

1. 재테크의 의의
2. 재무설계와 재무목표
3. 생활 속의 재테크 지혜

1

이 장의 개요

재무테크놀로지(financial technology)를 축약한 단어인 재테크란 '재무관리(financial management)를 위한 고도의 지식과 기술'을 의미한다. 좀 더 단순하게 정의하면 재테크란 '돈을 모으는 기술'이라고도 한다. 이러한 재테크의 궁극적인 목적은 행복한 삶을 추구하는 것이다. 재테크는 일본의 대기업들이 기업 성장의 새로운 돌파구를 마련하고자 전개한 활동에서 유래되었다. 최근 금융시장의 국제화 및 자유화가 진전되면서 재테크는 기업 경영에만 적용되는 것이 아니라 국가 차원의 금융정책에 활용되기도 하며, 개인이나 가계에서는 여유자금의 재산 증식 수단으로 이용되기도 한다.

인터넷과 정보통신 기술의 발전에 힘입어 이제 일반 대중들도 재테크 관련 정보를 쉽게 접할 수 있게 되었다. 또한 시중에는 다양한 재테크 기법과 전략이 시시각각 소개되고 있다. 하지만 무작정 남을 따라 하는 식의 재테크로 성공하기는 어렵다. 개인이 재테크로 돈을 벌기 위해서는 금융시장 및 금융상품에 관한 기본 지식은 물론 경제 · 경영분야와 관련된 전문지식에도 정통해야 하며 투자전략도 체계적으로 수립하여야 한다.

▲ 성공적인 재테크를 위한 열쇠는 재테크 관련 이론 지식을 기반으로 금융 및 사회 · 경제 현상에 관심을 갖고 지속적으로 관찰하고 실천하는 과정에서 획득 가능하다.

1. 재테크의 의의

1.1 재테크의 개념

재테크란 재무테크놀로지(financial technology)를 축약한 단어로 '재무관리(financial management)를 위한 고도의 지식과 기술'을 의미한다. 좀 더 이해하기 쉽도록 단순하게 정의하면 재테크란 '돈을 모으는 기술' 또는 '재물을 증식하는 기술'이라고도 한다. 이러한 재테크의 궁극적인 목적은 행복한 삶을 추구하는 것이다.

재테크는 일본의 대기업들이 기업 성장의 새로운 돌파구를 마련하고자 전개한 활동에서 유래되었다. 일본 대기업들은 경영 여건의 변화로 영업활동만으로 흑자 유지가 어렵게 되자 영업 외 활동, 즉 재무활동을 통한 수익 창출의 기회를 모색하게 되었다. 예를 들어 기업이 잉여자금을 이용하여 유가증권에 투자함으로써 배당과 이자 수입을 얻거나 시세차익 등으로 수익을 증가시킬 수 있다. 이러한 기업의 재무활동이 재테크라는 신조어를 만들어내는 계기가 되었다.

최근 금융시장의 국제화 및 자유화가 진전되면서 재테크는 기업 경영에만 적용되는 것이 아니라 국가 차원의 금융정책에 활용되기도 하며 개인이나 가계에서는 여유자금의 재산증식 수단으로 이용되기도 한다.

요즘 고령화와 저금리 기조 등과 맞물려 사회 전체적으로 재테크에 대한 관심이 뜨겁다. 재테크는 이제 선택이 아닌 필수가 됐다. 재테크가 없으면 안락한 노후도 없다는 말이 나올 정도다. 게다가 해를 거듭할수록 재

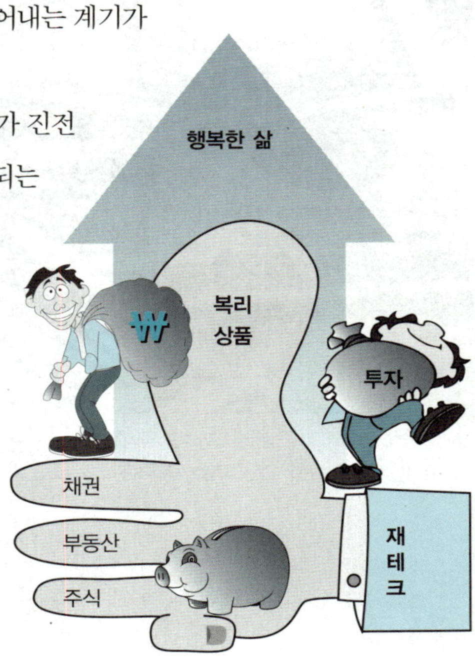

▲ 재테크의 성공 여부는 지식과 정보, 그리고 실천에 달려 있다.

테크의 필요성이 강조되고 있다. 이는 고물가, 실업, 불안정한 부동산 가격 등의 여러 가지 사회적 · 경제적 현상과 더불어 미래 삶에 대한 불확실성이 더욱 커지고 있기 때문이다.

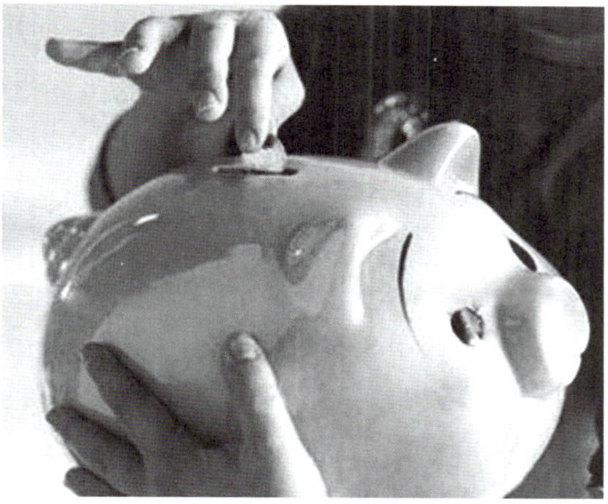

▲ 저축은 가장 단순한 투자 행위이다. 어릴 때부터 저축하는 습관을 기르는 것이 재테크의 첫걸음이다.

인터넷과 정보통신 기술의 발전에 힘입어 이제 일반 대중들도 재테크 관련 정보를 쉽게 접할 수 있게 되었다. 또한 시중에는 다양한 재테크 기법과 전략이 시시각각 소개되고 있다. 하지만 무작정 남을 따라 하는 식의 재테크로 성공하기는 어렵다. 개인이 재테크로 돈을 벌기 위해서는 금융시장 및 금융상품에 관한 기본 지식은 물론 경제 · 경영분야와 관련된 전문지식에도 정통해야 하며 투자전략도 체계적으로 수립하여야 한다.

한편 재테크와 관련된 용어로는 투자, 저축 등이 있다. 투자(investment)란 정(+)의 이득을 바라면서 자금의 일부를 투자대상에 투입하는 것을 말한다. 이러한 투자에는 현재 어떤 특정 투자에 투입된 자금은 다른 용도로 사용될 수 없기 때문에 일종의 기회비용(opportunity cost)이 발생하게 된다. 또한 현재 투자로 인한 성과는 대부분 미래에 나타나게 되는데, 미래 성과를 확실하게 예측하기 어려우므로 불확실성(uncertainty)이 따른다. 저축(saving)은 가장 단순한 의미의 투자로, 위험에 대한 보상보다는 화폐의 시간적 가치(time value of money)에 대한 보상을 중점적으로 추구하는 행위이다.

▲ 운(luck)에 의존하는 도박은 위험 자체를 즐기는 행위이다.

한편 투자와 구분되어야 할 용어로 투기와 도박이 있다. 투기(speculation)는 현재 자금의 일부를 투자대상에 투입하여 미래의 성과를 기대한다는 측면에서 투자와 유사하다. 그러나 지나치게 높은 위험을 부담하고서 기대 이상의 높은 보상을 추구하는 행위라는 점에서 투자와 구별된다.[1] 투기는 보통 개인적인 직관이나 사적인 정보에 의존하는 경우가 많으므로 일반인들이 분위기에 편승하여 무작정 투기에 뛰어들 경우 자칫 큰 피해를 보기도 한다.

도박(gamble)은 주로 운(luck)에 의존하는 행위로, 위험과 수익률의 관계를 합리적으로 고려하지 않고 위험 자체를 즐기는 행위에 속한다.

알아두기 1-1

기회비용과 불확실성

기회비용 : 기회비용(opportunity cost)은 여러 가능한 대안 중 특정 하나를 선택했을 때 그 선택으로 인하여 포기해야 하는 다른 대안의 가치를 말한다. 이러한 기회비용은 자원 및 시간의 유한성으로 인하여 선택의 과정에서 필연적으로 수반되는 비용이다. 예를 들어 1억원을 가지고 주식에 투자한다고 하자. 이 경우 그 자금으로 실행 가능한 다른 투자 기회, 즉 은행예금, 채권투자 등을 포기해야 한다. 따라서 주식투자에 따른 기회비용은 이자수입 등 다른 투자 기회로부터 얻을 수 있는 가치가 된다. 다른 유형의 예를 들면 다음과 같다. S전자와 L전자의 신입사원 채용시험에 모두 합격한 학생이 최종적으로 S전자를 선택할 경우, L전자에서 받을 수 있는 연봉을 포기하여야 한다. 이때 S전자 입사에 따른 기회비용은 L전자의 연봉이 된다. 기회비용을 고려한 최적의 의사결정은 기회비용이 최소가 되는 대안을 선택하는 것이다.

불확실성 : 불확실성(uncertainty)은 투자로 인한 미래 성과가 확실하지 않은 정도를 의미한다. 한편, 위험은 투자의 성과가 투자자들이 처음 기대하였던 것보다 적게 실현될 가능성을 의미한다. 일반적으로 불확실성이 높을수록 투자자들은 높은 위험(risk)에 직면하게 된다. 재무론에서는 불확실성, 즉 위험과 수익률의 균형관계를 CAPM(capital asset pricing model)을 통하여 설명한다. 이에 따르면 위험(체계적 위험)이 높을수록 기대수익률이 높아진다고 한다. 다시 말하면, 높은 수익률이 기대되는 투자안은 그만큼 높은 위험을 부담하여야 한다. (☞ 이와 관련된 구체적인 내용은 '제4장 위험과 수익률'에서 다룸.)

1. 실제 투자와 투기를 명확하게 구별하기란 어렵다. 왜냐하면 지나치게 높은 위험의 수준을 어느 정도로 설정하느냐에 따라 달라지기 때문이다.

1.2 재테크의 필요성

현대인은 불확실한 시대에 살고 있다. 인간의 평균수명은 늘어나고 근로자의 퇴직 시기가 점점 앞당겨지면서 은퇴 이후의 노후생활에 대한 일반인들의 불안감이 커지고 있다. 최근에는 미국의 서브프라임 모기지(sub-prime mortgage) 사태로 촉발된 글로벌 금융위기를 겪으면서 세계 금융시장이 혼란에 빠지는 사태를 맞이하였다. 향후 언제라도 이와 유사한 일을 겪을 수 있다는 측면에서 미래에 대한 불확실성이 증가되고 있다. 또한 불안정한 부동산 가격으로 인한 심리적 동요, 주식시장의 변동성 확대, 물가, 금리, 그리고 환율 등 경제변수의 급격한 변동은 미래에 대한 불확실성을 더욱 확대시키고 있다. 따라서 보다 행복한 미래를 꿈꾸기 위해서는 이러한 불확실성으로부터 벗어나기 위한 노력이 필요하다. 사회 일각에서는 재테크에 대한 관심과 실천이 미래의 불확실성을 감소시킬 수 있다는 측면에서 재테크의 필요성을 강조하고 있다. 이에 관한 내용을 세부적으로 살펴보면 다음과 같다.

1) 재무생애주기상 현금흐름의 불균형 해소

생애주기(life cycle)란 인간의 일생을 연속선상에 나타낸 것이다. 생애주기는 아동기, 독신기, 부부기 등 몇 개의 하위 기간으로 구분될 수 있다.[2] 그중에서도 독신기와 부부기를 개인의 재무관리 활동과 관련하여 중요한 시기로 간주한다. 따라서 아동기를 제외한 독신기와 부부기를 포함한 기간을 생애주기와 구별하여 재무생애주기(financial life cycle)라고 한다. 재무생애주기는 재테크 전략을 계획하는 과정에서 중요한 도구로 활용된다.

▲ 생애주기. 인간은 태어나서 자란 뒤 사망에 이르는 과정을 거친다.

인간은 일생 동안 소득을 통한 자금 획득, 소

2. 생애주기를 세부적으로 구분하는 방법은 분석 목적에 따라 다양할 수 있다.

그림 1-1 재무생애주기상 현금흐름

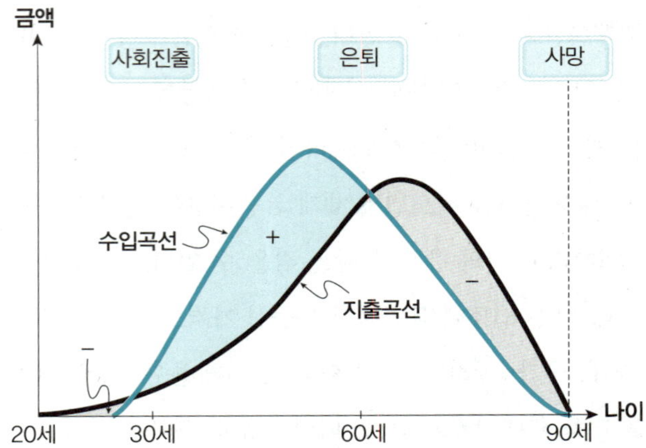

비 및 지출, 자금 축적 등의 과정을 경험하며 살아간다. 그런데 개인의 재무생애주기에 걸쳐 발생하는 현금흐름, 즉 현금유입(cash inflows)과 현금유출(cash outflows)의 흐름이 시기별로 일치하지 않는 경향이 있다.[3] [그림 1-1]에서 제시된 바와 같이 일반적으로 30대 이전에는 현금의 지출이 수입보다 더 많아서 음(−)의 순현금흐름(net cash flows)이 발생한다. 이 시기에 부족한 현금흐름은 부모로부터 도움, 대출 등을 이용하여 해결하는 것이 보통이다. 40～50대는 일생 동안 현금유입이 가장 많은 시기로서 현금유입이 현금유출보다 큰 양(+)의 순현금흐름이 나타난다. 이 시기의 여유 현금흐름은 과거 대출에 따른 원리금 상환 및 향후 노후생활을 위한 자금으로 축적된다. 마지막으로 60대 이후는 은퇴 이후에 맞이하는 시기로서 또다시 현금유출이 현금유입을 초과하여 음(−)의 순현금흐름이 발생하게 된다. 그 부족한 자금은 중년기에 축적된 자금의 일부로 대체 가능하다. 여기서 개인의 입장에서 보면 노년기에 필요한 자금을 어떻게 확보할 수 있을지가 관건이다. 행복한 노년기를 맞이하기 위해서는 중년기에 양(+)의 순현금흐름을 크게 만들기 위한 사전적 노력이 필요하다. 아울러 그 시기에 확보 가능한 현금흐름을 어떻게 관리할 것인가도 중요하다. 재테크는 중년기의 여유로운 자금을 보다 효율적으로

3. 현금유입의 원천으로 소득이 있으며, 현금유출의 원천으로는 결혼, 주택 마련, 자녀 교육 및 결혼, 노후생활 등을 대표적으로 들 수 있다.

운영하는 데 유용한 도구가 될 수 있다.

2) 부동산 이외의 다양한 투자 기회 모색

우리나라 전국 기준의 주택보급률(주택 수/가구 수)은 2010년에 100.5%를 기록하여 100%를 넘어섰고, 이후 최근까지 꾸준히 증가해 왔다.[4] 2015년부터 2020년까지의 전국 주택보급률 추이는 [그림 1-2]와 같다.

이와 같은 주택보급률 증가 현상은 인구 감소와 맞물려 향후 주택시장에서 초과수요를 초래하는 원인으로 작용함으로써 주택가격을 급락시킬 것이라는 우려가 높다. 그동안 주택가격 상승의 원인 중 하나로 인구 증가에 따른 주택 수급 부족을 꼽았다. 그러나 최근에는 인구 감소와 더불어 주택보급이 포화상태로 진입하면서 주택 공급 과잉으로 주택가격이 심각하게 떨어질 수 있다는 전망이 제기되고 있다.[5] 따라서 과거와 같이 '묻지마 식' 의 부동산 투자를 삼가고 향후 부동산 가격의

그림 1-2 전국 주택보급률 추이

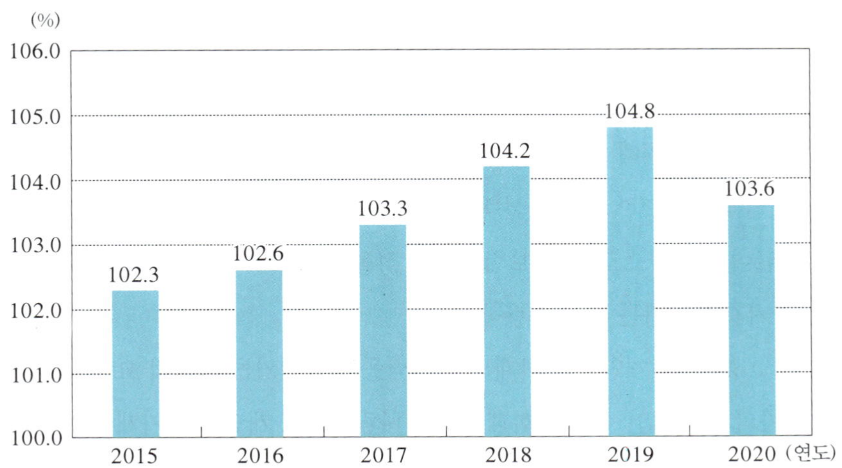

4. 주택보급률은 통계청에서 보고하는 신주택보급률을 의미함.

5. 한편 최근 부동산 가격의 대세 하락설을 단정적으로 받아들이기란 쉽지 않은 측면도 있다. 왜냐하면 부동산 가격은 인구와 주택보급률 이외에 경기변동, 물가, 교육정책, 국제경제 상황 등 다양한 변수에 의하여 영향을 받을 수 있기 때문이다.

대세 하락 가능성에 대비하여야 한다. 특히 향후 부동산 가격이 불안해질 것으로 예상되는 현 시점에서 개인은 부동산 이외의 대체 투자대상으로서 다른 금융상품의 투자 기회를 모색할 필요가 있다.

최근의 금융환경은 금융시장의 글로벌화, 금융기관의 겸업화 등 복잡하고 다양한 양상으로 변하고 있다. 또한 기존의 금융상품인 예금 및 적금, 주식, 채권 이외에 옵션, 선물, 스왑 등이 등장하고 이들의 결합으로 매우 다양한 형태의 파생상품(derivatives) 및 신종 금융상품이 만들어져 거래되고 있다. 이러한 금융상품들은 그 범위나 내용이 너무 다양하고 복잡하여 일반 개인들이 금융상품의 장단점과 특징을 정확하게 파악하기란 쉽지 않다. 한편 다양한 금융상품의 출현은 일반인들로 하여금 금융상품에 대한 선택의 폭을 넓힐 수 있는 기회를 제공하기도 한다. 이는 과거 재테크 수단으로 인기를 누렸던 예금, 적금 중심에서 탈피하여 다양한 금융수단을 접하는 계기를 만들었다.

3) 불확실한 미래에 대한 대비

개인 또는 가족의 질병, 사망, 재해 및 사고 등은 가계부양자의 실업이나 소득 감소 등의 재산적 손실을 초래한다. 이러한 손실을 대비하여 보험(insurence)에 가입하는 것도 합리적인 재테크 방안 중 하나에 해당한다. 보험에 가입할 때에는 소득수준과 자신이 처해 있는 위험 및 금융상품에 대한 자신의 성향 등을 신중히 고려하여 자신에게 필요한 상품을 선택하여야 한다. 그리고 중도에 보험을 해약하면 해약환급금이 통상적으로 납입 보험료보다 적을 수 있으므로 일단 보험에 가입한 후에는 장기간 유지하는 것이 바람직하다.

물가(price)는 개인이나 가계의 구매력을 변화시키는 잠재적 요인으로 작용한다. 물가의 지속적인 상승은 화폐가치를 하락시키고 개인이나 가계의 실질구매력과 소득을 감소시킨다. 물가가 지속적으로 상승할 경우 개인은 물품의 구입 시기를 현명하게 설정하고, 소득 및 지출의 관리, 그리고 각종 투자전략의 점검 및 개선 등 합리적인 재무관리 활동을 펼쳐 나가야 한다.

4) 인구의 고령화에 따른 노후 대비

우리나라는 2000년 7월 1일을 기준으로 65세 이상의 인구(노인 인구)가 337만 명으로 전체 인구의 7.1%를 차지함으로써 UN이 정한 고령화 사회(aging society)로 진입하였다. 고령화가 지속되면서 2022년에 우리나라도 노인 인구가 총인구의 17%를 초과하는 고령 사회(aged society)에 접어들었다. 그리고 향후 2030년이 되기 전에 노인 인구가 총인구의 20%에 달하는 초고령 사회 또는 후기 고령 사회(post-aged society)에 진입할 것으로 전망된다. 우리나라의 고령화 속도는 미국이나 일본 등의 선진국에 비하여 빠른 것으로 평가되고 있다. 통계청 자료에 의하면 우리나라 사람들의 평균 기대수명은 2021년 기준 83.6세(남자 80.6세, 여자 86.6세)로 지난 35년 사이에 약 14세 정도 늘어났다. 이러한 추세를 고려하면 우리나라에서도 이제 본격적인 트리플(triple) 30 시대가 도래하였음을 알 수 있다.

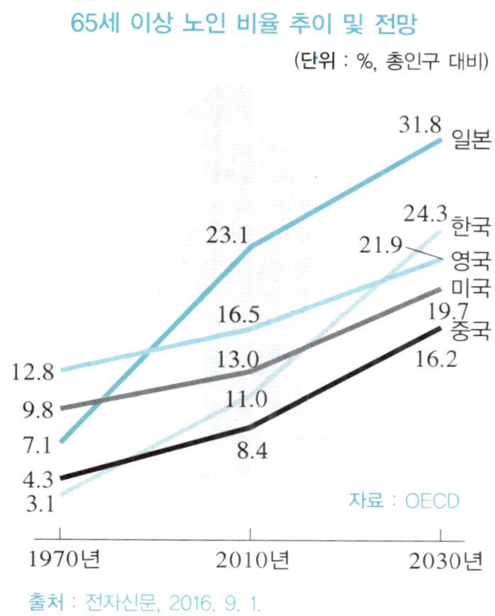

▲ 세계 노인 인구 비율 추이

치열한 경쟁사회에서 인간의 평균 수명은 늘어나는 반면, 개인의 은퇴 시기는 해마다 빨라지고 있다. 이럴 경우 일반 개인은 은퇴 후 연금을 제외한 별다른 수입 없이 30년간 소비생활을 감당하여야 하는 상황에 처할 수 있다. 평균 수명이 늘어나고 은퇴 이후의 생존기간이 길어질수록 서둘러 노후자금을 준비하는 지혜가 필요하다. 참고로 〈표 1-1〉은 현재 35세 동갑내기 부부가 노후생활에 필요한 자금을 추정한 사례이다.

사회 전체적으로 보면 인구가 고령화됨에 따라 수반되는 문제 중 하나는 노인 부양을 위한 경제적 부담이 증가한다는 점이다. 이러한 경제적 비용은 생산가능 인구가 부담해야 할 몫이 된다. 현재의 고령화 속도에 근거할 때 향후 생산가능 인구 1명이 부양해야 하는 노인 인구의 수는 급격하게 증가할 것으로 예상된다. 따라서

표 1-1 **노후자금 추정**

현재 연령(동갑내기 부부)	35세
은퇴 예상 시기	55세(현재로부터 20년 후)
은퇴 후 부부 공동생활 기간	30년(부부나이 85세)
남편 사후 배우자 단독생활 기간	5년(남편 85세, 배우자가 90세까지 생존 가정)
은퇴 후 예상 월평균 생활비	월 350만원(공동생활 기간) 월 200만원(배우자 단독생활 기간)
은퇴시점에서의 노후자금	350만원 × 360개월(30년) = 12억 6천만원 200만원 × 60개월(5년) = 1억 2천만원 합계 13억 8천만원

비고 : 위의 노후자금은 물가 및 화폐의 시간적 가치를 반영하지 않고 추정된 것임.

고령화 사회에서 후속 세대들이 부담하여야 할 경제적 부담을 해결하기 위한 정부 차원의 준비도 필요할 것이다. 고령화 사회로 접어들면서 공적 연금제도에 대한 관심이 더욱 높아지고 있다. 공적 연금이 일반 개인의 노후생활을 감당할 수 있을 정도로 충분하다면 다행이다. 하지만 공적 연금이 부실해지는 등 사회적 안전망이 취약한 사회일수록 안락한 노후생활을 위하여 개인연금 등 개인 차원의 별도 대책이 절실하다고 하겠다.

알아두기 1-2

트리플(triple) 30 시대

트리플 30이란 인간의 생애가 출생에서부터 사망에 이르기까지, 30년간 세 기간으로 구성된다는 것을 의미한다. 첫 번째 기간은 출생에서부터 30세까지이다. 이 시기는 주로 부모의 도움으로 성장하고 교육을 받는 등 주로 소비생활의 중심이 된다. 그 다음 30년은 사회에 진출하여 결혼하고 가정을 꾸리는 시기에 해당한다. 또한 자녀를 양육하고 왕성한 경제활동을 통하여 재산을 축적하는 기간이다. 마지막 30년은 은퇴 후 삶에 해당하는 시기로서 인생을 정리하는 시기이다. 이 기간이 고령화의 영향으로 과거에 비하여 10년 이상 길어진 점에 유의할 필요가 있다. 인간의 수명이 길어진 점은 기쁜 소식일 수 있으나 10년 이상 길어진 노후를 지탱할 만한 경제적 여건을 갖추지 못한 이들에겐 고통이 아닐 수 없다. 따라서 트리플 30 시대를 살아가는 개인은 마지막 30년을 행복하게 맞이할 수 있도록 그 이전 시기부터 미리 계획하고 준비하여야 할 것이다.

시사 포커스

'위기의 부포세대' 63%가 "노후 대책은 없다"

건축회사에 다니다가 2년 전 퇴직한 이규성(가명 · 55) 씨는 '캥거루족' 아버지다. 3년 전 결혼한 큰아들 부부를 데리고 산다. 취업 준비 중인 아들과 직장에 다니는 며느리를 대신해 손녀를 돌보는 것도 이씨의 몫이다. 아내가 식당을 운영하며 가계를 책임지고 있어 생활비 마련엔 걱정이 없다. 하지만 올해 미대에 입학한 둘째 아들(20)의 학비와 유학 · 결혼 비용까지 아직 목돈 들어갈 일이 수두룩하다. 이씨는 어머니가 돌아가시기 전 4년 동안 직접 간병도 했다. 노부모를 돌보며 자식 뒷바라지에도 아낌없이 투자하는 한국의 흔한 5060세대인 것이다. 하지만 '자식에게 베푼 만큼 나도 부양을 받아야겠다'는 생각은 전혀 없다. 이씨는 "직장에서 하루하루 힘들게 버티는 젊은 세대에게 짐이 되기 싫다"며 "노년엔 자식들에게 피해를 주기 싫어 실버타운에 들어가 살 생각"이라고 말했다.

■ 미래에셋은퇴연구소 2,001명 설문조사, 50, 60대 79% "자녀 부양 기대 안 해"

이씨처럼 자녀에게 부양받기를 기대하지 않는 50, 60대가 늘고 있다. 자녀가 부모를 부양해야 한다는 전통적인 부양 관념이 옅어진 데다 경제적으로 독립하지 못한 자녀에게 부양받는 것을 포기하는 '부포족(族)'이 늘었기 때문이라는 분석이 나온다.

미래에셋은퇴연구소의 '2018년 은퇴 라이프 트렌드 조사'에 따르면 50, 60대의 79.6%는 자녀에게 노후 지원이나 간병 등의 부양을 기대하지 않는 것으로 나타났다. 특히 응답자의 43.9%는 '자녀에게 경제적 지원을 받고 싶지 않다'고 답했다. 본인은 부양받길 원치 않지만 응답자의 73%는 '현재 노부모에게 경제적 지원을 하고 있다'고 답했다.

이번 조사는 50~69세 2,001명을 대상으로 했다. 노후 부양에 대한 남녀 간 인식 차도 뚜렷했다. 자녀에게 부양을 기대하지 않겠다는 응답은 남성이 10%포인트 이상 많았다. 신광영 중앙대 사회학과 교수는 "자녀와의 관계가 친밀하지 않은 남성은 스스로 노후를 책임지겠다는 인식이 강한 반면에 여성은 아직 자녀가 나를 돌봐줄 것이라는 기대가 많다"고 설명했다. 또 남성은 노후에 '부부끼리 살고 싶다'(77.4%)는 응답이 여성(61.6%)보다 훨씬 높았지만 여성은 '혼자 살고 싶다'(15.5%)는 응답이 남성(8.9%)의 두 배에 가까웠다.

■ "부양의무 대물림하지 않겠다"

베이비붐(1955~1963년생) 세대를 포함한 50, 60대는 부양의 대물림을 끊겠다는 의지가 강했다. 두 자녀를 의대와 약대에 보낸 정모 씨(56 · 여)는 "전쟁을 겪은 부모 세대에 비해 우리는 고생을 덜한 세대다. 아이들을

노후에 자녀에게 부양받고 싶나 단위: %

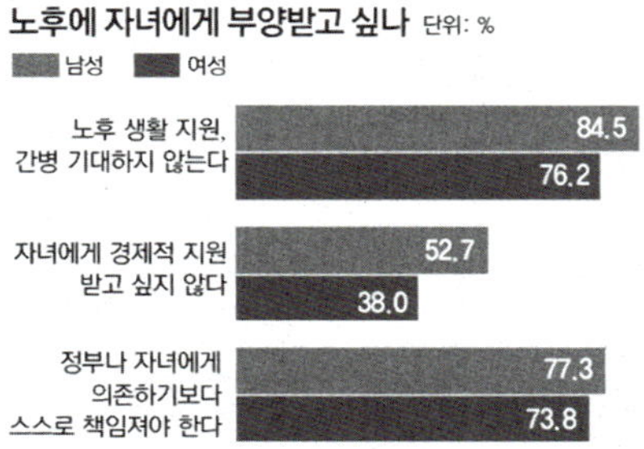

노후에 어떻게 거주하길 원하나 단위: %

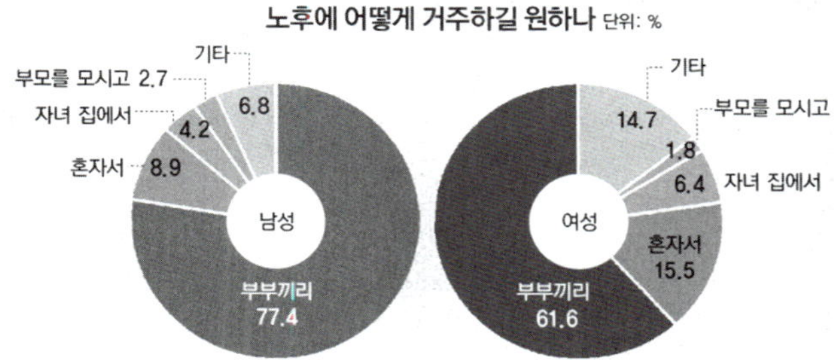

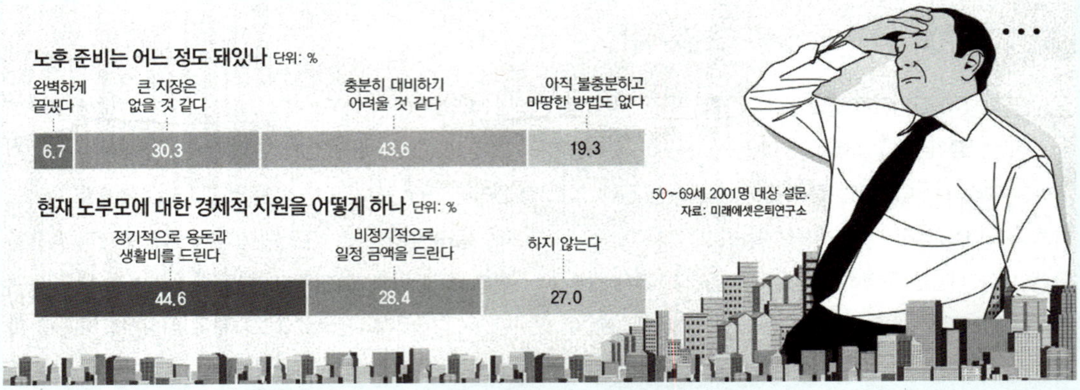

실컷 교육시키는 것도 우리 세대의 즐거움이었다"며 "자녀들이 이를 심리적 · 물리적 빚으로 느끼지 않았으면 좋겠다"고 말했다. 청년실업 문제가 악화되면서 자녀들의 경제적 수준이 부모를 부양할 수준에 미치지 못하는 점도 부포족이 늘어나는 데 큰 영향을 주는 것으로 분석된다. 정무성 숭실대 사회복지학과 교수는 "자녀들이 괜찮은 일자리를 얻거나 부모보다 풍족하게 살 가능성이 낮아지면서 부양을 받을 것이라는 부모 세대의 기대가 줄어들고 있다"고 분석했다. 이번 조사에서 월평균 소득이 908만원인 소득 5분위(상위 20%)에서는 51.3%가 '경제적 지원을 받고 싶지 않다'고 답했다. 이 비중은 소득이 낮을수록 줄었다. 하지만 월평균 소득이 243만원인 소득 1분위(하위 20%)에서도 응답자의 36.7%가 경제적 지원을 거부했다. 남편이 택시 운전을 해 한 달에 200만원가량을 버는 박모 씨(65 · 여)는 "마흔을 앞둔 아들이 아직 변변한 직장을 구하지 못해 집을 줄여 노후자금을 마련할 생각"이라고 말했다.

▪ 5060세대 노후 대비 현실 열악

하지만 5060세대의 노후 대비는 열악했다. 이번 조사에서 노후 준비를 완벽하게 마쳤다는 응답은 6.7%에 불과했다. 62.9%는 '노후 대비가 어렵거나 마땅한 대책이 없다'고 답했다. 노후 준비가 안 돼 있는 5060세대가 현재의 2030세대에게 부양마저 기대할 수 없다면 노년기의 경제적 어려움이 심해질 수 있다는 우려가 나온다. 이번 조사에서 '노후 준비에 지장이 없을 것 같다'는 응답도 30% 정도였지만 이들 역시 은퇴 이후 병원비, 자녀 지원 등 갑작스러운 목돈 지출로 계층 추락 위험에 노출될 가능성이 있다. 한경혜 서울대 아동가족학과 교수는 "자녀의 유학 비용, 결혼 비용, 주택 마련 자금 등 '자녀 지원 3종 패키지'를 무조건 해줘야 한다는 고정관념을 버려야 한다"며 "퍼주기식 자녀 지원보다는 본인 노후를 위한 철저한 대비가 필요하다"고 강조했다.

출처 : 동아닷컴, 2018. 5. 4 수정.

1.3 생애주기 단계별 재테크 유형

일반적으로 개인은 일생 동안 결혼, 주택 마련, 자녀의 교육 및 결혼, 노후생활 등을 위하여 대규모의 자금을 필요로 한다. 이와 같은 자금들은 개인의 생애주기의 각 단계별로 그 중요성이 증가하거나 또는 감소하기도 한다. 따라서 개인의 입장에서 어느 시기에 어떤 자금이 얼마나 필요할지 미리 예측하여 장단기 재무목표를 수립하는 것이 필요하다.

우리 사회는 점점 고령화되는데 집값 · 교육비 · 생활비 부담은 가중되고 취업의 문은 점점 좁아지면서 사회적 문제가 되고 있다. 과거에는 가장이 안정적인 직장만 갖고 있다면 자녀 교육과 노부모 부양을 할 수 있었고, 은퇴 후에는 출가 자녀들로부터 봉양을 받을 수 있었다. 하지만 이제는 부모가 자녀를 성년까지 양육하여 출가시켜도 노후자금을 지원받기는 어려운 현실이 되고 있다. 출가 후 독립한 자녀로부터 되레 손자 교육비를 보태어 달라는 말만 안 들어도 황송할 지경이 됐다. 경기침체 속에 직장에서 명예퇴직 및 해고되거나 자영업에 실패한 가장들이 늘면서 자녀의 결혼이나 주택 구입에 자금을 여유롭게 지원할 수 없는 실정이다. 하지만 이러한 여건에도 불구하고 가장과 자녀가 각각 자신의 세대에 맞춰 재무설계를 실시함으로써 행복한 황혼기를 기대할 수 있다. 재무설계를 통한 생애주기 단계별 재테크 추진 사례를 소개하면 다음과 같다.

1) 10대 : 조기 재테크 교육

재테크 교육은 10대를 전후한 시점부터 시작하는 것이 바람직하다. 20대 초반에 벌써 거액을 빚지고 신용불량자로 전락하는 청년들이 늘고 있기 때문이다. 인터넷 · 홈쇼핑, 신용카드와 같은 소비도구 발달로 젊은 세대의 씀씀이가

▲ 농협에서 실시한 어린이 경제교육에 참가한 학생들. 어린이들이 금융상품에 직접 가입함으로써 재테크 관념을 조기에 키울 수 있다.

커진 반면, 취업은 점점 어려워지면서 벌어지는 부작용이다. 따라서 자녀들이 불필요한 지출은 자제하고 어떤 목표를 정해 필요한 자금을 적립해나가는 재미를 스스로 깨우치도록 유 · 소년기부터 경제교육을 해줘야 한다. 은행들의 어린이용 예금 · 적금 상품과 적립식 펀드는 아이들에게 금융의 개념을 이해시키고, 종자돈(seed money)을 만드는 방법을 교육할 수 있어 유용하다. 자녀에게 용돈을 지급하는 방식에도 신경을 써야 한다. 자녀에게 용돈을 한꺼번에 많이 주거나 비정기적으로 주어선 안 된다. 필요한 금액을 자녀와 함께 상의한 뒤 가사일 등을 돕는 조건 하에 정기적으로 일정 금액을 지급하고, 자녀가 절약한 돈으로 적금 등에 가입하면 반드시 칭찬해줌으로써 노동과 돈의 가치를 일깨워주는 것이 필요하다.

2) 20대 : 청약통장 · 적금 · 펀드 투자

▲ 농협중앙회의 주택청약종합저축. 만능통장이라고도 불리는 주택청약종합저축은 국내 금융기관에서 2009년 5월부터 일제히 출시되었다.

20대는 인생 전반을 설계하고 그에 필요한 장기적인 재무계획을 수립하는 시기이다. 특히 앞으로의 결혼 등에 필요한 목돈을 마련하기 위해 최소한의 종자돈을 모으는 데 집중해야 한다. 이 연령대에는 되도록 빨리 주택청약용 금융상품에 가입하는 것이 좋다. 청약 경쟁이 치열한 인기 주거지역의 공공분양주택(일명 보금자리주택 등)은 청약통장 가입기간에 따라 당첨 여부가 엇갈리는 경우가 많기 때문이다. 요즘에는 아예 10대 전후의 어린 자녀 명의로 부모가 주택청약종합저축(일명 만능청약통장)을 개설하는 경우가 많아 사실 20대에 청약통장을 가입해도 늦은 편이라고 할 정도이다. 수입은 소액이라도 분할하여 적금, 펀드, 보험 등 금융상품에 투자한다. 자산배분 전략과 관련하여 재테크 전문가들은 100에서 자신의 나이를 뺀 만큼의 비중에 해당하는 자금을 위험자산(펀드, 채권, 주식)에 운용하고 나머지는 보험과 현금자산으로 굴리는 전략을 권장하고 있다. 이를 실천하려면 무엇보다 지출을 최대한 줄여서 투자자금을 만들 수 있어야 한다. 특히 신용카드보다는 직불(체크)카드를 사용해 자신의 예금 잔고 범위 내에서만 지출하는 습관을 들여야 한다.

3) 30대 : 고수익 및 안전 자산에의 분산투자

30대에는 주택 구입, 결혼, 출산 등으로 인해 한번에 큰 돈이 들어가는 일이 잦다. 따라서 20대 후반부터 마련한 종자돈을 30대에는 목돈으로 만들어 나가야 한다. 따라서 종자돈의 손실 위험은 최소화하면서도 큰 돈을 만들 수 있는 수익성을 내기 위해 고수익 자산과 안전자산에 골고루 분산투자하는 포트폴리오를 구성해야 한다. 시중 은행의 재테크 전문가의 조언을 참고하면, 일반적으로 30대 연령층은 필요한 자금의 우선순위를 '결혼자금, 주택자금, 자녀학자금, 노후준비자금' 의 순서로 정해 포트폴리오를 구성하는 것이 적절하다. 그리고 30대에는 정액적립식펀드와 연금저축, 자유적금, 주택청약종합저축, 종신보험 등을 추천할 만하다. 맞벌이 부부라면 두 사람의 수입과 지출을 통합 관리하는 것이 효과적이다. 그리고 소득공제나 세금우대 금융상품 등을 꼼꼼히 챙기는 것이 바람직하다.

4) 40대 : 환금성 부동산 투자 및 연금보험 가입

40대는 30대에 마련한 목돈을 지키면서도 이를 기반으로 평생의 화수분(재물이 계속 나오는 보물단지)과 같은 핵심 자산을 만들어가는 시기이며 본격적으로 노후자금을 준비하는 시기라 할 수 있다. 이 시기에는 고수익 정액적립식 펀드와 같은 자산에 대한 투자에 대한 비중을 높이되, 포트폴리오 위험관리 차원에서 정기예금과 같은 안전자산의 투자도 간과해선 안 된다. 그리고 40대에는 은퇴에 대비하여 연금보험과 연금저축에도 관심을 가져야 한다. 연금보험은 비과세상품이고 연금저축은 세액공제 혜택이 주어지므로 세금절감 효과를 얻을 수 있다. 한편 40대에는 환금성이 좋은 아파트, 상가, 분양권, 오피스텔 등의 부동산 투자에도 관심을 둘 만하다. 이 중 소형아파트나 오피스텔은 비교적 시세가 투명하게 공개되어 있고, 수요가 비교적 많아 환금성이 높으며, 임대수익을 낼 수 있다는 점에서 유리하다. 토지는 주택 및 상가에 비해 환금성이 낮고, 시세가 불투명하며, 도시개발계획 등에 따라 투자 시의 기대와 달리 갑자기 쓸모없는 땅으로 바뀔 수 있다. 따라서 토지 투자는 그만큼 투자 위험이 높으므로 특히 신중하게 접근해야 한다.

5) 50대 이후 : 투자손실 방어에 주력

50대는 일반적으로 은퇴를 준비하는 시기에 속하지만 개인별 차이에 따라 일부는 이미 은퇴에 접어든 연령대이기도 하다. 이 시기의 재테크는 투자 손실을 줄이고 자산을 보호하는 데 초점을 두어야 한다. 즉, 그동안 쌓아놓은 자산을 지키는 쪽에 관심을 갖고 전력을 기울여야 한다. 원금 손실 위험이 높은 자산에 대한 투자 비중은 되도록 줄이고 원금을 보전해 주는 금융상품이나 현금화가 쉬운 유동성자산 등에 대한 투자 비중을 늘리는 것이 좋다. 따라서 50대 이후의 투자방식은 직접 주식을 사고파는 식의 직접투자보다는 펀드상품 등을 통한 간접투자가 바람직하다. 펀드상품 선택 시 주식형 펀드 투자비율을 줄이고 채권형 펀드의 비중을 늘려나감으로써 안정적인 포트폴리오를 구성하는 방안이 권장된다.

재테크 Tip

사회초년생을 위한 재테크 가이드

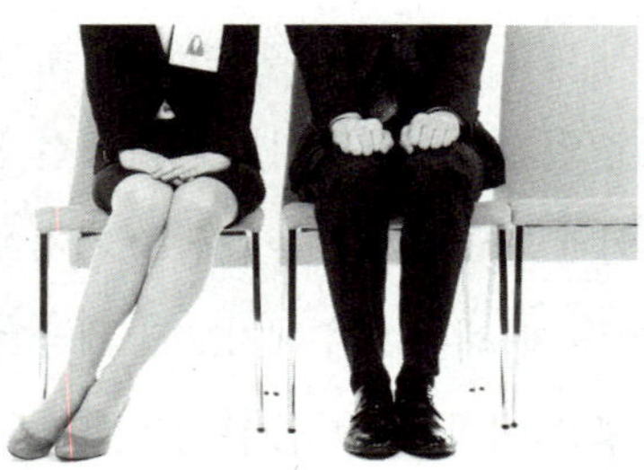

이제 갓 직장에 입사한 사회초년생에게 재테크는 먼 나라 이야기일 수 있다. 학자금 대출을 갚고 입사 턱을 내느라 통장을 스쳐갈 뿐인 월급으로 당장 돈을 굴린다는 게 피부에 와닿지 않기 때문이다. 하지만 사회초년생에게 거창한 재테크는 필요 없다. 상사 스트레스로 하루가 어떻게 가는지 모르는 초년생에게 여유 있는 재테크는 동화 속 얘기다. 이럴 땐 생활 속에서 큰 노력 없이 실천할 수 있는 재테크 노하우가 필요하다. 이 노하우는 생각보다 큰 효과를 볼 수 있다. 작은 노력으로 진행할 수 있는 재테크를 소개한다.

■ 가계부를 써라

가계부는 알뜰한 주부만 쓰는 것이 아니다. 가계부 작성은 본인의 수입에 맞는 계획적인 지출을 유도해 낭비를 줄여주는 매우 효과적인 방법이다. 많은 직장인이 수입보다 지출이 많아 쓰는 재미가 없기 때문에 가계부를 쓰지 않는다고 말한다. 나름 돈을 굴리고 모으는 재미가 있어야 하는데 월급이 통장을 스치듯 빠져나가기 때문에 가계부의 필요성을 느끼지 못한다는 것이다. 하지만 본인의 수입을 제대로 파악하고 지출내역을 매일 기입하는 것만으로도 재테크의 절반은 성공한 셈이다. 상세히 쓸 필요도 없다. 요즘엔 다양한 가계부 스마트폰 앱이 출시된다. 앱에서 큰 항목을 정해 본인이 보기 쉽도록 정리하면 된다. 본인이 한 달에 어떤 항목에서 지출이 많았고 적었는지를 6개월만 작성해도 자신의 소비패턴을 파악할 수 있다. 과한 비용이 발생한 부분은 스스로 줄이려는 노력을 하면 된다. 절약은 특별한 것이 아니다. 평소 쓰는 만큼의 지출을 벗어나지만 않으면 불필요한 낭비를 줄일 수 있다. 재테크의 기본은 바로 낭비를 없애는 것이다.

■ 통장을 쪼개라

직장인 중에는 급여통장 하나만 사용하는 경우가 많다. 또 급여통장과 연계한 체크카드나 신용카드를 주로 사용한다. 하지만 통장을 하나로 통일하면 오히려 과소비가 발생할 우려가 크다. 통장에 급여가 점점 쌓여 수백만원대로 저축금액이 올라가면 자신도 모르게 과소비할 수 있다. 이럴 땐 목적에 맞게 통장을 나눠 사용하는 것이 좋다. 통장을 급여통장, 소비통장, 투자통장, 비상금통장 등 구체적인 목적에 맞게 나누면 보다 효율적인 자산관리가 가능하다.

■ 신용카드보다 체크카드

직장인들은 대부분 신용카드를 많이 사용한다. 특히 신용카드의 할부구입 기능은 마치 물건을 저렴하게 구입하는 듯한 기분을 들게 해 많은 직장인을 유혹한다. 하지만 할부는 결국 더 많은 지출을 부른다. 현재 내가 가진 돈의 한도 내에서 물건을 구매하는 습관을 들이는 것이 좋다. 이를 위해 가장 좋은 방법은 체크카드 사용이다. 체크카드는 소득공제율도 30%에 달해 연말정산에도 유용하다. 또한 서비스 혜택도 신용카드 못지않다.

■ 절세형 금융상품 가입

소득공제 혜택이 많은 절세형 금융상품 1~2개에 가입하는 것도 좋다. 연금저축은 연간 600만원(개인형 퇴직연금 포함 시 900만원)까지 세액공제가 가능하다. 또 연소득 5,500만원 이하일 경우 16.5%의 세액공제도 받을 수 있다. 주택청약종합저축도 대표적인 절세상품으로 꼽힌다. 연간소득이 7,000만원 이하인 무주택 세대주 근로자는 납입금액의 40%(최대 96만원)까지 소득공제를 받을 수 있다.

■ 커피와 담배를 줄여라

우리나라 직장인은 하루에 커피를 적게는 1잔, 많게는 5잔까지 마신다고 한다. 요즘 커피값이 최소 2,000원 이상인 점을 감안하면 이 비용을 무시할 수 없다. 이를테면 4,000원짜리 커피를 매일 한 잔씩 사서 먹는다고 가정하면 한 달에 무려 8만원의 지출이 발생한다. 1년이면 100만원이다. 2잔씩 사서 먹는 사람은 한 달에만 16만원을 커피값으로 지출하는 셈이다. 여기에 담배까지 핀다면 재테크는 점점 더 멀어진다. 우리가 매일 무의식적으로 지출하는 비용을 조금씩만 줄여도 장기적으로는 큰 절약으로 이어진다는 사실을 명심하자.

출처 : S머니, 2016. 8. 27 수정.

시사 포커스

'이색 재테크' 열풍 … 요즘 MZ세대는 이렇게 투자한다

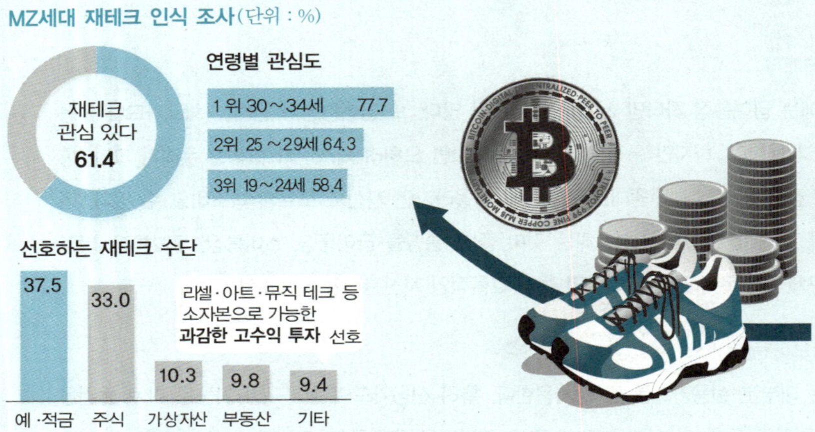

자료 : MZ세대 특성 심화 보고서, 전국경제인연합회

요즘 Z세대, 즉 대학생들 사이에서 갓생살기가 유행이라고 함. 나 이제야 알았음. 자기계발 경쟁적으로 엄청하고 스마트 스토어나 재테크로 부수적인 수입 올리는 그런 삶이 유행이라 하더라.

23세에 1,400만원 모았으면 평균인가요? 많이 또는 적게 모은 편인가요? 대학생 분들은 다들 재테크 어떻게 하시나요?

위 글은 최근 한 재테크 갤러리에 올라온 게시글 중 일부다. "대학생이 공부를 해야지 뭔 재테크야"라고 훈수를 두던 시대는 이제 지났다. 이미 재테크는 돈을 버는 직장인뿐만 아니라 대학생들 사이 '선택'이 아닌 '필수'로 자리 잡고 있다. 차별적이고 지능적인 투자를 통해 어떻게든 경제적인 자유를 누리고 싶어 하는 MZ세대(밀레니얼+Z세대)가 늘고 있어서다. 이들은 새로운 투자방식을 적극적으로 수용하며 투자시장의 트렌드를 견인해 나가고 있다.

■ 리셀테크에서 뮤직테크까지 … 대체투자가 뜬다

MZ세대 재테크의 가장 큰 특징은 기존의 투자방식에 얽매이지 않고 자신의 관심사를 활용해 수익을 낸다는 것이다. 이들은 주식과 펀드, 부동산을 넘어 소자본으로 자신이 관심 있는 분야에 대해 즐기면서 투자하는 경향을 보인다.

요즘 MZ세대의 대체투자 분야로 '리셀테크'가 주목을 받고 있다. 리셀과 재테크를 합친 용어인 리셀테크는 한정판 스니커즈나 명품 가방, 시계 등 희소성 있는 제품을 구입한 후 되팔아 수익을 남기는 방식이다.

보유자금이 적은 MZ세대 사이에서는 진입장벽이 낮은 스니커즈 리셀로 돈을 버는 슈테크가 인기를 끌고 있다. 보통 응모 후 추첨을 통해 판매를 하기 때문에 구하기 힘든 명품 브랜드에 비해 접근성이 좋다. 소액으로 투자할 수 있고, 당첨만 되면 수익성도 어느 정도 보장이 된다. 일례로 지난해 12월 가수 지드래곤과 나이키가 협업해 출시한 한정판 스니커즈의 발매가는 21만 9,000원이었지만 현재 리셀 시장 판매가는 60만원대를 넘긴 가격에 거래되고 있다.

아트테크와 뮤직테크도 MZ세대가 선호하는 재테크 방식이다. 특히 이 분야는 공동구매 또는 지분투자 방식으로 이른바 조각투자가 가능해 투자자금에 대한 부담이 적다. 아트테크의 경우 미술품 공동구매 플랫폼에서 최소 1,000원부터 투자가 가능하며, 수만원부터 수십만원 정도의 저렴한 가격으로 미술품 일부를 구입할 수 있다. 다른 투자와 마찬가지로 원금 보장은 안 되지만 평균 수익률이 20%대로 높은 편에 속한다.

음악 저작권에 투자하는 뮤직테크도 음악 저작권에 투자해 일정한 저작권료 수익을 받거나 주식처럼 거래해 시세차익을 내는 방식이다. 좋아하는 가수나 음악에 투자할 수 있어 MZ세대 사이에서 '덕질테크'로 불리기도 한다. 접근성이 좋고 낙찰이 쉽다는 장점이 있지만 음악 저작권을 가진 플랫폼이 폐업할 경우 손해를 고스란히 떠안아야 하는 위험성도 존재한다.

이 밖에 크라우드 펀딩 방식으로 영화나 드라마, 전시 등에 투자하고 흥행 결과에 따라 수익을 받는 콘텐츠 투자나 온라인 플랫폼을 통해 건물의 지분을 주식처럼 거래하는 소액 부동산 간접투자 등도 MZ세대가 선호하는 대체투자 방식이다.

■ 재테크 경로 다양화 … 온라인 선호 현상 뚜렷

이처럼 투자방식이 확대되면서 MZ세대들의 재테크 정보를 얻는 경로도 다양해지고 있다. 특히 디지털 사용이 익숙한 MZ세대는 인터넷에서 재테크 관련 정보를 공유하고 학습하는 것이 수월한 편이다. 신문이나 뉴스에 의존하던 이전과 달리 유튜브를 통해 재테크 정보를 얻고 국내 주식 현황과 이슈들을 손쉽게 파악한다. 모바일 기반의 콘텐츠에 익숙한 MZ세대답게 재테크 공부도 유튜브와 같은 온라인으로 접하는 것이다.

실제 MZ세대는 재테크나 금융 정보를 확인할 때 은행원보다 유튜버를 더 신뢰하는 것으로 조사됐다. 신한라이프 상속증여연구소의 'MZ세대 특성 심화 보고서'에

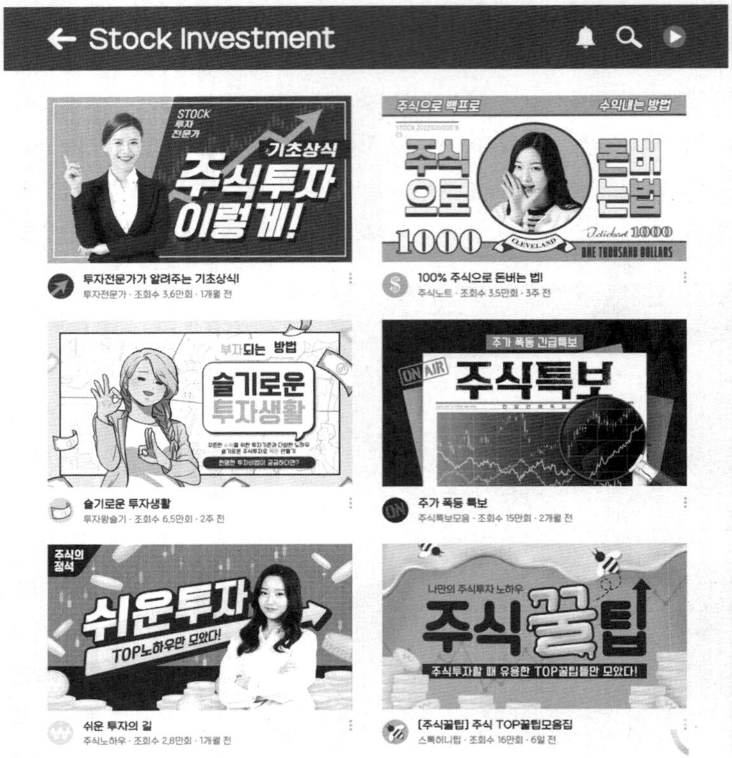

따르면 재테크 및 금융 관련 정보를 확보할 때 경제 블로거나 유튜버를 신뢰한다고 밝힌 MZ세대는 20.1%에 달했다. 이는 부모세대 8.1%의 약 3배에 달하는 수치다. 반면 은행원 등 금융기관 직원을 신뢰한다고 밝힌 MZ세대 응답자는 18.8%에 그쳤다.

20대 중반 MZ세대 김모 씨는 "사회초년생인 만큼 얼마 안 되는 자본금으로 주식에 도전하고 있는데, 코로나19 이후 해상운송이 늘어날 것을 대비해 관련 기업에 투자했더니 예상치 못한 이득을 봤다"면서 "순간의 이득보다는 안전하게 소액투자를 통해 재테크를 하고 있다"고 설명했다. 그러면서 "투자를 하기 전 아침마다 경제일간지를 보면서 투자할 만한 기업을 물색하는데 요즘에는 온라인 또는 유튜브를 통해 재무상황을 파악하고 부실기업인지 확인한 후에 투자를 하고 있다"고 말했다.

이렇듯 MZ세대는 유튜브를 통해 얻은 투자 정보와 자신의 실제 투자 경험을 온라인 커뮤니티나 오픈 채팅방을 통해 공유하는 데도 적극적이다. 나아가 자신의 자산 현황이나 투자 후기 등을 자유롭게 오픈하고 정보를 나누며 소통하는 것을 선호한다. MZ세대는 금융정보뿐만 아니라 온라인 쇼핑 등에서도 높은 유튜브 의존도를 보였다. MZ세대 중 유튜브 리뷰만으로 제품에 대한 체험을 충분히 했다고 생각하는 응답자는 36.4%, 제품에 대해 찾아볼 때 믿고 찾아서 보는 크리에이터나 인플루언서가 있다고 밝힌 경우는 28.7%였다.

또 MZ세대들은 고수익 · 고위험 성향도 높았다. 단기 수익을 목표로 한다는 경우는 24.5%, 고수익을 위해 손실 위험을 수용할 수 있다는 응답은 21.3%로 나타났다. 기성세대는 각각 18.2%, 15.5%였다. 돈과 관련된 가치관에 있어서는 편의와 만족보다 '자산 증식을 위한 투자'를 중시했다. 편의 · 만족을 위한 소비가 중요하다고 밝힌 MZ세대는 45.1%였지만 자산 증식을 위한 투자를

꼽은 경우는 54.9%로 더 높았다.

■ 경제의 주력으로 떠오른 MZ세대, 과감한 투자 선호

MZ세대는 자산과 소득은 적지만 과감한 투자와 소비에 관심이 많고, 고위험 · 고수익 투자를 선호하는 경향이 뚜렷한 것으로 나타났다. 우리금융경영연구소의 'MZ세대가 주도하는 금융업의 미래' 보고서에 따르면 밀레니얼과 Z세대를 아우르는 MZ세대(1980~2000년대 출생 세대)는 불안한 미래에 대비하고자 실리를 추구하는 성향이 강한 것으로 조사됐다.

MZ세대가 직접적으로 경기를 체감하는 지표 중 하나인 국내 고용률을 살펴보면 10년 전과 비교해 하락세를 보였다. 지난해 5월 기준 고용률은 20~24세(45.1%), 25~29세(67.8%)로 각각 1.3%p, 2.3%p 낮아졌다. 밀레니얼 세대 대부분(86.6%)은 자신의 노후를 국가의 도움 없이 스스로 준비해야 한다고 생각하는 셈이다.

MZ세대의 경우 수익률 개선을 위해 저축보다는 투자 선호도가 높게 나타나고 있다. 아울러 투자자산도 다양화되는 추세다. 국내 밀레니얼 세대를 대상으로 한 설문조사에서 주식 등 금융상품 투자 목적을 저금리 극복이라고 답변한 비율이 78%로 조사됐다. 나머지는 부동산 투자를 대체할 목적(12%), 투자에 자신이 있어서(8%) 등이었다. 실제 국내 리테일 점유율 1위인 '키움증권'은 지난해 상반기 신규 계좌 개설자 중 MZ세대 비중이 55%를 기록했다.

MZ세대는 수익률을 높이기 위해 주식 이외에도 다양한 디지털 플랫폼을 활용해 암호화폐, 디지털유동화증권, 미술품 등으로 투자대상을 확대하고 있다. 해외 주식 및 암호화폐 거래고객의 65%가 MZ세대로 디지털유동화증권, 음악 저작권 등 고객 비중에서 MZ세대가 50% 이상을 차지했다. 음악 저작권 거래 플랫폼 '뮤직카우'의 경우 지난해 3월 기준 회원수 30만 명 가운데 70%가 MZ세대로 나타났다.

보고서에서는 "MZ세대는 디지털 채널을 중심으로 소비하고, 차별화된 맞춤형 서비스를 선호하며 경험과 사회적 가치를 중시한다"면서 "이들이 선호하는 투자상품을 다양화하고 예술품, 저작권, 디지털 자산 등 비금융 투자상품의 중개로 대상을 확대할 필요가 있다"고 강조했다.

김혜원 우리금융경영연구소 수석연구원은 "어린 시절부터 디지털 도구를 사용해 온 밀레니얼 세대는 '디지털 유목민'으로, 태어날 때부터 디지털 환경에 노출되어 온 Z세대는 '디지털 네이티브'로 지칭될 정도로 MZ세대는 디지털에 친숙하다"며 "과거에는 금리도 낮았고 미래에 대한 불확실성이 크다 보니 정보를 얻을 수 있는 채널이 제한돼 있었지만 요즘엔 채널의 다양화로 MZ세대들이 투자를 쉽게 할 수 있는 환경이 조성됐다"고 설명했다. 이어 "리스크 측면에서 보면 MZ세대들의 고위험 · 고수익 투자의 공격적 성향이 우려를 낳을 수도 있지만 이마저도 주가의 영향을 받을 수밖에 없는 현실"이라고 덧붙였다.

출처 : 한국대학신문, 2022. 4. 16 수정.

2. 재무설계와 재무목표

2.1 재무설계

재무설계(financial planning)란 개인의 재무상태를 진단하고 문제점을 개선함으로써 개인이 재무목표를 달성할 수 있도록 방향을 제시하는 과정을 말한다. 재무설계에서 다루는 세부 영역은 수입 및 지출 관리, 신용관리, 위험관리, 투자설계, 은퇴설계 등이다. 이러한 점에서 재무설계는 개인 및 가계의 종합적인 재무관리로 이해된다. 수입 및 지출 관리(income and expense management)에서는 개인 및 가계의 수입항목과 지출항목을 파악하고 총지출이 총수입의 범위 내에서 이뤄지도록 관리함으로써 자산 축적에 기여할 수 있도록 한다. 신용관리(credit management)에서는 개인이나 가계의 신용을 관리하여 부채를 적절히 활용함으로써 실질적인 소득 증가 효과를 창출하는 데 중점을 둔다. 위험관리(risk management)에서는 실업, 질병, 도난 등의 위험으로부터 개인의 자산과 소득을 보호하는 데 역점을 둔다. 투자설계(investment planning)에서는 투자활동과 관련된 계획, 실행, 평가 등의 과정이 다루어지는데, 투자설계를 일명 자산관리라고도 한다. 은퇴설계(retirement planning)에서는 은퇴 이후의 노후생활을 안정적으로 유지하는 데 필요한 자금을 마련하기 위한 목적으로 계획하고 실행하는 과정을 다룬다.

재무설계를 통하여 개인은 생애주기별로 다양한 재무목표들을 설정하게 되며, 개인별 재무상황에 적절한 소득 및 지출 관리, 투자전략 등을 구체적으로 제시받을 수 있다. 이러한 점에서 재무설계는 개인의 재정적 만족감을 성취할 수 있도록 하는 데 유용하다. 한편 재무설계는 재무목표의 설

▲ 수원시 팔달구에서 실시한 재무설계 교육 현장. '인생에 걸친 재무설계'라는 주제로 직장교육을 실시하고 있다.

정, 재무상태의 분석, 대안 모색 및 선정, 평가 및 수정 등의 절차로 진행된다.

일상적으로 재무설계는 재테크와 구분 없이 사용되기도 한다. 하지만 엄격하게 따지자면 이 둘은 다음과 같은 점에서 비교 가능하다. 재무설계는 개인별 재무목표를 달성하는 것을 목적으로 하고, 재테크는 수익 증대 또는 재산 증식을 목적으로 한다. 재무설계는 개인의 생애주기에 걸친 장기간을 대상으로 지속 · 반복적으로 이뤄진다. 재테크는 단기간을 대상으로 하며 유행에 따라 단발적으로 실시되는 경향을 지닌다. 재무설계는 종합적인 재무관리로서 수입 및 지출관리, 신용관리, 위험관리, 투자설계, 은퇴설계 등의 다양한 영역을 포함한다. 반면 재테크는 재무설계의 영역 중에서도 특히 투자설계와 관련된 내용을 중점적으로 다룬다. 이러한 점에서 재테크가 좁은 의미의 재무설계로 간주되기도 한다. 재무설계는 개인별 특성을 고려하여 실시되므로 그 내용이 개인에 따라 다양해질 수밖에 없다. 반면 재테크는 보편적으로 누구에게나 적용 가능한 자산 축적의 방법으로 인식된다. 예를 들어 신혼부부를 대상으로 하는 재무설계는 부부의 연령, 소득수준에 따라 다양하지만, 재테크 방법은 주택청약종합저축 또는 연금저축 가입 등 신혼부부에게 공통적으로 적용되는 것일 수 있다.

한편 재무설계와 재테크가 궁극적으로 추구하는 바는 인간의 행복한 삶이다. 따라서 재무설계와 재테크를 서로 구분하기보다는 상호 보완하는 개념으로 사용하는 것이 적절하다. 단순하고 획일적인 재테크보다 재무설계에 기초한 재테크 전략이 더욱 높은 성과를 가져다 줄 것이다. 아울러 재무설계를 통해 설정된 재무목표는 효과적인 재테크 전략을 수행함으로써 달성 가능성이 높아질 것이다. 최근 재무설계와 재테크를 크게 구분하지 않고 혼용하는 추세는 이러한 점들을 반영한 결과로 볼 수 있다.

2.2 재무목표

재무목표(financial goal)란 개인이 재무 계획과 관리를 통하여 달성하고자 하는 것을 말한다. 재무목표가 제대로 된 의미를 지니기 위해서는 다음의 두 가지 조건을 갖춰야 한다. 하나는 재무목표에는 기간이 설정되어야 하고, 다른 하나는 화폐단위로 표현되어야 한다. 따라서 막연하게 '나는 부자가 되겠다' 라는 것은 재무목표가 될 수 없다. '나는 10년 동안 1억원의 재산을 형성할 것이다' 라는 것이 제대로 된 재무목표인 셈이다.

개인은 재무목표를 설정함으로써 특정 자금이 필요한 시기와 금액을 구체적으로 정할 수 있고, 그에 따라 저축기간 또는 투자기간에 대한 계획을 세울 수 있다. 한편 개인이나 가계는 한꺼번에 두 개 이상의 재무목표에 관심을 가질 수 있다. 이런 경우 개인 및 가계의 개별 가치관과 환경을 고려하여 재무목표의 우선순위를 정하는 작업이 필요하다.

재무목표는 목표를 달성하는 데 필요한 기간(통상 1년 기준)에 따라 단기 재무목표와 장기 재무목표로 구분된다. 동일한 재무목표라도 개인의 특성 및 재무적 상황에 따라 소요되는 시간이 달라질 수 있다. 예를 들어 20대 직장인들을 대상으로 유럽여행에 필요한 자금 5백만원을 마련하는 데 소요될 기간을 조사해 보면, 그 결과는 제각각 다를 수밖에 없다. 즉, 유럽여행 자금 5백만원은 재무적 여건이 탄탄한 직장인에겐 단기 재무목표인 반면, 그렇지 못한 직장인에겐 장기 재무목표의 대상이 될 수 있다. 일반적으로 주택 마련 자금, 자녀 결혼자금, 노후생활 자금 등은 장기 재무목표의 예에 해당되며, 휴가기간을 이용한 가족여행 자금, 생활가전 구입을 위한 자금 등은 단기 재무목표의 대상이다.

한편 개인이나 가계는 생애 단계별로 관심사항이 다를 수 있으며, 그에 따라 재무목표도 달라지게 마련이다. 예를 들어 사회초년기에 속하는 연령층인 20대는 대체로 졸업, 취업, 그리고 결혼 등에 대한 관심이 높다. 따라서 20대 청년들의 재무목표는 취업준비 자금, 결혼자금, 독립 및 주거 자금 등을 마련하는 데에 집중될 수밖에 없다. 물론 이들 자금의 규모와 자금 마련에 필요한 기간은 개인별 특성과 환경에 따라 달라질 수 있다. 일반적으로 거론되는 생애 단계별 주요 관심사항 및 재무목표의 예를 제시하면 〈표 1-2〉와 같다.

표 1-2 재무생애주기 단계별 주요 관심사항과 재무목표

인생 주기	주요 관심사항	주요 재무목표
사회초년기 (20대)	• 졸업 • 취업 • 결혼	• 결혼자금 • 독립 및 주거 자금
가족 형성기 (30대)	• 자녀 출산 및 육아 • 내 집 마련	• 자녀 양육 자금 • 주택 구입 자금 • 부채 상환(결혼 · 주택 관련) • 자동차 구입 자금
자녀 성장기 (40대)	• 자녀 교육 • 재산 형성	• 자녀 교육비 • 주택 확장 자금
가족 성숙기 (50대)	• 자녀 결혼 • 은퇴 및 노후 대비 점검	• 자녀 대학 교육비 • 자녀 결혼자금 • 노후 준비 자금
노후생활기 (60대 이후)	• 노후생활 시작	• 은퇴 후 생활자금 • 건강 유지 비용 및 병원 진료비

주 : 재무목표는 편의상 기간과 금액을 생략한 채 자금의 용도를 중심으로 제시된 것임.
출처 : 『고등학교 생활금융』(금융감독원, 2011. 12) 수정.

재테크 Tip

생애주기 단계와 재무설계

재무는 생애주기에서 필수불가결한 생활자원이다. 하지만 일할 수 있는 능력을 기르고 사회에 진출하기 위해 준비하는 청소년기까지 부모나 보호자에게 경제적으로 의존할 수밖에 없다. 청년기가 되어 경제적으로 자립하게 되면 본인의 결정과 책임으로 생애 재무설계를 하는 것이 바람직하다. 생애 재무설계는 반드시 소득이 있어야 할 수 있는 것은 아니다. 앞으로 다가올 생애주기 각 단계의 계획이므로 경제적 자립 이전이라도 계획해 일부 실천할 수 있다. 따라서 실제로 용돈을 관리하는 학령기부터 재무설계를 시작할 수 있다.

출처 : https://www.flickr.com/photos/160866001@N07/49037319933/in/photostream/

▶ 학령기

학령기는 부모나 보호자가 주는 용돈을 자신의 결정으로 사용할 수 있으므로 이 시기에는 건전한 소비습관을 기르는 것이 중요하다. 부모 등 보호자가 용돈을 어떻게 지출할 것인가를 본인이 결정할 수 있도록 지도해 주는 것이 좋다.

▶ 청소년기

청소년기에도 용돈을 지출하는 경우가 대부분이다. 하지만 스스로 노력해 용돈을 버는 경험이나 소득과 지출을 관리해 건전한 경제관념을 형성할 수 있는 시기다.

▶ 청년기

청년기에는 경제적으로 자립하는 것이 일반적이다. 생애 재무설계는 향후 생애기간 전체에 걸친 기본 생활비와 다양한 생활영역의 목표달성 비용을 추정하고 그 비용을 마련하는 계획인 만큼 생애 재무설계를 포함한 생활영역 생애설계를 본격적으로 시작하는 것이 좋다.

청년기라도 취업 · 창업을 준비하는 기간에는 부모나 보호자에게 경제적으로 의존하는 것이 일반적이다. 이런 경우 주어진 용돈이나 아르바이트 등으로 마련한 소득을 알뜰하게 쓰는 법을 익히는 것이 좋다. 교육을 위해 학자금을 대출받을 수 있다. 학자금은 본인이 상환해야 할 부채가 될 수 있기 때문에 학자금 대출과 상환은 생애 재무설계의 중요한 사항이 될 수 있다. 취업하거나 창업으로 정기적 소득을 얻게 되면 본격적으로 그 이전에 마련한 생애 재무설계를 수정 · 보완하고 실천할 필요가 있다. 생애 재무설계를 시작하기 전에 금융지식을 체계적으로 습득하는 것이 중요하다. 재무설계는 전문분야이지만 금융지식을 충분히 갖추면 스스로도 할 수 있고 필요한 경우 전문가의 도움을 받아 할 수 있다. 청년기의 재무목표에는 7대 생활영역의 일반생활비는 물론 결혼과 자녀 출산 및 양육 비용, 주택마련 비용, 노후생활을 위한 공적연금 · 퇴직연금 · 개인연금 등 3층 보장 가입비용, 경력개발과 연계한 자기개발을 위한 충분한 비용도 반드시 포함되어야 한다. 노후생활비 마련은 취업 후 바로 시작하는 것이 좋다. 자동차보험, 실손의료보험, 종신보험 등 위험에 대비한 보험에 가입하고 학자금 대출을 받은 경우는 대출금 상환 계획도 포함되어야 한다. 아울러 일정액을 지속적으로 사회에 기부하는 것도 균형 있는 삶의 방법이다.

▶ 중년기

중년기는 생애주기 중 가장 많은 소득과 지출이 발생하는 시기다. 중년기의 생애 재무목표에 7대 생활영역 목표달성 비용 및 일반 생활비와 더불어 생애주기 단계별 특정지출 비용이 포함되어야 한다. 특정지출 비용에는 노후자금 준비비, 자녀교육비, 자녀독립 지원비, 부모님 지원비, 경력개발과 연계한 학습과 자기개발 비용, 사회기부금, 위험에 대비한 적절한 보험가입 비용 등이 있다. 퇴직 · 사적연금은 가능하면 본인이 직접 관리하고 새로운 금융지식을 꾸준히 습득해 스스로의 결정으로 저축과 투자를 현명하게 할 수 있도록 노력하는 것도 중요하다. 특히 자녀지원 사항은 생활비 준비에 큰 걸림돌이 될 수 있으므로 자녀와 충분한 대화를 통해 원칙을 정할 것을 추천한다. 결혼과 자녀 독립에 대한 지원, 장년기 이후 본인과 배우자의 건강 악화 시 주거 방법, 장기요양, 자신 및 배우자의 연명 문제 등에 대해서도 자녀들과 상의해 원칙을 미리 정하는 것이 좋다. 또한 부모로서 자녀에게 지원을 받는 원칙과 주택연금 등 부동산을 활용하는 법도 원칙을 정하는 것이 좋다.

▶ 장년기

장년기는 대부분의 직장인이 퇴직해 재취업이 어려운 시기다. 하지만 향후 20년 내에는 정년이 70세까지 연장될 것이고 70세를 넘어 일할 확률도 커진다. 저출산과 고령화의 영향으로 70대까지도 계속 일해야 하는 사회적 환경이 될 것이다. 때문에 이때 일할 수 있도록 건강을 유지하고 능력을 계속 개발해 소득을 올리는 것이 중요하다. 직업 관련 기술과 지식은 계속 발전하고 있기 때문에 새로운 지식과 기술을 체계적으로 습득하고 보충해 안정적인 취업이나 창업을 준비해야 한다. 계속 일하기 위해 적어도 퇴직 5~10년 전부터 준비해야 하고 준비하지 못한 경우는 퇴직 후 2~3년 동안 과도기를 거치면서 향후 10년간 일할 수 있는 능력을 키워야 한다. 이 비용 역시 생애 재무설계에 반드시 포함시켜야 한다. 장년기 초기까지 자녀에 대한 지원, 부모에 대한 지원, 건강 악화 시 비용과 돌봄 방법 등에 대한 원칙을 가족과 대화로 정하고 건강 약화 시 법률대리인 지정과 상속 및 증여에 대한 문제도 결정하는 것이 필요하다. 이 시기에는 여가활동이 중요하므로 국내외 여행비를 포함한 여가활동 비용을 준비하는 것도 필요하다. 소득이 줄어든 상황에서 경조사비 지출이 부담이 될 수 있으므로 이에 대한 비용 마련도 필요하다.

▶ 노년기

80세 이후 노년기에도 7대 생활영역 목표달성 비용을 준비해야 하지만 이전 단계보다 생활비가 줄어드는 점을 고려해 7대 생활영역에 대한 우선순위를 정하고 비용을 조정해야 한다. 또한 내면의 성찰과 영성을 발휘해 지나온 일생에 의미를 부여하고 죽음 후의 자신의 존재 의미를 확실히 정리하고 현실적으로 죽음을 준비하는 것이 중요하다. 노년기에는 신체적 발달보다 정신적 · 영적인 면에서 성숙해진다. 생활에 적응하고 가족과 친구와 만남이나 대화를 즐기면서 자서전을 쓰거나 전문가로서 자신의 지식과 기술을 글로 정리하는 것도 좋다. 이러한 활동에도 필요한 비용을 마련할 필요가 있다.

출처 : 여성조선, 2021. 11. 9.

3. 생활 속의 재테크 지혜

3.1 재테크 방해요인의 극복

현대는 소비사회다 보니 곳곳에서 보이지 않게 돈을 쓰게 만드는 유혹이 즐비하다. 소비를 유도하는 방식은 여러 가지이다. 그중에서도 소비자들을 가장 현혹시키는 방법은 인간의 본능을 자극하고 콤플렉스를 떠올리게 하는 것이다. 좋은 것을 갖고 싶은 유혹, 예뻐지고 싶은 유혹, 즐거워지고 싶은 유혹 등은 오감을 자극하고 본능을 일깨우게 만든다. 이러한 유혹 때문에 많은 사람들은 기꺼이 지갑을 열고 만다. 하지만 돌아오는 것은 갚지 못할 신용카드 빚, 늘지 않는 통장 잔고이다. 돈을 모으기로 마음먹었다면 철저하게 줄여야 할 것들이 있다.

재테크 방해요인으로 자동차, 신용카드, 대형마트 쇼핑, 음주를 포함한 외식비를 우선 꼽을 수 있다. 이들은 일반적인 지출 가운데 비소비성 지출(대출, 보험료, 저축 및 투자)을 뺀 순수 소비성 지출(생활비)에 해당한다. 이 외에 통신비, 사교육비 등도 있다. 이것들은 대체로 사람들이 일상생활 속에서 어쩔 수 없이 부담하게 되는 것들이고 쉽게 회피할 수 없는 지출항목들이다. 따라서 재테크를 방해하는 이러한 요인들을 완전히 제거하는 것은 사실상 불가능한 만큼 낭비를 최대한 줄이고 효율적으로 대처할 수 있는 방법을 찾는 것이 현명하다.

1) 자동차의 유혹에서 벗어나기

월세 집에 살아도 자동차는 품위 유지를 위해 가급적 비싼 걸로 사야 한다고 주장하는 사람들이 많다. 길가에 주차된 멋진 자동차를 보고 있으면 '할부로 사서 갚으면 되지' 하는 심정으로 소비수준에 맞지 않는 차를 사고 싶은 유혹에 빠지기 쉽다. 자동차가 자신의 직업에 꼭 필요한 필수품이고 여러 여건상 꼭 있어야 한다면 당연히 장만하는 것이 낫다. 하지만 문제는 가격이다. 급여가 적은 미혼이나 신혼 초기에 소득수준에 맞지 않게 2～3천만원이 훌쩍 넘는 차량을 할부로 구입하는 것은 다시 한번 생각해야 할 문제이다. 할부금 때문에 미래를 위한 저축이 불가능할 수 있기 때문이다. 재무상담사는 "소득수준에 맞지 않는 값비싼 자동차를 구입하게 되면 한 달에 자동차 할부금으로 50~70만원이 들게 되어 결혼자금이나 주택 마련을 위한 저축이 어려워지게 된다"며 "자동차 같은 소비성 자산은 그 가치가 매우 빠른 속도로 떨어지기 때문에 자산 형성에 도움을 주지 못한다"고 지적했다. 소득에 맞지 않는 무리한 소비로 인해 미래에 절대적 빈곤함뿐만 아니라 더 큰 상대적 빈곤감에 처할 수 있다는 것이다. 현실적인 수준을 고려해서 자동차 구입을 미루고 대중교통을 이용하거나 꼭 사야 한다면 일시불로 구입할 수 있는 수준의 차를 구입하는 것이 바람직하다.

2) 무분별한 신용카드 사용 자제하기

재테크 전문가들은 대부분 소비성 지출을 줄이기 위해 가장 먼저 없애야 할 항목으로 신용카드를 꼽는다. 신용카드는 잘만 쓰면 할인 혜택 등 장점을 살릴 수 있지만 현실적으로 소비의 유혹을 제어하지 못하는 사람들에겐 '독'이 되는 경우가 많기 때문이다. 한두 개 정도의 신용카드라면 괜찮겠지만 혜택이 중복된 여러 개의 신용카드를 들고 있을 필요는 없다고 전문가들은 주장한다. 특히 신용카드 대신 소비의 한도가 정해진 체크카드 또는 현금 사용을 권하고 있다. 재테크 전문가의 조언에 따르면 신용카드는 계획적인 지출을 방해하므로 씀씀이를 줄이기 위해서는 신용카드 대신 현금으로 생활하는 방법으로 바꿔나가는 것이 낫다고 한다. 실제로 현금으로 무엇을 사는 데는 망설이는 사람들도 신용카드로는 '할부의 유혹' 때문에 망설이지 않고 덥석 집는 경우가 많다. 특히 포인트를 먼저 지급하고 신용카드를 써서 갚아나가는 '세이브 포인트 제도'와 같은 지급결제 방식은 사람들이 소비에 부담을 느끼지 않고 물건을 쉽게 구입하도록 유도하고 있다. 하지만 세상에 절대로 공

▲ 제2의 결제수단인 신용카드. 신용카드는 잘만 활용하면 경제적으로 혜택을 가져다주나, 무분별한 소비의 유혹에 빠뜨리기도 한다.

짜는 없는 법이다. 신용카드로 구매하는 금액은 언젠가는 반드시 갚아야 할 빚이라는 사실을 잊지 말아야 한다.

3) 충동구매를 멀리하기

요즘 대형마트의 시식코너가 배고플 때 공짜로 간식을 때우기 좋은 곳으로 인기가 높다. 이것저것 하나씩 집어먹기 시작하면 맛도 있고 허기도 어느 정도 달랠 수 있다. 문제는 언제나 대형마트에 다녀오면 굳이 사지 않았어도 될 품목들이 너무 많다는 데 있다. 구입품목을 예상하고 가더라도 돌아올 때는 예상치 않았던 품목들로 가득하다. 시식하다 보니 맛있어서, 아이들이 사달라고 졸라서, '1+1' 행사에 현혹되어서 원래 계획에도 없었던 품목을 기꺼이 구매하게 되는 것이다. 견물생심(見物生心)이라고, 막상 보면 소비의 유혹에서 빠져나오기 어렵다. 재테크 전문가의 조언에 따르면 물건을 고른 뒤 계산대 앞에 가기 전에 충동구매라 생각되는 것은 과감하게 빼는 습관을 들여야 한다. 또한 대형마트의 시식코너에서 배를 채우기보다는 쇼핑 전에 미리 식사나 요기를 간단히 함으로써 자연적으로 충동구매에서 벗어나는 지혜를 발휘할 필요가 있다.

4) 지나친 외식과 음주 문화 극복하기

누구에게나 미각이 주는 즐거움은 그 어느 것에도 비할 수 없이 크다. 맛있는 음식을 먹는 것이야말로 인생에서 가장 큰 즐거움이라고 말하는 사람들도 많다. 하지만 정도가 지나치면 모자란 것만 못할 수 있다. 맛있는 음식을 즐기기 위해 외식을 무작정 늘리다 보면 지나친 낭비와 비만으로 인한 부작용을 경험하기 쉽다. 적당한 선에서 외식비를 절제하는 지혜가 필요하다. 외식비와 더불어 지갑을 얇게 만드는 요인 중 하나는 '음주' 이다. 지나치게 잦은 음주는 건강을 해칠 뿐 아니라, 재테크를 방해하는 요인으로 작용한다. 외식을 하기에 앞서 어느 정도 쓸 것인지 한도를 정하고 계산할 때 신용카드 대신 직접 현금을 사용하는 방법도 고려해 볼 만하다고 전문가들은 조언한다. 신용카드로 결제하다 보면 어느 정도 소비했는지 스스로 잘 몰라 과다하게 쓸 수 있지만, 현금으로 쓰다 보면 쉽게 소비수준을 알 수 있기 때문에 스스로 낭비를 줄일 수 있다.

3.2 손쉬운 재테크 방안 : 절약

부자들은 '재테크의 귀재' 일 거라고 생각하기 쉽다. 그러나 많은 경우 그들은 재테크의 귀재이기 이전에 '절약의 귀재' 였다. 워런 버핏(Warren E. Buffett)은 50년 전 구입한 집에 살면서 9년 된 차를 타고 다녔다고 한다. 또한 고(故) 정주영 현대그룹 명예회장은 단 3켤레의 구두를 30년 동안 신었다는 일화가 있다. 손쉬운 재테크 방안으로서 절약은 가계부 및 개인 재무제표를 이용한 지출항목의 관리, 은행 수수료 등 사소한 비용부터 아끼는 습관에서 출발한다.

1) 가계부 작성

한 여론조사 업체에서 직장인이 받은 월급을 다 쓰는 기간을 조사해 본 결과, 급여가 다 쓰이고 없어지는 데 평균 3주가 걸리는 것으로 나타났다. 심지어, 월급을 받은 지 7일이 되기도 전에 모두 소진된다고 대답한 사람도 10%에 달했다. 월급을 모두 쓴 다음에는 마이너스 통장이나 신용카드로 생활비를 충당하고, 다음 달 월급이 나오면 이를 상환한다. 그리고 다시 부족하면 마이너스 통장과 신용카드를 사용한다. 이러한 패턴이 반복되면 만성적인 가계 적자에서 벗어나지 못하게 된다. 이처럼 월급날이 곧 결제일이 되어버리는 이유 중 하나는 가계부를 작성하지 않는 등 계획에 기초하지 않은 생활방식에서 찾을 수 있다.

▲ 스마트폰에서 가계부 애플리케이션을 조회한 목록의 일부이다.

가계부는 개인 또는 가계 살림의 수입과 지출을 기록하는 장부이다. 이는 가정의 재무상태를 평가하고 미래의 재무목표를 수립하여 이에 적절한 소비 예산을 수립하는 도구로서 유용하다. 가계부 작성은 재무목표를 달성하고자 꾸준한 예산수립과 결산의 과정을 수행해 나가는 작업이다. 가계부를 작성하면 지출되는 항목을 필요한 것과 불필요한 것으로 구분할 수 있고, 나아가 불필요한 지출에 대한 경각심을 갖도록 하는 데 도움이 된다. 따라서 가계부의 지출 기록을 살피면 불필요하게 새어 나가는 돈의 지출을 막을 수 있다.

가계부를 통한 지출 통제는 무조건적으로 지출을 줄이겠다는 의미가 아니라, 한정된 돈을 합리적으로 사용하기 위한 과정이다. 따라서 지출 계획을 무조건 낮게 설정할 것이 아니라, 실현 가능하게 세워야 한다. 지출 계획 수립은 정기적인 지출과 비정기적인 지출로 나누어 수립하는 것이 좋다. 공과금, 교육비, 생활비 등 매월 정기적인 지출은 소득수준에 상관없이 반드시 지출되어야 하므로 그 외의 불필요한 정기지출을 줄일 수 있도록 계획을 세워야 한다. 매월 지출되는 고정비와 별도로, 경조사비나 가족 여행비 등 비정기적인 지출은 별도 통장을 마련해 정해진 예산 내에서 사용되도록 해야 한다. 분기 또는 연말 결산을 통해 정기적으로 가계부를 점검하고 평가하는 작업도 수반되어야 한다. 결국 가계부를 통한 합리적인 의사결정을 거친 지출관리는 개인이나 가계 부의 증가로 이어지기 마련이다.

2) 개인 재무제표 작성

개인 재무제표(personal financial statement)는 개인이나 가계의 재무상태 및 수입・지출과 관련된 재무정보를 요약・정리해 놓은 것으로, 여기에는 자산상태표와 수지상태표가 있다. 자산상태표(balance sheet)는 기업의 재무상태표와 같이 일정 시점에서의 개인 또는 가계의 재무상태를 나타낸 것으로서 자산, 부채, 순자산 등의 항목으로 구성된다. 자산은 현금을 포함하여 상업적 가치와 교환가치를 지닌 모든 재산을 말한다. 시시각각 변하는 자산의 규모를 정확하게 파악하기 위해서는 매달 변화된 가격을 자산상태표에 반영하여야 한다. 부채는 사적인 목적이나 사업상의 목적으로 타인에게 차입하여 상환하지 못한 것을 말한다. 순자산은 총자산(자산합계)에서 총부채(부채합계)를 차감한 금액에 해당한다.[6] 이러한 순자산의 규모를 통하여 개인 또는 가계의 재무상태를 대략적으로 가늠할 수 있다. 그러나 순자산의

6. 따라서 총자산은 총부채와 순자산의 합과 같다.

가치가 높다고 하여 반드시 재무상태가 양호하다고 단정할 순 없다. 좀 더 정확한 판단을 위해서는 순자산 가치와 더불어 자산과 부채의 구성항목들을 세부적으로 살펴보아야 한다.

수지상태표(income and expense statement)는 기업의 손익계산서와 같이 일정 기간 동안 발생한 개인이나 가계의 수입과 지출 흐름을 파악하기 위한 재무제표로 수입, 지출, 손익결산(= 총수입 – 총지출) 등의 항목으로 구성된다. 수지상태표는 특히 손익결산에 영향을 미치는 중요 지출항목을 확인하는 데 유용하다. 수지상태표에서 수입은 현금유입에 관한 항목으로 근로소득, 사업소득, 이자 및 배당소득 등의 소득과 저축 만기 인출, 자산 매매수입, 세금환급금 등이 있다. 지출은 현금유출 항목으로 식음료비, 주거비, 교육비, 통신비, 대출금상환, 정기예금불입액, 보험료, 임차료 등이 있다. 개인 및 가계는 자산상태표와 수지상태표를 정기적으로 작성·검토함으로써 자신의 재무적 강점과 약점을 쉽고 정확하게 파악할 수 있으며, 이는 향후 성공적인 재테크로 이어지게 만드는 원동력이 된다.

개인의 자산상태표 및 수지상태표를 예로 들면 〈표 1–3〉과 같다.

표 1–3 **개인 재무제표**

개인 자산상태표

20×1.12.31 현재 (단위 : 원)

자산	금액
예금	30,000,000
주식	15,000,000
개인연금 저축	5,000,000
주택	300,000,000
총자산	350,000,000

부채	금액
주택담보대출	50,000,000
신용카드 할부금	1,000,000
자동차 할부금	9,000,000
기타 부채	10,000,000
총부채	70,000,000
순자산(총자산 – 총부채)	280,000,000

개인 수지상태표

20×1.1.1～20×1.12.31 (단위 : 원)

수입		지출	
급여	60,000,000	정기예금 불입	20,000,000
배당금	3,000,000	대출금 상환	10,000,000
이자수입	1,000,000	아파트 관리비	2,000,000
		주식 매입	2,000,000
		주식(식음료)비	8,000,000
		교통비	3,000,000
		통신비	4,000,000
총수입	64,000,000	**총지출**	49,000,000
		손익결산 (총수입 – 총지출)	15,000,000

3) 은행 수수료 절감 및 면제

필요한 돈을 평일 낮 시간에 찾아 놓지 않았다가 저녁시간이나 주말에 현금인출기를 이용할 경우 수수료를 부담하게 된다. 가급적 수수료를 물지 않는 시간에 은행 거래를 하는 습관을 들여야 하지만 말처럼 쉽지 않다. 은행을 이용하는 고객 입장에서 가장 좋은 방법은 수수료를 면제받고 원하는 시간에 자유롭게 은행 거래를 하는 것이다. 은행들은 고객의 거래 실적에 따라 일정한 조건을 만족시키는 고객에 대해서는 금융 수수료 면제 혜택을 주고 있다. 예를 들어 급여이체를 하는 고객에 대해서는 자동화기기 및 인터넷뱅킹을 이용한 타행이체 시 수수료 면제, 예·적금 및 대출 금리 우대, 환전 수수료 우대 등의 혜택이 제공된다.

재테크 Tip

'금리인상' 대비 20～60대 재테크 전략

한국은행의 기준금리 인상으로 초저금리 시대가 저물어가고 있다. 당장 인상 수준은 0.25% 포인트에 불과하지만 내년 상반기까지 한두 차례 추가 인상이 예고되면서 시중금리는 당분간 우상향 곡선을 그릴 것으로 전망된다. '빚투'와 '영끌(영혼까지 끌어모아 대출)'로 부동산·주식·가상화폐 투자에 나섰던 사람들은 냉정하게 자산 현황을 분석하고 금리 움직임에 따른 재테크 전략을 새롭게 세워야 할 시점이다.

금리인상기 세대별 재테크 전략

20~30대	■ 대출로 주식 · 코인 투자 시 일부 매도로 현금화한 뒤 대출 상환 ■ 여러 금융사 분산대출 일원화, 한도대출은 12개월 변동금리로
40~50대	■ 주택담보대출은 금리 추이 지켜보며 고정금리로 갈아타기 검토 ■ 추가 기준금리 인상 감안해 대출 규모 줄이기를 최우선 시행
60대 이상	■ 현금 등 안전자산 비중 늘리고 여윳돈 있을 경우 대출부터 상환 ■ 정기예금은 만기 짧게 운용, 친환경 ETF와 원자재 등 분산투자

자료 : KB국민 · 신한 · 우리 · NH농협은행 PB센터 설문 종합

■ 2030은 적극적인 빚 갚기

29일 매일경제신문은 KB국민은행, 신한은행, 하나은행, 우리은행, NH농협은행의 대표 PB(프라이빗뱅커)들에게 금리인상기 세대별 재테크 전략에 대한 설문조사를 실시했다. PB들은 통상 MZ세대로 불리는 2030세대가 금리인상의 직격탄을 맞을 것으로 내다봤다. 기준금리가 오르면 신용대출과 카드론 등의 금리가 가장 빠르게 영향을 받는데, MZ세대가 여기에 많이 노출돼 있기 때문이다. 통계청에 따르면 지난해 20~39세 가구주가 보유한 금융부채 가운데 신용대출 등의 비중은 22.5%로 다른 연령대에 비해 높았다. 여기에 지난해 이들의 금융부채 증가율은 7.9%로 전 연령대에서 가장 가팔랐다.

김형리 NH농협은행 WM 수석전문위원은 “연내 또 한 번 기준금리가 오를 가능성도 있다”며 “빚을 내 주식이나 가상화폐에 투자하고 있다면 투자자산 일부를 매도해 예비자금을 확보해야 한다”고 조언했다. 서상원 우리은행 자산관리컨설팅센터 팀장도 “다양한 대출 비교 서비스 앱을 통해 금리를 낮춰야 한다”며 “이제는 돈을 버는 것보다는 상환 계획을 짜서 실행에 옮겨야 할 때”라고 강조했다. 신용대출은 상품에 따라 금리변동 주기가 3개월, 6개월, 또는 12개월로 나뉜다. 금리가 오를 때는 신용대출과 마이너스통장(마통 · 한도대출)을 신청할 때 가급적 금리변동 주기가 긴 12개월 변동금리를 선택하는 게 좋다는 의견이다.

금융사 여러 곳에 분산돼 있는 대출도 하나로 묶거나 줄일 필요가 있다는 조언도 뒤따랐다. 김현섭 KB국민은행 도곡스타PB센터 팀장은 “소액대출을 여러 곳에 분산해 받고 있는 고객이라면 금융권 대환제도를 활용해 한곳으로 집중하는 게 좋다”고 말했다. 그는 저신용자의 경우 새희망홀씨대출, 중금리 대환대출 등을 적극 활용할 필요가 있다고 강조했다.

■ 4050은 투자 확대도 고민

PB들은 주택담보대출 비중이 높은 40 · 50대는 중도상환 수수료가 면제되는 경우 변동금리에서 고정금리로 갈아타는 것도 검토할 필요가 있다고 말했다. 김형리 위원은 “주담대 금리는 현재 연 3~3.5% 이내가 적정한 수준”이라며 “상대적으로 높은 변동금리를 쓴다면 고정금리로 변경할 필요도 있다”고 말했다. 다만 대환대출은 한도가 줄어들 수 있다는 점을 염두에 둬야 한다.

2030에 비해 급여 수준이 높고 상대적으로 여윳돈이 있는 40대 이상은 무조건적인 대출 상환보다는 일정 조건의 투자 확대도 필요하다는 의견이 나왔다. 국내에서 금리인상이 시작됐지만 전 세계 양적 완화는 현재진행형이라 통화가치가 계속 떨어지고 있기 때문이다. 최홍석 신한

PWM잠실센터 팀장은 "세계 경기가 회복 국면을 거쳐 정상화되는 과정에서 선진국 증시와 신흥국 증시 간 격차가 벌어질 가능성이 높다"며 "금리인상 사이클에서는 현금흐름이 좋고 재무 안정성이 높은 미국 우량 주식과 부채비율이 낮고 자산 비중이 높은 자산주 투자를 추천할 만하다"고 말했다. 최 팀장은 경기 정상화로 수혜를 볼 수 있는 구리 · 원유 · 철광석 등 원자재에 대한 투자 비중 확대도 추천했다.

반면 대출을 활용해 부동산 투자에 나서는 것은 각국 정부의 유동성 흡수, 금리인상 등과 맞물려 가격 하락 위험이 생겼다고 PB들은 내다봤다. 투자 불확실성이 더 커졌다는 얘기다. 또 이들은 금리인하 수혜를 봤던 채권 역시 피하는 게 좋다고 조언했다.

■ 60대 이상은 예금 만기 짧게

은퇴생활자로 예금 이자 등으로 생활하는 60대 이상에게는 금리인상이 반가운 소식이다. 이들의 경우 예금 금리 상승이 점차적으로 진행되기 때문에 만기가 짧고 금리가 높은 예금 가입이 유리한 상황이다. 김학수 하나은행 도곡PB센터지점 골드 PB팀장은 "금리가 높으면서 안전한 은행예금에 대한 자산 비중을 조금씩 높이는 게 바람직하다"고 말했다. 그는 또 "예금에 가입한다면 만기 3개월 또는 6개월짜리 단기예금을 추천한다"며 "당분간 예금 금리 변동성이 높아질 수 있기 때문에 단기 예치를 해서 금리가 오를 때마다 높은 금리를 적용받는 게 유리하다"고 설명했다.

출처 : 매일경제, 2021. 8. 29 수정.

3.3 재테크 십계명

고액 자산가는 물론 누구나 주머니 쌈짓돈을 꺼내 자산을 불릴 수 있는 투자대상을 찾는다. 실제 큰 기대를 안고 재테크에 나서는 사람들이 늘고 있지만 넘쳐나는 투자대상 중 알짜를 찾기란 쉽지 않고, 수익을 내기란 더 어려운 것이 일반 투자자들의 현실이다. 이러한 가운데에서도 부자로 불리는 고액 자산가들의 셈법과 투자원칙은 남다른 것으로 평가된다. 따라서 일반인들의 입장에서 부자들의 투자 패턴을 읽을 수 있다면 절반의 성공을 거둘 수 있다는 이야기가 가볍게 들리지 않는다. 국내 대형 증권사의 프라이빗 뱅커(private banker ; PB)들이 부자들을 대상으로 재테크 노하우를 분석한 결과, 다음과 같은 재테크 십계명을 제시하고 있다.[7]

7. 아시아경제에 실린 기사(2009. 6. 20.)의 일부 내용을 참고하였음.

1) 남들보다 먼저 틈새시장에 집중하라

부자들은 특정 상품에 대한 투자를 선도하는 경향이 있다. 한때 전환사채(convertible bond ; CB), 신주인수권부사채(bond with warrant ; BW), 유상증자 청약이 인기를 끌 즈음, 일반인들과 달리 이미 상당 금액의 수익을 실현한 부자들이 많았다. 부자가 되기 위해서는 틈새에 있는 알짜배기 투자대상을 남들보다 빠르게 물색하여 투자하는 능력을 길러야 한다.

2) 장기투자에 관심을 둬라

투자대상을 평가한 뒤 확실하다는 판단이 생기면 10년, 20년, 혹은 그 이상 보유하는 것이 부자들의 재테크 비법 중 하나이다.

3) 위기에 강하게 맞서라

2008년 미국발 서브프라임 사태가 발생하였을 때 부자들 입가엔 미소가 번졌다. 왜냐하면 사람들이 호들갑 떨며 세상이 망할 듯한 얘기가 들리는 바로 그 시점이 공격적인 투자를 실시할 타이밍이란 생각이 들었기 때문이다.

4) 저축이 미덕이다

부자가 되기 위한 가장 중요한 습관 중 하나가 절약이다. 특히, 저금리 시대에는 덜 쓰는 것이 중요하다. '수입의 50%는 반드시 저축한다'와 같은 원칙을 세워 지켜 나가는 것이 중요하다. 이와 같은 실천은 계획 없는 지출이나 과소비를 예방하는 데 크게 기여한다.

5) 세(稅)테크가 재테크다

세테크란 합법적인 범위 내에서 세금(tax)을 줄이는 것을 말한다. '세테크가 곧 재테크'란 말 속엔 세금을 모르고 재테크를 논하지 말라는 의미가 담겨 있다. 돈이 움직이는 곳에는 늘 세금이 따라 다닌다. 절세를 통하여 주머니에 현금이 많이 들어오게 해야 한다.

재테크 Tip

세(稅)테크

금융상품 투자에서 세테크란 '세금을 덜 내는 방법'을 의미한다. 세테크를 잘하기 위해선 정부의 세금정책이 어떤 스케줄에 의해서 움직이고 있는지 알아야 한다. 물가가 급등하면서 '실질금리'가 마이너스 시대로 접어들었다는 우려가 높다. 저금리 금융상품의 경우 물가상승률과 이자소득세(15.4%)를 제외하면 실질금리는 마이너스가 될 것으로 예상된다. 요즘처럼 저금리 시대에 재테크 전문가들이 이구동성으로 강조하는 것이 세테크다. 비과세, 소득공제, 세액공제 등의 절세 혜택이 주어진 금융상품을 활용하면 이자소득에 부과되는 세금을 줄일 수 있다. 이는 금리를 1%p 더 높이는 효과를 가져다 준다. 또한 연말정산이나 만기 시 절세효과 여부에 따라 재테크의 결과는 매우 크게 달라진다. 이런 측면에서 세테크의 효과를 누릴 수 있는 금융상품만 잘 선택하더라도 재테크의 반은 성공한 것이라고 볼 수 있다.

▲ 절세를 흔히 제2의 보너스라고도 한다.

6) 자신이 이해할 수 있는 상품에 가입하라

부자들은 돈이 많다고 해서 아무렇게나 금융상품에 가입하지 않는다. 남들이 가입한다고 해서 무작정 따라 하지 말고 금융상품에 대한 충분한 이해가 뒤따를 때 가입하여야 한다.

7) 시간이 부자를 만든다

시간의 흐름에 무덤덤한 자금을 이용한 투자는 투자자들에게 그만큼 여유로운 투자전략을 수행할 수 있도록 한다. 반면 시간에 쫓기는 자금을 이용하여 투자가 이뤄질 경우, 장기적인 관점에서 투자를 전개하지 못하고 시장의 일시적인 변화에 너무 민감하게 반응한 나머지 큰 손실을 부담하는 결과를 초래할 수 있다.

8) 네트워크를 항상 가동하라

부자는 인맥, 학연 등 이용 가능한 정보망을 최대한 활용한다. 부자는 항상 새로운 정보에 귀가 열려 있고 사적 모임에서 전해들은 정보는 지체하지 않고 전문가에게 문의하여 확인한다.

9) 부동산에는 늘 관심을 둬라

인플레이션이 심각한 경우 금융자산에 비하여 부동산과 같은 실물자산을 보유하는 것이 유리한 투자전략으로 인식된다. 부동산에 관심을 갖고 준비하면 기회가 올 수 있다. 과거의 사례이긴 하지만 그동안 우리나라 부자들의 총자산 중 부동산이 차지하는 비중이 70%에 달한다는 사실은 의미하는 바가 크다.

10) 부지런하라

가만히 앉아서 부자가 되는 사람은 없다. 재테크를 계획하고 실천하는 과정에서 부지런해야 한다. 국내외를 막론하고 거대한 부를 형성한 사람들의 공통점은 모두 부지런하고 성실하다는 점이다.

3.4 재테크 정보의 활용

요즘 인터넷에서는 재테크 관련 정보를 전문적으로 다루는 웹사이트가 인기를 끌고 있다. 이들 웹사이트는 대체로 회원가입 이외에 특별한 비용을 지불하지 않고 재테크 정보를 쉽게 활용할 수 있도록 일반인의 접근을 허용하고 있다. 재테크 정보를 제공하는 웹사이트의 유형은 다음과 같다.

첫째, 은행, 보험회사, 그리고 증권회사 등의 홈페이지이다. 일반적으로 은행,

보험회사, 그리고 증권회사 등의 금융기관은 홈페이지 내에 재테크 코너를 개설하여 운영하고 있다.

둘째, 일간지, 경제신문사 등의 홈페이지이다. 각 신문사는 홈페이지에 재테크 코너를 별도 마련하여 운영하고 있다.

셋째, 인터넷 포털사이트의 재테크 코너이다. 네이버, 다음 등의 포털사이트에서도 재테크 정보를 다루는 별도의 코너를 운영하고 있다.

넷째, 재무설계 서비스를 제공하는 업체의 홈페이지이다. 재무설계 서비스 업체에서는 일반 개인이나 가계를 대상으로 재무설계와 더불어 재테크에 유용한 정보를 무료로 제공하고 있다.

다섯째, 개인이 운영하는 재테크 관련 인터넷 카페와 블로그이다. 일부 재테크 관련 카페의 경우 수만 명 이상의 가입자를 보유함으로써 엄청난 영향력을 발휘하고 있다.

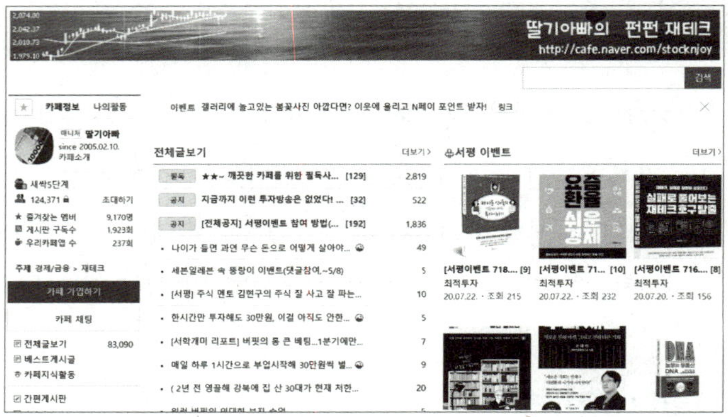

▲ "딸기아빠의 편편 재테크"라는 네이버 카페는 12만 명이 넘는 가입자를 확보하고 있음.

한편 오프라인에서 실시하는 재테크 박람회, 재테크 특강 및 교육을 통해서도 재테크 정보를 접할 수 있다. 은행, 증권회사, 경제신문사 등은 박람회, 특강, 교육 등 다양한 행사를 통해 일반 대중들에게 유용한 재테크 정보를 활용할 수 있는 기회를 제공한다.

▲ 조선일보사(주)가 매년 주최하는 대한민국 재테크 박람회

하지만 다량의 재테크 정보를 손쉽게 얻을 수 있는 환경임에도 불구하고 그 정보를 올바로 이해하지 못하거나 실행에 옮기지 못하는 경우가 허다하다. 이럴 경우 재테크 정보가 제대로 된 가치를 발휘하긴 쉽지 않다. 따라서 성공적인 재테크를 위해선 재테크에 대한 지속적인 관심과 더불어 강력한 실천이 수반되어야 한다.

시사 포커스

재테크 기본기를 다지자

재테크란 시간의 가치를 활용해서 투자이익을 얻는 것이다. 일반적이므로 수익을 얻는 과정에서 위험을 부담하여야 하므로 재테크에서는 투자 위험을 관리하는 기술도 다룬다. 재테크를 실행하는 경우 얼마나 위험을 감수할 것인지, 또 적절한 분산투자로 어떻게 위험을 관리할 것인지가 중요하다.

재테크 투자는 예금, 증권, 채권의 금융투자와 경매를 포함한 부동산 실물투자의 두 가지 큰 흐름으로 나누어진다. 집을 지을 때 기초공사가 중요하듯이 재테크 역시 기본기를 탄탄하게 다져야만 실패의 위험을 줄일 수 있다. 투자의 세계는 망망대해를 항해하듯 언제 어디서 폭풍우가 밀려올지 알 수 없다. 눈앞에 드러난 경제 현상만을 보고 일희일비하거나 준비 안 된 섣부른 투자에 나섰다가는 큰 낭패를 당할 수도 있다. 자신만의 투자안목, 내공을 키우는 지혜가 필요하다.

■ 경기 흐름을 읽고 한 발 앞서 투자하라

투자의 혜안은 경기의 흐름을 읽는 것에서 출발한다. 경기는 끊임없이 순환된다. 호경기는 언제나 계속되지 않는다. 불경기는 겨울처럼 다가오고 겨울이 지나면 어김없이 봄이 온다. 경기순환의 흐름을 주시하고 적합한 투자 대상과 시기를 찾아야 한다. 부자들은 경기변화를 읽고 한 발 앞선 투자로 돈을 번다.

경기 불황의 바닥에서 주식이나 부동산에 투자하고 호황이 끝나갈 무렵 발 빠르게 안전자산으로 갈아타서 큰 이익을 얻는다. 투자의 기회를 잡기 위해서는 항상 경기변동에 관심을 두고 경제기사를 꾸준하고 꼼꼼히 챙겨 읽는 것이 중요하다. 지금처럼 경제가 어려워지면 많은 사람들이 비관적인 전망 속에 투자를 포기한다. 그러나 위기일수록 감춰진 기회를 찾아 다시금 투자의 봄날을 준비하는 지혜가 필요하다.

■ 섣부른 투자 금물, 투자 내공을 쌓아라

다양한 투자정보가 홍수처럼 넘쳐나는 시대이다. 현명한 투자자는 유행처럼 번지는 '묻지 마' 투자를 경계해야 한다. 호황기는 물론이고 경기불황기일수록 급격하게 떨어진 부동산 자산 가치, 이른바 '저평가 매물'이 투자자를 유혹한다. 그러나 경기불황이 끝나고 호황기가 온다고 모든 자산가치가 오르지는 않는다.

미숙한 투자경험으로 조급한 투자에 나서는 경우 큰 낭패를 볼 수 있다. 투자를 시작하기에 앞서 서로 다른 다양한 의견을 듣고 투자대상의 선택에 신중을 기해야 한다. 독단적이고 성급한 투자결정은 맹점에 빠지기 쉽다. 투자안목은 어떻게 키워나가야 할까? 부지런히 발품을 팔아 자산을 보는 눈을 키우고, 투자고수들의 다양한 노하우와 의견을 귀동냥하는 것이 기본이다. '호시우행(虎視牛行)', 즉 호랑이처럼 날카롭게 보고 소처럼 신중하게 투자의 발걸음을 내딛는 것이 투자내공을 쌓는 길이다.

■ 투자는 수학이 아니라 철학이다

▲ 존 템플턴(John Templeton). 그는 비관적인 상황에서도 낙관적인 투자를 하는 '역발상 투자의 달인'으로 유명하다.

전문가들의 장밋빛 투자전망을 믿고 투자했다가 많은 사람이 실패를 경험한다. 사실상 호황기에는 전문가들조차 "현재 상태가 계속된다"고 하는 잘못된 관성에 이끌려 위험을 제대로 보지 못하고 균형감을 상실하게 된다. 전문가들의 장세 전망에만 전적으로 매달려서는 안 된다. 과거에도 그들의 예측은 수없이 빗나갔다는 사실을 잊지 말자.

결국 투자는 과학적 분석과 이에 기초한 시장전망도 중요하지만 강세장에서는 과감하게 던지고 약세장에서 느긋하게 인내하며 기다릴 수 있는 투자 철학이 필요한 것이다. 전문가의 전망을 믿지 말고 역발상으로 투자하라는 전문가의 조언에서도 알 수 있듯이 투자는 역발상과 기다림의 철학이 필요한 과목이다.

출처 : 재경일보, 2010. 10. 3 수정.

주요 용어

연습
문제

Ⅰ. 완성/선택형 문제

01. 재테크란 재무테크놀로지(financial technology)를 축약한 단어로 (　　　　)에 대한 고도의 지식과 기술을 의미한다.

02. 투자를 실시할 경우, 현재 특정 투자대상에 투입된 자금은 다른 용도로 사용될 수 없다. 따라서 투자에는 일종의 (　　　　)이 발생하게 된다.

03. (　　　　)은 가장 단순한 의미의 투자로서, 위험에 대한 보상보다는 화폐의 시간적 가치(time value of money)에 대한 보상을 중점적으로 추구하는 행위이다.

04. 아동기를 제외한 독신기와 부부기를 포함한 기간을 (　　　　)라고 하는데, 이는 일반 생애주기와 구별된다.

05. (　　　　)의 지속적인 상승은 화폐가치를 하락시키고 개인이나 가계의 실질구매력과 소득을 감소시킨다.

06. (　　　　)란 개인의 재무상태를 진단하고 문제점을 개선함으로써 재무목표를 달성하게 할 수 있도록 방향을 제시하는 과정을 말한다.

07. (　　　　)란 개인이 재무 계획과 관리를 통하여 달성하고자 하는 것을 의미한다. 개인은 이것을 설정함으로써 현재의 재무상태와 자신이 목표로 하는 미래의 재무상태를 비교하여 그 차이를 인식할 수 있다.

08. (　　　　)는 기업의 재무상태표와 유사한 것으로 일정 시점에서 개인 또는 가계의 재무상태를 나타낸 것으로서 자산, 부채, 순자산 등의 항목으로 구성된다.

09. (　　　　)는 기업의 손익계산서와 같이 일정 기간 동안 발생한 개인이나 가계의 수입과 지출 흐름을 파악하기 위한 재무제표로서 수입, 지출, 손익결산 등의 항목으로 구성된다.

10. 다음의 설명 중 가장 부적절한 것은?

① 재테크란 '돈을 모으는 기술' 또는 '재물을 증식시키는 기술'이라고도 한다.

② 투자란 정(+)의 이득을 바라면서 자금의 일부를 투자대상에 투입하는 것을 말한다.

③ 투자에는 현재 어떤 특정 투자에 투입된 자금은 다른 용도로 사용될 수 없기 때문에 일종의 기회비용(opportunity cost)이 발생하게 된다.

④ 저축은 가장 단순한 의미의 투자로서, 화폐의 시간적 가치(time value of money)에 대한 보상보다는 위험에 대한 보상을 중점적으로 추구하는 행위이다.

11. 다음 중 재테크가 필요한 이유를 설명한 문장으로 가장 적절하지 않은 것은?

① 재무생애주기상 현금흐름의 불균형을 해소한다.

② 부동산 이외에 다양한 금융상품의 출현으로 투자기회의 폭이 넓어지고 있다.

③ 과학기술의 발전으로 인간의 미래는 예측 가능하고 확실해진다.

④ 인간의 수명이 길어짐에 따라 노후에 대한 준비가 요구된다.

12. 다음 설명 중 가장 어색한 것은?

① 재무설계란 개인의 재무상태를 진단하고 문제점을 개선함으로써 개인이 재무목표를 달성할 수 있도록 방향을 제시하는 과정을 말한다.

② 재무설계의 첫 단계는 개인의 삶의 목표, 즉 재무목표를 설정하는 것이다.

③ 재무목표란 개인이 재무 계획과 관리를 통하여 달성하고자 하는 것을 의미한다. 따라서 '나는 부자가 되겠다'는 것도 재무목표가 될 수 있다.

④ 개인은 일생 동안 결혼, 주택 마련, 자녀의 교육 및 결혼, 노후생활 등을 위하여 대규모의 자금을 필요로 하는데, 이와 같은 자금은 개인의 생애주기의 각 단계별로 그 중요성이 증가하거나 또는 감소하기도 한다.

II. 서술형 문제

01. 재테크의 의의 및 필요성에 대하여 설명하라.

02. 은퇴 후 자신에게 필요한 노후자금을 추정하라. 단, 〈표 1-1〉을 참고하되 노후자금 추정에 필요한 제반 가정은 각자 따로 설정하기 바람.

03. 생애주기 단계별 재테크 방안에 대하여 구체적인 예를 들어 설명하라.

04. 재무설계란 무엇인가? 그리고 재무설계와 재테크를 서로 비교하여 설명하라.

05. 재무목표란 무엇인가? 재무생애주기 단계별 재무목표를 예로 들어 설명하라.

06. 인터넷, 신문 및 잡지, 전문가 상담 등 각자 이용 가능한 방법을 활용하여 최근 인기를 끌고 있는 재테크 방안을 조사하여 설명하라.

금융시장과 금융기관

2

이 장의 개요

금융은 타인으로부터 자금을 빌리거나 타인에게 자금을 빌려주는 행위이다. 금융거래는 일시적인 자금 잉여 및 부족으로 인한 지출변동을 줄임으로써 소비나 기업 경영을 안정시키는 기능을 한다. 그리고 인적 · 물적 자본에 대한 투자기회를 확대함으로써 개인 또는 기업에게 성장의 기회를 제공한다.

금융거래에는 실물거래에 비해 역선택(adverse selection)이나 도덕적 해이(moral hazard) 등 정보의 비대칭(asymmetric information)으로 인한 문제가 심각할 수 있다. 이는 재화나 용역의 제공이라는 반대급부 없이 차입자의 미래상환 약속을 전제하여 자금이 일방적으로 이전되는 금융거래의 특성에 기인한다. 금융거래가 성사되려면 차입자가 상환의무를 성실히 지킬 것이라는 믿음이 전제되어야 하는데 차입자의 상환능력이나 의지는 외부에 잘 드러나지 않는다. 따라서 금융거래를 활성화하기 위해서는 차입자의 상환능력에 관한 정보가 금융시장에 원활히 공급되고 채무상환을 유인하는 제도적 장치가 마련되어 있어야 한다. 금융제도(financial system)는 금융거래에서 정보의 비대칭성 문제를 완화하고 거래비용을 줄임으로써 거래를 원활화하는 제도적 장치가 된다. 본 장에서는 금융제도 중에서 금융시장과 금융기관을 중심으로 살펴보고자 한다.

▲ 초고층 금융사 빌딩들이 즐비한 여의도에 최근 국제금융센터(IFC) 건물까지 들어서게 됨으로써 여의도가 뉴욕의 월가를 연상케 하는 증권 · 금융 산업의 허브로 발전하고 있다.

1. 금융시장의 이해

1.1 금융과 금융제도

금융은 타인으로부터 자금을 빌리거나 타인에게 자금을 빌려주는 행위이다. 이러한 금융은 일시적인 자금 잉여 및 부족으로 인한 지출변동을 줄임으로써 소비나 기업 경영을 안정시키는 기능을 한다. 그리고 인적 · 물적 자본에 대한 투자기회를 확대함으로써 개인 또는 기업에게 성장의 기회를 제공한다.

금융거래는 재화나 용역의 제공이라는 반대급부 없이 차입자의 상환 약속을 전제로 자금이 일방적으로 이전되는 특성을 지닌다. 따라서 금융거래가 제대로 성사되려면 차입자가 상환의무를 성실히 지킬 것이라는 믿음이 전제되어야 한다. 그러나 실제 금융거래에 있어서 차입자의 상환능력이나 의지는 외부에 잘 드러나지 않는다. 이런 점에서 금융거래에는 실물거래에 비해 정보의 비대칭(asymmetric information)으로 인한 역선택(adverse selection)이나 도덕적 해이(moral hazard) 등의 문제가 따를 수 있다. 그러므로 금융거래를 활성화하기 위해서는 차입자의 상환능력에 관한 정보가 금융시장에 원활히 공급되고 채무상환을 유인하는 제도적 장치가 마련되어 있어야 한다.

금융제도(financial system)는 금융거래에서 이러한 정보의 비대칭성 문제를 완화하고 거래비용을 줄임으로써 거래를 용이하게 만드는 제도적 장치를 말한다. 금융제도는 금융거래가 이루어지는 금융시장과 금융거래를 중개하는 금융기관, 그리고 금융하부구조 등의 세 가지 영역을 포함한다. 여기서 금융하부구조란 금융거래가 원활히 이루어지도록 금융시장 및 금융기관을 지원 · 감시하는 법률체계를 의미한다. 금융하부구조의 예로는 중앙은행제도, 지급결제제도, 금융감독제도, 예금보험제도 등이 있다. 금융하부구조가 선진화되면 금융거래가 투명해지고 금융기관의 위험관리 능력이 향상되며 금융중개비용이 절감되는 등 그만큼 금융의 효율성을 증진시킬 수 있다.

정보의 비대칭성, 역선택, 도덕적 해이

알아두기 2-1

■ 정보의 비대칭과 역선택

정보의 비대칭은 시장에서의 각 거래주체가 보유한 정보에 차이가 있을 때, 그 불균등한 정보 구조를 말한다. 정보의 비대칭이라고 하는 용어는, 미국의 이론 경제학자 조지 애컬로프가 1970년에 발표한 논문 "The Market for Lemons : Quality Uncertainty and the Market Mechanism"에서 처음으로 등장했다. 이 논문은 중고차 시장을 예로 들어 정보의 비대칭이 시장에 미치는 영향을 다루었다. 중고차 시장에 고품질 중고차(1천만원)와 저품질 중고차(5백만원)가 각각 50%의 비율로 존재하고, 정보의 비대칭으로 인해 구매자는 판매자와 달리 중고차의 품질을 판단하기 어렵다고 하자. 이러한 경우 구매자는 고품질 중고차와 저품질 중고차의 평균 가격인 750만원(= 1,000만원 × 50% + 500만원 × 50%) 수준에서 중고차의 가치를 부여하게 되며, 이를 예상한 판매자는 750만원보다 높은 가격의 중고차 판매를 포기하게 된다. 따라서 중고차 시장에는 저품질의 중고차만 남게 되며, 그 결과 구매자는 고품질의 중고차보다는 저품질의 중고차를 구입할 가능성이 높아진다. 이와 같이 정보의 비대칭이 존재하는 시장, 즉 의사결정에 필요한 정보가 충분하지 않은 상황에서 불리한 선택을 하게 되는 것을 역선택이라고 한다.

■ 도덕적 해이

도덕적 해이는 '윤리적 · 법적으로 자신이 해야 할 최선의 의무를 다하지 않은 행위' 또는 '법 · 제도적 허점을 이용하여 자기 책임을 소홀히 하는 행동'을 말한다. 이는 정보가 불투명하고 비대칭적이어서 상대방의 향후 행동을 예측할 수 없거나, 본인이 최선을 다한다 해도 자신에게 돌아오는 혜택이 별로 없을 때 발생한다. 도덕적 해이는 원래 보험가입자들의 부도덕한 행위를 가리키는 말에서 나온 개념이다. 도덕적 해이의 예로는 화재보험 가입자가 보험을 믿고 화재 예방 노력을 소홀히 함으로써 결국은 화재 발생 가능성이 높아지게 되는 것을 들 수 있다.

1.2 금융시장의 구조

금융시장(financial market)은 자금의 수요자와 공급자가 금융거래를 하는 조직화된 장소를 말한다. 이러한 금융시장은 금리(interest)라는 가격변수를 통해 자금의 수요와 공급을 조절하는 중요한 기능을 한다. 금융시장은 자금의 매개방법에 따라 직접금융시장과 간접금융시장으로 구분할 수 있다. 간접금융시장(indirect financial market)은 은행과 같은 금융중개기관이 자금의 수요자와 공급자 사이의 매개체 역할을 담당하는 시장이다. 간접금융시장에서 취급하는 금융상품은 예금과 적금이 대표적이며, 이러한 금융상품에 투자하려는 사람들은 이자와 중개기관의 신용에 관심을 갖는다. 반면 **직접금융시장**(direct financial market)은 자금의 수요자가 공급자로부터 자금을 직접 조달하는 시장을 말한다.

▲ 세계 금융시장의 심장부라고 할 수 있는 뉴욕증권거래소. 이곳에서 거래되는 자본 규모는 전 세계의 30% 정도가 된다.

한편 금융시장은 자금 공급기간에 따라 화폐시장과 자본시장으로 나눌 수 있다. **화폐시장**(money market)은 통상 만기가 1년 이내인 금융상품이 거래되는 단기금융시장이다. 화폐시장에서 거래되는 금융상품은 콜, 기업어음, 양도성예금증서, 환매조건부채권 등이다. 이러한 금융상품은 수익성과 발행기관의 신용도에 따라 인기가 달라진다.[1]

자본시장(capital market)은 주로 만기가 1년 이상인 금융상품이 거래되는 장기자본시장이다. 자본시장은 거래대상, 즉 거래되는 금융상품의 유형에 따라 채권시장과 주식시장으로 나눌 수 있는데, 이를 통칭하여 **증권시장**(securities market)이라 한다. 증권시장은 유가증권의 발행이 이루어지는 발행시장과 이미 발행된 유가증권이 투자자 상호 간 거래가 이루어지는 유통시장을 포함한다. 증권시장에서는 최근 기업 및 금융기관의 자금조달수단으로 새롭게 부각되고 있는 자산유동화증권(asset-backed securities ; ABS)의 거래도 이뤄지고 있다.[2]

▲ 외환은행 본점의 딜러들이 외환시장의 추이를 살펴보는 모습

금융상품의 특성을 고려할 때, 외환시장과 파생금융상품시장을 넓은 범위의 자

1. 각종 금융상품에 대한 세부내용은 제II편 금융상품의 활용을 참조하기 바람.
2. 자산유동화증권은 부동산, 매출채권, 주택저당채권 등과 같이 유동성이 낮은 자산을 기초로 발행되는 증권이다. 이와 관련된 구체적인 내용은 제11장 〈알아두기 11-1〉을 참조하기 바람.

본시장에 포함하기도 한다. 외환시장이란 외환의 수요자와 공급자 간에 외환거래가 정기적 또는 지속적으로 이루어지는 시장을 가리킨다. 외환시장은 일반 고객과 외국환은행 사이에 외환거래가 이루어지는 대고객 시장과 외국환은행 간 외환거래가 이루어지는 은행간 시장으로 나누어진다. 그러나 매매기준율이 은행간 시장에서 결정됨에 따라 일반적으로 외환시장은 은행간 시장을 의미한다. 파생금융상품시장은 옵션, 선물, 스왑 등의 파생금융상품이 거래되는 시장을 말한다.

이상에서 소개한 우리나라 금융시장의 구조를 나타내면 [그림 2-1]과 같다.

그림 2-1 우리나라 금융시장의 구조

자료 : 한국은행(한국의 금융제도, 2011 수정)

2. 증권시장

2.1 증권시장의 유형

증권시장은 거래되는 상품의 유형에 따라 주식시장과 채권시장으로 나누어진다. 그리고 시장이 담당하는 기능(function)에 따라 발행시장과 유통시장으로 구분된다.

1) 발행시장

발행시장(primary market)은 새로이 발행된 증권이 발행자로부터 최초의 투자자에게 판매되는 시장이다. 발행시장에는 자금수요자인 발행자가 자금공급자인 투자자들에게 증권을 새로 발행하여 제공함으로써 자금을 조달하는 일련의 과정이 포함된다.

발행시장은 다음과 같은 특징을 지닌다. 첫째, 발행시장은 물리적 실체가 존재하지 않는 추상적인 시장이다. 둘째, 새로운 증권이 최초로 출현하는 시장이라는 점에서 1차 시장(primary market)이다. 셋째, 자금의 흐름이 투자자에서 발행기관을 거쳐 자금수요자인 발행자에게로 이루어지는 수직적 관계를 보이므로 종적 시장이다.

발행시장은 [그림 2-2]에 제시된 바와 같이 발행주체(발행자), 투자자, 그리고 발행기관 등으로 구성된다. 발행주체는 자금을 조달하기 위해서 증권을 발행하는 당사자로, 기업과 정부 등을 예로 들 수 있다. 그리고 투자자는 발행시장에서 발행된 증권을 최종적으로 취득하는 자로, 일반 투자자와 기관투자자로 구분된다. 일반 투자자는 개인에 해당되며, 기관투자자는 증권시장에서 대규모의 자금으로 투자활동을 하는 주체로 거대 자금을 이용하여 주식과 채권에 전문적으로 투자하는 법인 형태의 투자자를 말한다. 한편 발행기관은 발행주체와 투자자를 원활하게 연결시켜주는 기능을 담당하는 기관으로, 증권회사, 은행, 투자신탁사 등을 말한다.

한편 증권의 발행이 발행주체와 투자자 사이에 직접적으로 이뤄지는 방식을

그림 2-2 발행시장의 구조

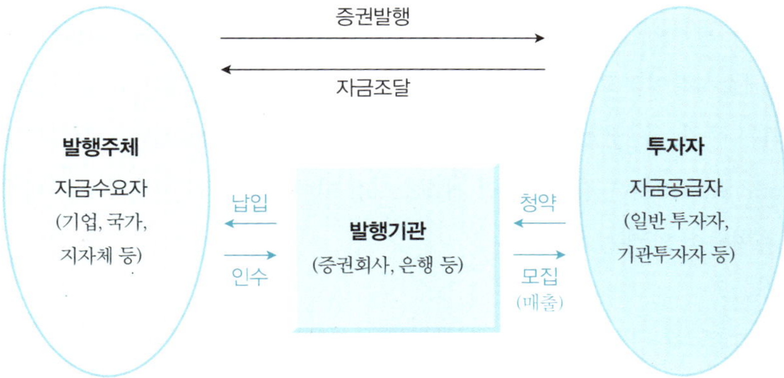

※ 검정색 실선은 직접발행, 청색 실선은 간접발행을 의미함.

직접발행이라 하고, 중개기관인 발행기관을 통하여 실시되는 것을 간접발행이라고 한다.

2) 유통시장

유통시장은 발행시장을 통하여 이미 발행된 증권이 거래되는 시장으로 2차 시장(secondary market)이라 한다. 또한 투자자 상호 간의 증권거래는 거래소(organized exchange)라는 조직을 통해 이루어지는 것이 보통이기 때문에 유통시장은 일정한 조직과 설비, 그리고 장소를 갖고 있는 구체적 시장으로 이해된다. 그리고 투자자 상호 간 수평적 관계에서 거래가 이루어지기 때문에 횡적 시장이라고도 한다. 일반적으로 유통시장은 투자자, 증권거래소, 그리고 투자자와 증권거래소를 연결해 주는 증권회사 등으로 구성된다.

유통시장은 발행시장에서 발행된 증권에 대한 매매거래를 가능하게 함으로써 주식의 시장성과 유동성을 증진시킨다. 그 결과 시장에서 증권의 담보가치를 증가시키고, 기업으로 하여금 자본조달을 용이하게 한다. 또한 유통시장은 기업이 발행하는 증권의 공정한 가격 형성을 돕고, 이와 같은 가격은 추후 신규로 발행될 증권의 가치를 산정하는 데 기초정보로 활용될 수 있다.

유통시장은 시장조직의 형태에 따라 장내시장과 장외시장으로 나눌 수 있다. 장내시장은 일정한 시설과 장소를 갖추고 다수의 매매당사자들이 정해진 시간에 일정한 규칙에 따라 계속적으로 증권의 매매가 이뤄지는 고도로 조직화된 시장으로, 거래소시장이라고도 한다. 장내시장에서는 상장심사를 통하여 일정한 요건을 충족하는 증권, 즉 상장(listing)된 증권에 한하여 거래가 허용된다.[3] 장외시장(over the counter ; OTC)은 장내시장인 거래소시장 밖에서 증권의 거래가 이루어지는 시장을 총칭하여 일컫는 시장이다.

2.2 증권시장의 기능

증권시장은 '자본주의 경제의 꽃' 이라 할 정도로 중요한 기능을 수행하고 있다. 그중에서도 가장 대표적인 것들을 살펴보면 다음과 같다.

1) 산업자본의 조달

일반적으로 기업이 생산활동을 수행하기 위해서는 필연적으로 대규모의 자금을 필요로 한다. 기업은 증권시장을 통하여 대규모의 자금을 조달할 수 있는데, 이는 증권시장이 일반 대중으로부터 소규모의 자금을 모아 기업에게 대규모의 자금을 제공하는 방식으로 이루어진다. 이러한 점에서 증권시장은 대규모의 산업자금을 조성하여 기업에게 제공함으로써 국가경제 발전에 중요한 역할을 담당하고 있다.

2) 투자수단의 제공

증권을 발행하는 발행자의 입장에서 볼 때 증권시장은 소요자금을 조달하는 자금조달처로서의 역할을 담당한다. 한편 투자자의 입장에서 보면 증권시장은 재산증식을 위하여 활용 가능한 증권이라는 투자수단을 제공한다.

투자자들이 자산을 운용하는 방법은 대체로 부동산이나 귀금속과 같이 실물자

---

3. 장내시장에 상장된 증권을 상장증권이라 하고, 상장증권을 발행한 회사를 상장회사라 한다.

산에 대한 투자와 은행예금 및 증권과 같은 금융자산에 대한 투자로 구분된다. 일반적으로 개인투자자들은 경제가 안정적으로 성장함에 따라 실물자산보다 금융자산에 대한 투자를 선호하게 되며, 금융자산 중에서도 은행예금과 같은 간접투자보다는 경제성장률에 비례하여 수익률이 높아지는 증권투자와 같은 직접투자를 선호하는 경향이 있다.

3) 금융 · 재정 정책의 목표실현에 기여

정부는 증권시장과 같은 공개시장에서 국공채를 매입 · 매각하여 통화량과 이자율을 조절함으로써 금융정책의 제반 목표를 실현하고자 한다. 예를 들어 시중에 자금사정이 악화되어 산업활동이 위축될 우려가 있는 경우 정부가 증권시장을 통하여 공개적으로 국공채를 매입하여 시중에 통화량을 증가시킴으로써 자금사정을 호전시킨다. 반대로 시중에 자금이 너무 많다고 여겨질 경우 국공채를 매각하여 자금을 회수함으로써 시중의 통화량을 감소시켜 유동성을 줄인다. 한편 증권시장은 도로 및 항만 건설, 기간산업 육성 등 정부의 재정지출에 필요한 자금을 조달하는 데 도움을 준다. 이러한 점에서 증권시장은 정부의 재정정책이 효과적으로 수행될 수 있도록 하는 데 기여한다.

알아두기 2-2

자본시장과 금융투자업에 관한 법률 : 자본시장법

'자본시장과 금융투자업에 관한 법률'은 일명 '자본시장법' 또는 '자본시장통합법'이라고도 하는데, 2006년 8월 3일에 제정되어 2009년 2월 4일부터 시행되었다. '자본시장법'은 자본시장에서 금융혁신과 공정한 경쟁을 촉진하고 투자자를 보호하며 금융투자업을 건전하게 육성함으로써 자본시장의 공정성, 신뢰성, 효율성을 높여 국민경제 발전에 기여하는 것을 목적으로 한다. 그리고 이 법률의 기본 방향은 자본시장의 규제 및 금융관행을 개혁하고 투자자 보호 기능을 강화하는 것이다. 자본시장법은 종전의 증권거래법, 선물거래법, 간접투자자산운용업법, 신탁업법, 종합금융회사에 관한 법률, 증권거래소법 등 6개 법을 폐지하면서 개편된 법률이다. 자본시장법의 주요 내용은 다음과 같다.

- **금융투자업 상호 간 겸영 허용** : 종전에는 개별 법률에 의거하여 운영해 오던 증권업, 자산운용업, 선물업, 신탁업 등 자본시장과 관련된 금융업이 금융투자업으로 통합된다. 이에 따라 일

정한 요건을 갖추면 은행과 보험을 제외한 모든 금융업무를 취급할 수 있다. 증권사와 자산운용사를 하나로 합칠 수도 있고, 별도의 법인으로 겸영할 수도 있다.

- **포괄주의 규제로 전환** : 종전에 금융회사는 법률에서 규정한 금융상품만 판매할 수 있었으나, 포괄주의 규제로 전환함에 따라 일정 요건만 충족하면 법률에서 규정하지 않은 금융상품도 판매할 수 있다.
- **투자자보호 확대** : 투자자보호를 강화하여 손해와 관련된 입증 책임을 금융투자회사에게 두었다. 이에 따라 금융투자회사에는 투자자의 투자목적과 재산상황, 투자경험 등을 파악하여 해당 투자자에게 적합한 상품만을 권유하여야 하는 적합성의 원칙이 적용된다. 그리고 설명의무와 손해배상책임을 법률로 규정하며, 투자자가 요청하지 않은 투자권유와 투자자의 의사에 반하는 재권유 등이 법률로 금지된다. 이밖에 계약해지권과 수수료 비교 공시, 제재조치 공개 의무 등을 규정하고 있다.
- **증권사에 대한 지급결제 업무 허용** : 증권사에 지급결제 권한을 부여함으로써 이용자가 증권사 종합자산관리계좌(CMA)에 급여를 자동이체하면서 필요할 때 증권이나 파생상품에 투자하고, 신용카드 결제나 각종 공과금 납부, 송금, 현금자동출납기를 통한 입출금 등을 할 수 있게 되었다.

3. 한국거래소

우리나라의 증권시장에 해당하는 한국거래소(Korea Exchange ; KRX)는 '자본시장과 금융투자업에 관한 법률' 에 의거하여 공식 출범하게 되었다. 한국거래소의 설립목적은 증권 및 장내파생상품의 공정한 가격 형성과 그 매매, 그 밖의 거래의 안정성 및 효율성을 도모하기 위함이다.

3.1 연혁

한국거래소는 대한민국의 유가증권, 선물 등의 거래시장 개설 및 관리, 유가증권 상장 등의 업무를 담당하는 통합거래소이다. 한국거래소는 '자본시장과 금융

그림 2-3 한국거래소(www.krx.co.kr) 홈페이지

투자업에 관한 법률' 시행에 따라 기존의 한국증권선물거래소에서 상호가 변경되어 2009년 2월 4일에 출범하게 되었다. 이런 점에서 한국거래소의 전신은 한국증권선물거래소법에 따라 2005년 1월 27일에 출범하였던 한국증권선물거래소이다. 한국증권선물거래소는 한국증권거래소, 코스닥위원회, ㈜코스닥증권시장, 한국선물거래소 등 기존 4개 기관이 통합되어 설립되었다. 한국증권거래소의 모체는 1956년 금융단, 보험단, 증권단 등이 공동출자하여 회원제 단체로 발족된 대한증권거래소라고 할 수 있다. 코스닥시장은 1996년 7월에 ㈜코스닥증권시장에 의해 개설되었다. 코스닥시장의 전신은 1987년 구(舊)한국증권업협회가 개설하였던 장외 주식시장에서 찾을 수 있다. 한국선물거래소는 1999년 2월에 설립되어 그해 4월에 옵션, 선물 등의 파생상품 거래가 가능한 선물시장을 개설하였다.

▲ 여의도에 위치한 한국거래소

3.2 조직구조

한국거래소의 조직구조는 과거 한국증권선물거래소의 형태와 동일하다. 현재 한국거래소는 산하에 경영지원, 유가증권시장, 코스닥시장, 파생상품시장, 시장감시위원회 등 총 5개의 본부로 구성되어 있다. 이 중에서 유가증권시장본부, 코스닥시장본부, 파생상품시장본부는 각각 유가증권시장, 코스닥시장, 파생상품시장에서 시장의 개설 및 운영, 증권 및 파생상품의 매매에 관한 업무 등을 담당하고 있다. 경영지원본부는 인사, 총무, IT, 홍보 등의 업무를 총괄하여 수행함으로써 유가증권시장, 코스닥시장, 파생상품시장 등 3개의 시장본부와 시장감시본부의 원활한 업무수행을 지원한다. 시장감시위원회는 증권 · 선물시장에서의 이상매매적출 심리, 회원 감리, 분쟁조정 등 자율규제 업무를 수행한다.

3.3 주요 업무

1) 증권의 상장에 관한 업무

상장(listing)이란 엄격한 심사를 통하여 일정한 요건에 해당하는 기업이 발행한 증권만이 거래소시장에서 매매될 수 있도록 자격을 주는 제도를 말한다. 따라서 거래소시장에서는 상장심사를 통하여 일정한 자격이 부여된 증권에 한하여 매매거래가 허용된다. 즉, 모든 회사가 발행하는 유가증권들이 무조건 매매될 수 있는 것은 아니다. 왜냐하면 부실한 기업이 발행한 유가증권의 매매가 허용될 경우 선량한 일반 투자자들이 손해를 입을 수 있기 때문이다. 한국거래소는 이러한 상장에 관한 업무를 담당하는 국내 유일의 기관이다.

2) 증권의 매매체결 및 그 결과의 처리

한국거래소는 [그림 2-4]와 같은 매매거래 절차에 따라 증권의 매매체결 및 그 결과를 처리한다. 이에 관한 내용을 세부적으로 살펴보면 다음과 같다. 먼저 증권을 사거나 팔고자 하는 사람이 증권회사 영업점에 직접 방문하거나 전화 또는 인터

그림 2-4 증권의 매매거래 절차

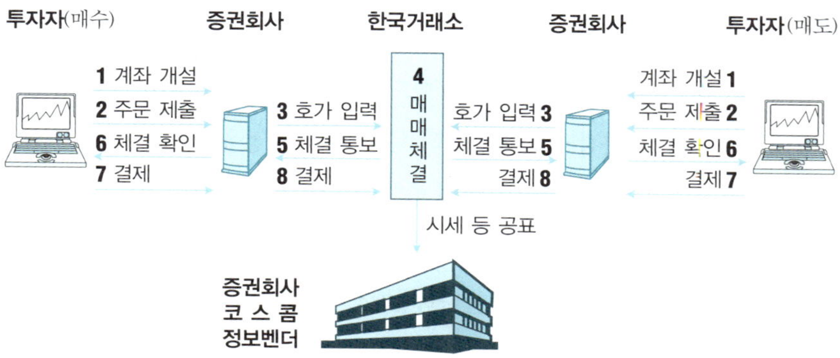

넷 등을 통하여 주문을 낸다. 해당 주문은 증권회사 영업점과 한국거래소를 연결하는 컴퓨터를 통하여 즉시 한국거래소로 전달된다. 한국거래소에 전달된 투자자들의 주문은 매매체결 컴퓨터에 의해서 자동적으로 매매가 이루어진다. 매매가 체결되면 그러한 결과는 컴퓨터에 의하여 주문을 낸 증권회사의 영업점에 전달되고, 그 영업점은 주문을 낸 투자자에게 그 결과를 통지한다. 또한 투자자의 주문이 제출되고 매매가 이루어질 때마다 그 주문가격과 체결가격 등에 관한 정보가 증권시장과 증권회사 영업점에 설치된 시세게시판, 증권정보문의 단말기, 컴퓨터 통신망 등을 통하여 투자자들에게 제공된다.

3) 공시에 관한 업무

공시는 기업의 중요 정보, 즉 영업실적, 재무상태, 합병, 증자 등을 이해관계자들에게 정기적, 그리고 수시로 공개하도록 하여 투자자 스스로 자유로운 판단과 책임 하에 투자결정을 하도록 하는 제도이다. 한국거래소는 상장회사의 재무상황, 경영상태 등 증권가격에 영향을 미칠 수 있는 정보를 투자자에게 알려주는 기업내용 공시업무를 담당한다.

4) 감리업무

증권시장에서 형성되는 증권가격은 수요와 공급의 원칙에 따라 다수의 투자자 간 경쟁을 통하여 공정하게 형성되어야 한다. 한국거래소는 공정한 가격 형성과 투자자보호를 위하여 주가감시와 매매심리 등 일련의 과정을 포함하는 업무를 담당하는데, 이와 관련된 업무를 감리업무라 한다.

주가감시는 증권시장의 매매상황을 주시하여 불공정거래 요소가 개입될 수 있는 이상매매를 적출하는 것을 의미한다. 매매심리란 불공정거래와 관련된 각종 풍문정보를 수집 · 분석하는 한편, 이상매매로 색출된 종목에 대하여 불공정거래 여부를 조사하여 그 결과에 따라 해당 증권회사 및 금융감독원에 통보하는 조치를 말한다.

5) 분쟁조정업무

일상적인 상거래와 마찬가지로 증권시장에서도 매매거래와 관련하여 고객과 증권회사(거래소회원 자격을 지닌 증권회사) 간 또는 증권회사와 증권회사 간에 분쟁이 발생될 수 있다. 이러한 경우 한국거래소에서는 분쟁당사자가 과다한 비용과 오랜 시간이 소요되는 소송절차로 인한 손실을 부담하지 않도록 상호 양보에 의해 신속하고 경제적으로 분쟁을 해결할 수 있도록 도와주는 분쟁조정업무를 수행하고 있다. 분쟁당사자 일방으로부터 분쟁조정 신청이 접수되면 한국거래소는 당해 사건에 대한 면밀한 사실조사를 수행하며, 이를 바탕으로 외부의 전문가로 구성된 분쟁조정위원회가 당사자 의견 청취, 사실관계 확인 등을 거쳐 공정하고 합리적인 조정안을 도출하고, 양 당사자가 이를 수락함으로써 조정이 이루어진다.

4. 금융기관의 의의와 유형

4.1 금융기관의 의의

금융기관(financial institution)이란 금융을 영업으로 하는 기관으로 자금공급자로부터 자금을 조달하여 융자 또는 유가증권을 매입하는 등의 행위를 통하여 그 자금을 자금수요자에게 이전하는 기능을 담당하는 조직이다.

경제주체는 크게 가계, 기업, 정부 등으로 구별된다. 이들 주체는 자금의 사정에 따라 자금공급자 또는 자금수요자가 될 수 있다. 일반적으로 가계는 자금이 여유로운 자금공급자로 분류되고, 기업 및 정부는 각각 투자와 재정활동을 영위하는데 거대 자금을 필요로 하므로 자금이 부족한 자금수요자에 속한다. 국민경제 전체로 보면 항상 저축과 투자가 일치하지만 개별 경제주체로 보면 자신의 수입과 지출이 항상 일치하는 것은 아니다. 따라서 금융기관은 자금공급자로부터 자금을 흡수하여 이를 자금수요자에게 연결시켜주는 역할로서 기여하는 바가 크다.

한편 금융기관뿐만 아니라 일반 기업도 금융행위를 수행할 수 있으나, 이들 상호 간에 엄격한 차이가 존재한다. 일반 기업에게 있어서 금융행위는 생산활동에 수반되는 2차적인 활동인 반면, 금융기관에 있어서 금융행위는 금융행위 자체가 본연의 업무활동에 속한다.

그동안 정보통신 기술의 발달, 방카슈랑스 등과 같은 새로운 제도 도입, 금융규제의 완화, 금융기관 간 인수 · 합병과 전략적 제휴 등의 영향으로 금융기관의 대형화와 겸업화 현상이 확대되어 왔다. 그 결과 은행, 증권, 보험 등의 금융업무를 통합하여 운용하는 금융서비스가 등장하게 되었다. 우리나라는 특히 2009년 '자본시장법'의 시행으로 금융투자업 상호 간 겸영을 허용함으로써 금융기관의 겸업화가 더욱 활성화되는 계기를 맞이하였다.

알아두기 2-3

방카슈랑스

방카슈랑스는 불어의 은행(banque)과 보험(assurance)의 합성어로, 일반적으로 은행 등 금융기관이 보험회사의 대리점 또는 중개사로 등록하여 보험상품을 판매하는 것을 말한다. 방카슈랑스 제도는 유럽에서 처음 도입되었으나, 우리나라에서도 국제 금융시장의 겸업화 추세에 따라 금융소비자의 편익 및 금융회사의 경쟁력 제고를 위해 2003년 8월부터 이 제도가 도입되었다. 하지만 방카슈랑스 도입 초기에 발생할 수 있는 부작용 및 보험시장에 미치는 충격을 최소화하고자 방카슈랑스 판매상품을 단계적으로 확대하여 허용하였다. 2003년 8월부터 1단계로 저축성 보험, 신용보험이 허용되었고, 2005년 4월부터 순수보장성 제3보험이 허용되었다. 그리고 환급형 제3보험은 2006년 10월부터 허용되었다. 한편 2008년 4월부터 개인용 자동차보험과 개인 보장성 보험이 허용될 예정이었으나 보험설계사의 대량 실직 등의 부작용이 우려되어, 논란 끝에 시행되지 못하고 있다.

출처 : 『금융감독용어사전』(금융감독원, 2011. 2).

4.2 금융기관의 유형

금융기관은 일반적으로 은행, 비은행예금취급기관, 보험회사, 금융투자회사, 기타 금융기관, 그리고 금융보조기관 등으로 구분한다.[4]

은행은 예금 등을 통해 획득한 자금을 규칙적이고 조직적으로 대출하는 업무를 수행하는 기관으로, 일반은행과 특수은행으로 구분된다. 일반은행은 시중은행, 지방은행, 외국은행의 지점을 포함한다. 특수은행은 은행법이 아닌 개별적인 특별법에 의해 설립되어 은행업무를 핵심 업무로 취급하는 금융기관이다. 여기에는 한국산업은행, 한국수출입은행, 기업은행, 농협은행 및 수협은행이 포함된다.

비은행예금취급기관은 은행과 유사한 여수신업무를 주요 업무로 취급하고 있지만 보다 제한적인 목적으로 설립되어 자금조달 및 운용 등에서 은행과는 상이한 규제를 받는 금융기관이다. 즉, 지급결제기능을 전혀 제공하지 못하거나 제한적으

4. 금융기관은 제1금융권, 제2금융권, 제3금융권 등으로 구분할 수 있다. 제1금융권은 은행법에 의해 설립되어 규제를 받는 일반은행과 특수은행법에 의해 설립된 특수은행을 포함한다. 종합금융회사, 투자신탁회사, 증권회사, 상호저축은행[구(舊) 상호신용금고], 신용협동기구, 보험회사, 증권금융회사와 은행에서 취급하는 은행신탁계정 등은 제2금융권에 속한다. 한편 여신전문금융기관(신용카드업, 시설대여업, 할부금융업, 신기술사업금융업) 등을 제3금융권으로 분류하기도 한다.

표 2-1 우리나라의 금융기관

대분류	소분류	세분류
은행	중앙은행	한국은행
	일반은행	시중은행 지방은행 외국은행 지점
	특수은행	한국산업은행 한국수출입은행 기업은행 농협은행 수협은행
비은행예금 취급기관	종합금융회사	
	상호저축은행	
	신용협동기구	신용협동조합 새마을금고 지역 농축협 및 수협
	우체국예금	
보험회사	생명보험회사	
	손해보험회사	손해보험회사 재보험회사 보증보험회사
	우체국보험	
	공제기관	농협공제, 새마을공제, 수협공제, 신협공제
금융투자회사	증권회사	
	자산운용회사	
	선물회사	
	투자자문회사	
	신탁회사	은행(외국은행 지점), 증권, 보험, 부동산신탁
기타 금융기관	금융지주회사	
	여신전문금융회사	시설대여회사 신용카드회사 할부금융회사 신기술금융회사
	벤처캐피탈회사	중소기업창업투자회사 기업구조조정전문회사
	증권금융회사	
	한국무역보험공사	
	한국투자공사	
	한국자산관리공사	
	한국주택금융공사	
금융보조기관	금융감독원	
	예금보험공사	
	금융결제원	
	신용보증기관	신용보증기금 기술보증기금
	신용정보회사	
	증권예탁결제원	
	한국거래소	
	자금중개회사	

주 : 금융투자회사의 소분류는 종래의 규제체계에 따른 기관별 분류에 따른 것임.
자료 : 한국은행 홈페이지(www.bok.or.kr), 2022. 5. 6.

로만 제공할 수 있는 등 취급업무의 범위가 은행에 비해 좁으며 영업대상이 개별 금융기관의 특성에 맞추어 사전적으로 제한되기도 한다. 비은행예금취급기관으로 분류되는 금융기관은 상호저축은행, 신용협동조합 · 새마을금고 · 지역 농축협 및 수협 등 신용협동기구, 그리고 종합금융회사 등이 있다.

보험회사는 사망 · 질병 또는 화재나 각종 사고에 대비한 보험을 인수 · 운영하는 기관이다. 보험회사는 업무 특성과 기관 특성을 함께 고려하여 생명보험회사, 손해보험회사, 우체국보험, 공제기관, 수출보험공사 등으로 구분된다. 손해보험회사에는 일반적인 손해보험회사 이외에 재보험회사와 보증보험회사 등이 있다.

금융투자회사는 '자본시장법' 에 따라 증권, 파생상품 등 금융투자상품과 관련된 업무(금융투자업)를 영위하는 기관이다. 금융투자업은 그 성격에 따라 투자매매업, 투자중개업, 투자자문업, 투자일임업, 집합투자업 및 신탁업 등으로 세분할 수 있다. 금융투자회사는 금융위원회 등록 및 인가를 통해 금융투자업의 일부 또는 전부를 영위하고 있다.

앞서 열거한 금융기관 업무와 다른 유형의 업무를 취급하는 기타 금융기관이 있다. 여기에는 수신기능 없이 여신업무만을 영위하는 여신전문금융회사(시설대여회사, 신용카드회사, 할부금융회사, 신기술금융회사), 벤처캐피탈회사(중소기업창업투자회사, 기업구조조정전문회사), 유가증권의 거래업무와 관련하여 필요한 자금의 대부 등을 목적으로 하는 증권금융회사, 그리고 한국자산관리공사, 한국주택금융공사 등이 있다.

한편 이상에서 소개한 금융기관과 별도로 금융보조기관이 있다. 금융보조기관은 금융거래에 직접 참여하기보다 금융제도가 원활하게 운영될 수 있도록 필요한 여건을 제공하는 업무를 담당한다. 금융보조기관으로는 금융하부구조와 관련된 업무를 영위하는 기관(금융감독원, 예금보험공사, 금융결제원)과 신용보증기관(신용보증기금과 기술보증기금), 그리고 신용정보회사, 증권예탁결제원, 한국거래소, 자금중개회사 등이 있다.

5. 은행

5.1 은행의 의의

은행(bank)이란 일반 대중으로부터 예금, 유가증권 또는 기타 채무증서의 발행을 통하여 획득한 자금을 규칙적이고 조직적으로 대출하는 업무를 영위하는 금융기관을 말한다.

일반적으로 은행이 담당하는 주요 업무를 소개하면 다음과 같다. 첫째, 화폐대차의 매개 업무이다. 이는 예금자로부터 흡수된 저축자금을 이용하여 자금을 필요로 하는 자금수요자에게 대출해 주고 그에 따른 이자를 주고받는 과정과 연관된 업무를 말한다. 둘째, 화폐지급의 매개 업무이다. 이는 은행에 보관된 화폐를 은행 장부상의 대체 처리만으로 서로 주고받을 수 있도록 하는 업무이다. 셋째, 신용창조 업무이다. 신용창조는 대출된 금액이 당좌예금으로 예치되면서 나타난 파생적 예금에 의하여 이루어진다. 예금의 일정률에 해당하는 금액만을 예금지급준비로 보유하고 나머지는 대출자금으로 활용할 수 있다. 그리고 대출된 자금이 다시 예치되어 새로운 예금이 생기면 그만큼 통화의 증가를 가져온다. 즉, 이 새로운 예금의 경우도 그 예금의 일정률에 해당하는 금액만을 예금지급준비로 보유하고 나머지는 대출 가능하다. 이러한 과정이 반복됨으로써 일정액의 본원적 예금(은행이 처음에 현금으로 받아들인 예

▲ 명동의 은행회관에 위치한 전국은행연합회. 전국은행연합회는 금융기관 상호 간 업무 협조 등을 목적으로 국내 모든 은행들이 중심이 되어 결성된 비영리 법인 조직이다.

▲ 우리나라 최초의 상업은행인 한성은행. 당시 이 은행은 서울 종로구 서린동에 위치하고 있었다.

금)보다 훨씬 많은 통화가 유통되게 되는데, 이것을 신용창조라 한다.

우리나라에 근대적 은행제도가 도입된 것은 일본 제일은행 부산지점이 개설된 1878년(고종 15년)이다. 1897년에 설립된 민족계의 한성은행은 우리나라 최초의 상업은행(commercial bank)에 해당하며, 1918년에 발족한 조선식산은행(한국산업은행의 전신)은 한국 최초의 특수은행에 속한다고 볼 수 있다.

5.2 한국은행

▲ 우리나라 중앙은행인 한국은행의 야간 전경

한국은행(Bank of Korea)은 한국의 중앙은행 겸 발권은행으로서 통화가치의 안정과 은행, 신용제도의 건전화, 물가안정에 의한 경제발전을 목적으로 설립되었다. 오늘날 한국은행의 전신이 되는 우리나라 최초의 중앙발권은행인 구(舊)한국은행은 1909년 11월에 설립되었다. 그 뒤 1911년 일본이 '조선은행법'을 제정 · 공포함에 따라 같은 해 8월 조선은행으로 개칭되어 8 · 15광복 때까지 존속하였다. 그 이후에도 조선은행은 기본적인 성격이나 체제에 별다른 변화 없이 중앙은행으로서의 기능을 계속 수행하였다. 그러나 당시 조선은행은 재정적자 및 신용팽창에 의한 통화량의 급증 등으로 인한 경제적 혼란과 극심한 인플레이션을 수습하는 데 한계를 보였다. 그리고 일제의 식민지 금융체제를 청산하고 자주적이고 민주적인 새로운 중앙은행의 필요성이 제기되었다. 이에 부응하여 1950년 6월 새로운 한국은행이 설립되었다.

한국은행은 화폐발행과 통화신용정책의 수립 및 집행, 금융시스템의 안정, 은행의 은행, 정부의 은행, 지급결제제도의 운영 · 관리, 외화자산의 보유 · 운용, 은행 경영분석 및 검사, 경제조사 및 통계작성 등의 기능을 수행한다. 그리고 한국은행은 일반업무, 발권업무, 국고업무, 외국환업무 등을 담당한다. 이 중 일반업무로는 일반 금융기관에 대한 예금 및 대출 업무와 공개시장 조작, 통화안정계정의 운용이 있고, 발권업무로는 한국 유일의 법화 발행기관으로서 은행권과 주화 발행 업무가 있다. 국고업무는 국고금의 수급 및 대정부 신용에 대한 업무이며, 외국환업무는 외국환의 관리와 관련 금융거래 업무를 말한다.

한국은행은 정책결정기구인 금융통화위원회, 집행기관, 감사 등으로 구성되어 있다. 금융통화위원회는 한국은행의 정책결정기구로서 통화신용정책 및 한국은행의 운영에 관한 주요 사항을 심의 · 의결하는 기구이다. 한국은행의 집행기관에는 총재, 부총재, 부총재보가 있다. 총재는 한국은행을 대표하고 조직을 거느려 다스리며 금융통화위원회 의장을 겸임한다. 한국은행은 집행기관과는 별도로 감사 1인을 두고 있는데, 감사는 한국은행의 업무를 상시 감사하며, 그 결과를 수시로 금융통화위원회에 보고한다. 또한 감사는 매년 종합감사보고서를 작성하여 정부와 금융통화위원회에 제출한다. 한국은행의 총재를 포함한 금융통화위원회 위원과 감사는 모두 대통령이 임명한다.

5.3 특수은행

특수은행은 은행법 이외의 특별한 법령에 따라 설립된 은행을 말한다.[5] 특수은행은 소외되기 쉬운 경제부문에 자금을 배분 · 공급하여 국민경제의 균형적 발전을 도모할 것을 목적으로 하고 있다. 이러한 특수은행은 영리성만을 추구하고자 단기금융 및 상업금융을 주된 업무로 취급하는 일반은행과 구별된다.

우리나라의 경우 특수은행으로는 한국산업은행, 한국수출입은행, 기업은행, 그리고 농업, 수산업 금융을 각각 담당하는 농협은행, 수협은행 등이 있다.

1) 한국산업은행

한국산업은행(Korea Development Bank)은 산업의 부흥과 국민경제의 발전을 촉진하기 위한 중요 산업자금을 공급할 목적으로, 한국산업은행법에 의해 설립되

5. 은행법에 의하여 설립된 은행인 일반은행에는 시중은행, 지방은행 등이 있다.

었다. 한국산업은행의 주요 업무는 주요 산업의 개발에 기여할 시설의 취득, 개량, 보수에 필요한 산업자금의 대출과 관리를 담당하고, 중요 산업자금의 조달과 관련된 사채와 공공단체 채권의 응모 및 인수, 채무의 보증인수, 그리고 산업금융채권 발행 등이다.

▲ 한국산업은행. 우리나라 경제발전에 필요한 산업자금을 공급하고자 한국산업은행법에 의거하여 설립되었다.

2) 한국수출입은행

한국수출입은행(Export-Import Bank of Korea)은 수출입, 해외투자 및 해외 자원개발에 필요한 자금을 공급할 목적으로 한국수출입은행법에 의해 1976년에 설립되었다. 한국수출입은행은 한국기업의 자본재 수출과 해외투자, 해외 자원개발, 주요 자원의 수입 등에 필요한 중장기 금융을 제공하여 우리나라의 경제발전과 국제협력을 도모하는 데 기여한 공적 수출신용기관이다. 이후 한국의 대외원조기금인 대외경제협력기금(EDCF)과 대북한 지원기금인 남북협력기금을 정부로부터 위탁받아 업무를 수행하고 있다. 본점은 서울 여의도에 있으며 전국 주요 광역시도에 지점이 있다. 이 외에 미국, 일본, 중국 등 세계 각국의 주요 도시에 사무소를 두고 있다.

▲ 한국수출입은행. 수출입, 해외투자 및 해외 자원개발에 필요한 금융을 공급할 목적으로 한국수출입은행법에 의해 설립되었다.

3) 기업은행

▲ 중소기업 지원 목적으로 설립된 기업은행

기업은행(Industrial Bank of Korea)은 중소기업에 대한 효율적인 신용제도 확립을 통한 중소기업의 원활한 경제활동 지원 및 경제적 지위 향상을 목적으로 1961년 7월 제정된 중소기업은행법에 의하여 설립되었다. 기업은행의 주요 사업은 중소기업자에 대한 자금의 대출과 어음의 할인, 예금과 적금 업무, 주무장관의 승인을 얻은 중소기업의 주식과 사채의 응모 · 인수 · 보증, 내 · 외국환과 보호예수, 지급승인, 국고대리, 정부 · 한국은행 및 기타 금융기관으로부터의 자금차입, 정부 · 공공단체의 위탁업무, 기타 부대업무 등이다. 영문 약자를 병행한 형태인 IBK기업은행으로도 불리는 기업은행은 한국거래소에 상장되어 있다. 자회사로는 IBK캐피탈, IBK투자증권, IBK연금보험, IBK자산운용 등이 있다.

4) 농협은행과 수협은행

농협은행은 '농업협동조합법' 에 따라 농협중앙회가 신용사업을 분리하여 설립한 은행을 말한다. 이러한 농협은행은 농업인과 조합에 필요한 금융을 제공함으로써 그들의 자율적인 경제활동을 지원하고 경제적 지위를 향상시킬 목적으로 설립된 것이다. 농협은행이 담당하는 주요 업무로는 농어촌자금 등 농업인 및 조합에게 필요한 자금의 대출, 조합 및 중앙회의 사업자금 대출, 국가나 공공단체의 업무대리, '은행법' 에 따른 은행업무와 부수업무 및 겸영업무 등을 들 수 있다. 농협은행은 각 지역마다 쉽게 찾아볼 수 있는 지역농협과 구분하여 'NH농협은행' 이라는 상호를 사용하고 있다.

한편 농협은행과 비교할 때 설립의 근거가 되는 법률이 다른 점을 제외하곤 설립 취지와 과정이 유사한 수협은행이 있다. 수협은행은 '수산업협동조합법' 에 따라 수협중앙회가 신용사업을 분리하여 설립한 은행이다. 이러한 수협은행은 어업인과 조합에 필요한 금융을 제공함으로써 그들의 자율적인 경제활동을 지원하고 경제적 지위를 향상시키는 것에 중점을 두고 있다. 수협은행은 지역 수협과 구분하여 'Sh수협은행' 이라는 상호를 사용한다.

5.4 시중은행과 지방은행

시중은행이란 대도시에 본점을 두고 전국적인 지점망을 갖추고 거액의 자금량을 보유한 은행이다. 우리나라의 시중은행은 당좌예금 · 보통예금 이외에 정기예금과 같은 장기적인 금융상품도 취급한다. 대출에 있어서도 단기대출 이외에 시설투자를 위한 장기적인 대출도 실시한다. 현재 시중은행으로는 국민은행, 신한은행, 우리은행, 하나은행, 한국스탠다드차타드은행, 시티은행, 인터넷 전문은행(케이뱅크, 카카오뱅크, 토스뱅크) 등이 있다.

한편 지방은행은 1967년 정부의 지방은행 설치 정책에 의해 지방의 금융지원을 목적으로 설립된 은행이다. 지방은행은 전국영업이 가능한 시중은행과 달리 정해진 영업구역 내에서만 영업점의 개설 및 영업이 가능하며 총여신의 70%가 해당 영업구역의 중소기업에게 지원하여야 한다. 지방은행은 당초 모두 10개가 설립되었으나, 그동안 퇴출과 합병 등의 이유로 2014년 현재 6개만 남아 있다. 현재 지방은행으로는 경남은행, 광주은행, 대구은행, 부산은행, 전북은행, 제주은행 등이 있다.

이상의 시중은행과 지방은행은 특수한 법률에 의하여 설립된 특수은행에 대비되는 개념의 일반은행으로서 공통점을 지닌다.

재테크 Tip

은행의 새로운 미래, 인터넷 전문은행

최근 높은 예금 이자율과 대출 상품을 선보이며 국내 세 번째 인터넷 전문은행 토스뱅크가 문을 열었다. 카카오뱅크와 케이뱅크에 이어 토스뱅크까지 등장하며 이제 인터넷 전문은행은 본격적으로 기존 은행과의 경쟁을 시작했다.

인터넷 전문은행은 간편한 사용법과 기능 덕분에 많은 사용자를 확보하고 있다. 카카오뱅크는 월간 사용자가 1,600만 명이 넘고, 최근 출범한 토스뱅크는 보름 만에 170만 명 이상의 사용자를 확보했다. 인터넷 전문은행은 여러 경쟁우위 요소와 다양한 서비스를 지속해서 선보이면서 새로운 금융의 청사진을 제시하기 시작했다. 인터넷 전문은행은 인터넷, IT 발달과 더불어 해외에서 먼저 탄생했다. 해외 인터넷 전문은행은 어떠한 특징을 갖고 있을까?

■ 인터넷 전문은행의 시작

인터넷 전문은행이 생겨난 당시 인터넷이 대표적인 채널이라 붙여진 명칭이다. 최근에는 모바일 전문은행 혹은 디지털 전문은행으로 부르기도 한다. 인터넷 전문은행은 1990년대 미국에서 처음 도입됐다. 이후 미국과 유럽을 중심으로 많은 국가에서 다양한 형태로 설립되기 시작했다.

해외 인터넷 전문은행은 여러 산업 분야의 기업이 출자해 설립된 형태가 많다. 은행, 신용카드사와 같은 금융기업이 설립한 인터넷 전문은행이 있고, GM과 BMW와 같이 자동차 제조 기업이 설립한 인터넷 전문은행도 있다. 중국의 경우 텐센트와 알리바바와 같은 대형 IT(정보통신기술) 기업이 설립한 인터넷 전문은행이 대표적이다. 이러한 인터넷 전문은행은 대부분 출자한 모회사의 상품 판매와 연계된 여신업무, 결제서비스 등을 주력 서비스로 제공하고 있다.

미국, 유럽 등지에서 수많은 새로운 인터넷 전문은행이 등장했지만, 20년이 지나면서 많은 은행이 폐업했다. 폐업한 인터넷 전문은행 대부분은 기존 은행과 차별화된 서비스를 제공하지 못했다. 일반적인 은행업무로는 경쟁력을 갖추지 못한 것이다. 살아남은 인터넷 전문은행들은 증권, 자동차, 유통 등 다른 산업과의 연계 서비스를 내놓으면서 고객을 유치하는 데 성공했다.

인터넷 전문은행으로의 경쟁력을 확보하기 위해서는 새로운 금융상품이나 기존에 제공하지 않았던 새로운 서비스가 필요하다. 많은 은행이 벤치마킹 대상으로 삼는 독일의 피도르(Fidor)은행이나 싱가포르개발은행(DBS)의 디지뱅크는 확실한 차별화 전략으로 경쟁력을 확보했다.

■ 커뮤니티 중심의 새로운 은행

독일의 피도르은행은 커뮤니티 기반의 인터넷 뱅킹 전략을 구사한다. 먼저 피도르 은행은 여러 협력사를 통해 다양한 금융서비스를 제공하면서 차별화 기반을 닦았다. 일반적인 은행업무 외에 P2P(개인 간)대출, 크라우드 펀딩, 주식, 귀금속 거래 등 다양한 서비스를 선보였다. 이와 동시에 고객 중심의 커뮤니티를 구축했다.

온라인 커뮤니티에서 고객이 참여할 수 있는 프로그램을 운영한다. 트위터, 페이스북, 유튜브 등 각종 소셜 미디어를 활용한다. 소셜 미디어에서 게시물의 '좋아요' 수가 일정 수준에 도달하면 저축예금의 이자가 올라간다. 이 과정에서 고객이 직접 이자율 결정에 참여한다. 유튜브 및 소셜 미디어에서 진행하는 각종 이벤트에 참여할 경우 참여도와 기여도에 따라 별도의 보상을 제공하는 등 고객 커뮤니티의 활성화를 추구한다.

싱가포르개발은행(DBS)은 일반 은행이지만 디지털 혁신을 추진하면서 인터넷 전문은행을 설립했다. 이 과정에서 기존 금융서비스가 아닌 비금융 생활 플랫폼을 구축했다. DBS 마켓플레이스라는 플랫폼을 통해 수백 개 기업과 제휴를 맺어 주택, 자동차, 여행, 교육 등의 서비스를 제공한다. 주택 구매 과정에서 필요한 금융서비스를 비롯해 중고차 판매와 항공권 구매 및 여행보험 가입 등의 서비스를 사용할 수 있다. 소상공인을 위한 B2B 서비스는 물론 음식 배달 결제와 같은 B2C 서비스로 확장하고 있다. 비금융서비스를 제공하면서 기존 금융서비스와 접점을 만들었다. 이 과정에서 클라우드 시스템을 활용하고 오픈 API 정책, 모바일 앱 전용 서비스 제공 등을 통해 은행의 디지털 전환 성공 사례를 만들어가고 있다.

카카오뱅크와 토스뱅크 등 국내 인터넷 전문은행은 낮은 수수료, 모바일 앱의 편리한 UX(사용자 경험) 등을 차별화 전략으로 내세우며 기존 은행과 경쟁하고 있다. 최근 토스는 사용자가 앱에 더 많은 시간을 머물며 커뮤니티 활성화로 이루어질 수 있도록 모바일 앱에 오픈 채팅방 기능을 새로 추가했다.

이제는 금융서비스를 제공하는 것만으로는 부족하다. 일반 시중은행도 인터넷 전문은행을 설립해 새로운 변화를 시도하려고 한다. 비금융서비스 전용 서비스를 개발하거나 플랫폼을 구축하려는 움직임은 이미 진행 중이다. 기존 고객이 플랫폼을 통해 다양한 라이프스타일 서비스와 온·오프라인 연계 서비스를 이용할 수 있도록 은행 자체 생태계를 만들어가는 혁신의 속도는 더욱 빨라질 전망이다.

출처 : 중앙일보, 윤준탁 대표(에이블랩스), 2021. 11. 2 수정.

6. 보험회사

6.1 보험의 개념과 유형

보험(insurance)은 사망, 질병 또는 화재 등의 우발적으로 발생하는 각종 사고의 위험으로부터 초래될 경제적 손실을 줄이고자 하는 목적에서 마련된 제도이다.

보험은 동일한 종류의 사고를 당할 가능성이 있는 다수의 경제주체들(보험계약자 집단)이 협동하여 합리적으로 산정한 금액(보험료)을 조달하여 공동재산을 형성한 뒤, 사고를 당한 경제주체에게 공동재산 중 일부를 급여(보험금)로 지급하는 방식으로 운영된다.

보험은 생명보험과 손해보험으로 분류된다. 생명보험(life insurance)은 피보험자가 사망하였을 경우 보험금을 지급하는 보험을 말하며, 넓은 의미에서는 인체와 관련된 사고나 재해가 발생하였을 경우 그로 인한 손실을 보상해 주는 보험을 말한다. 이와 같은 생명보험은 정액보험을 원칙으로 하고 있다. 정액보험은 보험금 지급 사유에 해당하는 특정 사고가 발생한 경우 피보험자에게 초래된 실제 손해액과 무관하게 계약 시 약속된 보험금 전액을 지급하는 방식의 보험을 말한다. 이러한 점에서 생명보험은 저축의 성격을 지니는 금융상품으로 취급되기도 한다.

손해보험(property insurance)은 화재, 도난 등 각종 사고로 인하여 발생되는 피보험자의 재산적 손실을 보상할 것을 목적으로 하는 보험이다. 손해보험의 유형에는 화재보험, 운송보험, 해상보험 등을 대표적으로 들 수 있다. 손해보험은 정액보험과 더불어 손해액에 따라 보험금이 달라지는 부정액보험도 있다. 그리고 손해보험은 사고가 발생되지 않으면 보험료로 적립한 돈을 일체 돌려받지 못하는 것이 원칙이다.

재테크 Tip

일상생활배상보험, 가입 전 꼼꼼히 살펴봐야

일상생활에서 뜻하지 않게 다른 사람의 신체나 재산에 피해를 입힌 경우 법률상 배상 책임을 져야 한다. 이를 대비할 수 있는 보험상품으로 일상생활배상책임보험이 있다. 이 보험은 주로 손해보험사의 통합보험, 주택화재보험, 어린이보험 등에 특약 형태로 들어가 있다. 이러한 경우 특약별로 피보험자가 다르고 보장 범위도 복잡해 소비자가 가입 시 유의하여야 할 사항도 많다. 그중에서도 특히 일상생활배상책임보험의 경우 2개 이상 가입할 필요가 없다는 점이다. 일생생활배상책임보험도 실손의료보험과 마찬가지로 사고가 발생하면 보험사들이 보험금을 나눠서 지불하기 때문에 배상책임보험에 2개 이상 들어도 1개에 가입했을 때와 마찬가지로 받는 돈에는 차이가 없다. 또한 보험가입 후 청약서의 기재사항이 바뀌거나 위험이 뚜렷이 증가하는 경우 보험사에 알려야 하고 이를 확인받지 않으면 향후 보상이 제한되거나 계약이 해지될 수 있으므로 조심해야 한다.

6.2 보험회사의 종류

보험회사는 다수의 보험계약자를 상대로 보험료를 받아 이 자금을 대출, 유가증권, 부동산 등 각종 투자에 운용하는 한편, 보험계약자에게 보험금 지급 사유가 발생할 경우 보험금을 지급하는 업무를 영위하는 금융기관이다. 대표적인 보험회사로는 생명보험과 손해보험을 각각 취급하는 생명보험회사와 손해보험회사를 들 수 있다. 그 외에도 특별한 목적에 대비한 보험을 취급하는 보험회사도 있는데, 그 예로 한국수출보험공사를 들 수 있다. 한국수출보험공사는 수출업자가 수출을 한 후 또는 금융기관이 수출금융을 제공한 후 수입자로부터 수출대금을 회수하지 못하여 발생하는 손실에 대비하여 보험 및 보증을 지원한다.

1) 생명보험회사

생명보험회사는 인체와 관련된 사고에 대하여 보험금을 지급하기로 약속한 보험증서를 발행하여 보험계약자로부터 보험료를 징수하고, 이 자금을 각종 투자에 운용하는 금융기관이다. 생명보험회사는 보험사고가 발생할 경우 보험계약자에게 보험금을 지급하고, 보험료에 의해 조달된 자금을 예금, 유가증권, 부동산, 신탁 등에 운용한다. 현재 생명보험회사로는 삼성생명, 한화생명, 교보생명, ING생명, 미

그림 2-5 생명보험협회(www.klif.or.kr) **홈페이지**

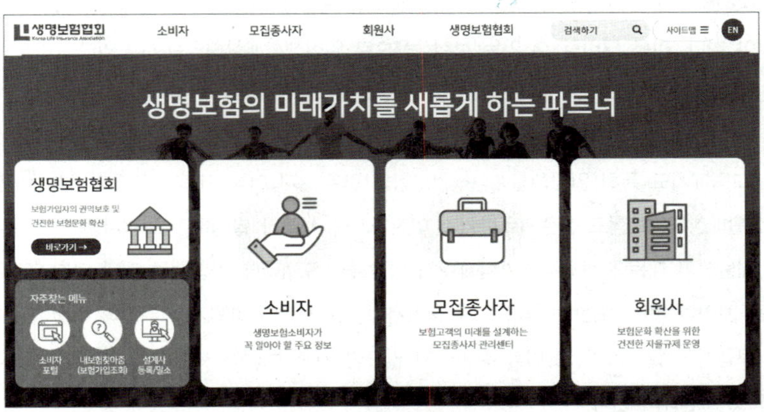

래에셋생명 등이 있다.

한편 이와 같은 생명보험회사를 회원으로 한 사단법인인 생명보험협회(Korea Life Insurance Association)가 있다. 이 조직은 생명보험사 간 현안문제 협의, 생명보험사업의 권익옹호와 홍보를 목적으로 설립되었다.

2) 손해보험회사

손해보험회사는 화재, 도난, 사고나 부주의로 인하여 발생하는 재산상의 손실에 대하여 보험금을 지급하기로 약속한 보험증서를 판매하고, 이로부터 조달된 자금을 각종 투자에 운용하는 금융기관이다.

손해보험회사가 취급하고 있는 보험종목은 그 부보대상에 따라 화재, 해상, 자동차, 보증, 특종, 장기저축성 보험 등 6가지로 구분된다. 손해보험회사는 생명보험회사에 비하여 보험증서의 만기가 비교적 짧고 현금유출입을 예측하기 어렵기 때문에 자금운용면에서 현금 및 예치금의 비중이 높고, 그 밖에 유가증권 · 부동산 · 대출금 등에 자금을 운용한다. 현재 손해보험회사로는 삼성화재, 현대해상화재보험, 동부화재, KB손해보험, 메리츠화재 등이 있다.

한편 국내외 손해보험사가 회원이 되어 손해보험협회(General Insurance

그림 2-6 손해보험협회(www.knia.or.kr) **홈페이지**

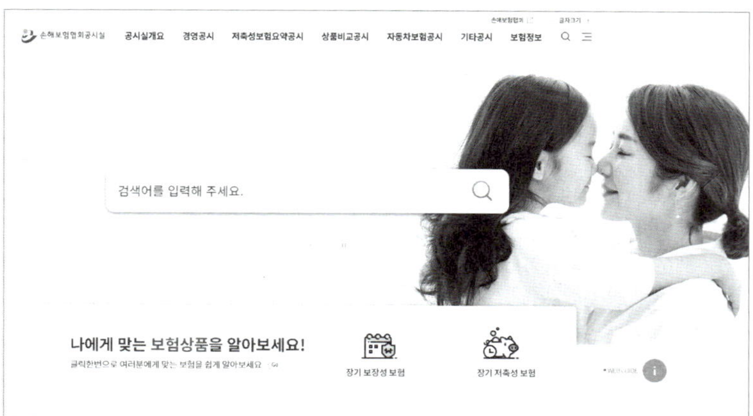

Association of Korea)가 설립되었는데, 이 조직은 손해보험사업자들 사이의 업무 질서 유지와 보험사업의 건전한 발전을 목적으로 하는 사단법인이다.

7. 금융투자회사

금융투자회사(financial investment company)는 '자본시장법'에 제시된 투자매매업, 투자중개업, 집합투자업, 투자자문업, 신탁업, 투자일임업 등 금융투자 업무의 전부 또는 일부를 담당하는 회사를 말한다. 〈표 2-2〉는 '자본시장법'에 따른 금융투자 업무의 유형과 함께 관련 금융투자회사를 분류한 예를 보여준다.

표 2-2 금융투자 업무와 금융투자회사의 유형

업무 유형	업무 내용	금융투자회사
투자매매업	금융회사가 자기 자금으로 금융투자상품을 매도 · 매수하거나 증권의 발행 · 인수 또는 권유 · 청약 · 승낙하는 것	증권회사 선물회사
투자중개업	금융회사가 고객으로 하여금 금융투자상품을 매도 · 매수하거나 증권의 발행 · 인수 또는 권유 · 청약 · 승낙할 수 있도록 중개하는 것	증권회사 선물회사
집합투자업	2인 이상에게 투자를 권유하여 모은 금전 등을 투자자 등으로부터 일상적인 운영지시를 받지 않으면서 운용하고 그 결과를 투자자에게 배분하여 귀속시키는 것을 영업으로 하는 것	자산운용회사
신탁업	신탁법에 의한 신탁을 영업으로 하는 것	신탁회사 증권회사 자산운용회사
투자자문업	금융투자상품의 가치 또는 투자 판단에 관하여 자문을 하는 것을 영업으로 하는 것	투자자문회사 증권회사 자산운용회사
투자일임업	투자자로부터 금융상품에 대한 투자 판단의 전부 또는 일부를 일임받아 투자자별로 구분하여 자산을 취득 · 처분, 그 밖의 방법으로 운용하는 것을 영업으로 하는 것	투자일임회사 증권회사 자산운용회사

출처 : 『대학생을 위한 실용 금융』(금융감독원, 2015) 수정.

7.1 증권회사

증권회사(securities company)는 유가증권의 발행 및 유통에 관한 사무를 담당하는 증권업자로, 증권을 발행하는 기업과 일반 투자자의 중간에서 자금조달과 일반 대중의 증권투자를 중개하는 금융기관이다.

증권회사는 주로 발행시장업무, 유통시장업무, 국제업무 등을 담당하는데, 이를 세부적으로 설명하면 다음과 같다.

첫째, 발행시장업무는 증권회사가 그 발행증권을 처리하는 형태에 따라 유가증권의 인수, 모집 및 매출업무로 구분된다. 유가증권의 인수란 기업이 증권을 발행할 때 그 증권을 증권회사가 자신의 명의로 취득하여 일반인에게 판매하는 것이다. 유가증권의 모집이란 증권회사가 인수하지 않고 새로 발행되는 유가증권을 발행주체를 대신하여 일반인에게 사도록 권유하는 것을 말한다. 그리고 유가증권의 매출이라 함은 이미 발행되어 있는 유가증권을 팔거나 사도록 권유하는 것이다.

둘째, 유통시장업무는 자기매매와 위탁매매 등을 포함한다. 자기매매란 증권회사가 자신의 이익을 위하여 다른 투자자와 똑같이 유가증권을 사고파는 것이다. 증권회사는 직접 투자함으로써 유가증권 매매가 원활하게 이루어지도록 한다. 위탁매매란 증권회사가 투자자로부터 주문을 위탁받은 경우 그 주문을 낸 사람을 대신하여 매매하는 것을 말한다.

셋째, 국제업무란 증권회사가 국제자본시장에 직접 참여하는 업무이다. 예를 들어 국내기업이 해외에서 증권을 발행하는 경우 증권발행과 관련된 제반 업무를 증권회사가 주도적으로 행한 후 발행수수료를 받거나, 국내기업이나 해외기업이 국제자본시장에서 발행하는 증권을 전부 또는 일부 인수하여 다른 금융기관에 매출을 하거나, 외국의 증권시장에서 직접 증권거래를 할 수 있다.

현재 국내의 주요 증권회사로는 KB증권, NH투자증권, 미래에셋대우, 삼성증권, 교보증권, 한국투자증권, 동부증권, 대신증권, 신한금융투자, 한화증권, SK증권 등이 있다.

한편 1953년 증권회사 회원 상호 간의 업무질서 유지 및 공정한 거래를 확립하고 투자자를 보호하며 금융투자업의 건전한 발전에 기여할 목적으로 증권업협회가 설립되었다. 이후 이 조직은 '자본시장법' 시행에 따라 자산운용협회, 한국

선물협회 등과 함께 한국금융투자협회로 통합되었다.

재테크 Tip

'진검승부' 들어간 증권사 … 조직 면면은

지난 달 초 22조원 규모의 주택도시기금 전담 운용기관을 뽑는 프레젠테이션(PT)에는 긴장감이 맴돌았다. 그간 정량평가 기준으로 필터링한 뒤 정성평가 PT를 진행했으나, 이번 주택기금 PT는 제안서를 제출한 증권사 모두 PT에 참여하게 됐다. 각 증권사를 대표해 PT에 나선 인물들은 30분 내외의 짧은 시간 동안 준비한 내용을 전달하고 질의응답에 답해야 했다. 평가위원들에게 자신의 역량을 얼마나 잘 드러내는지도 중요한 자리였다.

3기 주택기금 전담 운용기관에는 2기에 이어 NH투자증권이 우선협상대상자로 선정됐다. 다만, 이번 주택기금 외부위탁운용관리(OCIO) 경쟁에서는 PT의 기회가 더 열린 만큼 향후 경쟁이 더 치열해질 것이란 점을 예고한 자리이기도 했다.

4일 증권업계에 따르면 이번 주택도시기금 OCIO 선정엔 NH투자증권, 한국투자증권, KB증권, 신한금융투자가 참여했다. NH투자증권은 주택도시기금, 한국투자증권은 고용보험기금이라는 대규모 자금을 운용하고 있어 이미 시장 주요 플레이어로 자리한 상태다. KB증권과 신한금융투자는 상대적으로 '뉴 페이스'였던 셈이다.

NH투자증권은 증권사 중에서도 OCIO 부문에서 가장 앞서 있다는 평가를 받는다. 그중 핵심은 OCIO사업부 대표를 맡는 권순호 전무다. 권 전무는 현 NH투자증권의 OCIO 사업 전반을 설계한 인물이다. 2기 주택기금 OCIO를 준비하면서 관련 TF를 직접 꾸렸고, 과거 고객자산운용본부부터 시작해 현재 OCIO사업부 내 모든 본부를 직접 관리했다.

NH투자증권의 가장 큰 장점은 플랫폼 플레이어로서의 시스템이다. OCIO 솔루션에 대한 시스템이 정비돼 있고, 내부적으로 OCIO 스쿨을 운영하는 등 필요한 곳에 필요한 자원을 할당하기만 하면 된다. 이렇게 시스템을 갖추게 되면서 10여 년 먼저 앞서 있던 미래에셋과 삼성 등 자산운용사들과도 어깨를 나란히 할 수 있게 됐다.

실제로 이번 주택기금 PT에 나선 인물은 전술 운용을 담당하던 문혜경 이사였다. 문 이사는 주택기금운용의 실무를 담당했었고, 스피킹 능력이 뛰어나다는 평을 받는다. 신종 코로나바이러스 감염증(코로나19) 등 만일의 경우를 대비해 예비 발표자로 유익선 이사와 현 주택기금운용본부장인 강현철 상무를 두는 등 넓은 인재 풀을 자랑하고 있다.

한국투자증권도 OCIO 관련 조직을 공격적으로 확대하고 있다. 작년 조직을 정비하면서 투자솔루션 본부 산하에 투자솔루션운용담당, 투자솔루션영업담당을 구성했고, 투자솔루션상품부, OCIO 솔루션부 등 조직을 갖췄다. 대형 증권사 면모에 맞게 리서치, 딜 소싱, 상품개발 등 OCIO에 필요한 운용 조직 및 프로세스 등을 갖췄고, 대형 기금을 운용하는 과정에서 이런 역량을 내재화시켰다. OCIO를 담당하는 투자솔루션본부장은 이준재 전무다. 그는 한국투자증권 리서치센터장을 역임한 뒤 법인본부, 투자상품본부 등을 거쳐온 전문가다. 이번 주택기금 PT에 나선 인물은 박병칠 투자솔루션상품부장이다. 그는 한국투자증권, 한국채권연구원 등을 거쳤으며, OCIO 부문에 전문성을 갖췄다는 평가를 받는다. 투자솔루션운용담당인 김문섭 상무는 NH투자증권에서 오랜 기간 신탁 운용을 담당했고, 장원준 OCIO 솔루션부장은 한국투자신탁운용에서 투자풀운용본부, 투자풀컨설팅본부 등을 이끈 경험이 있다.

KB증권은 OCIO 시장 진출을 위해 수년간 관련 조직을 정비하고 인력을 영입했다. 작년 OCIO 기능 강화와 대형 연기금 OCIO 선정을 위해 운용부 외에 OCIO 솔루션부를 신설했다. KB증권은 오아시스(Oasis)라는 OCIO 전담 운용시스템을 만들기도 했으며, 솔루션 제공을 위한 역량을 고도화하는 데 집중하고 있다. 이후 KB증권은 강원랜드, 장애인고용촉진및직업재활기금과 임금채권보장기금, 한국거래소 등 기관의 자금을 운용하며 트랙 레코드를 쌓았다. KB증권의 OCIO 핵심 인물은 지난 2021년 합류한 김성희 상무다. 그는 연기금투자풀 도입 및 제도 정착에 기여했고, 산재보험기금 운용을 총괄하는 등 OCIO 시장에서 업력을 쌓아왔다. KB증권은 김성희 상무를 중심으로 대형 연기금 OCIO를 준비하고 있다. 그는 장고 · 임채기금 OCIO 선정을 주도했고 이번 주택기금 PT도 직접 챙겼다. 그 외의 OCIO는 김유성 투자솔루션센터장이 담당하고 있다. 김유성 센터장은 랩 운용부를 거치며 운용 및 컨설팅 역량이 뛰어나다는 평가를 받는다. KB증권이 OCIO 부문 대응을 위해 투자솔루션센터를 신설하면서 센터장 자리에 올랐다.

신한금융투자 또한 관련 조직을 신설하는 등 적극적으로 OCIO 시장에 참가하고 있다. 신한금융투자는 IPS(투자상품서비스) 그룹 내에 OCIO 센터를 조직했다. 주택기금 PT에 나선 인물은 이병열 IPS 그룹장이다. 이병열 전무는 삼성증권에서 운용본부장, CPC 전략실장 등을 역임하며 상품에 대한 전문성을 갖춘 인물이다. 신한금융투자는 IPS 그룹 내에 OCIO 조직을 만들면서 IPS 그룹 내 글로벌 자산 배분 전략, 모델 포트폴리오 등을 관리하는 전문 조직 등 이미 갖춰진 자원들을 효율적으로 활용하고 있다. 회사 차원에서도 적극적으로 OCIO 브문을 지원하면서 관련 인력도 꾸준히 확보하는 중이다. 신한금융투자는 이런 역량을 바탕으로 경험과 전문성을 쌓아나가는 데 주력하고 있다.

한 증권사 관계자는 "증권사들이 리서치와 IB 등 전문 부서를 갖추고 있어 향후 시스템과 프로세스를 체계화한다면 OCIO 부문에서 운용사를 넘어설 수 있을 것"이라고 말했다.

출처 : 연합인포맥스, 2022. 5. 4 수정.

7.2 자산운용회사

자산운용회사(asset management company)는 채권과 주식을 매매하고 집합투자기구인 펀드를 관리하는 펀드매니저가 있는 금융기관이다. 시중에 출시된 펀드의 투자수익률은 자산운용회사의 역량에 따라 달라질 수 있다. 따라서 펀드 투자 시 투자자들은 먼저 자산운용회사의 정체를 파악하는 것이 중요하다.

현재 우리나라 자산운용회사로는 미래에셋자산운용, KB자산운용, 삼성자산운용, 한화자산운용, 한국투자신탁운용, 신영자산운용, 신한BNP파리바자산운용 등이 있다.

7.3 선물회사

선물회사(futures company)는 파생상품의 거래중개, 자기매매, 투자자문, 투자일임 등을 통해 수수료와 수익을 얻는 금융기관이다. "자본시장법"이 시행되기 전까지만 하더라도 증권회사는 주식, 주가지수 관련 선물 및 옵션만 취급할 수 있었고, 금리, 통화, 일반 상품 관련 선물 및 옵션 등은 선물회사만이 취급할 수 있었다. 하지만 "자본시장법"이 시행되면서 증권회사들이 선물업도 함께 취급할 수 있게 되면서 경쟁이 치열해졌다. 한편 금융당국이 선물회사를 계열사로 둔 증권회사에게 선물업 겸영을 허가하지 않자 증권회사와 선물회사 간 통합이 활성화되는 계기가 되었다.

현재 국내 선물회사로는 삼성선물, 유진투자선물, 현대선물, NH선물, KR선물 등이 있다.

7.4 투자자문회사

투자자문회사(investment advisory company)는 주식, 펀드, 채권 등 금융투자상품에 대한 투자일임업이나 투자자문업을 주로 하는 금융기관이다. 그런데 그동안 유사 투자자문회사들이 단기간 고수익을 빌미로 정체를 알 수 없는 운용전략을 내세워 투자자를 현혹하는 사례가 적지 않았다. 금융감독원은 유사 투자자문회사

그림 2-7 금융감독원 '제도권금융회사조회' 서비스 접속 화면

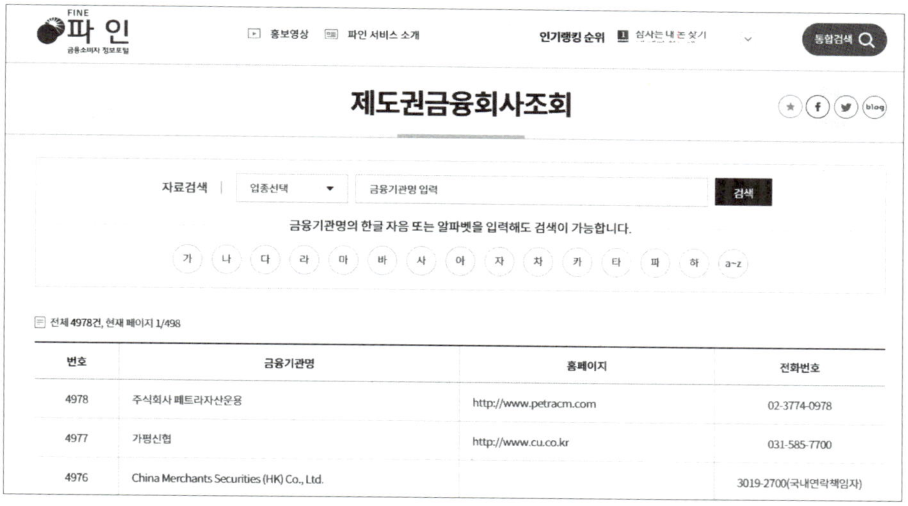

들로 인한 투자자들의 피해를 예방하고자 홈페이지인 파인(fine.fss.or.kr)에 '제도권금융회사조회' 서비스를 제공하고 있다. 투자자들은 이 서비스를 통해 특정 금융회사의 등록 여부를 확인해 봄으로써 미등록된 금융회사와의 거래를 사전에 피할 수 있다.

한편 금융감독원, 금융투자협회, 자산운용사, 자산평가사 등이 연합하여 제공하는 '펀드정보 One-click 시스템'(fund.kofia.or.kr)을 이용하면 투자자문사 현황과 더불어 각종 펀드 관련 정보를 편리하게 참고할 수 있다.

7.5 신탁회사

신탁회사(trust company)는 위탁자(고객)로부터 금전, 부동산 등의 특정 재산을 위탁받아 위탁자(또는 수익자)의 이익을 위해 일정한 기간 그 재산을 운용하는 업무, 즉 신탁 업무를 담당하는 금융기관이다. '자본시장법'에 의하면 신탁업자가 수탁할 수 있는 재산의 유형은 금전, 증권, 금전채권, 동산, 부동산, 지상권 등이다.

현재 국내 증권회사들 중 신탁업 인가를 받은 증권회사들은 '자본시장법'에 열거된 모든 유형의 재산을 종합적으로 신탁할 수 있는 금융기관에 해당한다.

8. 금융보조기관

금융보조기관의 주된 업무는 금융제도가 원활히 작동하도록 필요한 여건을 제공하는 것이다. 금융보조기관으로는 금융하부구조와 관련된 업무를 담당하는 기관(금융감독원, 예금보험공사, 금융결제원)과 신용보증기관, 신용정보회사, 한국자산관리공사, 한국거래소 등이 있다. 여기에서는 금융감독원, 예금보험공사, 금융결제원 등을 중심으로 살펴보기로 한다.[6]

8.1 금융감독원

▲ 금융기관의 관리 · 감독 기관인 금융감독원

금융감독원은 금융기관을 관리 · 감독하는 기관으로 '금융감독기구 설치 등에 관한 법률'에 의해 1999년 1월 2일에 설립되었다. 금융감독원은 금융위원회 및 증권선물위원회의 집행기구로서 종전의 은행감독원 · 증권감독원 · 보험감독원 · 신용관리기금 등 4개 감독기관을 통합한 무자본 특수법인 형태의 기구이다. 이 기구는 금융기관의 건전성을 확보하고 공정한 시장질서를 확립하며 금융소비자를 보호하기 위하여 각종 금융기관의 업무 및 재산상황에 대하여 검사하고 위반사항이 있는 경우에는 제재를 가하는 등의 활동을 한다.

금융감독원은 원장 1인과 4인 이내의 부원장, 9인 이내의 부원장보 그리고 감사 1인으로 구성된다. 원장 및 감사는 금융위원회의 의결을 거쳐 금융위원회 위원장의 제청으로 대통령이 임명한다. 부원장은 원장의 제청으로 금융위원회가 임명

6. 한국거래소는 앞서 살펴본 '3. 한국거래소'를 참조하기 바람.

하고, 금융감독원의 부원장보는 원장이 임명한다.

8.2 예금보험공사

예금보험공사는 예금보호제도를 실행하고자 1995년 예금자보호법이 제정됨에 따라 이듬해 6월 1일 설립되었다. 예금보험제도는 금융기관으로부터 보험료를 받아 예금보험기금을 조성해 두었다가 금융기관이 경영부실 또는 파산으로 고객의 예금을 돌려줄 수 없게 되었을 때 대신 지급하는 제도이다. 예금보험공사는 1997년 1월 1일부터 예금보험업무를 시작한 뒤 1998년 4월 1일, 각 금융권의 예금보험기금을 통합해 통합 예금보험공사로 출범하였다.

예금보험공사의 주요 업무로는 예금보험기금 조달 및 운용, 보험금 지급, 부실금융기관의 정리, 금융기관 조사 및 검사, 합병 · 영업양수 및 제3자 인수알선, 출연 · 출자 및 파산신청 요청, 예금보험제도 표시 등이 있다.

예금보험공사의 예금보호 대상이 되는 금융기관은 1998년부터 은행과 더불어 증권사, 보험사, 종합금융회사, 상호신용금고, 신용협동조합 등 전체 금융권으로 확대되었다. 그러나 신용협동조합의 경우 2004년 1월부터 자체 보호기금을 통해 예금자를 보호하는 제도로 변경되었다. 2009년 제정된 '자본시장과 금융투자업에 관한 법률'에 따라 현재는 은행, 투자매매업자 · 투자중개업자, 보험회사, 종합금융회사, 상호저축은행 등이 예금보호 적용을 받는다.[7]

8.3 금융결제원

금융결제원(Korea Financial Telecommunications and Clearings Institute)은 전국어음교환관리소와 은행지로관리소를 통합하여 1986년 6월에 설립된 기관으로서 건전한 금융거래의 유지발전과 금융기관 이용자의 편의를 증진시키는 데 앞장서 왔다. 금융결제원의 설립목적은 효율적인 어음교환제도 및 지로제도를 확립하고 금융공동망을 구축하여 자금결제 및 정보유통을 원활하게 함으로써 우리나라

7. 예금자보호제도의 세부 내용은 제5장의 '2.2 안전성'을 참조.

금융산업의 발전에 기여하는 것이다.

설립 이후 금융결제원은 어음교환과 지로업무 외에 1988년 CD(현금자동인출기)공동망, 타행환공동망, 전자금융공동망, 자금관리서비스(CMS)공동망, 신용 및 직불카드공동망, 지방은행공동정보망, 주택청약공동망, 전자화폐(K-CASH)공동망, 외환동시결제공동망 등 다양한 지급결제시스템을 구축·운영해 왔다. 또한 인터넷지로, 전자상거래 지급결제, 모바일 지급결제, 전자어음 등의 전자결제 서비스를 제공하였다. 아울러 인터넷 환경에서 지급결제가 안전하게 이뤄질 수 있도록 지원하기 위해 공인인증(yessign)시스템을 구축·운영하고 있으며, 금융정보공유분석센터 및 금융공동망 백업시스템 구축 등을 통해 지급결제서비스에 대한 정보보호 및 안전대책에도 만전을 기하고 있다. 금융결제원은 이와 같이 방대한 규모의 지급결제서비스를 안정적으로 처리함으로써 국내 금융산업의 대외 경쟁력 강화와 이용고객의 편의 제고에 기여해 왔다.

▲ 금융결제원 전산센터(경기도 분당 소재). 전산시스템의 안전성을 증진시킬 목적으로 준공되었다.

'디지털-자산관리-슬림화' … 4대 은행 일제히 조직 개편

시중은행들이 새해를 맞아 크고 작은 조직개편을 단행했다. 저마다 핵심 경영전략에 따라 조직 규모와 방향성이 갈렸지만 공통적으로 디지털 전환과 종합자산관리 경쟁력 강화, 부서 경계를 허문 유연한 조직 구축에 방점을 뒀다.

■ 플랫폼 지배력 경쟁, 디지털 조직 다변화

19일 금융권에 따르면 KB국민 · 신한 · 우리 · 하나은행 등 시중은행 4곳은 일제히 종합금융플랫폼 선두주자가 되겠다는 포부를 내걸고 디지털 조직을 확대 · 개편했다.

국민은행은 이번 조직개편에서 디지털신사업본부를 신설하고 디지털신사업부와 인증사업부를 그 안에 편재해 플랫폼 조직으로 만들었다. 디지털신사업본부는 빅테크에 대응해 KB플랫폼의 성장을 담당하고, 디지털신사업부는 전반적인 체계적 대응을 담당한다. 새롭게 만든 '금융플랫폼본부'는 KB스타뱅킹이 금융과 생활을 아우르는 그룹 차원의 슈퍼앱으로 거듭날 수 있도록 혁신적인 비대면서비스를 구상한다. 또 고객경험 개선 역량을 강화하기 위해 UI(사용자 인터페이스)와 UX(사용자 경험) 전담 조직인 '고객경험디자인센터', 디지털콘텐츠 전담 조직인 '디지털콘텐츠센터'도 신설했다.

하나은행은 디지털 퍼스트 실현을 위해 디지털리테일그룹 내에 'DT(Digital Transformation)혁신본부'를 신설했다. 하나은행 디지털 전환의 컨트롤 타워 기능을 수행하는 곳으로 은행 전체 디지털금융 혁신을 설계하고 방향을 제시한다. 또 디지털리테일그룹에서는 리테일과 디지털을 한 그룹에 묶어 리테일부문에 곧바로 디지털금융 기술을 도입해 영업활동의 대전환을 시도한다.

우리은행은 디지털금융단과 DI(Digital Intelligence) 추진단으로 이뤄진 기존의 디지털그룹을 통합해 'DI추진본부'를 만들었다. 기존 두개의 단을 본부로 승격시킨 후 통합된 본부 내에서 더욱 효율성을 극대화하자는 취지다. DI추진본부에는 혁신기술사업부도 신설돼 메타버스와 블록체인 등 새로운 기술 트렌드와 금융의 결합을 시도한다.

신한은행은 디지털개인부문 조직이 1개에서 4개로 덩치가 커졌다. 신설된 CX Tribe(고객경험 집단)와 플랫폼 개발 Tribe(집단)가 핵심이다. 지난해까지 디지털그룹에 속해 있던 디지털영업부가 올해부터 디지털개인부문 산하로 이동했다.

디지털그룹은 디지털전략그룹으로 업그레이드 됐다. 행내 디지털 혁신 조직인 디지털혁신단은 데이터기획 유닛, 데이터 사이언스 유닛, 혁신서비스 유닛, 데이터플랫폼 유닛으로 재편했다.

■ 판 커지는 '퇴직연금' 고객 지키기, 종합자산관리 집중

은행들은 연금시장 확대 추세에 따라 퇴직연금 고객과 수익률 확대를 위한 자산관리 부문 조직 강화도 시도했다. 증권사와의 수익률 경쟁에서 밀려 은행에서 증권사로 퇴직연금 머니무브가 가속화되자 이를 만회하기 위해 적극 행보를 보이는 것으로 풀이된다. 또 올해 하반기 시행 예정인 퇴직연금 사전지정운용제도(디폴트옵션) 시행에 대비하기 위한 목적도 있다. 디폴트옵션은 퇴직연금 가입자가 별도 운용 지시를 하지 않을 경우 증권사·은행 등이 미리 지정해 둔 방식으로 퇴직연금을 굴리는 것을 말한다. DC형(확정기여형) 퇴직연금과 IRP(개인형퇴직연금)에 모두 적용돼 고객 이동이 보다 자유로워질 것으로 전망되는 만큼 올해 퇴직연금 투자자에게 큰 영향을 끼칠 제도로 꼽힌다.

하나은행은 자산관리부문 경쟁력 강화를 위해 자산관리그룹을 출범했다. 이 과정에서 연금신탁그룹을 자산관리그룹 산하 조직으로 흡수하면서 효율성을 높였다. 신설된 자산관리그룹에는 기존 기관사업단이 기관사업본부로 승격돼 포함됐으며, 투자상품본부도 배속됐다. 또 기존 연금신탁그룹에 있던 연금사업단과 신탁사업단을 각각 연금사업본부, 신탁사업본부 등 본부로 격상했다.

우리은행은 연금시장 확대에도 대비하기 위해 자산관리그룹에 연금사업본부를 신설했다. 연금사업본부 산하에는 연금사업부와 연금지원부를 두면서 마케팅과 고객 수익률 관리 역량을 강화할 방침이다.

■ 민첩·유연한 조직으로 탈바꿈 … 애자일·데브옵스 고도화

이번 조직개편은 의사결정 과정의 단순화와 업무 중첩 조직 통폐합 등 기민하고 유연한 조직을 만들기 위해 고심한 흔적이 묻어 있다. 은행들은 역동적인 조직을 위해 필요에 따라 소규모 팀을 재빠르게 꾸려 대응하는 애자일(Agile)이나 개발·운영·고도화를 모두 한 곳에서 실행하는 데브옵스(DevOps) 조직체계를 고도화했다.

KB국민은행은 지난해 말 사내 소통 문화를 개선하자는 공감대를 형성하고 유연한 본부조직 운영을 위해 '단-실-센터-부-유닛'의 부서급 본부 구성을 '센터-부'로 단순화했다. 본부·부서급 조직의 보임 가능 직위를 임원급까지 확대해 능력과 성과에 따른 유연한 직위 운영체계를 마련했다. 또 개발 담당자와 운영 담당자가 연계해 협력하는 데브옵스를 도입해 올해 2기 플랫폼 조직을 선보였다. 지난해에는 고객경험 혁신 가속화에 중점을 뒀다면 이제는 펀드서비스, 디지털신사업, KB모바일인증, 공급망금융, 기업자금관리, 기업뱅킹, 기관영업, 글로벌디지털 등 8개 부문을 데브옵스 조직으로 묶었다. 이를 통해 KB스타뱅킹 앱이 금융과 생활을 아우르는 그룹 차원의 슈퍼앱으로 거듭나겠다는 포부다.

하나은행은 기존 국내 영업조직의 영업본부는 폐지하며 의사결정 단계를 단순화했다. 기존 3단계 영업조직(콜라보그룹-영업본부-지역영업그룹)에서 2단계(콜라보그룹-영업그룹)로 축소됐다.

신한은행은 주요 사업그룹 내 애자일 조직에 부서 칸막이에 구애받지 않는 'Tribe'를 신설했다. Tribe는 S.A.Q(Speed 신속한 실행, Agility 민첩성, Quickness 순발력) 원칙에 따라 핵심 전략과제 수행에 필요한 자원들을 소속 부서의 경계를 넘어 강력하게 결합시킨 애자일 조직이다. 지난해 '2부문 20그룹 7본부 1단 74부 6센터 6실 2유닛(Unit)'에서 올해 '2부문, 19그룹, 6Tribe, 8본부, 2단, 64부, 3센터, 11실, 5유닛' 체제로 재편했다.

은행들은 이 밖에도 마이데이터(본인신용정보관리업) 사업의 본격 시행으로 경쟁이 치열해질 것을 대비해 초개인화 고객 서비스 제공에 집중할 계획이다.

출처 : 뉴데일리경제, 2022. 1. 19 수정.

주요 용어

연습
문제

Ⅰ. 완성/선택형 문제

01. (　　　　)은 타인에게서 자금을 빌리거나 타인에게 자금을 빌려주는 행위이다.

02. (　　　　)는 금융거래에서 존재하는 정보의 비대칭성 문제를 완화하고 거래비용을 줄임으로써 거래를 원활화하는 제도적 장치를 말한다.

03. 금융제도는 금융거래가 이루어지는 (　　　　)과 금융거래를 중개하는 (　　　　), 그리고 금융하부구조 등의 세 가지 영역을 포함한다.

04. 화폐시장은 통상 만기가 1년 이내인 금융상품이 거래되는 단기금융시장인 반면, (　　　　)은 주로 1년 이상의 만기를 지닌 금융상품의 거래가 이루어지는 장기금융시장이다.

05. 증권시장은 거래되는 상품의 유형에 따라 주식시장과 채권시장으로 구분되며, 시장이 담당하는 기능(function)에 따라 (　　　　)과 (　　　　)으로 구분된다.

06. (　　　　)은 새로이 발행된 증권이 발행자로부터 최초의 투자자에게 판매되는 시장으로서 1차 시장이라고도 한다.

07. 발행시장은 자금수요자인 (　　　　), 자금공급자인 (　　　　), 그리고 증권발행 사무를 담당하는 (　　　　)으로 구성된다.

08. 장내시장은 일정한 시설과 장소를 갖추고 다수의 매매당사자들이 정해진 시간에 일정한 규칙에 따라 계속적으로 주식의 매매가 이뤄지는 고도로 조직화된 시장으로서, (　　　　)이라고도 한다.

09. (　　　　)는 대한민국의 유가증권, 선물 등의 거래시장의 개설 및 관리, 유가증권 상장 등의 업무를 담당하는 통합거래소이다.

10. (　　　　　)이란 엄격한 심사를 통하여 일정한 요건에 해당하는 기업이 발행한 증권만이 거래소시장에서 매매될 수 있도록 자격을 주는 제도를 말한다.

11. (　　　　　)는 기업의 중요 정보, 즉 영업실적, 재무상태, 합병, 증자 등을 이해관계자들에게 정기적, 그리고 수시로 공개하도록 하여 투자자 스스로 자유로운 판단과 책임 하에 투자결정을 하도록 하는 제도이다.

12. (　　　　　)이란 일반 대중으로부터 예금, 유가증권 또는 기타 채무증서의 발행을 통하여 획득한 자금을 규칙적이고 조직적으로 대출하는 업무를 영위하는 금융기관을 말한다.

13. (　　　　　)은 우리나라의 중앙은행 겸 발권은행으로서 통화가치의 안정과 은행 신용제도의 건전화, 물가안정에 의한 경제발전을 목적으로 설립되었다.

14. (　　　　　)은 질병, 사망 및 우발적으로 발생하는 각종 사고의 위험으로부터 초래될 경제적 손실을 줄이고자 하는 목적에서 마련된 경제적 제도이다.

15. 증권회사의 업무로는 (　　　　　), 유통시장업무, 국제업무 등이 있다.

16. 다음 중 금융시장의 설명으로 가장 부적절한 것은?

① 금융시장은 자금의 수요자와 공급자가 금융거래를 하는 조직화된 장소를 말한다.
② 금융시장은 금리라는 가격변수를 통해 자금의 수요와 공급을 조절하는 중요한 기능을 한다.
③ 간접금융시장은 주식발행을 통하여 자금조달이 이뤄지는 시장으로서 증권사 등의 금융중개기관이 자금의 수요자와 공급자 사이의 매개체 역할을 담당한다.
④ 금융시장은 자금 공급기간에 따라 화폐시장(money market)과 자본시장(capital market)으로 나눌 수 있다.

17. 다음 중 그 성격이 다른 은행 하나를 고른다면 어느 것인가?

① 한국산업은행　　② 기업은행
③ 신한은행　　④ 농협은행

18. 다음 중 한국거래소의 주요 업무로 적절하지 못한 것은?

① 공시업무　② 감리업무　③ 상장업무　④ 대출업무

19. 다음 중 발행시장에 대한 설명으로 가장 적절하지 않은 것은?

① 발행시장은 물리적 실체가 존재하지 않는 추상적인 시장이다.

② 새로운 증권이 최초로 출현하는 시장으로서 1차 시장(primary market)이다.

③ 자금의 흐름이 투자자에서 발행자에게로 전달되는 수직적 관계를 보이므로 종적 시장이다.

④ 투자자들 사이에서 주식의 거래가 원활하게 이뤄지도록 한다.

20. 다음 중 증권회사의 업무로서 가장 적절하지 않은 것은?

① 증권의 모집 및 매출　② 증권가치의 보증

③ 주식의 위탁매매　④ 국내 증권사의 해외 증권발행 지원

21. 다음 중 금융기관의 경영부실 또는 파산으로 고객의 예금을 돌려줄 수 없게 되었을 때 대신 지급하는 제도와 관련된 업무를 담당하는 기관은?

① 금융결제원　② 금융감독원

③ 한국자산관리공사　④ 예금보험공사

Ⅱ. 서술형 문제

01. 금융이란 무엇이며, 금융거래에 있어서 금융제도가 필요한 이유를 설명하라.

02. 금융시장의 구조에 관하여 설명하라.

03. 증권시장의 유형과 역할에 대하여 설명하라.

04. 한국거래소의 조직구조와 주요 업무에 관하여 설명하라.

05. 금융기관의 개념을 정리하고 금융기관 중 특히 은행을 대상으로 종류별로 분류하여 설명하라.

06. 보험의 개념 및 유형을 설명하고, 인터넷 등을 활용하여 우리나라 보험회사의 현황을 조사하여 정리하라.

07. 금융투자회사의 개념 및 유형에 관하여 설명하라.

08. 증권회사의 주요 업무에 관하여 설명하라.

09. 본서에 소개되지 않은 금융기관 중 각자 1개씩 선정하여 해당 금융기관의 연혁, 설립목적, 조직구조, 주요 업무 등을 중심으로 살펴보라.

3 화폐의 시간적 가치

1. 화폐의 시간적 가치와 이자율
2. 미래가치와 현재가치
3. 화폐의 시간적 가치의 응용

이 장의 개요

재테크 행위와 관련된 의사결정은 일반적으로 현재시점에서 이루어지나 이로부터 발생되는 현금흐름은 미래시점에서 실현된다. 아울러 서로 다른 특성을 지닌 금융상품은 투자의 결과 나타나는 현금흐름의 패턴도 다양하다. 이러한 점을 고려할 때 다양한 유형의 금융상품을 대상으로 합리적인 투자결정을 실행하기 위해서는 서로 다른 시점에 발생하는 현금흐름을 합리적으로 비교할 수 있는 지식이 요구된다.

화폐는 동일한 금액이라 하더라도 발생시기에 따라 그 가치가 달라진다. 즉, 오늘의 1원과 내일의 1원의 가치는 서로 다르다. 이를 서로 비교하기 위해서는 반드시 오늘의 1원과 내일의 1원 사이의 관계, 즉 화폐의 시간적 가치(time value of money) 개념에 대한 이해를 바탕으로 각 시점에 발생하는 현금흐름을 현재가치(present value ; PV) 또는 미래가치(future value ; FV)로 전환하는 방법에 대한 학습이 필요하다.

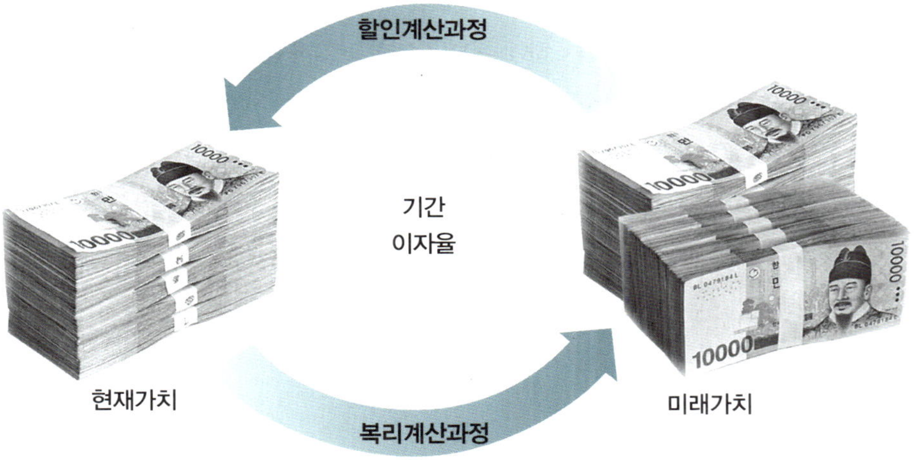

▲ 화폐의 시간적 가치 개념을 이용하여 현재의 일정 금액을 미래 특정 시점의 가치, 즉 미래가치로 환산할 수 있다. 또는 미래가치를 현재시점의 가치, 즉 현재가치로 환산할 수 있다.

1. 화폐의 시간적 가치와 이자율

일반적으로 사람들은 동일한 금액인 경우 미래의 현금흐름보다는 현재의 현금흐름을 더 선호한다. 즉, 오늘의 1원은 내일의 1원보다 더 가치가 있다. 그 이유로는 여러 가지가 있을 수 있으나, 여기서는 다음과 같은 두 가지만 설명하고자 한다.

첫째, 일반적으로 사람들이 미래의 소비보다 현재의 소비를 더 선호하는 시차선호(time preference)의 경향을 갖고 있기 때문이다. 시차선호는 사람들의 일반적인 행동적 특성에 기인한 것으로서 사회 또는 사람에 따라 미래의 소비보다 현재의 소비를 더 선호하는 강도는 달라질 수 있다.

둘째, 사람들은 현재의 현금을 갖고 주어진 생산기회를 이용하여 미래에 그 이상의 가치를 창출할 수 있기 때문이다. 즉, 자본화되어 새로운 가치를 창출할 수 있는 현재의 현금흐름을 동일한 금액의 미래 현금흐름보다 더 선호하게 된다. 이는 자본의 생산성(productivity of capital)이라는 기술적 특성에 기인한다.

이상의 이유들에 의해서 사람들은 동일한 금액일 경우 현재의 현금흐름을 미래의 현금흐름보다 더 선호하게 된다.[1] 그러므로 사람들이 선호하는 현재의 현금흐름을 포기하게 하려면 미래의 현금흐름을 보다 많이 제공해야 하는데, 이와 같이 추가적으로 지불하는 금액(이자)을 현재의 현금흐름(원금)에 대한 일정한 비율로 나타낸 것이 이자율이다. 이러한 이자율(interest rate)은 화폐의 가격으로서 화폐의 시간적 가치를 반영하는 척도라 할 수 있다. 한편 이자율은 흔히 금리라는 용어로도 사용된다.

---

1. 오늘의 현금흐름을 더 선호하는 또 하나의 중요한 이유는 미래의 불확실성(uncertainty) 때문이다. 사람들은 위험을 싫어하기 때문에 적절한 보상 없이는 불확실한 미래 현금흐름을 선택하지 않을 것이다. 이와 관련된 사항은 제4장을 참고 바람.

시사 포커스

금리의 대명사, 기준금리

▲ 금융통화위원회 본회의를 주재하고 있는 한국은행 총재

한국은행의 기준금리(base rate) 발표가 있을 때마다 언론에서는 기사가 폭포수처럼 쏟아진다. 그만큼 파급 효과가 크기 때문이다. 대체 기준금리는 무엇을 뜻하고 어떤 영향력을 갖고 있는 것일까. 일반적으로 한 국가에서 화폐를 발행하는 중앙은행은 해당 국가의 통화정책을 담당한다. 통화정책은 경제에서 유통되는 화폐량이나 가격, 나아가 화폐의 가치에까지 영향을 미친다. 이들 흐름을 잘 조절하는 일은 바로 물가를 안정시키는 것과 깊은 관련이 있다.

기준금리는 바로 물가안정을 위한 정책 수단 중 하나로서, 한국은행이 시중은행 등 다른 금융기관과 거래할 때 기준으로 삼는 금리를 말한다. 기준금리는 한국은행의 금융통화위원회(한국은행 총재와 부총재를 포함한 총 7명의 위원으로 구성)에서 매월 진행하는 '본회의'를 통해 결정된다. 여기서 매월 물가동향, 국내외 경제상황, 금융시장 여건 등을 종합적으로 고려해 금리를 결정한다. 기준금리는 금융회사 간 거래 시 담보 없이 단기로 돈을 빌려주고 빌려 사용하는 콜금리의 기준이 되며, 한국은행에 시중 금융회사(은행 포함)가 단기 채권을 팔거나 자금을 차입할 때 적용되는 고정금리 역할을 한다. 예금과 대출금리 및 환율, 채권 등 궁극적으로 실물경제 활동에 영향을 미치는 것이다.

기준금리가 오르면 중앙은행으로부터 대출을 받는 은행들은 이자 부담이 높아지면서 이를 줄이게 된다. 이에 따라 투자자금이 부족해져서 영업수익이 줄어들면 수익 보전을 위해 일반 고객 상대 대출금리를 올릴 수밖에 없다. 이렇게 시중금리가 오르면 기업과 가계 모두 지갑을 닫아 통화량이 정체하거나 줄어든다. 기업이 투자를 줄이고 개인이 소비를 줄이면서 서서히 과열됐던 경기가 제자리를 찾아가는 것이다. 반면 기준금리가 내리면 은행들은 이자부담이 적어서 대출을 늘린다. 고객 상대 대출이나 투자에 운용할 자금이 불어나므로 대출 금리도 낮아진다. 그 결과 기업이 자금을 빌려 사업을 확장하거나 투자율을 높이고 가계 또한 소비가 늘거나 주식 및 부동산 등에 투자할 수 있다. 시중 통화량이 늘면서 경기가 활발히 살아난다.

이상과 같이 한국은행에서는 물가가 낮아 경기가 과열됐을 때는 기준금리를 올리고, 고물가로 경기가 축소됐을 때는 기준금리를 내리는 식으로 통화정책을 운영한다.

미국의 기준금리는 연방공개시장위원회(Federal Open Market Committee ; FOMC)에서 결정된다. 연방공개시장위원회(FOMC)는 중앙은행제도인 연방준비제도(Federal Reserve System ; Fed) 내에서 정책금리인 기준금리 등을 결정하는 위원회이다. 미국의 연방준비제도는 12개의 연방준비은행 · 연방준비제도위원회 · 연방준비은행이사회 · 연방공개시장위원회로 구성되는데 이 중 연방공개시장위원회를 해당 영문 명칭의 앞 글자를 따 FOMC라고 부르는 것이다.

연방공개시장위원회(FOMC)의 위원은 총 12명으로, 연방준비제도위원회의 위원(governor) 7명과 뉴욕연방준비은행 총재가 당연직으로 참여하고 나머지 네 자리를 11명의 연방준비은행 총재(president)들이 1년씩 돌아가며 맡는데, FOMC의 의장은 연방준비제도위원회의 의장(현재 제롬 파월)이 겸임하며 부의장은 FOMC의 의사결정 사항을 집행하기 위해 실제 공개시장조작(Open Market Operation)을 담당하는 뉴욕 연방준비은행 총재가 맡는다.

최근 글로벌 금융시장 참가자들이 계속해서 미국의 기준금리 인상 시기 및 속도에 대해 최대 관심을 기울이고 있는 것은 이것이 전 세계적으로 금리, 환율, 주가, 자본이동 등 금융시장과 투자, 소비, 수출입 등 실물경제에 미치는 영향력이 매우 크기 때문이다.

출처 : 아주경제, 2010. 12. 10. / 한국은행 수정.

2. 미래가치와 현재가치

2.1 미래가치와 복리계산과정

미래가치(future value)란 현재의 일정 금액을 미래의 일정 시점의 화폐가치로 환산한 것을 말하며, 미래가치를 구하는 과정을 복리계산과정(compounding process)이라 한다.

예를 들어 어떤 사람이 현재 100원을 연리 10%로 매년 복리계산되는 정기예금에 예금한다면, 그는 1년도 말에 원금 100원과 이자 10원(100원 × 0.1)을 합한 원리합계 110원을 받을 수 있다. 다시 말하면, 현재가치 100원을 1년도 말의 미래가치로 환산하면 110원이 된다는 것이다.

$$\begin{aligned} FV_1 &= PV + PV \times r = PV(1+r) \\ &= 100\text{원} + 100\text{원} \times 0.1 = 100\text{원} \times (1+0.1) = 110\text{원} \end{aligned}$$

여기서 PV = 원금, 즉 현재가치
FV_1 = 1년도 말의 원리금 합계, 즉 미래가치
r = 연리

1년도 말에 110원을 회수하지 않고 1년 더 예금한다면, 2년도 말에 받을 수 있는 원리금 합계, 즉 미래가치 FV_2는 다음과 같다.

$$FV_2 = FV_1 + FV_1 \times r = FV_1(1+r) = PV(1+r)^2$$
$$= 110원 + 110원 \times 0.1 = 110원 \times (1+0.1) = 100원 \times (1+0.1)^2$$
$$= 121원$$

이상과 같은 방법으로 n년도 말의 미래가치 FV_n은 다음과 같이 나타낼 수 있다.

$$FV_n = PV(1+r)^n = PV \times CVIF_{r,n} \quad (3-1)$$

식 (3-1)에서 $(1+r)^n$은 현재 1원에 대한 n기간 말에서의 미래가치를 나타내며, 이를 복리이자요소(compound value interest factor ; CVIF) 또는 미래가치이자요소(future value interest factor ; FVIF)라고 한다. 본서의 부록에 제시된 복리표(〈부표-1〉 참조)를 이용하면 이자율 r과 기간 n에 의해 결정되는 복리이자요소 $CVIF_{r,n}$을 간편하게 구할 수 있다. 그리고 원금(현재가치)에 복리이자요소를 곱하여 미래가치를 계산할 수 있다.

알아두기 3-1

화폐의 시간적 가치 계산방법

화폐의 시간적 가치의 개념을 이용해 미래가치와 현재가치를 구하는 데 사용되는 방법은 다음과 같이 크게 4가지로 나눌 수 있는데, 이들 방법은 각각 나름대로의 장단점을 갖고 있다.

■ **방정식 해법**(numerical solution)

주어진 문제를 해결하는 데 필요한 방정식을 그대로 이용하는 방법으로서, 방정식을 구성하는 변수들의 값을 식에 대입하여 계산함으로써 결과를 얻을 수 있다. 예를 들어 식 (3-1)에서 $FV_n = PV(1+r)^n$을 구성하는 PV, r, n의 값을 식에 그대로 대입하여 결과를 구하는 방식이다. 이와 같은 방법은 관련 문제를 해결하는 데 필요한 방정식을 반드시 기억하고 있어야 하는 부담이 따른다. 이와 같은 방정식 해법을 이용하는 데 따른 불편을 덜기 위하여 고안된 방법으로 이자요소표 활용법, 스프레드시트 활용법, 재무용 계산기 활용법 등이 있다.

■ **이자요소표 활용법**(tabular solution)

이자요소표 활용법은 화폐의 시간적 가치를 계산하는 데 핵심이 되는 값을 쉽게 이용할 수 있도록 만들어진 이자요소표를 이용하는 방법이다. 앞서 설명한 바와 같이, 식 (3-1)에 의하여 미래가치를 구할 경우 $FV_n = PV(1+r)^n$ 방정식을 직접 이용하는 대신 $(1+r)^n$, 즉 복리이자요소(compound value interest factor ; CVIF)표(〈부표-1〉)를 참고하여 해당 값을 간편하게 찾아 원금(현재가치)에 복리이자요소를 곱하여 미래가치를 계산할 수 있다. 다만, 이 방법은 관련 문제를 해결하는 데 필요한 이자요소표가 반드시 마련되어 있어야 한다는 점에서 한계를 지닌다. 본서의 부록에는 복리이자요소표 등 총 4개의 부표가 제시되어 있다.

■ **스프레드시트 활용법**(spread sheet solution)

스프레드시트에 화폐의 시간적 가치를 구하는 데 필요한 방정식 구조가 입력되어 있어 방정식을 구성하는 변수의 값만 입력하면 간단히 결과를 구하는 방법이다. 현재 마이크로소프트사의 엑셀(Microsoft Excel™) 프로그램이 대표적인 스프레드시트의 도구로 사용되고 있다. 본서에서도 위의 두 가지 방법 이외에 엑셀의 함수식을 활용한 풀이를 함께 제시하여 딱딱한 방정식에 의한 풀이를 대체할 수 있는 기회를 제공하기로 한다. 스프레드시트 활용법은 엑셀과 같은 소프트웨어를 구동할 수 있는 물리적 환경(컴퓨터, 엑셀 소프웨어 설치 등)이 사전에 구비되어야 실행 가능하다.

■ **재무용 계산기 활용법**(financial calculator solution)

재무용 계산기는 엑셀의 함수식과 같은 유사한 기능을 수행할 수 있도록 개발된 제품을 말한다. 이를 활용할 경우 복잡한 방정식을 모르더라도 화폐의 시간적 가치를 쉽게 구할 수 있다. 다만, 재무용 계산기를 별도로 구입하여야 하는 경제적 부담이 따른다. 하지만 최근에는 재무용 계산기를 대체할 수 있는 스마트폰 재무계산기 애플리케이션이 등장하여 인기를 끌고 있다.

알아두기 3-2

이자계산방법 : 단리와 복리

이자의 계산방법에는 단리(simple interest)와 복리(compound interest)의 두 가지가 있다. 단리에 의해서 이자를 계산하면 원금에 대한 이자만 계산되나, 복리의 경우에는 원금뿐만 아니라 이자에 대한 이자도 계산된다.

예를 들어 어떤 사람이 현재 100원을 연리 10%로 2년간 예금하는 경우 이자를 단리 또는 복리 중 어떤 방법으로 계산하느냐에 따라 2년 후 원리합계는 다음과 같이 달라진다.

- **단리계산방법** : 2년 후 원리합계 $= 100원 + (100원 \times 0.1) \times 2$
  $= 100원 \times (1 + 0.1 \times 2) = 120원$
- **복리계산방법** : 2년 후 원리합계 $= 100원 \times (1 + 0.1)^2 = 121원$

항상 단리보다 복리에 의한 원리합계가 더 크다. 이는 복리의 경우 이자에 대한 이자가 계산되기 때문이다. 일반적으로 금융거래에서 단리에 의한 이자계산방법은 거의 사용되지 않는다. 그러므로 특별한 언급이 없는 한 복리에 의해 이자가 계산된다고 이해하기 바란다.

예제 3-1

미래가치계산

현금 100만원을 연리 7%로 매년 복리계산되는 정기예금에 예금하는 경우 3년도 말의 미래가치는 얼마인가?

해답

식 (3-1)을 이용하여 3년도 말의 미래가치 FV_3을 구하면 다음과 같다.

$$FV_3 = 100 \times (1 + 0.07)^3 = 122.5\text{만원}$$

또는 본서 뒤에 있는 〈부표-1〉의 복리표를 이용하여도 동일한 결과를 얻을 수 있다.

기간	이자율		
	6%	7%	8%
1	1.0600	1.0700	1.0800
2	1.1236	1.1449	1.1664
3	1.1910	1.2250	1.2597
4	1.2625	1.3108	1.3605

〈부표-1〉의 복리표 중 일부를 나타낸 위의 표에 의하면 연리 7%, 기간 3년인 복리이자요소 $CVIF_{0.07,3}$은 1.2250(표에서 직사각형으로 표시된 값)이다. 그러므로

$$FV_3 = 100 \times CVIF_{0.07,3} = 100 \times 1.2250 = 122.5\text{만원}$$

한편 스마트폰에서 활용 가능한 애플리케이션인 재무계산기(TVM calculator)를 이용할 경우에도 FV 아이콘 앞에 제시된 값과 같이 122.5만원을 얻을 수 있다.

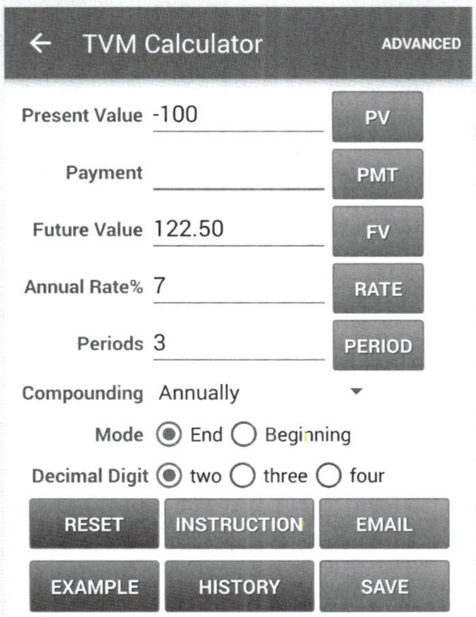

알아두기 3-3

스마트폰 재무계산기 애플리케이션

최근 스마트폰에서 화폐의 시간적 가치를 손쉽게 계산할 수 있는 애플리케이션이 제공되어 인기를 누리고 있다. 대표적인 애플리케이션으로는 'financial calculators'의 재무계산기를 들 수 있다. 이 애플리케이션을 스마트폰(구글 플레이스토어(Play store) 또는 애플 앱스토어(App store)에서 다운로드 할 수 있음)에 설치한 뒤 실행하면 [그림 1]과 같은 화면이 나타나는데, 여기서 화폐의 시간적 가치 계산에 사용되는 TVM calculator를 선택한다.

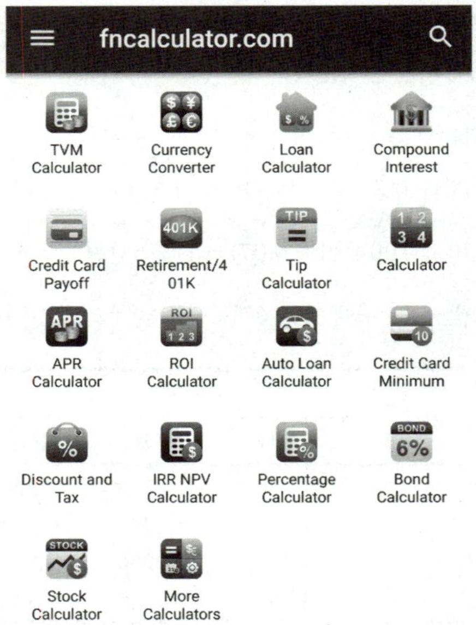

[그림 1]

TVM calculator를 클릭하면 [그림 2]의 화면이 나타난다. 여기서 'PV'는 현재가치, 'PMT'는 정기적립액(연금), 'FV'는 미래가치, 'Rate'는 연간 이자율(% 단위), 'Period'는 기간의 수를 의미한다. 각 공란에 화폐의 시간적 가치를 계산하는 데 필요한 기초자료를 입력한 뒤, 최종 구하고자 하는 값의 아이콘을 클릭하면 공란에 그 결과 값이 조회된다. 한편 PV, FV, PMT 등의 기초자료 입력 시 현금유입은 양수(+), 현금유출은 음수(-)로 기입한다.

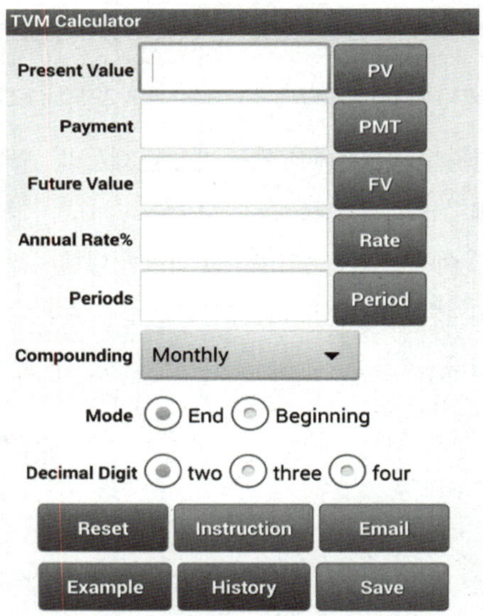

[그림 2]

이 애플리케이션을 이용할 때 화폐의 시간적 가치 계산에 필요한 기초자료의 값을 입력하기 전에 다음과 같은 옵션을 먼저 지정하여야 한다. 'Compounding'은 복리계산기간의 단위를 선택할 때 사용한다. 예를 들어 연복리이면 Annually를, 월복리이면 Monthly를 선택한다. 'Mode'는 PMT와 관련되는 옵션으로 기말 현금흐름(End)과 기초 현금흐름(Beginning) 중 어느 하나를 선택할 때 사용한다. 매기간 말에 현금흐름이 발생하는 경우의 화폐의 시간적 가치를 계산하는 경우엔 End를 선택하면 된다. 'Decimal Digit'는 계산 결과를 소수점 아래 몇째 자리까지 나타낼 것인가를 지정하는 옵션이다.

예제 3-2

이자율의 계산

현재 600만원을 갖고 있는 사람이 3년 후에 A 자동차를 구입하려고 한다. 그리고 3년 후의 자동차 구입가격은 777만원으로 예상된다. 이 사람이 현재 갖고 있는 돈을 3년간 정기예금하여 A 자동차를 구입할 수 있으려면, 정기예금의 연리는 얼마가 되어야 하는가?

해답

3년도 말에 A 자동차를 구입하기 위해서는 현재 600만원을 3년 동안 정기예금하여 얻을 수 있는 3년도 말의 미래가치가 777만원이 되어야 한다.

$$600 \times (1+r)^3 = 777$$
$$(1+r)^3 = CVIF_{r,3} = \frac{777}{600} = 1.2950$$

그러므로 〈부표-1〉의 복리표에 의해서 연리 r을 구하면,

$\therefore\ r = 0.09$ 또는 9%

그리고 위 식을 직접 풀어서 구해도 동일한 결과를 얻을 수 있다.

$r = (1.2950)^{\frac{1}{3}} - 1 = \sqrt[3]{1.2950} - 1 = 0.09$ 또는 9%

또는 스마트폰에서 활용 가능한 애플리케이션인 재무계산기(TVM calculator)를 이용할 경우에도 RATE 아이콘 앞에 제시된 값과 같이 9%를 얻을 수 있다.

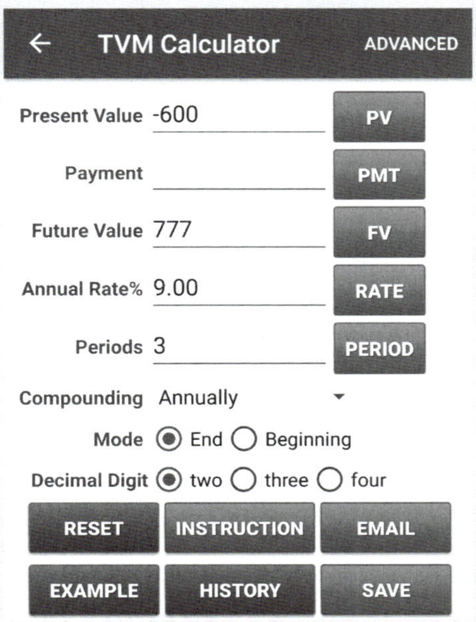

예제 3-3

투자기간의 계산 : 72의 규칙

현금 100만원을 연리 10%로 매년 복리계산되는 정기예금에 예금하는 경우 몇 년 후에 원금의 2배인 200만원이 되겠는가?

해답

원금의 2배가 되는 기간을 다음과 같이 구할 수 있으며, 이를 72의 규칙(rule of 72)이라 한다.[2]

$$\text{원금의 2배가 되는 기간} = \frac{72}{\text{이자율}(\%)} = \frac{72}{10} = 7.2\text{년}$$

또는 스마트폰에서 활용 가능한 애플리케이션인 재무계산기(TVM calculator)를 이용할 경우에도 PERIOD 아이콘 앞에 제시된 값과 같이 7.27년을 얻을 수 있다.

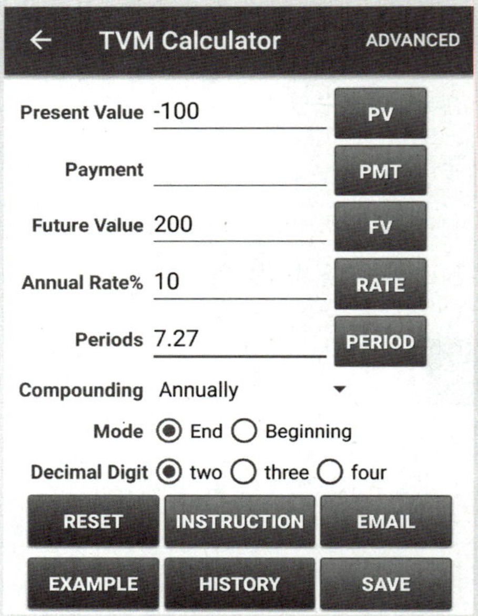

---

2. 원금의 2배가 되는 기간(n)을 보다 정확하게 구하려면 $100 \times (1 + 0.1)^n = 200$, 즉 $(1 + 0.1)^n = 2$를 풀면 된다. 로그함수를 이용하면 $n \times \log 1.1 = \log 2$이므로 $n = \frac{\log 2}{\log 1.1} = 7.27$년이 된다. 즉, 7.27년을 예금해야 원금의 2배로 만들 수 있음을 알 수 있다. 이는 72의 규칙에 의해 구한 7.2년과 약간의 차이가 있다.

복리의 마법

재테크 Tip

원금뿐만 아니라 이자에 대한 이자도 계산되는 복리계산의 효과를 극적으로 보여줄 수 있는 사례를 살펴보자. 네덜란드 신대륙 식민지의 초대총독이었던 피터 미누이트(Peter Minuit)는 1626년 미국의 뉴욕시에 있는 맨해튼(Manhattan) 섬을 원주민인 인디언들로부터 약 $24에 해당하는 물건들을 주고 샀다. 인디언들이 맨해튼을 강제로 빼앗긴 것이나 다름없다고 생각할 수 있으나, 복리계산의 효과를 고려하면 오히려 이 거래가 인디언들에게 더 유리한 것일 수도 있다. $24를 연리 8%로 매년 복리계산하여 396년이 지난 2022년도 말 시점에서의 가치를 계산하면 약 413조 달러[$\$24(1+0.08)^{396}$]가 되어 지금의 맨해튼을 다시 사고도 남을 것이다. 다만 1626년부터 396년 동안 계속해서 연리 8%를 지급하는 곳에 투자하기란 쉽지 않을 것이다.

2.2 현재가치와 할인계산과정

현재가치(present value)란 미래에 발생할 일정 금액을 현재시점의 화폐가치로 환산한 것을 말하며, 현재가치를 구하는 과정을 할인계산과정(discounting process)이라 한다.

연리 10%로 매년 복리계산되는 정기예금에 현재 얼마를 예금하여야 2년도 말에 100원이 되겠는가? 이 물음에 대한 답은 다음의 식에서 찾을 수 있다.

$$PV \times (1+0.1)^2 = 100\text{원}$$

그러므로

$$PV = \frac{100}{(1+0.1)^2} = 82.64\text{원}$$

즉, 오늘 82.64원을 연리 10%로 매년 복리계산되는 정기예금에 예금하면 2년도 말에 100원이 된다. 그러므로 현재의 82.64원과 2년도 말의 100원의 가치는 동일하다고 할 수 있다. 이 경우 2년도 말 100원의 현재가치는 82.64원이다.

n년도 말의 미래가치 FV_n을 현재가치 PV로 환산하는 공식은 앞의 식 (3－1)을 수정하여 다음과 같이 나타낼 수 있다.

$$PV = \frac{FV_n}{(1+r)^n} = FV_n(1+r)^{-n} = FV_n \times PVIF_{r,n} \tag{3-2}$$

식 (3−2)에서 $(1+r)^{-n}$은 n기간 말 1원의 현재가치를 나타내며, 이를 현가이자요소(present value interest factor ; PVIF)라고 한다. 본서의 부록에 제시된 현가표(〈부표−3〉 참조)를 이용하면 이자율 r과 기간 n에 의해 결정되는 현가이자요소 $PVIF_{r,n}$을 간편하게 구할 수 있다.[3] 그리고 미래 현금흐름(미래가치)에 현가이자요소를 곱하여 현재가치를 계산할 수 있다.

이상에서 살펴본 바와 같이 미래가치를 구하는 복리계산과정과 현재가치를 구하는 할인계산과정은 서로 상반되는 개념이며, 현가이자요소는 복리이자요소의 역수라 할 수 있다.

$$PVIF_{r,n} = \frac{1}{CVIF_{r,n}} \tag{3-3}$$

예제 3−4

현재가치의 계산

K씨는 지금으로부터 3년 후에 100만원을 받을 수 있다. 그리고 그는 투자로부터 매년 8%씩 벌 수 있다. 이 경우 K씨가 받을 미래 현금흐름의 현재가치는 얼마인가?

해답

식 (3−2)를 이용하여 현재가치 PV를 구하면 다음과 같다.

$$PV = \frac{100}{(1+0.08)^3} = 79.38\text{만원}$$

또는 본서 뒤에 있는 〈부표−3〉의 현가표를 이용하여도 동일한 결과를 얻을 수 있다.

기간	이자율		
	7%	8%	9%
1	0.9346	0.9259	0.9174
2	0.8734	0.8573	0.8417
3	0.8163	0.7938	0.7722
4	0.7629	0.7350	0.7084

〈부표−3〉의 현가표 중 일부를 나타낸 위의 표에 의하면 이자율 8%, 기간 3년인 현가이자요소 $PVIF_{0.08,3}$은 0.7938(표에서 직사각형으로 표시된 값)이다. 그러므로

3. 일반적으로 현재가치를 계산할 때 사용되는 이자율을 할인율(discount rate)이라고 한다.

$$PV = 100 \times PVIF_{0.08,\,3} = 100 \times 0.7938 = 79.38\text{만원}$$

한편 스마트폰에서 활용 가능한 애플리케이션인 재무계산기(TVM calculator)를 이용할 경우에도 PV 아이콘 앞에 제시된 값과 같이 79.38만원을 얻을 수 있다.

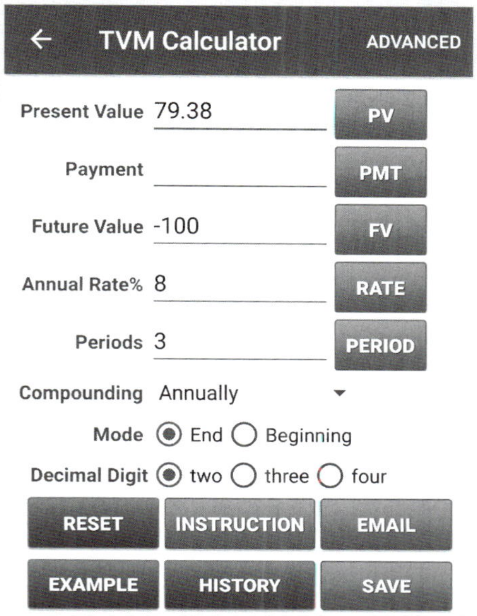

3. 화폐의 시간적 가치의 응용

3.1 영구연금

영구연금(perpetuity)은 매기간 말에 일정 금액이 무한히 발생되는 일련의 현금흐름을 의미한다. 이와 같은 영구연금의 대표적인 형태로서 영국정부에 의해서 발행되어 온 영구채권(consols)이 있다. 영구채권을 구입한 투자자는 영국정부로부터 영구적으로 매년 말에 일정 금액의 이자를 받을 수 있는 권리를 부여받는다.

매기간 말에 일정 금액 C원이 무한히 발생하는 영구연금의 현금흐름 유형은 [그림 3-1]과 같다. 영구연금의 현재가치는 다음과 같이 구할 수 있다.[4]

4. 영구연금의 현재가치는 무한등비수열의 합을 구하는 공식을 이용하여 다음과 같이 구할 수 있다.

$$PV(\text{영구연금}) = \frac{\text{초항}}{1 - \text{공비}} = \frac{\frac{C}{1+r}}{1 - \left(\frac{1}{1+r}\right)} = \frac{C}{r}$$

그림 3-1 영구연금의 현금흐름 유형

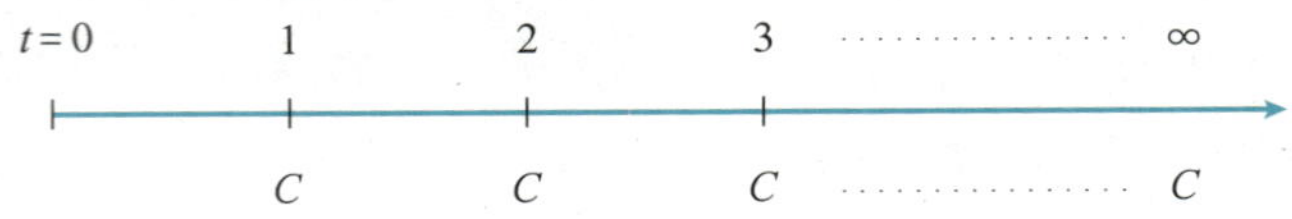

$$PV(\text{영구연금}) = \frac{C}{1+r} + \frac{C}{(1+r)^2} + \frac{C}{(1+r)^3} + \cdots = \frac{C}{r} \quad (3-4)$$

식 (3-4)는 항상 1기간 말, 즉 1시점부터 현금이 발생하는 영구연금의 현재가치를 구하는 공식임을 유의하기 바란다.

재테크 Tip

영구교환 청바지의 가격

과거 국내의 모 청바지회사에서 이색적인 판매광고를 하여 소비자들의 눈길을 끈 적이 있다. 광고의 내용은 10만원 하는 청바지를 100만원에 매입하면 영구적으로 매년 교환해 주겠다는 것이다. 일반인의 경우 10년 동안만 교환해도 본전이라고 단순하게 생각하여 상당히 좋은 판매조건으로 받아들일 수 있다. 그러나 화폐의 시간적 가치 개념을 공부한 독자들은 이 청바지의 가격이 적정한지 엄격히 따져보아야 한다. 청바지를 매입하여 영구적으로 매년 교환하는 경우의 현금흐름은 다음과 같다.

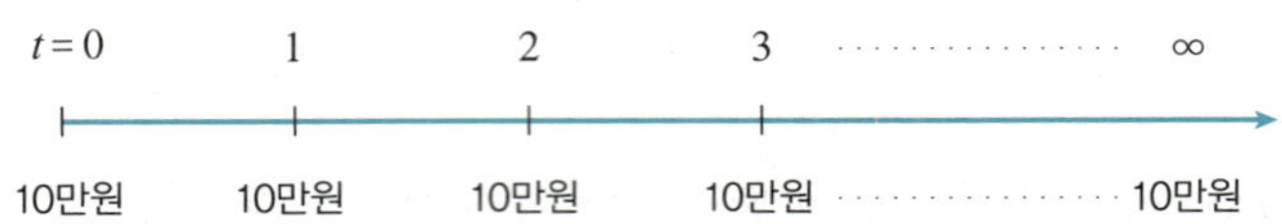

이와 같은 현금흐름의 현재가치, 즉 청바지의 적정 가격은 그 당시 실세금리 연 12%를 반영하여 산출될 수 있다. 그러나 식 (3-4)는 1년도 말부터 현금흐름이 발생되는 영구연금의 가치를 구하는 공식임을 유의해야 한다. 따라서 청바지의 현재가치는 현재의 10만원과 1년도 말부터 영구적으로 10만원씩 발생되는 영구연금의 가치를 합한 것과 같다.

$$PV(\text{청바지}) = 10\text{만원} + \frac{10\text{만원}}{0.12} = 93.33\text{만원}$$

이상의 결과에 의하면 영구교환되는 청바지를 100만원에 매입하는 것은 현명하지 못한 것으로 판단된다. 물론 이러한 결과는 요즘과 같이 연 3%보다 낮은 금리를 반영할 경우 크게 달라질 것이다.

예제 3-5

영구연금의 현재가치

매년 말에 10만원을 영구적으로 지급하는 영구채권의 현재가치를 구하라. (단, 연간 이자율은 10%이다.)

해답

$$PV(\text{영구채권}) = \frac{10}{0.1} = 100\text{만원}$$

3.2 연금

연금(annuity)이란 일정 기간 동안 일정 금액의 현금흐름이 계속적으로 발생되는 일련의 현금흐름을 의미한다.

그림 3-2 연금의 현금흐름 유형

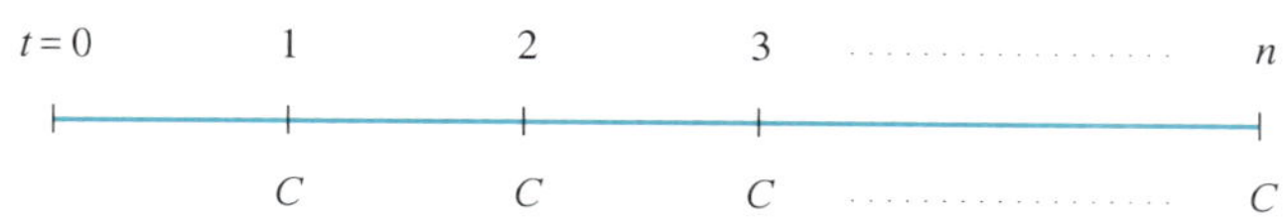

매기간 말에 일정 금액 C원이 n기간 동안 발생하는 연금의 현금흐름 유형은 [그림 3-2]와 같다. 이와 같은 연금의 현재가치를 구하는 공식을 도출하기 위하여 다음과 같은 세 가지 유형의 현금흐름을 생각해 보자.

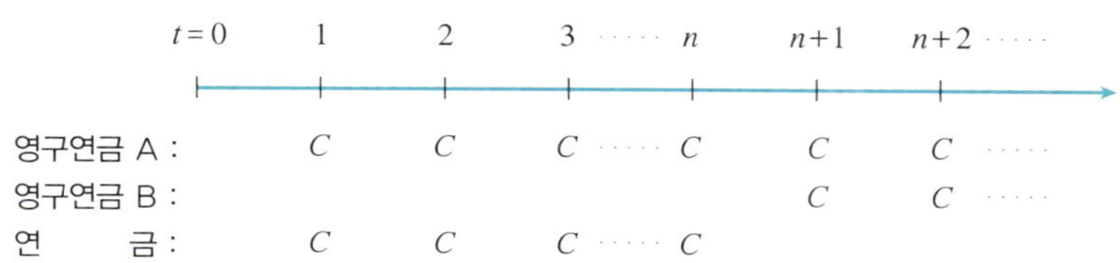

여기서 볼 수 있는 바와 같이 연금은 영구연금 A에서 영구연금 B를 차감한 현금흐름이라 할 수 있다. 그러므로 연금의 현재가치는 영구연금 A의 현재가치에서

영구연금 B의 현재가치를 차감하여 다음과 같이 나타낼 수 있다.[5]

$$PV(\text{연금}) = \frac{C}{1+r} + \frac{C}{(1+r)^2} + \cdots + \frac{C}{(1+r)^n} \tag{3-5}$$
$$= PV(\text{영구연금 A}) - PV(\text{영구연금 B})$$
$$= \frac{C}{r} - \left(\frac{C}{r}\right)\frac{1}{(1+r)^n}$$
$$= C\left[\frac{1}{r} - \frac{1}{r(1+r)^n}\right] = C \times PVIFA_{r,n}$$

식 (3-5)에서 $\left[\frac{1}{r} - \frac{1}{r(1+r)^n}\right]$은 1기간 말부터 시작하여 n기간 동안 매기간 말에 1원씩 발생하는 연금의 현재가치를 나타내며, 이를 연금의 현가이자요소(present value interest factor for an annuity ; PVIFA)라고 한다. 본서의 부록에 제시된 연금의 현가표(〈부표-4〉 참조)를 이용하면 이자율 r과 기간 n에 의해 결정되는 연금의 현가이자요소 $PVIFA_{r,n}$을 간편하게 구할 수 있다. 그리고 일정한 연금액(C)에 연금의 현가이자요소를 곱하여 연금의 현재가치를 계산할 수 있다.

또한 연금의 미래가치, 즉 n시점에서의 연금의 총미래가치는 식 (3-5)에 복리이자요소인 $(1+r)^n$을 곱하여 구할 수 있다.

$$FV_n(\text{연금}) = C(1+r)^{n-1} + C(1+r)^{n-2} + \cdots + C \tag{3-6}$$
$$= PV(\text{연금})(1+r)^n$$
$$= C\left[\frac{(1+r)^n}{r} - \frac{1}{r}\right] = C \times CVIFA_{r,n}$$

식 (3-6)에서 $\left[\frac{(1+r)^n}{r} - \frac{1}{r}\right]$은 1기간 말부터 시작해 n기간 동안 매기간 말에 1원씩 발생하는 연금의 n시점에서의 총미래가치를 나타내며, 이를 연금의 복리이자요소(compound value interest factor for an annuity ; CVIFA)라고 한다. 본서의 부록에 제시된 연금의 복리표(〈부표-2〉 참조)를 이용하면 이자율 r과 기간 n에 의해

---

5. 영구연금 B는 일정 금액 C가 $(n+1)$시점부터 시작하여 매기간 무한히 생성되는 현금흐름이다. 먼저 영구연금의 현재가치를 구하는 공식을 이용하여 영구연금 B의 n시점에서의 가치를 구하면 $\frac{C}{r}$가 된다. 따라서 영구연금 B의 현재가치는 n시점에서의 가치를 할인하여 다음과 같이 구할 수 있다.

$$PV(\text{영구연금 B}) = \left(\frac{C}{r}\right)\frac{1}{(1+r)^n}$$

결정되는 연금의 복리이자요소 $CVIFA_{r,n}$을 간편하게 구할 수 있다.[6] 그리고 일정한 연금액(C)에 연금의 복리이자요소를 곱하여 연금의 미래가치를 계산할 수 있다.

예제 3-6

연금의 현재가치

1년도 말부터 5년 동안 매년 100만원씩을 지급받을 수 있는 연금의 현재가치는 얼마인가? (단, 연간 이자율은 10%이다.)

해답

연금의 현재가치는 공식을 이용하여 직접 계산하거나, 또는 본서 뒤에 있는 〈부표-4〉 연금의 현가표를 이용하여 계산할 수 있다.

$$PV(\text{연금}) = \frac{100}{1+0.1} + \frac{100}{(1+0.1)^2} + \frac{100}{(1+0.1)^3} + \frac{100}{(1+0.1)^4} + \frac{100}{(1+0.1)^5}$$
$$= 100 \times \left[\frac{1}{0.1} - \frac{1}{0.1(1+0.1)^5}\right] = 100 \times 3.7908 = 379.08\text{만원}$$

또는

$$PV(\text{연금}) = 100 \times PVIFA_{0.1,5} = 100 \times 3.7908 = 379.08\text{만원}$$

한편 스마트폰에서 활용 가능한 애플리케이션인 재무계산기(TVM calculator)를 이용할 경우에도 PV 아이콘 앞에 제시된 값과 같이 379.08만원을 얻을 수 있다.

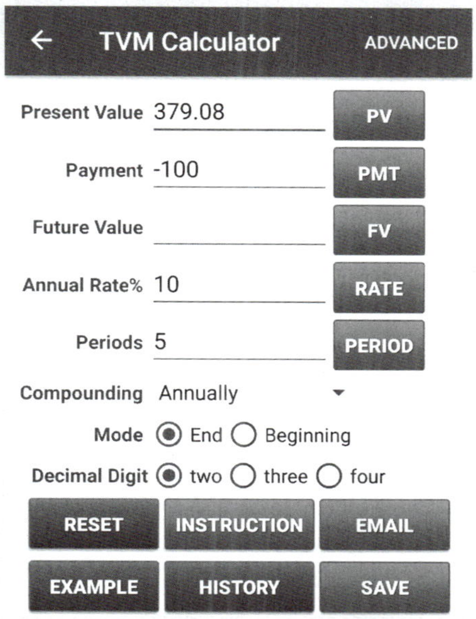

6. 일반적으로 연금은 기간 말에 지급된다. 이러한 이유로 연금의 복리표와 현가표는 그 현금흐름이 1기간 말, 즉 1시점부터 시작된다고 가정하여 작성되었음을 유의하여야 한다. 만약 기초에 연금이 지급되는 경우에는 기말기준으로 계산된 각 값에 $(1+r)$을 곱하여 각각 $PVIFA_{r,n} \times (1+r)$과 $CVIFA_{r,n} \times (1+r)$로 수정하여야 한다.

예제 3-7

연금의 미래가치

1년도 말부터 5년 동안 매년 100만원씩을 지급받아서 연리 10%로 매년 복리계산되는 정기예금에 예금한다면, 연금이 끝나는 5년도 말에 그 총액은 얼마가 되겠는가?

해답

연금의 미래가치는 공식을 이용하여 직접 계산하거나, 또는 본서 뒤에 있는 〈부표-2〉 연금의 복리표를 이용하여 계산할 수 있다.

$$FV_5(\text{연금}) = 100(1+0.1)^4 + 100(1+0.1)^3 + 100(1+0.1)^2 + 100(1+0.1) + 100$$
$$= 100\left[\frac{(1+0.1)^5}{0.1} - \frac{1}{0.1}\right] = 100 \times 6.1051 = 610.51\text{만원}$$

또는

$$FV_5(\text{연금}) = 100 \times CVIFA_{0.1,\,5} = 100 \times 6.1051 = 610.51\text{만원}$$

한편 스마트폰에서 활용 가능한 애플리케이션인 재무계산기(TVM calculator)를 이용할 경우에도 FV 아이콘 앞에 제시된 값과 같이 610.51만원을 얻을 수 있다.

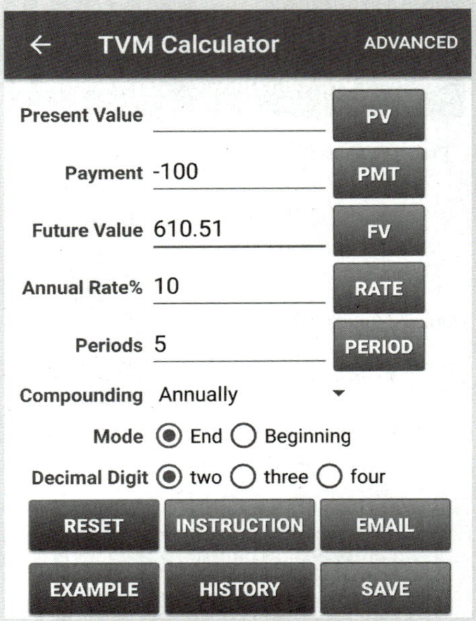

알아두기 3-4

Excel의 활용 : 화폐의 시간적 가치 계산

마이크로소프트사의 엑셀(Microsoft Excel™)에서 이용할 수 있는 재무함수 중 미래가치, 현재가치, 이자율, 투자기간, 정기적립액 등을 구하는 함수식은 다음과 같다.

계산하고자 하는 값	함수식
미래가치	= FV(rate, nper, pmt, pv, type)
이자율(할인율)	= RATE(nper, pmt, pv, fv, type)
투자기간(적립기간)	= NPER(rate, pmt, pv, fv, type)
현재가치	= PV(rate, nper, pmt, fv, type)
정기적립액(연금 수령액, 균등상환액)	= PMT(rate, nper, pv, fv, type)

주 : 1. pmt, pv, fv는 각각 정기적립액, 현재가치, 미래가치를 나타냄(지출되는 금액은 음수(−)로 표시하고, 받을 금액은 양수(+)로 표시함).

2. rate, nper는 각각 기간당 이자율, 투자기간을 나타냄(이자율은 투자기간 단위와 일치해야 함. 예를 들어 투자기간 단위가 월이라면 이자율은 월간 이자율을 사용해야 함).

3. type은 정기적립액이 있는 경우 적립시점(기말 : 0, 기초 : 1)을 나타내며, type을 생략하면 0으로 간주됨(현금흐름이 기말에 발생되는 것으로 간주됨).

위의 엑셀 함수식을 이용하여 〈예제〉를 풀이한 결과를 화면으로 제시하면 다음과 같다.

	A	B	C	D	E	F	G
1	<예제 3-1> 미래가치				<예제 3-4> 현재가치		
2							
3	122.50	=FV(7%, 3, 0, -100)			79.38	=PV(8%, 3,0,-100)	
4							
5	<예제 3-2> 이자율				<예제 3-6> 연금의 현재가치		
6							
7	9%	=RATE(3,0,-600,777)			379.08	=PV(10%, 5, -100)	
8							
9	<예제 3-3> 투자기간				<예제 3-7> 연금의 미래가치		
10							
11	7.27	=NPER(10%, 0, -100, 200)			610.51	=FV(10%, 5, -100)	
12							

※ 〈예제 3-6〉, 〈예제 3-7〉의 함수식에서 네 번째 인수(PV 또는 FV)가 0인 경우 생략할 수 있음(단, 다섯 번째 인수인 type도 0이어야 함).

재테크 Tip

국민연금, '현재가치'와 '미래가치' 사이의 비밀

올해 40세인 직장인 김씨는 만 65세가 되는 해인 25년 후부터 국민연금을 수령할 수 있다는 말을 듣긴 했는데, 대체 얼마나 받게 될지가 항상 궁금했다. 그래서 국민연금관리공단에 문의했다. 공단 측에서는 "현재가치로는 136만원, 미래가치로는 344만원의 연금을 받게 될 것"이라고 답했다. 현재가치와 미래가치란 용어 자체가 생소했지만, 결론적으로 앞으로 25년 뒤 받게 될 연금은 현재시점의 가치로 136만원에 해당하는 돈이란 사실을 확인할 수 있었다. 그렇다면 김씨가 받게 되는 연금의 현재가치와 미래가치 사이에는 왜 '2.56배'의 차이가 생긴 것일까.

국민연금에 따르면 현재가치를 구하기 위해서는 우선 국민연금 가입자 평균소득인 'A값'과, 가입자 자신의 소득과 비례해서 받는 부분인 'B값'을 계산한다. 현재 국민연금의 A값은 198만 1,975원이다. B값은 개별 가입자의 소득과 비례하기 때문에 평균값이 따로 없다. 직장인 김씨의 B값은 367만 7,929원이다. 그런 다음 A값, B값에 일정 상수를 곱하고, 나누는 등 복잡한 공식을 통해 김씨 연금의 현재가치를 구할 수 있다. 연금 산정 결과, 김씨가 만 60세가 되는 해까지 국민연금을 납입하면, 65세가 되는 해부터 매달 136만원씩을 연금으로 받게 된다.

그렇다면 미래가치 344만원은 어떻게 계산된 것일까. 미래가치는 일단 물가상승률이 고려된다. 물가상승률은 기본적으로 2.5%로 가정된다. 올해부터 매년 물가가 2.5%씩 오른다고 가정해 계산한다. 여기에 가입자의 소득상승률이 감안된다. 국민연금은 가입자의 소득상승률을 매년 4%로 책정했다. 매년 초 결정되는 국민연금 가입자 평균소득인 A값 역시 4%씩 올라간다고 가정된다. 또 국민연금 가입자들의 소득이 올라가기 때문에 소득 상한액도 매년 올라간다. 이런 이유로 김씨는 미래에 받게 될 연금이 344만원으로 계산된 것이다. 하지만 미래가치는 물가상승률, 소득상승률 등의 값을 가정하여 산출된 것이므로 실제 받게 될 연금액수는 달라질 수 있다. 물가가 3%씩 오르고 연간 소득상승률이 5%에 달할 경우 실제 받게 되는 연금액수는 올라갈 수 있다. 반면 물가상승률이 1%에 그치고 소득상승률도 4%에 못 미칠 경우 수령액은 줄어들 것이다.

국민연금연구원의 한정림 박사는 "미래가치는 각 변수에 의해 금액이 크게 변동될 수 있기 때문에 가급적 현재가치로 계산된 예상 연금을 보는 게 바람직하다"고 설명했다.

출처 : 헤럴드경제, 2014. 3. 20 수정.

시사 포커스

연금의 미래가치를 결정하는 연금 가입기간

베이비붐 세대의 대규모 은퇴가 올해부터 시작됐다. 이를 계기로 한국에서도 노후생활에 대한 관심이 크게 늘고 있다. 지금 우리의 현실을 고려할 때 생각보다 빠르게 진행되는 고령화에 비해 노후 준비는 턱없이 부족한 게 현실이다. 마냥 안심하고 있을 수 없는 이유다.

■ 노후 준비 재테크 방안 … 연금

노후 준비를 위한 재테크 방안 중 하나가 바로 연금에 가입하는 일이다. 현역 시절에 가입하는 연금은 한겨울에 유행할 인플루엔자로부터 우리 몸을 보호해 주는 예방주사와 같다. 예방주사 같은 연금에는 국민연금, 퇴직연금, 개인연금이 있다. 우리는 이 세 연금을 묶어 3층 사회보장제도라 부른다. 노후소득의 안정성과 적정성을 담보해 주기 때문이다. 한국인들이 좋아해 마지않는 부동산만으로는 노후에 소득의 안정성과 적정성을 장담할 수 없다. 부동산 가격은 언제 떨어질지 모르며, 필요할 때 당장 현금화하기도 힘들다. 담보대출을 받으면 된다고 큰소리 치지 말자. 일정한 소득을 만들어내기 힘든 노후에 빚을 지는 것은 기름통을 안고 불 속으로 뛰어드는 것이나 마찬가지다. 예금이 있지 않느냐고 항변할 수도 있다. 그러나 요즘 같은 저금리 시대에 예금 이자는 인플레이션도 못 따라잡는다. 가만히 앉아 내 돈을 도둑 맞는 꼴이다. 이자가 거의 없어도 괜찮을 만큼 예금 액수가 많다면 모를까, 그렇지 않다면 죽기 훨씬 이전에 예금이라는 물통이 동나고 말 것이다. 이렇게 되면 목말라 죽기 십상이다. 그래서 우리는 더더욱 연금에 기대하는 바가 크다.

3층 구조의 노후소득 보장장치

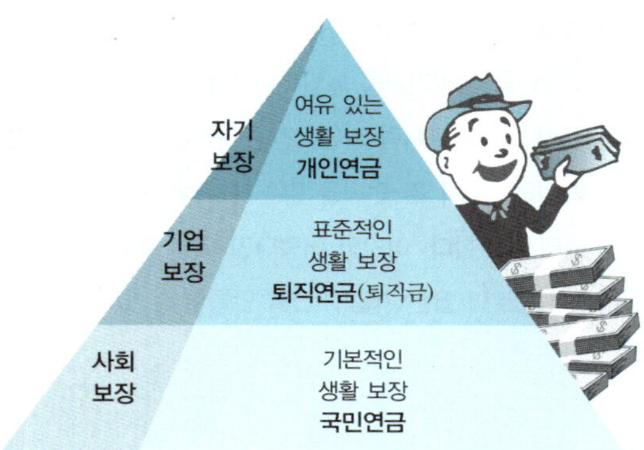

■ 연금 가입기간 … 장기일수록 유리

연금을 통해 노후소득의 안정성과 적정성을 확보하기 위해서는 가입 기간을 길게 가져가는 것이 무엇보다도 중요하다. 연금의 가입 기간을 길게 가져가는 지름길은 하루라도 먼저 가입하는 것이다. 가입 시기가 이를수록 적은 부담으로 더 많은 연금을 받을 수 있는 길을 열 수 있다. 세계 최고 갑부 중 한 명인 워런 버핏(Warren E. Buffett)은 자신의 전기 '스노볼(snow ball)'에서 많은 돈을 번 비결을 다음과 같이 말했다. "나는 14세 때 신문배달을 하면서 작은 눈덩이를 처음 만들었고, 그 후 56년간 긴 언덕에서 아주 조심스럽게 굴려왔을 뿐이다. 삶도 눈덩이와 같다. 중요한 것은 잘 뭉쳐지는 습기 머금은 눈과 진짜 긴 언덕을 찾아내는 것이다." 연금에 일찍 가입하는 결정은 버핏이 말하는 긴 언덕을 더욱 길게 하는 효과가 있다. 특히 국민연금은 정말로 긴 언덕이다. 소득활동이 시작됨과 동시에 연금이라는 긴 언덕이 시작되기 때문이다. 계속 소득활동만 유지하면 그만이다. 이만큼 쉬운 긴 언덕도 없을 것이다. 그런데도 많은 사람들은 불만이 많다. 용돈연금이라느니, 나중에 받지 못할지도 모른다느니 하는 등 이유도 여러 가지다. 물론 한국의 국민연금은 노후소득의 적정성이라는 측면에서 보면 역주행하고 있는 것이 사실이다.

2028년까지 국민연금의 소득대체율을 40%까지 인하하기로 했기 때문이다. 하지만 이는 국민연금이 제공하는 혜택을 생각하면 가벼울 뿐이다. 무엇보다도 국민연금은 국가가 책임지기 때문에 나라가 망하지 않는 한 떼일 염려는 없다. 또한 국민연금은 연금액의 실질가치를 보장하는 매우 가치 있는 장치를 두고 있다. 즉, 매년 물가상승률을 반영해 연금액이 늘어나는 구조를 갖고 있는 것이다. 뿐만 아니라 가입자가 사망할 때까지 물가상승률만큼 늘어나는 연금을 매달 꼬박꼬박 지급해 준다. 최근 프랑스에서 일어나고 있는 연금개혁에 반대하는 격렬한 시위는 국민연금의 이러한 장점을 역설적으로 증명하는 좋은 사례라 하겠다.

국민연금을 생각할 때 빼놓을 수 없는 부분이 부부가 함께 가입하는 것이다. 맞벌이 부부의 경우는 자연스레 함께 가입하게 되지만, 홑벌이 부부의 경우는 다르다. 홑벌이 부부의 대부분에서 전업주부는 아내의 몫이다. 일반적으로 남편이 아내보다 서너 살 더 많고, 여자가 남자보다 보통 6~7년 오래 산다는 통계를 생각하면 남편 사후에도 아내는 평균적으로 10년 정도 혼자 살아야 한다. 이 기간 동안 아내의 생활비를 생각해야 한다.

연금은 오래 굴리는 게 최고 요령인데 요즘 퇴직연금 가입하면서 퇴직금 정산하는 건 바보짓이다. 회사에서 권해도 하지 말고 전액 퇴직연금으로 전환하는 것이 바람직하다. 남편 사후에도 아내에겐 유족연금이 나온다. 하지만 그 액수는 반으로 줄어든다. 이 금액으로는 아내가 살아가기에 그야말로 태부족이 아닐 수 없다. 그래서 전업주부인 아내의 국민연금 가입이 중요하다. 부부가 함께 국민연금에 가입하는 것은 연금이라는 언덕의 길이를 두 배로 늘이는 것과 같기 때문이다. 그리고 국민연금 가입기간을 늘리는 것에는 연금 수령 시기를 뒤로 늦추는 방법도 있다. 보건복지부에 따르면 국민연금 수령 시기를 1년 늦출 때마다 7.2% 더 많은 연금액을 평생 동안 준다고 한다. 국민연금의 재정 부담이 걱정되긴 하지만 가입자 입장에선 그야말로 일석이조가 아닐 수 없다.

사적 연금에서도 얼마든지 가입 기간을 늘릴 수 있다. 먼저 근로기간 중에 발생한 퇴직금을 재원으로 연금을 지급하는 퇴직연금을 보자. 요즘 퇴직연금 시장에서는 희한한 광경이 벌어지고 있다. 퇴직연금 도입을 계기로 그동안 쌓아 놓았던 퇴직금을 찾아가 버리는 일이 비일비재하게 벌어지고 있는 것이다. 불가피한 경우는 어쩔 수 없다고 하더라도 퇴직금을 중간정산하는 것은 퇴직연금 가입기간을 스스로 까먹는 행위와 다를 바 없다. 바로 버핏이 말한 긴 언덕을 마다하고 스스로 짧은 언덕에 편승하겠다는 것과 마찬가지다. 그 배포는 놀랍지만 제도 도입의 취지와 정면으로 역행한다는 점에서 안타까움을 금할 수 없다. 비록 회사에서 퇴직금 중간정산을 권유하더라도 그래서는 안 된다. 오히려 그동안 쌓아놓았던 퇴직금 전부를 퇴직연금으로 전환해야 한다. 그러면 앞으로 남은 근로기간이 얼마 되지 않더라도 얼마든지 퇴직연금 가입기간을 늘릴 수 있다.

한편 퇴직연금처럼 가입기간을 과거로 소급할 수 없는 개인연금에서 긴 언덕을 만들기 위해서는 무조건 일찍 가입해야 한다. 이것이 어렵다면 매달 불입하는 금액을 높임으로써 짧은 가입 기간을 만회할 수 있다.

출처 : CNB 저널, 2010. 11. 8 수정.

주요 용어

시차선호	98	자본의 생산성	98
이자율	98	미래가치	100
복리계산과정	100	복리이자요소	101
미래가치이자요소	101	현재가치	107
할인계산과정	107	현가이자요소	108
영구연금	109	영구채권	109
연금	111	연금의 현가이자요소	112
연금의 복리이자요소	112		

연습 문제

I. 완성/선택형 문제

01. 다른 시점에 발생하는 현금흐름을 서로 비교하기 위해서는 반드시 오늘의 1원과 내일의 1원 사이의 관계, 즉 (　　　　) 개념을 알아야 한다.

02. 자본화되어 새로운 가치를 창출할 수 있는 현재의 현금흐름을 동일한 금액의 미래의 현금흐름보다 더 선호하게 된다. 이는 (　　　　)이라는 기술적 특성에 기인한다.

03. 미래가치는 현재의 일정 금액을 미래의 일정 시점의 화폐가치로 환산한 것을 말하며, 미래가치를 구하는 과정을 (　　　　)이라 한다.

04. $(1+r)^{-n}$는 n기간 말 1원의 현재가치를 나타내며, 이를 (　　　　)라고 한다.

05. 현금 100만원을 연리 10%로 매년 복리계산되는 정기예금에 예금하는 경우 2년도 말의 미래 가치는 얼마인가?

① 121만원 ② 120만원
③ 100만원 ④ 119만원

06. 현재 1,000만원을 갖고 있는 사람이 2년 후에 자동차를 구입하려고 한다. 그리고 2년 후의 자동차 구입가격은 1,300만원으로 예상된다. 이 사람이 현재 갖고 있는 돈을 2년간 정기예금 하여 자동차를 구입할 수 있으려면, 정기예금의 연리는 얼마가 되어야 하는가?

① 11% ② 12%
③ 13% ④ 14%

07. K씨는 지금으로부터 2년 후에 500만원을 받을 수 있다. 그리고 그는 투자로부터 매년 12%씩 벌 수 있다. 이 경우 K씨가 받을 미래 현금흐름의 현재가치는 얼마인가?

① 368.56만원 ② 372.40만원
③ 398.60만원 ④ 401.11만원

08. K씨는 앞으로 2년간 매년 말에 다음과 같은 현금흐름을 얻을 수 있다.

연도 말	현금흐름
1	100만원
2	200만원

K씨가 얻을 수 있는 각 연도 말의 현금흐름을 현재가치로 환산한다면 모두 얼마나 되겠는가? (단, 연간 이자율은 10%이다.)

① 260.00만원 ② 256.20만원
③ 253.61만원 ④ 255.11만원

09. 매년 말에 100만원씩 영구적으로 지급하는 영구채권의 현재가치는 얼마인가? (단, 연간 이자율은 12%이다.)

① 833.33만원 ② 821.34만원
③ 810.23만원 ④ 841.21만원

10. 1년도 말부터 3년 동안 매년 100만원씩을 지급받을 수 있는 연금의 현재가치는 얼마인가? (단, 연간 이자율은 10%이다.)

① 230.54만원 ② 232.42만원
③ 245.62만원 ④ 248.69만원

11. 1년도 말부터 3년 동안 매년 100만원씩 연금을 지급받아서 연리 10%로 매년 복리계산되는 정기예금에 예금한다면, 연금지급이 끝나는 3년도 말에 그 총액은 얼마가 되겠는가?

① 311.56만원 ② 331.00만원
③ 342.62만원 ④ 350.13만원

II. 서술/계산형 문제

01. 일반적으로 사람들은 동일한 금액인 경우 미래의 현금흐름보다는 현재의 현금흐름을 더 선호하는데, 그 이유를 설명하라.

02. **(미래가치와 현재가치)**

(1) 현금 1,000만원을 연리 12%로 매년 복리계산되는 정기예금에 예금하는 경우 5년도 말의 미래가치는 얼마인가?

(2) 연리 10%로 매년 복리계산되는 정기예금에 얼마를 예금하여야 3년도 말에 1,000만원을 마련할 수 있는가?

03. **(연금의 현재가치)**

K씨는 매년 말 450만원씩 5년 동안 지급되는 연금을 받고 있다. 연간 이자율이 12%일 때, 연금의 현재가치는 얼마인가?

04. (연금의 미래가치)

1년도 말부터 5년 동안 매년 200만원씩 연금을 지급받아서 연리 10%로 매년 복리계산되는 정기예금에 예금한다면, 연금지급이 끝나는 5년도 말에 그 총액은 얼마가 되겠는가?

05. (연금적립액의 산출)

앞으로 10년 후 당신은 1억원의 현금이 필요하게 되므로, 이에 대비하여 향후 10년간 일정 금액을 매년 적립하려고 한다. 당신은 매년 말에 얼마씩 적립하여야 하는가? (단, 연간 이자율이 10%이다.)

06. (대출이자율의 계산)

K씨는 집을 담보로 하여 주택은행으로부터 20,000,000원을 융자받고, 그 돈을 매년 말 2,980,582원씩 10년에 걸쳐 분할상환하기로 하였다. 이 경우 K씨가 부담하는 연간 이자율은 얼마인가?

위험과 수익률

1. 기대수익률과 위험의 측정
2. 포트폴리오의 위험분산효과
3. 위험과 기대수익률의 관계

4

이 장의 개요

투자를 실행하는 경우 그 투자로부터 실현되는 미래 현금흐름을 정확하게 예측한다는 것은 거의 불가능하다. 이러한 경우 투자로 인한 미래의 성과는 하나의 확정된 값으로 나타나지 않고 확률분포의 형태로 주어진다. 따라서 투자에는 불확실성(uncertainty)이 존재하는데, 이러한 불확실성을 위험(risk)이라고 한다.

위험자산들을 대상으로 한 포트폴리오의 선택은 다음과 같은 단계로 진행된다. 먼저 포트폴리오 수익률의 확률분포로부터 측정된 기대수익률과 위험을 기초로 지배원리를 적용하여 효율적 포트폴리오들을 결정한다. 그런 다음 투자자의 위험회피 성향을 나타내는 무차별곡선에 의하여 최적포트폴리오를 선택한다. 한편 자본자산가격결정모형(CAPM) 또는 증권시장선(SLM)은 개별 증권을 포함한 모든 자산들의 체계적 위험과 수익률의 선형적인 비례 관계를 밝히고 있다. 이들 모형은 높은 수익률이 기대되는 투자안은 그만큼 높은 위험을 지니고 있음을 설명하는 이론적 근거가 된다.

본 장에서는 위험자산들의 기대수익률과 위험의 측정방법을 학습한 후, 포트폴리오 투자 시 기대되는 위험분산 효과에 대하여 설명한다. 그리고 본 장의 핵심이 되는 위험과 수익률의 관계를 살펴보기로 한다.

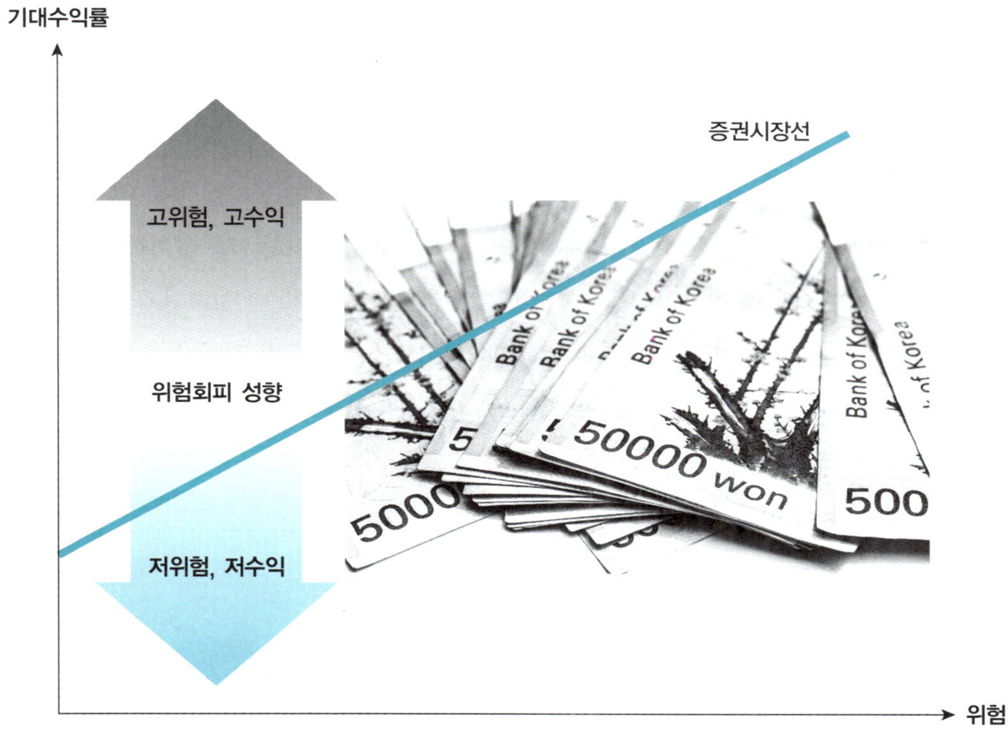

▲ 투자자들은 일반적으로 위험은 낮되 수익이 높은 투자를 원한다. 위험과 수익률의 균형관계를 제시한 자본자산가격결정모형(CAPM)에 따르면 높은 수익률을 얻기 위해서는 그만큼 높은 위험을 부담하여야 한다.

1. 기대수익률과 위험의 측정

1.1 개별 자산의 기대수익률과 위험

1) 수익률의 개념

수익률(rate of return)이란 투자액 1원에 대한 수익의 상대적인 크기를 판단하는 데 유용한 지표로서 투자액에 대한 수익을 비율로 나타낸 것이다. 즉, 투자자가 투자안에 일정 기간 동안 투자했을 경우, 투자수익률은 그 기간의 투자수익(투자안의 기말가치 – 기초투자액)을 기초투자액으로 나눈 것이다.

$$\text{투자수익률} = \frac{\text{투자안의 기말가치} - \text{기초투자액}}{\text{기초투자액}} \qquad (4-1)$$

현재 투자시점(기초)에서의 투자지출액(기초투자액)은 확실하게 알 수 있으나, 투자안의 기말가치는 미래의 상황에 따라 변할 수 있는 불확실한 것이다.

예를 들어 투자자 K씨가 S사의 주식에 현재 1,000만원을 투자할 때 주식의 기말가치는 경기상황에 따라 달라지는데, 호황일 때는 1,300만원, 보통일 때는 1,100만원, 불황일 때는 900만원이라고 하자. 아울러 경기가 호황일 가능성은 30%, 보통일 가능성은 40%, 불황일 가능성은 30%라고 하자.

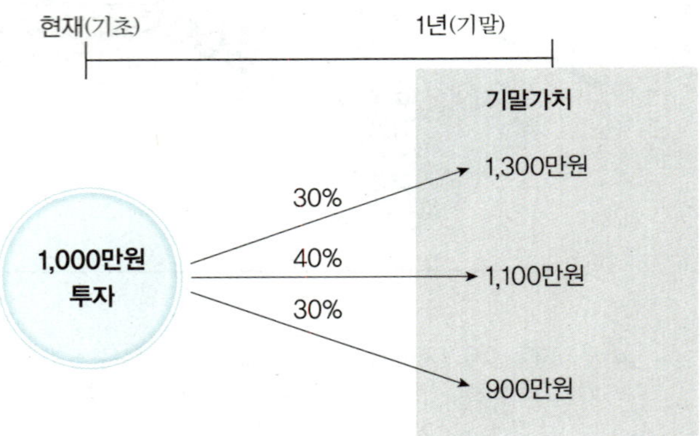

▲ K씨가 투자한 S사 주식의 기말가치와 발생 가능성(확률)

이와 같은 경우 각 상황에 따라 투자수익률을 구해서 표로 나타내면 〈표 4-1〉과 같다. 〈표 4-1〉과 같이 투자수익률(확률변수)이 취할 수 있는 모든 값들과 그것들의 발생 가능성(확률)을 나타낸

표를 확률분포표(probability distribution table)라 한다.

표 4-1 **투자수익률의 확률분포표**

상황	수익률	확률
호황[1]	0.3	0.3
보통[2]	0.1	0.4
불황[3]	−0.1	0.3

1) 투자수익률 $= \frac{1,300 - 1,000}{1,000} = 0.3$, 2) 투자수익률 $= \frac{1,100 - 1,000}{1,000} = 0.1$

3) 투자수익률 $= \frac{900 - 1,000}{1,000} = -0.1$

알아두기 4-1

확률변수와 확률분포

확률변수(random variables)는 미래의 발생 가능한 상황에 일정한 수치를 부여한 값이다. 예를 들어 동전 던지기를 시행하여 앞면이 나오면 1,000원을 받고 뒷면이 나오면 1,000원을 잃게 되는 게임이 있다면, 그것은 앞면과 뒷면이라는 발생 가능한 상황들에 각각 1,000원과 −1,000원이라는 수치를 부여하여 게임을 구성한 것이다. 즉, 1,000원과 −1,000원은 발생확률이 각각 $\frac{1}{2}$인 확률변수이며, 이를 요약한 다음과 같은 표를 확률분포표라 한다.

▲ 로또 1등에 당첨될 확률은? 약 0.000012%

동전 던지기 게임의 확률분포표

상황	성과(확률변수)	확률
앞면	1,000원	0.5
뒷면	−1,000원	0.5

마찬가지로 투자안의 투자성과를 살펴보는 경우 발생 가능한 미래의 상황(예를 들어 경제의 호황, 보통, 불황 등)에 일정한 수치(수익률)를 부여하여 확률변수와 확률분포표를 만들 수 있다.

2) 기대수익률과 위험의 측정

기대수익률(expected return)은 미래에 평균적으로 예상되는 수익률로서, 각 상황별로 발생 가능한 수익률에 그 상황이 발생할 확률을 곱한 다음 이를 모두 합하여 구한다.

기대수익률 = (수익률 × 확률)의 총합 (4-2)

식 (4-2)에 의해 측정된 기대수익률은 미래에 예상되는 평균적인 수익률로서 미래의 실제수익률과 다를 수 있다. 이는 미래의 투자수익이 확정되지 못함으로써 나타나는 것으로 미래에 발생할 실제수익률과 기대수익률의 차이(이를 편차라 함)가 크면 클수록 기대수익률을 달성하지 못할 가능성, 즉 위험이 커지게 된다.

수익률의 분산(variance)은 기대수익률이 실현되지 않을 가능성, 즉 위험을 나타내는 척도로서, 발생 가능한 수익률과 기대수익률의 차이인 편차(deviation)를 제곱한 후 그것의 기대치를 구한 것이다.[1]

수익률의 분산 = (편차^2 × 확률)의 총합 (4-3)

여기서 편차 = 수익률 − 기대수익률

그리고 분산의 제곱근을 표준편차(standard deviation)라 한다.

수익률의 표준편차 = $\sqrt{분산}$ (4-4)

이와 같은 수익률의 분산 또는 표준편차가 크면 클수록 미래 수익률이 기대수익률로부터 이탈할 가능성, 즉 투자위험이 높아지게 된다.

앞의 〈표 4-1〉을 기초로 기대수익률과 분산, 표준편차를 구하면 다음과 같다.

수익률	확률	수익률 × 확률	편차	(편차)^2	(편차)^2 × 확률
0.3	0.3	0.09	0.2	0.04	0.012
0.1	0.4	0.04	0	0	0
−0.1	0.3	−0.03	−0.2	0.04	0.012
		0.10			0.024

1. 편차의 기대값은 항상 0이 되기 때문에 편차를 제곱하여 분산을 구한다. 한편 본 장에서는 수익률의 분산과 수익률의 표준편차를 편의상 분산과 표준편차라는 용어로 축약해서 사용하기도 한다.

- 기대수익률 = 0.09 + 0.04 − 0.03 = 0.10
- 분산 = 0.012 + 0 + 0.012 = 0.024
- 표준편차 = $\sqrt{0.024}$ = 0.1549

1.2 포트폴리오의 기대수익률과 위험

지금까지 개별 자산에 대한 기대수익률과 위험에 대해서 살펴보았다. 그러나 대부분 투자자의 경우 하나의 자산에만 투자하지 않고 여러 자산(예를 들어 주식, 채권, 부동산 등)에 투자하는 것이 일반적이다. 이 경우 투자자가 보유하는 두 개 이상의 자산으로 구성된 조합을 포트폴리오(portfolio)라 한다.

▲ 포트폴리오는 두 개 이상의 자산의 결합으로 구성된다.

1) 포트폴리오의 수익률

설명의 단순화를 위하여, 자산 A와 B, 두 개의 자산으로 구성된 포트폴리오를 생각해 보자. 이 경우 포트폴리오 P의 수익률 r_p는 다음과 같이 구할 수 있다.[2]

r_p = 자산 A의 구성비율 × 자산 A의 수익률 + 자산 B의 구성비율 × 자산 B의 수익률 (4−5)

여기서 자산 A의 구성비율(= 자산 A에 대한 투자금액/총투자액)
자산 B의 구성비율(= 자산 B에 대한 투자금액/총투자액)

2) 포트폴리오의 기대수익률

〈표 4−2〉와 같이 두 자산에 각각 50%씩 투자하여 구성된 포트폴리오 P의 예에 의해서 기대수익률과 위험(분산 또는 표준편차)을 측정하는 방법을 생각해 보자.

2. 구성비율의 합은 항상 1이다. 즉, 자산 A의 구성비율 + 자산 B의 구성비율 = 1

표 4-2 자산 A와 B의 수익률 확률분포

상황	확률	수익률	
		자산 A	자산 B
호황	0.4	0.30	0.10
불황	0.6	0.05	0.15

〈표 4-2〉를 기초로 앞서 설명한 식 (4-2), (4-3), (4-4)를 이용하여 자산 A의 기대수익률과 분산, 표준편차를 구하면 다음과 같다.

- 자산 A의 기대수익률 $= 0.4 \times 0.30 + 0.6 \times 0.05 = 0.15$
- 자산 A의 분산 $= 0.4 \times (0.30 - 0.15)^2 + 0.6 \times (0.05 - 0.15)^2 = 0.015$
- 자산 A의 표준편차 $= \sqrt{0.015} = 0.1225$

그리고 자산 B의 기대수익률과 분산, 표준편차는 다음과 같다.

- 자산 B의 기대수익률 $= 0.4 \times 0.10 + 0.6 \times 0.15 = 0.13$
- 자산 B의 분산 $= 0.4 \times (0.10 - 0.13)^2 + 0.6 \times (0.15 - 0.13)^2 = 0.0006$
- 자산 B의 표준편차 $= \sqrt{0.0006} = 0.0245$

식 (4-5)에 의해 포트폴리오 P의 수익률 r_p의 확률분포를 구하면 〈표 4-3〉과 같다. 그리고 〈표 4-3〉과 같은 확률분포표에 의해서 포트폴리오 P의 기대수익률 $E(r_p)$를 구하면 다음과 같다.

$$E(r_p) = 0.4 \times 0.2 + 0.6 \times 0.1 = 0.14$$

표 4-3 포트폴리오 P의 수익률의 확률분포

상황	확률	포트폴리오 수익률
호황	0.4	$0.5 \times 0.30 + 0.5 \times 0.10 = 0.2$
불황	0.6	$0.5 \times 0.05 + 0.5 \times 0.15 = 0.1$

또는 포트폴리오 P의 기대수익률 $E(r_p)$는 개별 자산의 기대수익률을 가중평균하여 구할 수도 있다.

$$\begin{aligned} E(r_p) &= \text{자산 A의 구성비율} \times \text{자산 A의 기대수익률} \\ &\quad + \text{자산 B의 구성비율} \times \text{자산 B의 기대수익률} \\ &= 0.5 \times 0.15 + 0.5 \times 0.13 = 0.14 \end{aligned} \tag{4-6}$$

3) 포트폴리오의 위험

〈표 4-3〉에 의해 포트폴리오 P의 분산 $Var(r_p)$, 표준편차 σ_p를 구하면 다음과 같다.

- $Var(r_p) = 0.4 \times (0.20 - 0.14)^2 + 0.6 \times (0.1 - 0.14)^2 = 0.0024$
- $\sigma_p = \sqrt{0.0024} = 0.04899$

또는 포트폴리오 P의 분산을 다음과 같이 구할 수도 있다.[3]

$$\begin{aligned} Var(r_p) &= (\text{자산 A의 구성비율}^2 \times \text{자산 A의 분산}) + (\text{자산 B의 구성비율}^2 \\ &\quad \times \text{자산 B의 분산}) + (2 \times \text{자산 A의 구성비율} \times \text{자산 B의 구성비율} \\ &\quad \times \text{공분산}) \end{aligned} \tag{4-7}$$

식 (4-7)에서 공분산(covariance)은 자산 A와 B, 두 자산 수익률 간의 관계를 나타내는 통계치로서 다음과 같이 나타낼 수 있다.

$$\text{공분산} = (\text{자산 A의 편차} \times \text{자산 B의 편차} \times \text{확률})\text{의 총합} \tag{4-8}$$

공분산은 두 자산수익률의 편차(수익률 - 기대수익률)를 서로 곱한 값의 기대치

3. 식 (4-7)은 포트폴리오 P의 분산, 즉 Var(자산 A의 구성비율 × 자산 A의 수익률 + 자산 B의 구성비율 × 자산 B의 수익률)을 확률의 연산에 따라 정리한 결과이다.

(평균)로서 양(+) 또는 음(−)의 값을 가질 수 있다. 공분산이 양(+)의 값이라면 두 자산수익률이 평균적으로 서로 같은 방향으로 움직이나, 공분산이 음(−)의 값이라면 두 자산수익률이 평균적으로 서로 다른 방향으로 움직이고 있음을 의미한다.

두 자산수익률 간의 관계를 나타내는 공분산은 자산수익률의 크기에 따라 영향을 받기 때문에 공분산에 의해서 두 자산수익률 간의 관계를 정확히 설명할 수 없다. 그러므로 두 자산수익률 간의 관계를 정확히 설명하기 위해서는 자산수익률의 크기에 따라 발생할 수 있는 영향을 제거하여야 한다. 이와 같은 목적을 위하여 공분산을 각 자산수익률의 표준편차에 의해서 표준화한 것을 **상관계수**(correlation coefficient)라 하며, 이는 다음과 같이 정의된다.[4]

$$\text{상관계수} = \frac{\text{자산 A와 B의 공분산}}{\text{자산 A의 표준편차} \times \text{자산 B의 표준편차}} \qquad (4-9)$$

이와 같은 상관계수는 두 자산수익률이 얼마나 밀접한 선형관계를 가지고 있는지를 나타내며, 그것은 항상 −1과 1 사이의 값을 갖는다. 두 자산수익률이 정비례하는 직선관계를 가지고 움직일 때는 상관계수 = 1이 되며, 반비례하는 직선관계를 가지고 움직일 때는 상관계수 = −1이 된다. 그리고 두 수익률 간에 선형적인 관계가 없는 경우에는 상관계수 = 0이 된다. 이와 같은 상관관계를 예시하면 [그림 4−1]과 같다.[5]

식 (4−8)과 식 (4−9)에 의해서 예로 제시된 자산 A, B 수익률 간 공분산과 상관계수를 구하면 다음과 같다.

- 공분산 $= 0.4 \times (0.30 - 0.15)(0.10 - 0.13) + 0.6 \times (0.05 - 0.15)(0.15 - 0.13) = -0.003$
- 상관계수 $= \dfrac{-0.003}{0.1225 \times 0.0245} = -1$

4. 식에서 사용된 용어 중 '자산 A와 B의 공분산'의 보다 명확한 표현은 '자산 A의 수익률과 자산 B의 수익률 간 공분산'이라고 할 수 있음.
5. 상관계수 = 0이라 함은 자산 A와 자산 B의 수익률 간에 선형관계가 존재하지 않음을 의미하는 것이지, 다른 관계(예를 들어 2차함수관계 등)도 존재하지 않음을 의미하는 것은 아니다. 즉, 상관계수는 선형관계의 정도만을 나타내는 통계값임을 유의해야 한다.

그림 4-1 상관계수의 예시

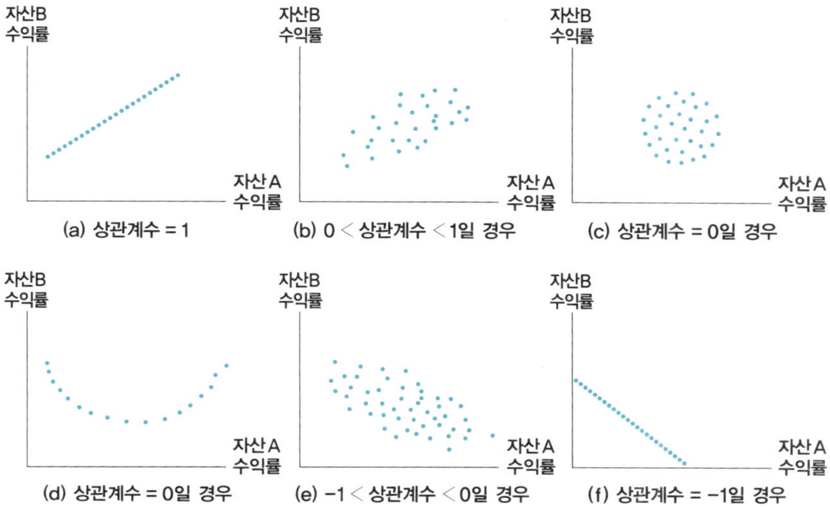

상관계수 = −1이므로 두 자산수익률은 반비례하는 직선관계를 가지고 움직임을 알 수 있다.

이제 식 (4−7)에 의해 자산 A와 B에 각각 50%씩 투자하여 구성한 포트폴리오 P의 분산 $Var(r_p)$, 표준편차 σ_p를 구하면 다음과 같다.

- $Var(r_p) = (0.5)^2(0.015) + (0.5)^2(0.0006) + 2(0.5)(0.5)(-0.003)$
  $= 0.0024$
- $\sigma_p = \sqrt{0.0024} = 0.04899$

이상의 결과는 앞서 살펴본 바와 같이, 〈표 4−3〉과 같은 확률분포표에 의해서 구해진 결과와 일치함을 알 수 있다.

시사 포커스

자산배분 핵심 '포트폴리오'

유태인들의 경전인 「탈무드」에는 자금관리에 대한 조언이 나온다. 전체 자금의 3분의 1은 부동산에, 또 다른 3분의 1은 사업에, 그리고 나머지 3분의 1은 준비자금으로 나눠 관리하라는 것이다. 사실 3분의 1이라는 수치는 큰 의미가 없다. 각자 처한 상황마다 달라질 수 있기 때문이다. 「탈무드」의 조언에서 중요한 것은 자금을 적절한 규모로 나눠서 다른 특징을 가진 여러 유형의 자산에 분산하라는 것이다. 이를 투자로 바꾸면 부동산은 요즘의 실물자산 혹은 대안자산으로 볼 수 있다. 사업에 투자하라는 것은 수익형 자산으로, 준비자금은 유동성자산이나 안전자산에 넣어 만약의 사태에 대비하라는 의미다. 주먹구구식 같지만 이는 자산배분의 핵심인 포트폴리오 개념을 가르치는 것이다.

■ 은퇴를 위한 포트폴리오, 어떻게 짜야 할까

성별, 나이, 연봉, 은퇴 후 원하는 생활비 등에 따라 노후 준비는 달라져야 한다. 연봉이 1억원인 40대 남성과 연봉이 3,500만원인 30대의 저축 및 투자금액이 같을 수는 없다. 다만 이들이 바라는 것은 동일하다. 은퇴 후 생활과 여가생활에 지장이 없도록 하는 것이다. 은퇴를 준비하든, 투자를 위한 것이든 포트폴리오를 구성한다면 그 출발은 자산배분이다.

자산배분은 자산관리의 시작이고 마지막이며 모든 것이다. 포트폴리오를 구성해야 하는 이유는 투자자산의 경우 필연적으로 위험이 따라붙기 때문이다. 모든 재산을 위험자산에 투자했다가 손실이 날 경우 돌이키기 어렵다. 위험을 최대한 분산시키기 위해서는 포트폴리오 설계가 필수다. 하지만 상당수는 어떻게 포트폴리오를 짜야 할지 고민할 수밖에 없다. 금융전문가가 아닌 이들이 수많은 투자상품을 모두 파악하고 이해하기란 불가능에 가깝기 때문이다.

우리투자증권 100세시대연구소는 '투자성향'을 보고 자산 간 배분비율을 감안하라고 조언한다. 서동필 연구위원은 "자산 간 배분비율을 결정하는 데 가장 강력한 영향을 미치는 요소 중 하나가 각자의 투자성향"이라며 "투자성향은 곧 목표수익률로 표현되며 목표수익률에 따라 자산배분이 결정되기 때문"이라고 설명했다. 보다 적극적이고 공격적인 성향을 지닌 투자자라면 목표수익률을 높게 잡을 것이고, 이는 자연스럽게 위험자산(주식 · 파생상품 등)이 많이 포함된 공격적인 포트폴리오의 구성으로 이어진다. 반대로 보수적 성향의 투자자라면 목표수익률이 낮을 것이고 상대적으로 안전자산의 비중이 높아질 수밖에 없다.

투자성향은 통상 ▲안정형 ▲안정추구형 ▲위험중립형 ▲적극투자형 ▲공격투자형 등 5단계로 분류된다. 미국의 사례를 살펴보면 안정형인 투자자는 예금(현금)의 비율이 85%, 채권이 15%다. 이자형(우리나라의 안정추구형)과 이자추구형(위험중립형)은 채권 60%, 해외 주식 30%, 자국 주식(미국 주식)과 리츠가 각각 10%다. 성장이자형(적극투자형)은 예금이 10%, 채권이 20%, 해외 주식이 15%, 자국 주식이 45%, 리츠가 10%이며 성장형(공격투자형)은 예금 5%, 채권 10%, 해외 주식 20%, 자국 주식 50%, 리츠가 15%다.

서 연구위원은 "다만 이 같은 유형별 자산 간 배분비율은 어디까지나 예시일 뿐"이라며 "공격적인 성향일수록 위험자산의 비중이 높아지는 등 일반적인 원칙은 유효하지만 수치가 절대적일 수는 없다"고 덧붙였다.

■ 은퇴 후 월수익 300만원 만드는 비법

적정한 은퇴소득을 찾는 방법은 매우 어렵다. 일반적으로는 퇴직 전 월수입의 60～70% 정도로 알려져 있으나 사람에 따라 그 금액은 많을 수도, 적을 수도 있기 때문이다. 300만원 수준이라면 어떨까. 미래에셋은퇴연구소는 '은퇴생활비-은퇴소득 매칭전략'을 사용하면 월 은퇴소득 300만원을 만들 수 있다고 설명한다. 이 전략은 원하는 은퇴생활비를 필요 정도에 따라 최저생활비와 필요생활비, 여유로운 삶을 위한 여유생활비로 나누는 것에서 시작된다.

최저생활비는 의식주 관련 비용, 교통비, 의료비 등 생계유지에 필요한 비용을 말한다. 필요생활비는 최저생활비와 항목은 같지만 은퇴 전 생활수준을 유지하는 데 필요한 지출이다. 예컨대 최저생활비의 교통비가 대중교통 관련 비용을 말한다면 필요생활비의 교통비는 자가용 유지비다. 여유생활비는 여가·문화비용이나 손·자녀교육비, 각종 서비스 비용 등 여유로운 생활을 위한 지출을 의미한다. 은퇴생활비를 3요소로 분리해 파악하는 이유는 각 요소의 속성이 상이한 만큼 준비하는 방법도 달라야 하기 때문이다. 최저생활비는 최소한의 생계를 유지하는 데 필요한 비용이므로, 국민연금처럼 물가와 수명을 모두 헤지할 수 있는 은퇴소득으로 대비할 필요가 있다. 필요생활비는 생활수준 유지를 위해 은퇴기간 내내 필요한 비용이기 때문에 연금보험처럼 물가상승만큼 늘어나지는 않더라도 종신 은퇴소득으로 준비해야 한다. 그러나 여유생활비의 경우 월지급식 펀드 등 비종신 은퇴소득으로 준비해도 무방하다. 나이가 들수록 지출이 크게 늘지 않기 때문이다. 권기둥 미래에셋은퇴연구소 선임연구원은 "공적연금(국민연금 등)을 통해 최저생활비(100만원)를 확보하고 만약 부족한 경우 이를 채울 수 있는 사적연금으로 채워야 한다"며 "필요생활비 100만원은 사적연금과 주택연금을 통해 취득하고 여유생활비 100만원 인컴형 자산(월급처럼 안정적으로 들어오는 소득·이자·배당·임대료 등)이나 인출자산배분을 통해 얻으면 된다"고 조언했다.

■ 부자가 은퇴자금을 준비하는 법

부자들은 은퇴자금을 어떻게 준비할까. KB금융지주 경영연구소에 따르면 한국 부자들은 은퇴준비를 노후생활비 마련에 포커스를 두지 않고 보유자산의 유지 및 관리 개념에서 접근한다. 한국 부자들의 은퇴 후 필요생활비는 월 616만원(연 7,400만원)으로 추정되는데, 이는 은퇴 후 근로소득 없이도 충분히 충당 가능한 규모다. 또한 부자들의 자산배분은 일반인과 매우 다르다. 부자들은 은퇴자금 마련을 위해 '예적금'을 가장 많이 활용했으며 그다음으로 부동산, 사적연금 등의 방법을 순차적으로 선호하는 것으로 나타났다. 또한 은퇴 후에는 자녀와 동거하기보다는 부부끼리 '전원주택으로 이주'하거나 '도심지역에 살면서 세컨드하우스를 마련'하는 방안을 고려하는 것으로 파악됐다.

출처 : 머니위크, 2014. 11. 15 수정.

2. 포트폴리오의 위험분산효과

2.1 상관계수와 위험분산효과

포트폴리오 P의 분산을 나타낸 식 (4-7)은 식 (4-9)에 의해 다음과 같이 표현될 수 있다.

$Var(r_p)$ = (자산 A의 구성비율^2 × 자산 A의 분산) + (자산 B의 구성비율^2 × 자산 B의 분산) + (2 × 자산 A의 구성비율 × 자산 B의 구성비율 × 자산 A의 표준편차 × 자산 B의 표준편차 × 상관계수) (4-7)′

식 (4-7)′에서 볼 수 있는 바와 같이, 다른 것들이 일정할 경우 두 자산 간의 상관계수가 작을수록 포트폴리오의 위험이 감소된다. 그러므로 투자자가 포트폴리오를 구성하려는 이유는 일정한 기대수익률 하에서 투자위험을 최소화할 수 있는 포트폴리오의 위험분산효과(diversification effect)에 의해서 설명될 수 있다. 일반적으로 구성자산들 간의 관계를 나타내는 상관계수가 작을수록, 포트폴리오의 위험분산효과가 크게 나타난다.

상관계수 ↓ ⇨ 위험 ↓ (위험분산효과 ↑)

이와 같은 상관계수와 위험분산효과의 관계를 설명하기 위하여 〈표 4-4〉에서 예시된 두 자산에 각각 50%씩 투자하여 포트폴리오를 구성하는 경우를 생각해 보자.

표 4-4 자산의 기대수익률과 표준편차

자산	기대수익률	표준편차
A	0.14	0.06
B	0.08	0.03

〈표 4-4〉와 같은 두 자산에 각각 50%씩 투자하여 구성된 포트폴리오의 기대수익률 $E(r_p)$과 분산 $Var(r_p)$, 표준편차 σ_p를 식 (4-6)과 식 (4-7)′에 의해서 구하면 다음과 같다.

- $E(r_p)$ = 자산 A의 구성비율 × 자산 A의 기대수익률 + 자산 B의 구성비율 × 자산 B의 기대수익률 = 0.5 × 0.14 + 0.5 × 0.08 = 0.11
- $Var(r_p)$ = (자산 A의 구성비율^2 × 자산 A의 분산) + (자산 B의 구성비율^2 × 자산 B의 분산) + (2 × 자산 A의 구성비율 × 자산 B의 구성비율 × 자산 A의 표준편차 × 자산 B의 표준편차 × 상관계수)
  $= (0.5)^2 \times (0.06)^2 + (0.5)^2 \times (0.03)^2 + 2 \times (0.5) \times (0.5) \times (0.06) \times (0.03) \times$ 상관계수 = 0.001125 + 0.0009 × 상관계수
- $\sigma_p = \sqrt{0.001125 + 0.0009 \times \text{상관계수}}$

예를 들어 상관계수가 1, 0, −1일 때의 표준편차 σ_p를 각각 구하면 다음과 같다.

- 상관계수 = 1일 때, $\sigma_p = \sqrt{0.001125 + 0.0009 \times 1} = 0.045$
- 상관계수 = 0일 때, $\sigma_p = \sqrt{0.001125 + 0.0009 \times 0} = 0.034$
- 상관계수 = −1일 때, $\sigma_p = \sqrt{0.001125 + 0.0009 \times (-1)} = 0.015$

즉, 상관계수가 작을수록 포트폴리오의 표준편차가 감소함을 알 수 있다.

재테크 Tip

상관관계를 이용한 위험분산효과

증시의 불확실성이 커지고 있는 상황에서 펀드투자는 어떻게 해야 할까. 펀드 전문가들은 불확실한 증시 상황에서는 국내외 주식, 채권(예금), 원자재 등으로 균형 잡힌 포트폴리오를 구성함으로써 위험은 분산하되 안정적인 수익을 추구하는 전략이 필요하다고 강조한다. 특히 주식형 펀드를 여러 개 가입할 경우 각 펀드별 상관관계를 따져서 투자해야 '무늬만 분산, 실제는 몰빵'인 상황을 피할 수 있다는 지적이다.

전문가들은 국내외 펀드 여러 개에 투자할 경우 각 국가별 상관관계를 따져서 투자해야 분산효과를 누릴 수 있다고 조언한다. 예컨대 중국 본토 주식형 펀드, 홍콩 주식형 펀드, 브릭스 펀드는 수익률의 방향이 비슷하기 때문에 여러 개 펀드에 분산했다 하더라도 실제로는 빠질 때 같이 빠지고 오를 때 같이 오르는 흐름을 보인다.

우리투자증권에 따르면 중국 증시의 경우 미국, 인도 주식시장 수익률과의 상관계수가 각각 0.26과 0.33으로 낮은 것으로 나타났다. 그러나 인도와 러시아, 러시아와 브라질은 상관관계가 각각 0.63과 0.7로 상당히 높다. 상관계수가 1에 가까울수록 같은 방향으로 움직이고 −1에 근접할수록 반대로 움직인다. 러시아 펀드를 갖고 있다면 인도, 브라질 펀드를 추가로 드는 것보다는 중국 펀드에 가입하는 게 분산효과를 누릴 수 있다는 의미다.

출처: 서울경제, 2009. 6. 4 수정.

2.2 구성 자산의 수와 위험분산효과

앞에서 살펴본 바와 같이 개별 자산에 비하여 포트폴리오를 구성함으로써 위험을 감소시킬 수 있다. 이와 같은 위험분산효과는 [그림 4-2]에서 볼 수 있는 바와 같이 포트폴리오의 구성

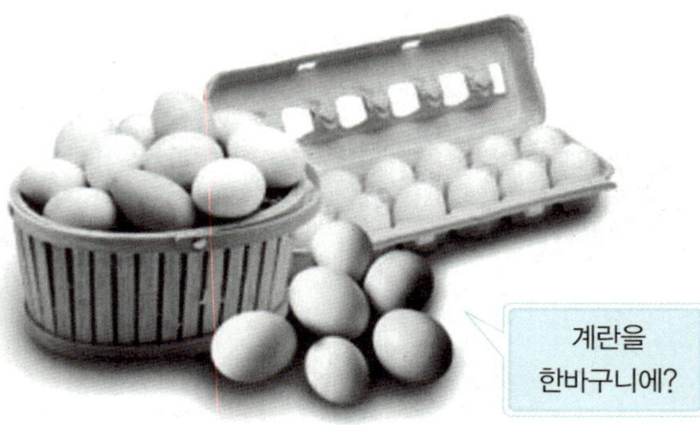

▲ 분산투자를 하지 않을 경우 하락장에서 손실로 인한 위험은 커진다.

그림 4-2 구성자산 수와 포트폴리오의 위험

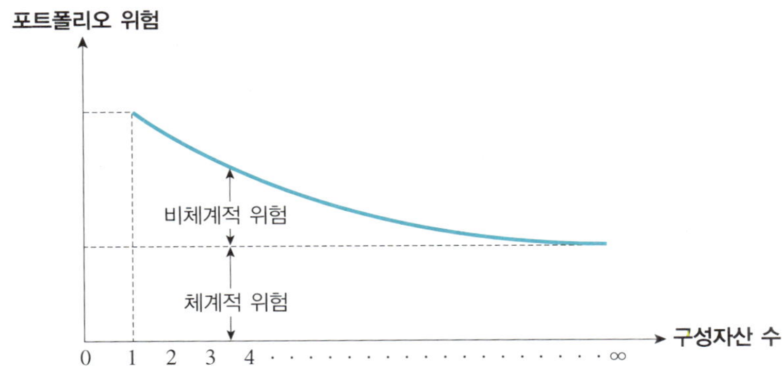

자산 수를 증가시킴에 따라 포트폴리오의 위험을 현저하게 줄일 수 있다. 이는 분산투자의 이점을 강조한 투자격언인 "계란을 한 바구니에 담지 마라" 라는 말과 일맥상통한다.

[그림 4-2]에서 자산수익률의 분산(총위험)은 포트폴리오의 구성자산 수를 증가시킴에 따라 제거할 수 있는 부분, 즉 비체계적 위험(unsystematic risk)과 제거할 수 없는 부분, 즉 체계적 위험(systematic risk)으로 구성되어 있다. 체계적 위험 대신에 분산 불가능한 위험(undiversifiable risk), 시장위험(market risk) 또는 포트폴리오 위험(portfolio risk), 비체계적 위험 대신에 분산 가능한 위험(diversifiable risk) 또는 개별적 위험(unique risk)이라는 용어를 사용하기도 한다.

$$\text{자산의 총위험} = \text{체계적 위험} + \text{비체계적 위험}$$

완전분산된 포트폴리오를 선택하는 투자자에게는 개별 증권의 총위험은 중요하지 않다. 개별 증권의 총위험 중에서 비체계적 위험은 분산투자로 제거할 수 있는 위험이므로 투자자가 관심을 갖는 것은 포트폴리오 위험에 대한 개별 증권의 공헌(contribution)이며, 이것에 의하여 개별 증권 체계적 위험이 측정될 수 있다.

시사 포커스

분산투자의 마법

인간은 살면서 다양한 상황에 부딪히며 수많은 선택과 결정을 해야 한다. 대부분의 경우 선택은 한 가지를 얻기 위해 다른 어떤 것을 포기해야 하는 것이다. 그래서 선택이 중요하다. 투자의 세계에서도 선택은 피할 수 없다. 투자자가 위험, 즉 리스크를 감수하지 않고는 높은 수익을 기대할 수 없기 때문이다. 문제는 수익을 내기 위해서 리스크(원금 손실 가능성)를 얼마나 감수할 수 있느냐, 수익을 극대화하면서 리스크를 최소화할 수 있는 수단을 갖추고 있느냐에 있다. 정답은 포트폴리오 투자에서 찾을 수 있다.

■ 포트폴리오 투자에 수익성 달렸다

포트폴리오라는 단어는 미국의 경제학자이며 1990년 노벨경제학상 수상자인 마코위츠(H. Markowitz)의 논문 한 편에서 시작됐다. "계란을 한 바구니에 담지 마라"는 투자 경구로 대표되는 마코위츠의 포트폴리오 선택(portfolio selection) 이론은 현대 포트폴리오 이론의 중심이 되고 있다. 투자 성향과 목적을 토대로 기대수익과 리스크의 수준을 결정하는 것이 포트폴리오 투자다. 기대하는 수익과 감수할 수 있는 손실 수준을 사전에 정해 투자 기준으로 삼게 된다. 여기서 수익과 손실 수준은 개별 자산이 아닌 총자산의 수익과 손실을 뜻한다. 투자자들은 항상 수익을 극대화하면서 손실을 최소화할 수 있는 방법을 선택해야 한다. 이를 위해 다양한 자산을 이용한 분산투자가 필요하다. 여러 가지 자산이 다양한 비율로 분산된 포트폴리오를 구성하고 투자자의 기준에 맞는 가장 효율적인 포트폴리오를 선택하는 것이다. 포트폴리오의 효율성은 같은 수익을 거두는 데 리스크를 얼마나 감내할지에 따라 결정된다. 리스크가 같다면 수익을 최대한 끌어올리는 조합이어야 한다. 마코위츠는 이것을 평균-분산(mean-variance) 기준에 따른 지배원리라고 정의했다. 포트폴리오 투자는 의사결정의 기준을 명확하게 제시하고 있지만 투자자가 직접 적용하기에는 어려울 수 있다. 효율적인 포트폴리오 구성 과정에는 개별 자산의 기대수익, 리스크, 자산 간 상관관계(상관계수), 포트폴리오의 기대수익과 리스크들로 나타나는 효율적 투자선의 계산 등 수학적 계산과정이 필요하기 때문이다. 효율적인 포트폴리오 구성에 전문인력과 전산시스템 지원이 필수적인 이유다.

▲ 마코위츠(H. Markowitz)

투자자산의 분류와 사례

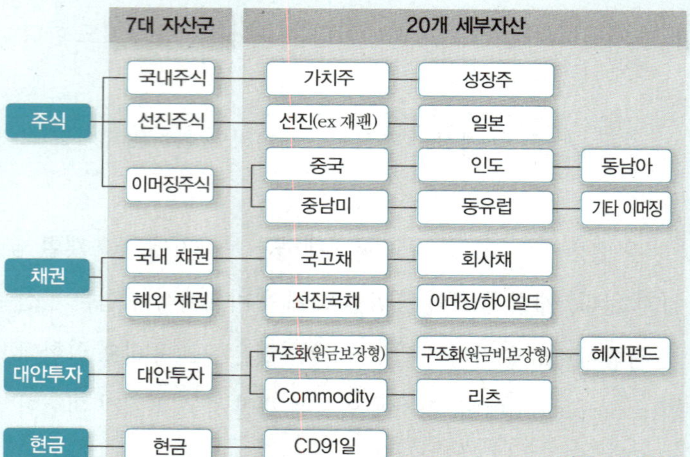

자료: 삼성증권

▪ **투자대상은 물론 시기도 분산해야**

포트폴리오 투자대상의 선택은 상관성이 낮은 자산군(asset class)을 구분하는 것으로부터 시작된다. 일반적인 경우 주식 · 채권 · 원자재 · 부동산 · 통화 등 속성이 다른 기초자산을 기준으로 구분한다. 또 각 자산이 속한 지역 · 국가에 따라 상관성이 낮은 자산을 뽑을 수 있다. 금융상품으로 구성되면 운용방식이나 구조화 여부에 따라 수익과 위험 특성이 변화하게 된다. 구체적으로 한국의 회사채와 브라질 국채 사례를 보자. 이 둘은 상이한 경기사이클과 신용등급으로 속성이 다른 자산으로 구분할 수도 있고, 펀드 등 금융상품으로 구성되는 경우 또 다른 속성을 기준으로 세분화할 수 있다. 실무적으로는 투자대상이 되는 자산은 기대수익과 위험, 자산 간의 상관관계를 기준으로 구분된다. 구분된 자산의 조합으로 포트폴리오를 구성하면 독립된 기대수익과 리스크의 특성을 나타내게 되는데 효율적으로 조합하기 위해서는 상관성이 낮은 자산군의 존재가 필수적이다.

그러나 이런 자산의 특성치는 고정적인 것이 아니라 시장상황에 따라 변화하는 것이 일반적이어서 전문가들의 의견을 반영해 적절하게 보완해야 한다. 포트폴리오 투자과정에서 부딪히는 시장등락에 따른 타이밍 문제는 적절한 투자시기의 분할을 통해 평균화하는 것이 적절하다. 이것은 적립식 투자로 알려져 있는 달러-코스트 평균(dollar-cost average) 투자법과 유사하다. 실제 포트폴리오의 성과는 자산의 최적배분뿐만 아니라 구체적으로 어떤 상품을 선택했는지에 달려 있다. 상품선택의 적정성은 금융회사의 능력에 따라 좌우될 수 있는데 이는 경험에 근거한 전문성과 체계적인 관리능력에 따라 차별화된다.

출처 : 한국경제, 2010. 6. 15.

3. 위험과 기대수익률의 관계

3.1 포트폴리오의 선택

1) 효율적 포트폴리오집합

두 개 이상의 위험자산들로 구성된 포트폴리오의 기대수익률과 표준편차를 측정하여 기대수익률-표준편차 평면상에 표시하면 [그림 4-3]과 같은 선택 가능한 투자기회집합(investment opportunity set)을 얻을 수 있다. 투자기회집합 내에 포함된 포트폴리오는 어떤 자산을 어떤 비율로 투자하는가에 따라 수없이 많이 존재할 것이다. 그러나 투자기회집합 내에 있는 수많은 포트폴리오를 모두 고려하여야

그림 4-3 효율적 포트폴리오집합

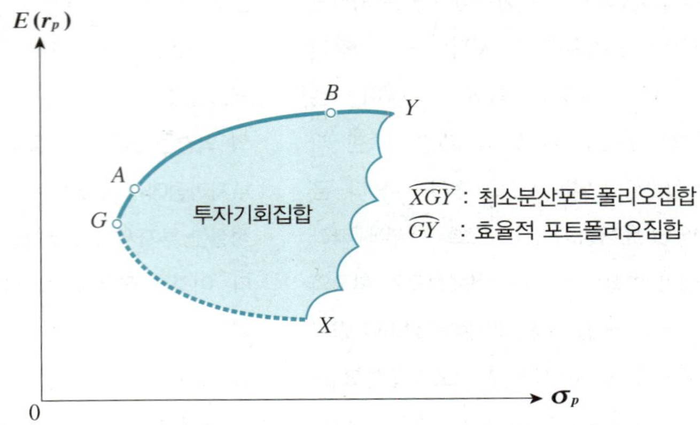

하는 것은 아니다.

지배원리(dominance principle)에 의해서 투자기회집합 내에 있는 포트폴리오 중 비효율적 포트폴리오를 제거한 후, 최종적으로 남은 효율적 포트폴리오만 고려하면 된다.

효율적 포트폴리오집합은 다음과 같은 두 가지 방법에 의해 구할 수 있다.

첫째, 먼저 주어진 기대수익률 하에서 가장 작은 위험을 갖는 포트폴리오들의 집합을 구한다. 이러한 포트폴리오들의 집합을 최소분산포트폴리오집합(minimum variance portfolio set)이라 하며, 이것은 [그림 4-3]에서 $\widehat{XGY}$에 해당한다.

알아두기 4-2

지배원리

일반적으로 사람들은 응분의 대가(이를 위험프리미엄이라 함) 없이 주어지는 위험을 싫어하기 때문에 자산들 간에는 다음과 같은 지배원리가 존재하게 된다.

첫째, 동일한 기대수익률을 갖는 투자대상 중에서는 위험이 작은 것이 큰 것을 지배한다.
둘째, 동일한 위험을 갖는 투자대상 중에서는 기대수익률이 큰 것이 작은 것을 지배한다.

지배원리에 의해서 그 지배관계를 말할 수 없는, 즉 그 우월성을 구분할 수 없는 자산들을 효율적인 자산이라 한다.

둘째, 주어진 분산(또는 표준편차) 하에서 가장 높은 기대수익률을 갖는 포트폴리오들의 집합을 구하면, 그것이 효율적 포트폴리오집합이다.

최소분산포트폴리오집합 중 분산(또는 표준편차)이 가장 작은 포트폴리오를 최소분산포트폴리오집합의 최저점(global minimum variance portfolio ; GMV portfolio)이라 하며, 이것은 [그림 4-3]에서 G점에 해당한다. 최소분산포트폴리오집합 중 그 최저점 위에 있는 포트폴리오들($\widehat{GY}$)은 그 최저점 아래에 있는 포트폴리오들($\widehat{GX}$)보다 주어진 위험 하에서 기대수익률이 더 크기 때문에, 전자는 후자를 지배한다. 그러므로 최소분산포트폴리오집합 중 그 최저점 위에 있는 포트폴리오집합($\widehat{GY}$)만이 효율적 포트폴리오집합(efficient portfolio set)이 된다. 이와 같이 위험자산만으로 구성된 효율적 포트폴리오집합 $\widehat{GY}$를 효율적 투자선(efficient frontier)이라고도 한다.

위험자산의 효율적 포트폴리오 집합이 찾아지면, 그것들 중에서 투자자는 자신의 위험에 대한 성향에 따라 하나의 포트폴리오, 즉 최적 포트폴리오(optimal portfolio)를 선택하게 된다. 예를 들어 [그림 4-3]에서 위험을 아주 싫어하는 보수적 투자자들은 기대수익률은 낮으나 위험이 낮은 포트폴리오 A를 선택하는 반면, 위험을 상대적으로 덜 싫어하는 공격적 투자자들은 위험은 높으나 기대수익률이 높게 예상되는 포트폴리오 B를 선택할 것이다.

알아두기 4-3

투자성향 분석 가이드라인

자본시장법은 금융상품에 가입하기 전 '투자자정보확인서'를 작성하도록 정해 뒀다. 금융회사가 고객의 투자성향을 확인해 이에 맞는 위험등급의 금융상품만 권유할 수 있게 제한한 것이다. 금융상품 가입 절차가 다소 복잡해진 대신 투자자를 보호하는 효과가 있다.

한국금융투자협회가 마련한 '표준투자 권유준칙'에 따르면 이 확인서엔 총 7개의 질문이 담긴다. 투자 가능한 기간, 투자 경험, 투자자금의 규모나 비중, 원금 손실의 감내 수준 등이다. 응답에 따라 점수를 매겨 이를 기준으로 투자성향을 정한다. 20점 이하면 예금·적금 수준의 수익률만 기대하는 안정형, 80점 초과면 높은 수익을 추구하고 손실위험을 적극 수용하는 공격투자형으로 구분되는 식이다.

투자성향 검사항목

• **연령대**

40세 이하 : 4　　41~50세 : 3
51~60세 : 2　　61세 이상 : 1

• **투자 가능 기간**

6개월 미만 : 1　　6개월~1년 미만 : 2
1년 이상~2년 미만 : 3　　2년 이상~3년 미만 : 4
3년 이상 : 5

• **투자한 적이 있는 금융상품**

예금 · 적금 · 국채 · 지방채 · 보증채 · CMA · MMF : 1
금융채 · 채권형 펀드 · 원금보장형 ELS · 신용도 높은 회사채 : 2
원금부분보장형 ELS · 혼합형 펀드 · 신용도 중간 등급 회사채 : 3
주식 · 원금비보장형 ELS · 인덱스펀드 · 신용도 낮은 회사채 : 4
ELW · 선물옵션 · 일반 주식형 펀드 · 파생상품펀드 · 주식신용거래 : 5

• **금융상품에 대한 지식수준**

매우 낮음 : 1　　낮음 : 2
높음 : 3　　매우 높음 : 4

• **투자자금이 전체 금융자산에서 차지하는 비중**

10% 이하 : 5　　10~20% : 4
20~30% : 3　　30~40% : 2
40% 초과 : 1

• **수입원**

수입 일정, 향후 유지 또는 증가 : 3
수입 일정, 향후 감소 또는 불안정 : 2
수입 일정치 않음, 연금이 주수입원 : 1

• **감내할 만한 손실 수준**

원금 보전돼야 : 2　　최소한의 손실만 감수 : 2
일부의 손실 감수 : 4　　기대수익 높다면 상관없음 : 6

점수 계산방법 : 응답 결과에 따른 점수를 100점으로 환산(응답점수 × 100/32)

점수에 따른 투자성향

20점 이하	안정형
20점 초과~40점 이하	안정추구형
40점 초과~60점 이하	위험중립형
60점 초과~80점 이하	적극투자형
80점 초과	공격투자형

시사 포커스

위험회피 성향에 따른 세대별 자산배분 전략

2020년 초 발생한 신종 코로나바이러스 감염증(코로나19) 이후 세대별 투자전략을 제시하기 위해서는 앞으로 벌어질 경제환경에 대한 예측이 필요할 것이다. 필자는 다음과 같은 두 가지 변화가 가장 부각될 것으로 예상한다.

첫 번째 변화는 저물가 · 저금리 구조의 장기화다. 이른바 '코로나 쇼크'가 경제에 미친 충격 중 가장 심각한 것은 공급 과잉 위험을 높인 것이다. 2010년대 초반을 계기로 미국의 셰일오일 생산이 본격화된 이후 석유시장이 공급 과잉의 늪에 빠져들었던 것처럼 코로나 쇼크 이후 전 세계 공장의 가동률이 급격히 떨어지면서 유휴설비 및 과잉재고의 부담이 높아지고 있다.

한국만 하더라도 2020년 1~9월 평균 공장 가동률이 70%에 불과한 형편이다. 그렇다 보니 기업들이 제품 가격을 인상하기 어려워진 것은 물론 신규 채용 의욕이 떨어진 것을 쉽게 발견할 수 있다. 물가가 오르지 못하고 실업자가 양산되는 상황에서 중앙은행의 금리인상이 단행되기는 쉽지 않다. 참고로 2008년 글로벌 금융위기 이후 미국 연방준비제도이사회는 7년이 지난 2015년에야 금리를 인상했다. 그나마 금리인상 시기도 연 1회 정도였다. 따라서 경제 내 공급 과잉 위험이 존재하는 한 향후 수년간 제로금리 시대가 지속될 것으로 보인다.

코로나 쇼크 이후 나타날 두 번째 변화는 주식과 부동산 시장의 호황이다. 저금리 구조가 장기화하고 중앙은행의 통화 공급 증가율이 높은 상태를 유지하자 주식과 부동산 투자의 매력이 부각되기 시작했다. 물론 중앙은행이 금리를 낮추고 돈을 뿌린 이유는 파산 위험에 처한 기업을 살리고, 가계가 적극적으로 소비를 늘리기를 바라는 마음 때문이었다. 그리고 실제로 중앙은행의 통화 공급 확대 효과가 나타나면서 기업들의 파산 위험이 낮아지고 가계 소비도 늘어나는 중이다.

■ 빗나간 기대가 불러온 '영끌' 투자

그동안 중앙은행이 뿌린 돈의 상당 부분이 자산시장에 유입되는 것을 피할 수는 없다. 금리가 낮아지며 주식의 투자 매력이 커진 데다 부동산 구입 과정에서 발생하는 이자 비용이 감소했기 때문이다. 따라서 상당 기간 동안 주식과 부동산 등 '위험자산' 선호도가 높아질 것으로 예상된다.

경제환경 변화에 가장 잘 적응한 것은 2030세대였다. 한때 2030세대는 "재테크에 무관심한 세대"라고 불린 적도 있었다. 가장 단적인 사례가 바로 부동산에 대한 '쿨'한 태도였는데 이는 비단 한국만의 일은 아니었다. 미국의 밀레니얼 세대(1981~1996년생)도 부동산에 별다른 관심이 없었다. 참고로 미국의 베이비붐 세대는 1946년생인데, 이들이 35세였던 1981년 주택 보유율이 30%대 중반에 달했다. 그리고 1970년을 전후해 태어난 X세대도 30세가 되었던 2000년 주택 보유율 역시 30%를 넘어섰지만, 밀레니얼 세대의 2016년 주택 보유율은 20% 전후에 불과할 정도로 부동산에 대한 관심이 낮은 편에 속했다. 그러나 이건 예전의 이야기에 불과하다. 이제 한국의 30대는 가장 적극적인 주택 매수 세력이 되었다. 물론 이는 미국의 밀레니얼 세대도 마찬가지다.

왜 이런 일이 벌어졌을까? 한국의 2030세대는 '코로나 쇼크' 이전까지만 해도 부동산 시장이 금방이라도 안정될 것이라는 기대를 품었던 것 같다. 정책 당국의 강력한 부동산 시장 안정화

국내외 자산 수익률

(단위 : %)

연도	코스피	국공채	회사채	전국 아파트	원-달러 환율	S&P500	미국 국채	미국 리츠
2002	32.1	10.3	8.9	22.8	-3.1	-19.4	4.4	-8.4
2003	-10.2	6.0	5.0	9.6	-4.6	-7.4	3.0	-4.8
2004	22.5	10.0	9.0	-0.6	-3.9	12.5	-1.5	11.9
2005	28.9	-1.1	1.9	5.9	-10.6	-4.5	-7.6	5.8
2006	26.0	6.4	6.4	13.8	-6.7	1.2	-5.2	15.1
2007	26.6	2.2	2.4	2.1	-2.7	9.7	3.0	8.2
2008	-10.7	11.9	7.3	2.3	18.5	-2.1	30.8	-10.9
2009	-6.6	2.8	9.3	1.6	15.8	-10.0	22.6	-34.3
2010	23.5	8.3	7.6	2.5	-9.4	9.0	-5.7	33.7
2011	12.4	6.2	5.2	9.6	-4.2	6.5	0.7	14.3
2012	-2.7	6.4	5.7	-0.2	1.7	10.6	8.4	15.6
2013	1.6	1.8	3.0	0.3	-2.8	15.8	-3.3	5.1
2014	1.1	8.0	5.6	2.4	-3.8	13.0	-2.6	3.6
2015	1.5	5.3	3.2	5.1	7.5	14.7	11.1	18.4
2016	-1.2	1.7	2.2	1.5	2.6	4.2	5.9	6.9
2017	16.3	0.0	1.6	1.3	-2.6	13.9	-3.2	-0.4
2018	0.6	5.8	3.9	3.0	-2.7	9.1	-3.5	-3.7
2019	-9.4	4.0	3.3	-0.3	6.0	12.4	13.2	22.8
합계	**8.5**	**5.3**	**5.1**	**4.6**	**-0.3**	**5.0**	**3.9**	**5.5**

자료 : 블룸버그

실질 전국 주택가격 및 서울 아파트 가격(1986년 1월 = 100)

자료 : KB부동산, 통계청

대책, 그리고 경제가 정상화되는 가운데 금리가 인상될 것이라는 예측이 우세했던 것이다. 그러나 이 두 가지 기대는 빗나가고 말았다. 2019년부터 다시 금리가 떨어지기 시작한 데다 부동산 가격은 2014년을 바닥으로 6년째 상승했다.

결국 이와 같은 상황 변화에 적응해 한국의 2030세대는 부동산 시장에서 가장 강력한 매수 주체로 돌아섰다. 이런 현상은 주식시장에서도 마찬가지다. 2030세대의 주식투자 붐을 유발한 요인도 주택시장 상황과 겹친다. 장기간 이어진 저금리에 지쳤고, 포스트 코로나 시대에 가장 각광받는 주식이 바로 아마존이나 네플릭스 같은 이른바 '언택트' 관련주들이다 보니 매우 친숙했던 것이다.

그럼 앞으로 쭉 달려가기만 할까? 안타깝게도 그렇지 않다. 왜냐하면 다음의 두 가지 문제 때문이다.

첫 번째는 부동산의 상승 사이클이 수년 내 한계에 도달할 수 있다는 점이다. 과거 한국 부동산 사이클이 약 15~16년의 주기를 두고 상승과 하락을 반복했다는 점을 감안할 때 이번 랠리의 정점이 2020년대 초중반에 나타날 가능성을 배제할 수 없다. 특히 최근 주택가격 상승 영향으로 서울을 비롯한 수도권 지역의 주택 구입에 따르는 부담이 2000년대 중반 이후 최고 수준에 도달했다는 점도 고민해야 할 것이다.

더 큰 걱정거리는 주식시장의 높은 변동성이다. 한국 주식시장은 1980년 이후 연평균 수익률이 8.16%를 보였지만, 마이너스 수익률을 기록할 확률이 43.6%에 이를 정도로 위험한 시장이기 때문이다. 따라서 2020년의 투자 성과에 도취되어 주식투자에 '올인'하는 것 역시 추천하기 어려운 선택이라 판단된다.

■ 일정 수익 노리며 위험도 낮추는 전략 필요

물론 아예 주식이나 부동산 같은 위험자산에 투자하지 않고, 국채나 은행예금 같은 '안전자산'에 투자하는 것도 한 가지 방법이다. 그러나 최근 3년 만기 국채 금리가 0% 후반까지 떨어지고 은행예금 금리도 1% 전후에 불과한 상황에서 국내 채권에 투자하는 전략을 추천하기는 쉽지 않다. 아무리 '안전자산'이라도 수익률이 이렇게 낮으면 미래 설계에 어려움이 생길 수밖에 없기 때문이다.

결국 어느 정도의 수익을 누리면서 위험도를 낮추는 전략이 필요하다. 이 문제를 해결하는 데 해외투자, 특히 달러 자산 투자가 대안이 될 수 있다. 왜냐하면 한국 경제는 수출 비중이 워낙 높다 보니 금융시장의 여건이 악화될 때마다 달러에 대한 원화 환율이 급등하기 때문이다.

이런 현상이 나타나는 이유는 간명하다. 외국인 투자자 입장에서 수출이 잘되고 실적 전망도 개선될 때는 한국 주식 순매수에 나선다. 주식을 매입하기 위해 달러를 가져와 원화로 환전하니 환율은 하락하고, 외국인 순매수로 주식 가격은 상승한다. 물론 수출이 부진하고 기업 실적이 악화될 때는 반대로 주가가 하락하고 환율은 상승하게 될 것이다. 따라서 한국 경제가 부진하고 자산 가격이 하락할 때, 달러에 대한 원화 환율은 상승할 가능성이 커진다.

이런 관계를 투자에 활용한 것이 바로 국민연금의 자산배분 전략이다. 한국의 국민연금은 전체 자산의 3분의

1 이상을 해외(특히 선진국 시장)에 투자함으로써 2001~2019년 연평균 6% 이상의 수익률을 기록한 바 있다.

■ 자산배분은 세대 · 위험회피 성향 따라 달라야

이상과 같은 상황을 감안해 세대별 자산배분 전략을 제시하면 다음과 같다. 먼저 2030세대 중 공격 성향이 강한 편에 속하는 투자자들은 미국의 정크본드(투자적격 등급 포함) 투자를 고민할 필요가 있다. 여기서 정크본드란 신용등급이 'BBB-'에도 미치지 못하는 기업들이 발행한 회사채를 의미한다. 이런 회사채는 부도 위험이 큰 대신 높은 이자를 제공한다. 물론 주식에 비해 수익률이 낮고 마이너스 수익이 발생할 위험도 낮기에 이른바 '중위험 · 중수익' 자산 범주에 들어갈 수 있다. 부도 위험이 큰 채권임에도 손실이 억제되는 이유는 분산투자를 통해 특정 기업의 파산 위험이 파국적인 결과를 초래하는 것을 억제하기 때문이다. 따라서 이미 보유하고 있는 주식 혹은 부동산 가격의 폭락 위험을 달러 보유로 상쇄시키는 한편 상대적으로 높은 정크본드의 수익률을 누리는 전략이라 할 수 있다.

반면 보수적인 2030세대에게는 미국 국채가 아주 좋은 투자 대안이 될 수 있다. 미국 국채는 불황에 수익률이 개선되는 특성을 지니고 있다. 예를 들어 2008년 글로벌 금융위기 때 무려 30.8%의 성과(원화 환산)를 거둔 바 있다. 물론 2020년에도 이와 같은 특성은 이어져, 1~9월 중 모든 자산 중에서 채권이 가장 높은 성과를 기록한 것으로 추정된다. 즉, 현재의 기대수익은 낮지만 금융위기가 발생하는 등 위험자산 가격이 급락할 때 오히려 수익을 올리는 일종의 '블랙 스완(Black Swan)' 전략이라 할 수 있다.

4050세대는 부동산 투자 비중이 높은 만큼 해외 주식, 특히 그 가운데서도 미국 주식을 편입하는 것이 투자의 안정성을 높이는 데 도움이 된다. 만에 하나 발생할지 모르는 부동산 가격 하락 위험을 회피하는 데 미국 주식이 제격이기 때문이다. 참고로 한국 부동산 시장이 이른바 '하우스 푸어(House Poor)' 사태로 고통받던 2012년, 미국 주식의 투자 성과는 10.6%(원화 환산)를 기록했다.

마지막으로 60세 이상 가계는 부동산 보유 비중이 가장 높을 뿐만 아니라 안정적인 현금흐름이 매우 중요하기에 미국 리츠(REITs · 부동산투자회사)와 회사채에 대한 관심이 필요한 것으로 판단된다. 이들은 달러 자산으로 부동산 시장의 조정 위험을 어느 정도 막아줄 뿐만 아니라 높은 배당 및 이자 지급으로 현금흐름의 부족 위험을 완화하는 데 도움이 된다.

출처 : 시사저널, 홍춘욱 대표(EAR 리서치), 2020. 11. 17 수정.

3.2 자본자산가격결정모형 : 증권시장선

모든 투자자들이 합리적인 분산투자의 원리에 따라 행동하는 경우 투자자들에게 적합한 위험은 체계적 위험이라고 할 수 있다. 이와 같은 사실에 기초하여 샤프(W.F. Sharpe) 등은 비효율적 자산인 개별 증권을 포함한 모든 자본자산의 적합한 위험(체계적 위험)과 기대수익률 사이에 존재하는 균형관계를 설명하는 모형을 개발하였다.[6] 바로 이 모형을 **자본자산가격결정모형**(capital asset pricing model ; CAPM)이라 하는데, 일명 증권시장선이라고도 한다.[7]

알아두기 4-4

CAPM의 기본 가정

현대 자본시장은 수많은 의사결정변수가 결합된 복잡한 구조를 갖고 있다. 이와 같이 복잡한 구조를 갖고 있는 시장의 모든 현상을 설명할 수 있는 모형을 개발하려면 시장에 영향을 미칠 수 있는 수많은 요인들을 동시에 고려하여야 하는데, 이는 거의 불가능한 일이다. 그리고 복잡한 요인들을 동시에 고려하는 경우, 여러 요인들의 상호작용에 의해서 가장 중요한 요인의 효과가 희석되어 그것의 직접적인 효과를 살펴보기 어렵게 된다. 그러므로 일반적으로 모형을 개발할 때 가장 단순화된 가상의 세계를 가정하여 기본적인 모형을 개발한 후, 점점 가정들을 완화시켜서 현실을 보다 잘 설명할 수 있도록 모형을 발전시켜 나가는 방법을 사용한다.

CAPM에서는 다음과 같이 가정하고 있다.

1) 투자자들은 위험회피형이며, 평균-분산 선택기준에 의해서 포트폴리오를 선택한다.
2) 모든 투자자는 단일의 투자기간을 가지며, 미래 증권수익률의 확률분포에 대하여 동질적 기대(homogeneous expectation)를 가진다.
3) 시장은 완전(perfect capital market)하며, 그것의 구체적인 필요조건은 다음과 같다.
   ① 투자자들은 동일한 무위험이자율로 얼마든지 자금을 차입하거나 대출할 수 있다.
   ② 증권투자이익(배당, 이자 그리고 자본소득 등)에 대한 개인소득세, 거래비용 및 기타 증권거래를 저해하는 어떠한 장애요인도 존재하지 않는다.
   ③ 완전경쟁이 이루어져 소수의 투자자가 증권가격에 영향을 줄 수 없다.

이상의 가정들은 다소 비현실적이지만 균형 상태 하에서 위험과 기대수익률의 직접적인 관계를 도출할 수 있도록 설정된 것이다.

---

6. W.F. Sharpe, "Capital Asset Prices: A Theory of Market Equilibrium Under Conditions of Risk," *Journal of Finance*, Vol. 19 (Sep. 1964), pp. 425-442.

7. CAPM과 SML은 보통 같은 의미로 사용하지만 엄밀하게 구분하면, CAPM은 식 (4-10)(또는 식 (4-

증권시장선(security market line ; SML)은 자산의 기대수익률과 체계적 위험의 선형관계를 나타내는 직선을 말한다. 이를 식으로 나타내면 다음과 같다.

$$E(r_j) = r_f + [E(r_M) - r_f]\beta_j \quad (4-10)$$

여기서 $E(r_j)$: 자산 j의 기대수익률

r_f : 무위험이자율

$E(r_M)$: 시장포트폴리오 기대수익률[8]

β_j : 자산 j의 체계적 위험(베타)

식 (4-10)에서 무위험이자율은 무위험자산의 수익률이며, 시장포트폴리오 기대수익률은 체계적 위험만을 지닌 완전분산된 포트폴리오로부터 기대되는 수익률이다. 그리고 자산의 체계적 위험은 비체계적 위험과 달리 분산투자로 제거할 수 없는 위험으로 일종의 보상이 주어지는 위험에 해당한다. 한편 '(시장포트폴리오

알아두기 4-5

체계적 위험, 베타

베타(β)는 시장포트폴리오 수익률의 변동에 대한 개별 자산의 민감도(sensitivity)를 나타낸다. 즉, 이러한 베타는 종속변수인 개별 자산 수익률과 독립변수인 시장포트폴리오 수익률로 구성된 단순회귀식의 기울기를 의미한다.

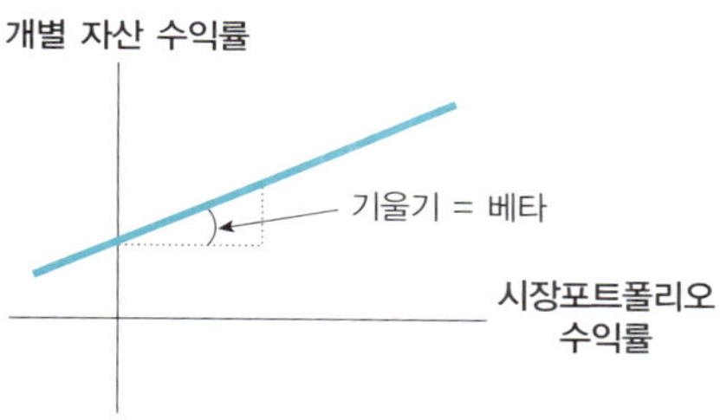

베타가 큰 증권일수록 시장수익률의 변동(시장 전체의 경기변동)에 대하여 보다 민감하게 반응한다고 할 수 있다. 예를 들어 베타가 2인 증권 A와 0.5인 증권 B가 있다고 할 때, 시장수익률이 1%포인트만큼 변동하면 증권 A의 수익률은 2%포인트 변동하고 증권 B의 수익률은 0.5%포인트 변동한다. 이러한 점에서 베타가 1.0보다 큰 주식을 공격적 주식(aggressive stock)이라 하며, 1.0보다 작은 주식을 방어적 주식(defensive stock)이라 한다.

---

11))과 같은 식을 의미하며 SML은 이 식을 그래프로 나타낸 것을 의미한다. 그러나 본서에서는 두 용어를 구분 없이 사용할 것이다.

8. 시장포트폴리오 수익률은 그 대용치인 코스피지수(KOSPI)를 이용하여 다음과 같이 계산할 수 있다.

$$r_M = \frac{\text{기말 코스피지수} - \text{기초 코스피지수}}{\text{기초 코스피지수}} + \text{시장의 배당수익률}$$

기대수익률 − 무위험이자율)' 은 시장위험 프리미엄(market risk premium)으로 체계적 위험 1단위에 대한 보상을 의미한다. 그리고 식 (4−10)의 우변 두 번째 항인 '시장위험 프리미엄 × 자산 j의 체계적 위험' 은 자산 j의 위험 프리미엄(risk premium)이라고 한다. 이는 투자대상 자산 j가 지닌 체계적 위험에 대한 보상으로 무위험이자율에 비해 증가된 기대수익률을 의미한다.

이와 같은 내용을 반영하여 식 (4−10)의 증권시장선을 보다 알기 쉽게 표현하면 다음과 같다.

기대수익률 = 무위험이자율 + (시장포트폴리오 기대수익률 − 무위험이자율)
× 체계적 위험 (4−11)
= 무위험이자율 + 시장위험 프리미엄 × 체계적 위험
= 무위험이자율 + 위험 프리미엄

따라서 증권시장선은 체계적 위험이 높을수록 기대수익률이 높게 기대된다는 주장으로 수익률과 체계적 위험의 관계를 설명한다. 식 (4−11)로 표현된 증권시장선을 간단한 그림으로 제시하면 [그림 4−4]와 같다.

그림 4−4 증권시장선

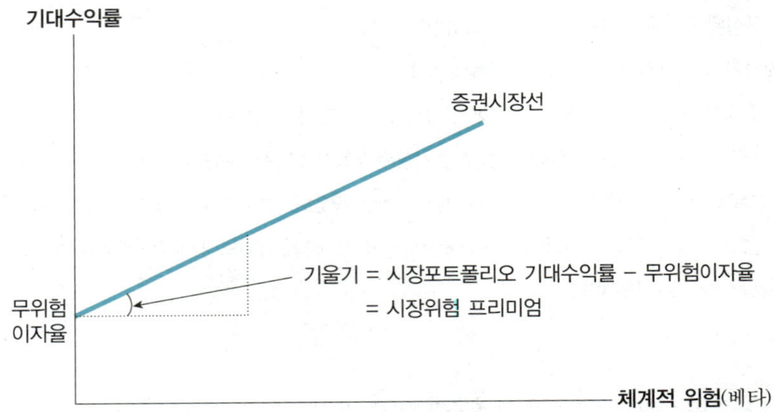

예제 4-1

증권시장선과 기대수익률

무위험이자율은 2%이며, 시장수익률은 10%로 기대된다.

(1) 증권시장선을 구하라.

(2) 체계적 위험(베타)이 1.2인 증권 A의 기대수익률을 구하라.

해답

(1) 증권시장선은 다음과 같다.

기대수익률 = 무위험이자율 + (시장포트폴리오 기대수익률 − 무위험이자율) × 체계적 위험

= 0.02 + (0.1 − 0.02) × 체계적 위험 = 0.02 + 0.08 × 체계적 위험

(2) 증권시장선을 이용해 체계적 위험(베타)이 1.2인 증권 A의 기대수익률을 구하면 다음과 같다.

증권 A의 기대수익률 = 0.02 + 0.08 × 체계적 위험

= 0.02 + 0.08 × 1.2 = 0.116 또는 11.6%

시사 포커스

높은 수익률은 높은 위험을 동반한다

주식과 대체투자 등 위험자산 비중이 높은 캐나다 국민연금(CPPIB)과 미국 캘리포니아 공무원연금(CalPERS)의 수익률은 연도별로 편차가 크다. 경기 상승기에는 수익률이 10%를 쉽게 넘지만 하강기에는 −20%까지 떨어지기도 한다. 수익률이 높아질수록 리스크도 올라간다는 평범한 진리를 입증시켜 준다. 이는 주식과 대체투자의 비중을 확대하려는 국민연금이 앞으로 풀어야 할 숙제가 무엇인지 알려준다. 해외 연기금의 투자 포트폴리오를 단순히 모방하는 선에 그쳤다가는 그동안 겪어보지 못한 변동성에 휘말려 자칫 안정성이 크게 훼손될 수 있다. 위험자산의 비중 확대로 인해 증가할 수밖에 없는 리스크를 어떻게 통제할 것인지가 향후 과제로 남을 것으로 보인다.

▪ 12년간 마이너스 수익률 기록 횟수 … 국민연금 1번, 캐나다 국민연금 4번

국민연금과 CPPIB, CalPERS의 최근 수익률을 비교해 보면 우열을 가리기 쉽지 않다. 국민연금의 최근 3개년(2011~2013년)과 5개년(2009~2013년) 수익률은 각각 4.53%와 6.49%다. 기금이 설립된 1998년부터 2013년까지를 기준으로 할 경우에는 6.35%다. CPPIB의 운용수익률은 최근 5년간(2008~2012년) 2.9%, 최근 10년간 7.4%다. CalPERS는 최근 5년간(2008~2012년) 1.2%, 최근 10

년간 6.95%를 기록했다.

비교대상을 일본 공적연금펀드(GPIF)로 정할 경우에는 국민연금이 확실한 우위를 점하고 있다. 운용자산이 1,600조원으로 세계 최대 연기금인 GPIF의 투자 포트폴리오는 국민연금과 유사하다. 2012년 기준 GPIF의 포트폴리오 구성내역은 일본의 국내 채권 비중이 52.95%로 가장 높고, 국내 주식 14.57%, 해외 채권 9.79%, 해외 주식 12.35%, 일본의 재정융자자금특별회계가 발행한 재투채 8.86%, 단기자산 1.48% 등이다.

국민연금과 해외 연기금 수익률 비교

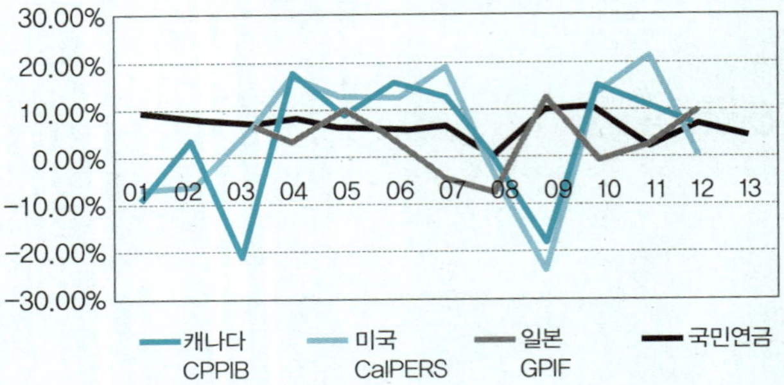

목표수익률이 '임금상승률 + α'로 낮아 국민연금보다 더 보수적인 운용을 선호하는 곳이다. GPIF의 최근 7년 수익률은 1.44%, 최근 12년 수익률은 1.54%로 국민연금에 비해 낮은 수준이다.

캐나다 CPPIB, 미국 CalPERS와 우리나라 국민연금 수익률의 가장 큰 차이점은 변동성이다. CPPIB는 2001년부터 2012년까지 수익률이 마이너스를 기록한 해가 네 번(2001, 2003, 2008, 2009년)이나 된다. 같은 기간 국민연금은 한 번(2008년 -0.18%)에 불과했다. 연간 기준 최저 수익률(2003년 -21.1%)과 최고 수익률(2004년 17.6%) 격차도 38.7%포인트로 국민연금(10.57%포인트)보다 네 배 가까이 높다. CalPERS도 같은 기간 수익률이 마이너스를 밑돈 경우가 네 번(2001, 2002, 2008, 2009년)이다. 최고 수익률과 최저 수익률의 격차도 45.7%포인트에 달했다. 이는 국민연금이 향후 위험자산 비중을 높일수록 수익률 변동도 커진다는 것을 의미한다. 한국보건사회연구원 원종욱 연구위원은 "국민연금 기금운용위원회가 향후 주식과 대체투자를 확대하겠다고 밝힌 것은 투자 리스크의 상승도 감안한 결정"이라며 "어느 정도 국민적 합의가 이뤄졌기 때문에 리스크 증가를 감수해야 한다"고 말했다.

■ 국민연금의 투자지역은 선진국에 쏠려 있음

관건은 높아진 리스크를 어떻게 낮추고 관리하느냐이다. 해외 연기금의 사례를 살펴보면 투자 국가를 다변화하려는 시도가 많다. 캐나다 CPPIB의 경우 자국 내 투자와 더불어 전 세계 39개국의 자산에 투자하고 있다. CPPIB의 투자 세부내역은 다음과 같다. 캐나다의 국내 투자 비중 36.7%를 제외한 나머지 63.3% 중 북미지역(캐나다 제외)이 31.7%로 가장 많다. 이어 유럽(영국 제외) 9.5%, 아시아(일본 제외) 6.2%, 영국 5.9%, 호주 3.2%, 일본 2.9% 순이다. 미국 CalPERS 역시 전 세계 39개국의 주식에 투자하고 있다. 이 중에서도 신흥국의 비중이 높은 것으로 전해진다.

국민연금이 투자하고 있는 곳은 해외 70여 개국이다. CPPIB와 CalPERS보다 많지만 대부분 미국을 비롯한 선진국에 몰려 있다. 국민연금은 해외 주식 투자를 하면서 17.7%를 직접운용, 나머지 82.3%는 위탁운용을 맡기고 있다. 이 중 직접운용의 대부분이 선진국 패시브 투자다. 위탁운용 역시 선진국시장이 51.2%로 신흥국시장(13.7%)보다 네 배 가까이 많다.

원종욱 연구위원은 "국민연금의 신흥국 투자도 대부분 미국 시장에 상장된 신흥국 자산에 투자하는 것"이라며 "아직까지는 미국 등 북미지역 투자 비중이 높다"고 말했다. 다만 해외 연기금의 경우 해외투자는 주식과 대체부문 중심으로 이뤄진다. 해외 채권 투자실적은 미미하다. CPPIB는 해외 채권 투자를 전혀 하지 않고 있다. CalPERS의 해외 채권 투자 비중은 2012년 1.5%로 2003년(5%)에 비해 절반 이하로 줄어들었다. 반면 국민연금의 지난해 해외 채권 비중은 4.3%로 2010년보다 0.2%포인트 늘어났다. 원 연구위원은 "주식과 대체투자 비중을 늘리고 있는 국민연금이 안전자산으로 분류되는 채권을 굳이 해외까지 나가서 투자할 필요성은 낮다"고 말했다.

출처 : The Bell, 2014. 6. 2 수정.

주요 용어

수익률	126	확률분포표	127
기대수익률	127	수익률의 분산	128
표준편차	128	포트폴리오	129
공분산	131	상관계수	132
위험분산효과	136	비체계적 위험	139
체계적 위험	139	투자기회집합	141
지배원리	142	최소분산포트폴리오집합	142
효율적 포트폴리오집합	143	최적 포트폴리오	143
자본자산가격결정모형	148	증권시장선	149
시장위험 프리미엄	150		

연습 문제

I. 완성/선택형 문제

01. 투자수익률(확률변수)이 취할 수 있는 모든 값들과 그것들의 발생 가능성(확률)을 나타낸 표를 (　　　　)라 한다.

02. 두 자산수익률이 정비례하는 직선관계를 가지고 움직일 때는 상관계수 = (　　　　)이 되며, 반비례하는 직선관계를 가지고 움직일 때는 상관계수 = (　　　　)이 된다.

03. 구성자산들 간의 관계를 나타내는 (　　　　)가 작을수록, 포트폴리오의 (　　　　)가 증가할수록, 포트폴리오의 위험은 감소한다.

04. 자산수익률의 분산(총위험)은 포트폴리오의 구성자산 수를 증가시킴에 따라 제거할 수 있는 부분, 즉 (　　　　)과 제거할 수 없는 부분, 즉 (　　　　)으로 구성되어 있다.

05. (　　　　)은 개별 자산 등 모든 위험자산의 기대수익률과 체계적 위험의 선형관계를 나타내는 직선이다.

06. (　　　　)은 체계적 위험, 즉 베타 1단위에 대한 보상을 의미한다.

07. 다음의 증권들 중 수익률이 가장 낮을 것으로 기대되는 것은?

① 담보채　　② 무담보채
③ 국공채　　④ 주식

08. 투자안(또는 자산)의 위험을 나타내는 척도로서 가장 적합한 것은?

① 분산 또는 표준편차　　② 평균편차
③ 범위　　④ 기대값

09. 포트폴리오에 대한 다음의 정의들 중 가장 타당한 것은?

① 두 개 이상의 채권으로 구성된다.

② 두 개 이상의 주식으로 구성된다.

③ 두 개 이상의 자산으로 구성된다.

④ 몇 개의 주식과 무위험자산으로 구성된다.

10. 다음의 포트폴리오들 중 위험분산효과가 가장 크게 나타나는 것은?

① 자산 간 상관계수가 높고, 많은 자산으로 구성된 포트폴리오

② 자산 간 상관계수가 낮고, 많은 자산으로 구성된 포트폴리오

③ 자산 간 상관계수가 낮고, 적은 자산으로 구성된 포트폴리오

④ 자산 간 상관계수가 높고, 적은 자산으로 구성된 포트폴리오

11. 무위험이자율이 8%이며, 시장수익률이 10%일 때 베타가 1.5인 주식의 기대수익률은 얼마인가?

① 11% ② 12% ③ 13% ④ 14%

12. 다음 중 CAPM 또는 증권시장선의 의미와 거리가 먼 것은?

① 투자자들에게 중요한 위험은 분산투자에 의해 제거되지 않는 체계적 위험이다.

② 균형시장에서 자산의 기대수익률과 체계적 위험(베타)은 선형관계를 갖는다.

③ 자산의 기대수익률은 시차보상인 무위험이자율과 위험보상인 위험프리미엄의 합계와 같다.

④ 증권시장선의 기울기는 시장포트폴리오의 기대수익률을 의미한다.

Ⅱ. 서술/계산형 문제

01. 포트폴리오 투자 시 위험분산효과를 증진시킬 수 있는 방안에 대하여 설명하라.

02. 자본자산가격결정모형에 근거하여 위험과 수익률의 관계에 대하여 설명하라.

03. (기대수익률, 분산, 표준편차의 측정)

다음과 같은 확률분포를 갖는 두 자산이 있다.

상황	확률	수익률	
		자산 A	자산 B
호황	0.6	0.40	0.15
불황	0.4	−0.05	0.20

(1) 자산 A와 B의 기대수익률, 분산, 표준편차를 각각 구하라.

(2) 두 자산에 각각 50%씩 투자하여 구성한 포트폴리오의 기대수익률, 분산, 표준편차를 구하라.

04. (상관계수와 포트폴리오의 위험)

주식 A와 주식 B의 기대수익률과 분산은 각각 다음과 같다.

주식	기대수익률	분산
A	0.2	0.1
B	0.3	0.2

(1) 두 주식 사이의 상관계수가 0.5일 때, 총투자자금 중 60%를 주식 A에 투자하고 그 나머지 40%를 주식 B에 투자하여 구성한 포트폴리오의 기대수익률과 분산을 계산하라.

(2) 두 주식 사이의 상관계수가 −0.5일 때, 총투자자금 중 60%를 주식 A에 투자하고 그 나머지 40%를 주식 B에 투자하여 구성한 포트폴리오의 기대수익률과 분산을 계산하라.

(3) 상관계수가 포트폴리오의 위험에 미치는 영향을 설명하라.

05. (증권시장선과 투자안 평가)

무위험이자율은 4%, 시장포트폴리오의 기대수익률은 12%이다. CAPM이 성립한다고 가정하여 다음의 물음에 답하라.

(1) 증권시장선을 구하라.

(2) 베타가 1.5인 주식의 요구수익률을 구하라.

(3) 만약 시장에서 주식 K의 수익률이 11.2%로 기대된다면, 이 주식의 베타는 얼마인가?

금융상품의 활용

금융상품 선택기준

1. 금융상품 선택기준의 필요성

2. 일반적인 선택기준

3. 현실적인 선택기준

5

이 장의 개요

금융상품은 최근 정보기술(information technology)과 금융공학(financial engineering)의 발전에 힘입어 과거와 다른 새로운 유형으로 개발되고 있다. 시중에 출시된 금융상품들은 취급기관 및 금융상품이 지닌 특성에 따라 매우 다양하고 복잡한 형태를 갖는다. 이러한 현실을 감안할 때 금융업에 종사하는 전문가가 아닌 일반 대중들이 다양한 금융상품에 대하여 충분히 이해하기 어려울 뿐만 아니라 특정 금융상품에 대한 장단점을 제대로 파악하기란 쉽지 않다. 따라서 일반인의 입장에서 개인적으로 가장 적합한 금융상품을 선택하기 위한 노력이 필요하다.

금융상품 선택 시 일반적으로 적용하는 기준으로는 안전성, 환금성, 수익성 등이 있으며, 이들 세 가지 이외에 현실적인 기준으로 투자목적, 투자기간, 그리고 세금 등이 있다.

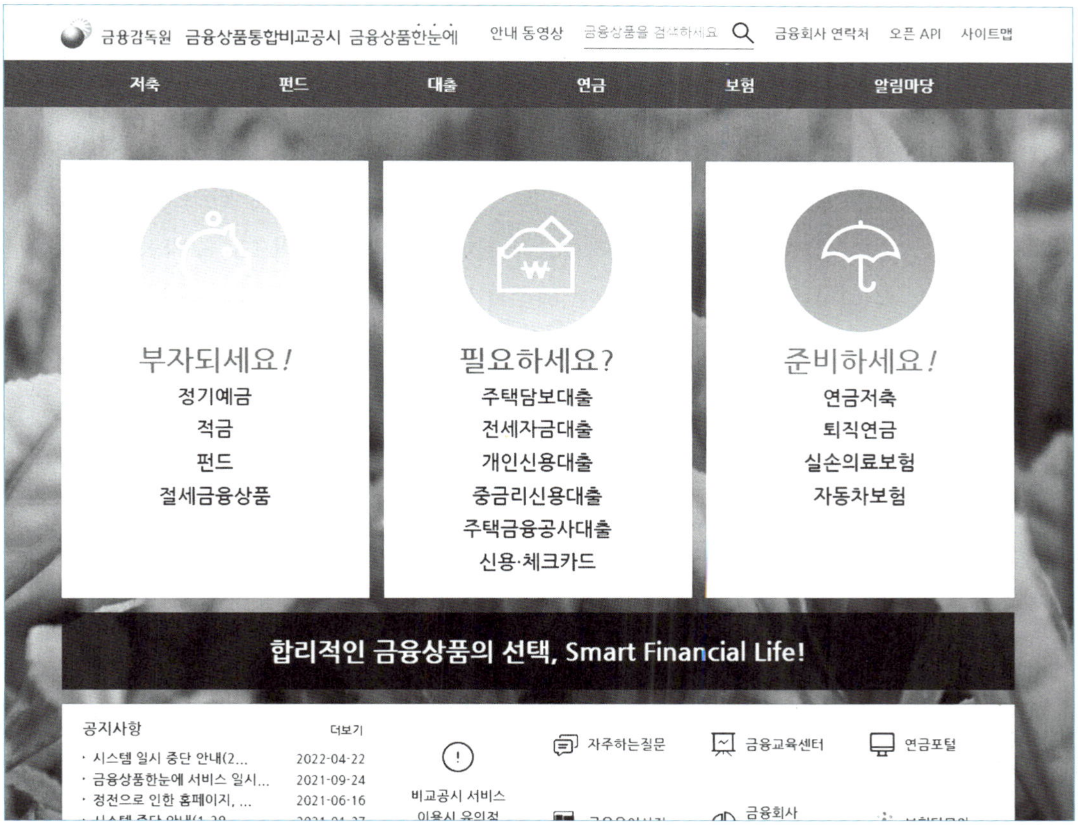

▲ 금융감독원 금융상품통합비교공시(finlife.fss.or.kr). 성공적인 재테크는 금융상품의 합리적인 선택으로부터 시작된다.

1. 금융상품 선택기준의 필요성

최근 정보기술(information technology)과 금융공학(financial engineering)의 발전으로 과거와 다른 신종 금융상품이 다량으로 쏟아지고 있다. 시중에 출시된 금융상품들은 취급기관 및 금융상품이 지닌 특성에 따라 매우 다양하고 복잡한 형태를 갖는다. 이러한 현실을 감안할 때 금융업에 종사하는 전문가가 아닌 일반 대중이 이들 금융상품에 대한 특성을 제대로 파악하기란 쉽지 않다. 이런 점을 고려할 때, 성공적인 재테크를 위해서는 금융상품 선택기준에 대한 충분한 이해가 필요하다.

금융상품 선택 시 일반적으로 적용하는 기준으로는 수익성, 안전성, 환금성 등이 있다. 금융상품들 중에서 이들 세 가지 기준을 모두 충족하는 금융상품은 두말할 필요 없이 최적의 투자대상이 된다. 하지만 현실적으로 수익성이 좋으면서도 안전하고 게다가 시기에 구애받지 않고 환금 가능한 금융상품은 찾아보기 어렵다. 왜냐하면 금융상품은 특성상 수익성, 안전성, 환금성 등이 서로 상충하는 면을 지니고 있기 때문이다. 다시 말해, 금융상품 중 안전성이 높은 것은 수익성이 떨어지고, 환금성이 높은 것은 수익성이 떨어지는 것이 일반적이다. 따라서 투자자는 금융상품 선택 시 이와 같은 세 가지 기준을 적절히 고려하여야 한다. 그리고 이들 세 가지 기준 이외에 투자목적, 투자기간, 투자성과에 부과되는 세금 등의 현실적인 기준을 함께 고려할 경우 보다 합리적인 투자결정이 이뤄질 것으로 기대된다.[1]

이상에서 언급한 금융상품의 선택기준을 그림으로 제시하면 [그림 5-1]과 같다.

---

1. 이와 관련된 본문의 내용은 『금융생활 길라잡이』(한국은행, 2012)를 참고한 것임.

그림 5-1 금융상품 선택기준

2. 일반적인 선택기준

2.1 수익성

수익성은 금융상품의 가격 상승이나 배당금 또는 이자수입을 기대할 수 있는 정도를 말한다. 주식투자로부터 기대되는 수익의 원천은 향후 주식가격의 상승과 주식발행 회사가 결산 후 지급하는 배당금이다. 채권투자로부터 기대되는 수익의 원천은 채권가격의 상승과 정해진 기간마다 지급되는 이자수입이다.

일반적으로 수익성을 측정·평가하는 데에 사용되는 지표로서 금리(이자율), 수익률 등이 있다. 금리란 화폐의 가격으로서 간단히 말하면 이자의 원금에 대한 비율을 의미한다. 금리는 구분하는 기준을 달리함에 따라 다양한 형태로 분류할 수 있다. 첫째, 이자를 지급하는 방식에 따라 단리와 복리로 구분된다. 단리(simple interest)는 단순히 원금에 대한 이자를 계산하는 방식의 금리이나, 복리(compound interest)는 이자에 대한 이자도 함께 감안하여 계산하는 방식의 금리이다. 둘째, 금융상품의 가입기간(가입시점부터 만기일까지의 기간)에 동일한 이자율이 적용되는지 여부에 따라 고정금리와 변동금리로 구분된다. 고정금리는 시중금리의 변동에 상관없이 가입기간 동안 동일한 이자율이 적용되는 금리이다. 반면 변동금리는 가입기간에 적용되는 이자율이 계속 변동하는 금리이다. 따라서 금융상품 가입 후 금리가 상승(하락)할 것으로 예상될 경우 변동금리(고정금리) 금융상품에 투자하는 것이 유리하다고 할 수 있다. 셋째, 물가 반영 여부에 따라 명목금리와 실질금리로 구분된다. 명목금리는 물가변동을 반영하지 않은 금리이며, 실질금리는 물가변동을 고려한 금리로서 명목금리에서 물가상승률을 차감한 값으로 측정된다. 명목금리에 비해 물가상승률이 더 높을 경우 실질금리가 0보다 낮은 상황이 초래된다.

한편 금리 외에 수익성을 평가하는 데에 유용한 수익률을 살펴보면 다음과 같다. 총수익률은 만기까지 받는 총수익을 투자원금으로 나눈 비율이고, 연평균수익률은 총수익률을 금융상품의 만기(계약 연수)로 나눈 평균수익률을 말한다. 실효수익률(실현수익률)은 일정 투자기간 동안 발생한 실현총수익의 투자원금에 대한 비율을 연복리 방식으로 계산하여 구한 연간 수익률이다. 세후 실효수익률은 실효수익률에서 세금까지 반영하여 측정한 연간 수익률이다. 투자자 입장에서 투자성과를 극대화하기 위해서는 물가와 세금 등 수익에 영향을 미치는 요인들을 모두 반영함과 동시에 복리방식으로 산정된 이자율을 잣대로 금융상품을 선택하는 것이 바람직하다.

이상에서 설명한 수익성 지표와 관련된 용어의 개념을 정리하면 〈표 5-1〉과 같다.

표 5-1 **수익성 지표**

종류	개념
단리	원금에 대해서만 약정된 이자율과 기간을 곱해서 이자를 계산하는 방식에 의해 산정된 이자율
복리	원금에 대한 이자를 모아 원금에 가산시킨 후 이 합계액을 새로운 원금으로 하여 이자를 계산하는 방식에 의해 산정된 이자율
고정금리	약정한 금리가 만기 때까지 바뀌지 않고 지속되는 금리
변동금리	만기 이전에 적용되는 금리가 변동되는 금리
명목금리	돈의 가치변동, 즉 물가변동을 고려하지 않은 금리
실질금리	명목금리에서 물가상승률을 뺀 금리
총수익률	만기까지 받는 총수익의 투자원금에 대한 비율
연평균수익률	만기가 1년 이상인 상품에 있어서 만기까지의 총수익률을 계약 연수로 나누어 산출한 수익률
만기수익률	채권을 매입하여 만기까지 보유하는 경우에 얻을 수 있는 연간 평균수익률
실효수익률	투자기간 동안 얻을 수 있는 실현총수익의 투자금액에 대한 비율을 연복리 방식으로 산출한 연간 수익률
세후 실효수익률	실효수익률에서 세금까지 반영하여 측정한 연간 수익률

2.2 안전성

안전성은 금융상품 또는 금융기관이 지닌 위험의 수준을 의미한다. 안전성은 금융상품과 금융기관의 특성에 따라 달리 측정된다. 금융상품과 관련된 안전성은 상품의 유형에 따라 그 의미를 달리한다. 저축상품의 경우 원리금이 보전될 수 있는 수준을 의미하며, 투자상품의 경우 상품의 시장가격 변동에 따른 가격 하락 위험의 정도를 의미한다. 금융기관과 관련된 안전성은 금융기관 파산 등으로 초래될 채무불이행위험의 크기로 측정된다. 채무불이행위험이 높은 금융기관일수록 안정성에 문제가 있음을 의미한다. 실제 안전성 측면에서 완전무결한 금융상품은 찾아보기 어려우며, 대부분의 금융상품은 정도의 차이는 있지만 부분적으로 위험을 지닌다. 따라서 금융상품 투자 시 위험을 감소시키고자 하는 노력이 필요하다.

금융상품 투자에 따른 위험을 줄이고 안전성을 높이는 손쉬운 방안으로서 다음을 들 수 있다. 첫째, 금융상품이 예금자보호법에 의해 예금이 보장되는 상품인지 여부를 확인한다. 예금자보호법은 금융기관이 파산하여 고객의 예금을 지급하지 못하게 될 경우 금융기관별로 예금자 1인당 원리금 합계 5천만원까지 보장함으로써 예금을 보호하려는 목적에서 제정된 법이다. 따라서 예금자보호가 되는 금융상품은 금융기관의 파산에 따른 지급불능위험으로부터 안전하므로 그만큼 유리하다. 금융기관별 예금자보호가 되는 금융상품과 그렇지 못한 금융상품에 관한 현황은 〈표 5-2〉와 같다.[2]

둘째, 투자원금의 손실 가능성을 확인하여야 한다. 실적배당형 금융상품은 확정금리형 상품과 달리 운용실적에 따라 투자원금까지 손해 볼 수 있는 위험을 안고 있다. 아울러 실적배당형 상품은 예금자보호 대상에서도 제외된다는 점에 유의하여야 한다.

셋째, 금융기관의 건전성 수준을 파악한다. 금융기관의 건전성은 주로 그 기관의 경영지표를 통하여 확인 가능하며, 전문가들의 분석결과도 참고자료로서 유용하다. 금융기관의 건전성을 판단하는 데 유용한 경영지표를 예로 들면 〈표 5-3〉과 같다.

---

2. 〈표 5-2〉와 〈표 5-4〉~〈표 5-9〉에서 언급된 각종 금융상품에 관한 세부적인 내용은 제6장~제8장에서 자세히 다루고 있으므로 관련 내용을 참조 바람.

표 5-2 **금융기관별 예금자보호 금융상품과 비보호 금융상품**

구분	보호 금융상품	비보호 금융상품
은행	• 보통예금, 기업자유예금, 별단예금, 당좌예금 등 요구불예금 • 정기예금, 저축예금, 주택청약예금, 표지어음 등 저축성 예금 • 정기적금, 주택청약부금, 상호부금 등 적립식 예금 • 외화예금 • 예금보호 대상 금융상품으로 운용되는 확정기여형 퇴직연금제도 및 개인형 퇴직연금제도의 적립금 • 개인종합자산관리계좌(ISA)에 편입된 금융상품 중 예금보호 대상으로 운용되는 금융상품 • 원본이 보전되는 금전신탁 등	• 양도성예금증서(CD), 환매조건부채권(RP) • 금융투자상품(수익증권, 뮤추얼펀드, MMF 등) • 특정금전신탁 등 실적배당형 신탁 • 은행 발행 채권 • 주택청약저축, 주택청약종합저축 등
증권회사 (투자 매매업자 · 투자 중개업자)	• 증권의 매수 등에 사용되지 않고 고객 계좌에 현금으로 남아 있는 금액 • 자기신용대주담보금, 신용거래계좌 설정보증금, 신용공여담보금 등의 현금 잔액 • 예금보호 대상 금융상품으로 운용되는 확정기여형 퇴직연금제도 및 개인형 퇴직연금제도의 적립금 • 개인종합자산관리계좌(ISA)에 편입된 금융상품 중 예금보호 대상으로 운용되는 금융상품 • 원본이 보전되는 금전신탁 등	• 금융투자상품(수익증권, 뮤추얼펀드, MMF 등) • 선물 · 옵션거래예수금, 청약자예수금, 제세금예수금, 유통금융대주담보금 • 환매조건부채권(RP), 증권회사 발행채권 • 종합자산관리계좌(CMA), 랩어카운트, 주가지수 연계증권(ELS), 주식워런트증권(ELW) • 금현물거래예탁금 등
	증권금융회사가 "자본시장과 금융투자업에 관한 법률" 제330조 제1항에 따라 예탁받은 금전	
보험회사	• 개인이 가입한 보험계약 • 퇴직보험 • 변액보험계약 특약 • 변액보험계약 최저사망보험금 · 최저연금적립금 · 최저중도인출금 · 최저종신중도인출금 등 최저 보증 • 예금보호 대상 금융상품으로 운용되는 확정기여형 퇴직연금제도 및 개인형 퇴직연금제도의 적립금 • 개인종합자산관리계좌(ISA)에 편입된 금융상품 중 예금보호 대상으로 운용되는 금융상품 • 원본이 보전되는 금전신탁 등	• 보험계약자 및 보험료 납부자가 법인인 보험계약 • 보증보험계약, 재보험계약 • 변액보험계약 주계약(최저사망보험금 · 최저연금적립금 · 최저중도인출금 · 최저종신중도인출금 등 최저 보증 제외) 등
종합금융회사	발행어음, 표지어음, 어음관리계좌(CMA) 등	• 금융투자상품(수익증권, 뮤추얼펀드, MMF 등) • 환매조건부채권(RP), 양도성예금증서(CD), 기업어음(CP), 종금사 발행채권 등

상호저축은행 및 상호저축은행중앙회	• 보통예금, 저축예금, 정기예금, 정기적금, 신용부금, 표지어음 • 상호저축은행중앙회 발행 자기앞수표 등	• 저축은행 발행채권(후순위채권 등) 등

※ 정부 · 지방자치단체(국 · 공립학교 포함), 한국은행, 금융감독원, 예금보험공사, 부보금융회사의 예금은 보호대상에서 제외.
자료 : 예금보험공사(www.kdic.or.kr)

표 5-3 금융기관의 건전성 평가를 위한 주요 경영지표

구분	주요 경영지표	공통사항
은행, 종합금융회사	• BIS기준 자기자본비율 • 부실여신비율	• 경영공시 내용 • 감독당국의 경영평가 결과 • 국제신용평가 기관의 신용등급 • 최근의 주가수준 등
증권회사	영업용 순자본비율	
자산운용회사	위험 대비 자기자본비율	
보험회사	지급여력비율	

넷째, 분산투자를 통한 위험감소 효과를 극대화하는 것이다. 일반적으로 수익성이 높은 금융상품일수록 위험도 큰 만큼 여유자금을 특정 금융상품에 집중시키지 말고 안전성이 다른 금융상품을 대상으로 분산하는 것이 바람직하다.

재테크 Tip

예금자보호법

예금자보호법은 금융기관이 파산 등으로 인해 고객의 예금을 지급하지 못하게 될 경우 예금자의 예금을 보호하려는 목적에서 제정되었다. 예금자보호법에 근거하여 예금보험공사는 금융기관으로부터 보험료(예금보험료)를 받아 기금(예금보험기금)을 적립한 후 금융기관이 파산 등으로 인해 예금을 지급할 수 없는 상황이 되면 대신해서 예금을 지급한다. 보호금액 한도는 금융기관별로 예금자 1인당 예금의 원리금(원금과 이자)을 합하여 5,000만원까지로 한다. 현재 예금보장이 되는 금융기관은 예금보험공사에 보험료를 납부하는 5개 금융기관, 즉 은행(외국은행 지점 포함), 증권회사(투자매매업자 · 투자중개업자), 보험회사, 종합금융회사, 상호저축은행 등이다. 이와 달리 지역 농축협 및 수협(과거 단위조합을 말함), 새마을금고, 신협 등은 예금자보호법에 근거한 예금자보호 대상 금융기관에 해당되지 않는다. 그러나 이들 금융기관의 경우 각 중앙회에서 자체적으로 적립한 별도의 기금을 통해 예금자를 보호하고 있으므로 안전성 측면에서 예금자보호법 적용대상 금융기관과 차이가 없다.

알아두기 5-1

금융통계정보시스템(fisis.fss.or.kr)

금융기관의 건전성이 경제시스템 전반에 미치는 영향은 매우 크기 때문에 금융감독 업무를 담당하는 국가기관은 금융산업의 건전성 제고를 위해 노력할 수밖에 없다. 우리나라 금융감독원은 은행의 BIS비율 등 각종 금융기관의 건전성 관련 통계정보를 금융통계정보시스템(fisis.fss.or.kr)을 통해 제공하고 있다. 이 시스템에서 제공되는 금융통계정보는 일반 대중이 금융기관의 건전성을 비교·분석하는 데에 유용한 참고자료가 된다.

2.3 환금성

환금성이란 자금이 필요할 때 언제든지 보유 자산을 별다른 손해 없이 현금화할 수 있는 정도로서 유동성(liquidity)이라고도 한다. 일상생활을 하다 보면 당장 현금이 필요한 경우를 접하게 되는데, 만기가 장기인 적금이나 예금 등은 중도해지에 따른 불이익이 크므로 환금성이 낮다. 반면 은행의 수시입출금식 예금은 손쉽게 현금으로 인출할 수 있으므로 환금성이 높다. 일반적으로 환금성이 높은 금융상품일수록 수익성은 떨어지는 경향이 있다. 따라서 금융상품 선택 시 수익성을 무시한 채 환금성만을 추구할 수 없다. 이러한 점을 고려할 때, 투자를 위한 일시 대기 자금이나 일상생활에 필요한 자금에 한해 환금성이 높은 금융상품을 이용하는 것이 적절하다. 환금성에 따라 금융상품을 분류하면 〈표 5-4〉와 같다.

일반적으로 수익성이 높은 금융상품은 안전성과 환금성이 떨어지는 경향이 있다. 반면 안전성과 환금성이 뛰어난 금융상품은 수익성 면에서는 취약한 특성을 지닌다. 이러한 측면에서 수익성, 안전성, 그리고 환금성 등은 각각 서로 상충관계(trade-off)에 놓여 있다고 할 수 있다. 따라서 재테크 시 투자자는 이런 관계

표 5-4 환금성에 따른 금융상품

환금성	금융상품
높음	• 은행의 시장금리부수시입출금식예금(MMDA), 환매조건부채권(RP), 양도성예금증서(CD) • 입출금이 자유로운 상품 : 보통예금, 저축예금, 가계당좌예금 등 • 만기 1년 이내의 상품 : 종합금융회사나 증권회사의 어음관리계좌(CMA), 증권회사 및 자산운용사의 단기금융상품펀드(MMF), 단기수익증권, 개방형 뮤추얼펀드 등
낮음	• 은행의 만기 1년 이상 상품 : 저축성예금, 신탁상품 및 금융채 • 증권회사 및 자산운용사의 장기수익증권, 폐쇄형 뮤추얼펀드 등 • 보험회사의 저축성 보험상품 등

를 고려하여 수익성, 안전성, 환금성 중 어느 것에 중점을 둘 것인가를 결정하여야 한다.

재테크 Tip

금융상품별 평가

일반적으로 금융상품은 수익(return)과 위험(risk)에 의해 평가될 수 있다. 가장 기본적인 원칙은 높은 수익을 기대하기 위해서는 높은 위험을 감수해야 한다는 것이다. 모든 사람들이 바라는 위험이 낮으면서(안전하면서) 수익도 높은 금융상품은 거의 존재하지 않는다는 것을 반드시 명심하여야 한다.

금융상품 중 가장 위험이 낮은 것은 저축성 상품인 예금이라 할 수 있다. 예금은 위험이 낮은 반면에 수익도 낮다. 이에 대한 대안으로 저축 대신 투자를 고려해 볼 수 있다. 비교적 안전하면서 예금보다는 높은 수익을 얻고자 한다면 국공채나 신용등급이 높은 회사채를 고려해 볼 수 있다. 한편 좀 더 높은 수익을 추구한다면, 높은 위험을 감수하고 주식 등의 투자를 고려해 볼 수 있다. 그리고 투기적인 목적으로 비정상적인 높은 수익을 추구하기 위해서는 높은 위험을 무릅쓰고 선물이나 옵션 등과 같은 파생상품에 투자할 수 있다. 이러한 투기의 결과는 물론 운이 좋으면 큰 수익을 낼 수도 있겠으나, 정보 열위에 있고 전문성이 떨어지는 개인투자자의 경우 결국에는 실패 또는 파멸에 이르는 경우가 대부분이란 사실을 명심해야 한다.

수익(return)	위험(risk)	금융상품
(높음) ↑	↑ (높음)	선물 · 옵션
		주식
		채권
(낮음) ↓	↓ (낮음)	예금

3. 현실적인 선택기준

3.1 투자목적

금융상품은 투자자들이 투자하고자 하는 목적에 따라 다양한 형태로 구분된다. 따라서 합리적인 투자행위를 위해서는 투자의 목적이 무엇인지 분명하게 설정하는 것이 필요하다. 주요 투자목적의 예로는 목돈 형성, 목돈 증식, 주택 마련, 노후생활자금 마련, 생활 안정성 확보, 자녀 교육비 마련 등을 들 수 있다. 이들 투자의 목적에 따라 적합한 금융상품을 소개하면 〈표 5-5〉와 같다.

정기적금, 농어가목돈마련저축, 수시입출금상품 등은 목돈 만들기에 도움이 되며, 정기예금, 수익증권 등은 목돈을 늘리는 데 유리하다. 주택청약종합저축 등은 주택자금을 마련하는 데 유용하며, 연금저축, 연금보험, 주택연금(역모기지론) 등은 노후생활자금 마련을 위한 금융상품으로서 적절하다. 생활 안정성을 기하는 데 도움이 되는 금융상품으로는 생명보험, 상해보험 등을 들 수 있다. 장학적금과 교육보험은 자녀 교육비를 마련하는 데에 유용한 상품이다.

표 5-5 **투자목적에 따른 금융상품**

투자목적	금융상품
목돈 만들기	정기적금, 농어가목돈마련저축, 수시입출금상품(MMF, MMDA, CMA) 등
목돈 늘리기	정기예금, 금전신탁, 수익증권, 뮤추얼펀드, 변액보험 등
주택자금 마련	주택청약종합저축
노후생활자금 마련	연금저축, 연금보험, 주택연금(역모기지론) 등
생활 안정성 확보	생명보험, 상해보험, 건강/의료보험, 손해보험 등
자녀 교육비 마련	장학적금, 교육보험 등

3.2 투자기간

투자목적에 부합하는 금융상품을 발견하였다 하더라도 자금이 필요한 시기를 예측한 다음 금융상품에 가입하는 것이 중요하다. 높은 금리만 보고 만기를 무시한

표 5-6 투자기간별 금융상품

구분	은행	자산운용회사	증권회사	종합금융회사	우체국	상호저축은행 신용협동기구
1개월 이내	저축예금, MMDA	MMF	RP, CMA	CP, CMA	저축예금	보통예금 자립예탁금,
1~3개월 이내	표지어음, RP, CD, 정기예금	MMF, 단기수익증권(채권형)	RP, 단기수익증권(채권형), CMA	표지어음, CP, CMA		표지어음(상호저축은행), 정기예탁금
3~6개월 이내	표지어음, RP, CD, 정기예금, 맞춤형특정신탁	단기수익증권(채권형)	RP, 단기수익증권(채권형), CMA	발행어음 표지어음, CP, CMA	RP	표지어음(상호저축은행), 정기예탁금
6개월~1년 이내	표지어음, 정기예금, 맞춤형특정신탁	중기수익증권(채권형/주식형)	중기수익증권(채권형/주식형)	발행어음		정기예탁금, 정기예금
1년 이상	정기예금, 금융채, 연금신탁, 맞춤형특정신탁, 주택관련저축	장기수익증권(채권형/주식형), 연금투자신탁, 뮤추얼펀드	증권저축, 회사채, 국공채, 장기수익증권(채권형/주식형)		정기예금, 연금보험	정기예금, 정기예탁금, 연금보험(공제)

주) 자산운용회사의 수익증권은 은행, 증권회사, 보험회사 등의 판매회사에서 가입 가능함.

채 장기성 금융상품에 가입하였다가 만기 이전에 중도해지하게 되는 경우 중도해지 수수료를 내거나 약정금리보다 낮은 중도해지 이율을 적용받게 됨으로써 손실을 볼 수 있다. 한편 만기가 도래한 금융상품을 그냥 놓아두면 만기 후에 약정금리보다 낮은 이자가 적용되거나 추가적으로 이자가 지급되지 않는 경우가 있다. 따라서 금융상품을 선택할 때에는 자금의 수입지출계획에 근거하여 투자기간을 정한 뒤, 그 기간에 적절한 금융상품을 정하는 것이 바람직하다. 투자기간별 주요 금융상품의 현황은 〈표 5-6〉과 같다.

3.3 세금

금융상품을 선택할 때 이자에 대해 세금을 부과하지 않는 비과세 금융상품이나 소득공제 및 세액공제 등의 혜택이 주어진 금융상품에 우선적으로 가입할 필요가

표 5-7 비과세 금융상품 현황

금융상품	주요 명세
농어가목돈마련저축	농어가목돈마련저축
신용협동기구출자금	출자금(1천만원 가입한도)
신용협동기구예탁금[1]	정기예탁금(3천만원 가입한도)
국내 주식형 펀드	국내 주식형 펀드의 주식 처분으로 인한 차익
비과세종합저축	저축예금, 정기예금, 정기적금 등. 단, 65세 이상 고령자, 장애인, 국가유공자, 기초생활수급자 등에 한해 5,000만원 한도로 가입 가능
장기저축성 보험	5년 이상 납입하고 10년 이상 예치하는 경우

1) 현행 '조세특례제한법'에 규정된 대로 20세 이상 조합원과 준조합원이 가입한 정기예탁금(3천만원 가입한도)의 경우 이자소득세 0%, 농특세 1.4%를 부과함.

있다. 왜냐하면 비과세, 소득공제, 세액공제 등의 절세 혜택이 부여된 금융상품의 경우 세후에 실질적으로 받게 되는 실효수익률이 절세 혜택이 없는 다른 금융상품보다 높기 때문이다.

현재 이자소득에 대하여는 이자소득세율 14%와 지방소득세율 1.4%(이자소득세율 14%에 대한 10%)를 포함하여 전체 15.4%의 세금이 부과되고 있다. 따라서 비과세 금융상품은 이자소득에 대하여 15.4%의 세율로 부과되는 세금을 전액 면제받을 수 있다는 점에서 매우 인기가 높다. 그리고 이자소득과 같이 배당소득에 대한 비과세 혜택이 주어진 금융상품도 존재하는데, 이들 상품의 세금부과 방식은 앞서 소개한 이자소득 금융상품의 경우와 동일하다. 이와 같은 비과세 금융상품은 절세 혜택을 지닌 만큼 가입자격(조건) 등이 까다롭고 가입금액에 한도가 있을 수 있다. 비과세 금융상품의 현황은 〈표 5-7〉과 같다.

비과세 방식과 달리 연말정산 시 소득공제 및 세액공제 혜택이 주어진 절세 상품도 있다. 소득공제는 과세대상 소득에서 공제금액을 차감하는 것으로서 납세자의 과세표준에 따라 누진적으로 적용되는 세율을 곱한 금액만큼 세금을 줄여준다. 소득공제 혜택이 주어지는 금융상품은 〈표 5-8〉과 같다.

표 5-8 소득공제 혜택이 주어진 금융상품

금융상품	연간 공제금액
주택청약종합저축	납입액(240만원 한도)의 40%. 단, 무주택 세대주에 한함.

세액공제는 산출된 세액에서 일정액을 공제하는 방식으로 세금을 줄여주는 제도이다. 세액공제 혜택이 주어지는 금융상품으로는 연금저축, 보장성 보험을 들 수 있다. 과거엔 연말정산 시 소득공제가 적용되었는데, 2014년도부터 납입액의 13.2% 또는 16.5%(지방소득세 포함)를 총 세액에서 공제받는 세액공제로 전격 변경되었다. 세액공제 혜택이 주어지는 금융상품은 〈표 5-9〉와 같다.

표 5-9 세액공제 혜택이 주어진 금융상품

구분	연간 공제금액
연금저축[1]	납입액(개인형 퇴직연금 납입액을 포함하여 900만원 한도)의 13.2%
보장성 보험	납입액(100만원 한도)의 13.2%

1) 연금저축만으로는 최대 600만원까지 납입액에 대해 세액공제가 가능하며, 총급여가 5천 5백만원 이하일 경우 세액공제 16.5% 적용.

재테크 Tip

절세를 위한 필수 금융상품 '개인종합자산관리계좌'

재테크에서 '절세'는 매우 중요하다. 배당소득세, 양도소득세, 금융소득종합세 등 투자수익에 각종 세금이 붙기 때문이다. 그래서 절세 혜택을 볼 수 있는 금융상품에 대한 관심이 높은데, 빠지지 않고 언급되는 금융상품이 바로 '개인종합자산관리계좌(ISA)'다.

오는 2025년부터는 국내 주식 매매차익에 대한 세금으로 금융투자소득세(22%)를 내야 한다. 그런데 지난해 출시된 중개형 ISA 계좌를 통해 주식투자를 하면 그 수익에 대해 세금을 부과하지 않겠다는 개정안이 나오면서 ISA에 대한 관심이 더욱 높아졌다. 금융투자협회에 따르면 2021년 말 기준 ISA 총 가입자 수는 342만 3,082명으로 2020년 대비 76.5%가 증가했다. 2021년 12월 말 기준 일임형 ISA 모델 포트폴리오 누적수익률은 평균 32.18%에 이른다.

절세하면서 투자하려는 투자자에게 ISA 가입은 이제 선택이 아닌 필수가 된 듯하다. 그렇다면 구체적으로 어떤 절세 효과를 낼 수 있는지 살펴보자.

■ ISA는 만능 통장?

2016년, ISA는 '만능 통장'이라고 불리며 도입됐다. 전 금융사를 통틀어 1인당 하나의 계좌를 만들 수 있는데 이 계좌 하나로 예금, 적금, 펀드, 리츠, ETF(상장지수펀드), ELS(주가연계증권), 국내 상장주식 등의 금융자산에 투자할 수 있다.

은행과 증권사가 앞다퉈 고객 유치 경쟁을 벌였고 출시 보름 만에 가입자 수가 100만 명을 돌파했다. 하지만 가입 자격에 제한이 있었고 납입 금액에도 한도가 있었으며 의무보유기간이 5년 이상이라는 점 때문에 초반을 제외하고는 더 이상 관심을 끌지 못했다.

처음 ISA가 출시되었을 때에는 투자자가 운용 지시를 하면 회사가 운영해 주는 '신탁형'과 운용사가 제안하는 모델 중 하나를 투자자가 고르면 운용사가 관리하는 '일임형' 두 가지가 있었다. 그런데 2021년 투자자가 직접 운용할 수 있는 '중개형'이 출시됐다. 그러면서 19세 이상의 국내 거주자라면 소득에 관계없이 가입할 수 있도록 조건을 확대했다.

또한 납입 한도를 다음 해로 넘길 수 있도록 조정했다. ISA에는 연간 2,000만원까지 납입이 가능한데 만약 2022년에 1,000만원을 넣었다면, 다음 해인 2023년에는 이전 연도에 납부하지 못한 금액이 이월되어 총 3,000만원을 납입할 수 있다. 이렇게 매년 이월이 가능해 만약 개설 이후 납입을 하나도 못 했다면 5년 뒤에는 1억원을 한 번에 넣을 수 있게 된다. ISA 계좌의 총 납입 한도는 1억원이다.

ISA에는 의무보유기간도 정해져 있는데 기존 5년에서 3년으로 조정되었다. 하지만 의무보유기간에도 본인이 납입한 금액에 한해 출금이 자유롭다. 예를 들어 1,000만원을 넣고 300만원의 수익이 발생한 경우 원금 1,000만원에 한해서 횟수 제한 없이 중도인출 할 수 있다는 뜻이다. 원한다면 의무보유기간 이후 계약 연장을 할 수도 있다. 의무보유기간은 비과세 혜택을 받기 위한 최소한의 유지 조건이라고 보면 된다.

ISA는 운용 방식에 따라 신탁형, 일임형, 중개형으로 나뉘는데 이 안에서 가입 자격에 따라 일반형, 서민형, 농어민형으로 분류된다. 19세 이상 국내 거주자이면서 근로소득이 5,000만원 이하이거나 종합소득이 3,800만원 이하라면 서민형으로 가입할 수 있고, 이 조건에 해당하지 않는다면 소득과 상관없이 일반형으로 가입할 수 있다. 농어민형은 종합소득 3,800만원 이하라면 가입할 수 있다. 15~19세 미만 국내 거주자도 가입이 가능한데 일반형의 경우에는 직전 연도에 근로소득이 있어야 하고, 서민형의 경우 19세 이상 거주자와 마찬가지로 근로소득이 5,000만원 이하이거나 종합소득이 3,800만원 이하여야 한다.

다만 가입일 또는 연장일이 속한 과세기간 직전 3개 과세기간 중 1회 이상 금융소득 종합과세 대상자가 아니어야 한다. 이 말을 풀어서 보자면 과세기간은 통상 1년이므로 ISA를 가입할 때와 의무보유기간이 지나 보유기간을 연장할지 해지할지 결정하는 시점에서, 이전 3년 동안 금융소득 종합과세 대상자가 아니어야 가입이나 연장이 가능하다는 뜻이다. 2022년 4월 1일에 가입을 신청한다면 2019년 4월 1일부터 2022년 3월 31일까지 연간 금융소득의 총합이 2,000만원을 초과한 적이 없었어야 ISA 신청 및 연장 신청을 할 수 있다.

가입 유형에 따라 비과세 한도가 달라지는데, 서민형과 농어민형은 비과세 한도가 400만원이며 일반형은 200만원이다. 한 계좌로 다양한 상품에 투자가 가능하고, 비과세 혜택이 있으며, 입출금도 자유롭기 때문에 5년에 걸쳐 1억원의 자금을 운용할 계획이 있는 투자자에게는 '만능' 일 수도 있는 계좌이다.

■ '손익통산'에 주목해야

2025년부터는 일반 증권계좌를 통한 주식이나 펀드 투자에서 발생하는 수익이 연 5,000만원을 넘으면 과세표준 3억원 이하에 20%, 3억원 초과에 25%의 양도소득세를 부과한다. 현재는 일반 증권계좌에서 국내 주식 투자를 했을 때 수익이 발생해도 대주주 요건에 해당하지 않는다면 양도세를 내지 않는다. 그러니까 2023년부터는 증권계좌로 1억원의 수익을 낸 투자자라면 공제금인 5,000만원을 제외한 나머지 5,000만원에 대해 세금으로 20%인 1,000만원을 내야 한다.

그런데 2025년 1월 1일부터 ISA로 국내 주식과 국내 주식형 펀드에 투자해 발생하는 수익 전액에 비과세 혜택이 적용된다. 양도소득세 부과와 맞물려 ISA의 비과세 혜택 폭이 커지면서 ISA에 대한 관심이 높아졌고 중개형 ISA 가입자는 200만 명을 넘어섰다. ISA로 국내 주식이나 펀드 투자를 해서 1억원의 수익이 날 경우 일반 증권계좌로 투자했을 때 내야 했던 1,000만원의 세금을 내지 않아도 되기 때문이다.

하지만 배당금, 예적금, 파생결합증권, 채권형 펀드 등은 여전히 과세대상(비과세 한도까지는 면제)인데, 같은 날부터 ISA 계좌에서 발생하는 모든 손익은 다른 금융소득과 합쳐지지 않는다. 배당소득이 발생하더라도 금융소득 종합과세에 포함되지는 않고, 비과세 한도 초과분에 대해서는 9.9%의 세금이 부과되는 것이다.

세제 혜택보다 더 큰 ISA의 장점이 있다. 바로 '손익통산' 개념이다. 양도소득세의 경우 내가 투자한 주식이나 펀드의 손해율은 계산하지 않고 수익률에 대해서만 부과된다. 그런데 ISA는 수익과 손실을 합산해서 과세를 한다.

예를 들어, 일반 증권계좌에서 1,000만원의 수익을 내고 600만원의 손실이 발생했다면 실질적인 순수익은 400만원이지만, 세금은 수익 1,000만원에 대해 부과된다. 중개형 ISA에서 같은 상황이 발생했다면 순수익 400만원에 대해서만 세금을 내면 된다. 이 중 200만원(일반형 기준)까지는 비과세 혜택이 주어지기 때문에 순수익 400만원에서 공제금 200만원을 뺀 금액 200만원에 최종적으로 세금이 부과된다. 이 200만원에는 분리과세로 9.9%의 세금이 적용된다.

따라서 포트폴리오 구성을 잘 생각할 필요가 있지만, 그럼에도 손익통산을 통해 세금이 부과된다는 점은 다른 상품에 비해 무척 매력적인 부분이다.

■ 연금과 합치면 더 큰 절세 효과

ISA 계좌의 장점은 '절세'다. 비과세 한도 안에서 세금을 감면받을 수 있기 때문이다. 주식에 투자해 배당금을 받을 경우 일반 계좌에서는 15.4%의 배당 소득세를 내지만 ISA에서는 비과세

한도 초과분에 대해서만 9.9%를 낸다. 또한 해외 주식투자의 경우 수익이 250만원을 넘어갈 경우 22% 양도소득세를 내야 하고 해외 주식 ETF로 수익이 날 경우 배당소득으로 분류돼 15.4%의 세금을 내야 한다. 그런데 이 역시 ISA로 투자할 경우 9.9%로 세금이 낮아진다. 물론 ISA에서는 해외 주식에 직접 투자는 할 수 없고 해외 주식형 펀드나 국내 자산운용사에서 상장시킨 해외 주식 ETF를 통해 간접투자를 할 수 있다.

ISA의 절세 혜택은 연금저축계좌를 만나면 더욱 커진다. ISA는 5년마다 유지 기간을 연장할 수 있는데, 만약 유지하고 싶지 않다면 만기 해지를 하면 된다. 이때 해지 후 60일 이내에 IRP(개인형 퇴직연금) 계좌로 금액을 이전하면 납입액의 10%(300만원 한도)를 추가로 세액공제 받을 수 있다. IRP 포함 연금저축 세액공제는 연 900만원까지 가능한데 ISA에서 이전할 때 발생하는 300만원 공제는 900만원과는 별개로 추가로 이뤄진다. 또 연금저축은 1년에 1,800만원까지만 넣을 수 있는데 ISA에서 금액을 이전할 때는 이 금액에도 합산되지 않는다. 만약 IRP 이전 후 연금으로 이를 받을 경우 IRP에서 발생한 수익에 대해서는 따로 세금을 내지 않고 3.3~5.5%의 연금소득세만 내면 돼 또 한 번의 절세 효과를 볼 수 있다.

비과세 한도까지는 세금이 붙지 않는데다 비과세 한도를 초과하더라도 세금이 9.9%로 일반계좌보다 낮은 편이고, 2025년부터는 수익이 금융소득으로 합쳐지지 않는 것. ISA가 '절세 통장'으로 불리는 이유다.

물론 여러 가지 장점이 있지만 ISA도 운용에 있어서 주의해야 할 점들이 있다. 일단 운용 수수료를 꼼꼼히 따져봐야 한다. 절세를 위해 가입하는 계좌인 만큼 수수료도 저렴하면 더 좋을 것이다. 은행, 증권사 등 운용사마다 수수료가 다양한데, 'ISA 다모아' 웹사이트를 방문하면 한 번에 조회해 비교해 볼 수 있다.

또한 중도인출 시 모바일로 출금이 불가능하기 때문에 급하게 인출해야 할 경우를 대비해서 영업점 등에 확인해 인출방식을 알아둘 필요가 있다. 또 중도에 계좌를 해지할 경우에는 비과세 혜택을 받을 수 없다는 점도 기억해 두어야 한다.

최근에는 계좌 만기에 수익금을 찾을 때 건강보험료 폭탄을 맞을 수 있다는 우려도 있었지만 당장은 걱정하지 않아도 된다. 2020년 11월, 건강보험 지역가입자의 경우 연 1,000만원 초과부터 2,000만원 이하의 분리과세 금융소득을 건강보험료 산정에 반영하도록 정책이 개편되었다. ISA는 원금 중도인출은 가능하지만 수익은 중도인출이 불가능해 만기 시에 한 번에 수익금을 수령하게 되는데, 이때 지역가입자의 경우 건강보험료가 크게 오르는 것 아니냐는 우려가 있었다. 올해 7월부터 근로소득 외 소득이 2,000만원 이상이면 건강보험료가 오르는 것으로 적용되기 때문. 국세청에서 당분간 ISA 분리과세 부분을 보험공단에 통보하지 않겠다고 해 당장 건강보험료를 걱정하지는 않아도 되지만, 이후 정책을 살펴볼 필요는 있다. 다만, 전문가들은 건보료가 오른다고 하더라도 ISA의 절세 혜택보다는 적게 오르기 때문에 ISA 활용을 걱정할 정도는 아니라고 입을 모은다. 절세 혜택으로는 여전히 유효하다는 분석이다.

출처 : 브라보마이라이프, 2022. 3. 29 수정.

시사 포커스

금감원 정보포털 '파인' 서 잠자는 내 돈 찾기

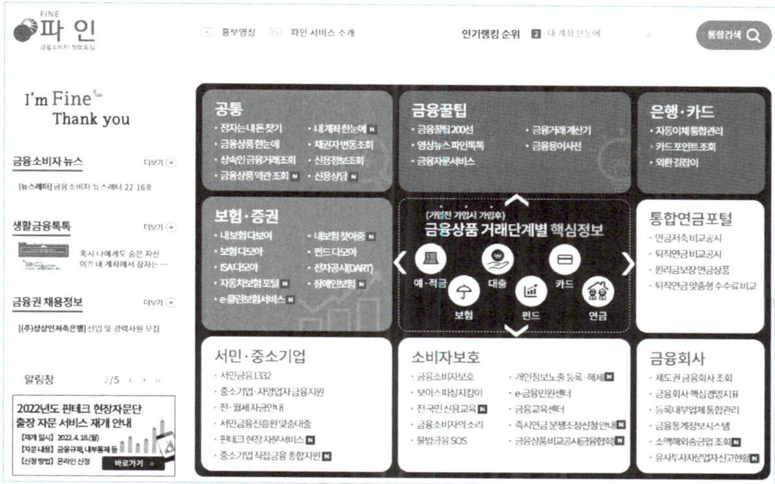

"나는 주거래은행만 이용한다"며 주거래은행이 아닌 타은행에는 관심도 없었던 40대 회사원 최모 씨는 얼마 전 타은행에 50만원 정도의 예금이 휴면 상태로 남아 있다는 것을 알게 됐다. 금융감독원이 운영하는 금융소비자 정보포털 '파인'(fine.fss.or.kr)의 '잠자는 내 돈 찾기' 서비스를 통해서였다.

16일 금감원에 따르면, 파인 포털에서는 은행예금은 물론, 저축은행 · 새마을금고 예금, 생명 · 손해보험사 보험상품, 신용카드 포인트 등 모든 금융업권의 숨은 돈을 찾을 수 있다. 물론 웹사이트에서 가장 많이 찾는 메뉴 역시 '잠자는 내 돈 찾기'였다. 이 외에도 자신의 보험 · 연금 가입 내역을 확인하고 예 · 적금, 대출 상품도 비교할 수 있는 등 금융소비자들에게 필요한 다양한 기능을 갖추고 있다. 파인 포털에서 이용할 수 있는 다양한 금융 서비스를 소개한다.

▪ 잠자는 내 돈 찾기

거래 이후 장기간 찾아가지 않은 휴면금융자산을 조회할 수 있다. 은행 · 저축은행 · 새마을금고 · 서민금융 등의 예금 외에도 '내 보험 찾아줌'을 통해서는 휴면보험금을 조회할 수 있다. 이 외에도 휴면증권, 미수령주식 · 배당금, 과납자동차보험료, 파산금융기관미수령금 등을 확인할 수 있다. 서민금융진흥원 휴면예금(1,000만원 이하), 미환급 공과금 등 일부 소액 자산은 조회 후 바로 환급신청 가능하다.

▪ 카드 포인트 조회

카드사별 미사용 포인트를 통합 조회하고 필요한 경우 이를 현금화(1포인트 = 1원)해서 본인의 계좌로 일괄 이체할 수 있다.

▪ 상속인 금융거래 조회

금융회사에 남아 있는 사망자(피성년 · 피한정후견인, 실종자 등 포함)의 금융재산 및 채무 정보에 대한 일괄조회 서비스를 제공한다. 각종 연금 가입 여부, 세금체납 정보, 공공정보, 상조회사 가입 여부 등 비금융정보도 함께 안내해 준다.

▪ 내 계좌 한눈에

본인 인증 · 로그인 한 번으로 전 금융권의 본인 계좌를 원스톱으로 조회하고 소액 · 비활동성 계좌를 해지하거나 잔액을 이전할 수 있다.

▪ 내 보험 찾아줌

본인이 계약자 · 피보험자로 되어 있는 모든 보험의

계약내역과 찾아가지 않은 보험금 등을 조회할 수 있다. 만기보험금, 일정 조건을 충족하면 지급되는 자녀교육자금, 건강진단자금 등 중도보험금 등 조회가 가능하다.

■ 금융상품 한눈에

예 · 적금, 대출 등 총 850개 금융상품 비교공시 서비스를 제공한다.

출처 : 국제신문, 2021. 11. 16 수정.

■ 통합연금포털

6개 공적연금 기관(국민 · 공무원 · 사학 · 주택연금 등) 및 80개 사적연금 기관(은행 · 보험 등)의 연금 가입내역, 연금 수령 예상액, 노후재무진단 서비스 등 공적 · 사적 연금 정보를 통합 제공한다. 금융회사에 방문하지 않아도 온라인으로 연금계좌의 가입 · 해지, 이체, 연금 개시 신청이 가능하다.

주요 용어

연습
문제

Ⅰ. 완성/선택형 문제

01. 금융상품 선택 시 일반적으로 적용하는 기준으로 수익성, (　　　　), 환금성 등이 있으며, 이들 세 가지 기준 이외에 현실적인 기준으로서 투자목적, 투자기간, 그리고 투자성과에 부과되는 (　　　　) 등을 들 수 있다.

02. (　　　　)은 금융상품의 가격 상승이나 배당금 또는 이자수입을 기대할 수 있는 정도를 말한다.

03. (　　　　)은 금융상품 또는 금융기관이 지닌 위험의 수준을 의미한다.

04. (　　　　)이란 자금이 필요할 때 언제든지 보유 자산을 별다른 손해 없이 현금화할 수 있는 정도로서 유동성(liquidity)이라고도 한다.

05. 비과세 금융상품은 이자소득에 대하여 지방소득세를 포함하여 (　　　　)%의 세율로 부과되는 세금을 전액 면제받을 수 있다는 점에서 매우 인기가 높다.

06. 절세 금융상품으로서 비과세 방식과 달리 연말정산 시 소득공제 및 (　　　　) 혜택이 주어진 상품도 있다.

07. 다음 금리에 관한 설명 중 가장 잘못된 것은?

① 금리란 화폐의 가격으로서 간단히 말하면 이자의 원금에 대한 비율을 의미한다.
② 단리는 단순히 원금에 대한 이자를 계산하는 방식의 금리이나, 복리는 이자에 대한 이자도 함께 감안하여 계산하는 방식의 금리이다.
③ 고정금리란 가입기간에 동일한 이자율이 적용되는 것을 의미하는 반면, 변동금리는 가입기간에 적용되는 이자율이 변동하는 것을 의미한다.
④ 명목금리가 물가상승률보다 작을 경우에도 실질금리는 0보다 크다.

08. 다음의 내용과 관련성이 높다고 판단되는 금융상품의 선택기준으로 적절한 것은?

> • 예금자보호 대상 금융상품에 가입한다.
> • 금융기관의 건전성 수준을 파악한다.
> • 투자 전에 투자원금의 손실 가능성이 있는지 확인한다.

① 안전성　② 수익성　③ 환금성　④ 유동성

09. 투자목적에 따른 금융상품을 짝지어 놓은 것 중 가장 어색한 것은?

① 목돈 형성 – 정기적금　② 목돈 늘리기 – 정기예금
③ 노후생활자금 마련 – 모기지론　④ 생활 안정성 확보 – 생명보험

Ⅱ. 서술형 문제

01. 금융상품의 선택기준으로서 일반적인 기준을 제시하고 각 기준이 지닌 의미를 구체적으로 설명하라.

02. 금융상품을 투자목표 및 투자기간을 중심으로 각각 분류하여 소개하라.

03. 금융상품의 선택기준으로서 세금이 갖는 중요성에 관하여 설명하라.

04. 시중에 출시된 금융상품들 중에서 각자 본인에게 유리하다고 판단되는 금융상품을 추천하고 그 이유를 설명하라.

저축성 금융상품

1. 자유입출식 금융상품
2. 목돈 마련을 위한 금융상품
3. 목돈을 불리기 위한 금융상품
4. 주택 마련을 위한 금융상품

6

이 장의 개요

최근 급변하고 있는 금융환경 속에서 각 금융기관들은 고객을 유치하기 위해 새로운 종류의 다양한 금융상품을 수시로 개발 · 판매하고 있다. 따라서 저축성 금융상품을 선택할 때에는 금융기관의 선택 못지않게 수익성, 환금성, 안전성 및 부대서비스 내용 등 여러 금융상품의 특성을 서로 비교해 보고 각자의 저축 목적에 맞는 금융상품을 선택하려는 노력이 무엇보다 중요하다. 저축성 금융상품은 주로 화폐의 시간가치에 대한 보상을 목적으로 하며, 그 특성에 따라 수익률은 낮으나 입출금이 자유로운 상품, 적은 돈을 매월(매 분기) 적립하여 목돈을 마련하는 상품, 일정 규모 이상의 목돈을 불려나가는 상품, 주택 마련을 위한 상품 등으로 분류될 수 있다.

저축성 금융상품에는 원금 보장이 되는 금융상품과 원금 보장이 되지 않는 금융상품이 있다. 원금이 보장되는 상품은 상대적으로 나이가 많은 사람이나 위험에 대해 보수적인, 즉 위험을 회피하는 성향이 높은 투자자에게 적당한 상품이다. 한편 '원금이 보장되지 않는다'는 뜻은 위험이 있는 상품으로서 원금 손실의 가능성도 있지만 보다 높은 수익을 올릴 수도 있다는 뜻이다. 따라서 상대적으로 나이가 젊은 사람이나 위험에 대해 적극적인 사람들에게 적당한 상품이다.

▲ 자신이 거래하고자 하는 금융기관을 방문하여 통장 등 금융계좌를 만드는 것으로부터 재테크는 시작된다.

1. 자유입출식 금융상품

입출금이 자유로운 금융상품은 금융기관 거래를 하는 사람이면 누구나 갖고 있거나 갖게 되는 상품이다. 처음 은행 거래를 시작할 경우 계좌를 개설해야 하는데 이때 가입하게 되는 상품인 경우도 있고, 비록 단기간이지만 보다 높은 이자수익을 기대하고 가입하는 상품도 있다.

1.1 저축예금

저축예금은 가장 일반적인 자유입출식 상품으로 보통예금처럼 예치금액, 예치기간 등에 아무런 제한이 없고 입출금이 자유로우면서도 보통예금보다 다소 높은 이자를 받을 수 있는 예금이다. 이 상품의 가입대상은 모든 개인이며, 예금자보호법에 의해 1인당 5,000만원까지 예금이 보호되는 가장 전형적인 저축상품이다. 저축예금 가입 시 자격요건을 고려하여 일반 과세(15.4%) 또는 비과세종합저축을 선택할 수 있다. 저축예금은 일반인들이 가장 많이 가입해 왔던 금융상품으로 가계의 여유자금을 초단기로 예치하거나 입출금이 빈번한 자금을 운용하기에 적합하다.

일부 금융기관에서는 입출금이 자유로운 예금(보통예금, 저축예금, 자유저축예금 등) 중 일부 상품만 취급하거나 이들을 통합하여 운영하기도 한다. 일정 기간 동안의 평균잔액이 일정액 이하인 경우 이자를 지급하지 않거나 계좌 유지 수수료를 부과하는 제도를 시행하는 경우도 있다. 지역 농축협 및 수협, 산림조합, 신용협동조합, 새마을금고 등 신용협동기구들은 은행의 저축예금과 유사한 상품인 '자립예탁금'을 취급하고 있는데, 이 상품은 대월약정을 맺으면 약정한도까지 대출을 자동으로 받을 수 있다.

재테크 Tip

예금에 대한 세금

구분	일반 과세	비과세종합저축
적용 세율	15.4% (소득세 14%+지방소득세[1] 1.4%)	0%
가입한도	-	5,000만원
대상	-	노인, 장애인 등[2]

1) 지방소득세는 소득세의 10%

2) 노인(65세 이상인 자), 장애인, 독립유공자와 그 유족 또는 가족, 국가유공상이자, 기초생활수급자, 고엽제후유의증 환자, 5 · 18 민주화운동 부상자

1.2 가계당좌예금

가계당좌예금은 가계수표를 발행할 수 있는 개인용 당좌예금으로, 무이자인 일반 당좌예금과는 달리 약간의 이자가 지급되는 가계우대성 요구불예금(은행에 인출을 요구하면 언제든지 인출해 주는 예금)이다. 가입대상은 일반 개인이나 자영업자로 제한되어 있으며, 예금자보호법에 의해 예금이 보호된다. 수시입출금식이며, 주로 가계수표 발행용으로 가입한다. 수표거래의 대중화를 통해 국민의 현금 사용을 줄이고, 은행 이용도를 높임으로써 신용사회를 이룩하며, 가계저축을 증대시키기 위해 1977년부터 도입된 상품이었으나 지금은 신용카드 사용 활성화 등으로 인해 관심도가 낮은 상품이다.

모든 은행에 걸쳐 1인 1계좌만 거래 가능하고, 예금잔액이 부족할 경우 대월한도 범위 내에서 자동대월이 가능하며, 거래실적이 양호한 경우에는 소액 가계자금도 대출받을 수 있다. 가계수표는 예금잔액 및 대월한도 범위 내에서 발행하여야 하며 대월한도를 초과하여 발행하게 되면 거래정지 처분을 받을 수 있다.

1.3 MMDA, MMF, CMA

▲ 비교적 단기간에 여유자금을 운용할 때 사용할 수 있는 대표적인 금융상품으로 시장금리부 수시입출금식예금(MMDA), 단기금융상품펀드(MMF), 어음관리계좌(CMA) 등이 있다. (자료 : 대전일보)

1) 시장금리부 수시입출금식예금(MMDA)

시장금리부 수시입출금식예금(money market deposit account ; MMDA)은 시장실세금리가 적용되고 입출금이 자유로운 단기상품이다. 통상 500만원 이상의 목돈을 1개월 이내의 초단기로 운용할 때 유리하며, 예금자보호법에 의해 예금이 보호된다. 각종 공과금, 신용카드 대금 등의 자동이체용 결제통장으로도 활용할 수 있는 예금이다.

수시입출금식이고 초단기 예금에 대해서도 적지 않은 이자를 받을 수 있는 장점이 있으나 수익률은 환매조건부채권(RP), 양도성예금증서(CD) 등 단기 시장성

상품에 비해서는 낮다. 또한 가입자를 유치하기 위한 다양한 부대서비스(예금거래 실적에 따라 마이너스 대출, 수수료 면제, 각종 공과금 및 신용카드 대금 결제, 타행환 송금)를 제공한다. 최저 저축금액 제한이 없는 곳도 있고 500만원 이상으로 하는 곳도 있다. 증권회사, 종합금융회사의 어음관리계좌(CMA), 자산운용회사의 단기금융상품펀드(MMF) 등이 경쟁상품이라 할 수 있다.

2) 단기금융상품펀드(MMF)

단기금융상품펀드(money market fund ; MMF)는 자산운용회사가 여러 고객이 투자한 자금을 모아서 이를 주로 양도성예금증서(CD), 기업어음(CP), 잔존 만기 1년 이하의 국채 및 통화안정증권 등 금융자산에 투자하여 얻은 수익을 고객에게 배당하는 채권투자 신탁상품이다. 시중에서는 단기금융상품펀드라는 용어보다 MMF라는 영어 약어가 일상적으로 사용된다. 최저 가입금액의 제한이 없고, 환금성이 높은 데다 시중 실세금리 수준의 수익을 올릴 수 있어 소액 투자는 물론 언제 쓸지 모르는 단기자금을 운용하는 데 유리한 저축수단으로 권장할 만한 상품이다. 입출금이 자유롭고 실적배당을 하는 상품이므로 예금자보호가 되지 않는다.

MMF는 은행의 시장금리부 수시입출금식예금(MMDA), 증권회사 · 종합금융회사의 어음관리계좌(CMA) 등과 경쟁하는 상품이며, 증권계좌와 연결하여 대기자금을 예치하면 상대적으로 높은 수익을 얻을 수 있는 상품이다. MMF의 경우 운용 가능한 채권의 신용등급을 AA등급 이상(기업어음 A2 이상)으로 제한하여 운용자산의 위험을 최소화하도록 하고 있으며, 유동성 위험을 최소화하기 위하여 운용자산 전체 가중평균 잔존 만기를 75일 이내로 제한하고 있다.

알아두기 6-1

익일매수, 익일환매

보통의 예금은 은행에 가서 저축을 하면 바로 그 순간에, 인출을 요구하면 바로 그 순간에 처리가 이루어진다. 이러한 방식을 당일매수, 당일환매라고 한다. 그러나 MMF는 기본적으로 익일매수, 익일환매 방식이어서 오늘 돈을 맡기면 다음 날 투자(그 돈을 굴리기 위하여 다른 투자상품에 투자하는 것)가 시작되며(익일매수), 돈을 찾겠다고 하면 다음 날 돌려준다(익일환매). 따라서 저축하는 사람은 자금운용 계획을 세울 때 유의해야 한다. 급히 돈을 인출할 일이 있을 때는 불편할 수 있기 때문이다. 그러므로 대부분의 취급 금융기관에서는 인출 요구 시 담보 형식으로 당일 인출해 주거나 그냥 인출에 응해 준다. 다만 최종적인 정확한 수익의 계산은 다음 날에 이루어진다.

시사 포커스

금리 상승기 갈 곳 잃은 돈… '파킹통장'에 넣으세요

하루만 맡겨도 이자 지급 … 나이·한도 등 조건 꼼꼼히 살펴야

최근 주식과 가상자산에 대한 투자 매력이 떨어지면서 안정적인 은행 상품을 찾는 고객들이 늘어나고 있다. 특히 단기 여유자금을 넣어 두기에 적합한 상품으로 '파킹통장'(수시입출금 통장)이 고객들에게 인기를 끌고 있다. 주차장에 차를 대듯 목돈을 잠시 보관하는 용도로 쓴다고 해서 파킹(parking)이란 별명이 붙었다.

지난 2월 시중 통화량이 역대 최대치를 기록한 가운데 시장 유동성은 안정자산으로 몰렸다. 올해 1분기(1~3월) 기준 주식 거래량은 전년보다 40% 가량 감소하고 예·적금 잔액은 20조원 가까이 늘어난 것이다. 기준금리 인상과 함께 러시아의 우크라이나 침공 등 지정학적 리스크로 인해 주식시장의 불안감이 커지자 자산시장에 묶였던 돈이 예금 등 안정자산으로 옮겨간 것으로 풀이된다.

이에 마땅한 투자처를 찾지 못한 자금을 보관하기에 적합한 상품으로 파킹통장이 주목받고 있다. 파킹통장이란 높은 금리를 제공하는 수시입출금 통장을 말한다. 차를 주차장에 대듯이 돈을 자유롭게 입출금할 수 있어 파킹(parking)이라는 이름이 붙었다. 자유입출금 통장 보다 높은 금리를 제공하며 하루만 맡겨도 약정 금리가 작용돼 단기 여유자금을 보관하는 용도로 적합하다.

14일 금융권에 따르면 최근 대구은행은 파킹통장 '비

상금 박스'를 새롭게 출시했다. 재테크에 관심이 많은 MZ세대(20~30대)를 대상으로 출시한 상품으로 가입대상은 만 18세 이상 35세 이하다. 예치한도는 200만원으로 연 1%의 이자율을 제공한다. 비상금 박스는 캐릭터를 설정하고 성장시키는 게임 형식으로 재미를 더했다.

국민은행과 신한은행도 MZ세대를 겨냥한 파킹통장을 운영하고 있다. 국민은행의 'KB마이핏통장'은 만 18세 이상 38세 이하 고객을 가입대상으로 하며, 예치한도는 200만원이다. 금리는 최대 연 1.5%가 적용된다. 신한은행의 '헤이영 머니박스'는 만 18세 이상 29세 이하 고객을 대상으로 200만원에 한해 연 1% 이자를 준다.

인터넷 전문은행들의 파킹통장은 높은 한도를 제공하고 있어 인기몰이를 하고 있다. 카카오뱅크의 '세이프박스'는 최대 한도가 1억원이다. 금리는 연 1.1%를 제공한다. 케이뱅크의 '플러스박스'는 최대 3억원 한도로 연 1%의 금리 혜택을 준다. 용도별로 최대 10개까지 통장 쪼개기가 가능한 장점이 있다.

토스뱅크는 예치금 1억원 이하를 한도로 금리 연 2%를 제공한다. 토스뱅크는 고객 편의를 위해 예·적금 구분 없이 하나의 통장만을 운영하고 있는데 파격적인 금리로 통장 출시 이후 큰 주목을 받았다. 뒤이어 '지금 이자 받기 서비스'를 출시해 하루 단위 이자 정산 서비스를 선보였다. 큰 금액은 아니지만 복리 효과를 얻을 수 있어 고객들의 호응을 얻었다.

한편 은행 상품별로 금리 제공, 한도액이 다르기 때문에 가입 시 꼼꼼한 확인이 필요하다. 일부 은행은 MZ세대만 가입이 가능한 경우도 있다.

은행권 한 관계자는 "파킹통장은 자유롭게 돈을 입출금할 수 있어 단기 여유자금을 보관하는 용도로 적합하다"며 "입출금통장에 그냥 두기는 아깝고, 장기간 거치하기에는 부담스러운 단기 여유자금을 보관하기에 적합한 상품으로, 특히 재태크에 관심 있는 MZ세대들에게 큰 호응을 얻고 있다"고 설명했다.

출처 : FETV, 2022. 4. 14.

3) 어음관리계좌(CMA)

어음관리계좌(cash management account ; CMA)는 단기금융상품에 결제기능을 결합한 것으로, 종합금융회사나 증권회사가 고객의 예탁금을 우량 어음 및 국공채, 환매조건부채권(RP) 등의 단기금융상품에 운용한 후 그 수익을 고객에게 돌려주는 단기금융상품이며, 종합자산관리계좌라고도 한다. 예탁

금에 제한이 없고 수시입출금이 허용되면서도 실세금리 수준의 수익을 올릴 수 있는 장점을 갖고 있다. 어음관리계좌라는 용어보다 CMA로 더 많이 불리는 이 상품은 매일 운용실적에 따라 적용 이자율이 변동되며 인출 시 예탁일수에 따라 이자율이 달리 적용된다. 또한 '자본시장법' 시행을 계기로 금융투자회사가 소액결제 업무를 취급할 수 있게 됨에 따라 은행의 수시입출금 통장과 같이 입출금, 급여이체, 자동납부 기능을 제공한다. 종금사 CMA의 경우 예금자보호 상품으로서 원리금 5,000만원까지 보장된다.

한편 CMA는 운영대상에 따라 RP(환매조건부채권)형, 종금형, MMF형, MMW(money market wrap)형 등으로 나누어지는데, 운영구조에 따라 투자자가 유의해야 할 점도 다르다. 어음관리계좌(CMA)의 4가지 유형을 살펴보면 〈표 6-1〉과 같다.

표 6-1 어음관리계좌(CMA)의 4가지 유형

종류	RP형	종금형	MMF형	MMW형
투자방식	국공채, 우량 회사채 등에 투자하여 약정 수익률에 따라 이자 지급	수익증권, CP, CD 등으로 운용	자산운용회사가 단기국공채, CP, CD 등에 투자하여 운용	증권회사가 채권 및 CP, CD 등에 투자하여 운용
특징	약정된 수익률을 기간별 차등지급	1인당 5,000만원까지 예금자보호가 되는 상품	익일환매	Wrap상품의 일종
수익률 형태	확정금리형	실적배당	실적배당	실적배당

시사 포커스

증권가에 다시 부는 'CMA 열풍' … 잔고 70조원 재돌파

종합자산관리계좌(CMA) 잔고 추이(단위 : 억원)

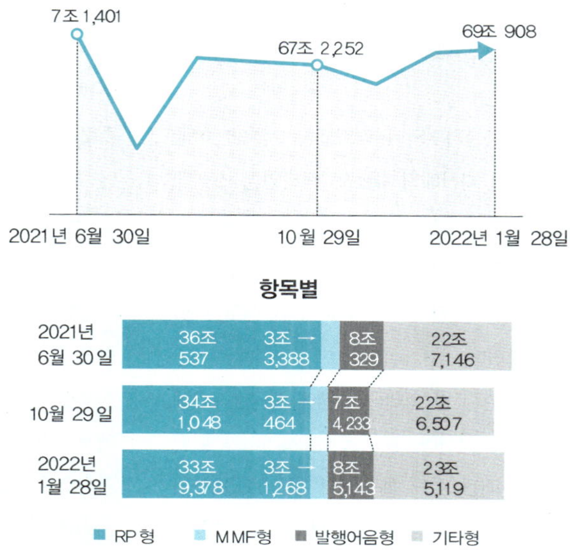

자료 : 금융투자협회

금리가 상승세를 타면서 증권사 종합자산관리계좌(CMA)에 자금이 쏠리고 있다. 최근 주가흐름이 지지부진하면서 비교적 안정적인 수익을 낼 수 있는 '파킹통장'을 찾는 수요도 일부 반영된 것으로 풀이된다. 증권사들도 금리인상기에 맞춰 CMA 수익률을 추가적으로 높이고 있어 증권사 간 경쟁은 더욱 치열해질 전망이다.

8일 금융투자협회에 따르면 지난 4일 증권사 CMA 일일 잔고는 70조 1,732억원으로 집계됐다. 관련 통계를 집계한 이래 역대 4번째로 많은 잔고다. 지난해 같은 기간 CMA 잔고인 65조 1,249억원과 비교하면 1년 새 7.8%(5조 483억원) 늘어난 규모다. CMA 잔고가 70조원을 넘어선 건 지난해 7월 23일의 70조 3,628억원 이후 약 7개월 만이다.

CMA는 증권사가 고객으로부터 받은 돈을 운용해 발생한 수익을 지급하는 금융상품이다. 수시입출금이 가능한데다 머니마켓펀드(MMF), 환매조건부채권(RP), 발행어음 등 단기적이거나 안정적인 상품에 집중 투자해 수익률을 신속히 반영한다는 특징이 있다. 이에 CMA는 대표적인 파킹통장 상품으로 분류된다. 증권투자를 위한 돈이 CMA에 몰리는 경향이 있어 '증시대기자금'으로 불리기도 한다.

▪ 증시에 울고 웃는 CMA … LG엔솔 상장에 다시 주목

한동안 지지부진하던 CMA의 인기는 올해 들어 높게 치솟고 있다. 2019년 CMA 월평균 잔고는 45~49조원대에 머물렀다. 그러나 2020년 신종 코로나바이러스 감염증(코로나19)으로 인해 시작된 동학개미운동으로 대규모 자금이 CMA에 몰려들기 시작했다. 주식투자를 새로 시작한 주린이들이 많아지면서 증시대기자금이 CMA로 몰렸다.

2020년 8월 60조 9,633억원을 기록한 CMA는 사상 처음으로 60조원을 돌파했다. 증시 활황세는 물론 SK바이오팜, 카카오게임즈를 비롯한 대형 기업공개(IPO) 종목 열풍이 불어닥쳤다. 지난해 6월엔 70조 1,401억원에 달하는 잔고를 기록하며 월평균 처음으로 70조원을 넘어섰다.

문제는 지난해 하반기부터 본격화되기 시작한 미국 연방준비제도(Fed)의 자산매입 축소와 금리인상 소식에 국내 증시가 흔들리면서 CMA 잔고도 줄기 시작했단 점이다. 지난해 11월 CMA 잔고는 65조 1,064억원까지 줄기도 했다. 일별로는 지난해 11월 15일 CMA 잔고는 61조 788억원까지 줄었다.

CMA의 부활을 알린 건 역대급 흥행에 성공한 LG에너지솔루션의 상장 소식이다. 단군 이래 최대어라 불린 LG에너지솔루션은 기관 수요 예측에서 1경 5,000조원이라는 주문액을 기록했고, 일반 청약에서도 114조원의 증거금을 기록했다. 투자자 관심이 집중된 LG에너지솔루션 청약을 위한 일반 투자자들의 자금은 다시 자연스레 CMA로 쏠렸다.

■ 주가 약세에도 수익률 올라오는 CMA 인기

IPO 열풍이 지나갔음에도 CMA에 대한 관심이 높은 건 '금리인상' 때문이다. LG에너지솔루션 이후 주가가 재차 약세를 나타내면서 주식투자에 흥미를 잃은 개미들의 부동자금이 일정한 수익률을 약속하는 CMA로 대거 몰리기 시작했다. 여기에 한국은행이 지난 달 기준금리를 1.00%에서 1.25%로 인상하면서 CMA의 수익률이 높아진 점도 투자 심리를 자극했다.

미래에셋증권은 지난달 17일 랩(Wrap)형 CMA의 보수 차감 후 세전 수익률(금리)을 1.29%로 상향했다. 기존보다 0.25%포인트 높은 수치다. 한국투자증권도 같은 날 머니마켓랩(MMW)형 CMA 수익률을 기존보다 0.25%포인트 인상한 1.29%로 올렸다. NH투자증권도 0.25%포인트 높인 1.25%까지 수익률을 인상했다.

증권가에선 CMA의 인기가 조금 더 지속될 것으로 보고 있다. 증시가 여전히 지지부진한 가운데 비교적 안전자산으로 여겨지는 파킹통장을 향한 투자자금이 지속해서 유입될 것이란 전망 때문이다. 올해 기준금리가 추가적으로 인상될 가능성이 제기되는 만큼 만기가 짧은 CMA와 같은 파킹통장에 대한 투자자의 관심이 높아질 것이란 분석도 나온다.

금융투자업계 관계자는 "주로 파킹통장으로 쓰이는 CMA 수익률이 1%대로 올라오다 보니 제로금리 시절 시들했던 인기가 되살아나고 있다"며 "CMA로 몰리는 투자자금은 자산관리를 위한 것이기보단 대기성 자금 성격이 강하기 때문에 금리 추가 인상이 예고된 만큼 더 많은 돈이 몰릴 가능성도 있다"고 말했다.

출처 : 아시아투데이, 2022. 2. 8 수정.

알아두기 6-2

MMDA, MMF, CMA의 비교

MMDA, MMF, CMA 세 개 상품은 비교적 단기간에 여유자금을 운용할 수 있다는 점에서 유사한 상품으로 서로 경쟁관계에 있다. 가장 큰 차이는 판매하는(취급하는) 금융기관이 다르다는 점이다. 이들 세 상품을 비교해서 정리하면 다음과 같다.

구분	MMDA (money market deposit account)	MMF (money market fund)	CMA (cash management account)
판매기관	은행	증권회사, 은행	증권회사, 종합금융사
가입금액	보통 500만원 이상	제한 없음	제한 없음
예금자보호	보호됨	보호 안 됨	일부 상품은 보호됨
투자처	일반 예금	증권회사, 투신사의 1년 미만 단기금융상품에 투자	CD, CP, RP 등에 투자해 실적배당
운용방법	일시적인 목돈 운용	초단기 여유자금	초단기 여유자금
특징	1억원 이상 예치해야 MMF와 이자가 비슷해짐	증권회사마다 금리가 다르며, 익일매수함	증권회사마다 금리가 다름
이자 지급	월단위로 이자 지급	출금 시 이자 지급	출금 시 이자 지급
장점	• 공과금, 신용카드 대금 결제 가능 • 안정적이라 목돈 운용에 좋음	은행의 6개월 정기예금에 가까운 고금리	• 체크카드 기능 • 공과금 및 신용카드 납부 가능
단점	예금액이 500만원 이하, 기간이 7일 미만일 경우에는 이자를 거의 포기해야 함	운용자산이 부족해질 경우 출금 제한이나 급격한 수익률 하락이 발생할 수 있음	일부 신용카드 서비스 안 됨
종합	확정금리로 이자를 지급함. 대신 이자가 낮음. 예금자보호 대상 상품으로 원금 손실이 없으나 소액계좌 무이자 제도에 따라 500만원 미만의 금액에는 이자를 지급하지 않는 곳도 있음	환매수수료가 없어 은행의 보통예금처럼 자유롭게 입출금이 가능한 단기투자형 상품임. 익일매수, 익일환매라는 단점이 있음	CMA는 말 그대로 자산관리계좌임. 목돈을 장기간 CMA에 묶어두는 투자자가 있는데 이는 잘못된 것임. 수시입출금이 되는 자금, 6개월 이내 유동자금을 맡기는 데 유리함

2. 목돈 마련을 위한 금융상품

2.1 정기적금

정기적금은 매월 일정 금액을 정기적으로 납입하고 원리금을 지급받는 예금으로, 푼돈을 모아 목돈을 마련하는 데 적합한 가장 보편적인 장기금융상품이다. 필요 시 적금을 담보로 납입한 적금 잔액의 일정 범위(통상 95%) 이내에서 대출을 받을 수 있다. 만기 후에는 적용 금리가 가입 당시 약정이율의 절반 이하로 크게 낮아지며, 만기 이전에 중도해지하면 약정금리보다 낮은 중도해지 이율이 적용된다는 점을 유의하여야 한다. 정기적금의 주요 특징을 정리하면 〈표 6-2〉와 같다.

표 6-2 정기적금의 특징

주요 속성	내용
가입대상	제한 없음
예치기간	일반적으로 6개월 이상 60개월 이내 월단위로 정하며, 자유적립식의 경우 일단위로 정할 수도 있음(최고 36개월로 제한한 은행도 있음)
가입한도	최저 1만원 이상으로 저축한도 제한은 없음
세금 혜택	일반 과세(15.4%) 또는 비과세종합저축
예금보호 여부	보호됨
취급기관	은행(농협, 수협 포함), 상호저축은행, 우체국
금리	확정금리
이자 계산	매월 이자 계산, 원리금을 합산하여 돌려줌

재테크 Tip

가계우대 정기적금

정기적금 중에는 '가계우대 정기적금'이라는 것이 있다. 이 상품은 개인만 가입할 수 있으며, 적금담보대출을 받지 않는 경우 특별금리를 가산해 준다. 기타 조건은 일반 정기적금과 동일하며, 가계우대 정기적금을 따로 취급하지 않는 금융기관도 일부 있다.

2.2 농어가목돈마련저축

농어가목돈마련저축은 농어민의 생활 안정과 재산 형성을 지원하기 위해 도입된 특별우대 비과세 저축으로 목돈 마련에 유리한 3년 이상의 장기금융상품이다. 또한 가입자에게는 기본 금리 이외에 법정장려금리를 가산하여 원리금을 지급한다. 농어민만 가입 가능하고 예금 가능한 금액에 한도가 있으며, 저소득 농어민에게는 가산이자율이 더욱 높다는 특징이 있다. 농어가목돈마련저축의 주요 특성을 정리하면 〈표 6-3〉과 같다.

표 6-3 농어가목돈마련저축의 특징

주요 속성	내용
가입대상	일반 농어민, 저소득 농어민
예치기간	3년 또는 5년
가입한도	월 20만원(연 240만원) 이내
세금 혜택	비과세
예금보호 여부	보호됨(정부가 아닌 자체 별도기금으로 보호)
취급기관	지역 농축협 및 수협
금리	확정금리(법정장려금리 가산)

3. 목돈을 불리기 위한 금융상품

3.1 원금 보장 금융상품

원금이 보장되는 상품은 상대적으로 나이가 많은 사람이나 위험에 대해 보수적인, 즉 위험을 회피하는 성향이 높은 투자자에게 적당한 상품이다.

1) 정기예금

정기예금은 계약 시 저축기간과 금리를 미리 정하여 일정 금액을 예치하는 대

표 6-4 정기예금의 특징

주요 속성	내용
가입대상	제한 없음
예치기간	1개월 이상 5년 이내
가입한도	제한 없음
세금 혜택	일반 과세(15.4%) 또는 비과세종합저축
예금보호 여부	보호됨
취급기관	은행, 상호저축은행, 우체국
금리	확정금리
이자 계산	매월 이자 지급 또는 이자를 원금에 가산(복리)

표적인 원금보장형 장기저축성 예금상품이다. 약정기간이 길수록 높은 확정이자가 보장되므로 여유자금을 장기간 안정적으로 운용하기에 좋은 금융상품이다.

매월 이자를 지급하는 방식인 '월이자' 방식과 이자를 만기에 원금과 함께 돌려주는 방식이 있다. 후자의 경우에는 이자에 이자를 붙여주는 복리이자 방식이 적용된다. 만기 이전에 중도해지하면 약정금리보다 낮은 중도해지 이율이 적용되므로 만기까지 예치하는 것이 바람직하다. 통상 예금 잔액의 95% 범위 내에서 담보대출을 받을 수 있다. 일반적으로 시중은행보다 저축은행의 이자율이 높기 때문에 예금자보호가 가능한 원리금 합계 5,000만원 이내에서는 저축은행을 이용하는 것이 유리할 수 있다. 정기예금의 주요 특징을 정리하면 〈표 6-4〉와 같다.

2) 정기예탁금

정기예탁금은 은행의 정기예금과 유사한 상품으로 지역 농축협 및 수협, 산림조합, 신용협동조합, 새마을금고 등 신용협동기구들이 취급하는 상품이다. 비교적 높은 금리에 저율과세되기 때문에 일반 서민들이 목돈을 굴리기에 적당한 상품이다. 가입대상은 지역 농축협 및 수협, 산림조합, 신용협동조합, 새마을금고 등의 조합원이나 준조합원에 한하며, 일반 시민은 창구에 가서 준조합원 가입 신청을 하면 이 상품에 가입이 가능하다. 만기 이전에 중도해지하면 약정금리보다 낮은 중도해지 이율이 적용되므로 만기까지 예치하는 것이 바람직하다. 통상 예금 잔액의 95% 범위 내에서 담보대출을 받을 수 있다. 정기예탁금의 주요 특징을 정리하면 〈표

6－5〉와 같다.

표 6-5 신용협동기구 정기예탁금의 특징

주요 속성	내용
가입대상	20세 이상의 조합원, 준조합원, 회원
예치기간	1개월 이상 5년 이내
가입한도	제한 없음
세금 혜택	3,000만원 한도에서 저율과세(이자소득세 0%, 농특세 1.4%)
예금보호 여부	보호됨(정부가 아닌 자체 별도기금으로 보호)
취급기관	지역 농축협 및 수협, 산림조합, 신용협동조합, 새마을금고 등
금리	확정금리
이자 계산	매월마다 이자 지급 또는 만기 일시 지급

알아두기 6-3

신용협동기구 출자금

지역 농축협 및 수협, 산림조합, 신용협동조합, 새마을금고 등과 같은 신용협동기구의 조합원 또는 회원이 되기 위해서 출자한 금액으로, 이렇게 모아진 출자금은 이들 신용협동기구의 자본금이 되며, 조합원 등은 출자금액에 따라 매년 조합의 이익을 배당받게 된다. 신용협동기구 출자금에 대하여는 1인당 1천만원 이하인 경우 배당소득에 대해 비과세 혜택이 주어지기 때문에 저축수단으로서도 매우 유용하며, 출자금액에 따라 대출 등 다양한 서비스를 받을 수 있다. 신용협동기구 출자금의 특징을 살펴보면 다음과 같다.

주요 속성	내용	비고
가입대상	지역 또는 직장 등의 상호 유대를 가진 거주자	
예치기간	제한 없음	
가입한도	1좌 이상(1좌당 금액은 보통 1천원 ~ 1만원)	
세금 혜택	1,000만원 한도에서 비과세	출자금을 내고 조합원 등이 되어야만 신용협동기구 정기예탁금에 대한 저율과세 혜택을 받을 수 있음
예금보호 여부	비보호	
취급기관	지역 농축협 및 수협, 산림조합, 신용협동조합, 새마을금고 등	
수익	매년 조합 등의 이익을 출자금액에 따라 배당	

3) 실세금리연동형 정기예금

실세금리연동형 정기예금은 가입 후 일정 기간마다 시장 실세금리를 반영하여 적용 금리를 변경하는 정기예금이다. 일반 정기예금과 거의 같으나 다른 점은 금리가 시장의 실세금리를 따라 변한다는 것이다. 따라서 확정금리가 지급되는 일반적인 정기예금과 달리 금리 상승기에 가입하면 금리 상승의 혜택을 볼 수 있어 유리하다. 만기 이전 중도해지 시에는 약정금리보다 훨씬 낮은 이율을 적용받게 되는 점에 유의하여야 한다.

4) 발행어음

발행어음은 종합금융회사나 증권회사가 영업자금 조달을 위해 자체 신용으로 융통어음을 발행하여 일반 투자자에게 매출하는 형식의 금융상품이다. 자기발행어음 또는 자발어음이라고도 한다. 금융기관이 직접 발행하는 어음인 만큼 투자자 입장에서 예치기간이나 금액에 적합한 상품을 언제든지 구할 수 있다는 장점이 있다. 보통 90일 정도 자금을 예치하면서 예금이자 이상의 수익을 원할 때 활용하는 상품이다. 발행어음의 주요 특징을 정리하면 〈표 6-6〉과 같다.

실세금리에 연동한 확정금리를 지급하며 이자를 선지급하는 상품도 있다. 중

표 6-6 발행어음의 특징

주요 속성	내용
가입대상	제한 없음
예치기간	1년 이내(보통 90일 이내)
가입한도	제한 없음(보통 최저 거래금액이 100만원～500만원 이상)
세금 혜택	일반 과세(15.4%) 또는 비과세종합저축
예금보호 여부	• 종합금융회사 발행어음 : 보호됨 • 증권회사 발행어음 : 보호 안 됨
취급기관	종합금융회사, 증권회사(자기자본 4조원 이상의 초대형 투자은행(investment bank ; IB) 중 단기금융업 인가를 받은 회사)
금리	실세금리연동형 확정금리
이자 계산	할인매출 또는 만기에 원리금 지급

도환매가 가능하나 일정 수준의 중도해지 이율이 적용된다. 기업어음(CP)에 비해 수익률은 다소 낮으나 기업어음과는 달리 예금자보호 대상이 되는 상품도 있다.

시사 포커스

초대형 증권사, 발행어음 투자자 유치 경쟁 치열

금리 상승 영향에 발행어음 수익률도 올려

"팔기만 하면 완판" … 투자자 유치 경쟁 나선 증권사

증권사 CMA 잔고 추이(단위 : 억원)

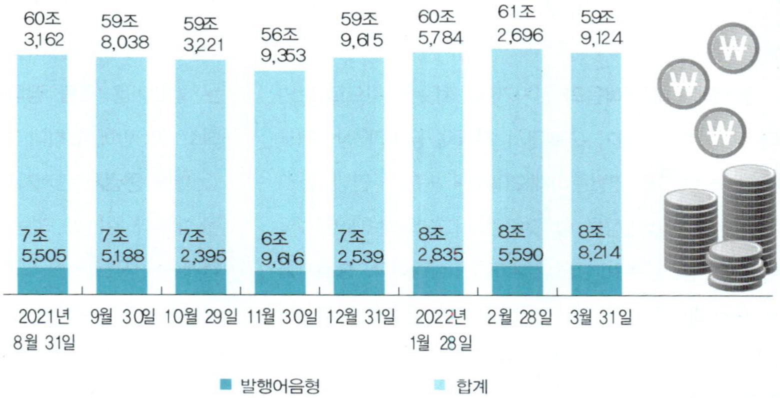

자료 : 금융투자협회

초대형 증권사들이 일제히 발행어음 수익률을 올려 투자자 유치 경쟁에 나섰다. 제로금리 시대가 막을 내리면서 고정적인 수익을 지급하는 발행어음에 대한 수요가 늘어난 만큼 이 판매수익을 기업금융(IB)의 기초자산으로 삼으려는 전략이다.

23일 금융투자업계에 따르면 미래에셋증권은 다음 달 29일까지 '발행어음 투자형 종합자산관리계좌(CMA)'에 우대수익률 0.4%를 가산한다. 1.3%의 기본수익률에 우대수익률까지 더해 가입 고객은 총 1.7%의 수익을 받을 수 있다. 한도는 실명 번호별로 10억원까지다.

KB증권도 발행어음형 CMA 수익률을 상향했다. 지난 21일부터 KB증권의 '에이블(able) CMA 발행어음형' 가입 고객은 최대 연 1.3%의 수익률을 적용받을 수 있다. 지난해 1월 1.2%보다 0.1%포인트 오른 수치다. 국내에서 발행어음을 판매하는 증권사는 한국투자증권, NH투자증권, KB증권, 미래에셋증권 등 4개사다.

▪ **금리 오르자 증권사 발행어음 수익률도 '상향'**

한국투자증권과 NH투자증권은 외화 발행어음의 수익률을 높였다. 한국투자증권은 이날부터 '퍼스트 외화 발행어음' 수익률을 최고 1.55%까지 상향했다. 적립식 상품에 적용되는 이 수익률은 기존 1.30% 대비 0.25%포인트 오른 수치다. NH투자증권은 'NH QV USD 발행어음 수익률'을 기존 1.00%에서 1.25%로 0.25%포인트 올렸다.

발행어음 수익률이 높아진 이유는 최근 나타나고 있는 금리 상승 영향 때문이다. 한국은행 금융통화위원회는 지난해 8월, 11월, 올해 1월 등 세 차례에 걸쳐 기준금리를 각각 0.25%포인트씩 올렸다. 이에 0.5%이던 기준금리는 1.25%까지 상승했다.

기준금리가 상향되면서 발행어음이 주로 투자하는 회사채 금리도 뛰었다. 금융투자협회에 따르면 1년 만기 A급 회사채 금리는 이번 달 2.5%까지 올랐다. 전년 동기 1.3% 대비 1.2%포인트 상승한 수치다.

■ 식을 줄 모르는 '발행어음' 인기 … 수요 증가 예상

발행어음의 인기는 지난해부터 지속됐다. 지난해 한국투자증권은 8조 3,719억원에 달하는 발행어음을 판매했다. 2020년 말 7조 5,637억원 대비 10.7%(8,082억원) 늘어난 규모다. KB증권도 같은 기간 동안 3조 7,327억원이던 발행어음을 4조 4,751억원까지 19.9%(7,424억원) 늘렸다. 지난해 7월 발행어음업에 처음 진출했던 미래에셋증권도 지난해에만 4,365억원에 달하는 판매고를 기록했다.

올해에는 발행어음의 인기가 더 치솟을 것으로 보인다. 이미 기준금리가 오르면서 회사채 금리가 상승궤도에 올랐고, 미국 연방준비제도(Fed · 연준)가 연내 2~3차례 추가 금리인상을 할 것이란 시그널을 보내면서 국내 기준금리의 추가 상승 기대도 큰 상황이다. 증권사들도 추가적으로 발행어음 수익률을 상향조정할 가능성이 있는 만큼 이를 향한 투자 수요가 더 늘어날 것이란 전망이 나온다.

이 같은 전망에 힘입어 NH투자증권과 한국투자증권은 올해 초 발행어음 특판에 나서 투자자 유치 경쟁에 나섰다. NH투자증권이 지난 2일 농협금융지주 출범 10주년을 기념해 출시한 적립형 발행어음 특판은 연 10%의 수익률을 지급한다.

이는 1년간 월 50만원 한도인 적립형 특판 상품으로 월 50만원 한도로 12개월 동안 600만원을 모을 수 있다. 수익 예상 금액은 최대 32만 3,288원(세전)에 달한다. 한국투자증권은 지난 1월 연 3.2% 수익률을 제공하는 발행어음 특판 상품을 판매했다. 1인당 가입금액은 최소 500만에서 최대 3억원이다.

대형 증권사 관계자는 "발행어음은 출시 이후 판매가 될 때마다 완판이 되는 상품인 만큼 증권사 입장에선 손쉽게 수신자금을 끌어모을 수 있는 창구 역할을 한다"며 "올해 금리가 상승할 것이란 예상이 많아지면서 발행어음 상품 수익률도 함께 오를 것으로 전망되는 만큼 추가적인 고객 수요가 있을 것"이라고 말했다.

출처 : 아시아투데이, 2022. 4. 17 수정.

5) 표지어음

표지어음은 금융기관이 기업으로부터 매입(할인)해 보유하고 있는 상업어음(commercial bill)이나 외상매출채권을 다시 여러 장으로 쪼개거나 한데 묶어 액면금액과 이자율을 새로이 설정해 발행하는 어음이다.[1] 표지어음은 은행 및 저축은행의 대표적인 단기상품 중 하나로 3개월 이상 6개월 이내의 단기 여유자금 운용에 유리한 상품이다. 표지어음의 주요 특징을 정리하면 〈표 6-7〉과 같다.

1. 상업어음은 기업들이 상거래를 할 때 대금결제를 위해 발행하는 어음으로 자금조달을 목적으로 발행하는 융통어음(기업어음)과 구별되며, 흔히 진성어음이라고 한다.

표 6-7 **표지어음의 특징**

주요 속성	내용
가입대상	제한 없음
예치기간	원어음의 최장 만기일 범위 내
가입한도	제한 없음(보통 500만원 이상)
세금 혜택	일반 과세(15.4%)
예금보호 여부	보호됨
취급기관	은행, 종합금융회사, 상호저축은행
금리	실세금리연동형 확정금리
이자 계산	할인식(이자 선지급식)

표지어음은 실세금리에 연동하고 이자를 선지급하며, 예치기간은 원어음의 최장 만기일 범위 내에서 가능하다. 금융기관이 표지어음의 발행인 및 지급인이 되므로 안전성이 높은 편이며, 일반적으로 일정 금액(1억원 정도) 이상이면 우대금리를 적용한다. 만기 전 중도해지가 불가능하나 배서에 의한 양도는 가능하다. 할인매출의 특성상 만기 후의 경과기간에 대해서는 별도의 이자를 지급하지 않는다는 점을 유의하여야 한다.

3.2 원금 비보장 금융상품

'원금이 보장되지 않는다'는 뜻은 위험이 있는 상품으로서 원금 손실의 가능성도 있지만 보다 높은 수익을 올릴 수도 있다는 뜻이다. 따라서 상대적으로 나이가 젊은 사람이나 위험에 대해 적극적인 사람들에게 적당한 상품이다.

1) 양도성예금증서(CD)

양도성예금증서(certificate of deposit ; CD)는 은행이 양도성을 부여하여 무기명 할인식으로 발행한 정기예금증서로 제3자에게 양도가 가능하다. 통상 1,000만원 이상의 목돈을 3개월 내지 6개월 정도 운용하는 데 적합한 단기상품이다. 은행에서 발행된 증서를 직접 살 수도 있고, 증권회사에서 유통되는 양도성예금증서를 살 수도 있다.

통상 할인식으로 발행하며 확정금리를 준다. 즉, CD를 살 때 예치기간 동안의 이자를 뺀 금액만을 지급하고 만기에 액면금액을 받는다. 예치기간에는 제한이 없으나 최단 만기는 30일 이상으로 제한을 두며, 투자목적인 경우엔 통상 91일물이 주로 거래된다. 중도해지가 불가능하며 만기 전에 현금화하고자 할 경우에는 중개기관(종합금융회사, 증권회사)을 통해 매각할 수 있다. 세금 혜택이 없고 예금자보호가 되지 않으며, 할인식으로 발행되는 CD의 특성상 만기 후에는 별도의 이자 없이 액면금액만을 지급받게 되는 점을 유의하여야 한다. 양도성예금증서(CD)의 주요 특징을 정리하면 〈표 6-8〉과 같다.

표 6-8 **양도성예금증서(CD)의 특징**

주요 속성	내용
가입대상	제한 없음
예치기간	30일 이상(91일이 일반적임)
가입한도	제한 없음(보통 500만원 이상)
세금 혜택	일반 과세(15.4%)
예금보호 여부	보호 안 됨
취급기관	은행, 종합금융회사, 증권회사
수익률	실세금리연동형 확정금리
이자 계산	할인식(이자 선지급식)

재테크 Tip

할인식 이자 지급

예치기간 동안의 이자를 액면금액에서 차감(할인)하여 발행한 후 만기 지급 시 증서 소지인에게 액면금액을 지급한다는 뜻이다. 예를 들어 액면가 1,000만원인 91일물 CD의 이자가 6만원이었을 경우, 발행할 때 994만원에 발행하여 판매하고 만기가 되면 CD 소유주에게 1,000만원을 지급하는 식이다.

2) 환매조건부채권(RP)

환매조건부채권(repurchase paper ; RP)은 금융기관이 보유하고 있는 국공채 등 채권을 고객이 매입하면 일정 기간이 지난 뒤 이자를 가산하여 고객으로부터 다시 매입하겠다는 조건으로 운용되는 단기금융상품이다. 투자 금액과 기간을 자유롭게 선택할 수 있는 시장금리연동형 확정금리 상품으로 6개월 이내의 단기여유자금을 운용할 때 유리한 저축 수단이다.

가입한도가 일반적으로 1,000만원 이상으로 고액 투자에 적당하다. 예금자보호 대상은 아니지만 국채, 지방채 등 우량 채권을 대상으로 투자되므로 안정성이 높은 편이다. 주로 통장거래로 이루어지며 중도환매 시에는 당초 약정금리보다 훨씬 낮은 금리를 적용받게 된다. 대부분 만기가 지난 후에는 별도의 이자를 가산해 주지 않는다는 점에 유의해야 한다. 환매조건부채권(RP)의 주요 특징을 정리하면 〈표 6-9〉와 같다.

표 6-9 **환매조건부채권(RP)의 특징**

주요 속성	내용
가입대상	제한 없음
예치기간	제한 없음
가입한도	제한 없음(보통 1,000만원 이상)
세금 혜택	일반 과세(15.4%)
예금보호 여부	보호 안 됨
취급기관	은행, 종합금융회사, 증권회사, 증권금융회사, 우체국
수익률	실세금리연동형 확정금리
대상 증권	국채, 지방채, 특수채, 상장법인 및 등록법인이 발행하는 채권

3) 기업어음(CP)

기업어음(commercial paper ; CP)은 기업이 자기 신용을 바탕으로 자금융통을 위하여 발행한 만기 1년 이내의 융통어음을 말한다. 기업이 발행한 단기어음을 종합금융회사 또는 증권회사가 할인 매입한 후, 이를 기관이나 일반 투자자에게 다시 매출한다. 1억원 이상의 거액 자금을 1개월 이상 3개월 미만의 단위로 운용하기에 유리하며, 자금의 반복예치를 통한 장기운용에도 적합한 금융상품이다.

할인식으로 실세금리에 연동한 확정이자를 선지급하며, 타인에게 배서양도가 가능하다는 장점이 있다. 일반적으로 가입한도에 제한은 없지만 1,000만원 이상으로 제한되는 경우도 있다. 원칙적으로 중도환매가 불가능하지만 배서양도의 방식으로 제3자에게 중개회사(증권회사)를 통해 양도할 수 있다(단, 보통 10억원 이상의 거액만 취급한다). 또한 CP 발행기업의 요건과 발행조건은 할인금융기관에 따라 다소 차이가 있으나, 증권회사나 종합금융회사가 할인하는 경우 적어도 B등급 이상이 요구된다. 예금자보호가 되지 않으므로 보호대상인 발행어음이나 표지어음에 비해 수익률이 다소 높다. 기업어음(CP)의 주요 특징을 정리하면 〈표 6-10〉과 같다.

표 6-10 **기업어음(CP)의 특징**

주요 속성	내용
가입대상	제한 없음
예치기간	1년 이내(91일이 일반적임)
가입한도	제한 없음(보통 1,000만원 이상)
세금 혜택	일반 과세(15.4%)
예금보호 여부	보호 안 됨
취급기관	종합금융회사, 증권회사
수익률	실세금리연동형 확정금리
이자 계산	할인매출

알아두기 6-4

자산유동화 기업어음(ABCP)과 전자단기사채(ABSTB)

■ **자산유동화 기업어음**(asset-backed commercial paper ; ABCP)

유동화전문회사(special purpose company ; SPC)가 매출채권, 부동산, 회사채 등의 자산을 담보로 발행하는 기업어음(CP)이다. ABCP는 통상 3개월 만기의 단기 유동화증권(asset-backed securities ; ABS)으로 만기가 긴 일반 대출에 비해 금리가 낮기 때문에 기업 입장에서는 자금조달비용을 줄일 수 있고, 불필요한 여유자금을 최소화시켜 유리하다. 투자자 입장에선 소비자금융채권 등 비교적 안정적인 자산을 담보로 발행되는 데다 3개월짜리 단기상품이기 때문에 안전성과 유동성을 동시에 확보할 수 있다.

■ **전자단기사채**(asset-backed short-term bond ; ABSTB)

종이와 같은 실물이 아닌 전자 방식으로 발행되어 유통되는 1년 미만의 단기채권으로, 줄여서 전단채라고도 한다. 기업들이 단기자금을 조달하기 위해 발행했던 기업어음(CP)을 대체하여 기존의 기업어음 거래의 부작용을 해소하고 단기금융시장을 활성화시키기 위한 것으로 2013년 1월 15일부터 도입됐다. 전자단기사채(ABSTB)는 전자적인 방식으로 발행이 이루어지기 때문에 종이로 발행되는 기업어음과 달리 거래지역의 한계가 없고, 실물의 위·변조, 분실과 같은 위험을 제거할 수 있으며, 발행사무를 간소화하여 비용을 줄일 수 있다. 또한 액면금액이 1억원 이상이어서 최소 액면금액이 10억원인 기업어음보다 거래가 수월하다. 유통내역과 발행내역에 대한 정보를 얻기 어려운 기업어음에 비해 전자단기사채는 한국예탁결제원을 통해 채권의 발행 현황과 발행사의 과거 발행액은 물론 발행사의 발행 가능 잔액까지 조회할 수 있다. 이와 같이 안전성과 유통성, 투명성에서 유리한 전자단기사채는 향후 기업어음의 역할을 빠르게 대체하면서 지속적으로 성장할 것으로 기대되고 있다. ABSTB는 건설사 프로젝트파이낸싱(project financing ; PF) 사업의 성과를 담보로 발행되는 것으로 주로 기관투자자나 기업들이 투자하던 상품이었으나 2014년부터 예금금리 인하 추세가 본격화되면서 고액 개인자산가들에게도 인기를 끌고 있다.

4) 금전신탁

금전신탁은 신탁 업무를 취급하는 금융기관이 고객으로부터 금전을 맡아 일정기간 법규의 범위 내에서 운용한 후 원금과 수익을 수익자(위탁자 또는 그가 지정하는 자)에게 지급하는 신탁방식으로, 투자자가 신탁재산의 운용을 지정하느냐 여부에 따라 특정과 불특정으로 구분된다. 즉, 투자자가 신탁재산의 운용을 지정하지 않았을 경우 불특정금전신탁이라고 하며, 신탁재산의 운용을 지정한 경우 특정금전신탁이라 한다.

특정금전신탁은 위탁자가 지정하는 운용방법에 따라 수탁재산을 건마다 별도로 운용(단독운용)하므로 손실을 보전해 주거나 일정 수익률을 보장할 수 없도록 되어 있으며(원본보전 및 이익보장의 금지), 최저 수탁금액이 크고 신탁기간도 다소 장기로 제약을 받는다. 한편 불특정금전신탁은 위탁자가 운용방법을 지정하지 않으므로 수탁받은 재산을 모아 운용(합동운용)하는데 원본 보전이나 이익 보장에 관한 계약이 허용되어 있으나 현재 개인연금신탁을 제외하고는 신규 수탁이 불가능하다.

특정금전신탁에는 대표적으로 맞춤형 특정금전신탁과 분리과세 특정금전신탁 등이 있다.

맞춤형 특정금전신탁은, 투자자는 자신이 맡긴 돈의 운용대상, 운용방법 및 운용조건 등을 은행 등에 지시하고, 은행 등은 고객이 지시한 내용대로 운용하고 운용수익에서 일정한 비용(신탁보수 등)을 차감한 후 실적배당하는 상품이다. 고객의 투자성향, 투자기간, 기대수익률 등에 따라 맞춤형 투자가 가능하며, 운용자산의 안전성(신용도)을 감안하여 가입하여야 한다.

일반적으로 맞춤형 특정금전신탁의 예치기간은 3개월 이상, 한도는 5,000만원 이상이다. 종류에는 채권형, 주식형, 랩어카운트(wrap account)형이 있어 맞춤형 투자가 가능하다.[2] 운용자산의 처분이 가능한 경우에 중도해지가 가능하다. 특정금전신탁에서 발생한 수익은 고객이 직접 유가증권 등에 투자한 것으로 가정하여 과세한다. 즉, 유가증권의 매매차익은 비과세하고 유가증권 이자는 이자소득으로, 주식배당금은 배당소득으로 과세한다.

분리과세 특정금전신탁은 특정금전신탁 상품 중 발행일로부터 상환일까지의 기간이 10년 이상인 장기채권에 투자하는 경우, 동 채권에서 발생하는 이자소득에 대하여 분리과세를 신청할 수 있는 상품이다. 분리과세 특정금전신탁에 가입하였더라도 투자자는 분리과세 또는 일반 과세 중에서 선택할 수 있다. 연간 금융종합소득 과세표준이 8,800만원을 초과하는 경우 분리과세를 신청하는 것이 유리하다. 분리과세 특정금전신탁에 가입한 후 33% 세율로 납세하면 금융소득 종합과세 대

2. 랩어카운트는 고객이 예탁한 자산에 대한 포트폴리오 구성 및 투자자문 등의 자산관리서비스를 제공하고 이에 대해 일정률의 수수료를 받는 형태의 금융상품이다.

상 소득에 포함되지 않는다. 가입한도가 1억원이 넘어 일반인들의 투자대상으로는 거리가 있으나 금융소득이 많아 금융소득 종합과세 대상인 고소득자들에게 유용한 절세수단을 제공한다. 종류는 주로 국공채형, 회사채형으로 국가나 지방자치단체가 발행한 채권에 주로 운용하므로 안전한 투자가 가능하며, 예탁기간의 제한은 없으나 일반적으로 1년 이상이다.

알아두기 6-5

금융소득 종합과세

금융소득 종합과세제도는 금융실명제 실시에 따른 후속조치로 1996년부터 실시되었으며 1998년부터 일시 유보되었다가 2001년부터 다시 실시되고 있는 제도이다. 현재 실시되고 있는 내용을 보면 개인별 연간 금융소득(이자 · 배당 및 연금소득)이 2,000만원 이하일 경우에는 원천징수(15.4%)하고, 2,000만원을 초과하는 소득은 근로소득 · 부동산 임대소득 · 사업소득 · 일시 재산소득 · 기타소득 등 다른 소득과 합산하여 소득수준에 따라 누진세율을 적용, 종합과세한다.

금융소득 종합과세율

과세표준	세율(지방소득세 포함)
1,400만원 이하	6.6%
1,400만원 초과 5,000만원 이하	16.5%
5,000만원 초과 8,800만원 이하	26.4%
8,800만원 초과 1억 5천만원 이하	38.5%
1억 5천만원 초과 3억원 이하	41.8%
3억원 초과 5억원 이하	44.0%
5억원 초과 10억원 이하	46.2%
10억원 초과	49.5%

■ 적용 제외 대상 상품

비과세종합저축에서 발생하는 금융소득은 종합과세 대상에서 제외되며, 만기 10년 이상인 채권의 경우에는 소득자의 선택에 따라(2013년부터는 3년 이상 보유조건 추가) 33.0%(지방소득세 포함)의 소득세율로 분리과세를 받을 수 있다.

4. 주택 마련을 위한 금융상품

▲ 주택청약종합저축은 모든 신규 분양주택에 청약이 가능하여 이를 '만능청약통장' 이라고도 한다.

신규 아파트는 국민의 주거안정을 위해 국가, 지방자치단체, LH나 지방공사가 건설하거나 민간건설업자가 공급하는데 그 성격에 따라 분양주택과 임대주택으로 크게 나누어진다.[3] 구체적으로는 주택 규모와 공급방식, 그리고 청약자격에 따라 청약할 수 있는 주택의 종류가 구분된다. 이때 신규 아파트를 분양받기 위해 반드시 필요한 것이 주택청약통장이다. 인기 지역 신규 아파트 분양은 경쟁률이 치열하므로 주택청약종합저축의 가입기간 및 납입금액에 따라 1순위, 2순위로 구분되어 당첨 우선순위가 정해진다. 따라서 자신이 계획하는 주택 규모, 분양지역, 가격 등을 고려해 청약통장을 미리 준비해야 한다.

주택청약종합저축은 적금 형식 또는 일시예치식으로 납부 가능하며, 국민주택(전용면적 85m² 이하인 주택) 또는 민영주택을 공급받기 위하여 가입하는 저축상품이다. 통장 하나에 청약저축, 청약예금, 청약부금 등 기존 주택청약통장의 다양하고 복잡한 청약통장 기능을 하나로 통합하여 2009년 5월에 출시된 저축상품이다. 신규 주택을 분양할 때에는 청약통장 가입자 중 일정한 자격(1~2순위)을 갖춘 자에게 청약신청을 받아 당첨자를 선정하게 된다. 청약통장은 2015년 9월 1일부터 주택청약종합저축으로 단일화되었다. 주택청약종합저축은 모든 신규 분양주택에 청약이 가능하여 이를 '만능청약통장' 이라고도 한다. 기존 청약통장 가입자의 경우 통장 종류(청약저축, 청약예금, 청약부금)에 따른 추가 납입만 가능하며 청약신청할 수 있는 주택에 차이가 있다.

---

3. 분양주택은 국민주택과 민영주택으로 구분되고, 임대주택은 공공건설임대, 민간건설임대, 영구임대, 국민임대주택으로 세분된다. 각 종류별 청약자격과 조건, 필요서류 등 상세한 내용은 주택도시기금 홈페이지(http://nhuf.molit.go.kr)에서 확인할 수 있다.

주택청약종합저축은 주택 소유나 세대주 여부, 연령 등에 관계없이 신분증과 첫 납입금만 있으면 누구나 가입이 가능하다. 단, 청약자격은 국민주택의 경우 해당 주택의 건설지역에 거주하는 만 19세 이상(또는 19세 미만으로 세대원이 있는 세대주)인 무주택세대 구성원에게 주어지며, 민영주택의 경우 해당 주택의 건설지역에 거주하는 만 19세 이상인 자(또는 19세 미만 세대주)에게 주어진다. 또 1인 1통장 제도가 적용되어 기존의 청약통장에 가입한 경우에는 이를 해지하고 신규로 가입하여야 하고, 2개 이상의 은행에 중복가입도 허용되지 않는다.[4] 신규로 가입한 경우에는 기존 청약통장의 가입기간이나 납입금액 등을 인정하지 않는다. 가입자가 사망한 경우 그 상속인으로 명의변경이 가능하며, 본인 한도 내에서 비과세종합저축 가입이 가능하다.

수도권의 경우 가입 후 1년이 지나면 1순위가 되며, 수도권 외의 지역은 6~12개월 범위에서 시·도지사가 정하는 기간이 지나면 1순위가 된다. 주택청약종합저축은 주택도시기금 취급 은행(우리은행·농협은행·기업은행·신한은행·하나은행·국민은행·대구은행·부산은행)에서 가입할 수 있다.

민영주택 청약의 경우, 최초 청약신청 전까지 청약예금 지역별 예치금액에 따른 면적을 선택(85m² 이하, 102m² 이하, 135m² 이하, 모든 면적 중 선택)하여 등록해야 한다. 청약하고자 하는 민영주택 규모별 요구되는 예치금액은 〈표 6-11〉과 같다.

서울/부산의 경우 1,500만원(기타 광역시 1,000만원, 시·군 500만원)을 예치하면 최초 청약할 때 주택 규모에 제한 없이 하나의 주택형을 선택할 수 있다. 또한 지

표 6-11 민영주택 규모별 청약 예치금액

청약대상 주택 규모 (전용면적 기준)	예치금액(만원)		
	서울/부산	기타 광역시	기타 시 및 군
85m² 이하	300	250	200
102m² 이하	600	400	300
135m² 이하	1,000	700	400
모든 면적	1,500	1,000	500

4. 주택청약종합저축은 1인 1계좌가 원칙이다. 청약종합저축 이전 상품인 청약저축, 청약예금, 청약부금 중 하나에 가입되어 있다면 추가로 가입할 수 없다. 새로 저축에 가입하려는 사람은 과거 자기 명의로 청약통장을 가입한 것이 있는지 확인해야 한다. 외국인, 해외 거주자, 이미 집을 소유한 사람도 가입 가능하다.

역별 · 면적별 예치금 충족 시 자유롭게 다른 면적으로 변경 가능하며, 큰 면적으로 변경할 경우에는 입주자모집공고일 전일까지 변경해야 큰 면적에 청약이 가능하다. 총급여액이 7,000만원 이하 근로자인 무주택 세대주의 경우 연간 240만원 한도로 40%(최대 96만원)까지 소득공제가 가능하다. 그러나 가입 후 5년 내 해지하거나 국민주택 규모(85m²)를 초과하는 주택에 당첨된 경우 연간 소득공제 가능 금액 누계액의 6%를 추징당할 수 있다.

주택청약종합저축의 특징을 요약하면 〈표 6-12〉와 같다.

표 6-12 **주택청약종합저축의 특징**

주요 속성	내용
가입대상	제한 없음
예치기간	주택 분양을 받을 때까지
가입한도	월 2~50만원, 10원 단위(총잔액 1,500만원까지 일시예치 가능)
세금 혜택	연간 납입금액 중 240만원의 40%(최대 96만원) 소득공제 혜택 단, 무주택 세대주이며 연소득 7,000만원 이하인 근로자에 한함.
예금보호 여부	보호되지 않음. 단, 주택도시기금의 조성 재원으로 정부에서 관리
취급기관	국민주택기금 취급 8개 은행(국민은행 · 농협은행 · 기업은행 · 우리은행 · 신한은행 · 하나은행 · 대구은행 · 부산은행)
이자	가입기간별 차등이자 적용

재테크 Tip

'주택청약종합저축' 가입 시 고려할 사항

주택청약종합저축은 가입자격이 까다로운 기존 청약통장과는 달리 주택보유 유무는 물론 연령과 세대주 여부에 관계없이 누구나 '1인 1통장'을 가입할 수 있다. 그러나 기존 청약통장을 갖고 있는 사람은 가입할 수 없으며 전환도 불가능하다. 주택청약종합저축에 가입하려면 기존 청약통장을 해지하고 새로 가입하는 수밖에 없는데, 이때 기존 청약통장의 가입기간 · 금액은 인정받지 못하게 된다.

따라서 기존 청약통장을 갖고 있는 사람이 주택청약종합저축으로 옮길 때에는 공공주택 청약에서 손해를 볼 수도 있으므로 기존 청약통장 가입 여부나 가입기간에 따라 주택청약종합저축으로 변경할지 여부를 결정하는 것이 현명하다. 기존 청약통장에 가입하지 않았거나 가입 후 1년이 경과하지 않은 사람이라면 주택청약종합저축으로 갈아타는 방안을 고려해 볼 수 있다. 그러나 청약통장에 1년 이상 납입한 경우라면 기존 청약통장을 유지하는 것이 유리하다.

재테크 Tip

더욱 간단해진 청년 우대형 청약통장 가입

2022년에 청년 우대형 청약통장 가입 요건인 소득기준을 완화해 지원 대상이 확대됐다. 기존에는 연 3,000만원이었지만 올해는 연 3,600만원으로 변경됐다. 또 지난해 12월 말 이후 신규 가입이 불가하여 2022년 이후 가입을 희망하는 청년에게 우대 혜택 제공이 불가능했지만 올해는 2023년 12월까지 청년 우대형 청약통장 가입 기간을 연장했다.

기존에 주택청약종합저축에 가입되어 있다면 기존 통장을 해지하지 않고 청년 우대형 청약통장으로 전환 가능하다. 이에 따른 혜택은 전환한 날 이후로 적용이 되며, 기존 가입기간은 그대로 인정이 되지만 전환한 원금은 청약 회차 및 우대 이율에서 제외되며 기간만 인정된다.

한편 청년 우대형 청약통장은 청년의 내 집 마련 지원을 위해 청약 기능에 우대금리와 비과세 혜택을 제공하고 있다. 대상자는 만 19세 이상 만 34세 이하 연소득 3천 6백만원 이하의 무주택인 세대주(예정자) 또는 무주택세대의 세대원이다.

연간 납입한 240만원 범위에서 40%에 해당하는 최대 96만원에 대해 소득공제를 받을 수 있다. 우대금리는 최대 3.3%으로 연 6백만원까지 적용되며 5천만원 한도이다. 비과세는 연 6백만원까지 원금에 대한 이자소득 비과세로 5백만원 한도이다.

가입을 위해서는 사전에 준비물을 지참하여 9개의 수탁은행(우리, 신한, 대구, 부산, 경남 KB국민, IBK기업, NH농협, KEB외환) 중 원하는 곳에서 가입할 수 있다. 일부 은행들(KB국민은행, 신한은행, 우리은행, NH농협)의 경우에는 비대면으로도 개설할 수 있다.

출처 : 내외경제TV, 2022. 1. 17 수정.

주요 용어

연습문제

Ⅰ. 완성/선택형 문제

01. (　　　　)는 자산운용회사가 여러 고객이 투자한 자금을 모아서 이를 주로 양도성예금증서(CD), 기업어음(CP), 잔존 만기 1년 이하의 국채 및 통화안정증권 등 금융자산에 투자하여 얻은 수익을 고객에게 배당하는 채권투자 신탁상품이다.

02. (　　　　)는 단기금융상품에 결제기능을 결합한 것으로 종합금융회사나 증권회사가 고객의 예탁금을 우량 어음 및 국공채, 환매조건부채권(RP) 등의 단기금융상품에 운용한 후 그 수익을 고객에게 돌려주는 단기금융상품으로 종합자산관리계좌라고도 한다.

03. (　　　　)은 종합금융회사나 증권회사가 영업자금 조달을 위해 자체 신용으로 융통어음을 발행하여 일반 투자자에게 매출하는 형식의 금융상품이다.

04. (　　　　)은 금융기관이 보유하고 있는 국공채 등 채권을 고객이 매입하면 일정 기간이 지난 뒤 이자를 가산하여 고객으로부터 다시 매입하겠다는 조건으로 운용되는 단기금융상품이다.

05. (　　　　)은 기업이 자기 신용을 바탕으로 자금융통을 위하여 발행한 만기 1년 이내의 융통어음을 말한다. 기업이 발행한 단기어음을 종합금융회사, 증권회사가 할인 매입한 후, 이를 기관이나 일반 투자자에게 다시 매출한다.

06. (　　　　)은 통장 하나에 청약저축, 청약예금, 청약부금 등 기존 주택청약통장의 다양하고 복잡한 기능을 하나로 통합하여 청약통장 선택의 고민을 없앤 상품이다.

07. 발행어음과 표지어음에 대한 설명으로 적합하지 않은 것은?

① 발행어음은 종금사나 증권회사가 자체 신용으로 융통어음을 발행하여 일반 투자자에게 매출하는 형식의 금융상품이다.

② 표지어음은 금융기관이 기업으로부터 매입해 보유한 상업어음 등을 쪼개거나 묶어 액면금액과 이자율을 새로 설정해 발행하는 어음이다.

③ 두 상품 모두 예금보호의 대상이 된다.

④ 발행어음은 기업어음보다 수익률이 다소 낮다.

08. 양도성예금증서(CD)의 설명 중 잘못된 것은?

① 중도해지 가능　　② 무기명 양도 가능

③ 할인식 발행　　④ 확정금리 발행

09. 단기금융상품펀드(MMF)는 금융자산에 투자하여 얻은 수익을 고객에게 배당하는 상품 중 하나이다. 투자대상이 아닌 것은?

① 잔존 만기 1년 이하의 국채　　② 기업어음

③ 주식　　④ 통화안정증권

10. 기업어음(CP)의 특징으로 적합한 것은?

① 자금의 반복예치가 불가능하므로 장기운용에 부적합하다.

② 기업이 발행한 단기어음을 은행이 할인 매입한 후 일반 투자자에게 다시 매출하는 단기상품이다.

③ 가입한도는 1억원 이상으로 중도환매가 가능하다.

④ 할인식으로 실세금리에 연동한 확정이자를 선지급한다.

11. 투자자는 자신이 맡긴 돈의 운용대상, 운용방법 및 운용조건 등을 은행에 지시하고, 은행은 고객이 지시한 내용대로 운용하고 운용수익에서 일정한 비용을 차감한 후 실적배당하는 상품은?

① 기업어음 ② 맞춤형 특정금전신탁

③ MMF ④ CMA

12. 주택청약종합저축에 대한 다음 설명 중 옳지 않은 것은?

① 국민주택과 민영주택을 가리지 않고 모든 신규 분양주택 청약에 사용할 수 있어 '만능청약통장'이라고도 한다.

② 가입대상은 만 20세 이상의 무주택 세대주이다.

③ 1인 1통장 제도가 적용되어 기존의 청약통장에 가입한 경우에는 이를 해지하고 신규로 가입하여야 하고, 2개 이상의 은행에 중복가입도 허용되지 않는다.

④ 총급여가 7,000만원 이하인 무주택 세대주로서 연간 납입액의 40% 한도 내에서 96만원까지 소득공제가 가능하다.

Ⅱ. 서술형 문제

01. 시장금리부 수시입출금식예금(MMDA), 단기금융상품펀드(MMF), 어음관리계좌(CMA) 세 가지 상품에 대하여 비교하고 가장 큰 차이점을 설명하라.

02. 정기예금과 정기예탁금에 대하여 설명하라.

03. 표지어음에 대해서 설명하라.

04. 양도성예금증서(CD)에 대해서 설명하라.

05. 환매조건부채권(RP)에 대하여 설명하라.

06. 기업어음(CP)에 대하여 설명하라.

07. 맞춤형 특정금전신탁과 분리과세 특정금전신탁을 비교 · 설명하라.

08. 주택청약종합저축에 대하여 설명하라.

간접투자 금융상품

1. 수익증권
2. 주가지수 관련 펀드
3. 회사형 간접투자상품 : 뮤추얼펀드
4. 실물펀드
5. 기타 펀드

7

이 장의 개요

금융상품 투자에서 가장 기본적인 원칙은 '저위험-저수익(low risk-low return), 고위험-고수익(high risk-high return)' 이다. 앞 장에서 설명한 저축성 금융상품은 위험이 낮은 금융상품들로 수익률도 낮다. 이와 같이 낮은 수익률에 만족하지 못하는 투자자들은 다소 높은 수익률을 추구하기 위해 어느 정도 위험을 무릅써야 한다. 물론 위험이 높은 투자성 상품들은 대부분 실적배당상품으로 원금 보장이 되지 않으므로 투자에는 주의를 기울여야 한다.

직접투자상품으로는 제Ⅲ편에서 설명할 주식, 채권, 파생금융상품 등이 있으나, 이와 같은 상품에 투자하기 위해서는 상당한 전문지식과 시간이 필요하므로 처음 투자하는 초보자에게는 적합하지 않다. 따라서 전문지식과 시간이 부족한 일반 투자자들은 직접투자에 따르는 위험을 회피하기 위하여 투자전문기관에 투자를 위임하는 간접투자 방식을 대안으로 생각해 볼 수 있다. 간접투자를 함으로써 일반 투자자들은 양질의 서비스를 제공받을 뿐만 아니라 직접투자에 따르는 시간과 노력을 절약할 수 있다. 본 장에서는 펀드를 중심으로 하는 간접투자 금융상품에 대해 자세히 살펴본다.

▲ '업계 최초', '업계 유일'을 앞세운 펀드들도 기대 이하 성적을 낼 수 있다. 이들 펀드가 아직 검증이 되지 않은 만큼 장밋빛 마케팅만 믿고 투자하기엔 위험부담이 클 수 있다는 점을 유의해야 한다.

1. 수익증권

1.1 수익증권의 개념 및 분류

수익증권이란 주식, 채권 등의 유가증권 또는 선물 · 옵션 등의 파생상품 및 부동산 등에 직접 투자할 전문지식이 부족하거나 시간적 여유가 없는 사람들을 위하여 전문투자기관인 자산운용회사가 투자가로부터 모집한 자금으로 펀드(fund)를 조성하여 대신 투자 · 운용해 주고 그 수익을 투자가들에게 운용실적대로 배당하는 간접투자상품을 통칭하는 말이다. 수익증권은 단순히 '펀드' 라는 용어로도 사용되는데 수익증권이라는 용어보다 펀드라는 용어가 더 일반적으로 그리고 보다 넓은 의미로 사용되고 있다.[1]

수익증권은 주식이나 채권 등의 직접투자에 대한 전문지식이 부족하지만 이들 증권에 투자하고 싶은 일반 투자자들에게 권장되는 상품이다. 저축성 상품과 비교해서 가장 큰 특징은 실적배당상품이며 원금 손실 발생가능성이 있다는 점이다. 수익증권의 종류는 매우 다양하나 투자 운용대상 및 유가증권의 편입비율에 따라 분류하면 각각 〈표 7-1〉, 〈표 7-2〉와 같다. 펀드는 투자원금이 보장되지 않으며,

그림 7-1 수익증권 흐름도

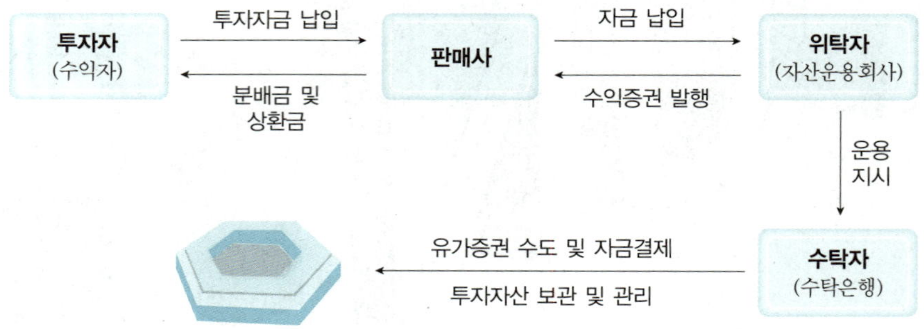

1. 정확하게 말하면 펀드는 계약형 펀드와 회사형 펀드로 나눌 수 있는데 계약형 펀드를 수익증권이라 하고 회사형 펀드를 뮤추얼펀드라고 한다.

표 7-1 투자 운용대상에 따른 수익증권의 분류

분류	상품 내용
증권펀드	투자자산의 50% 이상을 증권(증권을 기초자산으로 하는 파생상품 포함)에 투자하는 상품
부동산펀드	투자자산의 50% 이상을 부동산(부동산을 기초자산으로 하는 파생상품, 부동산 관련 유가증권 등 포함)에 투자하는 상품
단기금융상품펀드	투자자산의 전부를 단기금융상품(CD, CP 등)에 투자하는 상품
혼합자산펀드	투자대상 자산(증권, 부동산, 특별자산)과 투자비율의 제한을 받지 않고 운용할 수 있는 상품
특별자산펀드	투자자산의 50% 이상을 특별자산(증권 및 부동산을 제외한 상품)에 투자하는 상품

표 7-2 유가증권 편입비율에 따른 수익증권의 분류

분류	상품 내용
채권형	운용대상에 주식은 편입하지 않고 자산총액의 60% 이상을 채권(금리선물 포함)으로 운용하는 상품
주식형	자산총액의 60% 이상을 주식(주가지수선물, 옵션 포함)에 운용하는 상품
주식혼합형	자산총액의 50% 이상, 60% 미만을 주식(주가지수선물, 옵션 포함)에 운용하는 상품
채권혼합형	자산총액의 50% 미만을 주식(주가지수선물, 옵션 포함)에 운용하는 상품

운용실적에 따라 원금에 손실이 발생할 수 있다. 따라서 투자자는 자산을 운용하는 회사 및 담당 펀드매니저의 과거 운용실적과 투자전략, 투자설명서 등을 점검한 후 자신의 투자성향, 투자기간 및 투자 규모 등을 감안하여 자신에게 적합한 펀드를 선택하여야 한다.[2] 그리고 가입 후에도 펀드의 운용내역을 수시로 확인하는 것이 바람직하다.

펀드매매 시 주의할 것은 예금상품과 달리 중도환매 시 환매대금 지급이 즉시 이루어지지 않고 정해진 기일이 경과한 후 이루어진다는 점이다.[3] 또한 펀드의 종류 및 해외 펀드 여부에 따라 환매기준일과 대금지급일이 달라짐에 유의해야 한다. 수익증권 유형별로 환매대금 지급일을 나타내면 〈표 7-3〉과 같다.

2. 펀드에 가입할 때 펀드별 운용성과 및 펀드 간 성과 비교가 필요하며, 이와 관련된 정보는 국내 대표적인 펀드평가회사인 제로인(www.zeroin.co.kr), 한국펀드평가(www.kfr.or.kr), 모닝스타 코리아(www.morningstar.co.kr) 등에서 얻을 수 있다.

3. 펀드 판매 시에 정한 최소 투자기간 이전에 환매하는 경우 펀드별로 정해진 환매수수료가 부과될 수 있다.

표 7-3 펀드 종류별 환매대금 지급일

상품 종류	환매대금 지급일	적용 기준 가격	비고
MMF	익일	익일	외국 상품은 환매대금 지급일이 다를 수 있으며, 운용 중인 신탁재산의 처분이 곤란한 경우에는 환매를 연기하거나 일부 금액만 환매할 수 있음.
채권형	제3영업일	제3영업일	
주식형, 주식혼합형	제4영업일	제2영업일	
채권혼합형	제4영업일	제3영업일	

알아두기 7-1

펀드 명칭의 이해

펀드 이름 맨 앞은 금융회사명이고 중간은 구체적 상품명, 이어서 괄호 안에 투자대상을 표시한다. 예를 들어 '××밸류고배당증권투자신탁(주식)A'라는 펀드가 있다고 하자. 명칭의 가장 앞부분인 ××에는 보통 그 자산을 운용하는 회사의 이름이 붙는다. 여기서는 ××자산운용회사에서 운용한다는 뜻이다. 그 다음 밸류고배당이란 'value(가치주) + 고배당주'에 주로 투자한다는 것을 의미한다. 증권투자신탁(주식)이란 주로 주식에 투자되는 증권신탁상품이라는 뜻이다. 이렇게 펀드는 명칭만 읽어도 알아낼 수 있는 것이 많다.

그리고 펀드 명칭의 마지막에 영어 알파벳이 붙어 있으며, 이는 펀드의 수수료 체계에 대한 설명이다. 일반적으로 A, B, C 등이 붙어 있는데, A형은 가입시점에 미리 수수료를 떼고, B형은 만기 때 수수료를 내는 반면, C형은 1회성 수수료는 없는 대신 금융사가 돈을 운용해 준 대가로 매일매일 조금씩 받는 보수가 A나 B형보다 비싸다. 즉, C형은 가입비가 없는 대신 사용료가 비싸다. 보통 개인투자자가 접하는 펀드는 A형 아니면 C형인데 5천만원을 투자해 연 10%씩 수익이 났다고 가정해 보자. 1년 뒤 A형 펀드에선 수수료와 보수를 합쳐서 75만원 정도가 빠져나간다. C형이라면 이 비용이 70만원 정도 된다. 여기까진 C형이 알뜰하다. 그런데 만약 3년 동안 투자했다면, C형은 210만원 정도 나가지만, A형에선 150만원만 떼면 된다. 상황이 바뀐다. 정리해 보면 초기 수수료가 있는 대신 보수가 낮은 A형은 길게 가는 장기투자에 적합하고, 초기 수수료가 없는 대신 보수가 비싼 C형은 상대적으로 단기투자에 유리하다.

재테크 Tip

해외 펀드

해외 펀드는 일반적인 국내 펀드와 취급기관, 가입대상, 가입한도 등이 유사하지만 투자대상이 해외의 주식, 채권 및 부동산인 펀드상품이다. 해외 펀드 또한 국내 펀드상품과 마찬가지로 투자자산의 비율에 따라 주식형, 채권형, 주식혼합형, 채권혼합형으로 나눌 수 있다. 또한 해외 펀드는 국내 자산운용회사에서 운용하고 원화로 투자되는 역내펀드(on-shore fund)와 해외투자운용회사가 해외에서 운용하는 역외펀드(off-shore fund)로 나눌 수 있으며, 투자자산을 운용하는 지역(미국, 유럽, 중국, 인도 등)에 따라 브릭스(BRICs) 펀드, 차이나 펀드, 태평양 펀드, 이머징 마켓 펀드 등 매우 다양한 상품으로 나눌 수 있다.

이처럼 해외 펀드는 개별 상품별로 다양한 투자자산 운용비율, 투자방법, 투자자산 운용지역 등이 세분화되어 있어 본인의 투자성향에 맞는 펀드를 찾기가 용이하다. 하지만 해외 펀드는 해외시장에서 투자자산을 운용하기 때문에 국내 펀드와 비교해 볼 때 환매기간, 세금 및 수수료, 환위험 노출 등의 차이가 있다. 따라서 다음과 같은 점들에 유의하여 투자하여야 한다.

■ 환율변동에 따른 위험

해외 펀드는 해외에 투자를 하기 때문에 필연적으로 환위험에 노출된다. 환위험을 회피하기 위해서는 선물환거래를 이용할 수도 있는데 역내펀드는 펀드 내에서 환헤지 여부 및 수준을 결정하고, 역외펀드는 투자자가 자체적으로 회피 장치를 마련해야 하므로 해당 전문가와 상담 시 환위험 회피방법을 문의하여 결정해야 한다. 역외펀드 투자자가 환위험을 회피하는 경우 환위험 회피비용은 투자원금의 0.5% 정도가 일반적이며 투자원금에 대해 1년 단위로 계약을 갱신한다.

■ 환매기간 고려

해외 펀드는 국내 펀드에 비해 환매기간이 긴 편이다. 일반적으로 국내 펀드는 환매신청 후 3~4일 내외로 자금을 받을 수 있지만 해외 펀드는 8~10일 정도 걸린다.

■ 세금 및 수수료 고려

일반적으로 해외 펀드에 대한 판매수수료는 국내 펀드보다 비싸게 책정된다. 계약기간 이전에 환매했을 때 부과하는 중도환매 수수료의 기준이 되는 기간은 국내 펀드는 90일, 해외 펀드는 180일 정도로 해외 펀드가 국내 펀드보다 길다. 또한 국내 주식형 펀드의 경우 주식매매 차익으로 인한 수익에 대해 비과세(국내 주식형 펀드의 경우 주식매매 차익을 제외한 배당금, 이자만을 대상으로 과표 산정)하고 있으나, 해외 펀드의 경우 15.4%의 세금을 내야 한다.

출처 : 『금융상품 길라잡이』(한국은행, 2012) 참조.

1.2 적립식 펀드

적립식 펀드는 목돈 없이도 투자가 가능하며 한꺼번에 많은 돈을 투자해야 하는 타 금융상품에 비해 투자위험이 낮다는 장점을 갖고 있다.

적립식 펀드는 수익증권에 목돈을 일시에 투자하는 것이 아니라 일정 기간 동안 원하는 펀드(주식형, 채권형 등) 한 가지를 선택하여 계속해서 투자(적립)하는 상품이다. 즉, 은행의 정기적금과 같이 일정 기간 동안 적립하고 만기에 목돈을 찾는 형태의 상품이다. 적립식 펀드에 가입하면 주가가 떨어져 싸다고 생각되면 주식을 많이 사고, 주가가 올라 비싸다고 판단되면 주식을 적게 사게 되어 평균 매입단가를 낮추는 효과를 볼 수 있으므로 일시에 주식에 투자하는 것보다는 위험을 낮출 수 있다.

적립식 펀드는 투자할 목돈은 없지만 꾸준히 투자하기를 원하는 사람에게 유용하다. 목돈을 한 번에 투자하지 않고 정기적금처럼 시기적으로 분산투자가 가능해 상대적으로 안전하게 투자할 수 있다. 매월 일정한 금액을 장기투자하는 것이 금리 및 주가 등 금융환경 변화에 따른 각종 위험을 줄이는 투자방법이며 투자효과를 극대화할 수 있기 때문이다. 저축방법은 정액적립식, 자유적립식 중에서 선택할 수 있다. 분산 장기투자한다고 항상 수익률이 높은 것은 아니며, 주식시장 상황 등에 따라 일부 중도환매나 전액 환매 시기를 결정하는 것이 매우 중요하다.

1.3 전환형 펀드

전환형 펀드, 일명 엄브렐러펀드(umbrella fund)는 투자자가 시장상황에 따라 다른 펀드로 자유롭게 전환할 수 있는 펀드이다. 하나의 약관 아래 여러 개의 하위(sub) 펀드가 있는 모양이 마치 우산 같다고 해서 엄브렐러라는 이름이 붙게 되었다. 장세 변화에 따라 편입종목을 바꾸어가며 탄력적으로 운용할 수 있다는 장점이 있다.

하위 펀드로 단기금융상품펀드(MMF), 채권형 수익증권, 안정형 수익증권, 성장형 수익증권, 주식혼합형 수익증권, 채권혼합형 수익증권, 특정 그룹주펀드, 배당주펀드, 공모주전용펀드 등 수많은 펀드를 다양하게 편입할 수 있다(보통 7개 이내). 전환횟수의 제한이 없으며, 전환하는 데 수수료의 부담도 없다. 수익률을 높이기 위해서는 금리와 주가의 움직임을 보고 전환시점을 잘 포착하여야 한다.

목표 수익 올리면 채권으로 … "전환형 펀드"

시사 포커스

목표 전환형 펀드는 한동안 주식에 투자했다가 목표 수익에 도달하면 안정적인 채권투자로 전환하는 상품이다.

■ 하락 시 분할매수하는 전략

목표 전환형 펀드는 넓은 의미에서는 주식에서 채권으로 전환되는 것뿐만 아니라, 미리 설정해 둔 조건을 충족하면 다른 유형의 자산으로 투자대상이 바뀌는 모든 펀드를 가리킨다. '원자재 → 채권', '부동산 → 채권' 인 펀드도 있다. 목표 수익률을 달성하면 자동으로 환매돼 운용이 종료되는 펀드도 있다. 하지만 목표 전환형 펀드의 대부분을 차지하는 것은 '주식 → 채권' 형이다.

전환형 펀드 기간별 유입액 외 주식에서 채권으로 전환되는 펀드의 경우, 특정 종목보다는 상장지수펀드(ETF)를 담거나 '코스피200', '코스닥150', 'KRX300'과 같은 지수를 추종한다. 주가나 지수가 하락하는 시기엔 분할매수하는 것이 주된 전략이다. 예를 들어 5%의 수익률을 목표로 1,000만원의 원금을 투자한다고 할 때, 먼저 500만원을 ETF나 지수에 투자한다. 그리고 주가나 지수가 10포인트 또는 3% 떨어질 때마다 50만원씩 매수하는 것으로 설정해 둔다. 주가나 지수가 오를 때도 소액 매수하는 상품이 있지만 대부분의 목표 전환형 펀드는 하락 시에만 매수한다. 이런 식으로 주가(또는 지수)가 하락할 때마다 50만원씩 매수해 투자 원금 1,000만원이 채워진 뒤, 주가나 지수가 올라 펀드 평가액이 투자 원금 대비 5%의 수익이 붙은 1,050만원이 되면 자동 환매가 이뤄진다. 그리고 지정해 둔 채권으로 투자대상이 바뀐다.

목표 수익률을 달성하면 투자자에겐 휴대전화나 이메일로 통보를 해준다. 펀드마다 목표 수익률, 선행 매수 비율, 분할매수 금액 단위, 펀드 운용기간 등의 조건은 다 다르기 때문에 자신의 투자성향과 잘 맞는 상품인지를 꼼꼼히 확인해야 한다. 보통 연 수익률 기준 6～8%를 목표로 하는 펀드가 많고, 펀드 운용기간은 1년 정도다. 우리은행 본점 영업부 김혜원 PB팀장은 "목표 전환형 펀드는 증시가 한없이 떨어지거나 오르기만 하지 않는다는 전제 하에, 떨어질 때 조금씩 사뒀다가 향후 상승기에 이익을 내도록 설계된 상품"이라고 말했다.

■ 목표 달성 못 하면 비자발적 장기투자

목표 전환형 펀드의 특징 중 하나는 환매수수료가 없는 상품이 많다는 것이다. 비용부담 없이 만기 전 얼마든지 돈을 찾을 수 있다. 업계에 따르면 투자자 상당수는 만기까지 기다리지 않고 돈을 뺀다. 증시를 통해 목표 수익률을 달성한 후에는 우량채권 금리 정도의 낮은 수익을 얻기 때문에 굳이 돈을 묶어두지 않는 것이다.

목표 전환형 펀드는 아무 때나 가입할 수 없다. 판매기간이 정해져 있다. 모든 가입자가 목표 수익을 똑같이 올려야 하는 상품인 만큼, 고객들의 펀드 매수가격을 통일시키기 위해서다. 목표 전환형 펀드라고 해서 모든 펀드가 기간 내에 목표를 달성하는 건 아니다. 주식시장이 계속 하락세를 보일 때는 목표 수익률이 달성되지 않아, 본인이 원하지 않는 장기투자를 해야 할 수 있다. 짧게 운용해야 하는 자금의 투자처로는 적합하지 않은 셈이다.

한편 주식시장이 활황세를 보이는 시기엔 수익을 조금만 내면, 바로 안전자산으로 방향을 틀기 때문에 위험회피를 목적으로 돈을 넣은 투자자들도 아쉬움을 느낄 때가 잦다.

출처 : 조선일보, 2018. 2. 22 수정.

1.4 배당주펀드

배당주펀드는 일반 주식형 펀드와 비슷하지만 펀드에 편입하는 종목에 차이가 있다. 즉, 대형주보다는 경기에 민감하지 않고 배당수익률이 높은 중소형 종목을 주로 편입한 상품이다. 주식형 펀드와 비교할 때 상대적으로 안정적인 상품으로, 특히 배당을 많이 주는 종목들이 대부분 기업가치가 뛰어난 우량주이기 때문에 배당수익은 물론 시세차익도 기대할 수 있다. 주가차익보다는 연말 배당수익을 목표로 안정적으로 운용되는 펀드이다.

배당주펀드는 편입종목의 주가가 예상 배당수익률 이상으로 상승하면 주식을 팔아 시세차익을 얻고, 주가가 오르지 않으면 배당시점까지 주식을 보유해 배당금을 받음으로써 주가 하락에 따른 손실을 만회하는 방식으로 수익을 추구한다. 주식형보다는 안전하지만 절대적으로 주가 하락에 안전한 것은 아니므로 분산투자가 필요하다.

2. 주가지수 관련 펀드

2.1 인덱스펀드

인덱스펀드(index fund)는 증권시장의 장기적 성장 추세를 전제로 하여 주가지표(예 : 코스피200지수 등)의 움직임에 연동되게 포트폴리오를 구성하여 운용함으로써 시장의 평균 수익을 실현하는 것을 목표로 하는 금융상품으로 패시브펀드(passive fund)라 한다.[4] 최소의 인원과 비용으로 투자위험을 효율적으로 감소시키기 위하여 가능한 한 적은 종목으로도 주가지표의 움직임을 근접하게 추적할 수 있는 포트폴리오를 구성하는 것이 자산운용의 핵심이다. 이 펀드는 분산투자를 통해 위험을 최소화하고 시장평균 수익을 목표로 하는 소극적 투자자에게 적합하다. 투자자들은 인덱스펀드를 고를 때 투자하는 펀드가 어떤 지수를 추종하는지 살피고, 지수가 갖는 특성을 확인해야 한다. 또한 수익률이 양호하고 추적오차가 작으며, 펀드 보수율이 낮은 펀드를 선택하는 것이 바람직하다.

인덱스펀드는 효율적인 분산투자 실현, 증권매매에 따르는 비용 절감, 저렴한 운용비용 등의 장점이 있지만, 목표 인덱스보다 낮은 투자성과, 구성종목 교체의 곤란성 등의 단점이 나타날 수도 있으므로 운용사의 능력을 잘 따져봐야 한다.

2.2 상장지수펀드와 상장지수증권

1) 상장지수펀드(ETF)

상장지수펀드(exchange traded fund ; ETF)란 앞에서 설명한 안정적인 수익률이 장점인 인덱스펀드에 개별 주식의 높은 환금성이 더해진 펀드이다. 특정한 주가지수 등의 움직임을 따라가도록 운용되는 것으로 거래소에 상장되어 증권회사의 주

---

4. 펀드매니저(fund manager)가 시장수익률을 초과하는 수익을 올리기 위해 적극적으로 운용하는 펀드를 액티브 펀드(active fund)라 한다.

식매매계좌를 통해 주식처럼 자유롭게 거래된다. 국내에서는 자산운용회사가 자사의 브랜드를 붙여, 예를 들면 KODEX(삼성자산운용), TIGER(미래에셋자산운용), KINDEX(한국투자신탁운용) 등의 이름으로 ETF를 발행하고 있다. 여기에 연계되는 지수는 국내 시장지수뿐만 아니라 산업별 지수, 각종 테마지수 등과 해외 주요 국가의 시장지수 및 섹터지수, 그리고 상품가격지수 등이 있으며, 수없이 많은 ETF 상품들이 거래소에 상장되어 실시간으로 매매되고 있다. 상장지수펀드(ETF)는 시장평균의 안정적인 수익률에 높은 환금성을 추구하면서 소액의 투자자금으로 분산투자의 이점을 누리고 싶은 투자자에게 권할 만한 상품이다. 상장지수펀드의 경우 배당 성격인 분배금은 일반 과세(15.4%)하나 매매차익은 주식과 마찬가지로 비과세한다.

상장지수펀드(ETF)의 가장 큰 장점은 분산투자효과와 저렴한 거래비용이라 할 수 있다. ETF에 투자하는 경우 특정 주가지수를 구성하는 종목에 폭넓게 투자함으로써 나타나는 위험분산효과로 인해 투자위험을 줄일 수 있다. 예를 들어 KODEX 200종목 1주를 매수하였다면, 주식 1주로 한국거래소의 유가증권시장에 상장된 대기업 200종목에 분산투자하는 셈이다.[5] 또한 ETF는 주식처럼 증권시장에 상장되어 거래되는데, 매도 시에는 증권거래세가 면제되고, 수수료도 일반 펀드에 비해 싼 편이다.[6]

---

5. 삼성자산운용이 만든 ETF인 KODEX200은 주식시장을 대표하는 200개 종목으로 구성된 KOSPI200 지수를 그대로 추적하도록 만들어진 것이다.
6. 현재 코스피 상장주식 거래에는 0.08%(농어촌특별세 0.15% 별도), 코스닥 상장주식 거래에는 0.23%의 증권거래세가 부과된다.

2) 상장지수증권(ETN)

▲ 2014년 11월 17일(월) 상장지수증권(ETN) 시장이 개설됨.

상장지수증권(exchange traded note ; ETN)은 기초지수(채권, 원자재, 통화, 주식, 선물 등) 변동과 수익률이 연동되도록 증권회사가 발행한 파생결합증권으로 거래소에 상장되어 거래되며, 상장지수채권이라고도 한다. 금융회사(증권회사)가 자기 신용으로 발행하고 상장지수펀드(ETF)처럼 거래소에 상장되기 때문에 시장에서 상장지수증권(ETN)을 자유롭게 사고팔 수 있다. 또한 미리 약정한 기초지수 수익률을 지급하겠다고 발행자가 약속하기 때문에 추적오차가 발생하지 않는다.

상장지수증권(ETN)은 적은 수수료로 해외 자산과 국내 전략상품 등에 투자할 수 있는 중위험 · 중수익 재테크 수단으로 꼽힌다. 거래량이 적지만 유동성 공급자(liquidity provider ; LP) 역할을 맡은 증권회사들이 가격대별로 촘촘하게 호가를 내주기 때문에 원하는 시기에 ETN을 팔아 현금화할 수 있다.[7] 거래방법은 주식과 같다. 국내 지수와 연계한 상품은 세금이 없지만, 해외 지수 연계상품, 원자재 상품 등에 대해선 매매차익 중 15.4%를 세금으로 내야 한다. ETN 투자의 가장 큰 위험요인은 발행자의 신용위험으로, 운용성과와 상관없이 발행주체가 파산하면 투자자금을 모두 잃을 수 있기 때문에 유의해야 한다.[8] 상장지수증권(ETN)과 상장지수펀드(ETF)를 비교하면 〈표 7-4〉와 같다.

7. 유동성 공급자 제도는 일정 시간 동안 일정한 범위 내의 호가가 없는 경우 의무적으로 매수 또는 매도 호가를 제시함으로써 유동성 부족으로 인한 거래부진을 해소하기 위해 도입되었다.

8. ETF의 경우 외부 수탁기관에 자금을 맡기기 때문에 발행기관의 신용위험은 없다.

표 7-4 상장지수증권(ETN)과 상장지수펀드(ETF)

구분	상장지수증권(ETN)	상장지수펀드(ETF)
발행사	증권회사	자산운용회사
법적 성격	파생결합증권	집합투자증권
만기	있음(1년 이상, 20년 이하)	없음
최소 지수 구성항목	5종목	10종목
파산위험	있음	없음
기초지수	특화지수	대부분 시장추종형 지수
수익구조	약정된 기초지수 수익 제공	운용실적에 따라 다름

자료 : 한국거래소

재테크 Tip

ETF 투자 시 주의할 점은

상장지수펀드(ETF) 투자방법은 주식과 비슷하다. 기존에 주식거래 계좌를 개설했다면 별도 계좌 개설 없이 바로 투자할 수 있다. 증권사별로 홈트레이딩시스템(home trading system ; HTS)이나 모바일트레이딩시스템(mobile trading system ; MTS)을 통해 사고팔거나 증권사 지점 방문, 전화 주문 모두 가능하다. 해외 ETF에 투자하려면 국내 상장된 ETF 중 해외 지수 등을 기초자산으로 한 ETF에 투자하는 방법이 있고, 해외 상장된 ETF에 직접 투자할 수도 있다. 해외 상장 ETF 투자 시에는 국내 HTS 등을 통해 외화증권을 약정하고 해외 주식 온라인 매매 신청을 한 뒤 환전해 투자해야 한다.

ETF 투자 위험

투자 위험	발생 대상	내용
괴리율 위험	국내외 ETF	괴리율이 높아지면 유동성 공급자가 ETF 물량을 투입하나 그 정도가 약함
		인기 있는 ETF의 추가 상장시 기초자산 거래가 원활하지 않아 상장 지연
	해외 ETF	국내 증권시장 종료 후 해외서 가격 변동
추적오차 위험	국내외 ETF	기초지수의 구성종목을 일부만 편입하거나 운용보수가 높음
환율변동 위험	해외 ETF	환노출형 ETF는 원화와 해당 통화의 환율변동이 가격에 반영

ETF는 기초자산을 좇는 상품으로, ETF에 투자하려면 최소한 순자산가치 · 시장가격 · 괴리율 · 추적오차 정도는 알아야 한다. 이들은 ETF와 기초자산 사이 불순물(각종 비용 등)이 얼마나 덜 끼는지 확인하기 위한 잣대다. 투자자는 가장 적은 차이가 나는 상품에 투자하면 된다.

순자산가치(net asset value ; NAV)는 이론상 가치에 해당하는데, 일반 펀드로 치면 기준가격과 비슷하다. 순자산가치는 ETF의 자산에서 ETF가 갚아야 할 부채를 뺀 뒤 이를 발행된 ETF의 총 증권 수로 나눈 값이다. 예를 들어 ETF에 삼성전자 주식 1억원어치와 포스코 주식 5,000만원어치, 현금 100만원이 있다면 이는 자산이다. 여기서 운용사에 지급할 미지급보수가 하루 10만원이라면 이는 부채다. 만약 발행한 총 ETF 증권 수가 10만좌라면 순자산가치는 (1억 5,100만원 – 10만원)/10만좌인 1,509원이 된다. 만약 다음날 삼성전자의 주가가 5% 올랐다면 그만큼 자산이 상승하지만 부채인 미지급보수도 20만원으로 커지므로 순자산가치는 1,558원이 된다.

순자산가치는 보통 하루 한 번 저녁에 산출해 다음날 공표하므로, 증권사는 이를 HTS 등에 전일 NAV라는 이름으로 투자자에게 제공한다. 일반 펀드는 NAV격인 기준가격을 하루 한 번 제공하지만 ETF는 기초자산인 지수 등의 변화에 따라 실시간추정순자산가치인 iNAV를 NAV 옆에 병기한다. 다만 증권사별로 장중 · 당일 · 현재 NAV라고 하거나 그냥 NAV라고 하면서 실시간으로 숫자가 변하기도 한다.

실제 투자자가 ETF를 사고팔 때는 매수 · 매도호가에 따라 가격이 결정되며, 이를 시장가격이라고 부른다. 순자산가치와 시장가격과의 차이가 괴리율이다. 이 순자산가치와 시장가격 간 차이가 적은 ETF가 좋은 상품이다.

추적오차는 기초자산인 지수 등이 10% 오를 때 순자산가치와 시장가격도 10% 오르는지 보여주는 지표다. 자산운용사가 효율성을 위해 기초자산을 그대로 ETF에 담지 않았거나 각종 비용, 배당금이나 이자 등이 발생하면 추적오차가 커지는데, 이는 투자수익과 직결된다. 지수의 변동은 한국거래소 홈페이지나 HTS에서 실시간 기초지수나 일자별 기초지수를 확인하면 된다.

초보자는 수수료를 더 내고 전문가의 도움을 받아 ETF에 투자할 수 있다. 대표적으로 증권사가 발행하는 ETF랩 상품과 은행 등에서 파는 ETF 재간접 펀드와 신탁상품이 있다. ETF랩은 여러 ETF에 투자하는 랩 상품에 가입하는 것으로, 증권사의 운용전략을 취할 수 있는 게 장점이지만 수수료가 높은 편이다. ETF 신탁상품은 증권사가 익숙하지 않은 투자자가 은행에서 투자하는 상품으로 투자자가 특정 ETF를 선택하면 은행에서 대신 매수해 준다.

직장인 등 시시각각 ETF 가격 변동을 체크할 수 없는 투자자는 ETF 자동적립서비스를 이용하면 편리하다. 매월 지정한 날짜에 자동으로 투자자가 선택한 ETF를 매수해 주는 것으로 수수료가 비교적 저렴하다.

출처 : 서울경제, 2018. 2. 4 수정.

시사 포커스

글로벌 기관투자가 84% "올해 ETF 투자 확대"

ETF 고를 때 가장 중요하게 고려하는 요소는

	미국 투자자	유럽 투자자	중화권 투자자
1위	운용사	거래량	거래량
2위	운용보수	운용사	운용사
3위	거래량	세금 효율성	과거 성과

자료 : 브라운 브라더스 해리먼

글로벌 기관투자가를 대상으로 한 설문조사 결과 올해 상장지수펀드(ETF) 투자를 늘리겠다고 응답한 비율이 사상 최고 수준을 기록했다. 특히 테마형 ETF, 액티브 ETF, ESG(환경 · 사회 · 지배구조) ETF에 대한 선호도가 높은 것으로 드러났다. 지난해 세계 ETF 운용자산(asset under management ; AUM) 규모가 10조 달러를 넘어선 가운데 올해도 성장세를 이어갈 것이라는 관측이 나온다. 2022년 3월 27일 금융투자업계에 따르면 미국 투자은행 브라운 브라더스 해리먼(Brown Brothers harriman & Co ; BBH)은 최근 미국 · 유럽 · 중화권 기관투자가 386명을 대상으로 ETF 시장에 대한 의견을 묻는 설문조사를 진행했다. BBH가 매년 실시하는 이 조사는 올해로 아홉 번째를 맞았다. 이번 조사에서 응답자의 84%는 "ETF 투자를 확대하겠다"고 답했는데, 이는 지난 9년간의 조사 중 가장 높은 수준이다.

미국 투자자는 ETF를 선택할 때 운용사를 가장 중요하게 고려하는 것으로 나타났다. 운용보수, 거래량, 세금 효율성, 거래 스프레드 등이 뒤를 이었다. 반면 유럽과 중화권 투자자는 거래량을 가장 중요하게 생각한다고 답했다. 2021년 설문조사에서 과거 성과가 중요하다고 응답한 비율이 가장 높았던 것과는 달라진 양상이다. 펀드매니저 재량으로 추가 수익을 추구하는 액티브(active) ETF에 대한 관심도 높았다. 액티브 ETF가 전체 ETF 시장에서 차지하는 비중은 2018년 2%를 밑돌았지만 2022년 2월 말 4.4%까지 높아졌다. 2022년 설문에서는 응답자의 78%가 "액티브 ETF 비중을 확대하겠다"고 답했다. 전년(65%) 대비 13%포인트 높은 수준이다. 액티브 ETF를 고를 땐 거래량, 과거 성과, 운용 경력, 운용보수 순으로 중요하게 생각하는 것으로 드러났다.

특히 기관투자가는 버퍼(buffer) ETF에 투자할 때 액티브 방식을 선호했다. 버퍼 ETF는 기초자산을 추종하면서 파생상품에 투자해 위험을 낮춘 상품이다. 손실 보존 폭이 클수록 기대 이익이 낮아지는 구조다. 2018년 처음 등장한 버퍼 ETF는 미국 시장을 중심으로 빠르게 성장하고 있다. 출시 상품은 140개, 총 AUM은 135억 달러에 달한다.

테마형 ETF의 성장도 지속될 것이라는 분석이 나온다. 작년 세계 테마형 ETF에는 805억 달러가량의 자금이 유입됐다. 이번 조사에서는 응답자의 85%가 테마형 ETF 비중을 늘리겠다고 답했다. 여러 테마 가운데 인터넷 · 기술, ESG, 가상자산, 로보틱스 · 인공지능, 자율주행 · 전기차 순으로 투자를 늘리겠다는 응답률이 높았다. ESG 투자에 대한 관심도 높아지는 추세다. 응답자의 89%가 ESG 투자를 확대하겠다고 답했고, 56%는 포트폴리오에서 ESG 테마 ETF 비중을 늘릴 것이라고 밝혔다.

출처 : 한국경제, 2022. 3. 28 수정.

2.3 주가연계 금융상품

1) 주가연계예금(ELD)

주가연계예금(equity linked deposit ; ELD)은 원금을 안전한 자산에 운용하여 만기 시 원금은 보장되고 장래에 발생할 이자의 일부 또는 전부를 주가지수(예 : KOSPI200지수 등)의 움직임에 연동한 파생상품에 투자하여 보다 높은 수익을 추구하는 상품이다. 이 상품은 신규 가입 당시 금리가 확정되었던 기존의 정기예금과는 달리 만기에 지수변동률에 따라 금리가 결정되는 구조로 되어 있으며, 원금은 보장되고 주가지수에 따라 추가적인 수익(이자)을 원하는 사람에게 적당하다. 주가연계예금(ELD)의 발행 및 판매사는 은행이고, 투자 형태는 예금 가입 형태이며, 5,000만원까지 예금자보호 대상이다.

주가지수 전망에 따라 주가지수 상승형, 하락형, 횡보형 등 다양한 구조의 상품 구성이 가능하다. 중도해지 시 중도해지 이율을 적용하여 산정된 금액에서 중도해지 수수료를 차감한 후 지급하거나 무이자인 경우도 있다.

2) 주가연계증권(ELS)

주가연계증권(equity linked securities ; ELS)은 기초자산인 특정 주식의 가격이나 주가지수의 변동에 연동되어 투자수익이 결정되는 증권으로 투자자는 발행회사(증권회사)의 운용성과와는 무관하게 주가 또는 주가지수의 움직임에 따라 사전에 약정된 수익률을 얻는 구조로 되어 있다.

주가연계증권(ELS)은 상승형과 하락형 등으로 다양하게 설정할 수 있으나 발행시점보다 주가가 일정 비율 이상 떨어지지 않으면 약속된 이자를 주는 '스텝다운(step-down)형' 이 일반적이다.[9] 국내에서 판매되는 ELS의 80% 이상은 해외의 대형 투자은행들이 만든 것을 국내 증권회사들이 사서 들여온 것이다. 한편 조기종료형인 녹아웃(knock-out)형은 기초자산 가격의 상승률이 미리 정해놓은 수준에 한 번이라도 도달하면 약속한 수익률을 지급하고, 도달하지 못한 경우에는 만기시점 기초자산 가격의 상승률에 비례하여 수익률이 결정되는 상품이다. 만약 주가지수가 하락할 경우에는 원금의 일정 비율을 받을 수 있다. 만기는 보통 3년이다. ELS의 중도 매매나 해지는 원칙적으로 불가능하다. 따라서 가입 시 가입하고자 하는 상품의 특성을 정확히 파악하여야 하며, 다수의 상품에 분산투자하여 적정한 포트폴리오를 구성하는 것이 안전하다.

재테크 Tip

스텝다운형 ELS

증권회사에서 거래되는 스텝다운형 ELS를 예시하면 다음과 같다.

항목	내용
기초자산	KOSPI200-S&P500
만기	3년
조기상환(월)	6개월
조기상환 배리어(barrier)(%)	90-90-85-85-80-80
녹인(knock-in) 배리어(%)	55
연 수익률	6%

먼저 KOSPI200 또는 S&P500의 가격이 발행 당시 가격(최초 기준가)과 비교하여 만기 전까지 한 번도 녹인 배리어(원금 손실이 발생할 수 있는 구간)인 55% 밑으로 떨어지지 않은 경우에는 각 조기상환 시점(매 6개월)에서 기초자산의 가격에 따라 조기상환 여부가 결정된다.

- **6개월 후** : KOSPI200과 S&P500의 가격이 모두 90% 이상인 경우 조기상환되며, 6개월 수익률은 3%임. 그렇지 않으면 조기상환은 다음 6개월 후로 미루어짐.
- **12개월 후** : KOSPI200과 S&P500의 가격이 모두 90% 이상인 경우 조기상환되며, 1년 수익률은 6%임. 그렇지 않으면 조기상환은 다음 6개월 후로 미루어짐.

9. 수익구조가 정반대인 '스텝업(step-up)형' 은 발행시점보다 주가가 일정 비율 이상 상승하지 않으면 약속된 이자를 지급한다.

- **18개월 후** : KOSPI200과 S&P500의 가격이 모두 85% 이상인 경우 조기상환되며, 1년 6개월 수익률은 9%임. 그렇지 않으면 조기상환은 다음 6개월 후로 미루어짐.
- **24개월 후** : KOSPI200과 S&P500의 가격이 모두 85% 이상인 경우 조기상환되며, 2년 수익률은 12%임. 그렇지 않으면 조기상환은 다음 6개월 후로 미루어짐.
- **30개월 후** : KOSPI200과 S&P500의 가격이 모두 80% 이상인 경우 조기상환되며, 2년 6개월 수익률은 15%임. 그렇지 않으면 조기상환은 다음 6개월 후로 미루어짐.
- **36개월 후** : KOSPI200과 S&P500의 가격이 모두 55% 이상인 경우 만기상환되며, 3년 수익률은 18%임. 만약 KOSPI200 또는 S&P500의 가격이 55% 미만으로 형성되는 경우 가격 하락률만큼 손실이 발생됨.

한편 KOSPI200 또는 S&P500의 가격이 발행 당시 가격(최초 기준가)과 비교하여 만기 전까지 한 번이라도 녹인 배리어인 55% 밑으로 떨어지는 경우에는 각 조기상환 시점(매 6개월)에서 기초자산의 가격에 따라 조기상환 여부가 결정된다.

- **6개월 후** : KOSPI200과 S&P500의 가격이 모두 90% 이상인 경우 조기상환되며, 6개월 수익률은 3%임. 그렇지 않으면 조기상환은 다음 6개월 후로 미루어짐.
- **12개월 후** : KOSPI200과 S&P500의 가격이 모두 90% 이상인 경우 조기상환되며, 1년 수익률은 6%임. 그렇지 않으면 조기상환은 다음 6개월 후로 미루어짐.
- **18개월 후** : KOSPI200과 S&P500의 가격이 모두 85% 이상인 경우 조기상환되며, 1년 6개월 수익률은 9%임. 그렇지 않으면 조기상환은 다음 6개월 후로 미루어짐.
- **24개월 후** : KOSPI200과 S&P500의 가격이 모두 85% 이상인 경우 조기상환되며, 2년 수익률은 12%임. 그렇지 않으면 조기상환은 다음 6개월 후로 미루어짐.
- **30개월 후** : KOSPI200과 S&P500의 가격이 모두 80% 이상인 경우 조기상환되며, 2년 6개월 수익률은 15%임. 그렇지 않으면 조기상환은 다음 6개월 후로 미루어짐.
- **36개월 후** : KOSPI200과 S&P500의 가격이 모두 80% 이상인 경우 만기상환되며, 3년 수익률은 18%임. 만약 KOSPI200 또는 S&P500의 가격이 80% 미만으로 형성되는 경우 가격 하락률만큼 손실이 발생됨.

일반적으로 스텝다운형 ELS는 기초자산의 수가 적고, 녹인 배리어가 낮은 상품 또는 없는, 즉 노녹인(no knock-in) 상품이 안전하나 수익률은 떨어진다.[10]

10. 녹인 배리어가 없는, 즉 노녹인 상품은 만기 시 가장 마지막 상환조건만 충족하면 되는 투자구조를 갖고 있기 때문에 원금 손실 가능성이 낮아지므로 녹인 상품에 비해 더 안전하다고 할 수 있다. 하지만 노녹인 상품 역시 만기평가일에 기초자산 가격이 상환조건보다 아래 있다면 손실이 발생하게 된다.

알아두기 7-2

파생결합증권(DLS), 기타파생결합사채(DLB), 주가연계파생결합사채(ELB)

- **파생결합증권**(derivative linked securities ; DLS) : 주식과 주가지수를 제외한 이자율, 통화(환율), 실물자산 등의 자산을 기초로 해서 발행되며, 기초자산의 가격변동에 따라 수익률이 결정되는 금융상품이다.[11] DLS는 ELS에 비하여 다양한 기초자산으로 상품 설계가 가능하며 투자와 헤지 목적으로 투자할 수 있다. 펀드매니저의 운용성과에 따라 수익률이 결정되지 않고, 사전에 정해진 방식에 의해 수익률이 결정되는 특징을 갖고 있다.
- **기타파생결합사채**(derivative linked bond ; DLB) : 주식과 주가지수를 제외한 이자율, 통화, 실물자산 등의 자산을 기초로 해서 발행되는 채권으로 기초자산의 가격변동에 따라 수익률이 결정되는 상품이다. 또한 금융투자회사가 원금 상환을 보장하여 원금은 보장되면서 기초자산의 가격변동에 따라 추가 수익을 추구할 수 있다는 것이 특징이다. DLB 상품은 가입할 때 미리 정해진 조건을 정해 놓고 그 조건에 맞으면 '최소보장금리 + 추가 수익'을 얻을 수 있게 되어 있다. 만약 조건을 충족하지 못하면 원금만 돌려받을 수 있다.
- **주가연계파생결합사채**(equity linked bond ; ELB) : 기초자산이 주식 또는 주가지수로 이루어 졌다는 차이가 있을 뿐 나머지는 기타파생결합사채(DLB)와 동일한 구조를 갖고 있는 금융상품이다. 주로 은행에서 판매하는 상품으로 원금보장형이기 때문에 위험이 적고, 약정 조건에 따라 추가적 수익을 올릴 수 있다는 장점이 있다. 그러나 ELS에 비해 고수익 구간이 제한적이어서 수익은 낮은 편이다. 또한 만기가 1년 이상인 경우가 많고 중도해지할 경우 손실이 발생하기 때문에 장기투자에 적합하다.

원금 \ 기초자산	주가, 주가지수	이자율, 통화, 실물자산 등
원금 보장[1)]	주가연계파생결합사채(ELB)	기타파생결합사채(DLB)
원금 비보장	주가연계증권(ELS)	파생결합증권(DLS)

1) 원금보장형이더라도 발행사인 증권회사가 파산하는 경우 원금 회수를 보장할 수 없기 때문에 발행사의 신용도도 살펴볼 필요가 있음.

11. 파생결합증권 DLS는 원래 넓은 의미로 주가연계증권(ELS)을 포함하는 포괄적인 개념이다. 그러나 DLS는 대부분의 경우 주가 및 주가지수를 제외한 나머지 자산을 기초자산으로 삼고 있는 파생증권을 가리키는 용어로 쓰이고 있다.

시사 포커스

ELS는 다시 살아날까

긴축 쇼크에 글로벌 증시의 변동성이 확대되면서 주가연계증권(ELS) 시장이 강력한 한파에 직면했다. 발행 규모가 예년에 비해 큰 폭으로 감소하는 등 투자자산으로서의 입지가 축소되는 모습이다. 증권가에서는 발행액이 줄면서 위축된 투자심리 살리기에 나서고 있다. 원금 손실 조건을 대폭 개선하고 높은 수익률을 제공해 투자자들의 시선을 모으고 있다. 다만 기초자산으로 활용되는 증시 상황에 따라 한동안 자금 상환이 연기될 수 있는 점은 주의가 필요하다는 조언이 나온다.

■ 증시 조정에 ELS 발행 '뚝'

2022년 2월 10일 한국예탁결제원 증권정보포털 세이브로에 따르면 2021년에 발행된 ELS 규모는 49조 2,305억원(원화 · 외화 합산)으로 집계된다. 2020년 42조 1,200억원에서 15%가량 늘었다. 그러나 2019년 전체 발행 규모인 76조 7,300억원보다는 약 56% 급감했다. 2017년부터 2019년까지 기록한 평균 발행액은 70조원 수준이다. 2020년부터 발행이 크게 줄기 시작한 셈이다. 2020년에는 코로나19에 따른 폭락장으로 인해 ELS를 발행한 증권사들이 대규모 마진콜(margin call ; 추가 증거금) 위기에 내몰리면서 발행이 축소됐다. 감독당국도 발행 총량을 제한하는 등 강력한 규제를 시사했다.

2021년에도 분위기는 비슷했다. 4분기부터 글로벌 증시의 상승세가 꺾이면서 조정 국면으로 진입한 영향도 작용했다. 기초자산으로 활용되는 주요 주가지수의 부진한 흐름에 조기상환액이 줄은 탓이다. 실제 2021년 3분기 말 전체 발행 규모는 11조원 수준으로 집계됐지만 연말에 이르러서는 9조 5,000억원을 소폭 웃도는 정도로 줄었다. 원화, 외화 ELS 모두 발행이 축소됐기 때문이다. 이 기간 원화의 경우 9조 8,000억원에서 8조 7,000억원으로, 외화는 1조원에서 8,400억원으로 내려앉았다.

정인지 유안타증권 연구원은 "지난해 4분기 ELS 발행 감소의 가장 큰 원인은 조기상환 금액의 감소로 신규 발행에 투자하기 위한 재원이 줄어들었기 때문"이라며 "이 시기 조기상환 금액이 전분기 대비 절반 이상 줄면서 신규 발행이 쉽지 않은 여건이었다"고 평가했다.

■ 투심 살리기 나선 증권가

ELS 발행의 부진이 이어지자 증권사들은 투자자들의 이목을 끌 수 있는 조건들을 내걸고 있다. 최근 삼성증권은 세전 연 9.04%의 수익을 제공하는 ELS를 선보인 바 있다. 유로스톡스50과 스탠더드앤드푸어스(S&P)500 지수를 기초자산으로 하는 이 상품은 3년 만기로 두 지수가 최초 기준포인트의 55% 미만으로 하락하지만 않으면 약정이율과 함께 투자원금을 돌려준다. 키움증권도 연 8.8%의 수익률을 제시하는 상품을 내놨다. 기초자산은 S&P500과 니케이225, 유로스톡스50 지수다. 수익조건은 세 지수 모두 최초 기준가격의 45% 미만으로 내려가지 않는 것이다. 한국투자증권은 연 8%의 수익을 지급하는 ELS를 출시했다. 기초자산은 홍콩 H지수를 비롯해 S&P500, 유로스톡스50 지수다. 마찬가지로 세 지수가 만기(3년)까지 기준가격의 50% 미만으로 내려가지 않으면 보장한 수익을 받을 수 있다.

지난해까지만 해도 증권사들은 국내외 지수를 기초자산으로 활용한 ELS 상품에 연 3~5%의 수익률을 제공했다. 당시 수준과 비교하면 배 가까이 오른 셈이다. 미국 연방준비제도의 긴축 영향으로 자산 가격이 불안정해지면서 투자 심리가 악화되자 증권사들이 확정이율을 올리고 있는 것으로 풀이된다.

■ 투자 전 리스크도 고려해야

예년에 비해 몰라보게 높아진 수익률에도 불구하고 ELS 청약 전 리스크 파악은 필요하다는 조언이 나온다. 기초자산 상황에 따라 목표했던 상환기간 내 원금회수가 안 될 수 있어서다. 원금상환 지연은 양날의 검과 같다. 삼성증권이 내놓은 연 9%대 ELS의 경우 3개월마다 조기상환 기회가 부여된다. 설정 이후 유로스톡스50과 S&P500 지수가 5% 이상 떨어지지 않으면 원금 대비 2.26%의 수익을 첫 조기상환 시점에 준다.

다만, 이들 지수가 기준 범위를 이탈해 하락하면 다음 상환 심사 기일까지 3개월씩 추가적으로 기다려야 한다. 기간이 늘어나는 만큼 수익률도 오른다. 청약 이후 1년이 되는 시점에 상환이 될 경우 9.04%의 이율을 받는 식이다. 수익률은 상향되지만 단기 목적성 자금으로 투자했다가 원금이 묶이면 낭패를 볼 수도 있는 셈이다.

황세운 자본시장연구원 연구위원은 "대부분의 경우 높은 확률로 원금상환이 되지만 지수 상황에 따라 원금상환이 미뤄질 수도 있다"며 "청약 전 조기상환 실패, 원금 손실과 같은 위험성 등을 파악해 둘 필요가 있다"고 조언했다.

출처 : 비즈니스워치, 2022. 2. 10.

3) 주가연계펀드(ELF)

주가연계펀드(equity linked fund ; ELF)는 운용자산의 대부분을 주가연계증권(ELS)에 투자하는 펀드 형태의 상품이다. 주가연계펀드(ELF)는 ELS를 만들 수 없는 자산운용회사가 그와 유사한 상품으로 만들어 내놓은 것으로 ELS펀드라고 부르기도 한다. ELF는 예금자보호 대상은 아니며, 판매사는 은행, 증권회사, 자산운용회사 등이다.

주가연계예금(ELD)이나 주가연계증권(ELS)이 사전적으로 제시된 목표수익을 추구하는 반면, 주가연계펀드(ELF)는 운용실적에 따라 이러한 목표수익보다 더 큰 추가적인 수익이 발생할 수 있다는 점에서 차이가 있다. 투자 형태가 유가증권이 아닌 수익증권(펀드)에 가입하는 것으로 중도환매는 가능하나 원금 손실 가능성이 존재한다.

이상에서 설명한 주가연계예금과 증권, 펀드를 동시에 비교하면 〈표 7-5〉와 같다.

표 7-5 주가 연계 금융상품의 비교

구분	주가연계예금(ELD)	주가연계증권(ELS)	주가연계펀드(ELF)
판매(발행)기관	은행	증권회사	자산운용회사
상품 성격	예금	유가증권	투자신탁펀드
만기수익	지수에 따라 사전에 제시한 수익 확정지급	지수에 따라 사전에 제시한 수익 확정지급	운용실적에 따라 실적배당
예금보호	보호	비보호 (발행사의 신용이 중요)	비보호 (실적배당 상품)
중도해지	가능 (원금 손실 가능)	불가능 (유가증권시장에서 매도, 원금 손실 발생 가능)	가능 (원금 손실 가능)
장점	은행이 제시한 수익 보장	증권회사가 제시한 수익을 달성할 수 있도록 상품 구성	추가 수익 발생 가능
단점	추가 수익 없음	추가 수익 없음	제시 수익 보장 없음

3. 회사형 간접투자상품 : 뮤추얼펀드

뮤추얼펀드(mutual fund)란 주식을 발행해 개인, 법인 등 투자자들로부터 모은 자본금을 전문가(자산운용회사)에게 맡겨 유가증권, 파생상품, 부동산, 특별자산 등에 투자하도록 한 뒤 그 운용성과를 배당금 형태로 투자자에게 돌려주는 회사형 투자신탁을 말한다. 뮤추얼펀드는 펀드 자체가 하나의 주식회사로 설립되나 서류상의 회사(paper company)로 실체는 없다. 이전까지 설명했던 펀드는 특정 회사가 수많은 펀드를 설정한 후 자금을 투자받아 운용하면서 수수료를 받는 형태, 즉 계약형 투자신탁(수익증권)이었다. 동일한 금액을 투자했다 하더라도 계약형 펀드에 투자하면 단순히 투자를 위임한 위탁자 신분이지만 회사형 펀드에 투자하면 주주 신분이 된다. 앞에서 설명한 수익증권과 뮤추얼펀드를 비교하면 〈표 7-6〉과 같다.

그림 7-2 뮤추얼펀드 흐름도

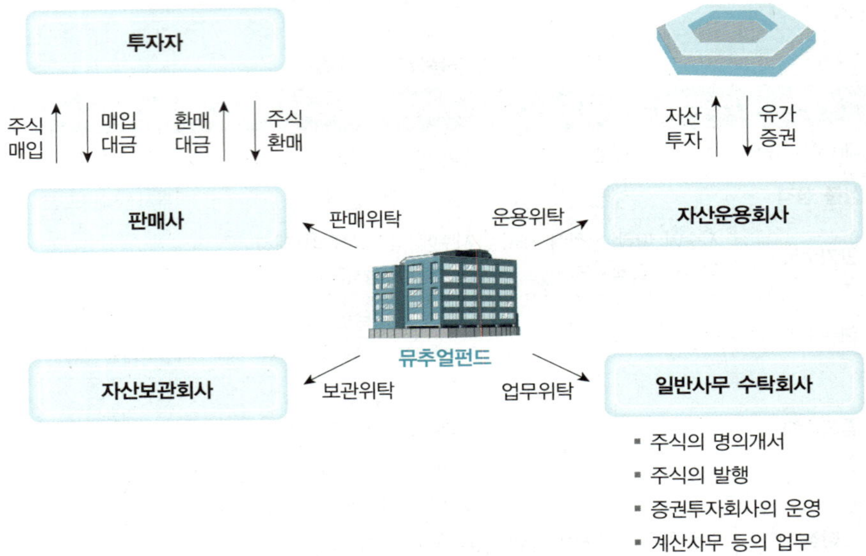

표 7-6 수익증권과 뮤추얼펀드의 비교

구분	수익증권 (계약형 투자신탁)	뮤추얼펀드(회사형 투자신탁)	
		개방형	폐쇄형
설립 형태	신탁계약에 의한 계약 관계	펀드 자체가 법인 (주식회사)	펀드 자체가 법인 (주식회사)
투자자의 법적 지위	수익자	주주	주주
발행증권	펀드	주식	주식
매도(환매)방법	환매 청구(펀드자산 매각을 통해 지급)	발행회사에 주식 매도 (감자)	만기 시 투자자금 회수 또는 증권시장 통한 주식 매도

4. 실물펀드

실물펀드는 증권, 즉 주식이나 채권 등을 투자대상으로 하는 기존 펀드와는 다르게 부동산, 선박, 철광, 금속 등 실물 상품에 투자하는 일종의 대안투자(alternative investment)이다. 여기에서는 선박펀드와 부동산 간접투자에 대해서 알아본다.

4.1 선박펀드

선박펀드는 투자자들의 자금을 모아 벌크선 · 컨테이너선 등의 선박을 건조 또는 구입한 후 이를 선박운항회사에 빌려주고 여기서 발생하는 투자수익을 투자자들에게 되돌려주는 구조의 펀드이다. 우리나라에서는 2004년에 처음 도입되었다. 선박펀드는 비교적 높은 이자를 보통 3개월에 한 번씩 지급받을 수 있어 금융소득자에게 적합한 상품이다. 또 만기도 보통 15년이어서 노후생활 대비에 좋은 상품이다.

선사에 빌려주는 배에 대한 담보가 설정되기 때문에 안정성이 어느 정도 확보된다. 선박펀드는 운용기간 동안 투자자에게 안정적인 배당수익을 지급하는 것 외에 만기 시에 선박을 매각한 차익(또는 손실)을 투자자에게 분배하도록 약정되어 있다.

4.2 부동산 간접투자

부동산은 그 고유한 특성으로 인해 정보의 비대칭성이 심하고 관련 법제가 복잡하여 직접투자하는 데 거액의 자금과 상당한 위험이 따르는 것이 사실이다. 따라서 직접투자보다는 부동산 간접투자에 관심을 갖는 경우가 많다. 최근에는 부동산과 금융을 접목한 여러 가지 부동산 간접투자 상품이 있으므로 이를 잘 활용하면 유용한 투자수단이 될 것이다. 그 대표적인 것이 부동산펀드(real estate fund)와 리츠

(real estate investment trusts ; REITs)이다. 이들 간접투자 상품은 금융기관이 투자자들로부터 자금을 모아 펀드를 조성하여 부동산에 투자하고 얻은 운용수익을 가입자들에게 나누어 주도록 설계되어 있다. 이러한 금융상품은 거액이 소요되는 부동산 투자자금을 소액으로 증권화하여 건전한 투자를 유도하는 한편, 부동산 개발이익을 다수의 사람에게 골고루 나누어주는 역할을 한다.

1) 부동산펀드

부동산펀드는 부동산 및 부동산 관련 사업을 투자대상으로 하는 펀드를 말한다. 자본시장법에 의한 부동산펀드는 펀드 재산의 50%를 초과하여 부동산 및 부동산 관련 자산에 투자하는 펀드를 말한다. 부동산펀드는 부동산 외에 부동산을 기초자산으로 하는 파생상품, 부동산 개발과 관련된 법인에 대한 대출, 부동산의 개발, 부동산의 관리 및 개량, 부동산의 임대, 부동산 관련 권리의 취득, 부동산을 담보로 한 금전채권의 취득, 부동산과 관련된 증권 등으로 재산을 운용할 수 있다. 부동산펀드는 운용형태에 따라 임대형, 대출형, 개발형, 경・공매형으로 구분된다.

개인은 아파트나 상가, 땅, 건물 등의 부동산에 투자하려고 해도 투자자금에 한계가 있다. 하지만 부동산펀드를 활용하면 소액으로도 부동산에 투자가 가능하다. 그러나 부동산펀드는 투자자금의 회수기간이 비교적 길고 유동성이 낮다. 또한 특정 부동산이나 개발사업과 연관되어 있기 때문에 항상 가입할 수 있는 것도 아니다. 부동산펀드의 특징을 요약하면 〈표 7-7〉과 같다.

표 7-7 부동산펀드의 특징

주요 속성	내용
가입대상	제한 없음
예치기간	제한 없음(개별 상품별로 정함)
가입한도	제한 없음
세금 혜택	취득세와 등록세 30% 감면, 양도차익 발생 시에도 배당소득세만 부담
예금보호 여부	보호 안 됨
취급기관	• 운용 : 자산운용회사 • 판매 : 은행, 증권회사, 보험회사
수익	실적배당

증권회사에서 주로 판매하는 부동산펀드는 아파트 또는 상가를 짓기 위해 초기 토지매입대금이나 시공비를 시행사에 대출해 주고 대출이자를 수익으로 하는 '부동산 프로젝트 파이낸싱(PF) 펀드', 즉 대출형 부동산펀드이다. 이러한 PF펀드는 비교적 높은 수준의 준확정 수익을 제공하고 만기가 2~3년으로 다른 부동산펀드에 비해 비교적 만기가 짧다는 이점이 있다. 또한 시공사의 신용위험이 적고 사업성도 높은 프로젝트라면 투자 원리금 회수에 별다른 문제가 없다.

알아두기 7-3

프로젝트 파이낸싱

프로젝트 파이낸싱(project financing ; PF)은 대규모 위험사업에 대한 자금조달 방법으로, 프로젝트를 추진하려는 사업주의 신용이나 물적 담보에 의존하지 않고 프로젝트 자체의 경제성에 기초해 자금을 지원하는 금융기법을 말한다. 금융기관들이 프로젝트 사업을 담보로 대출해 주고 사업이 진행되면서 얻어지는 수익금으로 자금을 되돌려 받는 선진 금융기법이다. 일반적인 금융이 대출을 받는 회사의 전체 신용을 감안해 이뤄지는 것과 달리 프로젝트 파이낸싱은 회사의 신용은 보지 않고 해당 특정 사업의 사업성만을 분석해 자금을 대출해 준다.

프로젝트 파이낸싱은 당초 SOC사업, 도로 · 공항 등 시설투자사업, 석유개발사업과 같은 대규모 · 고수익 · 고위험 사업 등을 주로 대상으로 시작되었으나, 최근에는 부동산개발사업, 아파트 건립 · 분양, 주상복합건물 신축 · 분양, 대형 테마상가 등과 같은 부동산 사업으로 점차 그 범위가 확대되고 있다. 일반적으로 금융기관으로부터 프로젝트 파이낸싱 지원을 받으려면 시행사의 사업계획서를 기본적으로 검토하지만 시공사의 보증이 있어야 하기 때문에 사업의 수익성이 확실해야 하고, 무엇보다 시공사의 시공능력 및 신용도가 중요하다.

부동산 사업에서 시행사란 사업을 진행하는 주체가 되는 회사이고, 시공사는 실제로 건축사업을 맡는 회사, 예를 들면 현대건설과 같은 건설기업을 말한다. 프로젝트 파이낸싱은 주식시장의 위축과 저금리에 따른 채권, 예금 등 전통적 투자수단의 수익률 저하가 지속되면서 새로운 고수익 투자대상의 한 축으로 많은 관심을 받고 있다.

2) 리츠

리츠(REITs)란 다수의 투자자로부터 자금을 모집하여 부동산 또는 부동산과 관련된 유가증권에 투자 · 운용하여 발생한 수익을 투자자에게 배당하는 회사형 부동산 간접투자 방식이며 부동산 투자신탁으로도 불린다. 일반 투자자는 리츠 주식

표 7-8 리츠(REITs)의 특징

주요 속성	내용
가입대상	제한 없음
예치기간	설립 리츠별 개별 설정
가입한도	제한 없음
세금 혜택	• 부동산 매입 시 취득세 및 등록세 30% 감면 • 토지재산세는 0.2%의 단일세율이 적용되며, 종합부동산세 대상에서 제외
예금보호 여부	보호 안 됨
취급기관	• 운용 : 자산운용회사 • 판매 : 증권회사
수익	실적배당

에 공모하거나 거래소에 상장된 리츠 주식의 매매를 통해 부동산 투자에 참여할 수 있다. 리츠는 부동산 매입 시 발생하는 취득세와 등록세 감면을 통한 세제상의 혜택은 물론 수익성, 안정성, 부동산 투자기회 확대 측면에서 장점을 가진 부동산 간접투자 상품이다. 리츠의 특징을 요약하면 〈표 7-8〉과 같다.

리츠는 주식회사 형태이기 때문에 발생한 수익은 리츠의 운용 결과 및 청산에 따라 주주에게 배당하는 형식이며, 세제 혜택이 주어지는 점도 특징이다. 투자대상이 실물자산인 부동산이므로 물가가 상승해도 투자가치의 하락위험이 적고, 최악의 경우 보유 부동산 처분으로 투자원금의 손실을 최소화할 수 있다. 부동산의 유동성을 증대시키고 소액투자자의 대형 부동산 투자기회를 확대하는 상품이다. 다만 리츠는 투자원금이 보장되지 않으며 운용실적에 따라 손실이 발생할 수도 있다. 따라서 리츠 운용회사의 과거 운용실적과 투자전략, 투자설명서 등을 확인한 후 자

표 7-9 리츠의 유형

유형	투자대상	내용
자기관리 리츠	일반 부동산	자산의 투자·운용 등 전반적인 자산관리를 자체 자산운용 전문 인력으로 직접 수행하는 형태의 리츠
위탁관리 리츠	일반 부동산	자산의 투자·운용 등 전반적인 자산관리를 외부의 전문 자산관리회사에 위탁하는 형태의 리츠
기업구조조정 리츠 (CR-REITs)	기업구조조정 부동산	기업의 채무상환을 위해 매각하는 부동산을 대상으로 설립되고 자산관리는 외부의 전문 자산관리회사에 위탁하는 형태의 리츠
개발전문 리츠	개발 가능 부동산	부동산 개발 사업에 투자하고 자산의 투자·운용 등 전반적인 자산관리를 외부의 전문 자산관리회사에 위탁하는 형태의 리츠

신의 투자성향, 투자기간 및 투자 규모 등을 감안하여 투자 결정을 내려야 한다. 한편 리츠의 유형을 분류하면 〈표 7-9〉와 같다.

부동산펀드와 리츠를 비교하면 〈표 7-10〉과 같다.

표 7-10 **부동산펀드와 리츠의 비교**

구분	부동산펀드	리츠
근거 법률	자본시장법	부동산투자회사법
자금조달 형태	주로 공모(public offering)로 자금조달	주로 사모(private placements)로 자금조달
법적 형태	계약형 투자신탁	회사형 투자신탁
투자대상	설정기간이 2~3년 정도인 부동산, 오피스 · 상업시설 등	5년 이상의 장기투자 부동산

알아두기 7-4

대체펀드

대체펀드는 주식이나 채권을 제외한 특정 자산에 금융공학 기법을 활용해서 투자하는 첨단 투자상품을 말한다. 즉, 주식형 펀드나 채권형 펀드, 그리고 이를 섞은 혼합형 펀드 등 전통적인 펀드를 제외한 나머지 펀드들을 대체펀드로 본다. 부동산펀드나 선박펀드, 금펀드와 같은 실물펀드 외에도 본 책에서 별도로 다루고 있는 주가연계증권(ELS), 그리고 인프라펀드, 경매펀드 등도 모두 이에 속한다. 참고로 인프라펀드(infra fund)는 자금을 모아 사회간접자본(SOC)에 투자한 뒤 여기서 생긴 수익금을 투자자에게 배당금 형식으로 나눠주는 펀드다.

한편 대체펀드가 목표로 하는 투자수익률은 시중금리에 플러스 알파(α) 정도의 수익을 노리는 상품이 대부분이다. 때문에 '대박'을 기대하기는 어렵지만 그만큼 안정적인 수익을 거둘 수 있다는 점이 장점으로 꼽힌다. 또 주가나 금리 · 환율과 같은 외부 변수들에 의한 영향이 비교적 적다. 그러나 '원금보장추구형'과 같은 선전문구만 보고 대체펀드가 마치 원금이 보장되는 것처럼 오해해서는 안 된다. 판매사에서 제시한 만큼의 수익이 나지 않을 수 있으며 원금 손실의 가능성도 있기 때문이다. 특히 대체펀드는 일반 펀드와 달리 상품별로 수익구조나 세제 혜택이 다르고 투자기간도 길기 때문에 이러한 점에 특히 유의해야 한다.

시사 포커스

'뮤직카우 + 스틱', 초대형 음원 펀드 만든다

음악 저작권 투자 플랫폼으로 유명한 뮤직카우가 사모펀드(private equity fund ; PEF) 운용사인 스틱인베스트먼트와 손잡고 국내 최대 규모의 음원 투자 펀드를 조성한다. 다양한 음원의 지식재산권(intellectual property ; IP)을 확보해 뮤직카우의 기업가치를 키우는 동시에 음원을 유망 투자처로 확실히 자리 잡게 하겠다는 포석으로 해석된다. 스틱은 또 뮤직카우에 전환사채(convertible bond ; CB) 형태로 1,000억원을 투자해 '제2의 하이브' 투자 신화를 기대하는 모습이다.

2022년 3월 7일 투자은행(investment bank ; IB) 업계에 따르면 스틱은 뮤직카우에 총 4,000억원을 투자하기로 하고 우선 음원 투자 펀드 조성에 3,000억원을 투입하기로 했다. 이를 위해 뮤직카우는 최근 자산운용사인 '뮤직카우포트폴리오인베스트먼트'를 자회사 형태로 설립했으며 스틱 측이 투자하는 자금을 운용하게 된다.

음원 저작권을 사들이는 펀드는 국내에서는 아직 초기 단계로 피네이션 등 몇몇 업체가 조성한 펀드도 100～300억원 수준이다. 이에 따라 뮤직카우와 스틱의 3,000억 펀드가 출범하면 음원 거래 시장에 엄청난 폭발력을 일으킬 것으로 전망된다. 스틱은 이르면 이달 중 투자를 마무리할 계획이다. IB 업계의 한 핵심 관계자는 "스틱은 이번 투자로 음원 펀드의 대형화에 물꼬를 트면서 향후 유망한 음원 IP를 확보하는 데 실탄을 아끼지 않겠다는 계획"이라며 "뮤직카우의 펀드에 최대 출자자(limited partner ; LP)는 물론 단독 투자도 가능하다는 입장"이라고 설명했다.

스틱은 또 뮤직카우의 사업 확대를 겨냥해 1,000억원의 CB를 인수, 뮤직카우의 자금력을 보강하는 한편 주요 주주 자리를 예약하기로 했다. 스틱 측은 이번 투자 후 뮤직카우의 기업가치를 7,000억원 수준으로 평가한 것으로 알려졌다. 지난해 상반기 뮤직카우가 진행한 투자 유치 당시 기업가치는 1,500억원 안팎이었다.

스틱이 뮤직카우에 대규모 투자를 단행하는 것은 콘텐츠 분야, 특히 음원 IP 시장의 전망을 밝게 보면서 BTS 소속사인 하이브 투자의 대박을 재연해 보겠다는 의지로 전해졌다. 스틱 측은 지난 2018년 10월 약 1,000억원을 하이브에 투자해 지난해까지 모든 지분을 9,600억원가량에 처분하여 엄청난 투자수익을 올린 바 있다.

2016년 설립된 뮤직카우는 여러 개로 쪼갠 음악 저작권료 참여 청구권을 투자자들이 뮤직카우 플랫폼에서 거래하는 방식으로 운영되고 있다. 뮤직카우는 이 같은 독창적 사업 모델과 공격적 마케팅을 통해 올 2월 중순 기준 회원 수가 1년 만에 3배 이상 증가하며 100만 명을 돌파했다. 최근 누적 거래액도 3,400억원을 넘어 1년 전보다 6배 이상 증가했다. 앞서 산업은행과 LB인베스트먼트 · 프리미어파트너스 등이 뮤직카우의 주주로 참여해 총 320억원을 투자하기도 했다.

엔터테인먼트 업계의 한 관계자는 "음악 스트리밍 시장의 빠른 성장 속에 메타버스, 대체불가 토큰(non-fungible token ; NFT) 등과 연계해 부가 수익을 창출할 수 있는 음원은 이미 세계적으로 우량 투자자산으로 인정받고 있다"고 설명했다. 실제 글로벌 주요 음반업체인 유니버설뮤직과 워너뮤직 · BMG 등이 음원 저작권 확보에 투자를 늘리고 있고 세계 최대 PEF인 블랙스톤이 지난해 10월 영국의 음원 투자회사와 10억 달러(약 1조 2,000억원) 규모 펀드를 조성하기도 했다. 2021년 미래에셋증권을 상장 주관사로 선정한 뮤직카우는 스틱의 이번 투자를 발판으로 내년 중 국내 증시 상장을 추진할 계획이다. IB 업계는 내년 상장 시 뮤직카우의 기업가치를 2조원 안팎으로 기대하고 있다.

출처 : 서울경제, 2022. 3. 8 수정.

5. 기타 펀드

5.1 재간접펀드

재간접펀드(fund of funds)란 펀드 자산을 다른 펀드가 발행한 집합투자증권에 50% 이상 투자하는 펀드를 말한다. 현재 우리나라에서 설정된 펀드 수는 거의 1만여 개에 육박하는 것으로 알려져 있다. 일반 투자자로서는 어떤 펀드에 가입할 것인지를 결정하는 것이 쉬운 일이 아니다. 이러한 고민의 해결 방안으로 재간접펀드가 등장했다. 이 펀드는 이미 설정된 펀드 중에서 우량 펀드(해외 펀드 포함)만 골라 분산투자하는 펀드로 영문 이름 그대로 '펀드오브펀즈(fund of funds)' 라고 부르기도 한다.

재간접펀드에 가입하면 여러 자산운용회사들이 운용하는 다양한 펀드에 동시에 가입한 것과 유사한 효과가 있어 분산투자 효과를 높일 수 있으며 동시에 다양한 투자전략의 효과도 거둘 수 있다. 그러나 재간접펀드는 펀드에서 또 다른 펀드에 투자하는 구조이므로 판매 및 운용 보수를 이중으로 지급하는 결과를 초래하는 등 비용 부담이 일반 펀드에 비해 높을 수 있으므로 가입 전 펀드투자 목적, 펀드 유형, 판매 · 운용보수 등 투자자가 부담하는 비용 등의 확인이 필요하다.

5.2 랩어카운트

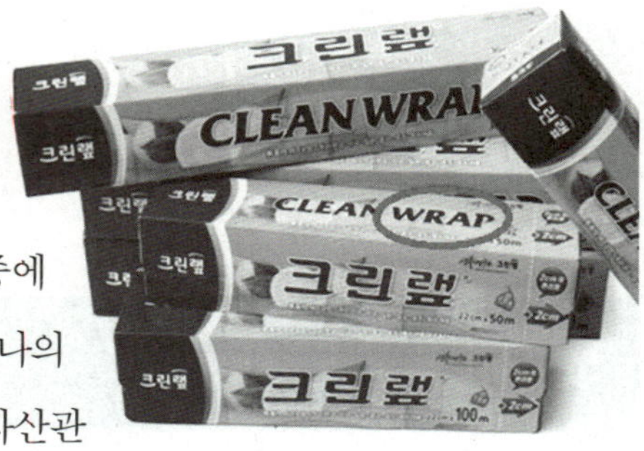

랩어카운트(wrap account)는 '포장하다' 라는 뜻의 'wrap' 과 '계좌' 를 의미하는 'account' 가 결합된 말로 주식, 채권, 펀드, 파생상품 등 여러 금융상품 중에서 투자자의 기호에 맞는 상품을 골라 하나의 계좌를 통해 전문가가 운용해 주는 종합자산관리계좌를 의미한다. 고객의 성향에 따라 투자자의 자산 포트폴리오를 증권회사가 도맡아 구성하고 운용하는 일임형(즉, 투자자금의 운용을 증권회사에게 일임하는 형식) 랩어카운트가 활성화되면서 크게 인기를 끌고 규모도 급격히 증가하고 있다.

랩어카운트는 일임 정도에 따라 세 가지가 있다. 먼저 '일임형' 은 자산 포트폴리오 구성에서 운용까지 모두 증권회사가 대행하는 유형이며, '자문형' 은 증권회사는 투자에 대한 조언과 자문만 하고 실제 주문은 투자자가 직접 하는 유형이다. '펀드형' 은 증권회사가 고객의 성향 등을 파악하여 고객에게 가장 적합한 최우수 펀드로 포트폴리오를 구성하는 투자전략을 제안하는 유형이다. 거래횟수와 상관없이 서비스의 대가로 연간 1～3%의 수수료를 내며 수시입출금이 가능하다. 투자자산의 실제 운용은 투자자의 성향에 맞추어 상의 후 운용하며, 수익률은 실적배당이다. 따라서 원금 손실이 발생할 수 있다.

알아두기 7-5

랩어카운트와 펀드의 차이점

랩어카운트와 일반적인 펀드는 전문가의 도움을 받아 간접투자하는 상품이라는 점에서는 동일하나 다음과 같은 중요한 차이점이 있다.

	랩어카운트	펀드
판매수수료	없음(단, 서비스 수수료 부담)	있음(펀드에 따라 다름)
환매수수료	없음	있음(규약에 따라 다름)
운용방식	개별 계좌로 운용	펀드매니저가 통합 운용
맞춤형 투자	투자자 성향에 따라 조절 가능	투자자 의견 반영 어려움
단일종목 투자한도	제한 없음	10% 이내
목표수익률	절대수익 추종	벤치마크 추종
투자내용 확인	실시간 · 온라인으로 가능	별도 요구 필요

5.3 헤지펀드

헤지펀드(hedge fund)는 사모의 형식으로 소수의 투자자로부터 자금을 모아 다양한 투자대상에 다양한 투자전략(대표적으로 저평가된 자산을 사고(long), 고평가된 자산은 공매도(short selling)하는 롱숏(long-short) 전략이 있음)으로 운용하여 고위험 · 고수익을 추구하는 펀드를 말한다.[12] 이미 헤지펀드가 활성화되어 있는 외국의 경우와 달리 우리나라는 헤지펀드 도입 초기(2011년 말부터 도입)라는 점과 개인투자자의 헤지펀드 투자전략에 대한 이해도 등을 고려하였을 때 현재는 금융지식이 있고 위험을 감수할 능력이 있다고 판단되는 고액 투자자에게만 가입이 한정되어 있다.

12. 공매도(空賣渡)는 말 그대로 없는 현물을 미리 파는 무차입 공매도(naked short selling)와 빌려온 현물을 매도하는 차입 공매도(covered short selling)로 나눌 수 있는데, 현재 우리나라에서는 무차입 공매도는 금지되어 있다.

시사 포커스

창과 방패를 함께 사용하는 롱숏펀드

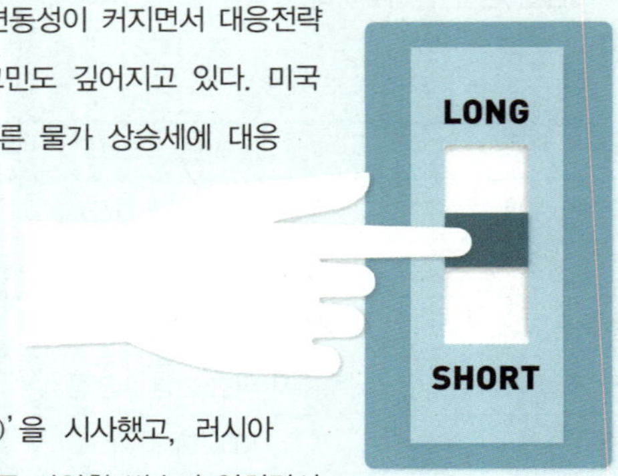

올해 들어 증시 변동성이 커지면서 대응전략을 짜는 투자자들 고민도 깊어지고 있다. 미국 연방준비제도가 가파른 물가 상승세에 대응하기 위해 기준금리 인상폭을 0.25%포인트에서 0.5%포인트로 확대하는 이른바 '빅스텝(big step)'을 시사했고, 러시아의 우크라이나 침공 등 다양한 변수가 얽히면서 시장에도 큰 영향을 미치고 있다. 일례로 미국 나스닥100지수는 지난 1~2월 14%가량 하락했지만, 3월 초부터 29일까지 다시 9%가량 상승하며 널을 뛰고 있는 양상이다. 이처럼 불안정한 장세에 롱숏펀드가 수익을 낼 수 있는 펀드로 주목받고 있다. 매수(long)와 매도(short) 전략을 동시에 활용하는 방법이다. 흔히 롱은 현재 저평가돼 주가가 오를 것으로 예상되는 주식을 사들이고, 숏은 주가 하락이 예상되는 주식을 빌리는 차입 공매도를 하거나 지수선물을 매도하는 방식으로 이뤄진다. 지수를 반대로 추종하는 인버스 상장지수펀드(ETF)를 사들이기도 한다. 페어트레이딩(pair trading)은 롱숏 전략의 핵심 매매 기법으로 두 자산 가격의 변동성을 활용해 매매하는 차익거래(arbitrage)를 뜻한다. 국내 헤지펀드의 상당수가 이 같은 롱숏 전략을 사용한다.

고평가 주식을 공매도하고 저평가 주식을 매입하는 주식 간 롱숏 전략을 흔히 사용한다. 가령 삼성전자 주가가 기업가치 대비 낮아 상승이 예상되고, SK하이닉스는 상대적으로 하락세가 예상될 경우 삼성전자는 매수 포지션을 취하고 SK하이닉스에 대해 공매도하는 전략을 택한다. 이를 통해 펀드 수익률은 높이고 변동성은 낮출 수 있다. 매수 비중이 큰 전략을 롱 바이어스트(long biased), 매도 비중이 큰 것을 숏 바이어스트(short biased)라고도 부른다.

▪ 방어전략으로 중위험 · 중수익 추구

롱숏펀드는 창과 방패를 모두 활용하는 상품으로 비유할 수 있다. 주식과 지수선물을 함께 갖고 있으면 하락장에서 주식이 떨어져도 지수선물이 오르면서 수익률을 방어할 수 있다는 것이다. 주식이 오르는 상승장에서 수익을 내고 하락장에서 방어하는 전략을 추구한다. 매수와 매도 포지션을 동시에 취하기 때문에 꾸준히 상승하는 장에서는 수익이 상대적으로 적을 수 있다. 풍부한 유동성을 바탕으로 상승세가 이어질 경우 굳이 숏 전략을 쓸 이유가 없기 때문이다. 하지

공모형 롱숏펀드 설정액

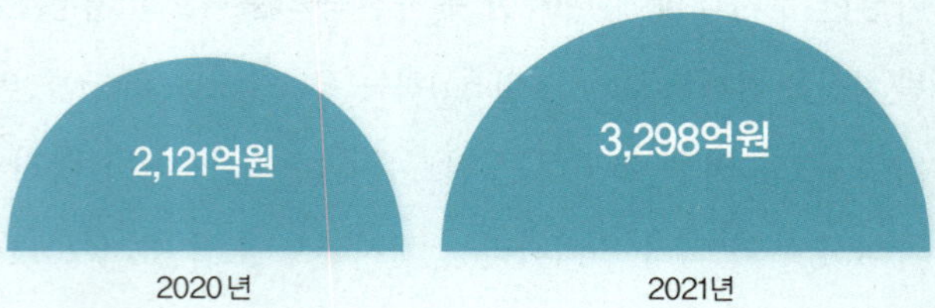

* 연말 기준.

수익률 상위 롱숏펀드(단위 : %)

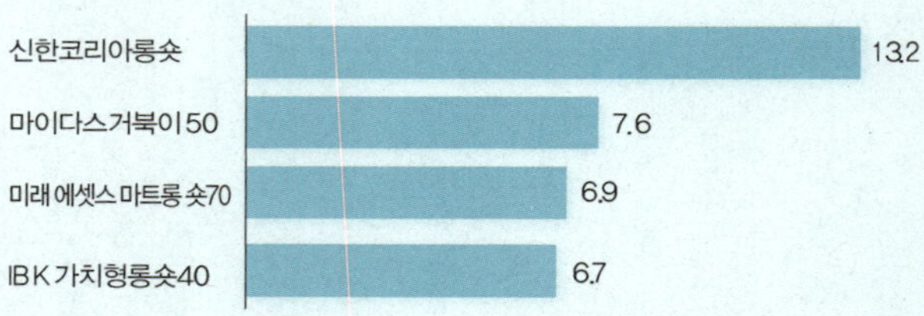

* 3월 29일 기준 최근 1년 수익률.

자료 : 에프앤가이드

만 요즘처럼 변동성이 큰 장세에 숏 포지션은 일종의 '보험' 역할을 한다. 보험료를 지불하는 대신 변동성을 완화하기 위해 숏 전략을 설계하고 중위험, 중수익을 추구하는 것이다. 공매도는 절대 수익을 추구하기보다는 롱 전략이 실패하는 상황을 대비해 위험 회피 수단으로서 역할을 하는 측면도 강하다.

예를 들어 신한자산운용의 대표 롱숏펀드인 신한코리아롱숏펀드를 통해 운용 방식을 살펴보면 해당 펀드는 2021년 11월 대형 정보기술(IT)주, 방어 성격의 배당주와 리츠(부동산 투자신탁) 비중을 확대하며 포트폴리오 안정성을 강화했다. 같은 게임주라도 롱숏 전략에 따라 다르게 접근한다. 2021년 7월 2일부터 9월 1일까지 두 달 새 해당 펀드는 카카오게임즈에 대해 매수전략으로 접근했다. 동시에 엔씨소프트는 매도전략으로 접근했다. 이정순 신한자산운용 헤지펀드운용팀장은 "카카오게임즈의 경우 출시된 게임이 2021년 7월 초 국내 모바일 매출 1위를 달성하면서 매수를 결정했고 이에 따라 순위에서 밀린 엔씨소프트는 매도함으로써 페어 포지션을 가져간 것"이라고 말했다.

■ 롱숏펀드 > 해외 펀드 > 국내 펀드

이처럼 변동성이 큰 장세가 지속되면서 연초 이후 롱숏펀드에 꾸준히 자금이 유입되고 있다. 펀드정보 제공업체 에프앤가이드에 따르면 지난 3월 29일 기준 3개월 새 롱숏펀드에는 276억원의 자금이 유입됐다. 같은 기간 국내 혼합형 펀드에서는 68억원의 자금이 유출됐다. 특히 롱숏펀드는 최근 1년간 수익률이 국내 주식형 펀드는 물론 해외 주식형 펀드 평균 수익률을 넘어서며 투자자들로부터 주목받고 있다. 공모형 롱숏펀드 평균 수익률은 지난달 29일 기준 평균 2.8%를 기록했다. 반면 해외 주식형 펀드 평균 수익률은 1.8%에 그쳤고, 국내 주식형 펀드 수익률은 이보다 크게 낮은 −8.2%까지 떨어졌다. 공모형 롱숏펀드 순자산 규모가 가장 큰 운용사는 미래

주요 자산운용사 롱숏펀드 운용 규모(단위 : 억원)

운용사	순자산	운용사	순자산
미래에셋자산운용	1,874	KB자산운용	38
신한자산운용	631	삼성액티브자산운용	13
IBK자산운용	326	하나UBS자산운용	3

* 3월 28일 공모펀드 기준.
자료 : 펀드닥터

펀드 유형별 평균 수익률(단위 : %)

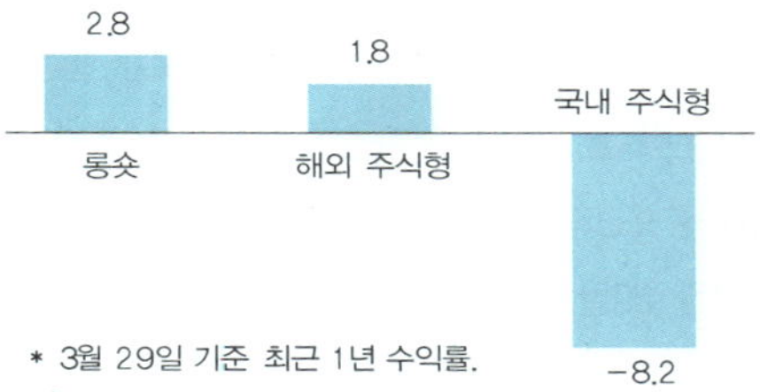

* 3월 29일 기준 최근 1년 수익률.
자료 : 에프앤가이드

에셋자산운용이다. 펀드닥터에 따르면 지난달 28일 기준 이 회사의 롱숏펀드 순자산 규모는 1,874억원이다. 신한자산운용(631억원), IBK자산운용(326억원), KB자산운용(38억원) 등이 뒤를 이었다. 신한자산운용의 신한코리아롱숏펀드는 지난 3월 29일 기준 최근 1년 수익률이 13.2%를 기록했다. 같은 기간 코스피가 10%가량 하락했다는 점을 감안하면 하락장에서 차별화된 수익률을 기록한 것이다. 또 다른 롱숏펀드인 마이다스거북이50펀드와 미래에셋스마트롱숏70펀드는 최근 1년 수익률이 각각 7.6%, 6.9%를 기록하며 뒤를 이었다.

■ 공매도 재개 후 상품 출시 잇따라

롱숏펀드는 기본적으로 주식 공매도를 함으로써 수익률을 방어할 수 있는 구조를 지니고 있다. 앞서 금융당국이 증시 변동성이 크게 확대된 2020년 3월부터 지난해 5월까지 공매도를 전면 금지시키면서 롱숏 전략을 사용했던 펀드는 운용상의 한계를 겪기도 했다. 특히 개별 주식 중심으로 숏 전략을 취해 왔던 헤지펀드 운용사 등은 운용 부담이 커지면서 롱숏펀드 전체 시장이 침체되

는 것 아니냐는 우려도 커졌다. 지난해 5월 코스피200, 코스닥150 등 대표 지수 종목에 한해 공매도가 우선 재개되면서 숨통이 트이게 됐다. 최근 사모형을 중심으로 롱숏펀드가 잇따라 출시되고 있다. 공매도가 전면 재개될 경우 롱숏펀드 출시는 더 활발해질 것으로 업계는 기대하고 있다. 한국형 헤지펀드의 원조로 꼽히는 브레인자산운용은 최근 롱숏펀드 수요가 커지면서 지난해 10월 브레인 롱숏 BBOT 사모펀드를 출시한 바 있다. 브레인자산운용의 경우 2012년부터 롱숏 전략을 활용한 백두·태백펀드를 선제적으로 출시했다. 운용 중인 3개의 사모형 롱숏펀드 자산 규모는 약 1,300억원에 이른다. 지난 3월 29일 기준 최근 1년간 태백펀드는 23.05%, 백두펀드 23.56% 상승률을 기록했다.

■ ETF로도 롱숏 전략 구사 가능

최근 각광받는 투자자산인 ETF로도 롱숏 전략을 구사할 수 있다. 삼성자산운용의 코덱스(KODEX)200롱코스닥150숏선물 ETF, KODEX 코스닥150롱코스피200숏선물 ETF가 대표적이다. 2020년 2월 관련 지수를 내놓으면서 그해 8월 이를 추종하는 상품을 한국거래소에 상장한 것. 코스피200지수 선물과 코스닥150지수 선물을 이용해 고평가된 시장에 대해 매도 포지션을 취하고, 저평가된 시장에 대해서는 매수 포지션을 취하는 것이다. 가령 코스피가 오르고 코스닥이 떨어질 것으로 예상되면 KODEX200롱코스닥150숏선물 ETF를 매수하는 식이다. 해당 ETF는 코스피200 선물지수 하루 수익률의 1배를 추종하고, 코스닥150 선물지수 하루 수익률의 −1배를 동시에 추종하는 구조다. 투자자 입장에서 주식 비중이 높은 롱숏펀드는 채권 비중이 높은 펀드에 비해 과세 측면에서 유리한 점도 있다. 미래에셋자산운용이 해외 채권과 롱숏펀드에 각각 1억원을 투자해 동일한 수익률(13.88%)을 거뒀을 경우를 가정해 계산한 결과 해외 채권 투자 과세액은 214만원이었던 반면 롱숏펀드 과세액은 17만원에 그쳤다. 한 자산운용사 관계자는 “변동성 장세에서 채권형 펀드는 대안이 될 수 있지만 채권 이자 수익은 100% 과세대상”이라며 “국내 주식 관련 파생상품의 매매차익에는 세금을 부과하지 않는다”고 설명했다.

출처: 매일경제, 2022. 4. 1 수정.

주요 용어

연습 문제

Ⅰ. 완성/선택형 문제

01. 수익증권을 주식 및 채권 투자비율에 따라 분류할 때, 투자자산의 60% 이상을 채권에 투자하면 (　　　　) 수익증권으로 보며, 60% 이상을 주식에 투자하면 (　　　　) 수익증권으로 본다.

02. 수익증권에 목돈을 일시에 투자하는 것이 아니라 일정 기간 동안 원하는 펀드 한 가지를 선택하여 계속해서 투자하는 펀드를 (　　　　) 펀드라고 한다. 이는 은행의 정기적금과 유사한 형태의 상품이다.

03. (　　　　)는 투자자가 시장상황에 따라 다른 펀드로 자유롭게 전환할 수 있는 펀드이다.

04. (　　　　)은 일반적으로 운용자산의 대부분은 국공채에 투자하여 원금을 보전하고, 나머지 일부 자산을 주가와 연동되는 파생상품에 투자함으로써 초과수익을 확보하는 구조의 금융상품(유가증권)이다.

05. (   )란 다수의 투자자로부터 자금을 모집하여 부동산 또는 부동산과 관련된 유가증권에 투자 · 운용하여 발생한 수익을 투자자에게 배당하는 부동산 간접투자 방식이며 부동산투자신탁으로도 불린다.

06. (   )란 펀드자산을 다른 펀드가 발행한 집합투자증권에 50% 이상 투자하는 펀드를 말한다.

07. 다음은 무슨 펀드를 설명한 것인가?

투자자가 시장상황에 따라 다른 펀드로 자유롭게 전환할 수 있는 펀드이다. 하나의 약관 아래 여러 개의 하위(sub)펀드가 있는 모양을 따라 이름을 붙였다.

① 버섯펀드　　② 포크펀드　　③ 엄브렐러펀드　　④ 부채펀드

08. 안정적인 수익률이 장점인 인덱스펀드에 개별 주식의 높은 환금성이 더해진 펀드는?

① ELS　　② ETF　　③ ELD　　④ ELF

09. 다음 중 환매대금 지급일이 가장 늦은 수익증권은?

① MMF　　② 채권형　　③ 주식형　　④ 혼합형

10. 부동산펀드와 리츠(REITs)를 비교 설명한 것 중 잘못된 것은?

① 부동산펀드와 리츠는 동일한 법률에 근거하여 만들어진 것이다.
② 부동산펀드는 주로 공모(public offering)로 자금을 조달하나, 리츠는 주로 사모(private placements)로 자금을 조달한다.
③ 부동산펀드는 계약형 투자신탁이나, 리츠는 회사형 투자신탁이다.
④ 부동산펀드는 설정기간이 2~3년 정도로 건설자금 대여, 오피스 · 상업시설 매입 등이 주 대상이나, 리츠는 5년 이상의 장기투자 대상에 주로 투자한다.

II. 서술형 문제

01. 전환형 펀드에 대해서 설명하라.

02. 상장지수펀드(ETF)와 상장지수증권(ETN)을 비교하여 설명하라.

03. 주가연계예금 · 증권 · 펀드의 특징을 비교하라.

04. 원금 보장 여부와 기초자산 종류의 두 가지 측면에서 주가연계증권(ELS), 파생결합증권(DLS), 파생결합사채(DLB), 주가연계파생결합사채(ELB)를 분류하라.

05. 수익증권과 뮤추얼펀드를 비교하여 설명하라.

06. 실물펀드가 무엇인지 구체적인 펀드의 예를 들어 설명하라.

07. 재간접펀드에 대하여 그 명칭이 붙은 이유와 장점에 대하여 설명하라.

08. 랩어카운트와 펀드를 비교하여 설명하라.

09. 헤지펀드의 의의와 특징에 대하여 설명하라.

보험과 연금

1. 보험의 필요성 및 유형

2. 의료비 중심의 보험상품

3. 노후 대비 중심의 보험상품

4. 투자 및 저축 중심의 보험상품

5. 연금제도 및 활용

8

이 장의 개요

인생을 살다 보면 갑작스런 사망, 질병 또는 화재 등 예상치 못한 사고를 당할 수 있다. 이와 같이 뜻밖의 사건이 발생하면 사고 그 자체도 문제지만 많은 경제적 손실이 초래된다. 보험은 이러한 위험을 사전에 대비하기 위한 목적으로 활용되는 금융상품이다. 보험은 비교적 적은 비용으로 미래의 잠재적인 불확실성에서 비롯되는 경제적 손실의 상당 부분을 회복할 수 있도록 해준다. 바로 이것이 금융상품으로서 보험이 갖는 가장 큰 매력이다. 보험산업이 발전하면서 다양한 보장과 기능을 갖춘 보험상품이 꾸준히 개발되고 있다. 본 장에서는 크게 의료비 보장 위주의 보험상품, 노후 대비가 주된 목적인 보험상품, 보장을 기본으로 투자와 저축을 추구하는 보험상품 등으로 구분하여 살펴보기로 한다. 또한 은퇴 이후의 안정된 노후생활을 위해 유용한 연금제도를 살펴본다.

▲ 비가 올 때를 대비하여 우산을 준비하듯이 개인은 생애주기별로 다양한 돌발 상황(갑작스런 사망, 질병 또는 사고 등)에 대비하기 위해 보험에 가입하고, 은퇴 이후의 노후에 대비하여 연금을 준비한다.

1. 보험의 필요성 및 유형

1.1 보험의 필요성

보험(insurance)은 예기치 않은 사고나 재난으로 인한 경제적 손실을 보전할 목적으로 활용되는 금융상품이다. 즉, 보험은 누구나 공통적으로 발생할 수 있는 위험을 하나의 위험집단으로 묶은 후 각 개인으로부터 받은 보험료로 준비금을 마련해 두었다가 구성원 중 일부가 우연히 해당 위험을 당했을 때 보험금으로 보상하여 주는 경제제도이다.

보험은 미래의 위험에 대비할 수 있는 가장 대표적인 위험관리 방법이다. 사망, 질병, 장해, 화재, 자동차 사고 등은 일반적으로 많은 사람에게 발생하고, 발생하면 돈도 많이 들어가는 위험들이다. 이러한 위험에 미리 대비하기 위해 보험이 효과적으로 활용된다.

그림 8-1 여러 가지 보험의 예

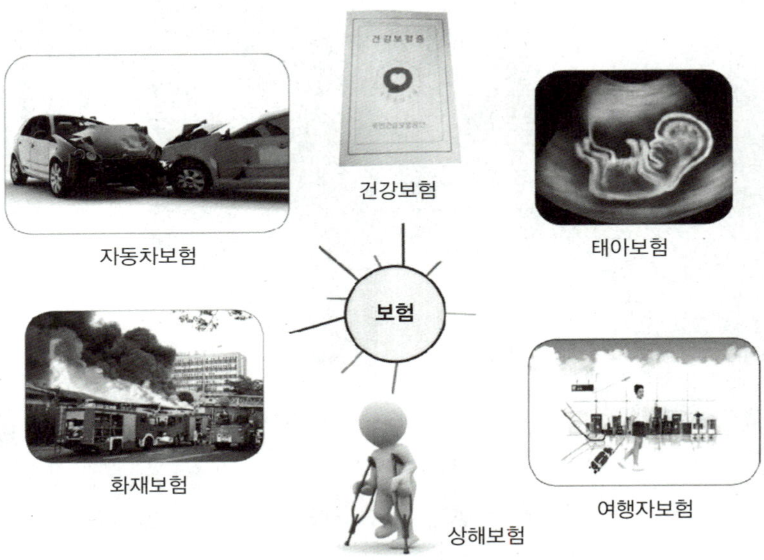

위험이나 사고는 언제 어떻게 일어날지 아무도 알 수 없고 반드시 일어나는 것도 아니다. 그러다 보니 때로는 보험에 가입하여 보험료를 내는 것이 아깝게 느껴질 수 있다. 그러나 보험에 가입해서 얻는 것과 보험에 가입하지 않아서 잃는 것을 비교해 보면 보험 가입의 필요성을 좀 더 구체적으로 느낄 수 있다. 일반적으로 사고가 일어났을 때 아주 큰 피해를 입을 수 있는 경우에는 보험에 가입하는 것이 좋다. 사고로 인한 손실액이 너무 크면 감당하기 어려운 경우가 많기 때문이다.

1.2 보험의 유형

우리나라 모든 국민은 의무적으로 국민건강보험에 가입되어 있고, 소득이 있는 국민이라면 은퇴 이후의 소득 감소 위험에 대비하여 국민연금에도 가입해야 한다. 또한 모든 근로자는 고용보험 및 산재보험에도 가입하여 일부 비용을 부담하기도 한다.[1] 자동차 소유자 또는 운전자는 자동차보험에 가입해야 한다.

이러한 보험 외에도 생명보험, 교육보험, 손해보험, 건강보험 등 다양한 위험만큼 보험의 종류도 매우 다양하다. 그러므로 자신에게 적합한 보험상품을 선택하여 활용하기 위해서는 각종 보험에 대한 이해가 선행되어야 한다.

보험 용어의 이해

알아두기 8-1

- **보험료** : 보험사고 발생 시 보험금을 지급받기 위해 보험계약자가 보험회사에 납입하는 금액
- **보험금** : 보험기간 내에 보험사고가 발생하면 보험회사가 보험수익자에게 지급하는 금액
- **보험자** : 보험사업의 주체인 보험회사
- **보험계약자**(보험가입자) : 보험자(보험회사)와의 계약 당사자로 보험료 납입 의무자
- **피보험자** : 생명보험의 경우 보험사고 발생의 대상이 되는 사람이며, 손해보험의 경우 보험사고로 경제적 손실을 입은 사람
- **보험수익자** : 보험금을 받을 사람(생명보험 : 피보험자 또는 유족, 손해보험 : 피보험자)

1. 국민연금, 국민건강보험, 고용보험, 산재보험 네 가지는 1개월 이상 근무하는 모든 근로자라면 의무적으로 가입해야 하는 '4대 보험'이다.

1) 공적보험과 민영보험

우리나라의 보험은 크게 국가나 공공단체에 의해 유지되는 공적보험과 민간단체나 민영회사에 의하여 유지되는 민영보험으로 구분된다. 공적보험은 대부분 법규에 의한 강제성을 띠고 운영되는데 국민연금, 국민건강보험, 산재보험, 고용보험, 노인장기요양보험 등 사회보험 외에 무역보험, 예금보험 등과 같이 공공기관이 운영하는 보험도 있다. 사회보험은 개인의 위험에 대비하여 국가에서 제공하는 사회보장제도의 성격을 띠는 보험이다.

민영보험은 개인이 필요에 따라 자발적으로 가입하는 보험으로 〈표 8-1〉과 같이 생명보험, 손해보험, 제3보험으로 나뉜다.[2] 생명보험은 질병, 사고, 장애, 사망 등으로 개인이 소득상실 위험에 처했을 때 보험금을 지급하는 금융상품이며, 손해보험은 화재, 도난, 사고 등으로 재산상의 손해를 입었을 때 보험금을 지급하는 금융상품이다. 생명보험은 사람의 인명을 대상으로 한다는 점에서 보험가액을 설정할 수 없기 때문에 정액보험으로 계약하며, 손해보험은 실제 손실 부분에 대해서만 보상한다고 하여 실손보험이라고도 한다. 즉, 실손보상을 하느냐 여부가 생명보험과 손해보험을 구분하는 기준이다. 한편 상해보험, 질병보험, 간병보험 등은 사람을 대상으로 한다는 점에서 인보험의 성격을 띠고 있지만 업무상으로는 실손보상적 성격도 있으므로 제3보험으로 별도로 정의한다.[3] 여기에서는 개인이 선택하여 가입할 수 있는 민영보험을 중심으로 설명한다.

표 8-1 민영보험의 종류 및 보장 내용

구분	생명보험	손해보험	제3보험
보장 내용	사람의 생존, 사망에 대해 정해진 액수를 보상	사고로 인한 물적 손해에 대해 실제 피해액을 보상	질병, 상해로 인해 발생하는 치료급여 혹은 손해를 보상
상품 종류	사망보험, 연금보험 등	자동차보험, 화재보험 등	질병보험, 실손의료보험 등

2. 상법에서는 사망이나 질병과 같은 사람의 신체 손해를 대상으로 하면 인보험, 재산상의 손해 혹은 배상책임 손해를 담보대상으로 하면 손해보험으로 구분한다. 인보험에는 생명보험과 상해보험이 있다.
3. 『대학생을 위한 실용 금융』(금융감독원, 2015), p.233.

보험에 가입할 때에는 소득수준과 금융상품에 대한 자신의 성향 등을 신중히 고려하여 자신에게 필요한 상품을 현명하게 선택해야 한다. 중도에 보험을 해약하면 해약환급금이 납입보험료보다 적을 수 있으므로 일단 보험상품에 가입한 후에는 장기간 유지하는 것이 바람직하다.

알아두기 8-2

사회보험의 종류

- **국민연금** : 정부가 직접 운영하는 공적연금 제도. 국민 개개인이 소득활동을 할 때 납부한 보험료를 기반으로 하여 나이가 들거나, 갑작스런 사고나 질병으로 사망 또는 장애를 입어 소득활동이 중단된 경우 본인이나 유족에게 연금을 지급함으로써 기본 생활을 유지할 수 있도록 하는 연금제도
- **국민건강보험** : 국민의 질병 · 부상에 대한 예방, 진단, 치료, 재활과 출산 · 사망 및 건강증진에 대하여 보험서비스를 제공하여 국민건강을 증진시키기 위한 사회보험
- **고용보험** : 근로자가 실직한 경우에 생활 안정을 위하여 일정 기간 동안 급여를 지급하는 실업급여 사업과 함께 구직자에 대한 직업능력 개발 · 향상 및 적극적인 취업알선을 통한 재취업의 촉진과 실업예방을 위하여 고용안정사업 및 직업능력개발사업 등의 실시를 목적으로 하는 사회보험
- **산재보험** : 산업재해 근로자와 그 가족의 생활을 보장하기 위하여 국가가 책임을 지는 의무보험으로 원래 사용자의 근로기준법상 재해보상책임을 보장하기 위하여 국가가 사업주로부터 소정의 보험료를 징수하여 그 기금(재원)으로 사업주를 대신하여 산재 근로자에게 보상을 해주는 제도
- **노인장기요양보험** : 고령이나 노인성 질병 등으로 인해 혼자서 일상생활을 수행하기 어려운 노인 등에게 신체활동 또는 가사활동 지원 등 장기요양급여를 제공하는 보험. 2008년 7월부터 시행되고 있으며 제5의 사회보험이라고도 한다.

2) 정액보험과 실손보험

정액보험은 민영보험 중 보험상품을 계약할 때 보험금이 정해지는 상품으로 생명보험 등이 해당된다. 보험금이 높아질수록 보험료도 증가하는 특성이 있다. 반면 실손보험은 보험 계약 시 보험금 액수가 정해지지 않는 상품으로, 대표적인 예로 손해보험이 있다.

3) 저축성 보험과 보장성 보험

보험의 위험 보장 기능 외에 저축의 기능까지 갖춘 보험을 저축성 보험이라 한다. 예를 들어 교육보험은 위험 보장보다는 자녀 교육비 지출을 대비한 목돈 마련이라는 저축의 성격이 강하다. 이에 비해 보장성 보험은 단순히 위험만 보장하고 저축의 성격은 없는 보험을 말한다. 저축성 보험은 보장성 보험에 저축기능을 더한 것이므로 보험료는 그만큼 더 높아진다. 따라서 만기 이전에 보험을 중도해약하는 경우에는 납입한 보험료보다 적은 금액을 돌려받게 되므로 저축성 보험이 더 불리하다.

4) 의무보험과 임의보험

의무보험은 법률에 의해 강제되는 보험을 말한다. 대표적으로 "자동차손해배상 보장법"에 따라 가입이 강제되는 자동차보험의 대인배상 Ⅰ(책임보험), 대물배상과 가스 사업자 및 일정 규모 이상의 가스 사용자에게 가입이 강제되는 가스사고 배상책임보험 등이 있다.

임의보험이란 가입 여부를 임의로 선택하여 결정할 수 있는 보험을 말한다. 대부분의 민영보험과 자동차보험 중 의무보험인 대인배상 Ⅰ, 대물배상을 뺀 나머지(대인배상 Ⅱ, 자기신체사고, 무보험차 상해, 자기차량손해 등)는 임의보험이다.

재테크 Tip

보험 가입 시 꼭 확인해야 할 7가지

1. 보험의 종류를 반드시 확인할 것

여러 단어가 섞여 보험의 명칭이 길어도 상품명 중 'OO연금보험'과 같이 일부 글자만 보면 어떤 보험인지 알 수 있다.

2. 보험기간과 납입기간을 확인할 것

보험 혜택을 받을 수 있을 때까지의 만기가 보험기간이다. 납입기간은 보험료를 내는 기간이다. 10년납 80세 만기라고 하면 보험료를 10년간 납입하는 보험으로 보장받는 기간은 80세까지라는 의미이다.

3. 청약서에는 반드시 본인이 자필 서명할 것

분쟁이 생길 경우 자필 서명을 하지 않으면 계약 자체가 무효가 될 수도 있다.

4. 수익률을 원한다면 보험에 가입하지 말 것

보험은 위험 보장이 주 기능이다. 수익률을 원한다면 은행에 저축을 하거나 증권회사에서 주식과 채권 투자를 하는 것이 낫다.

5. 얼마를 받게 되는지보다 얼마를 내야 하는지를 먼저 따질 것

액수가 높은 보험에 무리하게 가입하면 보험료를 끝까지 납입하지 못하고 중도에 해약하기 쉽다. 자신의 소득수준으로 만기까지 부담할 수 있는 보험료 수준을 냉정히 따져 보아야 한다.

6. 계약 서류와 회사의 안내장을 꼭 챙겨둘 것

보험회사에서 제공한 보험약관, 설계서, 보험증권은 반드시 꼼꼼히 살피고, 서류는 보험 혜택 만기 시까지 모두 보관한다.

7. 보험으로 부자가 되려 하지 말 것

보험의 목적은 위험에 대비하여 좀 더 경제적 안정과 심리적 안정감을 얻고, 생업에 집중할 수 있도록 도움을 받는 것이다. 보험금을 받으려면 반드시 보험사고가 발생해야 한다는 점을 알아야 한다.

출처 : 『대학생을 위한 실용 금융』(금융감독원, 2015).

2. 의료비 중심의 보험상품

2.1 실손의료보험

실손의료보험은 보험가입자가 상해 또는 질병으로 인하여 입원 · 통원 치료 시에 발생한 의료비를 보험회사에서 보장해 주는 보험이다. 의료기관이 환자에게 청구하는 진료비는 그 진료행위가 국민건강보험의

표 8-2 실손의료보험의 특징

주요 속성	내용
가입대상	통상 0~70세
보험기간	상품별로 상이(통상 1~3년마다 갱신)
납입기간	일시납, 3 · 5 · 10 · 15 · 20년납, 55 · 60 · 70세납 등 다양
세금 혜택	세액공제(보장성 보험료에 대하여 1인당 연 합계액 100만원까지)
예금보호 여부	보호됨
취급기관	생명보험회사, 손해보험회사

보장대상인지 여부에 따라 급여와 비급여(국민건강보험의 보장대상이 아닌 것)로 구분되며, 급여 부분은 다시 국민건강보험 부담과 환자 본인 부담으로 구분된다. 실손의료보험은 입원 및 통원 시 실제 발생한 진료비에 대해 '급여 중 환자 본인부담금 + 비급여 의료비 - 일정 수준의 본인부담금'에 해당하는 금액을 실비로 보장하는 상품이다. 실손의료보험은 실제 지출한 비용에 대한 보장을 하기 때문에 실손보험, 의료실비보험, 민영의료보험이라고도 한다. 갑작스러운 상해나 질병, 특히 장기간의 입원을 필요로 하는 경우엔 많은 의료비가 들 뿐만 아니라 소득원에 문제가 생겨 서민 가정의 평화를 깨뜨릴 수 있다. 실손의료보험에 가입해 두면 이러한 불상사를 막는 데 도움이 된다. 실손의료보험의 주요 특징을 요약하면 〈표 8-2〉와 같다.

실손의료보험의 주요 보장항목은 입원의료비, 질병통원의료비, 상해통원의료비 등이다. 통상 국민건강보험법에서 정한 요양급여 중 본인부담금과 비급여 부분 합계액의 80~90%에 해당하는 금액을 보장받을 수 있다. 다만 입원의료비 · 통원의료비 · 처방조제비에 대해서는 각각 연간, 1회당 및 건당 한도가 존재한다. 한편 자신에 대한 고의상해, 정신과 질환, 임신 및 출산, 비만, 성형수술 등은 보장해 주지 않는다. 주로 매년 보험료가 조정이 되는 갱신형으로 운영되어 갱신 시 보험료 인상 가능성이 있으므로 이를 감안하여 가입하는 것이 중요하다.[4] 또한 실손보험의 비례보상원칙에 따라 입원의료비 및 통원의료비는 중복보장이 되지 않으므로 중복가입을 하지 말아야 한다. 보장성 보험료는 1인당 연간 100만원까지 12%(지방소득세 포함 시 13.2%)의 세액공제가 가능하다.

4. 2013년 4월 이후 가입한 실손의료보험은 매년 보험료가 갱신되며, 15년마다 재가입해야 하는 갱신형이다. 비갱신형 실손의료보험은 실손의료보험에 암, 사망 등 다른 보장이 합해진 상품이다.

그림 8-2 보험다모아(www.e-insmarket.or.kr) 홈페이지 메인 화면

[그림 8-2]는 보험협회에서 운영하는 보험료 비교 사이트 '보험다모아' 홈페이지 화면이다. '보험다모아'는 2015년 11월 30일부터 손해보험협회 및 생명보험협회가 공동으로 운영하는 온라인 보험슈퍼마켓이다. 온라인 전용 보험상품에 대한 소비자 접근성 및 선택가능성 제고를 목적으로 하며, 각 보험회사별 보험료, 보장 내용뿐만 아니라 가입경로 등에 대한 정보를 제공하고 있다.

재테크 Tip

실손의료보험 가입요령

실손의료보험이 실제로 보장하는 내역은 보험회사마다 차이가 있다. 특히 손해보험회사와 생명보험회사의 경우 보장 내역에 상당한 차이가 있다. 전문가들이 추천하는 가입요령 일부를 제시하면 다음과 같다.

- 보험기간이 80세, 90세 만기인 상품보다는 100세 만기인 보험상품으로 가입한다.
- 생명보험회사보다는 손해보험회사 의료실비보험으로 가입한다. 왜냐하면 생명보험회사는 종신보험, 건강보험 특약 형태로 가입해야 하기 때문에 보험료가 부담이 될 수 있는 반면, 손해보험회사의 의료실비보험은 의료비만 단독구성으로 보험 가입이 가능하기 때문이다.
- 의료실비, 입원의료비, 통원의료비는 중복가입하지 않는다. 의료실비, 입원의료비, 통원의료비의 경우 여러 보험회사에 중복가입되어 있을 경우 중복보장이 되지 않기 때문이다.

- 일상생활배상책임 특약에 가입한다. 일상생활 중에 고의가 아닌 실수로 타인의 재물이나 사람에 대해서 손해를 끼쳤을 때 보장받을 수 있다.
- 부부형으로 가입하여 보험료를 할인받고, 돈이 부족하거나 필요할 때 보험료 납입 일시 중지 및 중도인출을 활용한다. 일부 손해보험회사의 경우 부부형 가입 시 보험료를 할인해 주기도 한다. 그리고 보험료를 일정 기간 납입한 후에는 납입을 일시적으로 중지할 수 있으며, 해지환급금을 일정 범위 내에서 중도에 인출하는 것이 가능하다.
- 실손의료보험 가입을 고려 중이라면 하루라도 빨리 가입해야 저렴한 보험료로 가입할 수 있다.

2.2 건강보험

건강보험은 개인의 의료비 부담 완화를 위해 정액 의료비를 지급하거나 실제 의료비를 보장하는 상품이다. 종신보험과 마찬가지로 개인의 재무상황 및 필요성에 따라 맞춤형으로 설계하여 각종 특약을 선택함으로써 다양한 보장을 받을 수 있다. 미래 의료비 부담이 걱정스러운 사람에게 필요한 보험으로, 고객의 개인별 수요 및 재정 상태를 충분히 파악한 후 보장프로그램을 설계하며, 상품 중에는 가입 후 일정 시점이 되면 연금으로 전환할 수 있는 상품도 있다. 건강보험의 주요 특징을 요약하면 〈표 8-3〉과 같다.

한 가지 주의할 사항은, 여기서 말하는 건강보험이 국민건강보험과는 다른 보험으로 건강과 관련된 보험을 통칭하는 용어라는 점이다. 국민건강보험은 우리나라 국민이면 누구나 의무적으로 가입해야 하고 국가기관에서 관리하는 보험이다. 반면 건강보험은 보험회사가 판매하는 민영의료보험을 말한다. 앞서 설명한 실손

표 8-3 **건강보험의 특징**

주요 속성	내용
가입대상	제한 없음, 가능하면 어릴 때 가입하는 것이 유리함
보험기간	보험회사별, 상품별로 다소 차이가 있으며 계약 시 이를 명기
납입기간	일시납, 5 · 10 · 15 · 20년납, 55 · 60 · 65세납 등 다양
세금 혜택	세액공제(보장성 보험료에 대하여 1인당 연 합계액 100만원까지)
예금보호 여부	보호됨
취급기관	생명보험회사, 손해보험회사

의료보험은 실제로 지출해야 하는 의료비에 대해서만 보장을 받을 수 있는 반면, 건강보험은 의료비 이상을 보험금으로 지급받을 수 있으며 중복보장도 된다. 그러나 그만큼 보험료가 비싸기 때문에 실손의료보험이 출시된 이후에는 다소 관심이 떨어진 경향이 있다. 흔히 말하는 암보험이나 치아보험 등이 여기에 속한다.

건강보험은 보험회사에 따라 보장하는 대상범위가 조금씩 다르므로 보험료 차이가 크지 않을 경우 보장하는 질병의 범위가 넓고 본인이 보장받고 싶은 질병이 포함된 상품을 선택하는 것이 중요하다. 또한 건강보험은 대부분 암 관련 보장을 선택할 수 있게 되어 있다. 따라서 본인이 이미 암보험에 가입되어 있다면 이를 제외하고 가입하는 것이 좋다. 물론 실손의료보험과 달리 중복보장이 가능하므로 충분한 보장을 원하면 중복가입해도 된다.

2.3 CI보험

CI(critical illness)보험이란 보험가입자가 암, 뇌졸중, 심근경색증 등 치명적인 질병이나 갑작스런 사고를 당했을 때 보험금의 일부를 미리 받을 수 있는 보험이다. CI보험은 건강보험과 종신보험의 성격을 동시에 갖고 있는 보험이다.

CI보험이 보장하는 질병 또는 수술에는 암, 심근경색증, 뇌졸중, 말기 신부전증 등의 질병과 관상동맥 수술, 대동맥 수술, 심장판막 수술, 장기이식 수술 등이 있다. CI보험이 보장하는 질병 또는 수술 상황이 되면 통상 사망보험금의 50~80%를 미리 받을 수 있으며, 사망 시에 나머지 잔여액을 지급받을 수 있으므로 사망에 대한 대비와 동시에 중대한 질병에 대한 사전 준비가 미흡한 사람이라면 참고할 만한 보험이다. CI보험의 주요 특징을 요약하면 〈표 8-4〉와 같다.

표 8-4 **CI보험의 특징**

주요 속성	내용
가입대상	제한 없음
보험기간	종신
납입기간	일시납, 5 · 10 · 15 · 20년납, 55 · 60 · 70세납 등 다양
세금 혜택	세액공제(보장성 보험료에 대하여 1인당 연 합계액 100만원까지)
예금보호 여부	보호됨
취급기관	생명보험회사

CI보험은 생존 시의 질병, 그리고 사망에 대해 고액 보장을 하는 관계로 종신보험보다 보험료가 20~30% 비싸다. 따라서 CI보험 가입 시에는 이미 가입한 보험의 보장 내용을 반드시 확인하여 보장 내용이 서로 중복되지 않도록 하는 것이 바람직하다. 또한 중대한 암, 중대한 심근경색증 등 CI보험에서 보장하는 질병은 일반적인 건강보험의 암, 심근경색증보다 그 인정 범위가 좁으므로 병원에서 암, 심근경색증으로 진단받았다 해도 CI보험금을 지급받지 못할 수 있음을 유의해야 한다.

시사 포커스

2030세대가 알아둘 보험테크

올해 초 취업에 성공한 새내기 직장인 A(26)씨는 3년 전 가입한 먼지 쌓인 보험증서를 최근 꺼냈다. 다음 달부터 월급이 나오면 지금까지 부모가 대신 내주던 보험료를 직접 납입하기 위해서다. 월 보험료는 25만원 수준. A씨는 "질병이나 사고에 대비해 보험을 드는 건 좋지만, 매달 지불하는 보험료가 월급의 10%에 달하는 금액이라서 계약을 계속 유지할지, 아니면 하루빨리 해지할지 고민하고 있다"고 털어놨다. 청년 시기에는 당장은 건강하고 별일 없으니 보험 가입을 차일피일 미루기 쉽다. 더욱이 사회초년생은 소득이 적을뿐더러 주거비용에 생활비, 결혼자금까지 걱정해야 하니 보험료를 내기가 부담스럽다. 그렇다면 2030세대는 어떤 보험상품에 가입해야 할까. 보험료 부담을 줄이는 방법은 뭘까.

▲ 전문가들은 2030세대가 보험 상품 하나만 가입한다면 실손보험부터 챙겨둘 것을 추천한다.

▪ 1인 가구 겨냥한 건강 보장 강화 '차세대 종신보험'

보험업계에 따르면 인구 고령화와 1인 가구 증가로 소비자의 사망보험 니즈가 줄고 있다. 최근 생명보험사들이 기존 사망 보장 중심에서 건강 보장을 강화하는 방향으로 진화한 차세대 종신보험을 줄줄이 선보이는 것은 이러한 배경과 무관하지 않다. 김헌수 순천향대 IT금융경영학과 교수는 "요즘에 나오는 종신보험은 남은 가족의 삶을 보장한다는 본질만 강조하던 예전과 달리 2030세대 특성을 고려해 개인 맞춤형으로 가입할 수 있다"며 "1인 가구가 많은 2030세대는 차세대 종신보험 가입을 고려하거나 연금보험처럼 살아 있는 동안 보장을 받을 수 있는 상품을 주목하는 게 바람직하다"고 조언했다.

▲ 어린이보험은 3대 중대 질병을 비롯해 성인용 보험에 들어 있는 대다수 보장을 최장 100세까지 받을 수 있는 데다 보험료가 성인용 상품보다 20%가량 저렴해 지갑이 얇은 만 30세 이하 청년에게 유익하다.

만약 배우자와 자녀를 둔 2030세대라면 생명보험의 계약자배당금 지급제도를 활용해 미래를 설계해볼 만하다. 계약자배당은 생명보험에서 예정된 기초율과 함께 실적에 따라 발생한 이익을 가입자에게 추가로 돌려주는 제도다. 고금리 시대에 예정이율 보장형 상품에 가입했다면 지금처럼 초저금리 시대에도 높은 금리가 반영되는 특전을 누릴 수 있다. 생명보험사들이 축적한 보험료 적립금 중 상당 부분에 5% 이상의 금리가 적용된다.

저금리 시대에 생명보험에 가입하면 실제로 적용되는 금리 측면에서 혜택을 볼 수 있을까. 한국보험학회장을 지낸 김두철 상명대 명예교수는 이에 대해 "생명보험의 예정이율은 시중금리보다 높게 책정돼 이자율 측면에서 경쟁우위를 가진다. 다시 고금리 시대가 오거나 예정이율이 고정돼 있더라도 더 많은 계약자배당금을 지급하는 방법으로 높아진 금리의 혜택을 가입자에게 되돌려준다"고 설명했다. 계약자배당금을 지급하는 생명보험을 통해 자산 형성의 기회를 잡을 수 있다는 얘기다.

■ '보험다모아' 통해 한눈에 비교 · 가입

가입 목적에 맞는 보험상품을 정한 뒤 가장 먼저 할 일은 가입하려는 보험의 내용을 확인하는 것이다. 청년층은 스스로 가입하기보다 부모나 지인의 권유로 보험을 드는 경우가 많다 보니, 가입 당시 판매인에게 상품 안내를 받았다고 해도 어떤 보상과 보장을 해주는지 기억조차 희미하다. 이럴 때 손해보험협회 · 생명보험협회가 운영하는 '내 보험 찾아줌' 사이트에 접속하면 내가 가입한 모든 보험 계약을 쉽게 찾아볼 수 있다. 이렇게 하면 중복 가입으로 일부 보장을 받지 못하는 낭패를 미리 막을 수 있고, 보험료 낭비 방지에도 도움이 된다. 모바일 시대이니만큼 보험 가입도 모바일 플랫폼에서 이뤄지는 경우가 많다. 최근 토스, 카카오페이 등을 이용하면 빠르고 간편하게 보험을 들 수 있다. 하지만 모바일 플랫폼은 보험상품을 내놓은 지 오래되지 않은 데다 제공하는 상품 대부분이 보장 항목이 적고 보장 금액이 낮은 '미니 보험'이다. 이보다 좀 더 장기적 관점에서 실효성 높은 보험상품에 가입하고자 한다면 손품을 팔아야 한다.

보험상품을 비교하는 수고를 덜 유용한 방법은 금융위원회가 운영하는 '보험다모아' 사이트를 활용하는 것이다. 보험다모아는 실손의료보험 · 자동차보험 · 어린이보험 · 여행자보험 · 연금보험 · 보장성 보험 · 저축성 보험 등에 대해 보험료와 보장 내용 등이 얼마나 차이 나는지 비교해 주는 온라인 사이트다. 가입자가 다양한 보험사의 보험상품을 쉽게 비교해 본 뒤 해당 보험사 홈페이지에 접속해 직접 가입할 수 있도록 돕는 것이 장점. 다만 모든 보험상품 정보가 보험다모아 사이트에 있는 것은 아니니 생명보험협회나 손해보험협회 홈페이지 공시실에서 어떤 상품이 가입자에게 맞는지 다시 한번 살피는 것이 좋다. 보험의 세부 내용은 온라인 공시나 해당 보험사 홈페이지에서 확인할 수 있다.

실손보험은 가입자가 실제 부담한 의료비를 보장해 주는 건강보험이다. 병원에 입원하거나 통원치료를 할 때 소요되는 치료비를 보상해 준다. 어릴 때 가입하면 상대적으로 보험료가 저렴할 뿐만 아니라 실손보험의 높은 손해율(보험사의 보험료 수입에서 보험금 지급액 등 손해액이 차지하는 비율) 때문에 보험사들이 보험료를 정기적으로 인상할 가능성이 있어 가입을 서두르는 게 이익이다. 실손보험료를 줄이려면 가입하기 전 해당 보험사의 손해율을 따져볼 필요가 있다. 손해율이 높은 상품은 갱신 때 보험료가 오를 가능성이 크다. 반면 손해율이 낮으면 손해율이 높은 보험사보다 보험료가 저렴하다. 통상 손해율이 100% 이하일 때 손해율이 낮은 것으로 간주한다. 손해보험협회나 생명보험협회 홈페이지에 들어가면 보험료 인상률 및 손해율 공시에서 최근 3년치를 확인할 수 있다.

■ '4세대 실손보험 할인 · 할증' 제도로 보험료 절약

이미 실손보험을 들었다면 '4세대 실손보험 할인 · 할증' 제도를 이용해 보험료를 아낄 수 있다. 2021년 6월 이전에 1~3세대 실손보험에 가입한 사람이 4세대 상품으로 계약을 전환하면 보험료를 50% 깎아준다. 4세대 실손보험은 과잉 진료를 억제하고 가입자 간 형평성을 제고하기 위해 2021년 7월 출시된 상품이다. 보장 범위와 한도는 기존 상품과 비슷하지만 보험료가 훨씬 싸다. 2009년 9월까지 판매된 1세대 구(舊)실손보험과 비교하면 보험료가 75%가량 싸고, 2세대 표준화 실손보험(2009~2017년 3월 판매)과 3세대 신(新)실손보험(2017년 4월~2021년 6월 판매)보다는 각각 60%, 20% 저렴하다. 그 대신 진료비 자기부담비율이 20~30%로 높고, 보험료 할인 · 할증제가 적용돼 비싼 비급여 진료를 많이 받으면 보험료가 최대 300% 할증된다.

홍양희 생명보험협회 상품혁신부 팀장은 "실손보험 적자가 누적되면서 1~3세대 실손보험의 보험료 인상이 계속되는 상황"이라며 "병원을 찾는 일이 적고 보험료 인상이 부담된다면 4세대로 전환을 고려할 만하다"고 말했다. 다만 비급여 진료를 계속 이용해야 하는 가입자라면 1~3세대 상품을 유지하는 편이 낫다. 계약 전환은 별도 심사 없이 보험사 고객센터나 담당 보험설계사를 통해 신청할 수 있다.

어린이보험도 보험료 절약에 유리한 상품이다. 보험사마다 다르지만, 미성년자로 한정했던 어린이보험 가입 연령을 3년 전부터 만 30세 안팎까지 높였다. 원래 어린이보험은 자녀의 질병, 상해 등 의료비와 일상생활 중 각종 배상책임에 대비하는 상품이다. 3대 중대 질병(암 · 뇌혈관질환 · 심혈관질환)을 비롯해 성인용 보험에 들어 있는 대다수 보장을 최장 100세까지 받을 수 있다. 그러면서 보험료는 성인용 상품보다 20%가량 저렴해 일부 30세 이하 청년 사이에서 실속 있다는 입소문이 퍼졌다. 한국보험학회장을 지낸 김두철 상명대 명예교수는 "3대 중대 질병 진단비를 우선 구성한 뒤 필요에 따라 수술비 담보 등을 추가하는 것이 좋다"며 "기존에 가입한 보험이 있다면 보장 내용을 분석하고 부족한 부분을 어린이보험에서 보완하는 것도 방법"이라고 말했다.

■ 보장성 보험 적정 보험료 소득 10% 수준

어린이보험이라고 하더라도 최대 보장을 목표로 특약을 잔뜩 넣다 보면 보험료가 올라가 성인용 상품과 별 차이가 없어질 수 있다. 어린이보험에는 사망보험금같이 나이가 들수록 꼭 필요해지는 일부 보장이 빠져 있다는 점도 유의해야 한다. 노년층이 많이 걸리는 질병에 대한 보장도 상대적으로 부족할 수 있다. 이럴 땐 일정 연령을 넘어선 이후 다른 상품으로 전환하거나 부족한 보장을 채워줄 상품을 골라 추가 가입하는 게 좋다. 과거 어린이 보험의 만기는 20~30세였지만 최근에는 80세, 100세까지 보장되는 상품도 출시되고 있다. 질병, 상해 등에 대한 동일한 보장을 받기 위해 다시 가입하기가 번거로울 수 있으니 최대한 오래 보장해 주는 상품을 선택하는 것이 유익하다.

2030세대에게는 매달 어느 정도 보험료가 적정한 수준일까. 김헌수 순천향대 IT금융경영학과 교수는 "보장성 보험이라면 소득의 10% 정도가 적정하다"고 말했다. 보험 가입 시 가장 중요한 건 보험을 계속 유지하는 것이다. 보험 계약을 중도에 해지할 것 같다면 애초에 들지 않는 것이 낫다. 다만 보험기간이 끝나더라도 돌려받을 보험금(만기환급금) 등이 없는 자동차보험 같은 소멸성 보험은 예외다.

최근 목돈 마련과 재테크에 관심이 많은 2030세대를 대상으로 종신보험을 저축성 보험으로 속여 파는 사례가 급증하고 있다. 금융감독원에 따르면 2020년 7월부터 12월까지 접수된 전체 불완전판매 관련 보험 민원(4,695건) 중 종신보험 관련 민원 비율이 3,255건(69.3%)으로 비중이 가장 높다. 눈여겨볼 점은 젊은 종신보험 민원인이 압도적이라는 것. 전체 민원인 중 10~20대가 1,201건(36.9%)으로 가장 높은 비중을 차지한다. 10~20대 민원인 대부분이 종신보험을 저축성 보험으로 설명을 듣고 가입했다며 이미 낸 보험료의 환급을 요구했다.

■ **종신보험은 사회초년생 목돈 마련에 적합지 않아**

청년층에서 종신보험 민원이 빈발하자 지난해 6월 금융감독원(금감원)은 "종신보험은 사회초년생의 목돈 마련에 적합하지 않다"며 소비자경보 '주의'를 발령했다. 보장성 보험은 사고가 발생했을 때 피보험자에게 약속된 보험금을 제공하는 상품이다. 저축성 보험은 보장성 보험을 제외한 보험으로, 보장성 보험에 비해 보험료 부담이 큰 대신 만기에 이자까지 얹어 보험금을 받는다. 서수양 금감원 금융상품분석국 조사역은 "부양가족이 없는 청년이라면 저축성 보험 가입은 잠시 접어두는 게 좋다. 종신보험을 저축성 보험상품으로 잘못 알고 가입했다가 비싼 보험료를 감당하지 못해 해지 시 납부한 보험료를 돌려받지 못하고 억울해 하는 젊은이가 적지 않다"며 주의를 당부했다.

출처 : 신동아, 2022. 4. 4.

3. 노후 대비 중심의 보험상품

3.1 연금보험

연금보험은 생명보험회사가 취급하는 상품으로 장래 노후생활 준비는 물론 장기저축성 상품으로서도 큰 장점을 가진 상품이다. 연금상품은 '세제적격 과세 연금상품'과 '세제비적격 비과세 연금상품'으로 구분되는데, 연금보험은 후자에 속하는 상품이다. 연금으로 수령 시 다양한 지급방법을 통해 필요시점에 필요한 방법으로 노후자금을 받을 수 있을 뿐만 아니라 시중 금리변화를 반영하는 공시이율로 부리(이자가 붙어) · 적립되는 저축기능도 갖고 있다. 연금보험의 주요 특징을 요약하면 〈표 8-5〉와 같다.

표 8-5 **연금보험의 특징**

주요 속성	내용
가입대상	15~72세(회사별 · 상품별 상이)[1]
연금 개시 연령	45~80세
가입한도	제한 없음
세금 혜택	만기 10년 이상 상품에 대해 5년 이상 납입 시 비과세 가능
예금보호 여부	보호됨
취급기관	생명보험회사
이율	공시이율[2]
연금지급 방법	종신형, 확정형, 상속형

1) 보험 계약 체결 후 연금 개시까지의 기간(제1보험기간) 중 사망보장이 없는 순수연금의 경우 0세부터 가입 가능
2) 매월 1일 각 보험회사가 정한 이율로 하며, 보험회사는 직전 6개월간 일반 계정의 운용자산 이익률과 지표금리 수익률을 산술평균하여 산출된 공시기준이율에서 향후 예상수익 등 경영환경을 고려한 조정이율을 가감하여 공시이율을 결정(적용주기는 1개월, 3개월, 1년 등 보험회사의 상품별로 상이)

알아두기 8-3

연금상품의 세제 혜택

현재 판매되고 있는 연금상품은 다음과 같이 크게 두 종류로 나눌 수 있다.

- **세제적격 과세 연금상품**(세액공제) : 연금저축신탁, 연금저축펀드, 연금저축보험
- **세제비적격 비과세 연금상품**(비과세) : 연금보험, 변액연금보험

연금상품은 크게 세액공제 혜택을 받을 수 있으나 연금 수령 시 과세되는 '세제적격 과세 연금상품'과 세액공제 혜택은 없지만 연금 수령 시 이자소득세가 면제되는 '세제비적격 비과세 연금상품'으로 나뉜다. 전자에 가입하면 연간 600만원 한도 내에서 납입금액의 13.2% 또는 16.5%(지방소득세 포함)를 세액공제 받을 수 있는 대신에 연금을 수령할 때 소득세(3.3~5.5%)

를 납부한다. 그래서 '세제적격'이라는 명칭이 붙었다. 후자에 가입하면 세액공제 혜택은 없지만 연금을 수령할 때 소득세를 납부하지 않는다. 그래서 '세제비적격'이라는 명칭이 붙었다. 요약하면, 근속연한이 많이 남은 젊은 월급쟁이와 자영업자는 세제비적격보다 세제적격에 가입하는 것이 나은 반면, 연금 재원을 넉넉하게 확보하고 있거나 퇴직이 얼마 남지 않은 중장년층은 세제비적격이 더 좋다.

연금보험은 세제비적격 연금이라고도 불리며 보험료를 납입하는 동안에는 세제 혜택이 없다. 대신 10년 이상 유지 시 보험차익(만기 또는 중도해지 시 수령하는 금액 중에서 납입보험료를 초과하는 금액)에 대한 이자소득세를 면제받을 수 있다. 연금보험은 보험회사에서만 가입할 수 있으며 55세 이후에 종신 동안 수령이 가능하다. 이와 같이 연금보험의 세제 혜택은 연금의 수령시기나 유지기간 등에 따라 달라질 수 있으므로 가입하고자 하는 연금상품에 어떤 특징이 있는지 잘 살펴보아야 한다. 연금보험의 세제 혜택을 그림으로 나타내면 [그림 8－3]과 같다.

연금보험은 연금 수령 방법이 다양하고 여러 가지 선택부가특약이 준비되어 있어 연금지급이 개시되기 전이라도 각종 보장을 받을 수 있다. 연금을 지급받는 방법에는 크게 다음의 세 가지가 있다.

그림 8－3 연금보험의 세제 혜택

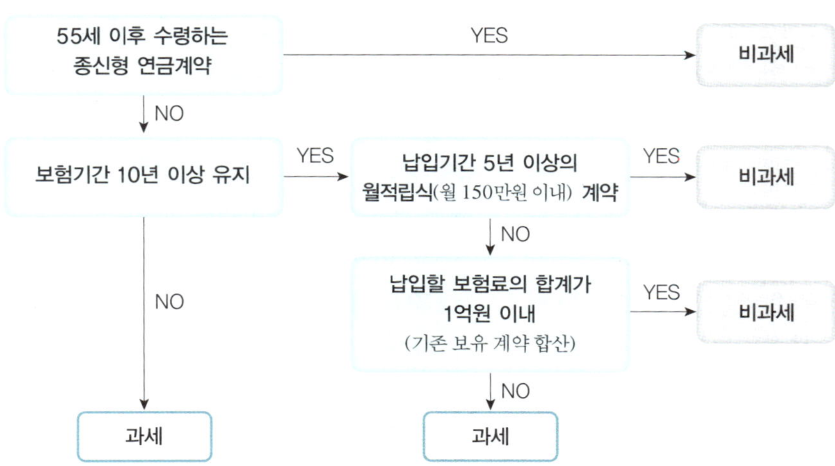

■ **종신형** : 연금지급 개시 후 사망 때까지 계속 연금을 받는 방식으로 피보험자가 일찍 사망하면 연금보증기간(10년 또는 20년) 동안 유족에게 대신 연금이 지급된다.

■ **확정형** : 연금지급 개시 후 연금지급 기간(10 · 15 · 20년) 동안 매년 연금을 지급받는 방식이며, 피보험자가 연금지급 기간 중에 사망하면 잔여 연금지급 기간 동안 매년 연금지급일에 유족에게 연금이 지급된다.

■ **상속형** : 연금 개시 시점의 계약자 적립금을 원금으로 하여 연금지급 개시 후 사망 시까지 가입한 목돈의 이자를 매년 연금으로 지급받는 방식이며, 피보험자가 사망 시에는 사망시점의 연금계약 적립금이 상속자에게 지급된다.

시사 포커스

연금보험과 연금저축 비교

장기저축성 보험 차익 비과세 조건

일시납 보험	월 적립식 보험	종신형 연금보험
– 계약기간 10년 이상 – 1인당 납입 한도 2017년 3월 이전 '2억원' 2017년 4월 이후 '1억원'	– 계약기간 10년 이상 – 납입기간 5년 이상 – 보험료 월 150만원 이하	– 계약자 = 피보험자 = 수익자 – 55세 이후 연금 개시 – 사망할 때까지 연금 수령 – 보증 지급기간 ≤ 기대여명

대형 음식점을 운영 중인 A(54) 사장은 2021년 이자와 배당소득이 2천만원을 넘어 금융소득 종합과세에 해당됐다. 사업소득도 최고세율(46.2%)의 소득세를 납부하고 있던 터라 금융소득도 꼼짝없이 최고 세율로 세금을 납부해야 했다. 이에 올해부터는 어떻게든 금융소득 종합과세만이라도 피하기 위해 비과세 금융상품을 찾다가 연금보험이 눈에 들어왔다. 이 사장은 이미 세액공제 혜택이 있는 연금저축에 가입하고 있는 상황이다. 그렇다면 연금보험과 연금저축은 어떻게 다를까. 그리고 비과세 혜택을 받으려면 연금보험에 가입할 때 어떤 조건을 갖춰야 할까.

■ **개인연금은 세액공제 여부에 따라 달라져**

흔히 개인연금은 세법상 크게 두 종류로 나눌 수 있다. 기준은 세액공제 여부다. 우선 근로자가 연말정산을 하거나 자영업자가 종합소득세를 신고할 때 산출세액의 일부를 공제해 주는 연금을 '세제적격 연금'이라고 하는데, 연금저축이 여기에 해당한다. 연금저축은 금융사에 따라 보험 · 신탁 · 펀드로 나뉘는데, 이 중 보험에 가입한 사람이 가장 많다. 연금저축이라고 하면 연금저축보험을 떠올리는 사람이 많은 것도 이 때문이다. 개인연금 상품 중에는 세액공제 혜택이 없는 것도 있는데, 이를 '세제비적격 연금'이라고 부른다. 보험사에서 판매하는 연금보험이 여기 해당한다. 세액공제는 받을 수 없지만, 일정한 조건을 갖추면 저축성 보험에 주어지는 보험차익에 대한 비과세 혜택을 받을 수 있다.

■ 보험기간이 10년 이상 돼야 비과세

연금보험 가입자가 비과세 혜택을 누리기 위해 갖춰야 할 조건에는 어떤 것들이 있을까. 소득세법에서는 일정한 조건을 갖춘 장기저축성 보험의 보험차익에 비과세 혜택을 주고 있다. 보험차익이란 보험 계약에 따라 만기에 받는 보험금 또는 보험 계약을 중도에 해지하면서 받는 환급금에서 가입자가 납입한 보험료를 빼고 남은 금액을 말한다. 소득세법에서는 보험차익을 이자소득으로 보지만, 다음에 해당하는 보험차익은 이자소득에서 제외한다.

먼저 최초로 보험료를 납입한 날부터 만기일이나 중도해지일까지 기간이 10년 이상 되는 저축성 보험 중에서 일정한 요건을 갖춘 경우다. 만기일이나 중도해지일까지 기간이 10년을 넘더라도, 10년이 되기 전에 확정된 기간 동안 연금 형태로 분할 수령하는 경우에는 이자소득으로 보고 과세한다.

계약자 1명당 납입할 보험료 합계액에도 제약이 있다. 2017년 3월 31일 이전까지 체결한 보험 계약에는 2억원까지 비과세 혜택이 주어졌지만, 이후 체결하는 보험 계약부터는 1인당 1억원까지만 비과세 혜택을 주고 있다. 보험료 합계액이란 계약자가 가입한 모든 저축성 보험 계약의 보험료 합계액을 말한다. 저축성 보험을 여러 개 가입한 경우에는 처음으로 보험료 합계액이 1억원을 초과하게 만드는 보험부터 비과세 혜택이 주어지지 않는다. 하나의 저축성 보험에 가입하는 경우에도 보험료가 1억원을 초과하면 비과세 혜택을 받을 수 없다. 만약 보험료 합계액이 1억원 이상 된다면, 1억원까지 납입하는 보험 하나와 1억원을 초과하는 금액을 납부하는 보험으로 나눠서 가입하는 것이 좋다.

일정한 요건을 갖추면 월 적립식 저축성 보험에도 비과세 혜택이 주어진다. 최초 보험가입일부터 만기일이나 중도해지일까지 기간이 10년 이상이고, 보험료 납입기간이 5년 이상 되어야 한다. 또 매달 납부하는 기본 보험료가 균등해야 하고, 기본 보험료 선납 기간이 6개월을 넘어서는 안 된다. 또 최초 계약한 기본 보험료를 1배 이내에서 증액할 수 있다.

마지막으로 기본 보험료와 추가로 납입하는 보험료를 합쳐 계약자가 납부하는 보험료가 월별로 150만원을 넘어서는 안 된다.

■ 종신형 연금의 납입한도 없는 비과세

종신형 연금보험은 아래 5가지 조건을 갖추면 납입한도 없이 비과세 혜택을 받을 수 있다.

첫째, 계약자가 보험료 납입기간 만료 후 55세 이후부터 보험금과 수익을 연금 형태로 지급받아야 한다.

둘째, 연금보험의 계약자, 피보험자, 수익자가 같은 사람이어야 하고, 최초 연금지급이 개시된 다음에 중도해지할 수 없어야 한다. 수익자는 연금을 수령하는 사람이다. 피보험자는 보험 계약의 대상이 되는 사람으로 종신형 연금에서는 피보험자가 살아 있는 동안 연금이 지급된다.

셋째, 피보험자가 사망하면 보험 계약과 연금지급 재원이 소멸해야 한다. 다만 피보험자가 사망한 다음에도 보증기간이 남아 있으면, 보증기간이 종료될 때 보험 계약과 연금지급 재원이 소멸해야 한다. 종신형 연금은 피보험자가 조기에 사망하더라도 일정 기간 연금을 받을 수 있도록 보증기간을 두고 있다.

넷째, 보증기간은 피보험자의 기대 여명 연수 이내에서 정해야 한다. 이는 종신형 연금을 상속이나 증여 수단으로 남용하는 것을 막기 위한 것이다.

다섯째, 매년 수령하는 연금액이 일정 한도를 초과해서는 안 된다. 연금액 한도는 연금 수령 개시일 당시 연금계좌 평가액을 연금 수령 개시일 당시 기대 여명 연수로 나눈 금액의 3배다.

출처 : 영남일보, 2022. 2. 7 수정.

3.2 종신보험

종신보험은 보장기간이 평생(종신)이며 사망원인에 관계없이 보험금이 지급되는 대표적인 보장성 보험상품이다. 각 개인의 재무상황 및 필요에 따라 맞춤형으로 설계하여 각종 특약을 조립함으로써 다양한 보장을 받을 수 있다. 종신보험은 획일적으로 만들어진 상품이 아니며 고객의 개인별 수요 및 재정 상태를 충분히 파악한 뒤 보장프로그램으로 설계된 보험프로그램이다. 가입에 앞서 설계사와의 상담을 통해 향후 자녀 교육비, 자녀 결혼자금, 가족생활비 등 본인의 필요자금과 퇴직금, 적금, 연금 등의 준비자금을 결정한 후 생활설계프로그램으로 분석해 나온 필요 보장자금에 따라 가입금액, 보장금액, 지급범위, 기간 등을 산정할 수 있다. 종신보험의 주요 특징을 요약하면 〈표 8-6〉과 같다.

보험회사에 따라서는 비흡연자, 혈압 · 체격 등이 정상인 계약자(우량체 계약자)에게는 보험료를 일정 부분 할인해 주기도 한다. 상품설계 방식에 따라 사망보험금이 체증 · 체감하도록 설계한 상품도 있으며, 계약자의 사정에 따라 감액완납보험 및 연장정기보험으로 전환이 가능한 상품도 있다. 납입보험료 중 일부(적립보험료 등)로 별도의 펀드를 구성해 그 운용실적에 따라 투자수익을 계약자에게 배분함으로써 보험금이 변동하는 변액종신보험도 판매되고 있다.

표 8-6 종신보험의 특징

주요 속성	내용
가입대상	통상적으로 15～65세
납입기간	일시납, 5 · 10 · 15 · 20년납, 55 · 60 · 70세납 등 다양
보험기간	종신
가입한도	제한 없음
세금 혜택	세액공제(보장성 보험료에 대하여 1인당 연 합계액 100만원까지)
예금보호 여부	보호됨
취급기관	생명보험회사

4. 투자 및 저축 중심의 보험상품

4.1 변액보험

변액보험은 보험의 기능에 투자의 기능을 추가한 일종의 간접투자상품으로, 보험 고유의 보장을 받으면서 높은 투자수익도 기대할 수 있는 보험상품이다. 일반적으로 보장금액이 가입 당시 정해져 있는 정액보험과 달리 변액보험은 지급되는 보험금이 투자수익에 따라 달라지는 것이 주요 특징이다. 기존의 다른 금융권 간접투자상품과 같이 보험료 중 투자 부분에 해당하는 보험료를 주식이나 채권 등에 운용하여 얻은 이익을 고객에게 실적배당해 준다는 측면에서 은행권의 금전신탁이나 자산운용회사의 수익증권, 뮤추얼펀드와 유사하다. 하지만 보험의 특성상 변액보험은 다른 간접투자상품과 달리 위험보장이 기본적으로 전제되며, 보험특약을 통해 다양한 보장을 추가로 받을 수 있다. 또한 실적배당을 통해 인플레이션으로 인한 보장자산 가치 하락을 일부 보완할 수 있다. 변액보험의 주요 특징을 요약하면 〈표 8-7〉과 같다.

표 8-7 **변액보험의 특징**

주요 속성	내용
가입대상	15~73세(보험상품별로 상이)
연금 개시 연령	45~75세(보험상품별로 상이)
납입기간	일시납, 7 · 10 · 15 · 20년납 등 다양
세금 혜택	10년 이상 가입 시 비과세 가능
예금보호 여부	보호되지 않으나 계약에 따라 원금 보장. 단, 유니버셜의 경우는 원금 비보장
취급기관	생명보험회사
이율	실적배당(통상 연금개시 이후에는 공시이율)
연금지급 방법	종신형, 확정형, 상속형

변액보험에는 크게 세 가지가 있다. 즉, 예금보장 기능이 있는 변액연금보험, 변액종신보험이 있고, 보험료 자유납입 및 중도인출이 가능한 대신 원금 보장이 되지 않는 변액유니버셜보험이 있다.

- **변액연금보험** : 용어 그대로 투자한 수익률로 연금을 받는 상품으로 연금이 주목적이다. 연금 개시 시점에 원금을 보장하기 때문에 상대적으로 안전하다.
- **변액종신보험** : 종신의 기능을 중심으로 상속과 보장에 초점을 맞추고 있는 상품으로, 투자수익이 커질수록 사망보장 금액이 커지는 장점이 있고 보험보장도 동시에 받기 때문에 상대적으로 젊은 사람에게 유리한 종신보험이다.
- **변액유니버셜보험** : 투자의 개념이 강한 보험으로 보험이란 명칭을 갖고 있지만 사실상 투자상품으로 분류하는 것이 타당하다. 변액연금보다 주식투자 비율이 높고 공격적으로 운용되며, 특히 변액연금보험과 달리 원금 보장이 안 된다. 유니버셜이란 용어는 보험료 납입과 인출에 유연성이 있다는 것을 의미한다.

변액보험에 대해서 부정적인 평가도 있다는 점을 참고할 필요가 있다. 그 이유는 가입자가 내는 보험료 중 일부가 사업비(보험회사의 운영을 위해 지출되는 경비)로 쓰이고 실제 투자에 활용되는 금액은 사업비를 제외한 나머지 금액이기 때문이다. 예를 들어 변액유니버셜보험에 가입하여 1년에 1,000만원을 보험료로 납부했는데, 이 중 150만원이 사업비로 빠져나갔다면 850만원이 실제 투자원금이 되는 셈이다. 따라서 다른 금융상품의 경우에 비해 투자되는 원금이 적으므로 투자수익 역시 낮을 수밖에 없다. 다만 다른 실적배당상품과 달리 10년 이상 가입하면 비과세 혜택이 있으므로 최소한 10년 이상 장기 가입할 경우에 권장할 만하다.

알아두기 8-4

변액보험과 펀드의 차이

변액보험과 펀드의 가장 큰 공통점은 둘 다 투자성과에 따라 수익이 달라지는 '실적배당형' 상품이라는 점이다. 그러나 자세히 살펴보면 유사점보다는 차이점이 훨씬 더 많다. 우선 변액보험은 그 뿌리가 '보험'이고 보험의 고유 기능은 위험에 대비하는 보장기능이므로 가입기간 중에 발생하는 사망 · 질병 · 장애 등의 위험을 보장해 주는 반면, 펀드에는 이러한 보장기능이 없다. 또한 변액보험의 경우 연금 개시 시점에 최소 납입보험료 수준에서 연금지급을 보장해 주는 원금 보장 기능이 있는 반면, 펀드는 운용성과에 따라 원금 손실을 볼 수 있다. 한편 만기 지급 방식에도 차이가 있는데 변액보험은 적립금을 연금 방식으로 지급받을 수 있는 반면, 펀드는 필요할 때마다 환매를 해야 한다.

금융소비자의 입장에서 변액보험과 펀드의 가장 중요한 차이는 운용비용에 있다. 펀드는 판매수수료, 보수 등의 운용비용을 제외하고는 투자자가 불입한 금액의 대부분을 투자한다. 판매수수료는 펀드에 가입할 때 지불하는 일회성 비용이지만 보수(판매보수 · 운용보수 · 수탁보수 · 일반관리보수)의 경우 매년 펀드자산 평가금액에서 일정 비율을 지불한다. 한편 변액보험은 가입자가 낸 보험료에서 계약 유지 · 관리에 들어가는 비용인 사업비를 미리 공제하고 남은 금액을 투자한다. 따라서 보험회사가 사업비를 많이 공제할수록 투자금액은 줄어들게 되며 사업비 공제기간도 보통 7년 이상의 장기인 경우가 많다. 따라서 운용성과가 동일하다면 더 많은 금액을 투자한 펀드가 변액보험에 비해 수익률이 높을 수밖에 없다. 펀드가 변액보험보다 운용비용이 훨씬 저렴하기 때문이다.

그런데 사업비 공제기간이 끝나는 장기가 되면 입장이 바뀌게 된다. 왜냐하면 변액보험의 경우에는 더 이상 사업비를 내지 않아도 되지만, 펀드의 경우에는 계속해서 운용비용을 지불해야 하기 때문이다. 또한 펀드자산 평가금액은 시간이 지날수록 늘어나기 마련이므로 그 일정 비율로 계산되는 펀드 운용비용도 계속 늘어나게 된다. 이와 같이 변액보험은 비용이 초기에 많이 들어가는 반면, 펀드는 나중에 많이 든다는 차이가 있다. 따라서 비용만 놓고 본다면, 사업비 공제기간인 7년 이상 장기투자하는 경우에는 변액보험이 유리하고, 단기투자하려는 경우에는 펀드가 유리하다. 따라서 변액보험과 펀드는 가입기간의 장 · 단을 우선적으로 고려해 선택하는 것이 현명하다.

구분	변액보험	펀드
지급방식	연금지급	환매청구
보험 적용 방식	사망, 장애 시 보험금 지급	없음
세제 혜택	10년 이상 가입 시 비과세	없음
적정 투자기간	10년 이상	장 · 단기 무관

시사 포커스

'보험도 투자처럼' 변액보험 가입자 10명 중 3명은 MZ세대

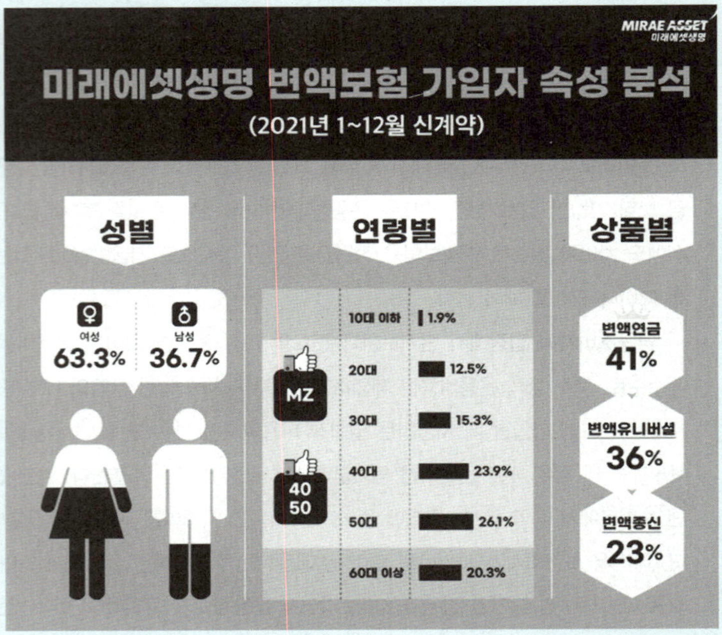

자료 : 미래에셋생명

2021년 변액보험 가입자 10명 중 3명은 20~30대 MZ세대인 것으로 나타났다. 투자에 대한 MZ세대의 높은 관심이 보험 선택에도 영향을 미친 것으로 분석된다. 미래에셋생명은 2022년 3월 17일 업계 최초로 지난해 자사 변액보험에 새로 가입한 12만 건의 속성을 분석해 이 같이 발표했다. 미래에셋생명은 23개 생명보험사 중 국내 변액보험 신계약의 60%를 차지하고 있다. 변액보험은 보험료를 수익성이 높은 주식 · 채권 등에 투자하고, 운용 실적을 보험계약자에게 돌려주는 상품이다.

변액보험 상품군 중에서 신규 가입자들이 가장 많이 선택한 상품은 변액연금(41%)으로 집계됐다. 이어 변액유니버설(36%), 변액종신(23%)이 뒤를 이었다. 변액연금은 노후 대비용 저축성 보험, 변액종신은 사망 · 질병을 대비한 보장성 보험이다. 변액유니버설은 보장 · 저축의 혼합 상품이다.

가입자들의 성별을 보면 여성(63.3%)이 남성(36.7%)보다 많았다. 연령별로는 50대(26.1%), 40대(23.9%) 등 중장년층 가입자가 전체의 절반을 차지했다. 30대(15.3%), 20대(12.5%) 등 MZ세대도 10명 중 3명꼴이었다.

가입자를 직업별로 분류하면 사무직 회사원(22.9%), 전업주부(20.3%), 자영업자(4.4%) 순으로 집계됐다. 학생 비중도 3.5%로 나타났다.

미래에셋생명은 "재테크에 관심을 갖고 투자형 상품으로 눈을 돌리는 MZ세대의 활발한 투자 행태가 변액보험 시장에도 반영됐다"며 "변액보험에 대한 젊은 세대의 높은 관심을 확인할 수 있다"고 설명했다. 이어 "4050세대, 회사원 등 가계를 책임지는 계층을 중심으로 변액연금 가입이 늘어나는 것을 볼 때 변액보험 가입의 주요 목적이 안정적인 노후자금 마련이라는 것을 유추할 수 있다"고 덧붙였다.

변액보험 상품에 편입돼 있는 펀드를 변경한 가입자는 10.4%에 그쳤다. 이들의 평균 펀드 변경 횟수는 1.5회로, 지난해 시장 변동성이 증대한 시기에도 펀드 변경에는 소극적인 것으로 나타났다. 다만 이런 현상은 가입자 상당수가 전문가에게 포트폴리오 관리를 일임하는 상품을 선택했기 때문인 것으로 풀이된다.

출처 : 경향신문, 2022. 3. 17.

4.2 장기저축성 보험

장기저축성 보험은 보험회사에서 판매하는 저축성 보험상품으로 저축기능과 보장기능을 겸한 실세금리연동형 또는 금리확정형 상품이다. 기본적인 위험 보장과 함께 최저금리 보장기능이 있어 장기적으로 목돈을 마련하거나 목돈을 안정적으로 운용하기에 좋은 상품이며, 10년 이상 가입 시에는 비과세 혜택도 받을 수 있다. 장기저축성 보험의 주요 특징을 요약하면 〈표 8-8〉과 같다.

표 8-8 장기저축성 보험의 특징

주요 속성	내용
가입대상	제한 없음
보험기간	3년, 5년, 7년, 10년, 15년, 20년 등(단, 15년 이상은 생명보험회사만 해당)
세금 혜택	10년 이상 가입 시 비과세(단, 일시납이고 납입보험료가 1억원 초과 시 또는 월적립식이고 월 납입보험료가 150만원 초과 시 과세)
예금보호 여부	보호됨
취급기관	생명보험회사, 손해보험회사
이율	확정이율(공시이율 또는 약관대출이율에서 일정 이자율을 차감한 이율)
만기환급금	적립 부분의 책임준비금[순보험료(적립보험료 - 사업비)에 약정이율을 적용하여 산출한 원리금 합계] 전액

보험회사 선택기준

재테크 Tip

보험상품은 상품 자체에 예금자보호 장치가 있거나 변액보험의 경우처럼 투자 부분에 대해서는 보험회사 자산과는 상관없이 별도의 특별계정으로 운용된다. 그러므로 보험회사가 큰지 작은지 또는 튼튼한 회사인지 아닌지는 보험상품 선택 시 크게 중요하지 않다. 보험회사가 파산하면 가입자의 보험계정은 다른 보험회사로 그대로 인수된다고 보면 된다.

따라서 보험상품을 선택할 때는 보험회사보다는 보험상품 자체를 보고 판단해야 한다. 보장범위, 보험료 수준, 수수료, 사업비 비중 등을 비교해야 한다. 최근에는 사고 등 보험금을 받아야 하는 상황이 발생했을 때 보험금을 얼마나 잘 지급하는지도 확인해 보아야 한다. 일부 보험회사의 경우 어려운 약관을 근거로 보험금을 지급하지 않기 위해 가입자를 상대로 소송을 거는 경우도 있기 때문이다.

높은 사업비 비중 등을 감안할 때 보험을 저축수단으로 생각하는 것은 수익성의 관점에서 바람직하지 못하고 사고에 대비하는 보험 본래의 취지에도 어긋난다. 특히 소득수준이 낮은 사람의 경우 사고 대비의 필요성이 높고 보험료에 대한 부담도 상대적으로 크기 때문에 보험료가 비싼 저축성 보험보다는 동일한 보장을 받되 상대적으로 보험료가 저렴한 순수보장성 보험에 가입하는 것이 바람직하다.

5. 연금제도 및 활용

통계청 자료에 의하면 우리나라 사람들의 평균 기대수명은 1970년 61.9세(남자 58.7세, 여자 65.6세)에서 2021년 기준 83.6세(남자 80.6세, 여자 86.6세)로 22년 정도 늘었다. 2060년에는 86세까지 늘어날 것으로 전망된다. 은퇴 이후 약 30년간 노후생활을 해야 하는데 앞으로 의료기술이 발달하면 그 기간이 더 연장될 수 있다. 평균수명이 늘어나 은퇴 이후의 기간이 길어질수록 젊었을 때부터 노후를 대비할 필요성은 그만큼 더 커진다. 조기 퇴직과 불완전한 노후 보장제도로 직장에서 물러난 이후의 삶을 어떻게 살아갈지에 대해서 젊어서부터 준비하는 자세가 필요하다. 연금은 은퇴 이후의 노후소득으로 중요한 역할을 담당하고 있다.

과거에는 가족이 노인을 부양하는 경우가 일반적이었으나 산업화와 도시화, 핵가족화 등으로 가족에 의한 부양 자체가 힘들어지면서 다양한 형태의 연금제도가 필요하게 되었다. 이러한 연금의 필요성은 평균수명의 연장으로 더욱 커지게 되었다. 자녀들의 부모 부양 인식이 변화하여 자신의 노후는 스스로 준비하지 않으면 안 되는 시대가 오고 있는 것이다.

연금제도의 필요성은 최근의 저금리 경향으로 더욱 커졌다. 과거에는 퇴직금이나 현금을 은행에 넣어두면 이자로 노후생활을 할 수 있었지만, 현재와 같은 저금리 시대에는 이것이 어렵다. 최근 공적연금 제도에 대한 기대가 높아지고 있지만, 공적연금 역시 재정안정화 차원에서 급여수준 등이 낮아지고 있는 상황이어서 개인 스스로가 안정된 노후를 위한 준비를 강화하는 것이 필요하다.

5.1 우리나라 연금의 체계

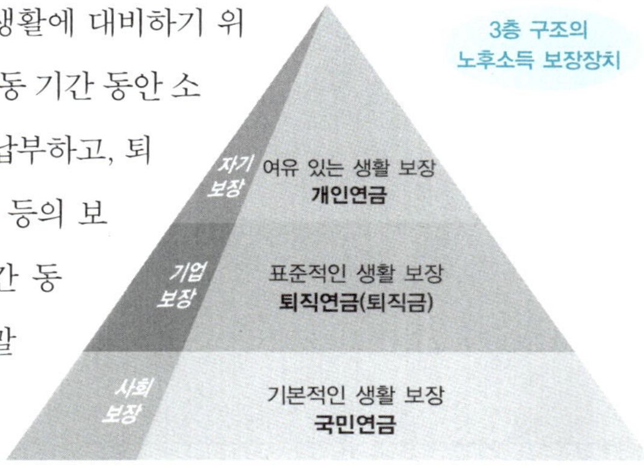

연금(pension)이란 노후의 생활에 대비하기 위하여 근로자 또는 국민이 생산활동 기간 동안 소정의 기여금을 일정 기간 동안 납부하고, 퇴직하거나 노령 · 장애 혹은 사망 등의 보험사고가 발생했을 때 일정 기간 동안 계속해서 지급받는 급여를 말한다.[5] 연금은 임금 또는 사업소득이 없거나 자녀 등 부양자로부터의 소득 이전이 불안한 상태에서 주요 생계수단이 된다. 따라서 장애가 발생하거나 노령 또는 부양의무자의 사망 등으로 소득을 창출하기 어려운 상황에 대비하여 준비하게 된다.

은퇴 이후의 노후소득 보장을 위해 일반적으로 가장 많이 준비하는 방법은 정부가 운영하는 국민연금 등의 공적연금, 근로자 재직 시 가입하는 퇴직연금, 개인이 임의 선택하여 준비하는 개인연금 세 가지이다. 국민연금은 65세부터 수령할 수 있기 때문에 평균적으로 은퇴하는 55세로부터 10년 정도의 공백이 생긴다.[6] 이 공백을 메우기 위해 필요한 것이 바로 퇴직연금과 개인연금이다.

[그림 8-4]는 공적연금, 퇴직연금, 사적연금의 3개 층으로 구성된 우리나라의 연금체계를 나타내고 있다. 1층은 정부가 국민들의 기본적인 생활 보장을 위해 운영하는 공적연금 제도이다. 공적연금은 국민연금, 특수직역연금(공무원연금 · 사학연금 · 군인연금 · 별정우체국연금 등), 기초연금으로 나누어진다. 2층은 근로자의 안정적인 노후생활을 위한 퇴직연금 제도로 민간기업의 퇴직연금(퇴직금)과 특수직역의 퇴직수당이 있다. 그리고 3층은 여유 있는 노후생활을 위해 선택적으로 가입하는 사적연금 제도이다. 여기에 해당하는 금융상품으로는 개인연금 및 연금저축이 있다.

5. 자기 자신을 위하여 설정된 연금이 보다 일반적 형태이며 국가 혹은 제도적으로 지급되는 연금은 'pension'이라는 단어가 사용된다.
6. 65세 이전이라도 은퇴 후 소득이 없거나 최근 3년간 월평균 소득이 전체 가입자의 월평균 소득보다 적은 경우에는 5년 조기에 수령할 수 있다.

그림 8-4 우리나라의 3층 연금체계

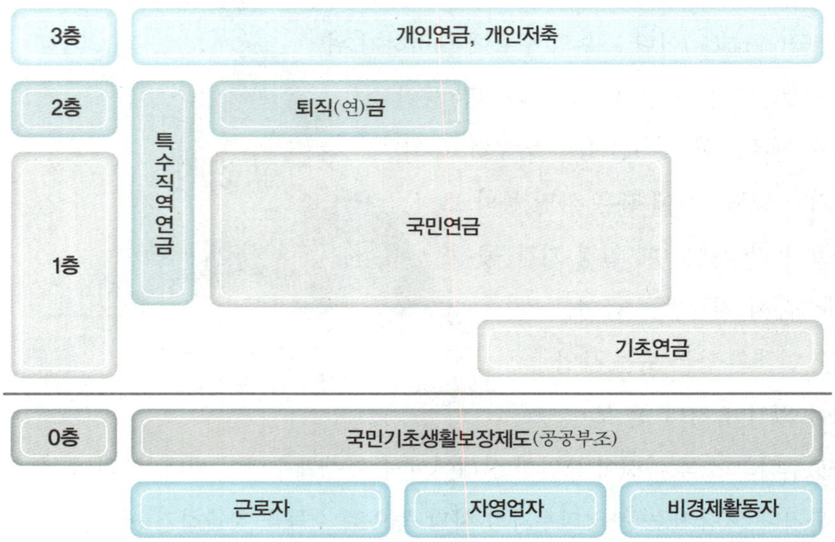

5.2 연금의 종류 및 활용

1) 공적연금

정부 또는 관련 기관이 운영하는 공적연금에는 국민연금, 특수직역연금(공무원연금 · 군인연금 · 사학연금 · 별정우체국연금 등), 기초연금이 있다. 국민연금은 대한민국 국민이면 누구나 의무적으로 가입하는 연금보험이며 사업장 가입자, 지역 가입자, 임의 가입자로 구분된다. 연금 수령액은 물가와 연동되어 조정된다. 특수직역연금은 공무원, 직업군인, 사립학교 교직원, 별정우체국 직원 등을 대상으로 하는 연금이다.[7] 모든 공적연금의 본인 기여금이나 부담금은 연말정산 시 전액 소득공제된다. 기초연금은 만 65세 이상이고, 소득인정액이 선정기준액 이하인 노인들에게 매월 일정 금액을 지원하는 제도이다.

---

7. 모든 연금은 10년(군인연금은 20년) 이상의 최소 기간을 채우지 못하면 연금 대신 퇴직일시금으로 받아야 했으나, 2009년 8월부터 공적연금 연계 제도가 도입되어 국민연금과 특수직역연금 가입기간을 합산하여 요건을 충족하면 연금을 받을 수 있게 되었다.

■ 국민연금

국민연금은 가입자인 국민이 노령, 장애 또는 사망으로 소득능력이 상실 또는 감퇴된 경우 본인이나 그 유족에게 일정액의 급부를 행하여 안정된 생활을 할 수 있도록 국가가 운영하는 장기적인 소득보장제도이다.

국민연금에서 받을 수 있는 급여에는 노령연금, 장애연금, 유족연금 및 반환일시금, 사망일시금이 있다. 국민연금은 근로기간에 소득이 있을 때 보험료를 납부하면 노년이 되어 소득이 없을 때 매월 연금으로 지급받는 노령연금 외에도 장애 시에는 장애연금, 사망 시에는 유족연금을 지급받는 제도이다. 그리고 연금을 받을 수 없는 경우에는 일정 요건을 충족하면 반환일시금이나 사망일시금을 받을 수 있다.

노령연금은 국민연금 가입기간이 10년 이상이고 만 60세 이상 지급연령 도달 가입자에게 지급된다. 지급연령은 출생연도에 따라 약간의 차이가 있다. 만약 퇴직 후 노령연금 수령 전까지 소득이 없거나 적은 경우 조기노령연금을 신청하여 연금 개시를 5년까지 앞당길 수 있다. 다만 이 경우 연금 개시를 1년 앞당길 때마다 연금 수령액이 6%씩 감소한다는 점을 감안하여 결정하여야 한다. 반면 최대 5년까지 연금 수령을 미룰 수 있고 연금 수령 자체를 늦추지 않고 일부분(연금 수령액 50~90%까지 10% 단위)만 연기하는 것도 가능하다. 국민연금 수급을 연기하면 연기한 기간만큼 7.2%(월 0.6%)씩 연금액이 더 불어난다. 노령연금은 연령, 가입기간, 소득의 존재 여부 등 급여의 지급조건에 따라 완전노령연금, 감액노령연금, 조기노령연금, 특례노령연금 등으로 나뉜다.

장애연금은 가입 중에 발생한 질병 또는 부상으로 완치 후에도 장애가 있는 자에게 지급된다. 다만 완치일 또는 2년 경과일 당시 연금보험료를 납부한 사실이 없

표 8-9 국민연금 급여의 종류

<table>
<tr><th>구분</th><th>연금 급여(매월 지급)</th><th colspan="2">일시금 급여</th></tr>
<tr><td>노령연금</td><td>노후소득 보장을 위한 급여
국민연금의 기초가 되는 급여</td><td rowspan="2">반환일시금</td><td rowspan="2">연금을 받지 못하거나 더 이상 가입할 수 없는 경우 청산적 성격으로 지급하는 급여</td></tr>
<tr><td>장애연금</td><td>장애로 인한 소득 감소에 대비한 급여</td></tr>
<tr><td>유족연금</td><td>가입자의 사망으로 인한 유족의 생계 보호를 위한 급여</td><td>사망일시금</td><td>유족연금 또는 반환일시금을 받지 못할 경우 보상적 성격으로 지급하는 급여</td></tr>
</table>

거나, 연금보험료를 납부한 기간이 납부하여야 할 기간의 2/3에 미달하는 경우 장애연금이 지급되지 않는다.

유족연금은 국민연금 가입자, 노령연금 혹은 장애연금(2등급 이상) 수급자의 사망 시, 사망 당시 가입자 또는 가입자였던 자에 의하여 생계를 유지하고 있던 최우선 순위의 유족(배우자, 자녀, 부모, 손자녀, 조부모 순)에게 지급된다.

반환일시금은 연금을 수급할 수 있는 최소 가입기간을 만족시키지 못하거나 해외로 이주할 경우에 지급되고, 사망일시금은 가입자가 사망 후 국민연금의 급여를 받을 유족이 없는 경우에 지급된다.

■ 기초연금

기초연금은 만 65세 이상의 노인 중 소득과 재산이 선정기준액 이하인 노인에게 매월 일정액의 연금(2022년 기준 월 최대 307,100원)을 지원하는 제도이다. 노년의 생활 안정을 지원하고 복지를 증진할 목적으로 시행되는 제도이다. 노후를 미처 대비하지 못해 생활이 어려운 노인들의 생활 안정에 도움을 주기 위해 2008년 1월부터 시행되어 온 기초노령연금제도를 대폭 개정해 2014년 7월부터 시행되고 있으며, 소득인정액과 수급액은 일정 기준에 의해 산출된다.

기초연금은 미래 세대의 부담을 줄이겠다는 취지로 국민연금 등의 공적연금과 연계하여 시행되고 있다. 즉, 국민연금 수령액이 많으면 기초연금은 적게, 적으면 기초연금은 많이 지급하는 방식이다. 또한 특수직역연금 수급권자 및 그 배우자는 원칙적으로 기초연금 수급대상에서 제외된다. 기초연금 수급대상은 소득·재산 수준(소득인정액)이 선정기준액(2022년 기준 단독 가구 월 180만원, 부부 가구 월 288만원) 이하인 노인이다.

한편 기초연금은 만 65세 생일이 속한 달의 1개월 전부터 신청 가능하며, 주소지 관할 읍·면 사무소, 동 주민센터 또는 가까운 국민연금공단 지사나 상담센터에 신청하면 된다.

2) 퇴직연금

퇴직연금제도의 구조

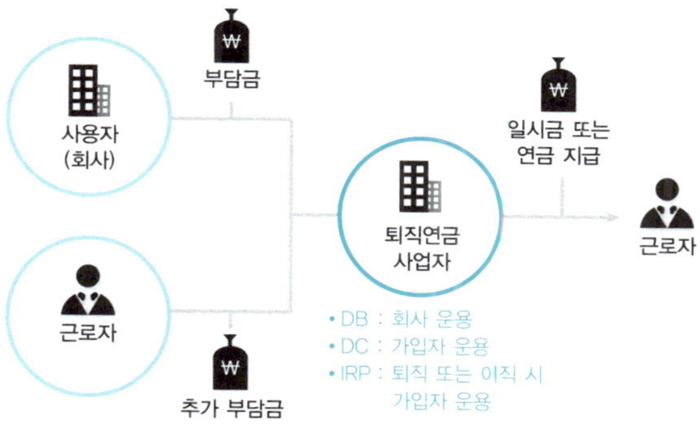

퇴직연금은 근로자의 노후생활을 보장하기 위하여 회사가 근로자에게 지급해야 할 퇴직급여(퇴직금)를 회사가 아닌 금융기관(퇴직연금사업자)에 맡기고 기업 또는 근로자의 지시에 따라 운용하여 근로자 퇴직 시 일시금 또는 연금으로 지급하는 제도이다. 따라서 회사가 도산하는 등의 문제가 생겨도 근로자는 금융기관으로부터 퇴직급여를 안정적으로 받을 수 있다.

퇴직연금은 근로자가 직장의 급여체계 및 안정성과 근로자 자신의 노후계획 및 투자성향을 고려하여 확정급여형(defined benefit ; DB), 확정기여형(defined contribution ; DC), 개인형 퇴직연금(individual retirement pension ; IRP) 중 자신에게 알맞는 유형을 선택하여 가입할 수 있다. 퇴직 후에는 55세 이후에 연금으로 받을 것인지 일시금으로 받을 것인지를 근로자가 선택하여 결정할 수 있다. 그리고 2015년부터 연금으로 수령하는 경우 일시금으로 받을 때에 비해 세금을 30% 경감받을 수 있다. 다만 금융기관에 따라 연금지급 기간 및 방법, 수수료 등에 차이가 있으므로 신중하게 비교한 후 선택하는 것이 필요하다. 우리나라에서는 퇴직연금제도가 2005년 12월부터 5인 이상의 사업장부터 도입되었으며, 2008년 이후 모든 사업장에서 시행되고 있다.

▪ 확정급여형(DB) : 회사 책임형

회사가 근로자의 퇴직연금 재원을 외부 금융기관에 적립해 운용하고, 근로자 퇴직 시 정해진 금액(퇴직 직전 3개월 평균급여 × 근속연수)을 지급하도록 하는 제도이다. DB형은 금융기관에 적립하지만 회사의 책임 하에 운용하며, 자금의 운용손익이 회사에 귀속되므로 운영결과에 따라 회사에 이익이 될 수도 있고 손실이 될 수도 있다. 근로자의 마지막 근무연도 임금(퇴직 직전 3개월 평균급여)을 기준으로 퇴직연금이 지급되므로 임금상승률이 높고 장기근속이 가능한 기업의 근로자에게 유리하다.

■ **확정기여형**(DC) **: 근로자 책임형**

회사가 매년 연간 임금총액의 일정 비율(1/12 이상)을 적립하고, 근로자가 적립금을 운용하는 방식이다. 회사가 금융기관의 근로자 퇴직급여 계좌에 매년 일정액을 적립하고, 그 자금을 근로자가 직접 운용하므로 파산위험 및 임금체불 위험이 있는 회사에 근무하는 근로자나 임금상승률이 낮거나 임금피크제에 진입한 근로자 등에게 유리하다.

■ **개인형 퇴직연금**(IRP)

퇴직한 근로자가 퇴직 시 수령한 퇴직급여를 운용하거나 재직 중인 근로자가 DB · DC 이외에 자신의 부담으로 추가로 적립하여 운용하다가 연금 또는 일시금으로 수령할 수 있는 계좌이다. 근로자의 퇴직 후 노후생활 재원을 마련하도록 지원하기 위해 근로자가 스스로 IRP에 자기비용 부담으로 추가 적립할 경우, 정부는 개인연금과 합산하여 최고 900만원까지 납입금액에 대해 세액공제(13.2% 또는 16.5%) 혜택을 주고 있다. 그리고 2017년 7월 26일부터는 자영업자, 특수직역연금 가입자 등 안정적 노후소득 확보가 필요한 사람도 IRP 설정이 가능해졌다.

시사 포커스

내 퇴직연금, 이대로 괜찮을까

■ **임금상승률과 근속 안정성에 따라 가입 연금도 달라져야**

정부는 매년 퇴직연금 가입자가 증가한다는 고무적인 통계자료를 내놓고 있다. 퇴직연금제도는 2005년 말 시행됐는데, 2020년 말 기준으로 총 도입대상 사업장 146만 4,000곳 중 약 39만 9,000곳이 도입하면서 사업장 기준 도입률은 27.2%를 기록했다. 5년 전인 2015년 26.2% 대비 1.0%포인트 상승했다. 정부 말처럼 눈에 띄는 성과가 있다고 보긴 어려운 게 현실이다.

제도 유형별 적립액을 보면 확정급여형(DB)이 확정기여형(DC)보다 훨씬 높은 비중을 차지한다. 도입 초기 퇴직연금 가입을 주도했던 대기업에서 대부분 DB형을 선택한 결과다. 장기근속과 높은 급여수준으로 인해, DC형에서 많은 투자수익이 발생하더라도 DB형이 더 유리할 것으로 판단했기 때문이다.

▲ 퇴직연금 가입 사업자는 매년 증가하지만 수익률은 가입자의 상황에 따라 다른 만큼 꼼꼼한 확인이 필요하다는 지적이다. ⓒ연합뉴스

■ 퇴직연금 가입자의 현명한 선택

DB형은 근로자가 퇴직하는 시점에 지급금액이 정해지고 사용자가 지급 책임을 지기 때문에 매우 보수적으로 운용돼 왔다. 이런 이유로 DB형은 대부분 90% 이상 원리금 보장형으로 운용된다. 사용자 입장에서는 임금상승률 정도의 운용수익을 거두면 되고, 부족할 경우 사내 다른 자금으로 충당하면 된다. DC형은 다르다. 납입은 사용자가 하지만 운용 주체가 근로자이고, 스스로 운용한 결과물이 바로 자신의 퇴직급여가 되는 것이다(IRP 특례 포함). 그럼에도 운용방법에서는 DB형과 별반 차이가 없다. DC형에서도 원리금 보장 상품은 79%에 육박한다(2020년 말 기준).

운용방법에 차이가 없음에도 매년 퇴직연금을 도입하는 사업장의 제도 유형별 비중을 보면 DC형을 도입하는 사업장이 많으며 계속 증가하는 추세다. 아마도 신규 도입 사업장의 경우 중소기업이 대부분을 차지하고, 근로자 입장에서도 장기근속이 줄어들었기 때문이 아닐까 싶다. 근속 안정성이 떨어지거나 잦은 폐업으로 인해 퇴직급여를 받지 못할 우려가 큰 중소기업 종사자나 직장을 자주 옮기는 근로자는 DC형을 선호할 수 있다. 그렇다면 DC형의 운용방법을 달리했을 경우 DB형에 비해 유리한지 불리한지를 검토해 보자. 대기업 근로자의 경우 통상적으로 임금상승률이 높고 장기근속 가능성이 크다면 DB형이 좋다고 평가된다. 과연 그럴까. 통계청 자료에 따르면 최근 10년간 우리나라의 연평균 임금상승률은 3.43%다. 퇴직연금제도 선택에서 고려해야 할 핵심 변수가 바로 이 임금상승률이다.

일례로 미국 증시의 장기 데이터 분석 결과 투자기간 13년 이상 장기투자 포트폴리오의 수익률은 연평균 6%였다. 전략적 자산배분을 통해 근로자 스스로 연간 6%의 수익률 달성이 가능하다면 임금상승률 3.43%를 적용한 DB형의 경우 근속기간이 아무리 길어져도 DC형에 비해 높은 퇴직급여를 받을 수 없다. DC형과 동일한 퇴직급여가 가능하기 위해서는 10년, 20년, 30년 근속의 경우 임금상승률은 각각 8.71%, 6.83%, 6.43%에 달해야 한다. 현실에서 실현되기 어려운 수치이므로 DC형으로 장기투자하는 게 유리하다는 결론에 도달하게 된다.

물론 실제 DC형의 운용수익률은 DB형에 비해 그다지 높지 않다. 최근 5년간 DC형의 운용성과를 살펴보면 연평균 2.15%의 수익률을 달성했다. 약간의 차이는 있지만 DB형과 마찬가지로 원리금 보장 상품 위주로 운용되고 있기 때문이다. 반면 최근 5년간 DC형 중 실적배당형 상품의 연평균 운용수익률은 4.46%다. 5년 정도 짧은 기간의 데이터라 단순하게 평가할 수는 없지만 장기투자 원칙에 충실하게 운용된다면 기간이 늘어날수록 6%에 수렴할 가능성이 높다.

문제는 근로자 스스로 DC형을 선택할 수 없다는 점이다. 이미 설정돼 있는 퇴직연금제도 유형을 가입자가 단독으로 변경하는 것은 불가능하다. 법률에 따라 노조 또는 근로자 과반수 동의가 있으면 이미 설정돼 있던 유형을 변경할 수는 있다. 혼합형의 경우 DB형 가입자도

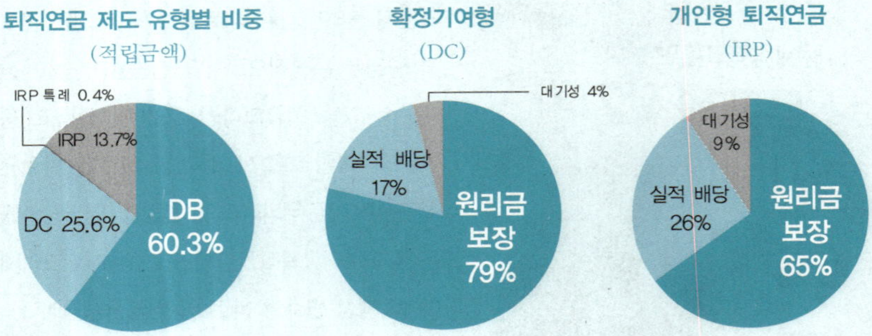

자료 : 통계청, 2020년 퇴직연금 통계

임금상승률(2021년 10월 14일 기준)

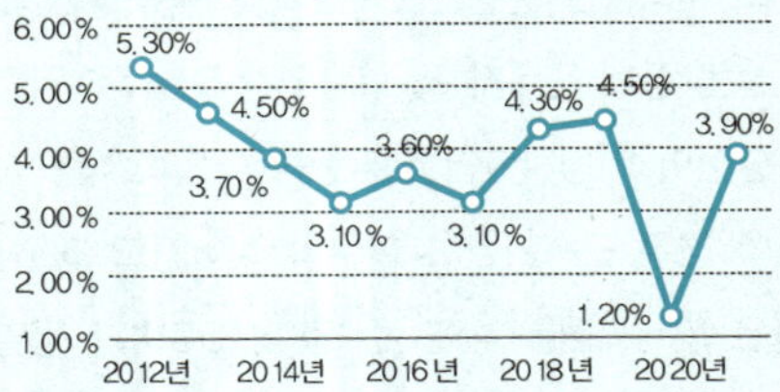

자료 : 통계청, 월평균 임금 및 임금상승률(시도)

제도 유형별 운용성과

연도	DB	DC	IRP
2020	1.91%	3.47%	3.84%
2019	1.86%	2.83%	2.99%
2018	1.46%	0.44%	−0.39%
2017	1.59%	2.54%	2.21%
2016	1.68%	1.45%	1.09%

자료 : 금융감독원, 퇴직연금 적립금 운용 현황 통계

적절한 시점에 DC형으로 변경할 수 있다. 내부 규약 등 제약요건이 있을 수 있으나 DB형을 DC형으로 전환하는 것은 일반적으로 가능하다. DB형은 퇴직 직전 3개월 평균임금에 근속연수를 곱해 퇴직급여를 결정한다. 만약 DC형으로 전환한다면 전환시점에 동일한 방법으로 퇴직급여를 산출한다. 승진을 하거나 최근 임금이 높게 상승한 경우, 그리고 임금피크제를 적용하는 사업장에 근무한다면 DC형으로 전환하기에 좋은 때다.

DC형을 선택했다면 근로자는 장기투자 관점에서 스스로 자신의 퇴직급여를 적극적으로 운용해야 한다. 최근 퇴직연금 사업자들은 TDF(target date fund)를 경쟁적으로 포트폴리오에 편입하고 있다. TDF는 은퇴시점에 맞춰 위험자산 비중을 감소시키는 매우 합리적인 장기투자 전략을 추구한다. 근로자 입장에서는 큰 고민 없이 퇴직연금을 효율적으로 운용할 수 있는 대안이다.

■ 임금피크제 적용 시점이 갈아타기 적기

물론 TDF를 선택할 때도 주의해야 할 점이 있다. 자산운용사 입장에서는 차별화를 위해 다양한 상품을 포트폴리오에 편입하고 있지만 장기투자에서 중요한 포인트는 시장을 추종하는 것이다. 쉽게 말하면 종목이나 섹터보다는 시장지수와 동일한 수익구조를 추구하는 것이다. 그리고 가급적 낮은 비용의 TDF를 선택하는 것이 좋다. 지수 추종형은 기본적으로 운용전략의 차이에 따른 수익률 차이가 크지 않다. 이럴 때 장기투자 수익률에 크게 영향을 미치는 것은 바로 해당 펀드의 총비용이다.

이상의 논의를 요약해 보자. 첫째, 사업장 특성에 따라 다를 수 있지만, 높은 임금상승률이 예상되지 않는다면 가급적 많은 퇴직급여를 받기 위해 DB형보다 DC형을 선택할 필요가 있다. 둘째, DC형을 선택한 경우 그 특성에 맞게 장기투자 원칙에 따라 원리금 보장형보다는 위험자산과 안전자산을 적절히 배합한 전략적 자산배분 중심의 운용이 필요하다. 셋째, 이를 용이하게 할 수 있는 방법은 퇴직연금 사업자들이 제시하는 TDF를 적극적으로 활용하는 것이다. 다만, 가급적이면 비용이 낮은 것을 골라야 한다. 현명한 선택으로 누구보다도 만족스러운 퇴직급여를 받아보자.

출처 : 시사저널, 배현기(웰스가이드 대표), 2022. 4. 4 수정.

시사 포커스

'국민노후 계좌' IRP, 자영업자 · 공무원 3년새 가입 급증

2022년은 개인형 퇴직연금(individual retirement pension ; IRP)이 도입된 지 10년째 되는 해다. 그러나 여전히 IRP가 무엇이고, 어떻게 활용해야 하는지 잘 모르는 경우가 많다. 미래에셋투자와연금센터가 지난해 4월 시행한 직장인 연금 이해력 측정 결과 연금 이해력 점수가 가장 낮은 분야가 IRP였다. 100점 만점에 39.2점에 불과했다. 퇴직연금, 연금저축의 이해력 점수가 각각 51.7점, 55.1점이었던 것에 비하면 현저하게 낮은 수치다. IRP에 대해 무관심하면 노후 준비에 지장을 초래할 수 있다.

■ 전 국민 노후 준비 계좌로 거듭나다

IRP에 관심을 가져야 하는 첫째 이유는 이 상품이 모든 국민의 노후 준비 계좌가 되기 때문이다. 퇴직연금에 가입된 회사에 다니는 근로자의 경우 지금도 IRP를 어느 정도 알고 있을 것이다. 55세 미만의 퇴직연금 가입 회사 근로자가 퇴직급여를 받으면 강제적으로 IRP 계좌에 돈을 입금해야 해서다. 그러나 퇴직연금이 가입되지 않은 회사에 다니는 근로자는 이직 등의 사유로 퇴직급여를 받을 때 그냥 현금으로 수령하는 경우가 많았다. 본인이 희망할 경우 IRP 계좌에 이체할 수도 있지만 강제사항이 아니었다.

2022년 4월 14일 이후부터는 퇴직연금에 가입된 회사 근로자가 아니더라도 퇴직급여를 IRP로 이체해야 한다. 2020년 말 기준으로 전체 근로자의 47.6%는 아직 퇴직연금에 가입하지 않았다. 이 근로자들이 앞으로는 IRP 계좌를 개설하고 거기에 퇴직급여를 이체해야 하는 것이다. 다만 55세 이후에 퇴직하거나, 퇴직금 담보대출을 상환해야 하거나, 퇴직급여가 300만원이 넘지 않는 경우에는 예외다.

IRP 적립금액과 가입인원

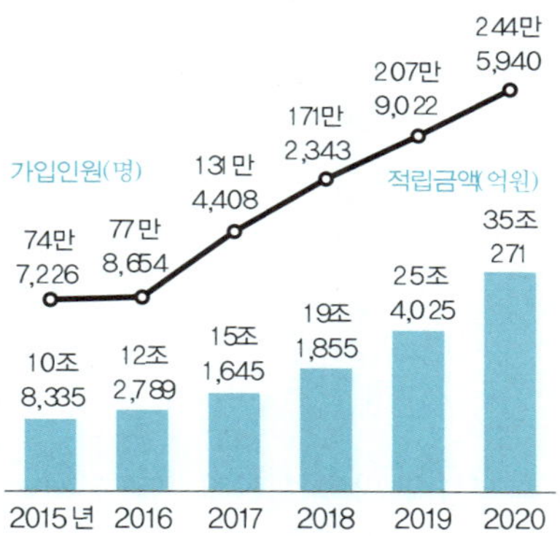

근로자가 아닌 자영업자나 공무원 등은 IRP 계좌를 반드시 만들 필요는 없다. 그러나 해당 직군 종사자의 경우 오히려 알아서 IRP에 가입하는 분위기다. 세제 혜택이 좋기 때문이다. 자영업자, 공무원, 군인 등 일반 근로자가 아닌 사람들이 IRP에 가입할 수 있게 된 것은 2017년부터였다. 그리고 2020년 말 기준으로 자영업자의 IRP 가입 금액은 3조 6,344억원, 공무원 등의 IRP 가입 금액은 1조 1,767억원에 달한다. 3년 남짓한 기간 동안 4조 8,111억원 늘었다.

▪ 자산을 연금으로 전환

둘째 이유는 IRP가 노후 대비 자산을 연금으로 전환할 수 있는 최적의 방법이라는 점이다. IRP의 기능은 크게 두 가지로 나눌 수 있다. 일하고 있는 동안에는 퇴직급여와 추가적인 노후 자금을 운용하는 역할을 한다. 은퇴하게 되면 그동안 쌓아둔 자산을 연금으로 받을 수 있게 해주는 역할을 한다. 지금까지 IRP는 앞의 기능, 즉 노후 대비 자산을 운용 및 관리하는 기능이 더 중요시돼 왔다. 앞으로는 이에 못지않게 해당 자산의 연금화 기능도 주목받을 것으로 보인다. 현재 한국은 베이비붐 세대가 본격적으로 퇴직하고, 산업 변화로 명예퇴직도 늘고 있다. 퇴직하는 사람은 대부분 55세 혹은 그 이상의 연령대가 많으므로, 퇴직급여를 연금으로 전환하는 것에 관심이 많을 수밖에 없다.

IRP 계좌가 노후 대비 자산을 연금으로 전환하기 좋은 이유는 세제 혜택과 수령 방법의 다양성 때문이다. 세제 혜택 측면을 보면 퇴직급여의 경우 10년 이상 연금으로 받으면 퇴직소득세 대비 30~40% 저렴한 세금만 내면 된다. 본인이 추가로 적립한 돈이나 운용수익의 경우 3.3~5.5%의 세금을 낸다. 일반 계좌에서 발생된 이익에 대한 세금이 15.4%라는 것을 감안하면 상당히 저렴하다.

연금 수령 방식도 다양하다. 본인이 원하는 만큼의 금액을 자유롭게 인출하는 방식, 일정한 금액을 평생 수령하는 방식, 일정한 금액을 일정한 기간 동안 받는 방식 등 가입자의 선택에 따라 다양하다. 연금을 수령하는 기간에도 본인이 원하면 예금 등의 원리금 보장 상품이 아닌 기대수익률이 높은 자산에 투자할 수 있다.

▪ 최고의 절세 계좌

셋째 이유는 IRP가 현재 최고의 절세 계좌이며, 앞으로 중요성이 더 커질 것이라는 점이다. IRP에 본인이 추가적으로 돈을 더 넣는 경우 연말정산 때 13.2%(근로소득 연 5,500만원 이하 혹은 종합소득 연 4,000만원 이하인 경우 16.5%)의 세액공제를 받을 수 있다. 또한 운용 기간에는 이익에 대한 세금 납부가 연기되며, 나중에 연금으로 받을 때 저율의 연금소득세를 내면 된다.

이렇게 높은 수준으로 세금을 절약할 수 있는 절세 계좌는 IRP와 연금저축뿐이다. 그러나 연금저축은 단독으로 가입할 경우 연간 세액공제 한도가 400만원이다. 이에 반해 IRP는 단독으로 가입해도 연 700만원까지 세액공제를 받을 수 있어 공제 금액이 더 많다. 절세 혜택 측면에서의 이런 매력은 앞으로도 유지될 것으로 예상된다. 가장 큰 이유는 IRP 이상의 절세 혜택을 주는 금융상품이 더 나올 가능성이 적어서다. 현재 정부의 재정부담은 코로나19 사태 등으로 점점 커지고 있어 세제 혜택을 주는 금융상품을 추가로 내놓기 힘들다.

출처 : 한국경제, 윤치선 연구위원(미래에셋투자와연금센터), 2022. 4. 4 수정.

3) 개인연금

개인연금은 안정적인 노후생활을 위해 개인적으로 일시납 또는 적립식으로 금융기관에 가입하고 이 재원을 바탕으로 55세 이후에 연금을 수령하는 장기저축형 금융상품이다. 개인연금에는 연금저축(연금저축신탁, 연금저축펀드, 연금저축보험)과

앞에서 설명한 연금보험 등이 있다.

연금저축은 노후를 대비하는 장기금융상품으로 세금을 우대해 주고 세액공제 혜택이 있는 상품이다. 세액공제를 받을 수 있는 대신에 연금을 수령할 때 소득세(3.3~5.5%)를 납부한다.[8] 노후를 대비하기 위해서는 꼭 가입해야 하는 상품이다. 가입대상은 별다른 제한이 없고 저축한도는 연간 1,800만원이며 분기별 한도는 없다. 적립기간은 5년 이상으로 수익자가 만 55세가 넘을 때까지이고, 만 55세 이후 매년 정해진 연금 수령 한도 내에서 연금을 수령할 수 있다. 퇴직연금 납입액(IRP 또는 DC 본인 추가납입액)을 포함해서 최대 900만원(단, 연금저축만으로는 최대 600만원)까지의 연간 적립액 100%에 해당하는 금액에 대해 지방소득세를 포함하여 13.2%(단, 총급여가 5,500만원 이하인 근로소득자 또는 종합소득이 4,500만원 이하인 사업자의 경우 16.5%)의 세액공제가 가능하다. 한편 가입 후 중도해지하는 경우 해지금액(연간 600만원 초과 납입금액은 제외)에 대하여 기타소득세 16.5%(단, 2013년 이전 연금저축은 22.0%)를 부과한다. 특히 가입한 지 5년이 지나지 않아 해약하면 2.2%의 가산세를 추가로 내야 한다. 따라서 향후 자금수요를 잘 예측하여 신중하게 가입해야 한다. 연금저축의 주요 특징을 정리하면 〈표 8-10〉과 같다.

표 8-10 **연금저축 비교**

구분	연금저축신탁	연금저축펀드	연금저축보험
취급기관	은행	자산운용회사	보험회사
원금 손실 위험	없음(예금자보호)	있음	없음(예금자보호)
적용 수익률	실적배당	실적배당	공시이율
납입 금액 및 시기	자유납	자유납	정해진 금액을 정해진 시기에 납부
연금 수령 기간	10년 이상 확정기간	10년 이상 확정기간	10년 이상 확정기간 또는 종신형(생명보험회사)

8. 만 55세 이후 연금 수령 시 나이에 따라 세율이 달라 연금 수령 연령이 높아질수록 저율과세된다. 즉, 지방소득세를 포함한 연금소득세율은 만 55세 이후 수령 시 5.5%, 70세 이후 수령 시 4.4%, 80세 이후 수령 시 3.3%이다.

시사 포커스

"공격투자 성향 사회초년생이라면 IRP보다 연금저축"

연금상품 가입 시 연말정산(세액공제) 혜택 및 한도

연소득	세액공제율	공제한도		
		연금저축(A)	IRP(B)	합계(A+B)
근로소득 5천 500만원 이하, 종합소득 4천 500만원 이하	16.5%	600만원	900만원	900만원
근로소득 5천 500만원 초과, 종합소득 4천 500만원 초과	13.2%			

IRP 투자 가능 상품 및 한도

투자한도	금지	70% 이내	100% 가능
대상상품	지분증권(주식 등), 사모펀드	채권(채무증권), 주식형 펀드(수익증권), 파생결합증권, 실적배당형 보험, ETF	원리금 보장 상품 (예·적금, ELB, 이율보증보험 등), 채권혼합형 펀드, IRP 전용 TDF

개인형 퇴직연금(IRP)과 연금저축은 세액공제 혜택이 부여되는 세제 혜택 상품이다. 두 상품은 세액공제 연금 상품이라는 점에서는 유사하지만, 공제한도·운용규제·일부(중도)인출 유무 등에 차이가 적지 않다. IRP의 경우 근로소득자로 가입이 제한되고, 연간 900만원까지 세액공제 혜택이 부여된다. 또 주식형 펀드·상장지수펀드(ETF) 등 위험자산에 대해 투자한도(70%) 규제가 적용되고, 일정 사유 외에는 일부라도 인출이 불가능하다. 반면 연금저축은 가입자격의 제한이 없고, 연간 600만원까지 세액공제 혜택이 부여되며, 위험자산 투자한도에 대한 제한이 없고, 일부 인출이 자유롭다.

■ 연말정산에 IRP 추가 가입해야

연말정산 세액공제 혜택을 최대한 받기 위해서는 연금저축 가입만으로는 부족하며, IRP에 추가로 가입해야 한다. 연금저축의 세액공제는 600만원으로 한도 제한이 있다. 세법상 최대 한도인 900만원까지 공제받기 위해서는 IRP에 추가로 가입해야 한다. 예를 들어 근로소득이 6천만원인 경우 세액공제 한도(900만원)까지 연말정산 혜택을 받기 위해서는 연금저축에 600만원을 납입했다면 잔여 300만원은 IRP에 납입해야 한다.

■ 공격적 투자자라면 연금저축 비중 높여야

사회초년생인 A(28)씨는 은퇴시점까지 투자기간이 길고 공격적인 투자를 선호하는 성향이다. 때문에 IRP와 연금저축 중 어느 상품에 가입해야 할지 고민이 적지 않다. 연금저축은 IRP와 달리 자산배분 비중에 대한 제한이 없어 전액을 위험자산에 투자할 수 있으므로, 연금 수령 시까지 투자기간이 길고 공격적인 투자성향을 가진 가입자에게 적합하다.

반면 IRP는 '근로자퇴직급여 보장법'에 따라 위험자산에 대한 투자는 전체 적립금의 70%까지 가능하며, 적립금의 30% 이상은 안전자산에 투자하도록 의무화하고 있다. 다만 위험자산이라 하더라도 분산투자로 위험을 낮춘 상품(주식 비중이 40% 이내인 채권혼합형 펀드 등) 및 IRP 전용 TDF(적격TDF) 등 위험이 제한된 상품은 예외적으로 적립금의 100%까지 투자가 가능하다.

금융감독원은 "연금저축은 투자자산 배분에 관한 별도의 규제가 없어 주식형 펀드 · ETF 등 위험자산에 적립금의 100%까지 투자할 수 있는 등 보다 공격적인 투자가 가능하다"면서 "은퇴시점까지 투자기간이 충분히 남은 사회초년생이면서 공격적인 투자를 선호하는 가입자라면 IRP보다는 연금저축의 납입 비중을 높이는 것이 투자성향에 더 적합하다"고 조언했다.

■ IRP는 일부 인출을 엄격히 제한

연금 납입 중 경제적 사정으로 자금인출이 필요할 수 있다면 일부 인출이 제한적인 IRP보다는 일부 인출이 자유로운 연금저축이 유리하다. IRP는 법에서 정한 제한적인 사유에 해당하는 경우(6개월 이상의 요양, 개인회생 · 파산, 천재지변 · 사회적 재난(코로나19로 인한 15일 이상의 입원치료 포함), 무주택자의 주택 구입 · 전세보증금 등)를 제외하고는 일부 인출을 금지하고 있다. 이로 인해 필요한 일부 금액만을 인출하지 못하고 IRP 계약을 해지하는 사례가 빈번하게 발생하고 있다.

반면 연금저축은 대부분 일부 인출이 가능해 필요한 금액만 일부 찾아 쓸 수 있다. 경제적 사정으로 일부 인출의 필요성이 높다면 IRP보다 연금저축에 가입하는 것이 유리하다. 다만, 연금을 인출(해지)하는 경우 세액공제를 받았던 적립금과 운용수익에 대하여 기타소득세 16.5%가 부과되므로 주의해야 한다.

■ IRP↔연금저축 이전 땐 요건 충족해야

IRP 간 이전 또는 연금저축 간 이전은 특별한 제한이 없으나 IRP↔연금저축 간 이전은 요건을 충족해야 한다. IRP 간 이전 또는 연금저축 간 이전 등 동일한 상품 내에서 금융회사를 변경하는 경우에는 계약 이전의 제한이 특별히 없다. 그러나 IRP에서 연금저축으로, 또는 연금저축에서 IRP로 이전하는 경우와 같이 서로 다른 상품 간 이전하는 경우에는 소득세법에서 정한 요건을 충족한 경우에만 가능하다. 이전 신청은 기존 금융회사 방문 없이 이전받는 금융회사에만 1회 신청하면 원스톱으로 처리되도록 절차가 간소화돼 있다. 한편 중도인출이 불가피한 IRP 가입자가 위 이전요건을 충족한 경우라면 IRP를 연금저축으로 이전한 후 필요한 자금만을 일부 인출하는 것이 가능하다.

출처 : 영남일보, 2022. 1. 17 수정.

5.3 주택연금

주택연금이란 고령자가 주택을 담보로 금융기관이 제공하는 노후생활 자금을 매달 연금처럼 지급받는 대출을 말한다. 이는 주택을 구입하기 위해 그 집을 담보로 대출을 받고 대출금과 이자를 갚아나가는 주택담보대출, 즉 모기지론(mortgage loan)과 반대의 개념으로 역모기지론(reverse mortgage loan)이라고도 한다. 이는 주택을 소유하고 있으나 특별한 소득원이 없는 고령자에게 노후에 필요한 생활자금을 조달해 주는 주택담보대출 상품으로 미국 등 여러 나라에서는 이미 활발하게 시행되고 있으며, 우리나라에서는 2007년 7월 11일부터 시행하고 있다.

이 상품의 가입대상은 주택소유자 본인 또는 배우자가 만 55세 이상인 고령자이며, 대상 주택(다주택인 경우 합산가격)은 공시가 9억원 이하의 주택이다. 주택연금 지급금액은 주택가격과 가입시점(부부 중 나이가 적은 사람을 기준으로 함)에 따라 다르다. 그리고 지급방식은 종신지급과 종신혼합 중 선택할 수 있다. 종신지급 방식은 수시인출 한도 설정 없이 월지급금을 평생 지급받는 방식이며, 종신혼합 방식은 수시로 인출하여 사용할 수 있는 금액을 설정하고 나머지를 월지급금으로 평생 지급받는 방식이다. 또한 주택연금 대출이자 비용에 대한 소득공제(200만원 한도) 혜택이 있고, 저당권 설정 시 등록세, 교육세, 국민주택채권 매입의무, 농어촌특별세 등이 면제되며, 주택연금 이용 중 재산세가 25% 감면(단, 5억원 초과 주택은 5억원에 해당하는 만큼 감면)되는 등 다양한 세제 혜택이 있다. 주택연금은 한국주택금융공사가 대출에 따른 상환을 보증하고 실제 대출은 은행에서 해준다.

주택연금은 결국 집을 담보로 대출을 받는 것이나 마찬가지인 상품이므로 상환 시 주택가격과 대출잔액(연금지급 총액)의 정산문제가 대두되는데, 상환방식은 〈표 8-11〉과 같다. 주택연금 가입자의 입장에서 주택연금의 가장 큰 장점 가운데 하나는 대출금 상환액이 주택연금 계약 종료 시 담보주택 처분가격 범위 내로 한정된다는 점이다.

표 8-11 **주택연금 종료 및 상환**

상환시점[1]	상환할 금액	비고
주택가격 > 연금지급 총액	연금지급 총액	남는 부분은 채무자(상속인)에게 돌려줌
주택가격 < 연금지급 총액	주택가격	부족한 부분은 채무자(상속인)에게 청구하지 않음

1) 부부 모두 사망, 주택소유권 상실, 1년 이상 담보주택에 미거주 등.

알아두기 8-5

신주택연금 3종 세트

금융위원회가 기존의 주택연금과는 별도로 2016년 4월 25일부터 새로 도입한 3종류의 주택연금을 말한다. 가계부채 부담 완화, 노후생활 안정 등을 위해 마련된 연금상품으로 기존 주택연금의 단점을 보완하여 그 대상에 따라 연령 및 소득의 특징을 반영하고 있다. 주택담보대출의 주택연금 전환, 보금자리론 연계 주택연금, 우대형 주택연금 3가지 유형으로 구성된다.

■ 주택담보대출의 주택연금 전환

만 55세 이상 고령층이 대상이며 주택담보대출을 일시 상환하고 보유한 주택을 담보로 매월 연금을 받는 상품으로, 부부 기준 공시가격이 9억원 이하인 주택이면 가입할 수 있다. 이전까지는 주택연금 가입 시의 일시인출 한도가 연금지급 총액의 50%밖에 되지 않았기 때문에 주택담보대출금을 갚는 것이 쉽지 않았다. 그래서 주택담보대출금을 상환하고 주택연금으로 전환하도록 일시인출 한도를 70%로 대폭 확대하였다.

■ 중년층 대상 보금자리론 연계 주택연금

주택연금 가입대상이 아닌 40～50대 중장년층이 이용할 수 있는 주택연금 예약 상품이다. 이 상품은 중장년층이 보금자리론(장기 고정금리 대출)으로 집을 살 때 55세 이후 주택연금으로 전환을 약정하면 보금자리론의 대출금리를 0.15%포인트 인하하여 주고, 일시상환 및 변동금리 주택대출을 분할상환 고정금리로 전환한 경우 금리를 0.15%포인트 추가 인하하여 준다. 연금 전환 전까지 이자 부담이 적으며 연금으로 전환된 후에는 대출금을 전액 상환하고 연금을 받을 수 있다.

■ 우대형 주택연금

저소득 고령층을 대상으로 한 우대형 주택연금이다. 이는 1억 5,000만원 이하의 집 한 채를 소유하고 있으나 소득, 여유자산이 적어 생활에 불편을 겪는 고령자를 위한 것으로, 연금산정 이자율을 낮게 적용하여 주택연금에 가입하면 주택연금 월지급금을 8～15% 추가 지급하는 주택연금 상품이다.

시사 포커스

"집값 내린다는데, 지금 들면 유리한가요?" … 주택연금 궁금한 7가지

주택가격이 최근 하락할 조짐을 보이자 집을 담보로 연금을 받는 '주택연금' 가입자가 크게 늘고 있다. 주택금융공사(주금공)에 따르면 지난해 4분기 가입자가 3,259명으로 3분기보다 32% 증가했다. 주택연금은 집을 소유한 어르신이 집을 담보로 맡기고 그 집에 살면서 평생 혹은 일정 기간 연금을 받는 제도다. 주금공이 운영하고 국가가 연금지급을 보장한다. 안정적인 노후생활을 돕기 위해 정부가 가입조건을 점차 완화하고 있는 것도 주택연금 가입이 늘어나는 이유다. 주금공은 2020년 12월 주택연금에 가입할 수 있는 주택의 조건을 '시가 9억원'에서 '공시가 9억원'으로 바꿔 가입할 수 있는 주택을 늘렸다.

주택연금은 부부 중 한 명이 55세 이상이면서 사는 집이 요건에 맞으면 가입이 가능하다. 그런데 집값이 가장 높을 때 가입하면 무조건 유리할까. 가입시점은 무엇을 고려해서 결정해야 하고, 가입했다가 해지하면 불이익은 없을까. 주택연금 가입자가 알아두면 좋은 내용들을 주금공의 도움말을 들어 7문답으로 정리했다.

Q1. 집값이 최대한 높을 때 가입해야 유리한가

주택연금의 월 수령액은 세 개 변수가 결정한다. 집값, 연령(가입자 및 평균), 금리 등이다. 집값이 낮아지거나, 한국인의 평균 수명이 길어지거나, 금리가 높아지면 수령액이 내려간다. 만약 집값이 현재 정점이고 앞으로 내려갈 가능성이 크다면 '지금' 가입해야 수령액이 비교적 많기는 하다. 평균 수명이 길어지고 금리가 올라갈 조짐이라는 것도 연금엔 다소 불리한 요소다. 그렇다고 해서 집값이 최대한 비싼 지금 가입하는 것이 모두에게 최선이라고 단언하기는 어렵다. 주택연금은 가입자가 세상을 뜬 후에 주금공이 집을 처분해 그 돈으로 그동안 지급한 연금을 보전하는데, 집값이 가입시점보다 오히려 올라 그동안 지급한 돈보다 많을 경우 주금공은 차액을 자녀 등 상속인에게 준다. 만약 집값 중에 어느 정도는 자녀에게 물려주고 싶은 마음이 있다면 집값이 미래에 더 오르더라도 나쁘지 않다는 뜻이다. 집값이 내려가 그동안 준 연금만큼을 주금공이 회수할 수 없더라도 유가족 등에게 돈을 청구하지는 않는다.

Q2. 공시가 9억원이 넘거나 집이 여러 채이면 가입 못하나

집이 몇 채건 공시가를 합산해(부부 기준) 9억원이 넘으면 가입이 불가능하다. 다주택자의 경우엔 모든 집의 공시가를 합쳐 9억원 이하이면 가입이 가능하다. 9억원이 넘는 다주택자 중에 2주택자에 한해선 3년 이내 집 한 채를 판다는 조건으로 가입할 수 있다.

내가 받을 수 있는 주택연금은 얼마일까

(단위 : 만원)

	1억원 주택	3억원	5억원	7억원	9억원	12억원
55세 가입	16	48	80	112	145	193
60세	21	64	106	149	192	250
70세	30	92	154	216	275	275
80세	48	144	240	330	330	330
90세	87	262	437	498	498	498

* 2022년 3월 가입, 종신 · 정액형 선택 기준 월 수령액

주택연금 누가 들 수 있나

연령	부부 중 1인이 만 55세 이상
가입자 요건	▪ 공시가격 9억원 이하 1주택 소유자(부부 기준) ▪ 집값을 다 합쳐도 공시가격이 9억원 이하인 다주택자 ▪ 공시가격 9억원 초과 2주택 보유자로 3년 이내 1주택 처분하기로 한 사람
대상 주택	▪ 주택법상 주택, 노인 복지 주택, 주거 목적 오피스텔 ▪ 주민등록 전입한 실제 거주 주택 ▪ 경매, 압류, 가압류, 가등기, 전세권 등이 없는 주택 ▪ 주거 목적 오피스텔은 주거시설 설치 여부 등 추가 확인

자료 : 주택금융공사

Q3. 연금 수령액도 공시가 기준으로 산정하나

아니다. 시가를 기준으로 한다. 공시가격이 9억원이라면 시가가 10~12억원 정도 되는데, 그 가격을 근거로 수령액이 결정된다. 다만 시가를 무한정 높게 쳐주지는 않는다. 집값이 얼마나 비싸든 시가를 '12억원'까지만 인정해 준다. 지난 1월까지는 '9억원'이었는데 지난달부터 그나마 3억원을 올린 것이다.

Q4. 물가가 오르는데 수령액이 그대로이면 곤란하지 않을까

이런 걱정을 하는 이들을 위해서 주금공은 3년마다 월 수령액이 4.5%씩 늘어나는 '정기 증가형' 상품을 지난해 새로 내놓았다. 반대로 처음에 돈을 많이 받고 이후에 수령액이 줄어드는 '초기 증액형' 상품도 출시했다. 직장 퇴직 직후인 가입 초기에 사회활동이나 자녀 결혼비 등을 위해 목돈이 필요한 사람 등을 위한 것이다. 사정에 따라 선택하면 된다.

Q5. 대출을 낀 집도 가입이 가능한가

대출을 일단 갚아야 가입이 가능하다. 대출 상환 자금이 부족하다면 주택연금으로 받을 돈의 90%까지 한꺼번에 미리 받는 '일시 인출' 제도를 이용할 수 있다. 앞으로 받을 돈을 당겨 받아 주택담보대출을 갚은 다음, 남은 돈을 연금 형태로 나눠 수령하는 방식이다. 이 경우에 월 수령액이 줄어들 수밖에 없다는 점은 염두에 두어야 한다.

Q6. 주택연금 가입할 경우 세금이나 건강보험료에 영향이 있나

주택연금에 가입하면 주택의 5억원 이하분에 대해서는 재산세가 25% 감면된다. 5억원 초과분에 대해서는 원래대로 내야 한다. 매우 드물긴 하지만 만약 집값이 많이 올라서 가입한 주택이 종합부동산세 부과 대상이 된다면 주택연금에 가입했더라도 세금이 줄지는 않는다. 주택연금으로 받는 돈은 건강보험료의 '소득'으로 들어가는 '공적 연금'이 아니기 때문에 주택연금 때문에 보험료가 오를까 걱정할 필요는 없다.

주택연금 신규 가입자 추이

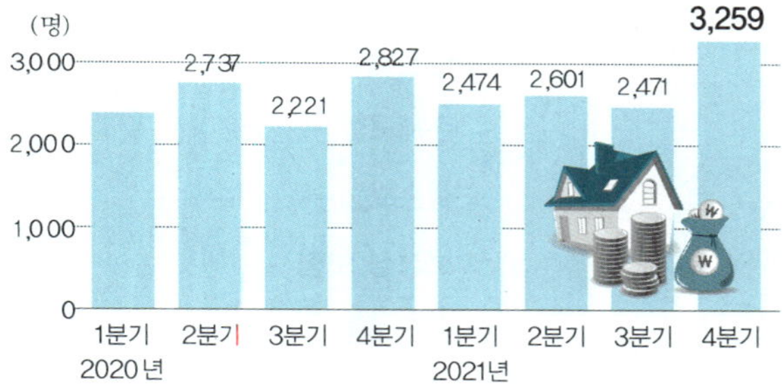

자료 : 한국주택금융공사

* 지난해 4분기 전국에서 총 3,259명이 새로 주택연금에 가입했다. 지난해 3분기(2,471명) 대비 31.9%(788명) 늘어난 수치다. /뉴시스

Q7. 사정이 생겨 연금을 해지하고 싶다면 방법은 있나

보험을 해약하듯이 주택연금을 해지할 수 있다. 대신 받은 연금과 가입기간 동안 발생한 이자는 반납해야 한다. 이 중 '이자'에 대해선 다소 혼란이 있어 설명이 필요할 듯하다. 주택연금은 집을 담보로 주택담보대출을 받아 이를 연금처럼 매월 나누어받을 수 있도록 주금공이 보증하는 정책 상품이다. 대출엔 이자가 발생하는데 이 이자는 연금지급 기간 중엔 내지 않고 대출금으로 관리되다가, 가입자 사후(死後)에 (집을 팔아) 정산한다. 그러나 중도에 주택연금을 해지한다면, 이 이자를 해지시점에 상환해야 한다. 아울러 연금 가입 때 가입자가 내는 보증료(집값의 1.5%)도 돌려받지 못한다. 연금을 중도에 해지할 경우엔 같은 집으로 3년 안에 주택연금 가입이 되지 않는다는 점도 유의해야 한다.

출처 : 조선일보, 2022. 3. 14.

주요 용어

보험(insurance)	256	사회보험	258
민영보험	258	생명보험	258
손해보험	258	정액보험	259
실손보험	259	저축성 보험	260
보장성 보험	260	의무보험	260
임의보험	260	실손의료보험	261
건강보험	264	CI(critical illness)보험	265
연금보험	269	종신보험	274
변액보험	275	장기저축성 보험	279
연금(pension)	281	국민연금	283
기초연금	284	퇴직연금	285
개인연금	290	주택연금	293

연습문제

Ⅰ. 완성/선택형 문제

01. (   )은 질병, 사고, 장애, 사망 등으로 개인이 소득상실 위험에 처했을 때 보험금을 지급하는 금융상품이며, (   )은 화재, 도난, 사고 등으로 재산상의 손해를 입었을 때 보험금을 지급하는 금융상품이다.

02. (   )은 보험가입자가 상해 또는 질병으로 인하여 입원·통원 치료 시에 발생한 의료비를 보험회사에서 보장해 주는 보험이다.

03. (   )이란 보험가입자가 암, 뇌졸중, 심근경색증 등 치명적인 질병이나 갑작스런 사고를 당했을 때 보험금의 일부를 미리 받을 수 있는 보험이다.

04. 연금상품은 크게 세액공제 혜택을 받을 수 있으나 연금 수령 시 과세되는 (   )과 세액 공제 혜택은 없지만 연금 수령 시 이자소득세가 면제되는 (   )으로 나뉜다.

05. 변액보험에는 크게 세 가지가 있다. 즉, 보장기능이 있는 보험으로 변액연금보험, 변액종신보험이 있고, 보험료 자유 납입 및 중도인출이 가능한 대신 원금 보장이 되지 않는 (   )보험이 있다.

06. 공적연금은 (   ), 특수직역연금(공무원연금 · 사학연금 · 군인연금 · 별정우체국연금 등), 기초연금으로 나누어진다.

07. 퇴직연금은 근로자가 직장의 급여체계 및 안정성과 근로자 자신의 노후계획 및 투자성향을 고려하여 확정급여형(DB), 확정기여형(DC), (   ) 중 자신에게 알맞는 유형을 선택하여 가입할 수 있다.

08. (   )이란 고령자가 주택을 담보로 금융기관이 제공하는 노후생활 자금을 매달 연금처럼 지급받는 대출을 말하며, 이는 주택을 구입하기 위해 그 집을 담보로 대출을 받고 대출금과 이자를 갚아나가는 주택담보대출, 즉 모기지론(mortgage loan)과 반대의 개념으로 역모기지론(reverse mortgage loan)이라고도 한다.

09. 다음 중 사회보험에 해당하지 않는 것은?

① 국민연금 ② 연금보험 ③ 국민건강보험 ④ 산재보험

10. 실손의료보험에 대한 설명으로 바르지 못한 것은?

① 보험가입자가 상해 또는 질병으로 인하여 입원, 통원 치료 시에 발생한 의료비를 보험회사에서 보장해 주는 보험이다.
② 실손보험, 의료실비보험, 민영의료보험이라고도 한다.
③ 의료기관 이용 시 보험에 가입할 때 정해진 보험금을 받는다.
④ 실손보험의 비례보상원칙에 따라 입원진료비 및 통원의료비는 중복보장되지 않는다.

11. 일반적인 건강보험에 대한 설명으로 바르지 못한 것은?

① 건강보험은 개인의 의료비 부담 완화를 위해 정액 의료비를 지급하거나 실의료비를 보장하는 상품이다.

② 암보험이나 치아보험 등과 같은 건강과 관련된 보험이 여기에 속한다.

③ 여러 보험회사에 가입해도 보험 사기를 막기 위하여 중복보장하지 않는다.

④ 연금으로 전환 가능하다.

12. 다음은 무슨 보험을 설명한 것인가?

> 갑작스런 사고나 질병으로 중병 상태가 계속될 때 보험금의 일부를 미리 받을 수 있는 보험이다. 이 보험이 보장하는 질병 또는 수술로는 암, 심근경색증, 뇌졸중, 말기 신부전증 등의 질병과 관상동맥 수술, 대동맥 수술, 심장판막 수술, 장기이식 수술 등의 수술이 있다.

① 종신보험 ② 건강보험 ③ CI보험 ④ 연금보험

13. 다음 중 성격이 다른 하나는?

① 건강보험 ② 연금보험 ③ 연금저축보험 ④ 종신보험

14. 퇴직연금 중 회사가 매년 연간 임금총액의 일정 비율(1/12 이상)을 적립하고, 근로자가 적립금을 운용하는 방식은?

① 확정급여형(DB) 퇴직연금 ② 확정기여형(DC) 퇴직연금

③ 개인형 퇴직연금(IRP) ④ 기초퇴직연금

15. 주택연금에 대한 다음의 설명 중 타당하지 않는 것은?

① 주택을 소유하고 있으나 특별한 소득원이 없는 고령자에게 노후에 필요한 생활자금을 조달해 주는 주택담보대출 상품으로 미국 등 여러 나라에서는 이미 활발하게 시행되고 있다.

② 이 상품의 가입대상은 주택소유자 본인 또는 배우자가 만 55세 이상인 고령자로 대상 주택(다주택인 경우 합산가격)은 공시가 9억원 이하의 주택이다.

③ 주택연금의 상환시점에서 주택가격이 연금지급 총액보다 작아서 부족하더라도 채무자(상속인)에게 청구하지 않는다.

④ 주택연금의 상환시점에서 주택가격이 연금지급 총액보다 커서 남는 부분이 있더라도 채무자(상속인)에게 돌려주지 않는다.

Ⅱ. 서술형 문제

01. 공적보험과 민영보험의 차이에 대해서 설명하라.

02. 연금저축과 연금보험을 비교하여 설명하라.

03. 실손의료보험의 특징에 대해 설명하라.

04. 변액보험에 관하여 설명하라.

05. 퇴직연금에 대해 설명하라.

06. 주택연금에 대해 설명하라.

증권투자

주식투자 I:
주식의 가치평가

1. 배당평가모형

2. 성장기회와 주식평가모형

3. 주가배수모형

9

이 장의 개요

증권시장에서 주식의 내재가치(주식의 적정 가격, 본질적 가치)와 시장가격(시장에서 형성된 주식가치)이 서로 다를 경우 합리적인 투자자는 과소평가된 주식(시장가격 < 내재가치)을 매입하고 과대평가된 주식(시장가격 > 내재가치)을 매도함으로써 높은 투자수익을 얻을 수 있을 것이다. 그렇다면 주식의 과소평가 또는 과대평가의 여부는 어떻게 결정할 수 있는가? 이를 위해서는 무엇보다도 주식의 과대평가 및 과소평가의 기준이 되는 주식의 내재가치에 대한 이해가 필요하다.

주식의 내재가치(intrinsic value)란 주식을 보유함으로써 얻을 수 있는 미래 현금흐름을 적절한 할인율로 할인한 현재가치를 말한다. 주식의 내재가치를 추정하기 위해서는 주식으로부터 기대되는 미래 현금흐름(배당금 등)과 적절한 할인율(위험조정할인율)에 대한 추정이 선행되어야 하지만, 이는 매우 어려운 일이다.

주식의 내재가치를 추정하는 방법에는 배당평가모형, 성장기회를 이용한 주식평가모형, 주가배수모형 등 여러 가지 방법이 있다. 본 장에서는 이와 같은 주식의 가치평가 방법들에 대하여 살펴보고자 한다.

▲ 세계 최대 규모인 뉴욕증권거래소(New York Stock Exchange : NYSE) 내부. 뉴욕시 맨해튼(Manhattan) 남단부에 있는 월가(Wall Street)에 위치해 있다.

1. 배당평가모형

1.1 기본적 주식평가모형

주식의 가치는 주식으로부터 기대되는 미래 현금흐름의 현재가치에 의해서 결정된다. 주식을 보유하는 경우 두 가지 종류의 현금흐름, 즉 대부분의 주식들이 정기적으로 지급하는 배당금과 주식을 처분하였을 때의 매도금액을 얻을 수 있다. 그러므로 먼저 주식에 1년 동안 투자한다고 가정한다면, 주식의 현재가치를 다음과 같이 구할 수 있다.

$$P_0 = \frac{D_1}{1+r} + \frac{P_1}{1+r} \tag{9-1}$$

여기서 P_0 : 주식의 현재가치
P_1 : 1년도 말의 주식가격
D_1 : 1년도 말의 배당금
r : 주식의 할인율

이 경우 1년도 말의 주식가격 P_1은 그 시점에서 주식을 매입하려는 투자자가 기꺼이 지불하려고 하는 가격으로서, 2년도 말의 배당금 D_2와 주식가격 P_2에 의해서 결정된다.

$$P_1 = \frac{D_2}{1+r} + \frac{P_2}{1+r} \tag{9-2}$$

이상의 두 식에 의해서 다음과 같은 식을 도출할 수 있다.

$$P_0 = \frac{D_1}{1+r} + \frac{1}{1+r}\left(\frac{D_2}{1+r} + \frac{P_2}{1+r}\right) = \frac{D_1}{1+r} + \frac{D_2}{(1+r)^2} + \frac{P_2}{(1+r)^2}$$

또한 위 식에서 P_2는 2년도 말의 주식가격으로서 3년도 말의 배당금 D_3과 주식가격 P_3을 얻기 위하여 2년도 말에 투자자가 지불하려는 가격이다. 이와 같은 논리를 계속적으로 적용해 나가면, 다음과 같은 기본적인 주식평가모형을 얻을 수 있다.

$$P_0 = \frac{D_1}{1+r} + \frac{D_2}{(1+r)^2} + \frac{D_3}{(1+r)^3} + \cdots \tag{9-3}$$

그러므로 보통주의 현재가치는 미래에 기대되는 배당금의 현재가치와 동일하다. 비록 투자자가 영구적으로 주식을 소유하지 않고 일정한 기간이 지난 후 매도한다 하더라도 그 판매가격은 매도시점 이후에 발생하는 배당금에 의해서 결정되므로, 결국 주식의 가치는 그 보유기간에 관계없이 식 (9-3)에 의해서 결정된다.

알아두기 9-1

자본비용

자본비용은 기업이 자본을 사용한 대가로 자본제공자(주주 또는 채권자)에게 지급해야 하는 비용이다. 이 경우 자본비용은 자본제공자가 자본시장에서 유사한 위험을 가진 증권에 투자할 때 기대할 수 있는 수익률, 즉 기회비용이라 할 수 있다.

자본제공자인 주주 또는 채권자의 입장에서 자본비용을 기대수익률(expected return), 요구수익률(required rate of return), 최저필수수익률이라고도 하며, 자본비용은 미래 현금흐름을 할인하여 자산 또는 자본의 현재가치를 환산하는 데 이용되기 때문에 자본환원율(capitalization rate), 할인율(discount rate)이라고도 한다.

1.2 단순화된 배당평가모형

이상에서 설명한 바와 같이 주가는 미래 배당금에 의해서 결정된다. 그러면 이와 같은 개념을 실무에서 어떻게 적용할 수 있겠는가? 앞에서 도출한 식 (9-3)은 기대배당금의 수준이 어떻게 변하더라도 적용 가능한 가장 기본적인 모형이다. 이와 같은 기본적인 주식평가모형은 기업의 배당금이 일정한 형태를 따른다고 가정한다면 보다 단순화될 수 있을 것이다.

1) 성장 없는 주식의 평가모형

배당금이 매년 일정할 것으로, 즉 성장이 없다고 기대되는 주식(zero growth stock)의 현재가치는 다음과 같이 결정될 수 있다.[1]

$$P_0 = \frac{D_1}{1+r} + \frac{D_1}{(1+r)^2} + \frac{D_1}{(1+r)^3} + \cdots = \frac{D_1}{r} \qquad (9-4)$$

예제 9-1

성장 없는 주식의 가치

서울㈜은 금년도에 주당 1,000원씩 배당하였다. 이 회사의 배당금은 매년 1,000원으로 일정하게 유지될 것으로 기대된다. 서울㈜의 주식에 대한 요구수익률이 10%일 경우 이 주식의 현재가치는 얼마인가?

해답

서울㈜ 주식의 현재가치는 다음과 같다.

$$P_0 = \frac{D_1}{r} = \frac{1,000}{0.1} = 10,000\text{원}$$

2) 일정성장배당평가모형

만약 주식에 대한 배당금이 매년 일정한 비율 g로 성장한다고 가정하면, 이 주식에 대한 각 연도 말의 배당금은 [그림 9-1]과 같이 나타낼 수 있다.

그러므로 배당금이 매년 일정한 비율로 성장하는 주식, 즉 일정성장주식(constant growth stock)의 가치는 다음과 같이 구할 수 있다.[2]

---

1. 이는 무한등비수열의 합을 구하는 공식을 이용하여 다음과 같이 구할 수 있다.

$$P_0 = \frac{\text{초항}}{1-\text{공비}} = \frac{\left(\frac{D_1}{1+r}\right)}{1-\left(\frac{1}{1+r}\right)} = \frac{D_1}{r}$$

2. 일정성장주식의 가치는 공비가 $\left(\frac{1+g}{1+r}\right)$인 무한등비수열의 합이므로 다음과 같이 구할 수 있다.

그림 9-1 일정성장주식의 배당금

연도 말 :	0	1	2	3	4	……
배당금 :		D_1	$D_1(1+g)$	$D_1(1+g)^2$	$D_1(1+g)^3$	……

$$P_0 = \frac{D_1}{1+r} + \frac{D_1(1+g)}{(1+r)^2} + \frac{D_1(1+g)^2}{(1+r)^3} + \cdots = \frac{D_1}{r-g} \qquad (9-5)$$

식 (9-5)를 일정성장배당평가모형(constant growth dividend valuation model)이라 한다. 일반적으로 배당성장률 g는 다음과 같이 추정될 수 있다.

$$g = 유보비율 \times 투자수익률 \qquad (9-6)$$

$$여기서\ 유보비율 = \frac{순이익 - 배당액}{순이익} = 1 - 배당성향$$

새로운 투자안에 대한 정보는 공개적으로 이용 가능한 정보가 아니기 때문에 투자수익률을 정확하게 추정하는 것은 어려운 일이다. 그러므로 현재 실시하려고 하는 투자안이 과거 투자안들과 동일한 수익률을 올릴 수 있다고 가정하여, 일반적으로 자기자본순이익률(return on equity ; ROE)을 그 대용치로 사용한다.[3]

예제 9-2

일정성장주식의 가치

부산㈜은 금년도에 주당 1,000원씩 배당하였다. 부산㈜의 배당금은 매년 10%씩 증가해 오고 있으며, 이러한 증가율은 앞으로도 계속될 전망이다. 이 기업의 주주의 요구수익률이 15%라고 할 경우, 이 주식의 현재가치는 얼마인가?

$$P_0 = \frac{초항}{1 - 공비} = \frac{\left(\frac{D_1}{1+r}\right)}{1 - \left(\frac{1+g}{1+r}\right)} = \frac{D_1}{r-g} \quad (단,\ r > g)$$

3. 자기자본순이익률은 자기자본의 성과를 나타내는 비율로 순이익을 자기자본으로 나누어 계산된다.

$$자기자본순이익률(\%) = \frac{순이익}{자기자본} \times 100$$

해답

$D_1 = D_0(1+g) = 1{,}000(1+0.1) = 1{,}100$원

그러므로

$P_0 = \frac{D_1}{r-g} = \frac{1{,}100}{0.15-0.1} = 22{,}000$원

2. 성장기회와 주식평가모형

미래의 성장 가능성이 높은 기업의 주식은 성장 가능성이 낮은 기업에 비해 상대적으로 높게 평가될 수 있다. 이는 기업의 미래 성장기회가 현재의 주가에 반영된 결과라 할 수 있다. 지금까지 설명한 배당평가모형과는 다른 관점에서 기업의 성장기회를 분리하여 그 가치를 평가한 후, 그것을 이용하여 주식의 가치를 평가할 수 있다.

2.1 성장 없는 주식의 평가모형

기업이 순이익을 모두 배당한다면, 유보비율(retention ratio)은 0이므로 앞의 식 (9-6)에서 배당성장률은 0이 된다. 이 경우 주주들은 매년 일정한 주당배당금(=주당순이익)을 받게 된다. 이와 같은 주식의 가치는 다음과 같이 평가될 수 있다.

$$P_0 = \frac{D_1}{r} = \frac{EPS_1}{r} \tag{9-7}$$

여기서 EPS_1 : 1년도 말의 주당순이익

2.2 성장주식의 평가모형 : NPVGO모형

기업이 높은 수익을 얻을 수 있는 투자기회를 갖고 있는 경우, 순이익 중 일부를 유보하여 투자함으로써 성장기회를 가질 수 있다. 이 경우 주식의 가치는 투자의 순

현가, 즉 성장기회의 순현가(net present value of the growth opportunity ; NPVGO)만큼 증가하게 된다. 따라서 새로운 투자안을 선택함으로써 성장기회를 가질 수 있는 기업의 주가는 다음과 같이 나타낼 수 있다.

$$P_0 = \text{성장 없는 주식의 현재가치} + \text{성장기회의 순현가}$$
$$= \frac{EPS_1}{r} + NPVGO \tag{9-8}$$

알아두기 9-2

성장기회와 주가

주식투자자들은 모든 방법을 동원해 주가를 예측하려고 한다. 그러나 실제로 주가를 정확하게 예측하는 방법을 개발하는 것은 매우 어려운 일이다. 이와 같은 상황 하에서 주식투자에 성공하기 위해서는 주가에 영향을 미칠 수 있는 요인들을 발견하고, 빠른 시간 내에 분석하는 등 부단한 노력을 기울이는 수밖에 없을 것이다. 특히 기업의 성장기회를 포착하는 데 중점을 두어야 한다. 예를 들어 줄기세포치료제 등을 연구하는 생명과학회사의 경우 당장에는 실적이 좋지 않으나 향후의 성장성을 반영하여 높은 주가가 형성될 수 있으며, 이와 같은 높은 주가는 그 회사의 성장 가능성을 반영한 것으로 볼 수 있다.

그리고 외국의 경우에도 아마존, 애플, 구글, 테슬라 등 무한한 성장기회를 가진 주식들의 경우 성장기회를 반영하여 주가가 높게 형성되는 것은 일반적인 현상이다. 이와 같이 높은 성장성을 가진 주식들을 성장주(growth stock)라 한다.

예제 9-3

성장주식의 가치

참치통조림을 생산하고 있는 부산산업㈜은 새로운 투자기회를 갖지 못한다면 영구적으로 매년 1억원을 벌 수 있다고 기대된다. 이 기업의 총발행주식 수는 100,000주이다. 이 기업은 다음 연도에 1천만원이 소요되는 새로운 광고를 계획하고 있다. 이 새로운 광고로 인하여 참치통조림의 수요가 증대되어 광고를 실시한 이후 연도부터 매년 210만원의 영구적인 순이익 증가가 기대된다. 부산산업㈜ 주식의 요구수익률은 10%이다.

(1) 새로운 광고를 실시하지 않는 경우, 부산산업㈜의 주가는 얼마인가?

(2) 새로운 광고를 실시하는 경우, 부산산업㈜의 주가는 얼마인가?

해답

(1) 새로운 광고를 실시하지 않는 경우 성장기회를 갖지 못하게 된다. 이와 같은 성장 없는 주식의 가치를 구하기 위하여 먼저 주당순이익(EPS_1)을 구하면 다음과 같다.

$$EPS_1 = \frac{100{,}000{,}000\text{원}}{100{,}000\text{주}} = 1{,}000\text{원}$$

그러므로

$$P_0 = \frac{EPS_1}{r} = \frac{1{,}000\text{원}}{0.1} = 10{,}000\text{원}$$

(2) 새로운 광고를 실시하는 경우 성장기회를 가질 수 있다. 이 경우 광고는 1년도 말에 실시되므로 먼저 그 시점에서의 순현가를 구한 후, 다시 현재시점의 가치로 할인하면 성장기회의 순현가를 구할 수 있다.

- 1년도 말에서의 광고의 순현가 = $\frac{2{,}100{,}000\text{원}}{0.1} - 10{,}000{,}000\text{원} = 11{,}000{,}000\text{원}$
- 현재시점에서의 광고의 순현가 = $\frac{11{,}000{,}000\text{원}}{1+0.1} = 10{,}000{,}000\text{원}$

그러므로 광고의 주당 순현재가치($NPVGO$)는 다음과 같다.

$$NPVGO = \frac{10{,}000{,}000\text{원}}{100{,}000\text{주}} = 100\text{원}$$

따라서

$$P_0 = \frac{EPS_1}{r} + NPVGO = 10{,}000\text{원} + 100\text{원} = 10{,}100\text{원}$$

이상과 같은 결과는 배당평가모형을 이용하더라도 동일하다.

알아두기 9-3

경제적 부가가치(economic value added ; EVA)

경제적 부가가치(EVA) 개념은 경제학자인 마샬(Alfred Marshall)에 의해서 처음으로 사용된 경제적 이익(economic profit ; EP)과 같은 개념이다. 마샬은 1890년에 "기업 소유주 또는 경영자가 얻은 이윤에서 현재 이자율 수준으로 계산된 투하자본에 대한 이자를 차감한 나머지가 기업을 경영함으로써 얻게 되는 이익이다"라고 서술하였다. 즉, 마샬은 기업이 어느 일정 기간 동안 창출한 경제적 이익(EP)은 회계상 기록된 비용뿐만 아니라 투자된 자본에 대한 기회비용까지도 감안한 결과이어야 한다고 역설하였다.

경제적 부가가치는 영업활동을 통하여 얻은 이익에서 영업활동에 투자된 자본(부채 및 자기자본)과 관련된 비용, 즉 자본비용을 차감한 것과 같다.

$$\begin{aligned}\text{EVA} &= \text{세후 영업이익} - (\text{세후 이자비용} + \text{자기자본비용(금액)})\\ &= \text{투하자본} \times (\text{투자수익률} - \text{가중평균자본비용})\end{aligned}$$

$$\text{여기서 투자수익률} = \frac{\text{세후 영업이익}}{\text{투하자본}} = \frac{\text{영업이익} \times (1 - \text{법인세율})}{\text{투하자본}}$$

재테크 Tip

주식투자 이것만은 알고 하자!

우리나라 전체 경제활동 인구 2,435만 명 가운데 463만 명이 주식투자를 한다고 한다. 그런데 이러한 주식투자 인구가 점점 늘어나고 있다. 최근에는 거의 대부분의 대학교에 주식투자 동아리가 있고, 주식투자 자문이나 일임 회사들도 성업 중이란다. 하지만 실제 주식투자를 하고 있는 사람들 중에 실제로 자신이 투자하고 있는 종목에 대해서 100%, 아니 60~70% 정도라도 제대로 파악하고 투자하는 경우를 거의 본 적이 없다. 그냥 아는 증권회사 직원의 말만 듣고 하거나 사람에 대한 믿음(?)으로 투자를 하기도 한다. 또는 예전에 어떻게 하다 보니 주식투자를 통해서 꽤 짭짤한 이익을 본 지인이나 친지 분의 얘기를 듣고 투자를 하는 경우, 또 친구들과의 우연한 모임에서 잠깐 나온 술자리 안주거리 얘기를 듣고 투자를 하는 경우가 대부분이다. 물론 모든 개미 투자자들이 그렇다는 것은 아니다. 하지만 아직까지도 상당한 투자자들이 체계적인 분석이나 확신을 통해서 투자를 하는 것이 아니라는 점을 지적하고 싶을 뿐이다. 따라서 우선 경제에 대한 관심을 갖고, 투자한 종목에 대한 정보와 위험요소 등 주식투자를 하는 데 있어서도 최소한의 노력이 필요하다. 그러한 노력은 아래의 몇 가지로 구분해 볼 수 있다.

첫째, 신문기사를 스크랩하라.

매번 강조해도 지나치지 않은 것이 바로 신문 스크랩이다. 신문기사에는 경제와 투자에 대한 따끈따끈한 정보가 넘쳐날 정도로 많다. 그러한 정보를 매일매일 챙긴다는 것은 쉽지 않은 일이지만 적어도 투자에 대해서 관심을 갖고 재테크를 제대로 하고자 한다면 신문 스크랩은 기본이다. 주식투자나 재테크 관련 도서를 10권 읽은 사람보다 신문을 1년 동안 꾸준하게 스크랩한 사람이 훨씬 시장의 흐름을 빨리 파악하고 지식도 많다. 부자들만 보는 신문이 있는 건 아니다. 누구나 볼 수 있는 신문기사를 가지고 부자들은 돈을 만들고 부(富)를 쌓는다. 인터넷으로 주식 시세표 들여다볼 시간에 신문의 경제면과 산업면을 꾸준히 정독하면 경제의 흐름을 이해할 수 있다. 이는 좋은 주식을 고를 수 있는 안목을 키울 수 있는 가장 좋은 방법이다.

둘째, 자신만의 목표 수익률과 손실 수익률을 만들어라.

모 신문사에서 설문조사를 했다. 802명의 투자자들에게 '참을 수 있는 원금손실 범위'를 물은 결과 '10% 미만'이라고 답한 응답자가 34.7%(278명)로 1위를 차지했다. 이어 '10~20%'가 33.4%(268명)로 그 뒤를 이었다. 20~30%는 15.2%(122명), 30% 이상은 9.2%(74명)를 차지했다. 원금손실은 절대 안 된다는 투자자도 7.5%(60명)에 달했다. 이 설문조사 결과를 보면 국내 주식투자자들의 원금손실 감내 폭이 확대됐다는 점을 알 수 있다. 반면 감내하는 리스크에 비례해서 기대수익률도 높아졌다. 부담하는 위험에 비례해서 주식투자 기대수익률은 지난해보다 높아졌는데 최소 10%라고 답변한 응답자는 지난해 35%에서 올해 29.6%로 낮아졌다. 반면 '최소 20%'라는 응답자는 올해 39.7%(318명)로 지난해(36%)보다 3.7%포인트 높아졌다. 30% 이상 응답자도 올해 19.1%로 지난해(17%)보다 2%포인트 높게 나왔다.

지난해보다 올해 증시가 연초부터 상승세를 타고 있어 기대수익률이 높아졌다고 분석할 수 있다. 물론 투자라는 것이 수익을 내기 위한 것이니만큼 목표 수익률과 감내 가능 손실률의 괴리는 있을 수 있다. 주식투자는 사는 것보다 파는 것이 더 어렵다고 한다. 그만큼 매도 타이밍을 잡기가 어렵다는 얘기다. 위의 통계를 예로 들면 자신의 주식투자 목표 수익률을 20%로 잡고 매도 타이밍 손실률을 -10%로 잡는다. 주식에 투자해서 20%의 수익률을 거두었다면 과감히 매도를 하는 것이다. 정 미련이 남는다면 분할 매도 전략이라도 실천하도록 하자. 반대로 -10%의 손실이 발생했을 때 매도를 하는 것이다. 역시 분할 매도라고 하는 전략을 구사하자. 그러면 개인적인 생각인데 남들처럼 주식에 투자해서 깡통이 되었다는 소리는 피할 수 있지 않을까? 자신만의 목표 매도 수익률과 손실률을 정해 놓으면 충분히 안정적인 주식투자를 할 수 있을 것이다. '주식투자는 매수는 새색시처럼 얌전하게 하고, 매도는 미친 여자가 부엌칼로 도마질 하듯이 과감하고 신속하게 하라'는 격언의 의미를 되새겨야 할 필요가 있다.

셋째, 반드시 여유자금으로 하라는 것이다.

항상 코스피지수는 올라가는데 꼭 떨어지는 주식이 있다. 우리는 보통 그런 주식들을 '내 주식' 또는 '내가 보유 중인 주식'이라고 한다. 반대로 코스피지수는 떨어졌는데 올라가는 주식이 있다. 그런 주식을 우리는 '남의 주식'이라고 한다. 오늘 상한가 친 종목을 '어제 판 주식'이라고 하고 오늘 하한가 친 종목을 우리는 '어제 산 주식'이라고 한다. 어쩜 이렇게 시장과 거꾸로 갈까? 늘 고민하고 속상해 하다가 이성을 잃고 판단력을 잃어서 그만 낭패를 보는 경우를 많이 봤다. 그만큼 개인들이 주식투자에서 높은 수익률을 올리기가 어렵다는 얘기일 것이다.

개인투자자에게 주식투자는 본업이 아니라 부업이다. 집 살 돈으로 주식을 사거나 마이너스 통장으로 대출을 받아 투자하는 일은 없어야 한다. 손실이 생겨서 잃어도 될 만한 돈으로 주식을 해야 한다. 절대로 생활자금으로는 투자하지 마라. 주식의 대가인 피터 린치도 이런 말을 했다. "적어도 내 집은 마련하고 주식투자를 해라"

넷째, 남의 말 절대로 듣지 말라.

주식투자를 하는 사람들에게 물어본다. "도대체 그 주식을 왜 사셨나요?" 거의 대부분의 주부들은 아래 다섯 글자로 답변이 시작된다. "아는 사람이……" 시장 루머나 정보에 의존해서 재미를 본 사람은 많지 않다. 귀가 얇아서도 안 된다. 뒤늦게 추격매입을 하다가 작전세력에 걸려 땅을 친 사람들이 한둘이 아니다. 소신을 지켜라. 모든 투자의 책임은 본인에게 있다. 만약에 원금손실이 났다면 주식 손실 금액을 일부라도 보상해 주는 보험이라도 있었으면 좋겠다. 주식투자는 모든 손실의 100% 모두 내 주머니에서 나가는 돈이고 그 책임을 누구에게 돌릴 수도 없다는 점을 명심해라. 따라서 다른 사람들의 의견은 투자할 때 해당 산업이나 경제의 동향에 대한 참고사항 정도로만 활용하고 실제 투자의 판단과 진행은 스스로 해야 한다.

다섯째, 회사를 알아보고 투자하라.

시장에서 생선이나 수박을 살 때도 상품이 좋은지 나쁜지 알아보는 방법이 다 있다. 요즘 같은 세상에 맘만 먹으면 회사에 대한 정보는 얼마든지 구할 수 있다. 어떤 회사인지 파악하는 건 '기본 중의 기본'이다. 금융감독원 홈페이지 전자공시에 들어가면 모든 회사의 재무제표를 볼 수 있다. 영업이익이 꾸준하게 증가했는지 알아보고 매출액은 얼마나 늘어났는지를 살펴봐야 한다. 또한 원가의 비중에서 노무비가 지나치게 높지나 않은지 알아봐야 하고 PER, PBR, PSR, ROE 등 기본적인 주식투자 요소 중에 기본적 분석에 필요한 요소들을 꼼꼼하게 챙겨봐야 한다. 업종 전체보다 이 회사가 높은지 낮은지도 살펴보고 투자가치를 따져봐야 한다. 어떤 주부들은 그 회사가 무엇을 만드는지 모르고 투자하는 경우도 있다. 따라서 회사를 어느 정도 파악하여, 최근 몇 년간의 주가 동향과 함께 해당 업종의 전망, 산업의 발전 가능성 등을 꼼꼼하게 따져봐야 한다.

출처 : 한국경제, 2009. 9. 27.

시사 포커스

"테슬라, 11일간 43% 폭등 이유 있다 … 경쟁사 5~10년 앞서"

테슬라의 최근 주가 급등에 대해 펀더멘털과 관계없는 움직임이라는 우려가 제기되는 가운데 높은 밸류에이션이 전기차 시장에서 향후 수년간 경쟁업체를 압도할 것이란 기대감이 반영된 것일 뿐 버블이라고 단정하기 어렵다는 의견이 제기됐다. 테슬라는 2022년 3월 29일(현지시간) 0.71% 오른 1,099.57달러로 마감했다. 전날 두 번째 주식분할 계획을 발표하며 8.03% 급등한 데 이은 강세다. 테슬라는 전날 급등으로 시총이 하루 만에 GM의 1.5배만큼 늘어났으며, 지난 14일 766.37달러를 바닥으로 이날까지 11거래일 동안 43.48% 폭등했다.

모간스탠리의 애널리스트인 애덤 조나스는 이날 보고서를 통해 테슬라가 2030년까지 설비 투자와 연구개발에 2,000~2,500억 달러를 지출할 것이라고 예상했다. 이는 테슬라에 이어 전 세계 시가총액 2위 자동차회사인 토요타자동차의 시총 규모와 맞먹는 것이다. 조나스는 "테슬라의 주식분할이 어떻게 GM 시가총액의 거의 1.5배에 달하는 가치를 단 하루 만에 테슬라 시총에 더했는지 펀더멘털상으로는 설명할 수 없다"며 "현재 테슬라 주가에는 주식분할 외에 더 큰 힘이 작용하고 있다고 생각한다"고 밝혔다.

이에 대해 그는 전기차 부품 공급망이 불안정한 가운데 테슬라가 경쟁업체에 비해 공급망 이슈 등을 관리하는 데 훨씬 더 앞서 있다는 점이 주가 상승의 한 원인일 수 있다고 설명했다. 그는 최근 배터리의 핵심 소재인 니켈 가격이 큰 변동성을 보이면서 전기차 부품 공급망이 "많은 부문에서 불안정하다"는 사실이 드러났다며 톤당 3만 달러가 넘는 니켈 가격과 여러 환경 비용을 지적했다. 이어 "인도네시아 수마트라에서 1~2등급의 니켈을 얻기 위한 과정에서 나오는 탄소배출량을 상쇄하려면 전기차를 2년은 몰아야 한다는 얘기를 들었다"며 전기차 생산에 만만치 않은 환경 비용이 필요하다는 점을 설명했다.

하지만 테슬라는 "이를 포함한 많은 문제들을 생각하는데 경쟁업체보다 5~10년은 앞서 있다고 본다"며 테슬라의 주가 상승은 이를 반영하는 것처럼 보인다고 설명했다. 조나스는 "글로벌 전기차 시장의 승자는 핵심 원자재를 안정적으로 공급받는 업체가 될 것"이라며 "현재 주식시장은 이런 점에서 테슬라가 크게 앞서가고 있다는 점을 보여준다"고 말했다. 조나스는 테슬라에 '비중 확대' 의견과 12개월 목표주가 1,300달러를 제시하고 있다. 이는 이날 종가 대비 18.23% 높은 수준이다.

출처 : 머니투데이, 2022. 3. 30.

3. 주가배수모형

주가배수모형(price multiple method)은 주가배수를 이용하여 주가를 다른 주당가치(value per share), 즉 주당순이익, 주당장부가치 등과 단순하게 비교함으로써 주가가 어느 정도의 수준에서 거래되고 있는가를 평가하는 방법이다. 여기서 주가배수는 기업의 시장가치를 나타내는 주가와 주당순이익, 주당장부가치 등의 관계를 분석하는 비율로, 시장에서 특정 기업의 과거 성과 및 미래 전망이 어떻게 평가되고 있는지를 보여주는 지표이다.[4] 일반적으로 주로 사용되는 주가배수로는 주가수익비율(price-earning ratio ; PER), 주가장부가치비율

4. 주가배수는 기업이 제공하는 가치(다양하게 표현된 주당가치)에 대하여 투자자들이 지불하여야 하는 대가를 의미하는 한편, 주식의 위험과 수익의 대용치로 사용되기도 한다.

(price-book value ratio ; PBR) 등을 들 수 있다.

주가배수모형은 정상적인 주가배수를 이용하여 주식의 내재가치를 추정하거나, 특정 주식의 주가배수를 비교대상의 기준이 되는 주가배수와 비교함으로써 주식의 매입 또는 매도에 관한 의사결정 시 유용한 정보를 제공한다. 예를 들어 주가수익비율을 제외한 다른 조건이 동일한 A, B 두 기업이 존재한다고 하자. 기업 A의 주가수익비율이 기업 B의 주가수익비율보다 지나치게 높을 경우, 기업 A는 기업 B에 비하여 과대평가되어 있다고 할 수 있다.

주가배수모형은 주가배수의 계산이 용이하며, 그 적용방법이 간단하고 편리하여 전문가뿐만 아니라 일반인들에게도 널리 알려진 방법이다. 하지만 실제 주가배수모형을 적용함에 있어서는 다음과 같은 점을 유의하여야 한다.

첫째, 주가배수에는 순이익, 장부가치 등의 회계자료가 일부 사용되므로 이들 회계자료가 지니고 있는 한계점으로 인한 문제가 발생될 수 있다.

둘째, 정상적인 주가배수 및 비교대상의 기준이 되는 주가배수를 선정하는 과정에서 주관이 개입하기 쉽다.

3.1 주가수익비율 모형

1) 주가수익비율

주가수익비율(PER)은 주가를 주당순이익(earning per share ; EPS)으로 나눈 것으로 P/E 비율이라고 한다.[5]

$$PER = \frac{\text{주가}}{\text{주당순이익}} \tag{9-9}$$

PER은 주가가 주당순이익의 몇 배인가를 나타내는 것으로, 기업의 주당순이익 1원에 대한 질적인 가치 또는 시장에서의 평가를 의미한다. 다시 말해, PER은 기업이 벌어들이는 한 단위의 이익에 대하여 투자자들이 얼마의 대가를 지불하고 있는

5. $\text{주당순이익} = \frac{\text{순이익} - \text{우선주배당금}}{\text{평균 발행주식 수(보통주)}}$

가를 뜻한다.

2) PER의 활용

PER을 이용한 주식의 내재가치(본질적 가치)는 다음과 같이 주당순이익에 정상적인 주가배수를 곱하여 구할 수 있다.

$$P_t = EPS_t \times \left(\frac{P}{EPS}\right)^* \qquad (9-10)$$

여기서 P_t : t시점의 내재가치
EPS_t : t시점의 주당순이익
$\left(\frac{P}{EPS}\right)^*$: 정상적 주가수익비율(normal PER)

식 (9–10)에서 계산된 내재가치는 주식의 투자결정에 중요한 자료가 된다. 만약 현재 특정 주식의 가격이 내재가치에 비하여 낮은 수준이라면 과소평가되어 있다고 볼 수 있으므로 매입하는 것이 유리할 것이다.

식 (9–10)을 이용하여 내재가치를 올바르게 추정하기 위해서는 정상적 PER을 어떻게 산정하느냐가 중요하다. 정상적 PER을 구하는 방법으로는 해당 기업의 과거 평균 PER을 이용하는 방법, 동일한 위험을 지닌 기업의 PER을 이용하는 방법, 동종 산업의 평균 PER을 이용하는 방법, 배당평가모형을 이용하는 방법 등이 있다.

한편 PER은 상대적 주가수준을 판단하는 데에도 유용하게 이용된다. 특정 주식의 PER을 다른 시점의 PER 또는 다른 주식 및 시장 전체의 PER과 비교함으로써 특정 주식의 주가가 상대적으로 과대 · 과소평가되었는지를 판단할 수 있다. 만일 과거에 비해 PER이 낮을 경우 현재 주가는 주당순이익 1원에 대해 시장에서 저평가되고 있다는 것으로 주가가 상승할 가능성이 높다고 판단할 수 있다. 이는 향후 주가가 적정하게 평가될 경우 주가가 상승하리라는 믿음에서 비롯된 것이다. 즉, 기업의 수익성에 근본적인 변화가 없을 경우 PER이 과거 평균수준으로 회귀할 것으로 기대한다는 것이다. 과거 PER 수준과 비교하는 데 활용되는 것 외에도 어느 한 시점에서 산업 또는 시장평균 PER 수준과 비교하여 해당 기업의 주가수준의 고평가 또는 저평가 정도를 판단하는 데 활용되기도 한다. 최근에는 주식투자가 국제화되면서 국가 간 증권시장의 평균 PER을 비교함으로써 국가별 증권시장의 상대적 주가수준을 평가하기도 한다.

결론적으로 기업(또는 산업, 국가)의 PER이 과거 수준에 비해 낮다거나, 비교대상이 되는 기업(또는 산업, 국가)에 비해 낮을 경우 주가가 상승할 가능성이 높다고 판단할 수 있다. 그러나 기업 간, 산업 간, 국가 간 PER을 비교하여 주가를 평가할 경우 회계처리방법 또는 회계기준의 차이, 산출방식의 차이 등으로 인하여 그 결과가 왜곡될 수 있음을 유의해야 한다.

주식가치를 평가하는 데 있어서 PER은 다음과 같은 이유에서 유용성이 인정된다. 첫째, 이익창출능력을 반영한 주당순이익은 기업가치를 결정하는 가장 중요한 요소 중 하나이다. 둘째, PER은 이해하기 쉽고, 모든 주식에 광범위하게 이용될 수 있다. 셋째, PER은 주식의 장기평균수익률과 밀접한 관계를 지닌다.

한편 이러한 PER의 유용성에도 불구하고 PER을 이용한 주식의 가치평가 시 다음과 같은 점을 유의하여야 한다. 첫째, 주당순이익이 음(−)이거나 0인 경우 PER의 경제적 해석이 어렵다. 둘째, 이익에 영향을 미치는 여러 요인들이 변하거나 또는 일시적일 수 있으며, 이러한 요소들이 주식가치를 왜곡시킬 수 있다. PER 모형은 정상적인 경제여건 하에서 정상적인 이익이 발생할 때에 사용 가능하지만, 특별히 일시적인 상황에 따른 이익 변화가 발생하는 경우에는 사용하기 어렵다. 셋째, PER 모형은 주식가치를 당기순이익에만 지나치게 의존해 평가한다. 초기에 대규모의 자금이 투입되고 현금회수가 느린 반도체, 석유화학 등의 장치산업의 경우에는 낮은 주당순이익으로 인하여 주식가치가 과소평가될 수 있다. 넷째, PER의 분모값인 주당순이익은 짧은 기간의 순이익을 고려함으로써 장기적으로 성장성이 높은 기업을 제대로 평가하지 못한다.[6] 다섯째, 다양한 회계처리방법 및 기업환경의 차이 등은 PER에 의한 상대가치 평가를 어렵게 만들 수 있다.

6. 한편 PER에 미래 성장가치가 반영되지 못한다는 단점을 보완하기 위해 실무에서는 PEG $\left(\frac{PER}{EPS\ \text{증가율}}\right)$ 지표를 함께 사용하기도 한다. 예를 들어 A기업과 B기업의 PER은 5로 동일하나, EPS 증가율은 A기업이 10%인 반면 B기업은 5%라고 하자. 이 경우 A기업의 PEG는 0.5이며, B기업의 PEG는 1.0으로 A기업이 B기업에 비해 저평가된 것으로 볼 수 있다. PEG는 주로 인터넷, 바이오 등 고성장 기업들의 평가에 활용될 수 있다.

예제 9-4

PER 모형

20×1년도 말 현재 서울㈜의 주가는 20,000원이고, 주당순이익은 2,000원이다. 그리고 이 기업의 주당순이익성장률은 매년 10%로 기대되며, 정상적 주가수익비율은 5.0(배)이다. 이러한 경우 20×4년도 말에 기대되는 서울㈜의 이론적인 주가를 추정하라.

해답

20×4년도 말에서 서울㈜의 주당순이익은 다음과 같다.

$$EPS_3 = 2,000(1+0.1)^3 = 2,662\text{원}$$

따라서 이론적인 주가는 다음과 같이 추정할 수 있다.

$$P_3 = EPS_3 \times \left(\frac{P}{EPS}\right)^* = 2,662 \times 5.0 = 13,310\text{원}$$

3.2 주가장부가치비율 모형

1) 주가장부가치비율

주가장부가치비율(PBR)은 주가를 주당순자산(장부가치)으로 나눈 비율로 주가순자산비율이라고도 한다.[7]

$$PBR = \frac{\text{주가}}{\text{주당순자산}} \tag{9-11}$$

PBR은 주가가 1주당 자기자본(순자산)의 몇 배인가를 나타내기 때문에 PER과 마찬가지로 주가의 상대적 수준을 나타내는 지표라 할 수 있다. 여기서 주당순자산은 기업이 파산하여 청산할 때 주주에게 분배될 수 있는 금액을 의미한다. 따라서 PBR이 1 미만인 회사는 순자산의 시장가치가 장부가격인 청산가치보다 작다는 것을 의미하므로 주가가 저평가되었다는 해석이 가능하다. 따라서 기업의 수익성 측

7. 우리나라의 경우 실무에서는 우선주와 보통주를 구분하지 않고 주당순자산을 다음과 같이 구한다.

$$\text{주당순자산} = \frac{\text{자본총계} - \text{무형자산}}{\text{기말 발행주식 수(보통주 + 우선주)}}$$

면에서 주가를 평가한 PER과 달리 PBR은 재무상태 측면에서 주가를 평가하는 지표이다.

2) PBR의 활용

PER의 활용에서 소개한 바와 같이 정상적 PBR을 이용하여 주식의 가치를 추정하거나, 특정 주식의 PBR을 다른 시점의 PBR 또는 다른 주식 및 시장 전체의 PBR과 비교함으로써 특정 주식의 주가가 상대적으로 과대 · 과소평가되었는지 평가할 수 있다. 이와 관련된 내용은 PER에서 자세하게 소개하였으므로 여기에서는 생략한다.

한편 기업의 미래 수익전망이 밝고 경영이 효율적일수록 주식의 장부가치와 시장가치 사이의 차이가 커져서 PBR이 높아지는 경향이 있다. 따라서 주식의 장부가치보다 시장가치가 훨씬 높게 평가되고 있는 기업은 시장에서 그 기업의 성장전망이 클 것으로 기대하고 있다는 증거로 해석할 수 있다. 그러나 물가 상승으로 장부가치가 낮게 평가되는 경우에도 PBR이 커질 가능성이 있다.

PBR은 다음과 같은 점에서 유용하게 사용된다. 첫째, 일반적으로 기업의 장부가치가 0보다 큰 경우가 대부분이므로 PBR은 PER보다 사용상 제약을 덜 받는다. 심지어 파산기업의 경우에도 장부가치는 존재하므로 PBR 모형에 의한 평가가 가능하다. 둘째, 장부가치는 이익보다 시계열적으로 안정적이므로 이런 점에서 PBR 모형은 PER 모형보다 유용하다. 셋째, 유동성이 매우 높은 기업에서는 장부가치가 실제 시장가치의 적절한 측정치가 될 수 있다. 따라서 이와 같은 경우 PBR 모형에 의해 보다 정확한 평가가 이루어질 수 있다. 넷째, 기업의 장기수익률이 PBR과 밀접한 관계를 지니므로 PBR을 이용한 가치평가는 의의가 있다.

한편 PBR은 다음과 같은 점에서 한계를 지닌다. 첫째, PBR의 분모인 장부가치는 기업의 성장동력이 될 수 있는 종업원의 기술력과 교육의 수준 등의 질적 가치를 반영하지 못한다. 둘째, 기업별로 보유하고 있는 자산의 유형이 매우 상이할 경우 PBR을 이용한 가치평가는 무의미할 수 있다. 셋째, 장부가치는 회계처리방법에 따라 영향을 받을 수 있으며, 또한 기술력의 변화, 인플레이션 등으로 인한 영향을 반영하지 못하므로 이러한 경우 PBR 모형을 적용하기가 곤란하다.

재테크 Tip

코스피200 'PER' 1년 새 3분의 1토막 … 대형주 이익 커졌는데 저평가 심화

코스피 상장사들의 주가수익비율(PER)이 1년 새 3분의 1토막 났다. 실적 대비 주식가치가 빠르게 하락한 것이다. 다만 전문가들은 PER이 낮아졌다고 해서 매수의 신호로 받아들이는 건 금물이라고 말한다. 주가는 미래 실적을 기반으로 움직이기 때문에 현재의 실적 대비 주가가 많이 떨어졌어도 미래 불확실성이 크다면 추가 하락도 가능하기 때문이다. 특히 글로벌 경기 둔화에 대한 우려가 지속되고 있는 만큼 대내외 리스크를 고려해 투자하는 것이 합리적이라는 조언이 나온다.

최근 1년 코스피 · 코스닥 현행 PER 변화

	2021년 4월 8일	2022년 4월 7일
코스피	35.52배	12.30배
코스피200	29.78배	10.83배
코스닥	60.30배	34.44배
코스닥150	47.26배	32.47배

자료 : 한국거래소

2022년 4월 10일 한국거래소에 따르면 작년 4월(8일)과 비교해 코스피 PER은 35.52배에서 12.3배로 낮아졌다. 코스피200의 PER도 29.78에서 10.83배로 거의 3분의 1토막 수준이다. 코스닥과 비교하면 차이가 더 두드러졌다. 코스닥지수의 PER은 1년 새 60.3배에서 34.44배로, 코스닥150은 47.26배에서 32.47배로 떨어지는 데 그쳤다. PER은 주가가 그 회사 1주당 수익의 몇 배가 되는지 나타내는 지표다. 주가를 1주당 EPS(당기순이익을 주식수로 나눈 값)로 나눈 것으로, PER이 낮으면 이익에 비해 주가가 낮고 기업가치에 비해 주가가 저평가됐다고 해석할 수 있다.

코로나 이후 기업들의 실적은 양호한 추세를 이어가고 있다. 에프앤가이드에 따르면 2022년 1분기 코스피 상장사들의 영업이익 컨센서스는 51억 8,864억원으로, 전년 동기 대비 7.41% 증가할 것으로 전망된다. 반면 최근 1년 새 대형주들의 주가는 거침없이 하락했다. 삼성전자는 역대 최대 실적을 내고도 주가가 52주 신저가를 찍었다. 삼성전자는 1분기 어닝 서프라이즈를 기록하며 매출액 77조원, 영업이익 14조 1,000억원을 기록했다. 러시아의 우크라이나 침공 사태와 게임 옵티마이징 서비스(GOS) 논란 등 대내외 악재에도 역대급 실적을 거뒀지만, 삼성전자는 4거래일 연속 빠지며 4월 8일 67,700원에 마감했다.

이 밖에도 한때 100만원을 넘었던 LG화학 주가는 현재 50만원을 간신히 넘기는 수준이며, 네이버와 카카오 역시 작년 고점 대비 각각 32%, 43% 하락했다. 시가총액 상위 10개 종목들(우선주 제외)의 시총은 800조원대다. 시총 100조원의 LG에너지솔루션이 상장했음에도 1년 전 1,000조원 수준에 미치지 못하는 것이다. 시총 상위주 중 많은 경우가 내수보다는 글로벌 공급망에 긴밀히 연결된 수출 위주 기업들이다 보니 글로벌 증시 악재를 빠르게 반영했다는 분석이다. 김경민 하나금융투자 연구원은 SK하이닉스의 목표주가를 하향 조정하며 "최근 반도체 장비

수입 둔화 등 공급망의 부품 부족 등 상황이 반도체 수요와 공급에 추가로 부정적 영향을 끼치는지 신중하게 지켜봐야 한다"고 설명했다.

전문가들은 기업들의 실적 대비 주가가 1년 새 크게 빠진 것은 사실이지만, 저평가 상태인지 결론을 내리는 덴 신중할 필요가 있다는 입장이다. 주가는 미래 실적 기대감을 바탕으로 움직이기 때문에 현 실적에 기반한 PER로 밸류에이션을 측정하긴 어렵다는 것이다. 한국거래소에서 발표하는 PER은 현재 기업 실적으로 산출한 값으로, 통상 기업 밸류에이션 분석에 쓰이는 12개월 선행 PER(1년치 실적 전망을 바탕으로 낸 PER)과는 차이가 있다. 주가는 기업의 미래 실적 기대감으로 움직이기 때문에 증권사에서는 주로 1년 실적 전망치를 바탕으로 PER을 계산한다. 그럼에도 현행 PER이 1년 새 3분의 1토막이 났다는 점은 실적 대비로 주가가 크게 떨어졌다고 해석할 수 있는 부분이다.

시장에서는 단기적으로 1분기 실적이, 장기적으로 미국의 통화 · 재정정책에 따른 경기 흐름 등이 관건이 될 것으로 전망했다. 박광남 미래에셋증권 연구원은 "아직까진 실적이 양호하지만 향후 실적이 어떻게 될지는 모르는 것이기 때문에 현 글로벌 경기 상황이 국내 기업 실적에 어떤 영향을 미칠지 지켜봐야 한다"고 조언했다. 또한 "실제 장단기 금리차가 역전되고 있는 과정에서 경기 둔화 또는 인플레이션으로 인한 소비 둔화가 기업 이익에 얼마나 영향을 미치는지를 볼 수 있기 때문에 이번 실적 시즌이 굉장히 중요하다"고 덧붙였다.

출처 : 뉴스토마토, 2022. 4. 11.

시사 포커스

'투자의 귀재' 워런 버핏의 주식 70% 차지하는 종목 4가지

국내 주식시장에서 개인투자자들의 돈이 계속 빠지는 반면, 미국 주식은 나날이 인기를 끌고 있다. 2021년 11월 들어 매수와 매도를 모두 합친 미국 주식 결제 금액은 165억 달러(약 19조 5,000억원)로, 지난해 같은 기간보다 2배 넘게 늘었다. 이에 따라 많은 개미들이 전설적인 투자의 귀재로 평가받고 있는 워런 버핏의 투자 철학에서 영감을 얻고 있다. 시중에 버핏을 다룬 수많은 책들이 즐비한 것에서도 알 수 있다.

버핏은 1956년 100달러로 주식투자를 시작한 것으로 알려졌다. 그는 1965년 방직회사 버크셔 해서웨이(Berkshire Hathaway Inc.)의 경영권을 인수해 우량기업을 거느린 지주회사이자 투자회사로 변모시켰으며, 현재도 버크셔 해서웨이의 최고경영자(CEO)로 활동하고 있다. 버핏은 억만장자이면서도 검소한 생활태도를 지니고 있으며 2006년 재산의 85%를 사회에 환원하기로 약정하는 등 적극적인 기부활동을 펼치는 것으로 유명하다. 2008년 미국 경제전문지 포브스에서 세계 재력가 1위(재산 58조 8,000억원)에 선정되기도 했다.

▲ 워런 버핏(Warren Buffett)

버핏은 가치 있는 주식을 발굴해 매입하고 이를 오랫

동안 보유하는 것으로 알려졌다. 그는 1990년대 미국에서 신경제와 인터넷 기술주의 주가가 급등할 때 1980년대의 일본처럼 미국 주식이 버블로 인해 터져버릴 것이라는 버블론을 강하게 주장했다. 이후 인터넷 주식과 신경제에 대한 거품론이 확산되고 나스닥 시장이 하락하자, 많은 인터넷 주식의 급격한 성장세에도 불구하고 철저하게 기업이 내재하고 있는 가치만을 따져 투자종목을 선정했던 버핏의 평범한 투자전략이 다시 인정받게 됐다. 버핏은 뉴욕에서 2,000km 이상 떨어진 자신의 고향 네브래스카 주 오마하를 거의 벗어나지 않지만 주식시장의 흐름을 정확히 꿰뚫는다고 해서 '오마하의 현인'이라고도 불린다. 그는 자신이 운영하는 버크셔 해서웨이의 주주총회 때나 얼굴을 내밀 뿐 거의 외부 접촉을 하지 않는다고 한다.

■ 워런 버핏이 올해 3분기 새로 담은 종목 2가지는?

워런 버핏의 주식 포트폴리오 중 약 70%는 단 4개 종목이 차지하는 것으로 알려졌다. 미국 경제매체 CNBC에 따르면, 가장 비중이 큰 종목은 애플이다. 버핏은 2016년부터 애플에 투자하기 시작했다고 한다. 버핏이 이끄는 버크셔 해서웨이는 2021년 3분기 말 기준으로 애플 주식 1,284억 달러(약 151조 7,000억원)를 보유했다. 애플 주가는 지난해 80% 치솟은 뒤 2021년에도 14% 올랐다. 미국 은행인 뱅크오브아메리카와 카드사 아메리칸익스프레스가 각각 2 · 3위를 차지했다. 버핏은 금융주를 선호하는 것으로 알려졌지만, 최근 JP모건체이스와 웰스파고, PNC파이낸셜 등 일부 금융주 포지션을 정리한 바 있다. 마지막 4위는 코카콜라였다.

버핏이 이끄는 버크셔 해서웨이는 올해 3분기 로열티파마와 플로어&데코를 새로 매수했다. 버핏은 다른 월가 투자자들과 달리 코로나19 이후 증시가 빠르게 반등세를 보일 때 주식을 거의 매수하지 않았다. 버크셔 해서웨이는 2021년 9월까지 로열티파마를 1만 3,000주 이상 보유했다고 공시했다. 지분 가치는 4억 7,500만 달러(약 5,612억 1,250만원) 수준이다. 로열티파마는 지난해 6월 나스닥에 상장한 글로벌 신약 특허권 투자회사다. 올해 들어선 11%가량 하락해 40달러 선에서 거래되고 있다. 주택 리모델링 용품 업체인 플로어&데코에는 1억 달러(약 1,181억 5,000만원)를 투자한 것으로 나타났다. 플로어&데코는 코로나19를 계기로 집 리모델링 열풍이 불면서 지난해 주가가 80% 급등했다. 올해도 40%가량 오른 상태다.

이런 변화에도 버핏의 주식 포트폴리오 70% 이상은 여전히 애플, 뱅크오브아메리카, 아메리칸익스프레스, 코카콜라 4개 종목이 차지했다. 상위 10개 종목의 잔액도 거의 변동이 없었다.

출처 : 인사이트코리아, 2021. 11. 16 수정.

주요 용어

연습 문제

I. 완성/선택형 문제

01. 주식의 경우 두 가지 종류의 현금흐름, 즉 대부분의 주식들이 정기적으로 지급하는 (　　　　)과 주식을 처분하였을 때의 매도금액을 얻을 수 있다.

02. 일반적으로 배당성장률은 유보비율에 (　　　　)을 곱하여 추정될 수 있다.

03. (　　　　)는 영업활동을 통하여 얻은 이익에서 영업활동에 투자된 자본(부채 및 자기자본)과 관련된 비용, 즉 자본비용을 차감한 것과 같다.

04. (　　　　)은 주가가 주당순이익의 몇 배인가를 나타내는 것으로, 기업의 주당순이익 1원에 대한 질적인 가치 또는 시장에서의 평가를 의미한다.

05. 수익성 측면에서 주가를 평가한 PER과 달리 (　　　　)은 재무상태 측면에서 주가를 평가하는 지표라고 할 수 있다.

06. 투자자들은 목멱㈜이 매년 주당 1,000원씩의 배당금을 영구적으로 지급할 것으로 기대하고 있다. 만약 투자자들이 이 주식에 대하여 10%의 수익률을 요구한다면, 이 주식의 주당 가격은 얼마인가?

① 5,000원　② 10,000원　③ 15,000원　④ 20,000원

07. 금강산㈜은 금년도에 주당 2,000원씩 배당하였다. 이 회사의 배당금은 매년 10%씩 증가해 오고 있으며, 이러한 증가율은 앞으로도 계속될 전망이다. 이 주식에 대한 요구수익률이 20%일 경우, 이 주식의 현재가치는 얼마인가?

① 12,500원　② 22,000원　③ 33,600원　④ 44,000원

08. 서울㈜은 1년도 말에 주당 1,100원의 배당금을 지급하고, 그 이후부터 매년 일정하게 2,200원의 배당금을 지급할 것으로 기대된다. 이 주식의 요구수익률이 10%라면, 이 주식의 현재가치는 얼마인가?

① 11,000원　② 16,000원　③ 21,000원　④ 26,000원

Ⅱ. 서술/계산형 문제

01. 우리나라 주식시장에서 성장기회가 주가에 반영된 사례를 조사하라.

02. 주가수익비율(PER)이 주식가치평가에 어떻게 활용 가능한지를 설명하라.

03. 주가배수를 이용한 주식가치평가모형에서 사용되는 주가배수에는 어떤 것들이 있는지 소개하고, 각 모형들을 서로 비교하여 모형이 지니는 강점과 약점에 대하여 설명하라.

04. **(배당평가모형)**

휴대폰 핵심 부품을 생산하는 목멱㈜은 올해 주당 1,000원의 배당을 실시하였다. 목멱㈜은 앞으로 2년 동안 매년 10%씩 배당금을 증가시키고, 그 다음 연도부터는 매년 5%씩 배당금을 계속 증가시키려고 한다. 이 주식의 요구수익률이 15%라고 할 경우, 이 주식의 현재가치는 얼마인가?

05. **(성장주식의 가치)**

MP3 플레이어를 생산 · 판매하고 있는 종로㈜는 새로운 투자기회를 갖지 못한다면 영구적으로 매년 10억원을 벌 수 있다고 기대된다. 이 기업의 총발행주식 수는 1백만 주이다. 이

기업은 다음 연도에 1억원이 소요되는 새로운 투자를 계획하고 있다. 이 새로운 투자로 인하여 MP3 플레이어의 수요가 증대되어 이 투자를 실시한 이후의 연도부터 매년 3천만원의 영구적인 수익(현금흐름)의 증가가 기대된다. 종로㈜ 주식의 요구수익률이 10%일 경우 물음에 답하라.

(1) 새로운 투자를 실시하지 않는 경우 종로㈜의 주가는 얼마인가?

(2) 종로㈜가 계획하고 있는 새로운 투자안의 가치를 구하라.

(3) 새로운 투자를 실시하는 경우 종로㈜의 주가는 얼마인가?

06. (PER 모형)

20×1년도 말 현재 ㈜혜화의 주가는 20,000원이며 주당순이익은 2,000원이다. 이 기업의 주당순이익은 매년 10%로 성장할 것으로 기대된다. 다음 물음에 답하라.

(1) 20×2년도 말에 기대되는 ㈜혜화의 주가가 24,200원이라고 할 경우 20×2년도 말의 주가수익비율을 구하라.

(2) 만약 20×1년도 말 현재의 주가수익비율이 20×4년도 말에도 그대로 적용된다고 할 경우 20×4년도 말의 이론적 주가는 얼마인가?

주식투자 II : 증권분석

1. 기본적 분석

2. 기술적 분석

10

이 장의 개요

주식시장에서 주가는 끊임없이 변한다. 이러한 가운데 대부분의 투자자들이 관심을 갖는 것은 첫째, '자신이 투자하고자 하는 주식의 가치가 현재 적정한가'라는 것이고, 둘째, '그 주식의 가격이 앞으로 어떻게 변할 것인가'이다. 이러한 투자자들의 관심사항은 증권분석(security analysis)을 통하여 어느 정도 해결될 수 있을 것이다. 증권분석이란 투자자가 보다 나은 투자성과를 거둘 수 있도록 주식가격의 적정성 평가와 미래의 주식가격 추이에 대한 예측을 통하여 투자의사결정에 유용한 정보를 정리·요약·분석하는 것을 말한다. 이러한 증권분석은 기본적 분석(fundamental analysis)과 기술적 분석(technical analysis)으로 구분된다.

기본적 분석이란 주식가치에 영향을 미치는 기업의 내적 요인, 외적 요인에 대한 분석을 통해 내재가치를 구한 후, 이를 시장가격과 비교하여 주식에 대한 투자 여부를 결정하는 방법이다. 한편 기술적 분석은 과거의 주가나 거래량 같은 자료를 이용해 주가 변화의 추세를 발견하여 미래의 주가를 예측하는 방법으로서, 주식의 매매시점을 파악하는 데 유용하다.

▲ 강세시장(bull market)의 상징인 황소

1. 기본적 분석

1.1 기본적 분석의 의의와 체계

1) 기본적 분석의 의의

기본적 분석이란 주식가치에 영향을 미치는 기업의 내적 요인, 외적 요인에 대한 분석을 통해 내재가치(intrinsic value) 또는 본질적 가치(fundamental value)를 구한 후, 개별 주식에 대한 투자 여부를 결정하는 증권분석방법이다. 즉, 기본적 분석은 주식의 시장가치(market value)가 내재가치를 중심으로 변동한다는 가정에 기초하여 주식의 내재가치를 구한 후, 이를 시장가격과 비교하여 과소평가 혹은 과대평가된 주식을 선정해 나가는 과정이라 할 수 있다. 예를 들어 어떤 기업의 현재 주식가격이 적정 가격보다 낮은(높은), 즉 과소(과대)평가된 상태라고 한다면 이성적인 투자자는 그 기회를 놓치지 않고 주식을 매입(매도)하려 할 것이다. 여기서 적정 가격이란 주식의 내재가치를 의미한다.

이론적으로 주식의 내재가치는 주식을 보유함으로써 얻을 수 있는 미래 현금흐름의 현재가치로 정의된다. 주식의 내재가치를 구성하고 있는 두 가지 중요한 요소는 주식의 미래 현금흐름과 할인율이다. 이것들은 시장에서 다양한 요인들에 의하여 영향을 받는데, 크게 다음과 같은 세 가지 영역으로 구분할 수 있다.

첫째, 경제적 요인이다. 주식의 미래 현금흐름과 할인율은 한 국가의 미래 경제활동수준에 따라 영향을 받기 때문에 경제활동수준을 대변하는 경제성장률, 물가, 통화량, 금리, 환율 등과 같은 거시경제요인 및 경제정책과 밀접한 관련이 있다.

둘째, 산업적 요인이다. 특정 기업이 속해 있는 산업의 성장률, 시장 규모, 경쟁구조, 비용구조, 정부의 정책적 지원, 노사관계 등의 요인들은 당해 산업의 전망에 중요한 영향을 미치므로, 결국 특정 기업의 현금흐름에 영향을 주게 된다.

셋째, 기업적 요인이다. 비록 유망한 산업 내에 진출하고 있더라도 각 기업의 영업실적, 재무구조, 제품의 시장성 및 성장성, 시장점유율, 기업이미지, 경영자의 경영능력 등에 따라 현금흐름 창출능력은 큰 차이를 보이게 된다.

그러므로 주식의 내재가치를 올바르게 평가하기 위해서는 이와 같은 세 가지 요인과 관련된 제반 환경, 즉 경제적 환경, 산업적 환경, 기업적 환경 등에 대한 분석이 선행되어야 할 것이다.

2) 기본적 분석의 체계

기본적 분석은 [그림 10-1]에서와 같이 접근방식에 따라 크게 두 가지로 나뉜다. 하나는 거시적 접근방법(macro approach)으로서 경제분석, 산업분석, 기업분석 순으로 진행되는 톱-다운방식(top-down approach)이고, 다른 하나는 미시적 접근방법(micro approach)으로서 기업분석, 산업분석, 경제분석 순으로 이루어지는 보텀-업방식(bottom-up approach)이다.

일반적으로 기본적 분석에서는 거시적 접근방식이 많이 활용되는데, 이 방법을 따를 경우 경제분석, 산업분석, 기업분석 등의 각 단계에서 다루어질 내용은 다음과 같다.

첫 단계인 경제분석에서는 자산배분(asset allocation)과 관련된 의사결정이 이루어진다. 자산배분은 주식, 채권, 부동산 등 다양한 투자자산을 대상으로 포트폴리오를 어떻게 구성할지를 결정하는 것이다. 이를 위해서는 경기변동, 환율, 이자

그림 10-1 기본적 분석의 체계

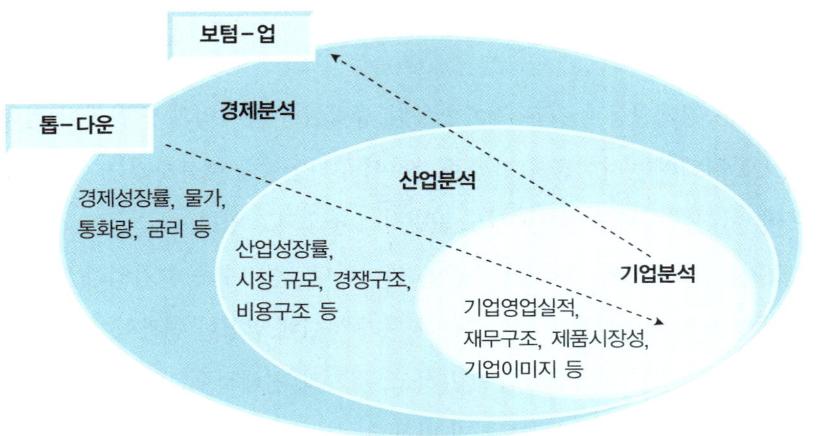

율, 물가 등의 거시경제 동향에 대한 분석과 예측이 필요하다.

두 번째 단계인 산업분석에서는 경제분석의 결과를 기초로 추가적인 분석을 다룬다. 경제분석에 의해 주식이 투자대상으로서 적절하다면 산업분석에서는 어떤 업종 또는 산업의 주식이 과소 · 과대평가되어 있는지를 분석하고, 그 결과를 기초로 어떤 업종 또는 산업의 주식이 유망한지를 판단한다.

투자결정의 마지막 단계인 기업분석에서는 특정 산업 내 특정 주식의 선택으로 좁혀지는데, 영업실적, 재무구조, 업계에서의 경쟁적 지위, 경영능력 등을 평가하여 어떤 기업의 주식이 동종 산업 내에서 투자가치가 높은가를 판단하는 종목선정이 이루어진다.

기본적 분석의 각 단계에서는 질적 분석과 아울러 양적 분석도 이루어진다. 경기지표의 분석을 통해 시장동향을 예측하거나, 재무제표 등 재무정보를 이용해 특정 주식의 재무적 건전도를 평가하는 계량적 접근은 대표적인 양적 분석에 속한다.

1.2 경제분석

주식시장이 국민경제의 총체적 활동수준과 상관성이 매우 높다는 전제 하에서 경제분석(economy analysis)은 미래 국민경제활동의 수준과 변화를 예측하는 데 초점을 맞추고 있다.

1) 경기변동과 주가

주가는 경기변동과 같은 경제활동의 광범위한 움직임과 연관되어 변동한다. 그러므로 경기변동 사이클을 미리 예상하여 주가동향을 예측하려는 시도는 의미가 있으며, 이러한 시도는 실무에서도 빈번하게 활용되고 있다.

경기는 한 나라의 경제활동수준을 의미한다. 경기수준이 기업의 미래 현금흐름에 영향을 미치기 때문에 경기수준과 주가 사이에 밀접한 연관성이 있다. 경기가 호전될수록 기업의 현금흐름이 증가하고, 경기가 침체될수록 감소하는 경향이 있기 때문이다. 그러므로 경기수준 및 변화를 나타내는 경제지표를 검토함으로써 경제활동수준과 방향을 예측할 수 있다.

그림 10-2 경기변동

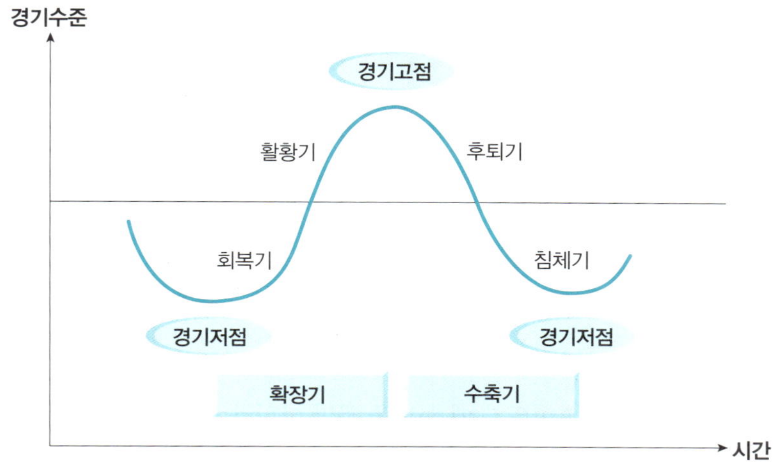

경기변동은 국민경제 전체의 활동수준이 반복적인 규칙성을 지니고 변동하는 것을 말한다. 일반적으로 경기변동은 [그림 10-2]와 같이 호황과 불황, 또는 확장과 수축으로 이분화된다. 경기변동을 더욱 세분화하면 회복, 활황, 후퇴, 침체 등의 4개 국면으로 구분할 수 있다. 한편 경기변동은 단기변동, 중기변동, 장기변동 등 세 가지 유형으로 구분된다. 일반적으로 단기변동은 기업의 재고증감, 중기변동은 설비투자의 변동, 장기변동은 획기적인 기술혁신 등과 깊은 관련이 있다고 한다.

주가는 경기변동이 있기 수개월 전부터 경기변동에 선행하여 나타나는 것으로 알려져 있다. 경기변동과 주가 사이의 관계를 다룬 실증연구에 따르면 경기후퇴는 증시의 약세시장(bear market)에 뒤이어 일어나고, 경기회복은 강세시장(bull market)에 뒤이어 나타나는 경향이 있다. 따라서 경기후퇴 또는 경제성장의 둔화가 예측된다면 투자자는 경기후퇴 수개월 전에 증권시장의 침체가 선행될 가능성이 높다고 판단할 수 있다. 반면 경기회복이 예측된다면 이에 앞서서 증권시장이 강세시장으로 전환될 것으로 판단할 수 있다. 그러므로 경기 예측이 보다 정확하게 이루어진다면 주가동향에 대한 예측이 용이해질 수 있다.

일반적으로 주식시장의 천장과 바닥은 경제상황의 전환점에 앞서서 나타나는 경향이 있다. 예를 들면, 국가경제적으로 악재가 출현하는 가운데에서도 오히려 주가가 상승하고, 반면 한창 경제활동이 호조를 보이는 상황에서 주가가 하락하는 현상이 나타날 수 있다. 이러한 점을 고려할 때, 경기변동의 전환점은 주식시장의 동향을 파악하는 데 중요한 정보가 될 수 있을 것이다. 다만 특정 산업, 특정 주식의 추세는 주식시장 동향과는 약간의 차이를 보일 수 있으므로 특정 종목의 선택에 있어서는 유의할 필요가 있다.

2) 주요 거시경제변수와 주가

경제분석에 이용 가능한 경제지표는 다양하게 존재한다. 현실적인 면에서 보면 경제지표의 분석은 그 범위가 매우 넓을 뿐만 아니라 정형화된 분석방법이 존재하지 않기 때문에 무엇보다도 충분한 경험과 판단력이 요구된다. 일반적으로 경제분석에서 중요시되는 거시경제변수들은 통화량, 금리, 물가, 경제성장률, 환율, 유가 변동, 외국인 투자자금 등이다. 경제지표와 주가의 관계에 대해서는 앞으로도 많은 연구가 필요하며, 일부 변수들과 주가의 관계를 획일적으로 규정하기 어려운 측면도 있다.

■ 통화량과 주가

케인즈(J. M. Keynes)의 견해에 의하면 통화량이 증가할수록 이자율이 하락하고 설비투자가 확대되어 기업의 수익성을 향상시킴으로써 주가에 긍정적으로 작용한다고 한다. 한편 통화량이 지속적으로 증가할 경우에는 물가를 상승시키는 결과를 가져와서 이자율을 상승시키는 원인이 되기 때문에 주가가 하락한다는 주장도 있다.

상반된 두 견해 모두 통화량이 기업의 기대현금흐름과 할인율에 영향을 미치기 때문에 결국 기업가치에 영향을 미친다고 보지만 그 방향은 달라질 수 있다. 이러한 점을 고려할 때 통화량과 주가의 관계를 이론적으로 명확하게 정립하기란 쉽지 않다고 하겠다.[1]

1. 일반적으로 통화량이 증가하면 풍부한 유동성으로 인해 주식 수요가 증가하게 되며, 이는 주가에 긍정적인 영향을 미칠 수 있다.

■ 금리와 주가

금리는 자금차입에 대한 대가로 지급하는 이자율을 의미한다. 금리는 자금에 대한 수급상황, 물가상승률, 자금의 사용기간, 채무불이행위험의 정도 등에 따라 달라진다. 금리가 상승할수록 기업의 자금조달이 어려워지고 금융비용의 부담이 커지기 때문에 기업의 수익력이 약화되어 주가에 부정적인 영향을 미치며, 반대로 금리가 하락할수록 자금조달이 수월해지고 설비투자가 증가하는 한편, 금융비용의 부담이 줄어들어 수익력이 호전됨으로써 주가에 긍정적으로 작용하는 경향이 있다. 또한 금리수준은 할인율에 직접적인 영향을 미친다.

■ 물가와 주가

물가 상승은 기업이 보유한 자산의 명목가치를 상승시키는 측면이 있는 반면, 원가 상승으로 인한 투자위축과 실질소득의 감소에 따른 구매력 감소를 초래하여 기업활동에 나쁜 영향을 미치게 된다. 이러한 측면에서 물가 상승은 주가를 떨어뜨리는 요인으로 작용할 수 있다.

통화량의 증가, 재정지출의 확대 등 총수요 증가로 인하여 물가가 상승하는 경우에는 경기호황으로 기업활동에 좋은 영향을 미치나, 반면에 임금, 자본비용, 원자재가격의 상승 등에 의하여 물가가 상승하는 경우에는 기업활동에 나쁜 영향을 미친다.

우리나라에서는 소비자물가지수와 생산자물가지수를 이용하여 전반적인 물가수준을 점검하고 있다. 소비자물가지수는 통계청에서 발표하고 있으며, 생산자물가지수는 한국은행에서 발표하고 있다.

■ 경제성장률과 주가

경제활동수준을 파악하는 데 이용되는 대표적인 지표로 국민총생산(gross national product ; GNP)이 있다. GNP는 일정 기간 동안 한 나라에서 생산된 최종생산물의 시장가치를 의미하는 개념으로, 모든 생산과정에서 창출된 부가가치에 감가상각비를 합산하여 측정된다. GNP는 각 경제부문의 생산활동, 소비활동, 투자활동, 수출활동 등을 함께 나타내는 종합지표에 해당하는데, GNP를 기초로 하는 경제성장률은 주가동향을 예측하는 데 유용한 정보가 된다.

경제성장률이 높을 때에는 생산 · 고용 · 판매 · 소득의 증가로 인한 경제 확대로 기업의 매출 및 이익이 증가하여 주가가 상승하고, 반대로 경제성장률이 둔화되거나 마이너스로 될 때는 경제활동이 위축되면서 주식시장이 침체되는 것이 일반적인 현상이다.

GNP는 당해 연도나 분기가 끝난 후에 측정되기 때문에 이를 통하여 경기수준이나 전망을 신속히 판단하기 어렵다. 그러므로 경기동향을 보다 신속하게 파악하기 위해서는 월별로 발표되는 여러 다른 형태의 경제지표를 이용해야 한다.

▪ 환율과 주가

환율(foreign exchange rate)은 타국통화와 자국통화 사이의 교환율을 의미한다. 환율은 기본적으로 외환의 수요와 공급에 의해 결정되지만 인플레이션, 금리, 국제수지, 정치적 요인 등의 복합적인 요인에 의하여 영향을 받는다.

수출이 증가하고 수입이 감소하여 무역수지 흑자가 확대될수록 환율은 하락한다. 무역수지 흑자폭이 확대될수록 해외자금의 유입이 늘어나면서 유동성이 풍부해지고, 유동성이 풍부해질수록 금리가 하락하기 때문에 기업활동에 좋은 영향을 미치게 된다. 그러나 급격한 환율 하락은 수출을 감소시키고 수입을 증대시키기 때문에 우리나라와 같이 대외의존도가 높은 국가의 경제활동에 매우 심각한 영향을 미칠 수 있다.

한편 수출이 감소하고 수입이 증가할수록 무역수지 적자폭이 확대되어 경제활동을 위축시킬 때 환율이 상승하게 된다. 따라서 환율 상승은 수출 비중이 높은 기업에게 유리하게 작용하는 측면이 있으나, 경제 전반에 걸쳐 물가 상승과 경제성장의 둔화요인으로 작용하기 때문에 장기적으로 기업활동에 나쁜 영향을 미칠 수 있다.

▪ 유가와 주가

유가는 기업의 수익성과 물가에 영향을 미치며, 그 결과 기업가치에 영향을 미친다. 특히 에너지의존도가 높은 우리나라의 경우 유가파동은 기업의 수익성에 직접적인 영향을 미친다.

■ **외국인 투자자금과 주가**

자본시장의 국제화가 진전되면서 우리나라 증권시장에 대한 외국인들의 관심이 점점 커지고 있다. 최근 외국인 투자자가 국내 증권시장에 미치는 영향은 상당한 수준에 이르러 관심의 대상이 되고 있다. 일반적으로 외국인 투자자들은 주가변화와 동시에 환율의 변화에도 관심을 갖는데, 주가상승률이 환율상승률보다 큰 경우 또는 주가 하락률이 환율 하락률보다 작은 경우에 외국인 투자자들의 투자가 활성화되는 경향이 있다.

1.3 산업분석

1) 산업분석의 의의

산업분석(industry analysis)은 산업의 경제적 위치와 전망을 분석하고 진단하여 유망한 산업을 선정하는 것이며, 다음과 같은 점에서 의의를 갖는다.

첫째, 일반적으로 개별 기업의 경영성과는 산업의 평균적인 경영성과와 상관관계가 높다. 따라서 개별 기업의 주가 또한 산업의 평균적인 주가흐름을 반영하여 나타나는 경향이 있다.

둘째, 산업의 성과는 경기변동에 따라 다양하게 나타난다. 산업에 따라서는 산업의 수익성이 경기변동과 일치하기도 하지만, 특정 산업은 경기변동과 무관하거나 역행하는 경향을 지니기도 한다. 따라서 어떤 산업이 유망한지는 경기변동에 따라 변화하게 되며, 그에 따라 투자전략도 수정되어야 할 것이다.

셋째, 장기적인 관점에서 개별 기업의 경영성과는 산업의 추세와 밀접하게 연관되어 있다. 산업의 추세는 산업의 구조적 특성 및 수급상황 등에 의하여 영향을 받으므로 개별 기업의 장기적인 성과 추정 시 이러한 점을 고려하여야 한다.

2) 산업분석의 유형

다음은 산업의 경쟁구조, 제품수명주기 등을 이용한 산업분석에 대하여 살펴보기로 하자.

■ 산업구조분석

산업은 개별 기업의 경영성과에 영향을 미치는 기업환경 그 자체로서 중요한 의미를 갖는다. 그러므로 산업의 장기전망과 수익성을 평가하기 위해서는 산업의 잠재적 시장 규모뿐만 아니라 산업의 구조적 요인에 대한 분석이 이루어져야 한다.

기업의 성과는 산업의 경쟁강도에 따라 좌우되는 경향이 있다. 구조적으로 경쟁이 치열하지 않은 산업에 속한 기업들은 수익성이나 성장성이 우수한 데 반해, 경쟁이 치열하고 구조적으로 취약한 산업에 속한 기업들의 경영성과는 저조한 편이다. 그러므로 산업의 미래를 예측하기 위해서는 산업의 경쟁강도를 결정짓는 구조적 요인에 대한 분석이 중요하다.

포터(M.E. Porter)에 의하면 산업의 경쟁강도는 다섯 가지 구조적 요인들에 의하여 결정된다고 한다.[2] [그림 10-3]에서 볼 수 있는 바와 같이 산업의 구조적 요인은 기존 업체와의 경쟁, 신규 업체의 진입장벽, 상품의 대체 가능성, 고객과의 관계, 원자재 공급업자와의 관계 등으로 분류된다. 이러한 요인은 산업 내의 경쟁상태에 중요한 영향을 미치기 때문에 산업구조의 분석을 통하여 기업의 경쟁적 위치와 비교우위에 대한 정보를 얻을 수 있다.

그림 10-3 산업의 경쟁강도를 결정짓는 구조적 요인

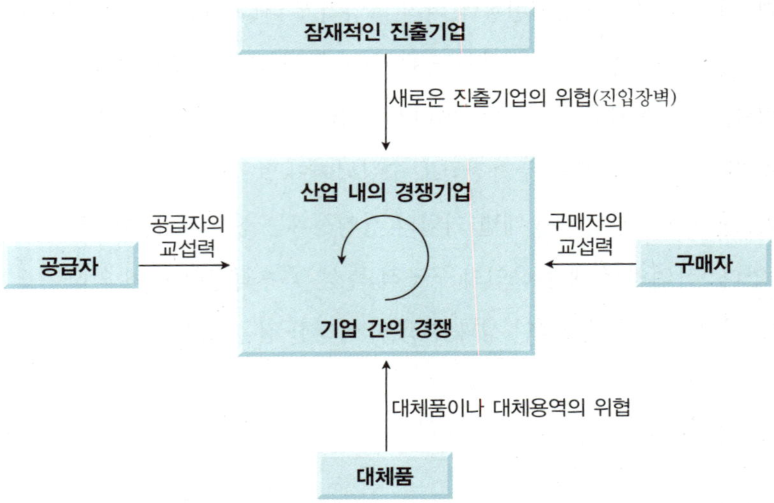

2. Michael E. Porter, "How Competitive Forces Shape Strategy," *Havard Business Review* (1979).

■ **제품수명주기분석**

산업분석의 궁극적인 목적은 장기적인 관점에서 산업의 전망과 성공요인을 분석 · 평가하여 그 산업에 속한 기업의 수익성과 위험에 미치는 영향을 분석하는 것이다. 따라서 산업의 수요 동향과 추세를 파악하여 그 산업에 속해 있는 기업의 수익성과 위험에 미치는 영향에 초점을 맞추어 산업분석을 해야 한다.

산업 동향과 추세는 제품수명주기(product life cycle)를 통하여 파악할 수 있다. [그림 10-4]에서 보여주는 바와 같이 제품수명주기는 도입기, 성장기, 성숙기, 쇠퇴기 등 4단계로 구분된다. 제품수명주기는 산업과 기업의 장기적인 전망, 특정 단계에 속한 기업의 매출 규모, 비용구조, 수익성, 위험 등에 대한 정보와 앞으로의 전망과 변화 추세를 평가할 수 있게 한다.

그림 10-4 제품의 수명주기

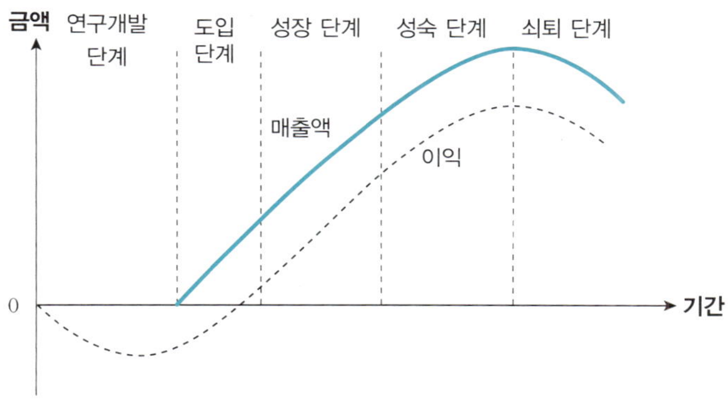

증권家 애널, '악재' 알아도 못 쓴다.

재테크 Tip

"증권사 리포트를 믿지 못하겠다고는 하지만, 개미(개인투자자)들에게는 투자정보를 얻을 수 있는 유일한 창구라고 할 수 있습니다." 7년째 주식투자를 하고 있는 A씨는 "개미 투자자들이 증권사 리포트에 매번 속으면서도 또 의지할 수밖에 없다"고 말한다. 기업탐방 등 기업정보에 접근할 수 있는 창구는 애널리스트(analyst)와 기관 등으로 제한돼 있기 때문이다. 이러한 이유로 "애널리스트는 사명감을 가져야 할 직업"이지만, '소신 리포트'는 어디 가고 장밋빛 전망 일색인 리포트에 '그 나물에 그 밥'인 베끼기 리포트가 난무하고 있다.

■ ‘악재’ 알 수도 없고, 알아도 ‘못 쓴다’ = “베낄 수밖에 없어요”

10년 넘게 애널리스트로 증권계에 몸담은 한 관계자는 요즘 애널리스트 업계 현실에 대해 이렇게 토로한다. “첫째는 실력이 없어서, 둘째는 정보를 알더라도 쓸 수 없는 구조”라고 설명한다. “이제 갓 대학을 졸업하고 ‘회사원’으로 들어가서 1~2년 정도 교육을 받으면 자격증이 나오고 공식적으로 리포트를 낼 수 있는 애널리스트가 돼요. 말이 교육이지 복사만 하다가 덜컥 애널리스트가 되는 거예요. 자기가 맡은 종목에 대한 관점도 없고 아는 것도 없는 상태에서 기업탐방을 가도 네트워크가 부족하죠. 미공개 정보를 얻을 수 있는 것도 아니에요. 결국, 리포트 짜깁기를 할 수밖에 없는 거죠.”

최근 증권회사 인력이 대폭 축소된 것도 부실 리포트 · 베끼기 리포트 양산 원인으로 꼽았다. “업무가 집중되면서 공부할 시간이 없어진 거죠. 제대로 실력이 쌓일 수 있는 환경이 조성이 안 되니까 베끼는 거예요. 그래서 기업 홍보(IR) 자료랑 똑같은 리포트도 나오는 겁니다.”

애널리스트도 할 말은 있다. 현재 한 증권회사에 근무하는 애널리스트는 “기업탐방을 가도 우리가 접근할 수 있는 정보는 예상 실적 정도”라며 “미공개 정보 접근이나 유출이 더 민감해졌기 때문에 우리도 악재를 알 수도, 분석해 내기도 어렵다”고 해명했다. 설사 악재를 알더라도 쓸 수 없는 환경이기도 하다. “악재도 미공개 정보 중 하나인데, 미리 알고 리포트에 썼다면 미공개 정보 활용으로 벌써 쇠고랑 찼을 겁니다.” 또 다른 애널리스트의 항변이다.

기업탐방에서 얻은 공개정보로도 ‘소신 리포트’를 쓰기란 어렵다. “실적발표 전에 기업탐방을 가면, 시장기대치(컨센서스) 대비 영업이익이 얼마인지 유추해 볼 수 있지만 부정적으로 쓰면 항의가 들어올 게 뻔하다”며 “매도를 쓰는 순간 기업탐방부터 애널리스트 평가에서도 밀리기 때문에 나름의 고충이 있다”고 말했다. 실제로 올해 초 교보증권에서 하나투어 ‘매도’ 보고서가 나오자 하나투어측에서 기업탐방을 거부해 ‘갑질’ 논란이 일기도 했다. 알아도 쓸 수 없는 고충에 시달리고 있는 셈이다. 이 애널리스트는 “다른 애널리스트들이 어떻게 쓰나 눈치를 보다가 어느 정도 비슷한 맥락으로 글을 맞추게 된다”며 “정보를 알아도 몰라도 결국 베낄 수밖에 없다”고 설명했다. 결국 베끼기 리포트에 개미 투자자들만 속고 또 속는 악순환만 반복된다.

■ 개미도 죽어나고 애널도 나름대로 고충 시달려 … 대안 없나 = ‘갑’에 휘둘리는 애널, 이에 치이는 을 중의 을 개미 …

‘매도’ 리포트가 실종된 증권가 리포트의 대안은 없는 걸까. 한 증권사 리서치팀 관계자는 “‘김영란 법’을 적용해야 한다”고 말한다. “기업과 애널리스트는 갑을 관계이자 뼈 깊은 유착관계”라며 “기업의 심기를 건드리지 않는 선에서 리포트를 써주고 기업들과의 관계를 돈독히 해 기업탐방 등에서 특혜를 받기도 하는데, 이것도 부정청탁이라 할 수 있다”고 설명했다. 현재 공직자와 언론인에게 적용되고 있는 ‘부정청탁 및 금품 등 수수의 금지에 관한 법률(김영란 법)’을 적용해 기업과 애널리스트의 유착관계를 끊어야 한다는 해법이다.

또 애널리스트를 증권사에서 분리시켜 독립적인 개체로 활동하도록 해야 한다는 목소리도 있다. 이에 한 관계자는 “애널리스트도 결국엔 회사원”이라며 “회사와 기업 간에 얽혀 있는 이해관계에서 자유로울 수 없다"고 말한다. 때문에 리서치 부서를 증권사 내에서 분리시켜 독립적으로 운용하는 대안이 나오고 있다.

또 다른 해법으로는 '단계별 정보제공'을 꼽았다. "미국 같은 경우는 거래 고객 등급에 따라 열람할 수 있는 리포트가 등급별로 차등화돼 있다"며 "등급별로 그 가격에 맞는 일정한 대가를 지불하고 정보를 열람하기 때문에 애널리스트들도 당당하게 소신 리포트를 쓸 수 있고 정보 공개도 투명하게 할 수 있다"고 말했다. 우리나라 증권사 리포트가 부실한 데는 "모든 정보가 무료"인 것도 한몫 한다는 설명이다. "모든 콘텐츠가 무료면 정보 자체의 질은 떨어질 수밖에 없고 애널리스트들도 굳이 위험을 감수할 필요가 없죠. 실제로 애널리스트들도 사람들이 증권사 리포트를 신뢰하지 않고 보지도 않는다는 걸 어느 정도 인지하고 있어요." 요즘 증권사 리포트가 1~2페이지 설명에 나머지 페이지는 도표나 그래프로 도배되는 이유다.

이에 한 증권사 관계자는 "소신 리포트를 요구하고 애널리스트를 비난하기 이전에 외부 압력으로부터 그들의 독립적인 위치를 확보해줘야 한다"며 "증권사 리포트에 담을 수 있는 정보를 차등화해 암거래는 막고 모두가 정당한 대가를 주고 정보를 얻게 하는 정보제공 체계의 체질 개선이 시급하다"고 역설했다.

출처 : 헤럴드경제(2016년 10월 22일) 수정.

시사 포커스

국민 4명 중 1명은 주식투자자 … '강남 50대男' 주식 가장 많아

최근 5개년 12월 결산 상장법인 소유자 현황

(단위 : 개 사, 명, 종목, 주)

결산연도	회사 수	소유자 수	1인당 소유종목 수	1인당 소유주식 수
2017	2,147	5,059,013	3.94	14,743
2018	2,216	5,611,764	4.27	15,463
2019	2,302	6,187,021	4.23	15,251
2020	2,352	9,190,076	5.24	10,779
2021	**2,426**	**13,842,667**	**5.96**	**7,747**
전년 대비	**3.1%**	**50.6%**	**13.7%**	**−28.1%**

주 : 상기 자료는 개인, 법인, 외국인 소유자를 포함하여 계산하였음.
자료 : 한국예탁결제원

2021년 주식 열풍으로 투자자 수가 사상 처음 1,000만 명을 넘어선 것으로 나타났다. 2022년 3월 17일 한국예탁결제원에 따르면 2021년 말 기준 12월 결산 상장법인 2,426사의 소유자(중복소유자 제외)는 약 1,384만 명(법인소유자 등 포함)이었다. 전체 국민 4명 중 1명꼴로 국내 주식 투자를 하는 셈이다. 이는 2020년(910만 명)

과 비교할 때 50.6% 증가한 수치다.

전체 소유자가 가진 총 주식 수는 약 1,072억 주로, 1인당 평균 7,747주를 소유했다. 평균 소유종목은 5.96개였다. 유가증권시장(코스피)에서 주식 소유자가 가장 많은 회사는 삼성전자로, 주주는 561만 4,490명에 달했다. 2020년 295만 8,682명 대비 89.8% 급증해 압도적 1위를 기록했다. 다음으로 카카오(191만 8,321명), 현대자동차(117만 8,677명), 대한항공(87만 8,257명), SK하이닉스(87만 6,593명)가 뒤를 이었다. 코스닥시장은 셀트리온헬스케어(29만 4,160명), 인터파크(29만 439명), 카카오게임즈(26만 590명), 하림(22만 792명), 초록뱀미디어(20만 3,932명) 순으로 소유자가 많았다.

개인투자자는 40대가 23.0%로 가장 많았고, 소유주식 수는 50대가 33.7%로 1위를 차지했다. 30대 이하 투자자도 2020년 34.7%에서 지난해 40.5%로 증가했다. 지역별 주주는 경기도가 360만 명으로 전국에서 가장 많고, 서울과 부산이 그다음이었다. 소유주식 수는 서울, 경기, 부산 순이었다. 인구 수 대비 주식 소유자 수 비율이 높은 지역은 서울(35.6%), 울산(31.4%), 대전(27.5%) 순이었다. 서울 강남구 거주 50대 남성의 평균 소유주식 수가 가장 많았다. 예탁원 관계자는 "과거 비례배정에서 작년 균등배정 등으로 공모주 배정 방식이 변경됐는데, 이에 영향을 받아 소액투자자, 2030 등 젊은 투자자가 상당히 많이 증가했다"고 말했다.

출처 : 매일경제, 2022. 3. 17.

1.4 기업분석

1) 기업분석의 의의와 유형

기업분석(company analysis)은 특정 기업의 주식가격이 적정한지를 판단하는 데 필요한 주식의 내재가치를 구하는 작업이다. 주식투자의 최종적인 의사결정은 특정 주식의 매수 또는 매도에 관한 결정이다. 이러한 결정은 주식의 내재가치를 구한 후, 이를 시장가격과 비교하여 과소평가 혹은 과대평가된 주식을 선별해 나가는 과정에서 이루어진다.

기업분석은 업종이나 개별 기업에 따라 접근방법에서 많은 차이를 보일 수 있어 정형화하기 어려우나, 일반적으로 질적 분석과 양적 분석으로 구분된다. 질적 분석은 분석대상 기업의 질적인 특성, 즉 기업연혁, 경영자 능력, 지배구조, 경영전략 및 전술, 브랜드 인지도, 기술경쟁력, 특허 및 신제품 생산에 관한 노하우, 조직구조의 형태, 경영의사결정 지원체제 등 계량화할 수 없는 것들을 중심으로 평가하는 것이다. 양적 분석으로는 기업의 재무제표와 이를 기초로 산출된 재무비율을 이용하여 기업의 재무상태와 경영성과를 평가하는 분석방법, 즉 재무제표분석이 있다.

다음은 질적 분석과 양적 분석에 속하는 대표적인 방법으로서 제품포트폴리오 분석과 재무제표분석에 대하여 살펴보기로 한다.

2) 제품포트폴리오분석

제품판매로부터 기업의 수익이 발생하기 때문에 제품구성과 시장지위를 평가함으로써 기업에 대한 현재와 미래의 수익력과 위험에 관한 정보를 얻을 수 있다.

제품포트폴리오분석은 기업의 외부환경과 내부여건 등이 시장에서의 제품지위에 영향을 미친다는 전제 하에 제품포트폴리오관리(product portfolio management ; PPM)기법을 이용하여 시장에서의 제품지위를 파악하는 것이다. 제품포트폴리오분석에서는 외부환경에 해당하는 시장성장률을 수직축, 내부여건에 해당하는 시장점유율을 수평축에 표시하여 시장에서의 제품지위를 분석할 수 있다. 시장점

그림 10-5 BCG 매트릭스

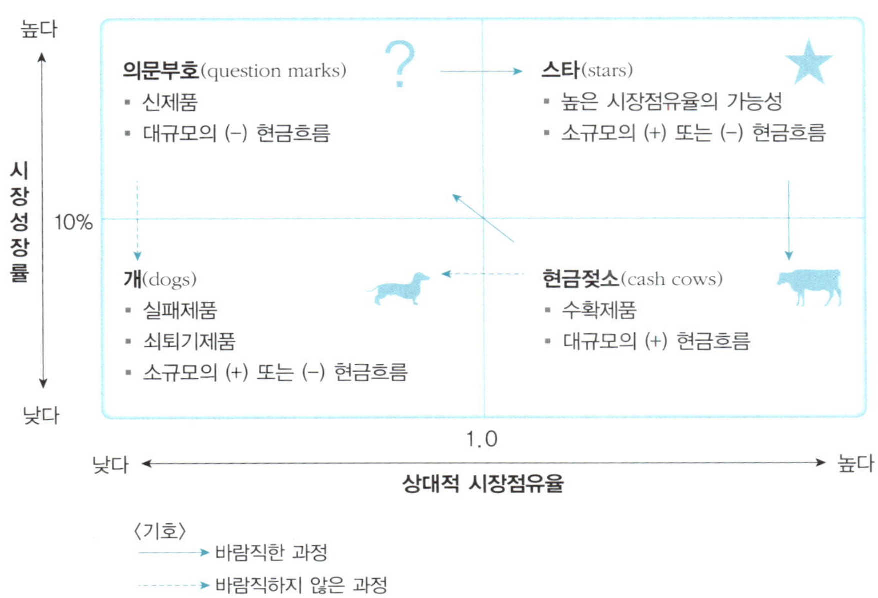

유율은 최대 경쟁기업에 대한 상대적 비율로 표시되며, 시장성장률은 연평균 10%의 성장률을 기준으로 성장성이 높은 시장인지 낮은 시장인지의 여부를 판단한다.

시장에서의 제품지위는 시장점유율과 시장성장률의 두 지표에 의하여 [그림 10-5]와 같이 네 가지로 구분될 수 있다.

의문부호(questionable marks)제품은 시장의 성장잠재력은 높으나 진입 초기이기 때문에 시장점유율이 낮은 신제품을 의미한다. 이와 같은 제품은 연구개발에 대한 투자가 많기 때문에 현금유출과 위험이 크며, 시장점유율이 낮기 때문에 현금흐름이 음(-)으로 나타나고 단위당 생산원가가 높다. 스타(stars)제품은 성장잠재력이 높은 시장에서 시장점유율도 높은 제품이다. 이들 제품은 현금유입도 많지만 성장을 위한 순운전자본과 자본적 지출에 대한 투자가 많기 때문에 현금흐름이 크지 않다. 현금젖소(cash cows)제품은 시장이 성숙기에 도달하여 성장률이 낮기 때문에 운전자본과 자본적 지출로 인한 현금유출이 감소되고, 높은 시장점유율을 유지하고 있어 많은 현금흐름을 제공하는 제품이다. 개(dogs)제품은 성숙 단계나 쇠퇴 단계에 있는 시장에서 시장점유율도 낮은 제품이다. 따라서 시장을 확장시키는 일이 쉽지 않을 뿐더러 수익성이 낮고 현금흐름이 적기 때문에 개제품에 대한 추가적인 투자보다 적절한 시기에 제품을 철수시키는 것이 바람직하다.

현금젖소제품만 보유하고 있는 기업은 현금흐름이 풍부하여 현재의 수익성은 높지만, 현금젖소제품이 개제품으로 전락하는 경우에는 현금흐름이 줄어드는 한편, 스타제품이 없기 때문에 미래의 수익성이 악화될 것이다. 의문부호제품과 스타제품만을 보유하고 있는 기업은 성장을 위한 거액의 현금유출로 현금부족을 겪을 것이다. 따라서 현금젖소제품에서 창출되는 현금흐름을 의문부호제품, 스타제품 등에서 발생되는 현금부족에 충당함으로써 신제품개발에 따른 위험을 감소시키는 한편, 안정적인 현금흐름을 확보할 수 있다.

3) 재무제표분석

재무제표분석은 재무제표와 이를 기초로 산출된 재무비율을 이용하여 기업의 재무상태와 경영성과를 분석하는 방법이다. 재무제표(financial statements ; F/S)는 기업이 회계기간 동안에 수행한 경영활동의 결과를 간결하게 요약한 재무보고서이다. 재무제표의 작성목적은 기업의 이해관계자들에게 다양한 형태의 재무정보를 제공하는 데 있다. 기업의 이해관계자들이 요구하는 정보욕구를 충족시켜 주기 위하여 작성되고 있는 가장 보편적인 재무보고서로 재무상태표, 손익계산서, 현금흐름표 등이 있다. 재무제표에는 기업의 미래이익과 배당, 현금흐름 등 기업의 재무의사결정에 필요한 많은 정보가 포함되어 있다.

■ 재무제표

재무제표는 기업의 이해관계자에게 재무정보를 제공하기 위해 작성되는 회계보고서로서 재무상태표, 손익계산서, 현금흐름표 등으로 구성된다. 재무상태표(statement of financial position)는 일정 시점(결산기 말)에서 기업의 자산, 부채, 자본에 관한 정보를 제공하는 재무보고서로서 대차대조표(balance sheet ; B/S)라고도 한다. 재무상태표의 양식은 계정식과 보고식이 있다. 계정식에서는 차변에 자산이, 대변에 부채와 자본이 기재된다. 보고식에서는 위에서 아래 방향으로 자산, 부채, 자본의 순서로 기재된다. 손익계산서(income statement ; I/S)는 일정 기간 동안 기업에서 발생한 수익과 비용을 대응시켜 당해 기간의 손익을 표시한 보고서

그림 10-6 재무제표의 연결

재무상태표

자산
- 유동자산
- 비유동자산

부채
- 유동부채
- 비유동부채

자본
- 자본금
- 자본잉여금
- 자본조정
- 기타포괄손익누계액
- 이익잉여금

손익계산서

매출액
- 매출원가

매출총이익
- 판매비와 관리비

영업이익
- 금융수익
- 금융비용

법인세비용차감전순이익

법인세비용

당기순이익

현금흐름표

영업활동 현금흐름

투자활동 현금흐름

재무활동 현금흐름
- 현금의 증가(감소)
- 기초의 현금
- 기말의 현금

로서 기업의 종합적인 경영성과를 나타내는 재무제표이다. 현금흐름표(statement of cash flows)는 일정한 기간에 기업이 조성한 현금과 사용한 현금의 내역을 정리한 보고서이다. 현금흐름표에서는 현금의 변동내용을 명확하게 보고하기 위하여 당해 회계기간에 속하는 현금유입과 현금유출의 내용을 영업활동, 투자활동, 재무활동 등 3가지 활동부문으로 구분하여 표시하고 있다. 현금흐름표는 일정한 기간 동안에 일어난 현금흐름의 변동원인, 미래의 현금흐름 창출능력, 현금결제 능력 등에 관한 유용한 정보를 제공해 준다.

투자의사결정에 있어 유용한 정보원천이 되는 재무제표를 요약하여 제시하면 [그림 10-6]과 같다.

■ 재무비율분석

재무상태표, 손익계산서, 현금흐름표 등과 같은 재무제표를 분석하여 기업의 재무상태와 경영성과를 파악할 수 있다. 그러나 재무제표의 내용이 매우 복잡하기 때문에 재무제표를 직접 분석하여 의사결정에 필요한 정보를 얻는 것은 쉬운 일이 아니다. 따라서 재무제표에 포함된 유용한 정보를 쉽게 파악할 수 있는 수단이 필요하며, 이를 위해 고안된 것이 재무비율이다.

재무비율(financial ratio)은 경제적 의미와 논리적 관계가 분명한 재무제표의 두 항목을 상대적 비율로 나타낸 것이다. 따라서 재무비율분석은 재무비율의 경제적 의미를 분석하여 기업의 재무상태와 경영성과를 평가하는 기법이라 할 수 있다. 재무비율분석의 기본 목적은 기업의 다양한 이해관계자에게 목적적합한 정보를 제공하는 데 있다. 주요 재무비율을 대분류로 구분하면 유동성비율, 자본구조비율, 효율성비율, 수익성비율, 성장성비율, 생산성비율 등으로 나눌 수 있다. 유동성비율은 단기채무지급능력, 자본구조비율은 부채의존도 및 기업의 장기채무지급능력, 효율성비율은 보유자산의 이용효율성을 측정하는 데 이용된다. 그리고 수익성비율은 매출 또는 투자에 대한 수익성, 즉 경영의 총괄적 효율성, 성장성비율은 외형 및 수익의 성장 가능성을 측정하는 데 주로 사용된다. 또한 생산성비율은 개별 생산요소의 기여도 및 성과 배분의 합리성 여부를 평가하는 지표이다.

대분류로 구분된 재무비율에 속하는 주요 재무비율을 중심으로 재무비율의 계산식과 재무비율이 지니는 경제적 의미를 살펴보면 〈표 10-1〉과 같다.

표 10-1 주요 재무비율과 경제적 의미

분류		계산식	경제적 의미
유동성 비율	유동비율(%)	(유동자산/유동부채) × 100	단기채무지급능력
	당좌비율(%)	(당좌자산/유동부채) × 100	유동성을 더욱 강조한 초단기채무지급능력
	순운전자본구성비율(%)	(순운전자본/총자산) × 100	유동성 및 파산 가능성
자본 구조 비율	부채비율(%)	(부채/자기자본) × 100	재무적 안정성 및 장기채무지급능력
	자기자본비율(%)	(자기자본/총자산) × 100	재무적 안정성 및 장기채무지급능력
	비유동비율(%)	(비유동자산/자기자본) × 100	재무적 안정성
	이자보상비율(배)	영업이익/이자비용	이자지급에 필요한 수익의 창출능력 및 파산 가능성
효율성 비율	매출채권회전율(회)	매출액/매출채권	매출채권관리의 효율성
	매출채권회수기간(일)	365/매출채권회전율	
	재고자산회전율(회)	매출액/재고자산	재고자산관리의 효율성
	재고기간(일)	365/재고자산회전율	
	유형자산회전율(회)	매출액/유형자산	유형자산 이용의 효율성
	총자산회전율(회)	매출액/총자산	총자산 이용의 효율성
수익성 비율	총자산순이익률(%)	(순이익/총자산) × 100	기업의 총괄적 수익성
	자기자본순이익률(%)	(순이익/자기자본) × 100	자기자본의 성과
	매출액순이익률(%)	(순이익/매출액) × 100	기업의 총괄적 경영성과
성장성 비율	총자산증가율(%)	(기말총자산 − 기초총자산)/기초총자산 × 100	기업의 전체적인 성장 규모
	매출액증가율(%)	(당기매출액 − 전기매출액)/전기매출액 × 100	기업의 외형적 신장세
	순이익증가율(%)	(당기순이익 − 전기순이익)/전기순이익 × 100	실질적 성장지표
생산성 비율	부가가치율(%)	(부가가치/매출액) × 100	매출액 중 생산요소에 귀속되는 소득의 비율
	노동생산성(원)	부가가치/종업원 수	종업원 1인당 부가가치
	자본생산성(%)	(부가가치/총자본) × 100	총자본투자효율, 자본의 단위당 투자효율

알아두기 10-1

금융감독원의 전자공시시스템

기업의 재무제표를 신속하고 저렴하게 수집할 수 있는 방법은 금융감독원(www.fss.or.kr)의 전자공시시스템(Data Analysis, Retrieval and Transfer System ; DART)을 이용하는 것이다. 전자공시시스템은 우리나라 기업이 금융감독원 등 관계기관에 제출하는 신고 또는 보고서 등을 인터넷을 통하여 전자문서로 제출하고 그 내용을 실시간으로 일반인에게 공시함으로써 공시의 신속성과 기업 경영의 투명성을 제고하기 위한 종합적인 공시시스템이다. 기존의 공시는 서면에 의한 공시로서 제출대상 회사가 금융감독원, 한국거래소 등을 직접 방문하여 다량의 공시서류를 제출하였으나, 전자공시시스템은 금융감독원이 제공하는 전자문서 소프트웨어를 이용하여 공시서류를 작성하고 인터넷을 통하여 한 번만 제출하면 모든 공시의무가 완료된다. 따라서 방문에 따른 불편과 다량의 서면문서 작성으로 인한 자원의 낭비를 막을 수 있을 뿐만 아니라 일반인(투자자, 학생, 기타 이해관계인)들로 하여금 실시간으로 인터넷을 통해 해당 회사의 정보를 얻을 수 있게 한다.

재무제표분석에 필요한 자료를 얻기 위해서는 먼저 전자공시시스템(dart.fss.or.kr)에 접속하여 분석하고자 하는 회사의 사업보고서 등을 검색(상세검색)한다. 그 다음 검색된 기업의 사업보고서의 우측 상단에 있는 '다운로드'를 선택하여 재무제표 자료(엑셀파일)를 다운로드 받으면 재무제표분석에 필요한 자료를 쉽게 얻을 수 있다.

재테크 Tip

종목 고르기 도우미 '기업분석'은 어떻게…

주식가격의 향후 흐름을 예측하기 위해 동원하는 방법으로는 기본적 분석과 기술적 분석이 있다. 기본적 분석에는 경제분석과 산업분석, 기업분석이 있다. 이 가운데 기업분석은 기업의 재무구조와 영업실적을 분석하는 것이기 때문에 주식의 내재가치를 파악하는 데 기본이 된다.

기업분석에는 재무제표의 수치를 분석하는 양적(量的) 분석과 경영진의 능력 등 수치화하기 힘든 요인들을 분석하는 질적(質的) 분석이 있다. 양적 분석은 기업의 재무상태표와 손익계산서, 현금흐름표 등에 나타난 수치를 활용해 기업의 상태를 알아내는 것이다. 양적 분석을 통해 기업의 안정성과 수익성, 성장성 등에 대한 정보를 얻을 수 있다. 주가수익비율(PER)과 주가순자산비율(PBR), 주가현금흐름비율(PCR) 등을 통해 기업의 주가가 실제가치에 비해 고평가돼 있는지, 아니면 저평가돼 있는지를 판단할 수 있다.

■ 안정성 점검은 기업분석의 기본

안정성이란 한마디로 기업이 망할 가능성이 있는지 여부를 판단하는 것이다. 기업이 이익을 많이 내더라도 갚아야 할 빚이 산더미라면 빌린 돈을 제때 갚지 못해 부도를 낼 수 있다. 안정성을 나타내는 지표에는 부채비율, 유동비율, 이자보상비율 등이 있다.

부채비율이란 기업의 재산상태를 보여주는 재무상태표상의 부채총액을 자기자본으로 나눈 뒤 비율로 계산한 것을 말한다. 쉽게 말하면 빌린 돈(빚)을 자기 돈(자기자본 = 주주의 돈)으로 나눈 수치다. 예를 들어 A라는 사람이 10억원의 자기 돈에다 10억원의 돈을 은행에서 빌려 회사를 차렸다고 하자. 이 회사의 부채비율은 100%다. 부채비율이 낮은 기업일수록 안정성이 높다. 부채비율이 지나치게 높으면 기업이 이익을 많이 내도 이자부담 때문에 도산할 가능성이 높기 때문이다. 그러나 부채비율이 낮다고 무조건 좋은 것은 아니다. 빌린 돈으로 투자해 더 많은 돈을 벌 수 있는 사업기회가 있다면, 그래서 기업의 가치를 높일 수 있다면 적정한 수준에서 돈을 빌려 투자하는 것이 바람직하다.

1997년 외환위기가 일어났을 때 우리나라 제조업체들의 평균 부채비율은 400%에 육박했다. 이 중 30대 대기업그룹 계열사들의 부채비율은 평균 519%나 됐다. 정부는 대기업들에 부채비율을 선진국기업 수준인 200% 이하로 낮출 것을 요구했고, 이후 우리나라 기업들의 재무구조는 대폭 개선됐다. 지난 3월 말 한국거래소의 유가증권시장 상장기업들의 평균 부채비율은 94%로 낮아졌고, 자산 규모 2조원 이상 대기업집단의 부채비율 또한 102%로 대폭 감소했다. 우리나라 기업들의 안정성이 그만큼 높아졌다고 할 수 있다.

기업은 돈을 빌릴 때 갚아야 하는 기간이 1년이 넘는 장기부채뿐만 아니라 1년이 못 되는 단기부채도 빌려 쓴다. 기업이 단기부채를 갚을 능력이 있는지 알아보고자 측정하는 것이 유동비율이다. 유동비율은 1년 안에 현금화할 수 있는 유동자산이 1년 안에 갚아야 하는 유동부채와 비교해 어느 정도 수준인지를 나타내는 것으로 '(유동자산/유동부채)×100%'로 계산한다. 유동비율이 높을수록 기업의 안정성이 높다. 유동비율이 100% 이하일 경우 1년 내에 받을 돈보다 갚아야 할 돈이 더 많다는 뜻이다. 단기적인 지급불능 상태에 빠져 부도가 날 가능성이 그만큼 높다. 유동비율은 200% 이상 유지하는 것이 바람직하다.

■ 수익성이 높아야 배당을 한다

기업의 수익성이란 일정 기간 동안 기업이 얼마나 효율적으로 장사를 하는지를 나타내는 지표다. 예컨대 1,000만원의 매출을 올렸더라도 원재료값과 인건비, 이자 등을 제외하고 한푼도 남는 게 없다면 헛장사를 한 셈이다.

수익성 지표로는 매출액순이익률, 매출액영업이익률, 총자산수익률(return on assets ; ROA), 자기자본순이익률(return on equity ; ROE) 등이 있다. 매출액순이익률은 순이익을 매출액으로 나눈 뒤 100%를 곱해 계산한다. 손익계산서에 나타난 기업의 매출액과 순이익의 비율을 알아보는 것이다. 순이익은 기업의 재투자와 주주들에 대한 배당의 근원이다. 순이익을 많이 내고 수익성이 좋은 기업의 주식을 사야 하는 것은 주식투자의 기본에 속한다. 그러나 순이익에는 영업활동과 직접 연관이 없는 수익이나 비용(예를 들면, 이자수익이나 비용)도 포함되기 때문에 순수한 영업활동의 효율성만 따지기가 곤란하다. 이런 때에는 매출액영업이익률을 보면 되는데, 계산식은 '(영업이익/매출액)×100'이다. ROE는 순이익을 자기자본으로 나눠 계산한 것이기 때문에 회사가 부채를 제외한 주주의 자본(자기자본)만으로 얼마나 이익을 올렸는가를 나타낸다. ROE는 최소한 시장금리보다 높아야 한다. 은행에 돈을 넣어 더 많은 이자를 받을 수 있다면 굳이 주주들이 주식을 사서 기업에 투자할 이유가 없다.

■ 성장성은 미래를 예측하는 지표

성장성은 기업의 매출이나 순이익, 자산 등이 얼마나 빠른 속도로 늘어나고 있느냐를 나타낸다. 성장성을 나타내는 비율로는 매출액증가율과 순이익증가율 등이 있다. 업종 평균이나 경쟁기업보다 상대적으로 높은 매출액증가율은 그 기업의 시장점유율이 증가한다는 것을 의미한다. 매출액증가율과 순이익증가율이 높을수록 성장성이 높다. 성장성이 높은 기업이 주가가 오를 가능성이 크다.

■ 질적 분석은 비계량적 요소에 대한 판단

기업의 질적 분석은 경영자의 기업관과 도덕성, 노사관계, 기업의 분위기 등 수치가 아닌 부분을 통해 기업의 성장 가능성을 가늠하는 것이다. 예컨대 한국경제신문을 보면 종종 'CEO(최고경영자) 주가'라는 단어를 볼 수 있다. 최고경영자가 얼마나 능력 있는 인물이며, 시장에서 신뢰를 어느 정도 얻고 있느냐에 따라 해당 기업의 주가는 상당한 영향을 받는다.

기본적으로 능력 있는 CEO가 기업 경영을 맡으면 이익이 늘어나고, 주주들에게도 더 많은 혜택이 돌아갈 것이라는 기대감이 크다. 그러나 CEO에 대한 능력평가를 포함한 질적 분석은 항상 주관적인 요소가 담길 수밖에 없는 '판단의 문제'를 안고 있기 때문에 정확하게 분석하고 예측하기는 말처럼 쉽지 않다.

출처 : 한국경제, 2005. 7. 18 수정.

시사 포커스

포켓몬빵 열풍 SPC '제2성장기' 진입

16년 만에 '포켓몬빵'을 재출시해 히트를 친 SPC삼립의 기업가치가 주식시장에서 재조명되고 있다. 포켓몬빵을 계기로 신사업 확대에 따른 실적 개선 기대와 배당 확대 등 호재가 부각되며 15일 주가가 1년 만에 최고가로 치솟았다.

■ 포켓몬빵 계기로 재조명

증권업계에선 '띠부실'(뗐다 붙였다 하는 스티커) 열풍을 몰고 온 히트상품 포켓몬빵이 SPC삼립 주가 급등에 시동을 건 것으로 분석하고 있다. 이날 SPC삼립에 따르면 2022년 2월 23일 출시된 포켓몬빵은 20일 만에 450만 개가 팔렸다. 우크라이나 전쟁 악재 속에서도 SPC삼립 주가가 올라 주식시장에선 '전쟁도 이긴 포켓몬'이란 얘기가 돌았다.

포켓몬빵 열풍이 계기가 됐지만 SPC삼립 주가를 끌어올린 진정한 호재는 따로 있다. 실적이다. SPC삼립의 올해 매출은 3조 1,132억원, 영업이익은 800억원으로 전년 대비 각각 5.6%, 21.6% 증가할 것으로 예상되고 있다. 제품가격 인상과 신사업 확대가 실적 개선의 주요 배경으로 꼽힌다.

늘어나는 SPC삼립 실적(단위 : 원)

* 2022년은 전망치

SPC삼립 주가(단위 : 원)

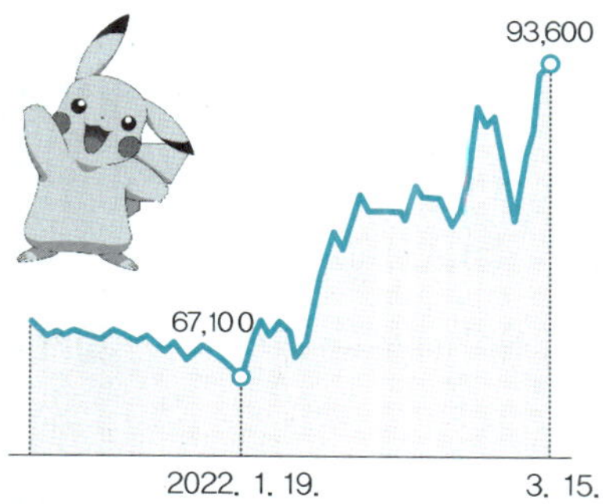

자료 : SPC삼립

2024년까지는 매출 4조원, 영업이익 1,100억원을 달성하겠다는 목표다. 황종현 SPC삼립 사장은 2022년 초 국내외 기관투자가와 애널리스트 등을 대상으로 기업설명회(IR)를 열고 이 같은 비전을 발표했다. SPC삼립이 이처럼 공격적인 실적 목표를 제시한 것은 지난해 푸드 신사업이 큰 폭으로 성장해 자신감을 얻었기 때문이다. SPC삼립은 기존 빵 유통채널과 식품제조 노하우를 기반으로 코로나19 이후 폭발적으로 성장한 간편식 시장에 진출했다. 베이커리업체에 머물지 않고 가정간편식(HMR), 푸드테크 등을 아우르는 '종합 푸드 플랫폼 기업'으로 도약하겠다는 계획이다. 2021년 그 성과가 나타나기 시작했다. 신선편의식품, 식육가공품 등 간편식 매출이 큰 폭으로 늘었다.

SPC삼립의 샐러드 브랜드인 '피그인더가든'의 지난해 월평균 생산량은 50만 개를 넘어섰다. 마켓컬리, 쿠팡 등 온라인 채널에서 피그인더가든 샐러드 키트 등 판매량은 전년 대비 30% 이상 증가했다. 지난해 인수한 상록웰가가 운영하는 B2B 중심 홈베이킹 플랫폼 베이킹몬 실적도 큰 폭으로 개선됐다. 박상준 키움증권 연구원은 "다양한 회사의 인수합병(M&A)을 통해 종합 식품업체로서의 양적 기반을 갖춘 SPC삼립이 새로운 시장에서 본격적으로 시장 지배력을 확대하고 고급 제품 비중을 늘리며 두 번째 성장기를 맞이하고 있다"고 분석했다.

■ 식품주 랠리 기대 올라탄 SPC삼립

SPC삼립은 이날 장중 한때 주가가 98,100원까지 오르며 1년 만에 최고가를 기록했다. 2022년 1월 최저가(66,900원)에 비해선 47% 오른 가격이다. 2022년 3월 8일 80,500원에 거래를 마친 주가는 이후 상승세를 거듭해 3월 15일 9만 3,600원에 마감했다. 거래일 기준으로 닷새 만에 16.27% 급등했다. 최근 3개월 새 50% 가까이 올랐다.

황 사장이 처음으로 IR 행사에 참석해 기관투자가를 만나고, 배당을 확대한 것도 주가 상승의 요인으로 꼽힌다. SPC삼립은 최근 대주주에게 주당 1,000원, 소액주주에게 1,500원의 배당을 하기로 했다. 소액주주 배당금액은 전년 대비 36% 늘어난 규모다. SPC그룹 관계자는 "SPC삼립은 9년째 소액주주들의 권리 신장을 위해 차등배당을 하고 있다"며 "ESG 경영의 일환"이라고 말했다. 경기 방어주로 꼽히는 식품주 상승 기대도 영향을 미쳤다. 원가와 물류비 인상 압박에 시달려왔던 식품업체들은 최근 잇달아 제품가격을 올려 수익성이 개선될 전망이다. 전문가들은 올해가 2008년 금융위기 직후 상황과 비슷하다고 보고 있다. 금융위기 이후 3년차부터 음식료 업종 지수는 코스피 대비 높은 수익률을 보이기 시작한 것처럼 코로나19 3년차를 맞은 올해 음식료주가 약진하며 시장 수익률을 웃돌 것이란 관측이다.

출처 : 한국경제, 2022. 3. 23.

1.5 기본적 분석의 한계

기본적 분석이란 주식가치에 영향을 미치는 기업의 내적 요인, 외적 요인에 대한 분석을 통해 내재가치를 구하고, 이를 이용하여 개별 주식에 대한 투자 여부를 결정하는 증권분석방법이다. 기본적 분석은 다음에서 설명할 기술적 분석에 비하여 접근방식이 매우 논리적이라는 평가를 받고 있지만 다음과 같은 점에서 한계를 지닌다.

첫째, 실무적으로 주식가치를 구하는 방법이 다양하게 존재하므로 어떤 방식이 절대적으로 타당하다고 할 수 없다. 그러므로 다양한 방법에 의하여 산출된 주식가치의 평가결과가 서로 획일적이지 않고 격차가 크게 발생하는 경우 어떠한 값을 내재가치로 인정하는가 하는 문제가 발생한다.

둘째, 내재가치를 산정하는 데 사용되는 자료의 원천은 주로 회계자료이다. 회계자료는 역사적 사건의 결과물로서 미래 현금흐름을 대변하기 어렵다. 또한 다양한 회계처리방법이 인정되므로 기업마다 서로 상이한 회계처리방법을 사용할 경우 이러한 회계자료를 기초로 산정된 내재가치는 적정한 것으로 보기 어려우며, 이를 활용한 기업 간 비교분석도 무의미할 수 있다.

셋째, 기본적 분석을 수행하는 데에는 장기적인 시간이 요구된다. 기본적 분석은 주식가치에 영향을 미치는 경제적, 산업적, 기업적 요인 등을 총체적으로 감안하여 실시되므로 많은 시간이 소요된다. 따라서 수시로 변하는 시장상황에 신속하게 대처하기에는 무리가 따를 수 있으므로 유의하여야 한다.

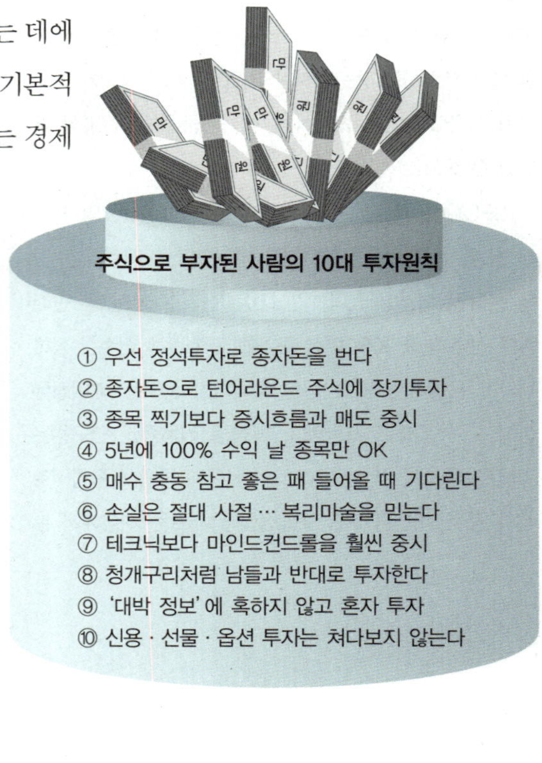

넷째, 주식가치는 이성적 요인과 더불어 심리적 요인에 의해서도 영향을 받을 수 있

다. 주가는 단순히 기업의 내·외적 요인뿐만 아니라 시장의 전반적인 분위기 및 투자자들의 심리적 요인이 반영되어 변동하기도 한다. 만약 이러한 주가의 변동이 일정한 패턴을 갖고 움직인다고 할 경우, 기본적 분석과 더불어 주가의 변화 방향을 미리 예상하여 투자전략에 활용하는 기술적 분석을 병행하는 것이 적절하다.

재테크 Tip

죽은 남편의 은행 금고에서 찾은 주식이 … '160배 대박'

밥 커비(Bob Kirby)는 오마하의 현인으로 불리는 워런 버핏(Warren Buffett)이 최고의 주식 매니저라고 부른 전설적인 투자자였다. 하지만 그는 30대 초반까지만 해도 여타 액티브(active) 매니저와 별다름이 없었다. 즉, 최적의 마켓 타이밍을 골라 저평가된 주식을 사고파는 행위를 반복했다. 그러다 1950년대 중반 그에게 일대 전환을 가져다준 사건이 일어났다.

그 당시 그는 약 10년 동안 한 부유한 부부에게 주식투자를 자문하며 그 부부의 주식계좌를 관리해 주고 있었다. 이때 그는 부인 명의의 주식계좌에서 남편과 의논하며 주식을 사고팔았다. 그러던 어느 날 갑자기 남편이 죽게 되어 부인이 남편의 재산을 상속받게 됐다. 그런데 그를 놀라게 한 것은 죽은 남편이 자신도 모르게 주식투자를 하고 있었다는 점이었다. 미망인도 죽은 남편이 생전에 부인 명의의 주식계좌 이외에 따로 주식투자를 하고 있었다는 사실을 전혀 눈치채지 못했다. 왜냐하면 남편이 주식을 산 뒤에 증서를 발급받아 은행의 비밀금고에 넣어두었기 때문이었다. 하지만 그의 놀라움은 거기서 그치지 않았다. 죽은 부자의 은행 금고에 들어 있던 주식투자 내역을 살펴보던 그는 할 말을 잃었다. 왜냐하면 죽은 부자는 생전에 자신이 속한 투자자문회사가 매수 추천한 주식을 5천 달러씩 꼬박꼬박 사들여 그걸 고스란히 비밀금고에 넣어두었던 것이다.

그럼 이 은행 금고 안에 들어 있던 주식은 어떻게 됐을까? 상당수의 주식들은 주가가 반토막 나 있었다. 그러나 주가가 20배 뛰어 주식가치가 10만 달러로 치솟은 종목이 대여섯 개 있었고, 또 주가가 160배 넘게 뛰어 주식가치가 80만 달러를 초과한 종목도 1개 들어 있었다(이 주식이 바로 복사기의 대명사였던 제록스(Xerox)였다). 종국적으로 그를 충격에 빠뜨린 것은 죽은 부자가 은행 비밀금고 속에 숨겨둔 주식의 총가치가 자신이 10년간 관리한 부인 명의의 주식계좌의 가치를 훌쩍 뛰어넘는다는 사실이었다. 이러한 차이가 난 이유는 자신이나 죽은 부자나 똑같이 매수 추천된 종목에 투자했지만 단지 자신은 나중에 팔았고, 죽은 부자는 은행 금고에 고스란히 묻어두었다는 것밖에 없었다. 그는 망치로 머리를 맞은 것 같았다. "펀드매니저인 자신이 온 신경을 다해 관리한 투자보다 죽은 부자가 그냥 비밀금고에 넣어두고 아무것도 안한 결과가 더 낫다니!"

충격 그 자체였다.

커비가 이 사건으로 얻은 교훈은 주식투자를 할 때 제록스(오늘날의 애플이나 구글)처럼 160배 대박을 낳는 종목을 잘 골라야 한다는 게 아니었다. 그가 얻은 진정한 교훈은 저평가된 주식을 매수하고 아무것도 안 하는 게 시장의 등락을 살펴보며 샀다 팔았다 하는 노력보다 훨씬 우수한 결과를 낳는다는 점이었다. 커비는 나중에 죽은 부자와 같은 주식투자 기법을 옛날 서부 개척시대에 사람들이 저금할 목적으로 커피캔에 돈을 넣고 침대 밑에 넣어둔 것에 비유해 '커피캔 포트폴리오(coffee can portfolio)'라 불렀다. 심지어 그는 이를 재무학 학술지에 발표까지 했다(*Journal of Portfolio Management*, 1984).

이와 비슷한 사례는 또 있다. 세계 최대의 인덱스펀드 회사인 뱅가드(Vanguard)의 창업자인 존 보글(John Bogle)은 2009년 중반까지 5년간 상장지수펀드(exchange traded funds ; ETF)에 투자한 사람들의 수익률을 조사해 봤다. ETF를 거래하는 투자자들은 시황의 변동에 따라 샀다 팔았다를 반복한다. 따라서 샀다 팔았다를 하지 않고 계속 보유하는 경우와 실수익률 측면에서 차이가 난다. 그런데 보글의 연구에 따르면 ETF를 거래한 투자자들은 샀다 팔았다 하지 않고 5년간 계속 보유했던 경우에 비해 연평균 4.5%포인트나 수익률이 낮았다. 보글의 연구는 커비의 '커피캔 포트폴리오' 투자기법이 요즘에도 여전히 잘 적용되고 있음을 보여준다.

우리는 어려서부터 열심히 노력하면 좋은 결과를 얻을 수 있다고 배워왔다. 그런데 '커피캔 포트폴리오' 얘기는 주식투자 세계에서 이 말이 적용되지 않는다는 걸 시사한다. 주식투자자들은 더 높은 수익을 얻으려고 종목을 샀다 팔았다 하지만, 이러한 행동이 종국적으로 결코 좋은 결과를 낳지 않는다고 말한다. 즉, 주식으로 성공하려면 '오래 묻어두어야 한다'는 얘기다.

출처 : 머니투데이, 2014. 1. 9.

시사 포커스

동학개미 20만 분석해 보니 … "돈 잃는 이유 똑같네"

2020년 코로나 팬데믹 직후에 급격히 늘어난 개인투자자들도 기존 투자자들과 똑같은 이유로 투자수익률이 저조한 것으로 드러났다. 2022년 2월 3일 자본시장연구원 김민기, 김준석 연구위원이 발표한 '국내 개인투자자의 행태적 편의와 거래형태' 보고서에 따르면 한국 주식시장 개인투자자 약 20만 명의 2020년 3월부터 10월까지 일별 거래내역을 토대로 조사한 결과 과잉확신(overconfidence), 처분효과(disposition effect), 복권형(lottery-type) 주식 선호, 군집거래(herding) 등 네 가지 대표적인 행태적 편의로 이들의 투자성과가 저조한 것으로 나타났다.

특히 2020년 코로나19 국면에서도 국내 개인투자자의 거래회전율은 무려 연 1,600%에 달했던 반면 투자수익률은 주가지수 수익률에 미치지 못했던 것으로 분석됐다. 이들은 "개인투자자의 과도한 거래와 저조한 투자성과는 유동성 수요, 포트폴리오 조정과 같은 합리적 거래

동기 혹은 정보비대칭성과 같은 요인으로 충분히 설명되지 않으며, 행태적 편의(behavioral bias)에서 비롯된 비합리적 투자의사 결정이 주요 원인일 가능성이 높다는 견해가 지배적"이라고 평가했다.

사진 : 연합뉴스

이른바 동학개미의 특징으로 첫째, 직전 시점의 시장수익률이 높을수록 개인투자자의 거래량이 증가하고, 거래빈도가 높은 투자자 유형에서 이러한 관계가 더 강하게 나타난다. 또한 거래빈도가 높은 투자자 유형에서 매수주식의 수익률이 매도주식의 수익률보다 낮은 경향이 뚜렷했다.

둘째, 매수가격을 기준으로 주가가 상승한 주식을 매도할 확률이 주가가 하락한 주식을 매도할 확률보다 두 배 이상 높게 나타나, 개인투자자 거래에서 처분효과가 존재하는 것으로 확인됐다. 처분효과는 투자경험이 부족한 투자자, 가치평가가 어려운 종목에서 현저하며, 처분효과가 강한 투자자일수록 투자성과는 저조했다.

셋째, 개인투자자는 외국인 투자자나 국내 기관투자자에 비해 복권형 주식을 보유하고 거래하는 비중이 높고, 특히 남성 투자자와 연령대가 낮은 투자자에서 이러한 경향이 강했다. 복권형 주식 선호 경향은 낮은 분산투자 수준 및 높은 거래빈도와 밀접하게 연관된 것으로 파악되며, 복권형 주식에 대한 선호가 높을수록 투자성과는 저조했다.

넷째, 종목별 순매수 개인투자자 비중은 일간 및 주간으로 양(+)의 시계열 상관관계를 보여 개인투자자의 단기군집거래 경향이 관찰됐다. 단기군집거래 경향은 신규 투자자와 연령대가 낮은 투자자에서, 그리고 투자자 관심도가 높은 주식에서 강하게 관찰되어 제한된 주의(limited attention)와 같은 행태적 편의와 연관된 것으로 추정됐다.

두 연구위원은 "국내 주식시장 개인투자자가 다양한 행태적 편의에 노출되어 있으며, 행태적 편의는 투자성과에 부정적인 영향을 미치는 요인이라는 사실을 일관되게 보여줬다"고 밝혔다.

결국 이 같은 개인투자자들의 저조한 투자성과를 해결하기 위해 두 연구위원은 개인투자자의 간접투자수단 및 투자자문 서비스에 대한 활용도를 높이고, 개인투자자의 행태적 편의를 감소시킬 수 있는 직접투자환경을 조성하고, 주식투자의 특성과 행태적 편의에 대한 지속적인 교육이 필요하다고 강조했다.

출처 : 한국경제TV, 2022. 2. 3.

2. 기술적 분석

2.1 기술적 분석의 의의와 가정

1) 기술적 분석의 의의

기술적 분석은 과거의 주가나 거래량 같은 자료를 정형화하고 이를 분석하여 주가 변화 추세를 찾아내고 미래주가를 예측하는 방법이다. 기술적 분석에서는 주로 차트를 활용한 분석이 이루어지므로 흔히 차트분석(chart analysis)이라고도 하며, 이는 주식의 매매시점을 파악하는 데 유용한 정보를 제공한다.

기술적 분석은 기본적 분석에 비하여 용이하고 간단하여 한눈에 알아볼 수 있다는 장점을 갖고 있다. 그리고 주가에는 계량화하기 어려운 심리적 요인까지도 영향을 미치기 때문에 기본적 분석만으로 주가를 평가하는 데 한계가 있으며, 이와 같은 기본적 분석의 한계점을 기술적 분석이 보완해 주기도 한다.

그러나 기술적 분석은 과거의 자료를 가지고 미래의 주가를 예측하는 방법이므로 항상 오류 가능성을 내포하고 있으며, 동일한 대상에 대하여 서로 다른 분석결과를 도출함으로써 혼란을 초래하기도 한다. 따라서 기술적 분석만을 맹신하여 기술적 분석만으로 투자에 임할 경우 위험한 결과가 나타날 수 있음을 유의하여야 한다. 기술적 분석이 제시하는 것은 단지 그렇게 될 가능성이 높다는 것을 말하는 것에 불과할 뿐 과학적 법칙을 알려주는 것이 아니다.

2) 기술적 분석의 가정

기술적 분석은 기본적 분석과 달리 기업의 내재가치에 영향을 미치는 경제요인, 산업요인, 기업요인 등에 대한 분석을 하지 않고, 단지 과거의 주가 및 거래량 등의 자료만으로 미래의 주가를 예측하는 것이다. 이와 같은 기술적 분석은 일정한 전제 또는 가정 하에서 그 효과를 기대할 수 있는데, 기술적 분석이 성립하기 위한 가정은 다음과 같다.

첫째, 주가 움직임에는 모든 정보가 반영되어 있다. 주가 움직임은 수요와 공급이라는 수급현상에 의해 나타나는 것이다. 주식의 수요와 공급은 경제적 요인과 비경제적 요인, 이성적 요인과 비이성적 요인 등 다양하고 복합적인 요인에 의해 결정된다. 따라서 주가 움직임의 이유가 경제적이든 정치적이든 또는 심리적이든 그것은 별로 중요하지 않으며, 차트상에 나타나는 주가 움직임에 주식투자와 관련된 모든 정보가 총체적으로 반영되어 있다고 볼 수 있다. 이와 같은 경우 단지 주가 움직임을 나타내는 그래프(graph)를 연구하는 것만으로도 충분한 의미가 있는 것이다.

둘째, 주가는 추세를 가지고 움직인다. 주가는 사소한 변동을 무시할 경우 커다란 흐름, 즉 추세를 형성하면서 움직이는 경우가 많다. 일단 추세가 형성되면 그 반대방향으로 움직이려는 힘보다는 계속 진행하려는 힘이 강하기 마련이다. 주식시장에서 어떤 새로운 정보가 발생했을 때 이 정보의 영향은 서서히 주가에 반영되므로, 주가의 움직임은 특정한 추세를 장기간 형성하면서 변화한다. 기술적 분석이 필요한 이유 중 하나는 이러한 주가의 추세 변화를 찾아내어 적절한 매매시점을 포착하려는 것이다. 추세 및 추세의 변화는 주식시장에서 주가가 움직이는 양상을 도표로 나타내어 분석함으로써 파악될 수 있다.

셋째, 추세 및 주가 행태는 반복된다. 차트에 나타나는 패턴들을 분석할 경우 각 패턴들은 그 당시 시장참여자들의 심리상태를 잘 반영하고 있다고 볼 수 있다. 차트는 주가 움직임을 객관적으로 나타낸 것에 불과하지만, 차트상에 나타나는 주가 움직임이란 결국 투자자들에 의해 형성된 것이다. 그러므로 주가 움직임은 투자자들의 심리가 반영된 결과라 할 수 있기 때문에 투자자들의 투자심리가 바뀌지 않는 한 과거의 패턴들이 미래에도 지속될 가능성이 높다고 할 수 있다.

3) 기본적 분석과 기술적 분석

증권분석 방법은 크게 기본적 분석과 기술적 분석으로 나뉜다. 기본적 분석은 기업의 수익성에 영향을 미치는 경제, 산업, 그리고 기업의 경영 및 재무요인 등 기본적인 사항을 분석하여 주식의 내재가치를 산정하고 이를 시장가치와 비교함으로써 합리적인 투자판단 자료를 제공하는 분석방법이다.

한편 기술적 분석은 주가의 매매시점을 파악할 수 있도록 과거의 시세 흐름과 패턴을 파악해서 정형화하고 이를 분석함으로써 향후 주가를 예측하는 데 사용되는 분석방법이다. 기술적 분석은 기본적 분석에 비하여 논리적인 면에서 빈약한 측면이 있지만, 주가의 동향을 미리 감지하여 매매시점을 포착하는 데 유용하다는 점에서 관심의 대상이 되고 있다.

기본적 분석과 기술적 분석은 비효율적인 시장을 전제로 증권을 개별적으로 분석한다는 점에서 유사하다. 그러나 기술적 분석은 주가가 이론적 요인뿐만 아니라 심리적 요인에 의해서도 영향을 받는다는 가정에 기초한 분석방법이라는 면에서 기본적 분석과 구별된다.

알아두기 10-2

효율적 자본시장

효율적 자본시장(efficient capital market)은 주가에 영향을 미칠 수 있는 모든 정보가 주가에 '신속하게' 그리고 '충분히' 영향을 미치고 있는 시장을 일컫는다. 이는 시장이 정보를 다루고 이를 반영시키는 데 있어 효율적인 경우를 의미한다. 따라서 시장에서의 주가는 그 시점에서의 모든 이용 가능한 정보에 대한 정확한 평가에 기초하여 결정될 것이다.

자본시장에서 어떤 정보는 다른 정보에 비해 보다 신속하게 주가에 영향을 미친다. 파마(E.F. Fama)는 주가에 반영되는 정보의 유형에 따라 효율적 시장 가설(efficient market hypothesis ; EMH)을 다음과 같은 세 가지 유형의 가설로 구분하고 있다.[3]

■ 약형 효율적 시장 가설

약형 효율적 시장 가설(weak form EMH)은 과거의 주가 움직임이나 거래량 등과 같은 역사적 정보가 주가에 충분히 반영된다는 가설이다. 약형 효율적 시장 가설이 성립한다면, 투자자들

3. E. F. Fama, "Efficient Capital Market : A Review of Theory and Empirical Work," *Journal of Finance*, Vol. 25 (May 1970), pp. 383~417.

은 단순히 주가의 과거 변동양상만을 관찰해서는 평균적으로 보아 비정상적 초과수익을 얻을 수 없다.

증권분석에서 기술적 분석은 주가가 어떤 특정 형태를 취하면서 움직인다는 것을 가정하여 차트분석 등을 통해 과거 시계열상의 주가 움직임을 관찰함으로써 향후의 주가를 예측하려는 작업이다. 그러나 약형 효율적 시장 가설이 성립하는 증권시장에서는 과거의 주가정보가 이미 반영되어 있으며, 아울러 과거 주가 변동과 미래주가 변동이 독립적이므로 과거의 주가정보를 이용하는 기술적 분석은 무의미해진다.

■ 준강형 효율적 시장 가설

준강형 효율적 시장 가설(semi-strong form EMH)은 과거의 주가 움직임 등에 관한 정보뿐만 아니라 공개적으로 이용 가능한 모든 정보(예를 들어 이익, 배당, 주식분할, 유상증자 등)가 주가에 충분히 반영된다는 가설이다. 준강형 효율적 시장 가설이 성립한다면, 투자자들은 과거 정보 또는 공개적으로 이용 가능한 정보를 이용하여 비정상적 초과수익을 얻을 수 없다.

기본적 분석은 주식의 내재가치에 영향을 미치는 기업의 이익, 배당, 재무구조, 사업전망 등의 요인을 예측해 과소평가 또는 과대평가된 주식을 식별해냄으로써 초과수익을 얻으려는 시도이다. 공개된 정보라 하더라도 시장이 간과하고 있는 것이 있고, 증권가격에 반영되는 속도가 다르다는 가정에서 재무정보를 이용한다. 그러나 시장이 준강형 효율적이라면 현재주가는 사업보고서에서 분석될 수 있는 정보, 주요 경제분석 정보 등을 모두 반영한 것이기 때문에, 이들 공개된 정보에 기초해 투자전략을 수립하는 기본적 분석은 무의미해진다.

■ 강형 효율적 시장 가설

강형 효율적 시장 가설(strong form EMH)은 과거의 주가에 대한 정보, 그리고 공개적으로 이용 가능한 공시된 정보뿐만 아니라 비공개된 내부정보까지도 주가에 충분히 반영된다는 가설이다.

강형 효율적 시장 가설이 성립한다면 투자자들은 과거 정보, 공개적으로 이용 가능한 정보, 내부정보 등 어떠한 정보를 이용하더라도 비정상적 초과수익을 얻을 수 없다. 왜냐하면 다수의 투자자가 이용 가능한 모든 정보를 경쟁적으로 수집하고 분석하여 이미 주가에 충분히 반영하였기 때문이다.

2.2 다우이론과 엘리어트 파동이론

1) 다우이론

다우이론(Dow theory)은 주식가격의 변동을 이용하여 주식시장의 추세를 예측하는 방법이다. 이는 다우존스사(Dow Jones Company)의 설립자이며, 1900년경 월스트리트 저널(Wall Street Journal)의 편집자였던 찰스 다우(Charles Dow)에 의해 주장된 이론으로, 기술적 분석 중에서 가장 오래되고 유명한 분석방법이라 할 수 있다. 다우이론은 1930년대 미국의 대공황을 정확하게 예측하게 된 계기로 널리 알려지게 되었다.

다우이론에 의하면, 주가의 움직임은 단기변동(daily fluctuations), 중기변동(secondary movements), 장기변동(primary trends) 등 세 가지 변동으로 구성된다. 단기변동이란 매일매일의 주가 움직임을 의미하며, 중기변동은 몇 개월 동안 형성되는 주가의 추세를 말한다. 장기변동은 주변동이라고도 하며, 여러 해에 걸친 증권시장의 흐름을 말한다. 우리가 흔히 이야기하는 강세시장(bull market)이나 약세시장(bear market)은 주가의 장기변동에 기초를 두고 있다.

다우이론에서는 대체로 단기적인 주식가격의 변동을 고려하지 않는다. 즉, 다우이론은 주가의 단기변동보다는 중기변동을 중심으로 미래 주가의 장기추세를 예측하여 주식시장의 변화 방향을 예측하는 기법이라 할 수 있다. 다우이론은 불임점(abortive point)을 활용하여 다음과 같은 원칙에 의해 미래 증권시장의 장기변동 및 시장의 추세를 예측하는 데 이용된다.[4]

- 새로운 중기변동의 최고점이 바로 직전의 최고점 이상으로 상승하지 못하면, 장기추세는 하락 국면으로 접어드는 것이다.
- 새로운 중기변동의 최저점이 바로 직전의 최저점 이하로 떨어지지 않으면, 장기추세는 상승 국면으로 접어드는 것이다.

4. 불임점은 이제까지 유지되어 온 장기추세가 더 이상 유지되지 못하고 반대방향으로의 새로운 장기추세로 전환되는 시점을 의미한다.

2) 엘리어트 파동이론

엘리어트 파동이론(Elliot wave theory)은 장기간의 주가흐름 속에서 주가 변동은 일정한 법칙 하에서 반복적으로 움직인다는 이론이다. 이러한 엘리어트 파동이론은 기존의 기술적 분석과 달리 차트분석상의 일정한 패턴들이 왜 발생하며, 어떻게 진행될 것인지를 설명해 주는 동시에 시장 움직임에 대한 포괄적 시각을 갖게 한다. 또한 추세 완성 전에 예상되는 고점과 저점들을 예측하는 데 도움을 주므로 기존의 기술적 분석보다는 진일보된 이론이라 할 수 있다.

엘리어트가 주장한 파동원리는 크게 파동의 패턴, 파동의 크기, 지속시간 등 세 가지의 중요한 개념으로 구성되어 있다. 엘리어트 파동이론에 따르면 일반적인 형태의 주가 움직임은 [그림 10-7]과 같이 상승추세선을 이루는 5개의 파동과 하락추세선을 이루는 3개의 파동으로 구성된다.

[그림 10-7]에서 주된 추세의 방향과 같은 방향으로 움직이는 파동을 충격파동(impulse wave)이라 하고, 추세와 반대되는 방향으로 움직이는 파동을 조정파동(corrective wave)이라 한다. 1, 3, 5번 파동과 a, c파동은 충격파동이며, 2, 4번 파동과 b파동은 조정파동이다. 5개의 파동으로 구성된 상승추세선이 끝나면 반드시 3개의 파동으로 구성되는 하락추세선이 이어지며, 이로써 하나의 주기(cycle)가 완

그림 10-7 엘리어트 파동의 기본 형태

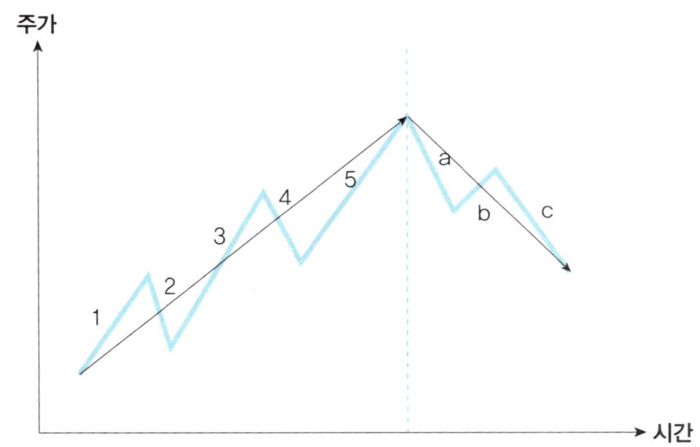

성된다. 그리고 이 주기는 그보다 한 등급 높은 주기의 1번 및 2번 파동을 구성하는 것이 된다. 즉, 큰 파동은 수많은 작은 파동으로 구성되며, 수많은 작은 파동은 큰 파동을 구성한다는 것이다.

엘리어트는 200년 이상의 기간이 소요되는 초장기주기(grand super cycle)로부터 몇 시간에 완성되는 초미세주기(sub-minute cycle)에 이르기까지 9단계의 등급으로 구분하고, 이와 같은 주가의 순환파동을 분석함으로써 미래의 주가를 예측할 수 있다고 주장하였다.

2.3 캔들차트분석

캔들차트분석(candle chart analysis)은 다음 절에서 소개할 이동평균선분석과 더불어 가장 널리 사용되는 기술적 분석방법 중의 하나이다.

캔들(candle)의 전형적인 형태는 직사각형의 몸통(real body)과 몸통 위 · 아래의 가는 선인 그림자(shadow), 즉 꼬리로 구성된다. 직사각형의 몸통은 시가와 종가 사이의 범위를 나타내며, 그림자는 장중 고가와 저가를 나타낸다. 따라서 캔들은 시가, 종가, 고가, 저가의 네 가지 가격에 대한 정보를 알려준다. 몸통 위에 있는 그림자를 윗그림자(upper shadow)라 하며, 몸통 아래에 있는 그림자를 아랫그림자(lower shadow)라 한다. [그림 10-8]에 제시된 바와 같이, 캔들은 양선(white candle)과 음선(black candle)으로 구분된다. 양선은 종가가 시가보다 높은 경우를 나타낸 것으로서 양봉이라 하며, 적색 또는 흰색으로 표시된다. 음선은 종가가 시가보다 낮은 경우를 나타낸 것으로서 음봉이라 하며, 청색 또는 흑색으로 표시된다. 그리고 캔들은 다양한 기간별 주가를 대상으로 적용될 수 있다. 예를 들어 일봉은 일별 주가를 대상으로 하며, 주봉은 주별 주가, 월봉은 월별 주가를 반영한 것이다.

한편 캔들의 변형된 형태인 도지(doji)가 있다. 도지는 몸통이 매우 작고 캔들을 구성하는 네 가지 가격 중 두 가지 또는 세 가지가 같거나 비슷한 경우를 나타낸 것이다. 도지의 유형은 [그림 10-9]와 같이 기본형, 비석형(gravestone), 그리고 잠자리형(dragonfly) 등이 있다. 이러한 도지는 추세전환의 신호로 활용될 수 있는데, 대체로 주가의 바닥권보다 천장권에서 적용상 신뢰도가 높다. 예를 들어 상승 추세에서 긴 양선 이후에 기본형 도지가 나타나면, 이는 하락 추세로의 전환을 의미한

그림 10-8 캔들의 구조

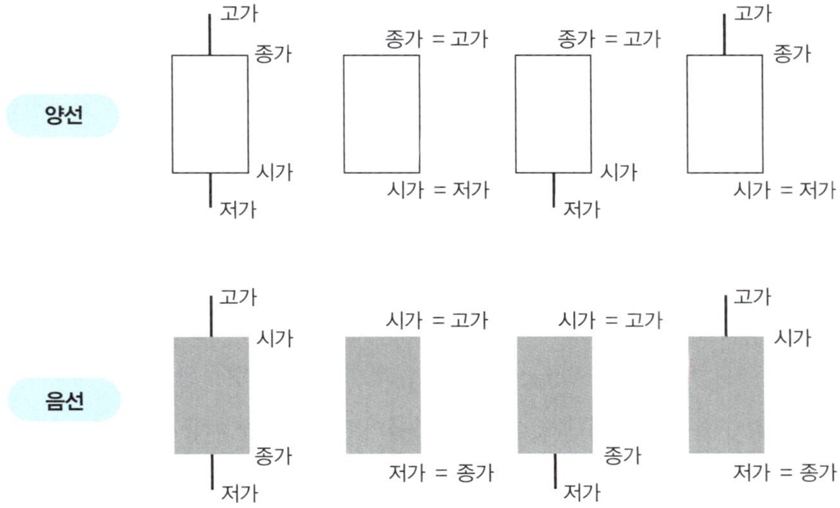

그림 10-9 도지의 종류

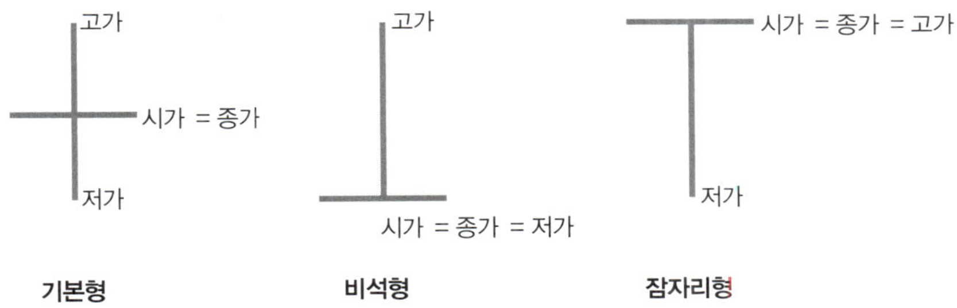

다. 그리고 상승 추세에서 출현하는 비석형과 잠자리형은 하락 추세로의 반전을 예고한다. 특히 비석형에서 윗그림자가 길면 길수록 주가의 하락 가능성이 높은 것으로 해석된다.

2.4 이동평균선분석

이동평균선분석(moving average line analysis)이란 일정 기간 동안의 평균적인 주가흐름을 확인하고, 이것이 현재주가의 진행방향과 어떤 관계가 있는지를 분석함으로써 미래의 주가 움직임을 예측하는 방법이다.

1) 이동평균선의 의의

이동평균선(moving average line)은 일정 기간 동안 형성된 주가들의 평균값들을 선으로 연결하여 나타낸 것이다. 주가들의 평균값, 즉 이동평균값은 다음과 같이 산정된다.

$$MA_t = \frac{P_t + P_{t-1} + \cdots + P_{t-(N-1)}}{N} \tag{10-1}$$

여기서 MA_t : t시점에서 N일간의 이동평균값
P_{t-k} : $t-k$시점에서의 주가 $(k = 0, 1, \cdots, N-1)$

이동평균선은 주가가 연속적으로 변동하는 상황에서 주가의 흐름을 일관성 있게 제시할 뿐만 아니라 주가의 추세를 하나의 대표되는 값으로 나타낼 수 있다는 점에서 유용하다.

이동평균선은 단기, 중기, 장기 이동평균선으로 나눌 수 있는데, 일반적으로 5일과 20일 이동평균선은 단기, 60일 이동평균선은 중기, 120일 또는 200일 이동평균선은 장기로 분류된다. 그러나 이러한 분류는 절대적이지 않으며 사용자의 편의에 따라 조정될 수 있다. 이와 같이 이동평균선에는 기간의 개념이 포함되어 있어 기간별로 서로 다른 특징을 지닌다. 단기 이동평균선은 중·장기 이동평균선에 비하여 시장가격에 민감하므로 후행성(time lag)을 줄일 수 있다는 장점을 지니나, 추세 반영에 있어서 정확성이 떨어진다는 한계를 지닌다.[5] 그러므로 이동평균선분

5. 후행성이란 가격 변화에 있어서 주가와 이동평균선으로 제시된 주가의 평균값과의 시간적 괴리를 말한다. 이러한 후행성은 실제 주식투자 시 투자자에게 큰 손실을 초래하는 원인이 되기도 한다.

석에서는 한 종류의 이동평균선만을 사용하기보다는, 단기, 중기, 장기 이동평균선을 함께 이용하는 것이 효과적이다.

2) 이동평균선을 이용한 매매기법

이동평균선을 이용한 분석방법에는 여러 가지가 있지만, 여기에서는 일반적으로 사용되는 지지선과 저항선 분석, 배열도분석, 교차분석, 추세분석 등에 대하여 살펴보기로 한다.

■ 지지선과 저항선 분석

지지는 주식시장에서 주가의 하락을 주도하던 매도세를 충분히 극복할 수 있을 정도로 매수세가 강해져 추가 하락을 저지해 주는 시장가격 수준이다. 지지와 달리 저항은 주가가 일정 수준에 도달하면 매도세가 매수세를 압도해 추가 상승을 저지하는 시장가격 수준이다. 이러한 지지와 저항은 각각 주가흐름의 상승 추세와 하락 추세에서 더욱 중요한 의미를 지닌다. [그림 10-10]과 같이 지지는 상승장에서의 저점, 저항은 하락장에서의 고점에 해당된다. 한편 지지와 지지(횡보 국면의 저점과

그림 10-10 지지와 저항

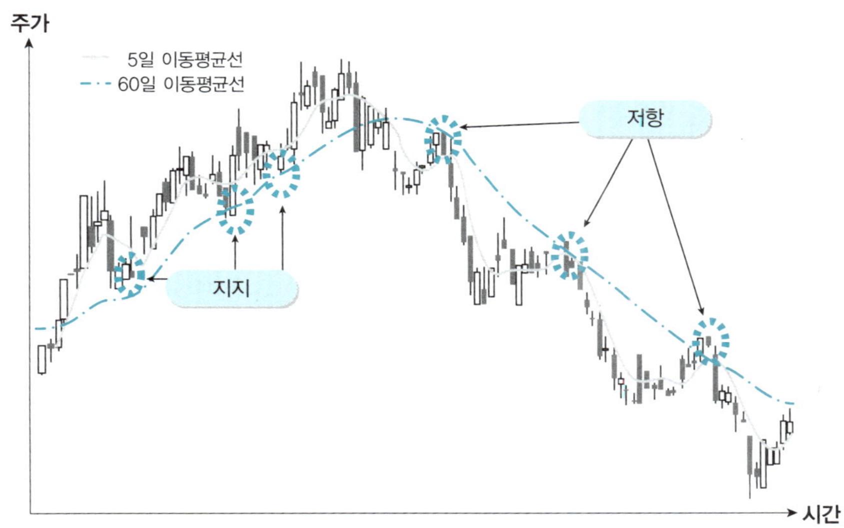

저점 포함)를 연결한 선을 지지선이라 하고, 저항과 저항(횡보 국면의 고점과 고점 포함)을 연결한 선을 저항선이라 한다. 이러한 지지선과 저항선이 만들어내는 모양과 패턴은 주가 예측 및 추세 분석에 중요한 정보로 활용된다.

이동평균선에 표시된 주가는 일정 기간 동안의 평균적인 주가로서 주식거래 시 적정 주가 판단의 기준이 된다. 즉, 투자자들은 이동평균주가를 이용하여 현재의 주가수준이 적정한지 판단한다. 따라서 현재 주가가 이동평균주가보다 높아지면 차익거래를 노리는 매도물량이 증가하고, 반대의 경우에는 매수물량이 증가하는 경향이 있다. 이러한 점에서 이동평균선은 상승 추세에서 지지선 역할을 하며 하락 추세에서 저항선 역할을 한다고 볼 수 있다. 그러므로 이동평균선을 이용한 지지선과 저항선 분석은 중요한 의미를 갖는다.

한편 지지선과 저항선은 서로 상반된 성질을 가지면서 동시에 밀접한 연관성을 갖고 있다. [그림 10-11]과 같이 주가가 기존의 저항선이나 지지선을 일단 돌파하면, 기존의 저항선은 지지선의 역할, 기존의 지지선은 저항선의 역할을 하게 된

그림 10-11 지지선과 저항선 분석

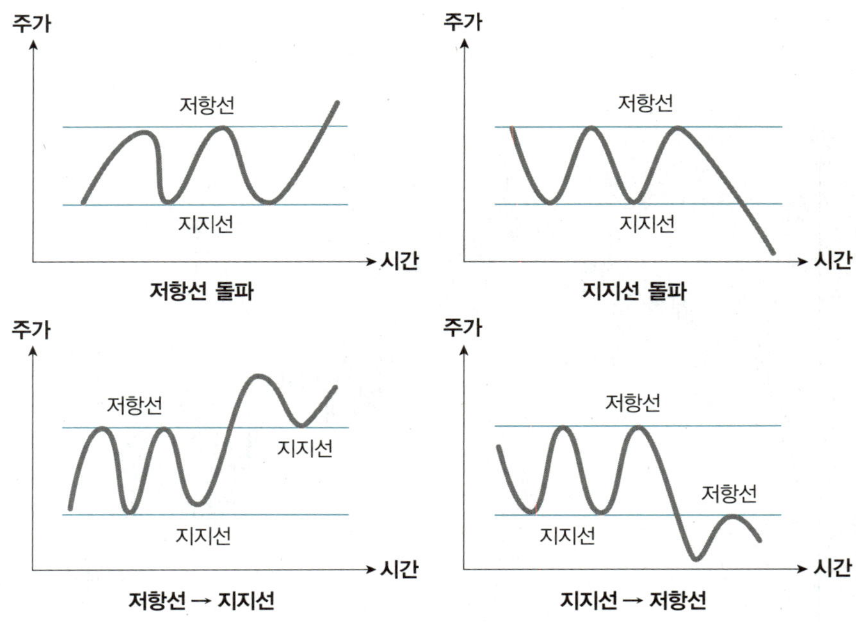

다. 그리고 주가가 지지선과 저항선을 돌파한 시점에서 대규모 거래가 수반될수록 추세전환의 강도가 강해지는 경향이 있다.

■ 배열도분석

주가가 하락 국면에서 탈피하여 상승 국면으로 전환될 때에는 단기 이동평균값이 먼저 상승하고 중기, 장기 이동평균값들이 시차를 두고 상승하게 된다. 반면 주가가 상승 국면에서 하락 국면으로 전환될 때에는 단기 이동평균값이 먼저 하락하고 중기, 장기 이동평균값이 시차를 두고 하락하게 된다. 그러므로 주가의 상승 추세에서는 「단기 이동평균선 > 중기 이동평균선 > 장기 이동평균선」의 순서가 되는데, 이를 정배열 상태라고 한다. 하락 추세에서는 「단기 이동평균선 < 중기 이동평균선 < 장기 이동평균선」의 순서가 되는데, 이를 역배열 상태라고 한다.

일반적으로 주가는 「정배열 전환–정배열–역배열 전환–역배열–정배열 전환」의 주기로 움직인다고 볼 수 있다. 따라서 이를 매매에 이용할 경우 정배열 전환은 매수신호, 역배열 전환은 매도신호로 활용될 수 있다.

그림 10–12 이동평균선의 배열

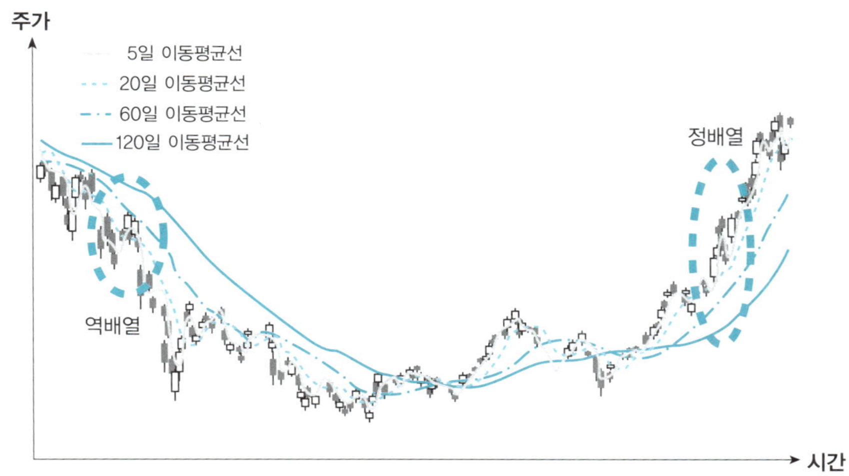

■ **교차분석**

이동평균의 교차(cross)를 이용한 매매기법은 가장 일반적이고 널리 사용되는 기법 중 하나이다. 교차에는 [그림 10-13]과 같이 골든크로스(golden cross)와 데드크로스(dead cross)가 있다. 단기 이동평균선이 장기 이동평균선을 상향돌파할 때를 골든크로스, 단기 이동평균선이 장기 이동평균선을 하향돌파할 때를 데드크로스라 한다.[6] 골든크로스는 매수신호, 데드크로스는 매도신호로 볼 수 있다.

그림 10-13 골든크로스와 데드크로스

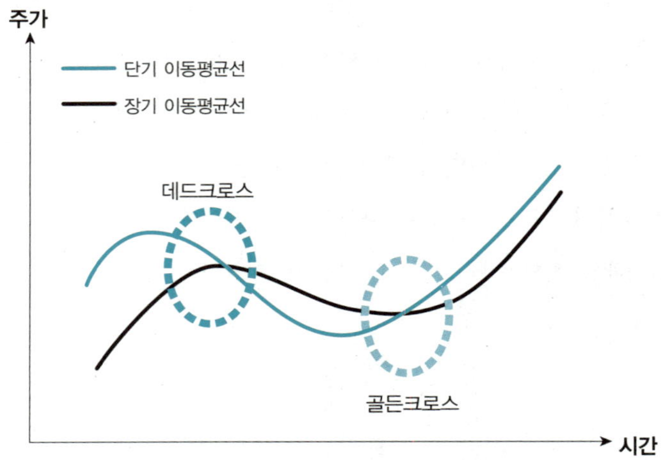

■ **추세분석**

주가가 무작위로 움직일지라도 일정 기간을 두고 보면 일관된 움직임을 보이면서 산(고점)과 골짜기(저점)를 형성하는데, 이를 추세라고 한다. 추세선은 주가의 일정한 움직임, 즉 추세를 나타내는 선으로, 시장가격의 저점들이나 고점들을 하나의 직선으로 연결했을 때 나타난다. 추세선을 그리기 위해서는 최소한 두 개 이상의 저점이나 고점들이 필요하다. 상승 추세가 진행 중일 때는 저점과 저점을 연결하여 앞으로의 상승방향을 가늠할 수 있으며, 이때의 추세선은 지지선의 역할을 한다. 반면 하락 추세가 진행 중일 때는 고점과 고점을 연결함으로써 앞으로의 하락

6. 데드크로스는 역배열 전환, 골든크로스는 정배열 전환에 해당된다.

방향을 짐작할 수 있으며, 이때의 추세선은 저항선으로 작용한다. 추세선의 길이가 길면 길수록 추세가 명확해지면서 그만큼 신뢰도가 증가한다고 볼 수 있다.

한편 주가흐름의 방향을 알 수 없는 상황을 횡보 또는 보합이라고 한다. 횡보는 시장의 수요와 공급이 균형을 이루는 기간으로, 상승 추세나 하락 추세의 형성을 위한 에너지가 축적되는 단계로 볼 수 있다. 대부분 추세가 확실하지 않은 횡보에서는 추세를 찾지 못해 당황하거나 억지로 추세를 끼워맞추는 식으로 매매하여 손실을 보는 경우도 있는데, 추세를 찾아내기 힘들 때는 추세를 발견할 때까지 쉬는 것도 좋은 전략이 될 수 있다. [그림 10-14]에서는 추세분석의 예를 제시하고 있다.

그림 10-14 추세분석

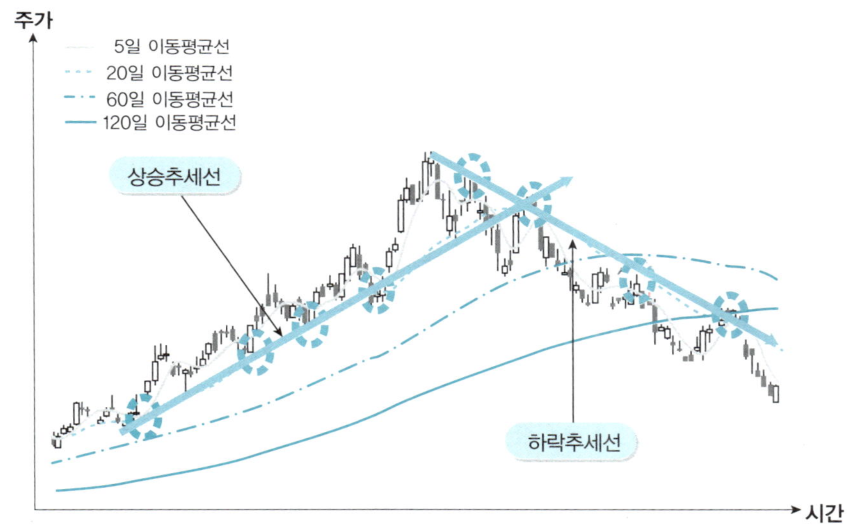

재테크 Tip

차트분석이 필요한 이유

주식투자에서 기술적 분석은 어디까지 유용할까? 차트분석은 기술적 분석의 대표적인 방법 중 하나다. 캔들과 거래량, 각종 보조지표 등을 활용해 주가의 패턴을 예측하고 투자하는 방식이다. 이는 기본적 분석, 즉 기업의 내재가치와 사업전망 등을 토대로 주가를 예측하는 방법과 대조된다. 기본적 분석을 중시하는 이들은 차트분석에 큰 의미를 두지 않는다. 차트를 아무리 파헤쳐 봐야 결국 과거의 정보일 뿐, 미래를 예측하는 데 도움이 되지 않는다는 것이다.

차트가 지나간 정보만 보여주는 것은 맞지만 그렇다고 완전히 무시할 만한 것은 아니다. 최근의 추세(패턴)를 보여주기 때문이다. 주가 움직임과 거래량 등 최근 흐름을 파악하는 것은 투자에 있어 중요한 요소가 된다. 일례로 대량의 거래량을 동반하며 주가가 크게 하락한 경우, 통계상 추가 하락으로 이어지는 경우가 많다. 주가 차트는 이러한 정보를 제공한다.

차트분석이 결코 정답이 될 수는 없다. 그러나 차트분석은 투자심리에 취약한 개인투자자들에게 일종의 원칙을 제시해 줄 수 있다. 아쉬움에 못 팔고 있을 때 차트는 강력히 매도 사인을 보내기도 하고, 불안함에 매수에 가담하지 못할 때 지금이 사야 할 때라고 외치기도 한다. 차트분석 신봉자들은 이 방법이야말로 허약한 투자심리를 극복하고 원칙에 따른 투자를 할 수 있는 가장 좋은 수단이라고 주장하기도 한다. 물론 반대의 경우도 있다. 소위 '세력'에 의해 차트가 조작되는 경우다. 인위적으로 매도해야만 할 것 같은 차트를 만든 뒤 순식간에 주가를 끌어올리는 일도 있고 그 반대의 경우도 종종 발생한다.

차트분석으로 백전백승할 수는 없겠지만, 기업에 대한 깊이 있는 분석과 더불어 차트분석을 적절히 활용한다면 분명 수익률 제고에 도움이 될 수 있다. 10년간 삼성전자만 투자했다는 한 50대 주부는 삼성전자 주가상승률의 3배가 넘는 수익을 거뒀다고 한다. 비결을 묻자 그는 이렇게 답했다. "그냥 욕심부리지 않고 삼성전자가 내리면 사고 오르면 팔았어요." 차트분석은 양날의 검이지만 잘 갈고 닦으면 좋은 무기가 될 수 있다.

출처: 이데일리, 2012. 11. 1 수정.

2.5 기술적 분석의 한계

기술적 분석은 기본적 분석과 달리 주식평가에 대한 이론적 지식이 없어도 사용할 수 있다는 점에서 유용하다. 하지만 기술적 분석은 다음과 같은 점에서 한계를 갖는다.

첫째, 주가가 반복된다는 기술적 분석의 가정이 지니는 한계점이다. 과거의 주가흐름은 단지 그 당시의 경제상황, 산업특성, 기업가치, 투자자들의 심리적 요인에 의해 이루어지는데, 그럼에도 불구하고 주가흐름이 일정한 변동을 갖고 되풀이된다는 주장은 비현실적이다.

둘째, 동일한 주가 변화 양상을 기초로 분석한다고 하더라도 어느 시점이 주가변동의 시작점인가 하는 해석이 분석자마다 달라질 수 있다. 이와 같은 경우 동일한 기술적 분석기법을 사용하더라도 분석자에 따라 다양한 투자전략이 사용될 수 있기 때문에 혼란이 초래될 수 있다.

셋째, 주가의 내재가치를 무시하고 주가의 단기적 변동에 집착하기 때문에 주가가 변동하는 원인을 파악할 수 없다.

재테크 Tip

주요 주식투자 격언

1. 주식을 사기보다는 때를 사라

주식투자의 가장 큰 목적은 투자차익에 있다. 최대의 투자차익을 남기기 위해서는 사는 시점과 파는 시점의 선택이 가장 중요하다.

2. 숲을 먼저 보고 나무를 보아라

주가의 일일변동이나 단기적인 파동만 보고 투자를 하면 시세의 큰 흐름을 보지 못한다. 강물의 잔파도만 보고 노를 저어가면 자기도 모르는 사이에 배가 엉뚱한 곳으로 흘러 내려가고 만다. 먼저 시세의 큰 흐름과 그 배경을 이해하고 그러한 바탕 위에서 눈앞의 시세를 해석해야 한다. 증권시장에는 정치, 사회, 경제 등 모든 부문의 각종 요인이 작용하므로 이를 종합적으로 해석할 수 있는 안목을 기르는 것이 중요하다.

3. 사는 것보다 파는 것이 중요하다

주식투자는 차익이 나고 있을 때에는 파는 시점이 중요하다. 불안해서 너무 일찍 팔아도 안 되고, 욕심 때문에 너무 끝까지 이익을 추구해서도 안 된다. 손해 보고 있을 때도 적은 손해로 투자를 마무리할 줄 알아야 한다. 대부분의 투자자들은 파는 마무리를 잘 하지 못해서 실패한다.

4. 모두가 좋다는 종목은 피하는 것이 좋다

모든 사람이 다 좋다는 주식은 모든 사람이 다 이미 주식을 사놓고 주가가 오르기만을 기다리고 있는 상태라고 볼 수 있다. 모든 사람이 주식을 다 사놓았기 때문에 더 이상 살 사람이 없어 주가가 오르기 어려울 뿐만 아니라, 주가가 오르면 모든 사람이 다 팔려고 하기 때문에 주가는 오히려 떨어지기 쉽다.

5. 손해 보고 있는 종목부터 팔아라

경험 없는 투자자들은 이익이 나는 종목은 얼른 처분하고 손해 본 종목만 장기간 갖고 있는데, 돈을 벌려면 그 반대로 해야 한다.

6. 사고팔고 쉬어라, 쉬는 것도 투자다

빈번한 매매는 실패의 근본이다. 프로라도 약세장에서 큰돈 벌기는 어렵다. 대세의 큰 장에서 수익을 올렸으면 다시 들어갈 것이 아니라 쉬어라.

7. 생선의 꼬리와 머리는 고양이에게 주라

주식을 천장에서 팔고 바닥에서 살 생각을 버려야 한다. 무릎에서 사고 어깨에서 팔아야 한다. 바닥에서는 사기 어렵고, 천장에서는 팔기 어렵기 때문이다.

8. 팔고 나서 올라도 애통해 하지 마라

주식을 팔고 나서 오르면 일반 투자자들은 몹시 애통해 하는 것이 보통이다. 팔고 나서 오르는 것이 겁이 나서 제때에 팔지 못하는 사람도 많다. 주식은 천장에서 파는 소수의 사람을 제외하고는 팔고 나서 오르는 것이 정상이다. 팔고 나서 오르면 여유있게 웃어라.

9. 여유자금으로 투자하라

급하게 사용해야 할 돈이나 비상금으로 주식투자를 해서는 안 된다. 주식시장의 시세가 좋다고 해서 생활비나 용도가 정해진 자금들을 동원해서 투자했다가 주가가 크게 하락하면 큰 손해를 보고 팔아야 한다. 그러므로 투자자금은 여유자금으로 한정해야 하며, 투자자금을 항상 100% 주식에 투자한 상태로 끌고 가는 것은 좋은 방법이 아니다. 항상 현금보유비율이 30% 정도는 유지되는 것이 좋다.

10. 매입가격은 잊어버려라

많은 투자자들이 자기의 본전을 기준으로 매매를 결정하기 때문에 적절한 매도시점을 놓친다. 매매시점 결정에서 자기가 매입한 가격 같은 것은 전혀 고려되어서는 안 되고, 오로지 앞으로 주식이 더 오를 것인가 또는 내릴 것인가의 전망에 따라 결정해야 한다.

11. 매입은 천천히, 매도는 신속하게 하라

매입은 좀 느긋한 마음으로 낮은 가격을 골라서 사야 하며, 조급하게 따라 사는 것은 금물이다. 반대로 매도는 판다고 일단 생각했으면 가격고하를 불문하고 하루라도 빨리 파는 것이 좋다.

12. 나누어서 사고, 나누어서 팔아라

투자자들은 누구나 시세에 대한 100% 확신을 가질 수 없기 때문에 나누어서 매매함으로써 시황의 변화에 따라 매매를 조정할 수 있다.

13. 소문에 사고, 뉴스에 팔아라

재료는 소문 단계에서 이미 주가에 대부분 반영되어 버리는 것이 보통이기 때문에 그것이 공식적으로 발표되면 재료로서의 가치가 거의 없어진다.

14. 천장권의 호재에는 팔고, 바닥권의 악재에는 사라

주가는 오르는 힘이 다하면 저절로 떨어지고, 장기간 바닥을 굳힌 후 서서히 오르기 시작하는 주가는 어떤 악재가 나와도 오른다. 그러므로 천장권에서 큰 호재로 주가가 폭등하면 팔아야 하고, 바닥권에서 악재로 주가가 폭락하면 사야 된다.

15. 달걀은 한 바구니에 담지 마라

주식시장에는 성격이 다른 여러 종류의 주식이 거래된다. 안정적인 자산주, 꿈이 있는 성장주, 인기류주, 저가부실주 등은 그 움직임이나 패턴에 있어서 한두 종목에 집중하면 성공할 때에는 크게 남기지만 실패하면 크게 손해 본다. 그러므로 적당한 종목 수로 나누어 분산투자하는 것이 종목 선택의 기본이다.

재테크 Tip

주식투자 손실 키우는 10가지 실수

주식투자에 멋모르고 발을 들여놨다가 뜨거운 맛을 본 초보 주식투자자들을 보면 공통적으로 저지르는 실수가 몇 가지 있다. 이런 실수만 좀 줄여도 손실을 축소할 수 있다. 다음은 증권교육방송 스탁스토리에서 강사로 활동하고 있는 샤라포바(필명)가 제시한 초보 주식투자자들의 10가지 유형의 실수를 제시한 것이다.

1. 비싸게 산다

2~3% 올랐을 때, 오르는 것을 확인하고 들어가는데 이때는 보통 일단 다시 소폭 밀리는 경우가 대부분이다. 이때 손절매하게 되면 대부분 역사이클에 걸리게 된다. 결국 손절이 반복되어 손해만 커지는 경우가 많은데, 손절매 없이 그냥 보유하고 있는 경우에도 큰 손실을 부르게 된다. 처음부터 매수타이밍 자체가 잘못됐기 때문에 생기는 현상이다.

2. 정보를 너무 믿는다

많은 사람들이 아는 정보인 뉴스 또는 리포트를 보고 그 종목에 대해서 맹신하는 경향이 있다. 이 같은 기대심리로 인해 실제로 어느 정도는 올라간다. 일단 초반에는 기대치 이상인 경우가 많기 때문에 추격매수를 하면 또 올라간다. 하지만 가격이 제시된 풍문이나 소문은 대부분 그 가격까지 못 간다. '소문에 사서 뉴스에 팔아라' 라는 속담이 괜히 있는 게 아니다.

3. 로스컷이 없다

손해를 보더라도 자신의 판단이 잘못됐다고 생각되면 일정 폭까지 손실을 생각하고 손절매해야 한다. 그러나 떨어져도 무대응으로 방치하는 경향이 있다. 아무리 내 눈에 좋아 보이는 종목일지라도 생각지도 못한 시장의 변수가 발생할 수 있다. 한번 크게 손해가 나면 회복할 수 없는 지경에 이를 수 있음을 명심해야 한다. 적어도 이 정도 떨어지면 반드시 손절매하겠다는 자기만의 매매기준이 있어야 한다.

4. 비중조절을 할 줄 모른다

손실이 자주 나는 사람은 쓸데없는 상상에 기대어 몰빵(분산투자를 하지 않음을 의미하는 속어)하는 경우가 많다. 손실을 빨리 복구하려고 몰빵을 하면 필패한다. 소폭의 마이너스에 민감하게 반응해서 빨리 추가 매수를 해서 비중을 늘려버리면 나중에 주가가 더 떨어졌을 때 추가 매수할 돈이 없게 된다. 매수를 할 때는 여러 종목을 분할 매수해 리스크를 관리하고, 매도할 때는 분할 매도를 통해 수익을 극대화해야 한다.

5. 자기만의 종목 선정 기준이 없다

보통 초보 주식투자자들은 당일 매수할 종목을 선정하는 경우가 많다. 그러나 매수할 때는 반드시 신중해야 한다. 가장 기본적인 재무구조나 공시는 확인해 봐야 한다. 또 수익이 많이 날 것 같다고 리스크가 큰 투자유의종목이나 관리종목에 투자하는 일도 없어야 한다. 이런 종목은 피하는 게 상책이다.

6. 너무 공부를 안 한다

개인투자자들은 기술적 분석이나 종목 움직임 자체에 대해 너무 모른다. 주식은 연구하면 할수록 확실히 실력이 는다. 공부가 당장 수익으로 연결되지 않을 수도 있지만 노력도 안 해보고 모든 것을 운에 맡기는 사람에게 절대 수익은 없다. 꾸준한 노력은 자신의 나쁜 투자습관을 드러나게 하고, 영감이 떠오르게 만든다.

7. 통계적 확률보다 순간적인 감정에 의지한다

초보 주식투자자의 특징 중 하나가 순간적인 감정에 의지한다는 것이다. 상승하고 있는 종목이 빨리 오르지 않거나 조금만 떨어져도 매도를 하게 되며 매매 횟수와 수수료가 증가하는 단기매매에 집중하는 경향이 있다. 주식은 상승과 하락이 반복되는 자본시장이다. 초보 주식투자자라면 단기매매보단 중장기 투자를 하면서 계좌 관리 및 마인드컨트롤 훈련을 먼저 해야 할 것이다.

8. 적정 수익 실현을 못한다

자신이 정해놓은 목표가에 도달했을 경우 그것에 만족해야 한다. 그러나 팔고 난 종목이 더 오르면 아쉬워하고 또 산다. 왜냐하면 오르면 더 오를 것 같다고 생각하는 게 사람 심리이기 때문이다. 그런데 실제로 전문가들도 어떤 종목을 최고점에 매도할 수 있는 경우는 별로 없다. '주식은 무릎에서 사서 어깨에서 매도해라' 란 말이 있다. 전 상승률을 다 먹으려는 것은 어리석은 생각이며 만족할 만한 수익이 났을 때 미련 없이 나와야 한다.

9. 우량주는 안전하다고 믿는다

회사가 튼실하고 좋으면 주가가 올라가는 것은 당연하다. 장기적인 관점에서는 물론 그렇다. 그러나 아무리 좋은 종목이고 우량한 종목이라도 좋은 시즌이 지나면 나쁜 시즌이 온다. 따라서 좋은 종목도 나쁜 타이밍, 즉 비쌀 때 매수하게 되면 본전까지 오는 데 상당히 많은 시간이 소모될 것이다. 세상에 안전한 종목은 없다. 안전한 타이밍만 있을 뿐이다. 다시 말해, 언제 매수하느냐가 중요하지 어떤 종목을 매수하느냐는 크게 중요한 것이 아니다.

10. 절대적인 비법, 기술이 존재한다고 믿는다

100% 수익이 나는 기법은 아무리 연구해도 나올 수 없다. 왜냐하면 주가는 미리 정해져 있는 것이 아니기 때문이다. 단지 확률이 높은 기법이 있을 뿐이다. 10번 사서 8~9번 수익 나는 경우는 있다. 만약 승률이 높은 최신 기법이 있다 할지라도 올해 맞았던 것이 내년에는 안 맞을 수 있고 과거에 그렇게 움직였던 것도 앞으로 예외의 상황이 생기면 확률이 나빠질 수 있다. 사실 확실한 기법이 존재하지 않기 때문에 주식시장이 존재할 수 있는 것이다. 개인투자자들은 기존에 나와 있는 기법들을 절대적으로 믿지 말고 단지 투자에 활용하는 차원으로 이용해야 할 것이다.

출처 : 머니투데이, 2009. 12. 31.

시사 포커스

"풍문으로 주식했소" 인생 후반전이 지옥된다

길어진 노후와 천정부지로 오르는 물가 때문에 뒤늦게 주식투자에 입문하는 '실버 개미'들이 늘고 있다. 2022년 4월 8일 예탁결제원에 따르면, 작년 말 기준 60대 이상 소액주주 수는 226만 명으로, 전년에 비해 29% 늘었다. 인생 후반전의 주식투자, 과연 어떻게 해야 은퇴 자산 레벨업으로 이어질까. 그동안의 경험과 연륜을 주식투자 성과로 만들고 외국인·기관과의 수익률 싸움에서 패자(敗者)가 되지 않으려면 준비가 필요하다. 본지 경제부가 NH투자증권 프리미어블루 삼성동센터 PB 13명에게 실버 세대의 주식투자에 대해 조언을 들어봤다.

▲ 최근 증시 약세장이 이어지면서 누군가의 도움을 바라는 사람들이 늘고 있다. 손실 금액을 복구해서 만회하고 싶다는 욕심에서다. 하지만 리딩업체는 도움이 되지 않는 경우가 많으니 조심해야 한다.

■ 주식계좌, 흑자로 만들려면

– 투자성향에 따라 미국이나 국내 우량 주식의 비중을 정하고 그에 따라서 분할로 사고파는 스윙 매매를 권한다. 등락에 따라 꾸준한 수익 실현이 가능하다.

– 공모주를 기본으로 하고 본인이 잘 알고 있는 기업의 주식을 추천한다. 본인 소속 회사의 업종에만 투자하는 고객을 본 적이 있는데, 시장 흐름을 꿰뚫고 있으니 백전백승이었다.

– 실버 세대는 안정적인 현금흐름이 필요하다. 배당으로 현금흐름을 만들면 유리하다. 배당률이 4% 안팎으로 높은 미국 배당 상장지수펀드(ETF)나 연 5%대 배당

NH투자증권 PB 13인의 재테크 처방전

실버 개미 주식투자에 대한 의견	추천 포트폴리오
경제상황에 대한 관심 높아져 정신 건강에 도움	GNL(미국 리츠), EMLC(이머징채권 ETF), 에어비앤비, 메타, 고덱스200
배당성향 높은 종목으로 장기투자 추천	삼성전자, KT, LG전자, 애플, 엔비디아
세상 경험이 많아서 합리적인 주식투자 가능	QQQ와 SPY(미국 지수형 ETF), VIG(미국 배당성장 ETF), 삼성전자, 삼성SDI
고령자 자금 운용 시 세금 이슈가 적어 유리	SK이노베이션, 롯데케미칼, 삼성전자, 카카오뱅크, 우리금융지주
워런 버핏은 91세 고령자이지만 주식투자의 대가	2차전지 ETF, 경동나비엔, 한솔케미칼, 서울옥션, 골프존
저금리 시대의 투자 대안	애플, 삼성전자, 대한항공, 호텔신라, NH투자증권
눈높이만 낮추면 안정적인 투자처	애플, 마이크로소프트, 삼성전자, 삼성SDI, 네이버
포트폴리오 일부는 해외 주식 편입 필요	SK, 삼성SDI, 애플, SK하이닉스, 에코프로
투자 반대하지만 굳이 하신다면 …	테슬라, 애플, 엔비디아, 아마존, 퀄컴
치매 예방에 도움	엔비디아, 애플, 삼성전자, TSMC, ASML
과세 고민이 많을 땐 주식투자 고려할 만	에스엠, JYP엔터, 심텍, 지어소프트, 엔시스
자녀에게 큰 부를 물려주려면 예금보다 유리	애플, 마이크로소프트, 메타, 엔비디아, 버크셔 해서웨이
저금리 시대 대안	S&P500 ETF, 탄소배출권 ETF, 미국 반도체 ETF, 중국 전기차 ETF 미국 리츠 ETF, 알파벳, 마이크로소프트, 테슬라, 애플, 융기실리콘

이 나오는 국내 리츠(부동산투자신탁 ; REITs)를 추천한다.

- 공모주는 지난 20년간 원금 손실 확률이 굉장히 낮았던 투자처다. 시장이 나쁘면 낮은 공모가로 상장하니까 원금 손실 리스크도 충분히 낮출 수 있다. 물론 상장기업 중에 옥석을 가릴 필요는 있다.
- 주식은 사자마자 바로 오르는 준비된 돈줄이 아니다. 시간 투자와 인내가 반드시 필요하다.

■ 풍문 투자와 불나방 매매는 NO

- 개별 종목에 투자한다면 누가 들어도 알 만큼 시가총액이 크면서 매출 · 영업이익이 안정적이고 부채비율이 낮은 종목을 골라야 한다. 스마트폰 SMS 문자로 받은 정보로 주식을 매수하는 것은 피해야 한다.
- "뭐가 좋다더라"는 말만 듣고 사는 종목은 우량주가 아니라 변동성이 큰 주식들이다. 지인이 추천해서 사고파는 정보 매매는 성공 확률도 낮지만, 노년기 인간관계까지도 훼손될 수 있다.
- 자신이 신뢰하지 않거나 잘 모르는 기업에는 투자하지 않아야 한다. 의지가 없으면 뇌동 매매를 하게 되고, 그 끝은 항상 좋지 않기 때문이다. 단일 기업에 100% 올인도 피하라.
- 외국인과 기관이 개인보다 수익률이 앞서는 이유는 정보력보다는 주가가 하락할 때 분할 매수하고, 주가가 오를 때 분할 매도하기 때문이다. 주식투자로 한 방을 노리기보다는 주식과 절친이 되어야 한다. 꾸준히 함께해야 과실을 볼 수 있다.

■ 삼성전자 주식 사서 손실 중인데

- 삼성전자를 매수하는 것은 대한민국에 투자하는 것이다. 주가가 이미 악재를 모두 반영했고 2분기부터 좋

삼성전자 분기별 실적

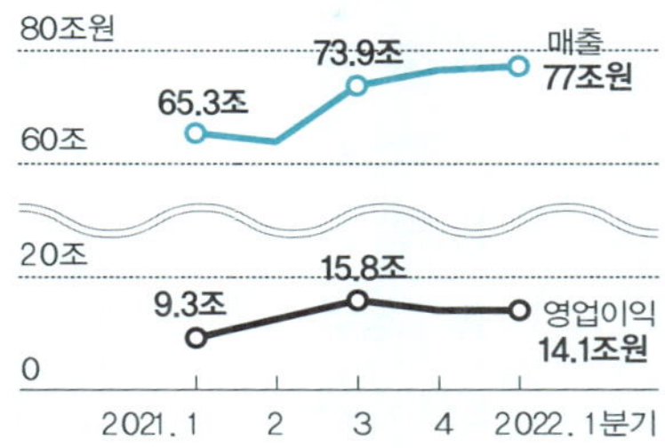

자료 : 삼성전자

사업 부문별 올해 1분기 영업이익 추정치

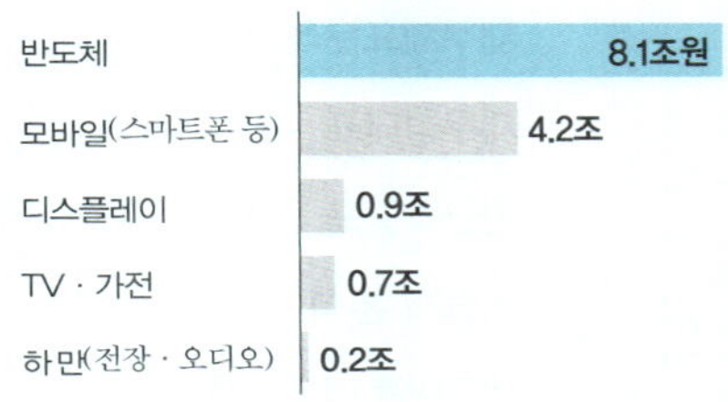

자료 : NH투자증권

은 업황과 실적에 힘입어 반등할 수 있다. 중장기 보유하면 좋은 매도 타이밍을 잡을 수 있다.

- 삼성전자는 부동산 투자를 하는 마음으로 투자해야 한다. 국내 증시에서 차지하는 비중이 크다 보니 실적과 상관없이 지수 플레이를 하는 외국인과 기관에 좌지우지된다. 소액을 투자해서 과실을 보는 용도보다는 거액을 분할 매수 · 매도하는 방법으로 접근하길 권한다.
- 잘 몰라서 삼성전자 주식을 샀다면 다른 주식도 잘 모를 것이다. 계속 보유하면서 분기 배당(연간 1,444원)을 받길 권한다. 계좌를 자주 보지 말고, 열었을 때 주가가 빠져 있다면 여유자금으로 추가 매수하라.
- 단기적으로 6~7만원 사이 박스권이 예상된다. 하지만 매크로(거시경제) 변수들이 하나둘씩 해결되고 반도체 가격이 상승 기조로 전환되면 8~9만원으로 다시 오를 것이다.

출처 : 조선일보, 2022. 4. 10.

주요 용어

연습문제

Ⅰ. 완성/선택형 문제

01. (　　　　)이란 기업가치에 영향을 미치는 기업의 내적 요인, 외적 요인에 대한 분석을 통해 내재가치를 구하고, 개별 기업에 대한 투자 여부를 결정하는 증권분석방법이다.

02. 기본적 분석의 접근방법은 두 가지로 나눌 수 있는데, 하나는 거시적 접근방법으로서 경제분석, 산업분석, 기업분석 순으로 진행되는 (　　　　) 방식이고, 다른 하나는 미시적 접근방법으로서 기업분석, 산업분석, 경제분석 순으로 이루어지는 (　　　　) 방식이다.

03. 기업분석은 업종이나 개별 기업에 따라 접근방법에서 많은 차이를 보일 수 있어 정형화하기 힘들지만, (　　　　)은 대표적인 양적 분석에 해당한다.

04. 재무비율은 경제적 의미에 따라 (　　　　), 자본구조비율, 효율성비율, (　　　　), 성장성비율, (　　　　) 등으로 분류할 수 있다.

05. (　　　　)은 과거의 주가나 거래량 같은 자료를 이용해 주가 변화의 추세를 발견하여 미래의 주가를 예측하는 방법으로서, 주가의 매매시점을 파악하는 데 유용하다.

06. 다우이론에 의하면, 주가의 움직임은 (　　　　), (　　　　), (　　　　) 등 세 가지 변동으로 구성된다.

07. 엘리어트 파동이론에서 장기적으로 주가 움직임은 상승추세선을 이루는 (　　　　)파동과 하락추세선을 이루는 (　　　　)파동으로 구성된다고 한다.

08. (　　　　)은 시가, 종가, 고가, 저가의 네 가지 가격으로 구성되어 있다. 직사각형 부분은 몸통(real body)이라 하며, 시가와 종가 사이의 거래 범위를 나타낸다. 그리고 몸통의 위 · 아래 가는 선은 그림자(shadow)라고 하며, 기간별 장중 고가와 저가를 나타낸다.

09. (　　　　)은 주가가 연속적으로 변동하는 상황에서 주가의 흐름을 일관성 있게 제시할 뿐만 아니라 주가의 추세를 하나의 대표되는 값으로 나타낼 수 있다는 점에서 유용하다.

10. (　　　　)는 주식시장에서 주가의 하락을 주도하던 매도세를 충분히 극복할 수 있을 정도로 매수세가 강해져 추가 하락을 저지해 주는 시장가격 수준이고, (　　　　)은 주가가 일정 수준에 도달하면 매도세가 매수세를 압도하여 추가 상승을 저지하는 시장가격 수준이다.

11. 다음 중 기업분석에 해당되는 것은?

① 재무제표분석　　② 산업구조분석
③ 원가구조분석　　④ 유통경로분석

12. 기본적 분석에서 거시적 접근방식(톱-다운방식)으로 적절한 것은?

① 경제분석 → 기업분석 → 산업분석　　② 산업분석 → 경제분석 → 기업분석
③ 경제분석 → 산업분석 → 기업분석　　④ 기업분석 → 산업분석 → 경제분석

13. 주요 거시경제변수들과 주가와의 일반적인 관계를 설명한 것이다. 가장 적절하지 않은 것은?

① 경제성장률이 증가하면 주가도 상승한다.
② 금리가 인하되면 주가는 상승한다.
③ 환율이 하락하면 수출이 개선되어 주가가 상승한다.
④ 무역수지가 개선되면 주가는 상승한다.

14. 다음의 재무비율 중에서 그 성격이 다른 하나는?

① 유동비율　　② 당좌비율
③ 순운전자본구성비율　　④ 부채비율

15. 다음은 기술적 분석에 대한 설명이다. 가장 적절하지 않은 것은?

① 기술적 분석의 핵심은 주식의 내재가치에 있다.
② 기술적 분석은 일명 차트분석이라고도 한다.
③ 기술적 분석에서는 주가가 추세를 지닌다고 가정한다.
④ 기술적 분석은 기본적 분석에 비하여 이용이 편리하다.

16. 다음 중 기술적 분석과 가장 관련성이 없는 것은?

① 삼성전자 주가는 6개월 간격으로 오르고 내리기를 반복하므로 이를 투자에 활용한다.
② 삼성전자 주가가 어제 많이 내려 오늘은 반등이 예상된다.
③ 삼성전자 주가는 유럽의 신시장 개척으로 오를 것이다.
④ 나투자 씨는 단지 캔들차트를 이용한 주식투자로 높은 수익률을 획득할 수 있었다.

17. 캔들을 구성하고 있는 것으로 가장 적절하지 않은 것은?

① 시가 ② 종가 ③ 저가 ④ 지정가

18. 이동평균선을 이용한 분석에서 주식 매입시점으로 가장 적절한 것은?

① 단기 이동평균선이 중 · 장기 이동평균선을 뚫고 내려올 때
② 중 · 장기 이동평균선이 단기 이동평균선을 뚫고 올라갈 때
③ 단기 이동평균선이 중 · 장기 이동평균선을 뚫고 올라갈 때
④ 중 · 장기 이동평균선이 단기 이동평균선을 뚫고 내려올 때

19. 다음 중 그 성격이 가장 다른 하나는?

① 이동평균선분석 ② 캔들차트분석 ③ 교차분석 ④ 제품수명주기분석

20. 기술적 분석의 한계점에 대한 설명이다. 가장 적절치 못한 것은?

① 주가가 일정한 변동을 갖고 반복해서 미래에 나타난다고 주장하는 것은 경제여건이 변화하는 상황에 비추어 볼 때 상당히 비현실적이다.
② 동일한 주가 변화 양상을 기초로 분석한다고 하더라도 어느 시점이 주가 변동의 시발점인가 하는 해석이 분석자마다 달라질 수 있다.
③ 기술적 분석은 주식의 내재가치를 측정하여 주식의 과대 또는 과소 평가를 판단하는 것으로서 장기간의 시간과 노력이 소요된다.
④ 기술적 분석은 주가의 단기적 변동에 집착하기 때문에 주가가 변동하는 원인을 파악할 수 없다.

Ⅱ. 서술형 문제

01. 기본적 분석의 의의 및 한계점에 관하여 설명하라.

02. 주요 거시경제변수가 주가에 미치는 영향에 대하여 설명하라.

03. 포터(M.E. Porter)에 의하면 산업의 경쟁강도는 다섯 가지 구조적 요인들에 의하여 결정된다고 한다. 다섯 가지 구조적 요인들을 중심으로 한 산업의 경쟁강도분석에 대하여 설명하라.

04. 재무제표분석에서 사용되는 주요 재무비율의 경제적 의미를 간단하게 설명하고, 재무비율분석의 한계점을 지적하라.

05. 기술적 분석의 가정 및 한계점에 관하여 설명하라.

06. 기술적 분석과 기본적 분석을 비교하여 설명하라.

07. 캔들차트의 구조를 설명하라.

08. 이동평균선의 의의와 이동평균선을 이용한 매매기법에 대하여 설명하라.

채권투자

1. 채권의 특성과 종류

2. 채권가격과 수익률

3. 채권투자관리

11

이 장의 개요

채권(bond)은 일정한 기간 동안 정기적으로 약정된 이자를 지급하고, 만기일에 원금, 즉 채권의 액면가를 상환할 것을 약속한 증서이다. 주식과 마찬가지로 채권은 발행자(발행주체)가 다수의 투자자로부터 직접 자금을 조달하는 주요 수단이며, 만기가 1년 이상인 장기금융시장, 즉 자본시장(capital market)에서 거래된다. 주식과 달리 채권거래는 주로 금융기관이나 법인 등 기관투자자에 의해 이루어졌으나, 최근 채권거래제도의 개선 등에 힘입어 일반 투자자들의 채권투자에 대한 관심이 높아지고 있다.

채권투자관리는 소극적 채권투자관리와 적극적 채권투자관리로 구분될 수 있다. 소극적 채권투자관리는 채권시장이 효율적이라는 전제 하에서 채권투자위험을 최소화시키려는 채권투자전략이다. 반면 적극적 채권투자관리는 채권시장이 비효율적일 수 있다는 전제 하에서 과소평가된 채권을 발견하거나 미래이자율 동향을 예측함으로써 높은 투자성과를 얻고자 하는 채권투자전략이다.

▲ 투자에 필요한 자금을 조달하기 위하여 채권을 발행한다.

1. 채권의 특성과 종류

1.1 채권의 특성

채권은 차입자(정부, 공공기관, 일반 기업체, 금융기관 등)가 투자자들로부터 자금을 조달하기 위해 발행하는 일종의 채무증서이다. 일반적으로 채권의 발행자는 일정한 기간 동안 정기적으로 약정된 이자를 지급하고 만기일에 원금, 즉 채권의 액면가를 상환한다. 채권을 발행할 때는 채권의 액면가(face value), 액면(표면)이자율(coupon rate), 그리고 만기(maturity) 세 가지가 반드시 표시되어야 한다.

채권은 발행 시에 이자 및 원금(액면가) 등 소득이 확정된 확정소득증권(fixed income securities)이며, 주식과는 달리 원리금의 상환기간이 발행 시에 정해져 있는 기한부증권이다. 또한 채권투자는 원금과 이자를 확실하게 받을 수 있는 안전성, 중도에 돈이 필요할 때 현금화 가능 여부인 유동성 등의 장점을 갖추고 있으나, 주식 등에 비해 예상되는 수익(수익성)이 낮다는 단점이 있다. 주식과 채권의 차이점을 요약하면 〈표 11-1〉과 같다.

표 11-1 주식과 채권의 비교

구분	주식	채권
자본의 성격	자기자본	타인자본(부채)
증권소유자의 지위	주주	채권자
증권소유자의 권리	• 의결권 및 경영참가권 • 배당청구권 • 잔여재산청구권	• 회사 정리절차 등에서 채권단에 참여 • 이자 및 원금상환권 • 주식에 우선하는 잔여재산청구권
증권의 존속기간	영구적	한시적
위험성	크다	작다

1.2 채권의 종류

발행주체, 이자지급방법 등에 따라 채권을 다음과 같이 분류할 수 있다.

1) 발행주체에 따른 분류

채권은 발행주체에 따라 국채(government bond), 지방채(municipal bond), 특수채(specific laws bond), 금융채(financial bond), 회사채(corporate bond)로 구분된다. 국채는 중앙정부가 발행하고 원리금의 지급을 보증하는 채권이며, 지방채는 지방자치단체가 발행하는 채권이다. 특수채는 상법 이외의 특별법에 의해 설립 · 운영되는 특별법인(한국전력, 도로공사, 예금보험공사 등)에 의해서 발행되는 채권이며, 금융채는 은행 등 금융기관에 의해서 발행되는 채권이다. 회사채(또는 사채)는 주식회사(corporation)가 거액의 자금을 장기간 조달할 목적으로 발행하는 채권이다. 일반적으로 국채, 지방채 및 특수채를 포괄하여 국공채라 부르기도 한다. 발행주체에 따라 분류된 채권의 종류를 예시하면 〈표 11-2〉와 같다.

▲ 삼성전자에서 발행한 회사채 샘플이며, 아랫부분은 이자지급교부표로서 이를 지정된 기간에 제시하면 이자를 받을 수 있다.

표 11-2 발행주체에 따른 분류

구분	종류
국채	국고채권, 재정증권, 국민주택채권 등
지방채	도시철도채권, 지역개발채권, 상수도채권 등
특수채	한국전력채권, 예금보험기금채권, 부실채권정리기금채권 등
금융채	통화안정증권, 산업금융채권, 신용카드채권, 할부금융채권 등
회사채[1]	보증사채, 담보부사채, 전환사채(CB), 신주인수권부사채(BW) 등

1. 보증사채(guaranteed bond)는 원리금의 상환을 발행회사 이외의 제3자가 보증하는 채권으로, 우리나라에서는 주로 신용보증기금이나 은행에서 보증한다. 전환사채(convertible bond ; CB)는 만기 이전의 일정 기간 내에 정해진 가격으로 발행회사의 보통주로 전환할 수 있는 권리가 부여된 채권이다. 그리고 신주인수권부사채(bond with warrant ; BW)는 주어진 기간 내에 정해진 가격으로 발행회사의 주식을 매입할 수 있는 권리가 부여된 채권으로, 신주인수권 행사에 의해 주식을 취득하더라도 여전히 사채권자로서의 자격을 갖는다.

알아두기 11-1

자산유동화증권

자산유동화증권(asset-backed securities ; ABS)은 유동화전문회사(special purpose company ; SPC)가 자산보유자로부터 양도받은 자산의 현금흐름과 신용도에 기초하여 발행한 증권을 의미하며, 그 발행과정은 다음과 같다.

유동화증권은 자산보유자가 자산을 유동화전문회사(SPC)에 매각하기 때문에 자산보유자의 신용도와는 관련이 없으며, 자산담보를 안전장치로 갖추고 있기 때문에 자산보유자가 직접 발행한 채권보다 높은 신용등급으로 평가된다. 일반적으로 자산담보부증권이라고 불리어 왔으나 1998년 9월 30일 '자산유동화에 관한 법률'이 제정되면서 '유동화증권'이라는 용어를 사용하게 됐다. 유동화증권 중에 주택저당대출을 담보로 한 것은 주택저당증권(mortgage backed securities ; MBS)이라고 한다. 이들 기법은 해외자금조달뿐 아니라 부동산시장, 매출채권시장 등에서 광범위하면서 다양한 형태로 활용되고 있다.

2) 이자지급방법에 따른 분류

채권은 이자지급방법에 따라 이표채(coupon bond), 순수할인채(pure discount bond, zero-coupon bond), 복리채(compound interest bond)로 구분된다. **이표채**는 약정된 이자를 일정한 기간마다 지급하고(일반적으로 1년에 4번, 즉 매분기마다 이자지급) 만기에 원금을 상환하는 채권이다. **순수할인채**는 이자를 지급하지 않고 만기에 원금만 상환하는 채권으로, 이자를 지급하지 않는 대신 그만큼 할인하여 발행되는 채권이다. **복리채**는 이자를 지급하지 않고 복리로 재투자하여 만기상환 시에 원금과 이자를 동시에 지급하는 채권이다. 이자지급방법에 따라 분류된 채권의 종류를 예시하면 〈표 11-3〉과 같다.

표 11-3 이자지급방법에 따른 분류

구분	종류
이표채	대부분의 회사채, 3년 이하 국고채 등
순수할인채	재정증권, 통화안정증권 등
복리채	국민주택채권, 지역개발공채 등

또한 지급이자 변동 여부에 따라 고정금리채권(fixed rate bond)과 변동금리채권(floating rate bond)으로 구분할 수도 있다. 고정금리채권(대부분의 회사채와 국공채)은 채권발행일에 약정된 액면이자율이 만기까지 계속 유지되는 채권이며, 변동금리채권(산업금융채 등 일부 금융채와 일부 회사채)은 액면이자율이 기준금리에 연동되어 일정 기간마다 재조정되는 채권이다.

알아두기 11-2

후순위채

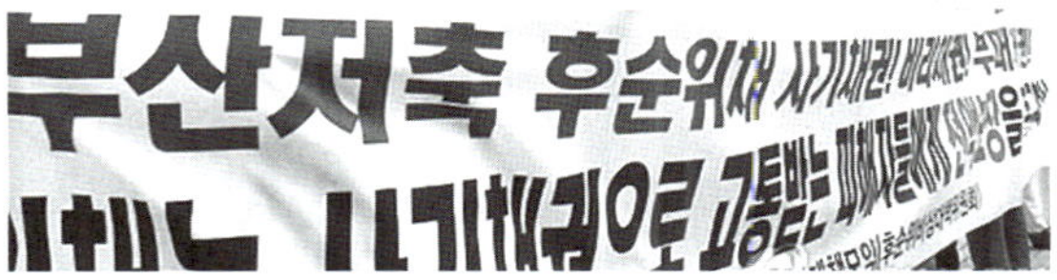

▲ 부산저축은행 후순위채권 피해자들이 부산저축은행과 경영진 등을 상대로 전액보상을 촉구하는 현수막

후순위채(subordinated debt)는 채권 발행기업이 도산할 경우 채권의 상환순위에 있어 담보부사채나 무담보사채, 기타 은행대출채권 등의 일반 사채보다는 뒤지나 우선주나 보통주보다는 우선한다. 주식보다는 우선하지만 다른 여타 채권보다 상환순위가 늦기 때문에 신용이 양호한 금융기관만 발행할 수 있다. 특히 중간에 상환을 요청할 수 없고 상환기간을 5년 이상으로 하기 때문에 발행기관에서는 후순위채를 자기자본으로 분류한다. 예를 들어 미국, 영국 등지에서는 은행의 자기자본 충실화를 위해 장기성 후순위채를 일정 범위 내에서 자기자본으로 산입시키는 것을 인정하고 있어 최근 이 채권의 발행이 늘고 있다. 또 이들 나라에서는 최근 들어 은행, 금융기관 이외의 제조업자들도 자금조달수단으로 후순위채권을 활용하는 사례가 늘고 있다. 후순위채를 발행하면 부채비율 상승에 따른 신용평가 및 기채 조건의 악화를 회피할 수 있다는 점 때문에 발행이 선호되고 있는 것이다. 우리나라의 경우 은행감독규정에 따라 은행들이 후순위채를 발행하면 자기자본의 50% 범위에서 채권발행액 전액을 자기자본으로 인정하도록 하고 있다. 따라서 후순위채 발행은 곧바로 자기자본비율을 끌어올리게 되며, 국제결제은행(BIS) 기준 8% 이상으로 자기자본을 확충하기 위해 대출을 회수하던 은행들의 대출여력이 후순위채 발행액의 12.5배만큼 늘어나게 된다.

후순위채는 다른 채권보다 상환순위가 늦어 상대적으로 위험하기 때문에 투자자에게 높은 표면금리를 제시하는 것이 특징이다. 따라서 일반 채권의 이자율(또는 수익률)에 만족하지 못하면서 주식에 대한 투자는 부담스러운 투자자에게 후순위채는 좋은 투자대상이 될 수 있다. 그러나 일반 채권자보다 채권상환 순서가 뒤로 밀리기 때문에 후순위채에 투자하는 경우에는 채권발행자의 신용도를 최우선으로 검토하여 투자 여부를 결정하여야 한다. 중도해지 및 담보대출은 불가능하나 양 · 수도 절차를 통해서 양도는 가능하며, 증권회사를 통하여 매도할 수 있다. 채권의 발행일로부터 상환일까지의 기간이 10년 이상이며 3년 이상 보유한 채권은 금융소득종합과세에 대비하여 채권이자소득에 대해 분리과세(33.0%)를 신청할 수 있다.

2. 채권가격과 수익률

2.1 채권의 가격결정

증권의 가치는 증권으로부터 얻을 수 있는 미래 현금흐름을 적절한 할인율로 할인하여 구한 현재가치의 총합이라 할 수 있다. 따라서 채권의 이론적 가치는 미래에 받을 수 있는 액면이자(coupon) 및 액면가(원금)의 현재가치를 모두 합한 값이다.

이자지급방법에 따라 순수할인채와 이표채로 구분하여 채권가격을 평가하는 방법을 살펴보자.[2] 순수할인채는 이자를 지급하지 않고 만기일에 액면가만을 상환하는 채권이며, 이표채는 만기까지 약정된 액면이자(액면가 × 액면이자율)를 매기간 말 지급하고 만기일에는 액면가를 상환하는 채권이다. 따라서 n기간 말에 액면가 F만을 상환하는 순수할인채와, n기간 말까지 매기간 말에 액면이자 C를 지급하고 만기일인 n기간 말에 원금 F를 상환하는 이표채의 현금흐름 유형을 각각 나타내면 [그림 11-1]과 같다.

채권가격은 그 채권을 소유함으로써 얻을 수 있는 미래 현금흐름을 적절한 할인율(시장이자율 또는 채권수익률)로 할인하여 현재가치로 환산한 값이다.[3] 순수할

그림 11-1 채권의 현금흐름 유형

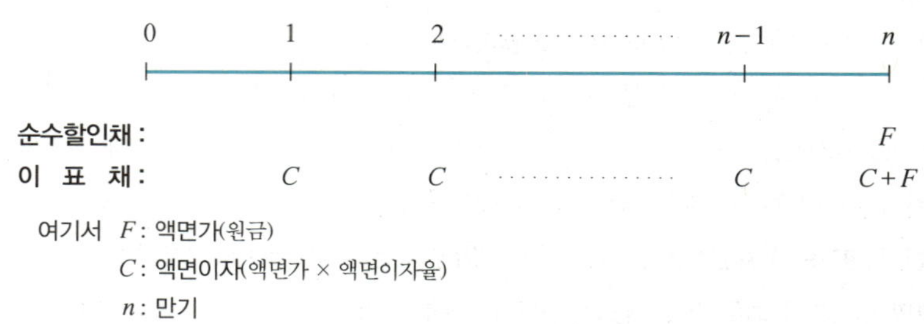

2. 복리이자율(즉, 재투자수익률)과 할인율이 동일한 경우 복리채와 이표채의 가치는 같아진다.
3. 적절한 할인율은 채권투자자가 요구하는 최소한도의 수익률로서 채권투자에 대한 기회비용이라 할 수 있다.

인채의 가격은 액면가의 현재가치로서 식 (11－1)과 같이 나타낼 수 있다.

$$\text{순수할인채의 가격} = \frac{F}{(1+r)^n} \qquad (11-1)$$

여기서 r : 시장이자율 또는 채권수익률

순수할인채는 만기까지 발생할 이자의 현재가치에 해당하는 금액만큼 할인하여 발행되나, 시간이 경과함에 따라 발생된 이자만큼 채권가격이 상승하게 된다. 그 결과 만기일에 순수할인채의 가치는 액면가와 같아진다.

그리고 이표채의 가격은 액면이자의 현재가치와 액면가의 현재가치를 합하여 식 (11－2)와 같이 구할 수 있다.

$$\text{이표채의 가격} = \frac{C}{1+r} + \frac{C}{(1+r)^2} + \cdots + \frac{C}{(1+r)^n} + \frac{F}{(1+r)^n} \qquad (11-2)$$

식 (11－1)과 식 (11－2)에서 볼 수 있는 바와 같이 채권가격은 액면이자(C), 액면가(F), 만기까지의 기간(n), 그리고 시장이자율(r)에 의해 결정된다. 채권의 발행시점에서 채권의 액면이자, 액면가, 만기 등이 결정되기 때문에 채권가격은 주로 시장이자율(채권수익률)에 의해 변동됨을 알 수 있다. 시장이자율이 상승하면, 채권투자자가 받을 수 있는 미래 현금흐름(액면이자 및 원금)의 현재가치, 즉 채권가격이 떨어진다. 따라서 시장이자율과 채권가격은 역의 관계를 갖고 움직인다는 것을 알 수 있다.

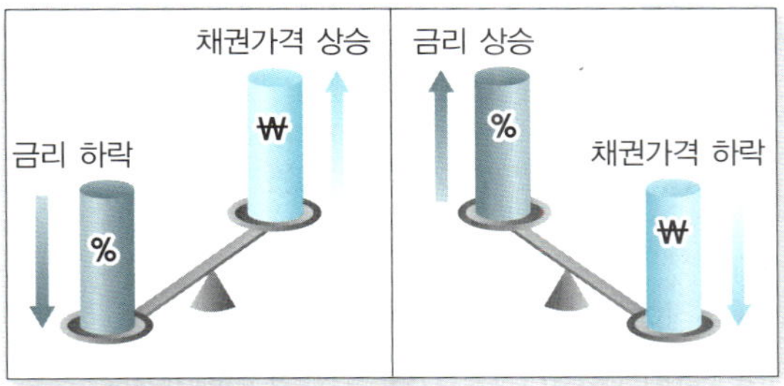

▲ 채권가격과 금리의 관계

알아두기 11-3

채권의 발행가격

액면이자율이 시장이자율보다 높을 경우 채권은 액면가보다 높은 가격으로 발행되는데, 이와 같은 채권을 할증채(premium bond)라고 한다. 그 반대로 액면이자율이 시장이자율보다 낮을 경우 채권은 액면가보다 낮은 가격으로 발행되는데, 이와 같은 채권을 할인채(discount bond)라고 한다. 한편 액면이자율이 시장이자율과 같을 경우 채권은 액면가로 발행되는데, 이와 같은 채권을 액면채(par bond)라고 한다. 할증채, 할인채 등 모든 채권가격은 시간이 경과함에 따라 액면가에 접근하게 되며, 만기시점에서는 모두 액면가와 같아지게 된다. 시간이 경과함에 따라 할증채의 가격은 하락하여 자본손실(capital loss)이 나타나는 반면, 할인채의 가격은 상승하여 자본이득(capital gain)이 발생하게 된다.

예제 11-1

순수할인채의 가치평가

만기는 5년 후이며, 액면가는 100만원인 순수할인채의 가치는 얼마인가? (단, 시장이자율은 5%이다.)

해답

$$\text{순수할인채의 가격} = \frac{100}{(1+0.05)^5} = 78.35\text{만원}$$

예제 11-2

이표채의 가치평가

새나라주식회사는 액면가 10,000원, 만기 3년, 액면이자율 8%(단, 이자는 매년 말에 지급됨)인 사채를 발행하였다.

(1) 시장이자율이 6%인 경우 사채의 발행가격은?

(2) 시장이자율이 8%인 경우 사채의 발행가격은?

(3) 시장이자율이 10%인 경우 사채의 발행가격은?

해답

$$(1)\ \text{사채의 가격} = \frac{800}{1+0.06} + \frac{800}{(1+0.06)^2} + \frac{800+10,000}{(1+0.06)^3} = 10,535\text{원}$$

→ 시장이자율 < 액면이자율 : 할증발행

$$(2)\ \text{사채의 가격} = \frac{800}{1+0.08} + \frac{800}{(1+0.08)^2} + \frac{800+10,000}{(1+0.08)^3} = 10,000\text{원}$$

→ 시장이자율 = 액면이자율 : 액면발행

(3) 사채의 가격 $= \frac{800}{1+0.1} + \frac{800}{(1+0.1)^2} + \frac{800+10,000}{(1+0.1)^3} = 9,503$원
→ 시장이자율 > 액면이자율 : 할인발행

2.2 채권수익률의 의의와 결정요인

1) 채권수익률의 의의

채권수익률(bond yield)은 채권에 투자하여 얻을 수 있는 수익의 크기를 나타내는 척도로서 예금의 이자율과 유사한 개념이며, 채권의 투자성과를 측정하거나 채권가격을 평가할 때 사용될 수 있다.[4] 채권수익률에는 이용목적과 산정방법에 따라 만기수익률, 단순수익률, 실현수익률 등 다양한 형태가 있으나, 가장 대표적인 것은 채권으로부터 얻을 수 있는 미래 현금흐름의 현재가치와 채권의 시장가격을 일치시켜 주는 할인율, 즉 만기수익률(yield to maturity ; YTM)이다.

만기수익률은 만기까지의 현금유입액이 투자원금에 대하여 연간 어느 정도의 수익을 가져오는가를 나타내는 예상수익률이며, 가장 대표적인 채권수익률이라 할 수 있다. 즉, 만기수익률은 현재시점에서 채권(이표채 등)을 매입하여 만기까지 보유하는 경우에 투자자가 얻을 수 있는 연간 평균수익률을 의미하며, 채권의 시장가격과 그 채권을 소유할 경우 얻을 수 있는 미래 현금흐름(액면이자 및 액면가)의 현재가치를 일치시켜 주는 할인율로 정의된다.[5] 채권가격을 알고 있는 경우 앞의 식 (11-2)를 이용하여 만기수익률(r)을 구할 수 있다.[6]

$$\text{채권가격} = \frac{C}{1+r} + \frac{C}{(1+r)^2} + \cdots + \frac{C}{(1+r)^n} + \frac{F}{(1+r)^n} \qquad (11-2)'$$

식 (11-2)′에 의해 계산된 만기수익률은 만기 전에 받는 액면이자의 재투자수

4. 채권의 투자자는 약정이자수익, 이자를 재투자해서 얻는 재투자수익, 그리고 채권의 시장가치와 투자원금의 차액인 자본이득(또는 손실) 등 세 가지 원천으로부터 수익을 얻을 수 있다.
5. 특히 순수할인채의 만기수익률을 현물이자율(spot interest rate)이라 한다.
6. 식 (11-2)′을 만족시키는 할인율(만기수익률)을 찾기 위해서는 시행착오법(trial-and-error method)으로 근사치를 구해야 하는데, 이는 Excel 등을 이용하여 쉽게 계산할 수 있다.

알아두기 11-4

이자율과 수익률

이자율(금리)과 수익률은 모두 투자수익을 나타내는 용어이다. 다만 수익이 확정된 경우에는 이자율을 사용하고, 수익이 확정되지 않은 나머지 경우에는 수익률을 사용한다. 지급액이 확정된 은행 정기예금의 수익은 이자율로 표현하고, 이표채에서 이자로 지급하는 액면가의 일정 비율은 액면(표면)이자율 또는 액면(표면)금리로 표현한다. 실적상품인 은행의 신탁상품과 투자신탁의 수익증권, 그리고 주식, 채권 등 수익이 불확실한 자산의 수익은 모두 수익률로 표현한다.

시장이자율(금리), 시중이자율(금리), 실세금리, 시장수익률은 모두 자금시장에서 수요와 공급에 의해 결정된 이자율과 수익률을 말하는데, 특별히 구분할 필요가 없는 경우에는 혼용되고 있다. 거의 모든 금융상품의 이자율이나 수익률이 시장에서 결정되기 때문에 이들은 사실상 시장이자율과 시장수익률이다. 하지만 이러한 용어들은 대표적인 자금(금융상품)에 대해서 사용하는 것이 일반적이다. 예를 들어 콜, 91일물 CD, 1년 만기 은행 정기예금, 3년 만기 금융기관보증 회사채 등에 대해서 시장이자율(금리) 또는 시장수익률이라는 표현을 사용한다.

출처 : 임석필, 『증권투자의 이해』(창민사, 2001), p.325.

익률과 만기수익률이 동일하다는 가정 하에 계산된 것이다. 그러므로 재투자수익률과 만기수익률이 다를 경우 실제수익률이 만기수익률과 달라질 수 있음을 유의해야 한다. 발행시장에서 채권이 발행되어 처음 매출될 때의 발행수익률과 매출된 채권이 유통시장에서 계속 매매되는 과정에서 시장의 여건에 따라 형성되는 유통수익률은 모두 만기수익률로 표시된다.

2) 채권수익률의 결정요인

채권수익률은 잔존 기간, 지급불이행위험, 유동성 등 채권의 고유 요인과 경기상황, 물가수준, 통화량 등 외적요인에 따라 영향을 받는다. 채권의 잔존 기간이 많이 남아 있을수록 미래의 불확실성에 따른 위험이 커지기 때문에 채권수익률이 높아지는 경향이 있다. 그리고 채권발행자의 신용도가 낮을수록 채무불이행위험이 높아지기 때문에 그 보상으로 채권수익률이 높아진다. 또한 채권의 인지도가 낮아 거래가 활발하지 않은 경우, 즉 유동성이 낮은 경우 이에 따른 보상으로 금리가 가산되어 채권수익률이 높아지게 된다. 한편 경기활황기와 금융긴축기에는 자금을 필요로 하는 사람, 즉 자금에 대한 수요가 많아져서 채권공급이 증가하기 때문에 채권가격이 하락하면서 채권수익률이 높아지는 경향이 있다. 또한 인플레이션이 심할수록 미래의 구매력이 떨어지기 때문에 이에 대한 보상으로 채권수익률이 높아지게 된다.

알아두기 11-5

채권등급과 채권수익률

채권등급평가(bond rating)는 신용평가기관(bond rating agency)이 채권의 원리금상환에 대한 발행주체의 능력을 평가하여, 이를 이해하기 쉬운 기호나 문장으로 등급을 매겨 투자자에게 전달하는 제도를 의미한다. 채권등급평가의 목적은 특정 채권의 채무불이행위험에 관한 정보를 투자자에게 전달함으로써 투자자를 보호하는 데 있다.

세계적으로 가장 권위있는 신용평가기관은 미국의 S&P(Standard and Poor' s Corporation)와 무디스(Moody' s Investors Service)이다. S&P와 무디스의 평가기준, 평가방식, 평가결과는 거의 비슷하지만 신용등급의 부호에 다소 차이가 있다. S&P와 무디스의 회사채 등 장기채권의 등급은 최상급(S&P : AAA, 무디스 : Aaa)에서 최하급(S&P : D, 무디스 : C)으로 크게 9~10등급으로 나누어, 각 등급을 다시 3등급으로 구분(S&P : 기본 등급에 +, − 부여, 무디스 : 기본 등급에 1, 2, 3 부여)하고 있다. S&P의 BBB− 또는 무디스의 Baa3등급 이상의 채권은 투자적격채권으로 볼 수 있으나, S&P의 BB+ 또는 무디스의 Ba1등급 이하의 채권은 채무불이행위험이 높은 투기적 성격의 채권으로 정크본드(junk bond)라 불린다.

우리나라의 경우 신용평가제도가 도입된 것은 한국산업은행의 출자로 한국기업평가㈜가 설립된 1983년부터이다. 본격적인 도입은 1985년 2월 투자금융회사를 중심으로 한 제2금융권의 출자로 한국신용평가㈜가 설립되면서 시작되었다. 그 후 1986년 9월 시중은행의 출자로 한국신용정보㈜(2007년 11월 평가사업부문의 물적 분할로 한신정평가㈜가 설립된 후 2011년 9월 NICE신용평가㈜로 사명 변경)가 설립되면서 이들 전문신용평가회사를 중심으로 한 현재의 신용평가체제가 확립되었다. 우리나라의 채권등급평가도 S&P 또는 무디스와 유사하다.

채권수익률은 채무불이행위험에 의해 결정된다. 따라서 채권등급이 채구불이행위험을 대변하는 가장 좋은 측정치라면, 채권등급이 높을수록 채권수익률이 낮아질 것이다. 채권시장에서 채권등급에 의해 채권수익률이 결정되는 경우 등급평가 결과가 채권발행주체의 자금조달비용에 큰 영향을 미치게 된다. 그러므로 채권발행주체가 좋은 등급을 받기 위하여 평가에 필요한 내부자료 등을 신용평가기관에 적극적으로 제공하게 되고, 이에 따라 등급평가가 훨씬 정확하게 이루어질 수 있다.

시사 포커스

"메자닌 채권이 뜬다" 변동성 장세에 '뭉칫돈'

최근 주식, 채권, 원자재 등 투자자산 대부분의 변동성이 커지면서 투자자들의 대응이 어려워지고 있다. 러시아의 우크라이나 침공 이후 유가, 곡물 등의 가격이 가파르게 상승하면서 물가 상승의 우려가 더 커졌다. 이를 막기 위해 미국 연준은 테이퍼링(tapering)을 종료하고 연내 금리인상 속도와 횟수를 빠르게 가져갈 것으로 예상된다.

경기침체 및 물가 상승 우려가 커지면서 주식시장은 변동성이 커지고 연초 대비 큰 낙폭을 보이고 있다. 하지만 그렇다고 채권투자에 나서기도 어렵다. 단기채권 금리는 여전히 너무 낮고 장기채권 금리는 금리인상 시기인 점을 감안하면 불만족스러운 수준이다. 장기채권은 만기시점이 가까워지면서 중도 매도를 통해 수익을 얻을 수 있는 환경일 때 유리한데 오히려 금리인상으로 인한 채권가격 하락의 우려가 더 큰 상황이다.

시장의 우려처럼 흘러간다면 실물투자 또는 현금을 쥐고 있는 것이 유리하겠지만 시장에 대한 우려는 이미 충분히 반영됐고 일상생활의 정상화 기대감, 시중에 풀려 있는 유동성 등으로 재차 반등할 것이라는 반대 시각도 있어 마냥 보수적인 투자를 하기도 어렵다. 이 때문에 지금처럼 변동성은 크고 투자 판단이 쉽게 서지 않는 시기에는 메자닌(mezzanine) 채권 투자에 관심을 가져보면 좋을 것이라 생각한다.

■ 메자닌 채권이란 무엇인가

메자닌은 층과 층 사이의 라운지 공간을 나타내는 이탈리아 건축용어로 통상적으로 '중간'을 의미한다. 메자닌 채권은 주식과 채권의 특성을 모두 가진 하이브리드 형태의 채권을 말하며 보통 전환사채, 교환사채, 신주인수권부사채 등으로 나뉜다. 이 중 최근에 가장 많이 발행되고 거래되는 것이 바로 전환사채(convertible bond ; CB)다. 최근 메자닌 채권 발행 물량의 90% 가까이는 전환사채가 차지하고 있고 매년 증가하고 있어 메자닌 채권 중 전환사채에 대해 집중적으로 말해보고자 한다.

전환사채는 일반채권에 비해 금리는 낮은 대신 주식으로 전환할 수 있는 권리가 있는 채권이다. 전환사채 투자자는 주식으로 전환할 수 있는 가격(전환가격)에 따라 실제 주가가 전환가격보다 높아지면 주식으로 전환하면 되고 높아지지 않거나 혹은 낮아지면 채권으로 보유해 정해진 금리를 받으며 만기를 기다리면 된다.

따라서 전환사채의 일반적인 투자 리스크는 보통의 채권과 마찬가지로 만기 또는 풋옵션(조기상환 청구) 행사까지 발행기업의 신용문제가 발생하지 않으면 되는 점이다. 채권으로 보유할 때는 일반 채권보다 낮은 금리수익을 얻지만 발행기업의 주가가 전환가격 이상으로 상승했다면 주식으로 전환 후 매도해 차익을 얻을 수 있기 때문에 기대수익률은 상대적으로 높은 편이다.

■ 메자닌 채권 투자, 펀드 통해 하는 것이 유리

일반 채권과 비슷한 리스크를 가지고 있고 기대수익률이 보다 높다면 당연히 전환사채를 투자하는 것이 유리하다. 하지만 전환사채를 발행하는 기업들은 보통 재무구조가 열위하거나 혹은 사업의 구조, 업황의 변화 등

리스크가 제법 있는 기업들이 많다. 따라서 보다 전문적인 투자영역이라 할 수 있고, 메자닌 채권에 대한 투자 업력과 역량이 검증된 운용사가 운용하는 펀드에 간접 투자하는 것을 추천한다.

전환사채를 개인이 직접 투자하려고 해도 실제 장내 채권시장에서 거래되는 전환사채의 종류는 10건 미만이다. 2020년 492건, 2021년 566건의 전환사채 발행이 있었지만 발행된 전환사채 대부분이 공모 형태가 아닌 사모 형태로 발행돼 개인이 직접 투자하기는 어려운 상황이다. 보통 사모 형태로 발행되는 전환사채는 투자자들에게 유리한 리픽싱(refixing ; 전환가액 조정) 조항, 풋옵션이 있는 경우가 많다.

■ 펀드투자 시 고려할 점은?

2021년에는 지난 10년 이내 사상 최대 규모인 11조 9,000억원의 상장사 메자닌 채권이 발행됐다. 시장에 풀린 유동성이 크게 증가한 부분도 있겠지만 공모주 투자 혜택을 볼 수 있는 코스닥벤처펀드 등의 투자가 늘어난 영향도 크다. 코스닥벤처펀드는 펀드자산의 50% 이상을 벤처기업 또는 벤처기업 해제 후 7년 이내 코스닥에 상장하는 중소·중견기업의 주식에 투자해야 한다. 이 중 15% 이상은 벤처기업의 신규 발행 주식이나 무담보 전환사채, 신주인수권부사채 등에 투자해야 한다.

공모주 배정 우대 요건을 갖추는 데 관심이 많은 펀드매니저 입장에서는 변동성이 큰 벤처기업 주식보다는 전환사채를 통해 요건을 갖추려 할 가능성이 높다. 이런 이유로 전환사채 투자 수요가 늘면서 기업가치 대비 좋은 조건의 전환사채를 구하기 어려운 상황도 예상해 볼 수 있다. 따라서 펀드를 통해 투자할 경우 운용사 또는 대표매니저가 장기간에 걸친 메자닌 펀드 트랙레코드(track record)를 가지고 있고 자체 딜소싱(deal sourcing ; 잠재 투자대상 기업을 발굴하는 행위) 능력이 좋아 양질의 전환사채를 수급할 수 있는 펀드를 골라내는 것이 중요하다.

한편으로는 해외 메자닌 채권 펀드시장에 관심을 가져보는 것도 방법이다. 최근 베트남과 같은 이머징 증시의 메자닌 채권 펀드도 설정되고 있는데, 업계 시장점유율이 높고 재무건전성이 좋은 기업들의 자금 수요가 높은 편이라 기업가치 대비 발행조건이 괜찮은 편이라고 생각한다. 실제 투자성과도 양호한 편이라 해외투자와 관련된 리스크(환율변동 리스크) 등을 감안하더라도 고려해 볼 만하다고 판단한다.

출처 : 머니S, 우종윤 과장(유안타증권 MEGA센터 분당), 2022. 4. 4 수정.

3. 채권투자관리

3.1 채권시장의 구성

▲ 마켓메이킹: 채권을 산 고객이 되팔고 싶을 때 판매사에서 이를 적극적으로 매수해 줌

채권거래는 다수의 매도·매수 주문이 한곳에 집중되어 상장종목 채권이 경쟁매매를 통해 이루어지는 거래소시장(장내시장)과 주로 증권회사 창구에서 증권회사 상호 간, 증권회사와 고객 간 또는 고객 상호 간에 비상장채권을 포함한 전 종목이 개별적인 상대매매(매매 쌍방이 1 대 1로 협의하여 수량·가격·결제방식을 정하여 행하는 매매거래)를 통해 이루어지는 장외시장으로 구분된다.

거래소시장은 한국거래소(KRX)가 운영하는 시장을 의미하며, 일반채권시장과 국채딜러 간 경쟁매매시장으로 구분할 수 있다. 개인투자자는 증권사 지점에서 개설하는 위탁계좌를 이용하면 한국거래소에 상장된 주식뿐만 아니라 채권도 거래할 수 있다. 주문방법도 주식과 동일하며 전화주문 또는 홈트레이딩시스템(home trading system ; HTS)을 통해 거래할 수 있다. 일반채권시장은 일반인들이 주택이나 자동차를 매입할 때 강제로 매입해야 하는 소액채권, 즉 제1종 국민주택채권, 지역개발채권, 지방도시철도채권 등과 같은 첨가소화 국공채와 전환사채 등 주식관련 사채가 주로 거래되기 때문에 소액투자자 보호시장이라 할 수 있다. 한편 국채딜러 간 경쟁매매시장은 국채자기매매업을 허가받은 기관인 국채딜러 간 매매거래를 위하여 한국거래소의 유가증권시장본부가 개설한 시장으로, 시장참가자들의 매도·매수 주문이 집중되어 거래되는 경쟁매매시장이다.

채권은 주식과는 달리 개인투자자에 의해 소화되기가 어렵기 때문에 대부분이 금융기관이나 법인 등 기관 간의 대량매매가 이루어지고, 개별 경쟁매매보다는 상대매매에 의해 매매가 이루어지므로 장내거래보다는 장외거래로 매매하는 경우가 많다. 장외거래는 거래소를 통하지 않은 거래로, 증권사 영업창구에 가서 해당 증권사가 보유한 채권을 거래한다. 주로 국공채나 회사채가 거래대상이 되며, 각 증권사 홈페이지의 채권 메뉴에서 판매채권의 목록을 볼 수 있다. 대부분의 경우 증권사 영업창구에서 매입한 채권은 만기까지 보유하게 되므로 자신의 투자기간에 맞는 잔존 만기를 가진 채권을 선택하는 것이 바람직하다.

3.2 이자율위험

채권가격과 시장이자율(채권수익률) 사이에는 역의 관계가 존재하며, 미래의 시장이자율은 불확실하다. 이와 같은 경우 시장이자율이 변함에 따라 채권투자성과가 변동할 가능성을 이자율위험(interest rate risk)이라 한다. 국공채처럼 액면이자와 원금상환이 보장된 경우에도 시장이자율의 변동에 따라 보유채권의 가격 등이 변하기 때문에 채권투자위험이 발생하게 된다.

이자율위험은 가격위험(price risk)과 재투자위험(reinvestment risk)으로 나눌 수 있다. 가격위험은 시장이자율이 변함에 따라 채권가격이 변동할 가능성을 의미한다. 시장이자율이 상승하거나 하락함에 따라 채권가격이 하락하거나 상승하게 되며. 이 경우 채권투자자들은 자본손실(매매손실)이나 자본이득(매매차익)을 얻게 된다.

한편 재투자위험은 이표채의 경우 매기간마다 지급받는 액면이자를 재투자할 때 시장이자율이 변동함에 따라 재투자수익이 변동할 가능성을 의미한다. 시장이자율이 상승하면 재투자수익은 증가하고, 시장이자율이 하락하면 재투자수익은 감소하게 된다.

이와 같이 시장이자율이 변함에 따라 채권투자성과(자본손익과 재투자수익)는 가격위험과 재투자위험으로 인하여 투자시점에서 예상했던 것과 달라질 수 있다.

알아두기 11-6

듀레이션

채권의 만기가 길수록 이자율 변화에 대한 채권가격의 변동폭이 커진다. 즉, 채권가격의 이자율 변화에 대한 민감도는 만기와 직접적인 관계가 있음을 알 수 있다. 그러나 만기 이전에 이자지급이 이루어지는 채권(이표채)의 경우 채권가격의 이자율 변화에 대한 민감도의 척도로서 만기보다 만기 이전에 발생되는 현금흐름을 고려하여 측정된 평균만기, 즉 듀레이션을 사용하여야 한다.

듀레이션(duration)은 채권의 만기일까지의 각 기간을 각 기간에 들어오는 현금흐름의 현재가치가 전체 현금흐름의 현재가치(채권가격)에서 차지하는 비율로 가중하여 합한 가중평균만기(weighted average maturity)를 의미한다. 이와 같은 듀레이션 개념은 매컬리(F. Macaulay)에 의해서 제시되었다.

만기일이 단지 채권의 최종상환일에 대한 정보만을 제공하는 데 비해, 실현되는 현금흐름의 크기와 실현시기를 모두 고려하여 계산된 듀레이션은 채권의 이자율위험의 척도로서 투자자에게 보다 유용한 정보를 제공해 준다. 일반적으로 이표채의 듀레이션은 만기보다 작으며, 순수할인채의 듀레이션은 만기와 동일하다.

듀레이션은 다음과 같은 특성을 갖고 있다.

첫째, 다른 조건이 동일하다면 만기가 길수록 듀레이션이 증가한다.

둘째, 다른 조건이 동일하다면 액면이자율이 낮을수록 듀레이션이 증가한다. 이는 액면이자율이 낮을수록 만기일 원금상환액의 현재가치가 차지하는 상대적 비중, 즉 만기일의 가중치가 높아지기 때문이다.

셋째, 다른 조건이 동일하다면 시장이자율이 낮을수록 듀레이션이 증가한다. 이는 시장이자율이 낮을수록 만기일에 가까운 시점의 현금흐름의 현재가치가 높아져서 만기일에 가까운 시점의 가중치가 상대적으로 높아지기 때문이다.

3.3 소극적 채권투자관리

소극적 채권투자관리는 현재의 채권가격이 적정하다는 전제 하에서 이자율 변동에 따른 위험을 제거하거나 최소화하는 전략을 의미한다. 소극적 채권투자관리의 대표적인 것으로 채권지수펀드(bond index fund)를 구성하는 전략과 면역전략(immunization strategy)이 있다.

1) 채권지수펀드 투자전략

투자자는 한 종류의 채권에 투자하는 것보다 다양한 여러 종류의 채권에 분산투자함으로써 채권투자에 따른 위험을 줄일 수 있다. 채권지수펀드 투자전략은 채권투자의 성과가 채권지수의 성과와 같아지도록 채권지수와 동일한 종목과 구성비율로 채권포트폴리오를 구성하여 투자함으로써 채권투자위험을 줄이고자 하는 전략이다. 우리나라의 경우 한국거래소(KRX)에서 발표하는 채권지수 등을 활용할 수 있다.

현실적으로 개인투자자들은 투자자금과 거래비용 등의 제약으로 인하여 여러 종류의 채권에 분산투자하기 어렵다. 따라서 개인투자자들은 채권지수펀드와 유사하게 운용하고 있는 채권형 투자신탁에 투자함으로써 채권지수펀드에 투자하는 것과 동일한 효과를 얻을 수 있다. 그러나 채권지수를 구성하고 있는 채권의 수가 매우 많고, 거래도 원활하지 않기 때문에 채권지수와 동일한 채권지수펀드를 구성하기가 쉽지 않다. 또한 시간이 경과함에 따라 채권들은 만기상환되고 신규로 발행되기 때문에 이에 따라 포트폴리오를 재구성해야 하는 복잡한 문제도 발생하게 된다.

2) 면역전략

연기금과 같은 기관투자자들은 일정한 기간이 지난 후 도달해야 하는 투자목표(채권포트폴리오의 목표가치)를 달성하고자 하는 한편, 은행 등 금융기관은 이자율변동으로부터 현재의 순자산가치를 보호하고자 한다.

가장 단순한 방법으로 채권포트폴리오의 목표투자기간과 듀레이션을 일치시킴으로써 이자율 변동에 따른 채권투자수익 변동(이자율위험)을 없애는 전략, 즉 목표시기면역전략(target date immunization strategy)이 있다. 이 전략에 의해서 이자율 변동에 따른 채권가격 변동(가격위험)과 액면이자의 재투자수익 변동(재투자위험)이 서로 상쇄되어 순효과, 즉 채권투자수익 변동은 0이 될 수 있다. 목표시기면역전략은 연기금 등 기관투자자가 미래의 특정 시점에 지급해야 할 채무액의 확실한 확보에 관심을 가질 경우 사용할 수 있다. 그러나 이 전략은 시간의 경과에 따라서 잔여 투자기간과 듀레이션이 일치하도록 채권포트폴리오를 계속 재구성

(rebalancing)하는 작업이 필요하다.[7]

은행 등 금융기관에서 자산과 부채의 만기구조가 다를 수 있다. 금융기관이 보유하고 있는 자산과 부채의 듀레이션이 서로 다른 경우 이자율 변동에 따라 순자산가치(자기자본가치)가 변동하게 된다. **순자산면역전략**(net worth immunization strategy)은 자산과 부채의 듀레이션을 적절히 조정하여 이자율 변동에 따른 순자산가치의 변동위험을 제거하기 위한 전략이다.

알아두기 11-7

자산 · 부채관리(ALM)

가장 대표적인 순자산면역전략은 은행 등 금융기관에서 주로 사용하는 갭관리(gap management)라고 불리는 **자산 · 부채관리**(asset and liability management ; ALM)이다. 이는 자산과 부채의 듀레이션의 차이(gap)를 일정한 수준으로 제한하는 데 초점을 둔다. 갭관리를 하는 하나의 효과적인 방법은 자산의 시장가치로 가중된 자산의 듀레이션과 부채의 시장가치로 가중된 부채의 듀레이션을 일치시킴으로써 이자율 변동에 따른 순자산가치의 변동위험을 면역화시키는 것이다.

자산의 듀레이션 × 자산가치 = 부채의 듀레이션 × 부채가치

이와 같은 자산과 부채의 구성을 갖고 있는 금융기관의 경우 순자산가치의 듀레이션이 0이 되며, 그 금융기관은 이자율 변동에 관계없이 순자산가치를 유지할 수 있다.

시사 포커스

올해 채권 쉽지 않지만 … 운용사 기대 높은 이유는

국민연금 등 국내 주요 기관투자자들이 국내 채권 투자 비중을 줄여나가고 있다. 금리인상기에 접어들면서 기관투자자들의 채권수익률은 지난해 하반기부터 좋지 못한 상황이다. 다만 기관투자자의 자금을 위탁하는 운용사들은 시가평가를 받지 않는 일부 기관들을 중심으로 급격한 금리 상승에 따라 오히려 채권 수요가 늘 것이라는 전망도 하고 있다. 비중이 다소 줄더라도 기관투자자의 운용자산 규모 자체가 커지는 점도 긍정적인 요인이다.

■ 채권수익률 안 나오네 … 정부도 대체투자 강조

2022년 3월 29일 금융투자업계에 따르면 2021년 말 35.8%였던 국민연금의 국내 채권 자산 비중은 올해

7. 채권포트폴리오의 듀레이션과 목표투자기간을 일치시키는 가장 간단한 방법은, 만기가 목표투자기간과 일치하는 순수할인채(듀레이션 = 만기)에 투자하는 것이다. 순수할인채에 투자할 경우 시간이 경과함에 따라 듀레이션과 목표투자기간이 같은 크기로 감소하기 때문에 채권의 듀레이션을 재조정할 필요가 없다.

연말 기준으로 34.5%로 1.3%포인트 줄어들 전망이다. 국민연금은 올해 들어 시장에서 회사채 수요 예측에 거의 참여하지 않는 등 다소 소극적인 모습을 보이고 있는 것으로 알려졌다. 또 다른 기관투자자인 우정사업본부 역시 국민연금과 비슷하게 금리인상 전망에 따라 국내 채권 비중을 다소 줄여나갈 계획을 잡고 있다. 우정사업본부 관계자는 "금리가 인상된다는 전망에서 시가채권 비중은 지난해 연말 11.4% 수준에서 올해 11.0%로 소폭 하락하는 것으로 계획이 돼 있다"고 말했다.

2021년 말부터 주요 기관투자자들의 채권투자 수익률은 금리인상에 따른 채권가격 하락으로 고전을 면치 못하는 상황이다. 지난해 국민연금과 사학연금의 국내 채권 수익률은 각각 −1.30%, −1.16%였으며, 공무원연금의 채권수익률도 −1.17% 수준이었다. 올해 들어서도 비슷한 양상이 이어지고 있다. 벤치마크(bench-mark ; BM) 수익률을 넘기더라도 결과적으로 마이너스 수준의 수익률이 이어지는 상황에서 최근엔 기획재정부가 "공공기금이 국내 채권 위주의 자산운용에서 벗어나 대체투자를 확대해야 한다"고 강조하기도 했다. 연기금업계 관계자는 "채권수익률은 올해도 쉽지 않을 것으로 보이고, 대부분 연기금 · 공제회가 해외투자와 대체투자를 늘리려고 하고 있기 때문에 국내 채권은 영향을 받을 수밖에 없을 것"이라고 말했다.

주요 기관투자자 채권수익률

기관	수익률(%)	기관	수익률(%)
국민연금	−1.3	공무원연금	−1.17
사학연금	−1.16	우정사업본부	−0.01

* 공무원연금은 국내 · 해외 합산.
* 우정사업본부는 예금 시가채권 기준.
* 지난해 말 기준.
자료 : 각 기관

출처 : 이데일리, 2022. 3. 29 수정.

■ 수익률 하락에도 운용업계 "시장 줄어들지 않을 것"

운용업계 역시 2021년부터의 채권 약세 분위기를 감지하고 있다. 금융투자업계 관계자는 "금리가 오르고 있고 앞으로도 계속 오를 수 있다고 생각되는 상황에서 손실이 나는 채권투자에 이른바 '물타기'를 하기가 쉽지는 않은 상황으로 보인다"고 말했다. 다만 업계에선 국내 채권 위탁운용 시장이 줄어들지는 않을 것으로 예상하고 있다. 우선 기관투자자의 운용자산 규모 자체가 꾸준히 증가하고 있는 만큼, 투자 비중이 다소 축소하더라도 절대적인 자금 규모가 줄지는 않을 것이라는 전망이다.

한 운용사 관계자는 "채권시장이 좋진 않지만 위탁운용 시장이 작아지진 않을 것"이라며 "위탁운용을 맡기는 기관들의 자산이 계속 커지기 때문에 비중이 줄어도 사이즈는 줄지 않을 것"이라고 말했다. 자산 규모가 커지면서 위탁운용 시장을 찾게 되는 기관 자체도 늘어나는 추세이기 때문이다.

수익률이 떨어지고 있지만 보험사 등 시가평가를 하지 않는 기관은 오히려 금리인상을 채권투자 기회로 보고 있다는 것도 운용사들에겐 긍정적 요인이다. 자산을 시가와 장부가로 나눠 관리하는 우정사업본부 역시 금리가 인상되면 시가채권 비중을 축소하는 대신 장부가채권의 비중을 늘릴 계획이다. 우정사업본부 관계자는 "시가채권과 장부가채권은 일종의 '트레이드 오프' 관계여서 반드시 채권 비중이 줄어든다고는 말하기 어렵다"고 말했다.

다른 운용사 관계자는 "채권 같은 전통 자산에서 대체투자로 옮겨가려는 움직임은 원래부터 있었던 추세"라며 "오히려 시가평가를 안 받는 기관들은 채권을 높게 사는 추세로 변하고 있는 시기 같다"고 말했다. 또 다른 금융투자업계 관계자는 "금리가 워낙 오른 만큼 단기적으로는 채권에 투자하려는 수요가 있을 수 있다"고 말했다.

3.4 적극적 채권투자관리

적극적 채권투자관리는 채권시장의 비효율성을 이용하여 초과이익을 얻고자 하는 전략이다. 이는 주로 저평가된 채권을 발견하거나 이자율 예상에 따라 듀레이션을 조정함으로써 높은 투자성과를 얻고자 하는 채권투자전략이다.

▲ 채권, 금리변화를 보고 투자하라.

1) 대체스왑

대체스왑(substitution swap)은 위험, 만기 등이 동일하나 채권가격이 다른 경우 고평가 채권을 매도하고 저평가 채권을 매입하는 전략으로, 이를 동종 채권 교환전략이라고도 한다. 대체스왑은 일시적인 채권가격 불균형을 이용하여 초과이익을 얻고자 하는 전략이다.

2) 시장 간 스프레드스왑

시장 간 스프레드스왑(intermarket spread swap)은 채권시장에서 비정상적 스프레드가 일시적으로 형성될 때 유리한 채권으로 교환하는 전략으로, 이를 이종채권 교환전략이라고도 한다. 예를 들어 국채와 회사채의 수익률 스프레드가 비정상적으로 높을 경우 국채는 고평가되고 회사채는 저평가되었다고 볼 수 있다. 이 경우 국채를 회사채로 교환함으로써 초과이익을 얻을 수 있다.

3) 이자율예상스왑

이자율예상스왑(rate anticipation swap)은 이자율이 하락할 것으로 예상되는 경우 채권의 듀레이션을 길게 하고(듀레이션이 긴 채권을 매입하고), 이자율이 상승할 것으로 예상되는 경우 채권의 듀레이션을 짧게 하는(듀레이션이 짧은 채권을 매입하는) 전략이다. 이와 같은 전략은 이자율 예측에 기초해 투자전략을 수립하는 것이다.

4) 순수수익률취득스왑

순수수익률취득스왑(pure yield curve swap)은 이자율위험을 부담하더라도 수익률을 극대화하기 위하여 만기수익률이 낮은 채권을 매도하고 만기수익률이 높은 채권을 매입하는 전략이다.

5) 세금스왑

세금스왑(tax swap)은 세금상의 이점을 활용하기 위한 채권교환전략으로, 세후 수익률을 극대화하려는 전략을 의미한다. 예를 들어 자본손실이 세금절감 목적상 유리한 경우에는 가격이 하락한 채권을 매도하거나, 고소득세율 투자자인 경우 세금을 줄이기 위해서 과세채권을 비과세채권으로 전환한다.

재테크 Tip

채권투자 대중화 시대

주식과 달리 채권은 기관 전유물로 여겨진 투자처다. 하지만 주식을 투자해 봤다면 어려움 없이 거래소 일반채권시장에서 국공채나 회사채 등에 직접 투자할 수 있으며, 투자절차도 간단하다. 증권사에 증권계좌를 개설하고 주식투자와 마찬가지로 증권사에 전화, 또는 홈트레이딩시스템(home trading system ; HTS), 모바일트레이딩시스템(mobile trading system ; MTS) 등을 통해 주문을 내기만 하면 된다. 일반채권시장이란 개인 등 일반 투자자들도 소액으로 채권을 자유롭게 매매할 수 있도록 운영되는 시장이다. 매매 시작은 단돈 1,000원부터 가능하다.

■ **채권거래를 위해선 증권계좌가 필수**

증권계좌를 개설하려면 주민등록증이나 면허증과 같은 신분증과 거래인감이 필요하다. 채권거래는 위탁계좌와 저축계좌, CMA계좌 등 다양한 계좌를 통해 가능하며 상담을 통해 자신에게 맞는 계좌를 개설하면 된다. 증권계좌를 보유한 투자자라면 기존의 계좌를 이용할 수 있다. 기존 주식계좌로도 채권매매가 가능하다는 얘기다. 증권계좌 개설 후에는 HTS, MTS를 통해 거래소 채권시장에 주문을 직접 제출할 수 있다. 물론 온라인 증권계좌도 가능하다. 올해 2월 인터넷이나 휴대폰 애플리케이션(AP)을 이용한 계좌개설이 가능해지면서다.

■ **"○○채권 100만원어치 주세요"**

채권거래를 위해서는 거래증거금도 마련해야 한다. 보통 매수금액의 100%로 입금 후 증권사 HTS 또는 전화를 통해 주문을 제출하면 주식처럼 간편하게 매매가 가능하다. 주문 방식은 주식과 같다. 가격과 수량을 정해 제출하면 되는데 채권은 액면가 1만원 단위로 거래되기 때문에 1만원을 기준으로 가격을 정하고 매매수량을 제출하면 된다. 예를 들어 현대상선(011200) 채권 100만원어치를 8,200원에 매수 또는 매도하는 호가를 제출할 수 있다. 다만 채권은 주식과 달리 이자율, 신용등급, 만기 등에 따라 가격이 달라지기 때문에 공인된 채권평가기관이 제공하는 가격을 참고해 주문을 내야 한다. 이런 평가가격은 증권사나 거래소 홈페이지에서 볼 수 있다.

■ **소액으로 채권투자 가능**

장외 채권시장에서는 개당 100억원씩 거래가 오간다. 하지만 거래소 일반채권시장에서는 최소 1,000원부터 채권투자가 가능하다. 채권의 액면 1단위(주식 1주 개념)가 1만원이므로 액면의 10분의 1 단위로 채권을 매매할 수 있는 것이다. 거래소 관계자는 "일반채권시장에서는 아주 적은 금액으로도 채권거래가 가능하므로 개인투자자도 얼마든지 채권을 저금리 시대 투자수단으로 활용할 수 있다"고 말한다. 거래소 일반채권시장은 국채와 지방채, 특수채는 물론 금융사와 일반기업의 회사채까지 공모로 발행되는 모든 채권의 거래가 가능한 시장이다. 이날 현재 총 1만 2,616종목이 상장돼 있으며 국채 185종목, 특수채 3,889종목, 지방채 1,336종목과 회사채 7,206종목이 상장돼 있다.

■ **채권매매를 위한 거래상대방 탐색과 매매가 용이**

채권은 잔존 만기와 금리, 신용등급 등 가격결정 요소들이 다양하고 적합한 거래상대방을 찾는 과정이 매우 중요하다. 장외 채권시장에서는 이런 역할을 브로커나 딜러가 수행한다. 하지만 지난 2008년 글로벌 금융위기 이후 금융기관에 대한 자본건전성 규제가 강화되며 브로커와 딜러의 역할이 위축된 게 사실이다. 전자시스템을 통해 주문을 한 곳으로 집중해 거래하는 장내시장이 전 세계적으로 확산되는 이유다. 이런 매매방식의 장점은 주문이 집중됨에 따라 유동성이 풍부해져 거래상대방 탐색과정이 단축되고 그만큼 매매체결이 효율적이란 점이다. 또 전자스크린을 통해 호가정보나 매매체결정보가 실시간으로 투자자에 공개돼 시장의 투명성이 제고되고 신뢰도가 높아지는 장점이 있다.

■ **"당일(T+0)에 바로 결제"**

거래소 일반채권시장에서는 매매체결이 이뤄진 당일(T+0)에 바로 대금과 증권이 결제돼 자금운용이 신속하고 편리하다. 당일에 채권을 매도한 경우 당일 오후 4시 40분까지 매도대금이 증권계좌에 지급되기 때문에 필요자금을 편리하게 융통할 수 있다는 점도 장점이다. 장외에서는 보통 거래일 익일 결제가 이뤄진다. 채권이자 수령도 간편한 편이다. 증권계좌를 활용해 거래소 채권시장에서 채권을 매수한 경우 정해진 기일에 원리금이 계좌로 입금된다. 거래소 상장채권은 결제기관인 예탁결제원에 등록 · 예탁돼 있어 실물증권을 갖고 원리금을 별도로 청구할 필요가 없다. 보유채권 처분 시에도 마찬가지다. 불특정 다수의 투자자를 대상으로 자유롭게 매도할 수 있어 환금성이 높다. 장외에서 증권사를 통해 매도할 경우 신용등급이 낮은 회사채 등은 상대적으로 처분이 쉽지 않다.

■ 주식과 유사한 채권투자도 가능?

가능하다. 보통 채권이라 하면 일정한 기간 동안 이자를 정기적으로 지급하는 증권을 말한다. 이런 채권은 이자율에 따라 채권가격이 변하는 특성을 보인다. 이와 달리 채권가격이 이자율 외에도 주가와 연동되는 주권 관련 사채가 있다. 이런 주권 관련 사채는 채권 안정성에 주식 전환 시 시세차익이나 배당까지 얻을 수 있는 메리트가 있어 투자자 선호도가 높은 편이다. 거래소 일반채권시장에서는 주권 관련 사채인 전환사채, 신주인수권부사채, 교환사채 등이 상장돼 거래되고 있어 주식과 연계한 채권투자가 가능하다.

■ '만기까지 보유' vs '만기 전 매매'

채권투자에는 크게 채권을 만기까지 보유하는 방법과 만기 전에 채권을 매매해 차익을 얻는 두 가지 방법이 있다. 매매차익을 추구하는 방법은 채권수익률 수준과 그 방향성을 정확히 예측해야 가능하기 때문에 개인투자자에게는 상대적으로 어려운 방법이다. 따라서 채권투자에 익숙하지 않은 개인투자자들은 채권매수 시점의 수익률로 만기까지 투자수익을 확정할 수 있는 만기보유가 보다 적합하다. 다만 만기보유투자도 금리변동에 맞춰 금리 상승기(가격 하락)와 하락기(가격 상승)에 맞는 투자전략을 활용할 수 있다. 예를 들어 금리 상승기에는 단기채 위주로 투자해 향후 금리가 오를 때마다 만기투자 수익률의 상승 효과를 누릴 수 있다. 또 채권은 주식과 달리 만기라는 투자기한을 고려해야 하는데 보통 만기가 길수록 투자 위험도가 크기 때문에 초보투자자에게는 만기가 짧은 채권이 보다 적합할 수 있다. 이자소득 절세를 위해서는 이자소득세가 표면이자율을 기준으로 부과되는 점을 감안해 표면금리가 낮은 채권이 높은 채권보다 유리하다. 수익률이 같다면 신용등급이 상대적으로 높은 것을 선택하고 신용등급이 같다면 수익률이 높은 채권이 유리하다. 다만 기대수익이 높을수록 투자위험이 커진다는 점은 채권에도 적용되는 투자의 제1원칙이므로 항상 유의해야 한다.

출처 : 뉴스토마토, 2016. 8. 5 수정.

시사 포커스

누구나 투자하는 블록체인 채권

개인투자자들이 스마트폰 앱을 내려받아 다양한 해외 채권을 하루에도 수차례 사고팔 수 있는 시대가 가까워지고 있다. 기관투자가의 전유물인 사모채권 등 금융상품을 매우 적은 비용으로 쪼개 팔 수 있는 기술이 실용화 단계에 접어들고 있어서다.

채권 발행비용 비교

(단위 : 천 달러)

항목	기존 방식	블록체인[1]
중개 및 판매	1,500	40
보고	1,200	100
정보 수집	1,200	350
적격 투자자 분류 및 배정	500	0
지급 및 결제	84	0

※ 그린본드 1억 달러, 20년 만기 기준

주 : 1) 블록체인 완전 자동화 기준 추정 비용

자료 : HSBC, 지속가능디지털금융연합

홍콩통화청(HKMA)은 소액투자자에게 그린본드(녹색채권)를 직접 판매하는 거래 플랫폼의 시범 서비스를 연내 선보일 예정이라고 최근 밝혔다. 국제결제은행(BIS)과 공동으로 개발 중인 이 플랫폼은 블록체인 기술을 적용해 발행자와 투자자를 직접 연결할 계획이다. 개인투자자가 참여하는 최초의 블록체인 기반 디지털 채권 사업이라는 관점에서 '프로젝트 제네시스'로 부르고 있다. 블록체인 본드(blockchain bond)는 실물 증서 없이 '디지털 토큰화'(security token offerings ; STO) 방식으로 발행한다. 여러 참여주체(node)가 채권 정보를 실시간으로 분산 저장하는 기술을 활용하기 때문에 거래소나 주관 증권사 같은 관리기관을 따로 두지 않아도 된다. 증권예탁결제기관(central securities depository ; CSD)도 필요 없다. 또 거래 당일 결제가 가능해 시간을 크게 아낄 수 있다. 현재 한국 채권시장의 결제일은 거래일＋1일이다. 해외의 경우 길게는 거래일＋3일이 걸리기도 한다. 또 하나의 큰 장점은 채권을 소액으로 쪼개 팔 때 발생하는 판매 및 관리 비용을 획기적으로 낮출 수 있다는 것이다. 그동안 사모채권이나 사모펀드는 투자자 자격, 각종 규정 준수 여부를 사람이 확인해야 해 투자자 수를 제한해야 했다. 반면 블록체인 본드는 이런 작업의 상당 부분을 자동화할 수 있다.

많은 장점에도 블록체인 본드가 아직 채권시장의 주류로 진입하지 못하는 이유는 법률과 기술표준 등이 시험 단계에 머물고 있기 때문이다. 최근 수년간 발행 사례는 세계은행, JP모간, 캐나다국립은행(NBC), HSBC, 싱가포르개발은행(DBS) 정도에 그친다. 하지만 최근 유럽과 홍콩, 싱가포르 등지에서 다양한 시도가 성공하면서 블록체인 본드 시장이 급성장할 것이란 기대를 키우고 있다. 유럽투자은행(EIB)은 지난 4월 최초로 전통적인 '공동주관사단(syndicate of banks)'을 활용한 블록체인 본드 발행에 성공했다. 디지털증권을 금융상품으로 인정하는 프랑스 법률에 따라 공동주관사인 골드만삭스와 소시에테제네랄, 산탄데르 등이 1억 유로 규모의 2년 만기 자금 조달을 지원했다. 홍콩통화청의 프로젝트 제네시스는 이산화탄소 배출 감소 등 그린본드의 환경 개선 효과를 측정해 투자자에게 전달하는 서비스도 제공할 계획이다. 투자한 돈이 어디에 쓰이고 있는지 정보를 투명하고 신속하게 제공할 수 있는 블록체인 본드의 매력을 알리기 위해서다.

개인의 블록체인 본드 투자 증가는 기존의 채권 발행 방식을 빠르게 대체하는 기폭제 역할을 할 수 있다. 채권의 유동성 개선은 기업들이 새로운 발행 방식을 선택하도록 이끌 핵심 변수다. 중소기업 채권 발행 활성화라는 한국 자본시장의 숙원을 이루는 계기가 될 수도 있다. 한국의 회사채 발행시장은 95% 이상이 대기업인 기형적 구조를 가지고 있다. 보수적인 소수 기관투자가만 참여하는 협소한 투자자 기반 탓이다. 개인투자자들이 채권시장에서 멀어진 데는 높은 판매 수수료도 한몫했다.

싱가포르 금융시장 전문가들은 블록체인 본드가 '자본시장 민주화'의 첨병 역할을 할 수 있다는 데 주목해야 한다고 말한다. 일반 개인투자자들이 접근할 수 없는 영역이었던 사모펀드, 헤지펀드, 사모부채 등에 이르기까지 '쪼개 팔기'를 확산시키는 도로를 깔아줄 것이란 전망에서다. 저금리 시대 마땅한 투자대상을 찾지 못해 부동산에 매달릴 수밖에 없었던 많은 개인투자자에게 미래에는 훨씬 다양한 선택지가 주어질 것이란 얘기다. 프로젝트 제네시스에 참여하고 있는 한국계 기업인 셰어러블에셋의 이원홍 창업자는 "개인투자자가 손쉽게 투자할 수 있는 자본시장을 디지털화하는 금융 인프라를 구축하고 있다"며 "블록체인 기술이 채권은 물론 글로벌 자산시장 전체에 지각변동을 가져올 것"이라고 말했다.

출처 : 한국경제(2021년 10월 2일) 수정.

주요 용어

채권	386	국채	387
지방채	387	특수채	387
금융채	387	회사채	387
자산유동화증권	388	이표채	388
순수할인채	388	복리채	388
고정금리채권	389	변동금리채권	389
채권가격	390	채권수익률	393
만기수익률	393	채권등급평가	395
이자율위험	399	가격위험	399
재투자위험	399	듀레이션	400
소극적 채권투자관리	400	채권지수펀드 투자전략	401
목표시기면역전략	401	순자산면역전략	402
자산 · 부채관리	402	적극적 채권투자관리	404
대체스왑	404	시장 간 스프레드스왑	404
이자율예상스왑	404	순수수익률취득스왑	405
세금스왑	405		

연습문제

Ⅰ. 완성/선택형 문제

01. 채권을 발행할 때는 채권의 (　　　　), (　　　　) 그리고 (　　　　) 세 가지가 반드시 표시되어야 한다.

02. 액면이자율이 시장이자율보다 높은 채권을 (　　　　), 액면이자율이 시장이자율과 같은 채권을 (　　　　), 액면이자율이 시장이자율보다 낮은 채권을 (　　　　)라 한다.

03. (　　　　)은 현재시점에서 채권(이표채 등)을 매입하여 만기까지 보유하는 경우에 투자자가 얻을 수 있는 연간 평균수익률을 의미하며, 채권의 시장가격과 그 채권을 소유할 경우 얻을 수 있는 미래 현금흐름의 현재가치를 일치시켜 주는 할인율로 정의된다.

04. 시장이자율이 변함에 따라 채권투자성과가 변동할 가능성을 이자율위험이라 하며, 이자율위험은 (　　　　)과 (　　　　)으로 나눌 수 있다.

05. (　　　　)은 자산과 부채의 듀레이션을 적절히 조정하여 이자율 변동에 따른 순자산가치의 변동위험을 제거하기 위한 전략이다.

06. (　　　　)는 채권시장의 비효율성을 이용하여 초과이익을 얻고자 하는 전략이다. 이는 주로 저평가된 채권을 발견하거나 이자율 예상에 따라 듀레이션을 조정함으로써 높은 투자성과를 얻고자 하는 채권투자전략이다.

07. 채권의 특성에 대한 다음의 설명 중 거리가 먼 것은?

① 채권은 차입자가 투자자들로부터 자금을 조달하기 위해 발행하는 일종의 채무증서이다.
② 채권은 발행 시에 이자 및 원금(액면가) 등 소득이 확정된 확정소득증권이다.
③ 채권은 주식과는 달리 원리금의 상환기간이 발행 시에 정해져 있는 기한부증권이다.
④ 채권투자는 주식에 비해 안전성뿐만 아니라 수익성도 높다.

08. 만기는 5년 후이며, 액면가는 100만원인 순수할인채권의 현재가치는 얼마인가? (단, 시장이자율은 6%이다.)

① 73.23만원 ② 74.73만원 ③ 75.34만원 ④ 76.21만원

09. 소망주식회사는 1년 전에 액면가 10,000원, 만기 3년, 그리고 액면이자율 5%인 사채를 발행하였다. 시장이자율이 6%라면, 이 사채가격은 얼마인가?

① 9,519.8원 ② 9,623.6원 ③ 9,816.7원 ④ 10,423.8원

10. 연간 액면이자율이 10%인 채권이 있다. 그리고 현재의 시장이자율은 12%로 향후 일정하게 유지될 것으로 예상된다. 1년 후에 이 채권의 가격은 어떻게 되리라고 예상할 수 있는가?

① 지금보다 낮아진다.
② 지금보다 높아진다.
③ 지금과 동일하다.
④ 액면이자의 지급시기에 따라 다르다.

11. 채권에 대한 다음의 설명 중 잘못된 것은?

① 장기채권의 만기수익률은 단기채권의 만기수익률보다 높은 경향이 있다.
② 신용등급이 낮을수록 채권수익률은 높아진다.
③ 채권거래가 활발하지 않을수록, 즉 유동성이 낮을수록 채권수익률은 낮아진다.
④ 경기활황기, 금융긴축기, 인플레이션이 심할수록 채권수익률이 높아진다.

12. 다음 중 투자적격등급에 해당하지 않는 채권은?

① 채권등급이 BB+인 회사채
② 채권등급이 BBB인 회사채
③ 채권등급이 BBB-인 회사채
④ 채권등급이 A인 회사채

13. 채권가격과 이자율의 관계에 대한 다음의 설명 중 잘못된 것은?

① 시장이자율이 변동할 때 확정이자부채권보다 순수할인채권의 가격변동폭이 더 크다.
② 시장이자율이 액면이자율보다 큰 경우 할인발행된다.
③ 시장이자율이 액면이자율보다 작을 경우 할증발행된다.
④ 만기가 짧을수록 시장이자율에 대한 채권가격의 변동폭이 커진다.

14. 채권투자전략으로 가장 올바른 것은?

① 금리 상승이 예상될 때 주로 장기채에 투자한다.
② 금리 상승이 예상될 때 만기가 동일한 경우 액면이자율이 낮은 채권에 투자한다.
③ 국채와 회사채의 수익률 스프레드가 비정상적으로 높을 경우 국채를 회사채로 교환한다.
④ 이자율이 하락할 것으로 예상되는 경우 채권의 듀레이션을 짧게 하고, 이자율이 상승할 것으로 예상되는 경우 채권의 듀레이션을 길게 한다.

Ⅱ. 서술/계산형 문제

01. 주식과 채권의 차이점에 대해서 설명하라.

02. 채권등급평가의 의의, 그리고 채권등급과 만기수익률 간의 관계를 설명하라.

03. 이자율위험을 구성하는 두 가지 위험에 대해서 설명하라.

04. 소극적 채권투자전략인 목표시기면역전략과 순자산면역전략을 비교 설명하라.

05. 적극적 채권투자관리가 어떤 경우에 필요한지를 설명하고, 또한 적극적 채권투자전략의 종류를 세 가지 이상 들고 각각의 의미를 간단히 설명하라.

06. (순수할인채의 가치평가)

만기는 10년 후이며, 액면가는 1,000만원인 순수할인채의 가치는 얼마인가? (단, 시장이자율은 5%이다.)

07. (시장이자율과 채권가격)

한라주식회사는 지금 다음과 같은 사채를 발행하려고 한다.

- 액면가 : 10,000원
- 만기 : 2년
- 액면이자율 : 8%

(1) 시장이자율이 6%인 경우 사채의 발행가격은?

(2) 시장이자율이 8%인 경우 사채의 발행가격은?

(3) 시장이자율이 10%인 경우 사채의 발행가격은?

(4) 시장이자율과 사채의 발행가격 사이의 관계는?

08. (채권의 가치평가)

K씨는 현재 만기 5년, 액면가 10,000원인 S전자의 신규 발행 사채를 액면가로 구입하였다. 이 5년 만기 사채는 매년 말 600원의 이자를 지급한다. 또한 K씨는 매년 말 400원의 이자를 지급하며, 만기까지 3년이 남아 있는 S전자의 다른 사채의 구입을 고려 중이다. 이 사채의 액면가는 10,000원이다.

(1) 5년 만기 사채의 만기수익률은 얼마인가?

(2) 물음 (1)에서 계산한 만기수익률이 만기까지 3년 남아 있는 채권을 평가하는 데 적절한 할인율이라면, K씨는 3년 만기 채권을 얼마에 구입하여야 하는가?

12 파생상품투자

1. 선물

2. 옵션

이 장의 개요

선물(futures), 옵션(options) 등 파생상품(derivatives)은 자산의 가격변동위험을 제거, 즉 헤징(hedging)할 필요에 따라 성장 · 발전되었다. 그러나 2007년 미국 서브프라임 모기지(sub-prime mortgage, 비우량 주택 담보대출) 부실 사태로 불거진 신용위기로 인해 미국의 유수 투자은행인 베어스턴스(Bear Stearns), 리먼브러더스홀딩스(Lehman Brothers Holdings, Inc.) 등이 무너진 사례를 접하면서, 파생상품은 매우 위험한 상품이라는 인식을 가질 수 있다. 그러나 이와 같은 사례는 파생상품이 위험관리라는 본래의 목적과 달리 투기적인 목적으로 사용되었기 때문에 나타난 부작용이라 할 수 있다. 이와 같은 부작용에도 불구하고 기업의 투자위험에 대한 효율적인 관리를 위해서는 파생상품의 이용이 필수적이다.

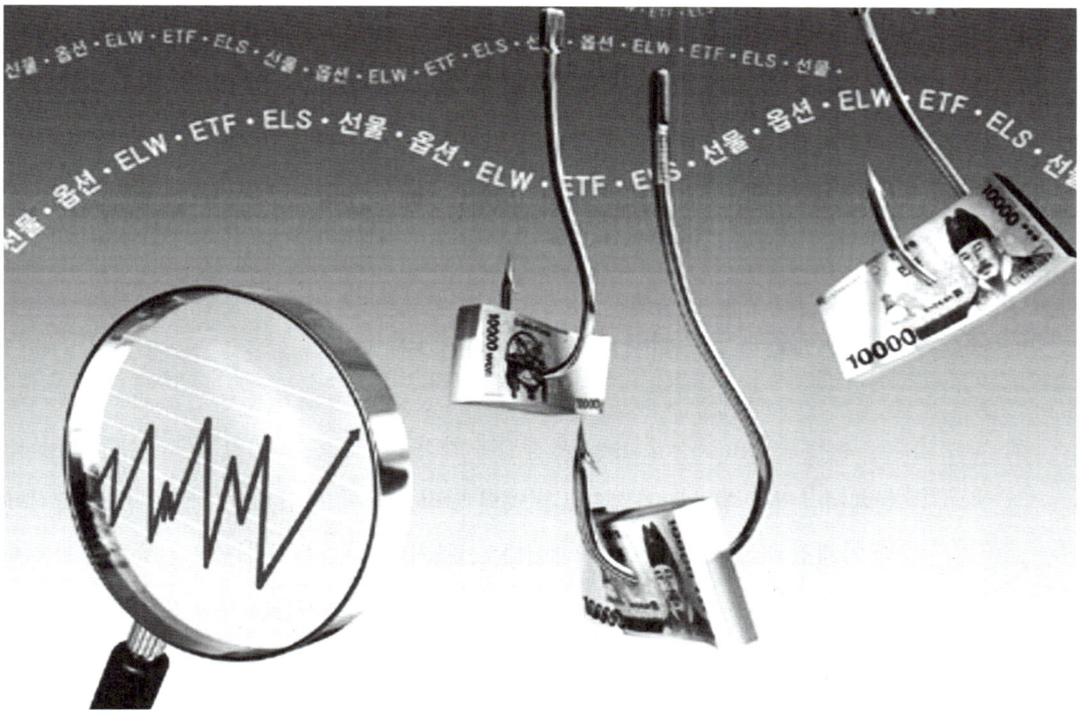

▲ 운칠기삼(運七技三)? 천만에! 딱 아는 만큼 돈 보인다 … 선물 · 옵션 … ELW … ETF … ELS …
〈한국경제, 2008. 10. 30.〉

1. 선물

선물의 역사는 아주 오래 전으로 거슬러 올라가야 되겠지만, 현재와 같이 조직화된 선물거래는 1848년에 설립된 미국의 시카고상품거래소(Chicago Board of Trade ; CBOT)에서 시작되었다고 할 수 있다. 그리고 시카고상업거래소(Chicago Mercantile Exchange ; CME)의 부속거래소로 1972년 설립된 국제통화시장(International Monetary Market ; IMM)에 금융선물이 도입되면서 선물거래는 획기적인 발전의 전기를 맞게 된다. 2007년 7월에 시카고상품거래소(CBOT)와 시카고상업거래소(CME)가 CME그룹(www.cmegroup.com)으로 통합되었다. 그리고 2008년 8월에는 CME그룹이 뉴욕상업거래소(New York Mercantile Exchange ; NYMEX)를 인수하여 미국 최대 파생상품거래소가 되었다. 우리나라에서도 코스피200에 대한 주가지수선물시장이 1996년 5월 3일 한국거래소(Korea Exchange ; KRX)에서 처음 개설된 후 급속하게 발전하고 있다.

1.1 선물거래의 기초개념

1) 선물거래의 의의

선물거래(futures trading)란 품질과 가격 등이 표준화된 일정량의 상품(현물)을 현재시점에서 약정된 가격으로 미래의 일정 시점에 매입 또는 매도하기로 조직화된 거래소 내에서 약정하는 거래이다. 선물거래의 대상이 되는 특정 상품을 기초자산(underlying asset), 시장에서 거래되고 있는 기초자산의 현재가격을 현물가격(spot price), 선물계약이 이행(결제)되는 미래의 일정 시점을 만기일(maturity date) 또는 인도일(delivery date), 만기일의 약정된 가격을 선물가격(futures price)이라고 한다. 여기서 선물가격은 만기일에 기초자산을 거래하기로 약정한 가격을 의미하는 것이지, 선물계약 자체의 가치(내재가치)를 의미하는 것은 아니다. 다시 말하면, 선물가격은 현재시점에서 약정된 만기일에서의 상품 인수 · 도가격이다.

그림 12-1 선물거래와 현물거래

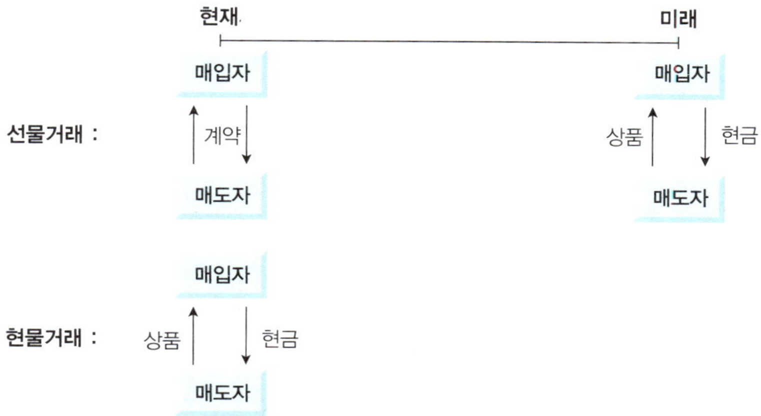

선물거래는 매매계약의 체결과 동시에 매매대상물(상품)의 인수 · 도와 대금결제가 이루어지는 현물거래(spot trading)와 대비되는 개념이다.[1] 선물거래와 현물거래의 차이를 그림으로 나타내면 [그림 12-1]과 같다.

선도거래(forward trading)는 기초자산을 현재시점에서 약정된 가격으로 미래의 일정 시점에 매입 또는 매도하기로 약정하는 거래라는 점에서 본질적으로 선물거래와 같다고 할 수 있다.[2] 그러나 선물거래와 선도거래는 다음과 같은 몇 가지 점에서 서로 구분된다. 첫째, 선도거래는 특정한 장소 없이 장외시장(over-the-counter market)에서 당사자 간 직접계약에 의해 이루어지는 반면, 선물거래는 조직화된 공식적인 시장, 즉 선물거래소(futures exchange)에서 공개입찰을 통해 이루어진다. 따라서 선물거래는 선도거래에 비해 계약상대방을 훨씬 쉽게 찾을 수 있으며, 높은 시장성으로 인하여 선물가격은 수요와 공급이 일치하는 균형수준에서 보다 쉽게 결정될 수 있다. 둘째, 선물계약은 거래소가 정한 계약조건(거래상품, 거래단위, 만기일 등)에 의해 표준화되어 있지만, 선도계약은 거래당사자 간 합의에 의해 거래조건이 결정된다. 선물거래는 거래조건을 표준화함으로써 계약체결을 용이

1. 현재시점에 상품을 인수 · 도하고 일정한 기간이 지난 후 대금을 결제하는 거래를 외상거래 또는 신용거래라 하며, 이는 현물거래에 포함된다.
2. 채소를 재배하는 농부가 수확기의 가격 하락 위험을 제거하기 위하여 채소도매상과 미리 정해진 가격으로 계약을 맺어 채소를 판매하는 방법, 속칭 '밭떼기' 등이 선도거래의 좋은 예라고 할 수 있다.

표 12-1 선물거래와 선도거래의 비교

구분	선물거래	선도거래
거래장소	선물거래소	장외시장
거래조건	상품, 거래단위, 만기일 등이 표준화되어 있음	거래당사자 간의 협의에 의해 결정됨
거래상대	알려져 있지 않음	직접거래로 알려짐
증거금	있음	없음
가격변동	매일매일 가격변동(일일정산)	만기일까지 변동 없음
상품인수 · 도	인수 · 도가 거의 없고, 대부분 반대매매에 의해 청산됨	대부분 만기일에 인수 · 도됨
거래신뢰도	결제소의 이행보증	거래당사자의 신용에 달려 있음
규제방식	엄격한 규제	자율적 규제
시장구조	완전시장	불완전시장

하게 하고 거래 자체의 유동성을 높여, 만기일 이전이라도 언제든지 필요한 시점에 계약을 제3자에게 양도할 수 있게 한다. 셋째, 선물거래에서는 결제소(clearing house)가 거래의 상대방으로서 모든 선물계약의 청산에 대하여 책임을 지며 계약의 이행을 보증하는 역할을 수행하기 때문에 청산위험이 거의 없으나, 선도거래의 경우 계약자 쌍방 간의 직접거래이므로 계약당사자의 신용도에 따른 위험이 존재한다. 선물거래에서는 계약의 이행을 보증하려는 제도적 장치로 일일정산(marking to market), 증거금(margin) 등의 제도를 두고 있다.

이상에서 설명한 선물거래와 선도거래의 차이점을 요약하면 〈표 12-1〉과 같다.

2) 선물거래의 손익

선물거래는 선물의 매입(long position)과 매도(short position)로 구분된다. 선물의 매입은 만기일에 약정된 가격(선물가격)으로 기초자산을 매입할 것을 계약한 것이며, 선물의 매도는 만기일에 선물가격으로 기초자산을 매도할 것을 계약한 것이다. 선물의 매입자가 그 상태를 벗어나기 위해서는 만기일에 기초자산을 실제로 인수하거나, 만기일 이전에 매입했던 선물을 다시 매도하여야 한다. 반면 선물의 매도자가 그 상태를 벗어나기 위해서는 만기일에 기초자산을 실제로 인도하거나, 만기일 이전에 매도했던 선물을 다시 매입하여야 한다. 선물포지션(futures position)을 마감하기 위하여 매입했던 선물을 만기일 이전에 재매도하는 것을 전매(轉賣) 또는 재매도청산(liquidation, long covering)이라 하고, 매도했던 선물을 만기일 이전에 재매입하는 것을 환매(還買) 또는 재매입청산(short covering)이라 한다. 이와 같이 반대매매에 의해서 선물거래자가 선물포지션을 없애고 선물시장에서 빠져나오는 것을 '선물포지션을 청산(close out)한다' 라고 표현한다.

선물의 매입자는 기초자산의 가격이 오를수록 선물가격이 상승하여 이익을 보게 되는 반면, 선물의 매도자는 기초자산의 가격이 하락할수록 선물가격이 하락하여 이익을 보게 된다. 선물의 청산일에서의 선물거래에 따른 이익은 다음과 같다.

선물매입거래의 이익 = 청산일에서의 선물가격 − 선물계약일의 선물가격
선물매도거래의 이익 = 선물계약일의 선물가격 − 청산일에서의 선물가격

예를 들어 선물가격이 배럴(barrel)당 150,000원인 원유선물의 매입자와 매도자를 생각해 보자. 선물의 청산일에 원유의 선물가격이 배럴당 160,000원으로 상승하는 경우 원유선물 매입자와 매도자의 이익(배럴당)은 다음과 같이 계산될 수 있다.

- 원유선물 매입자의 이익 = 160,000원 − 150,000원 = 10,000원
- 원유선물 매도자의 이익 = 150,000원 − 160,000원 = −10,000원

원유선물의 매입자는 배럴당 160,000원인 선물을 150,000원에 매입할 수 있기 때문에 10,000원의 이익을 얻을 수 있다. 그러나 원유선물의 매도자는 배럴당 160,000원인 선물을 150,000원에 매도해야 하기 때문에 10,000원의 손실을 보게 된다. 한편 선물가격이 하락하는 경우에는 정반대로 원유선물의 매입자가 손실을 입는 만큼 원유선물의 매도자는 이익을 보게 된다.

이상에서 보는 바와 같이 선물거래의 매입포지션에 따른 이익(또는 손실)과 매

그림 12-2 선물거래 종료일, 즉 청산일(t)에서의 선물거래에 따른 손익

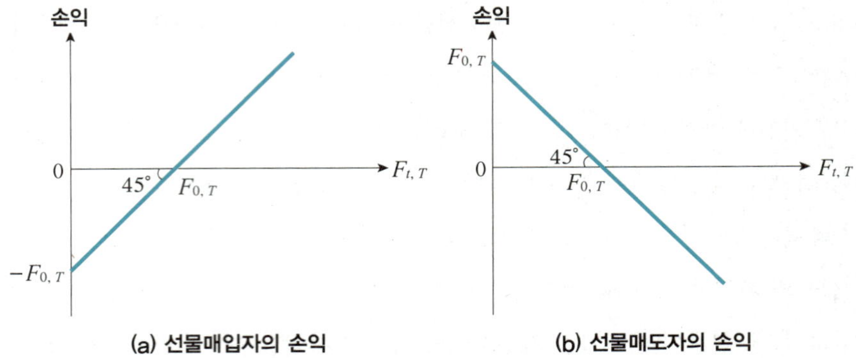

여기서 $F_{0,T}$: 선물계약일(0)의 선물가격, $F_{t,T}$: 청산일(t)에서의 선물가격

도포지션에 따른 손실(또는 이익)은 그 크기가 항상 동일하기 때문에 모든 선물거래의 손익은 정확하게 상쇄되어 0이 된다.[3] 따라서 선물거래를 제로섬게임(zero-sum game)이라고 할 수 있다. 선물거래에 따른 손익을 그림으로 나타내면 [그림 12-2]와 같다.

3) 선물거래의 종류

선물계약은 그 기초자산의 종류에 따라 크게 두 가지로 분류된다. 주요 원자재인 원유, 구리, 금, 은, 옥수수, 밀, 대두 등 일반 상품을 기초자산으로 거래되는 상품선물과 주가지수, 금리, 통화 등을 기초자산으로 거래되는 금융선물로 구분될 수 있다. 선물계약에 대한 자세한 분류는 〈표 12-2〉와 같다.

3. 선물거래의 이익 = 선물매입거래의 이익 + 선물매도거래의 이익 = 0

표 12-2 **선물계약의 분류**

분류			기초자산
상품 선물	농림산물선물		옥수수, 밀, 대두, 설탕, 고무, 원면, 목재 등
	축산물선물		생우, 생돈, 냉동삼겹살 등
	귀금속선물		금, 은, 백금 등
	비철금속선물		구리, 알루미늄, 납, 아연, 주석 등
	에너지선물		원유, 천연가스, 가솔린, 난방유, LPG 등
금융 선물	금리선물	장기금리	미국 T-bonds 등
		중기금리	미국 T-notes, 한국국채 등
		단기금리	Eurodollars 등
	통화선물		미국 달러, 유럽연합 유로, 일본 엔, 영국 파운드, 중국 위안, 호주 달러, 캐나다 달러 등
	주가지수선물		코스피200, 코스닥150, Dow Jones Industrial Average, NASDAQ 100, EURO STOXX 50, Nikkei225 등

1.2 선물시장의 구조

선물시장은 선물거래소, 결제소, 선물중개회사 등으로 구성되어 있다. 선물시장의 구조를 그림으로 나타내면 [그림 12-3]과 같다.

그림 12-3 **선물시장의 구조**

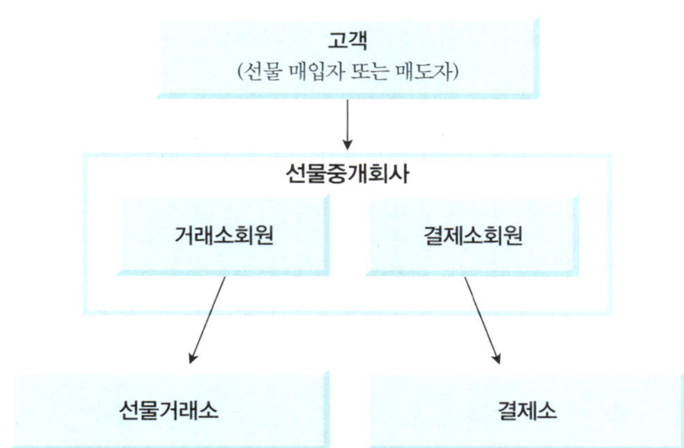

1) 선물거래소

선물거래소(futures exchange)는 거래소회원(exchange member)인 장내거래자가 고객의 선물거래 또는 자신의 계산에 의한 선물거래를 상호경쟁적으로 체결시키는 장소이다. 일반적으로 선물거래소는 일정액을 출자한 거래소회원에 의해 설립 · 운영되는 비영리회원 조직의 형태를 띤다. 선물거래소의 주요 기능은 조직화된 선물시장을 개설 · 운영하며, 선물거래가 원활하고 공정하게 이루어질 수 있도록 각종 관련 규정이나 규칙 등을 제정 · 시행하는 것이다.

2) 결제소

결제소(clearing house)는 선물거래소에서 이루어지는 모든 거래를 결제하는 결제기관으로, 거래소와 동일하게 비영리회원 조직 형태로 운영된다.[4] 결제소는 법적으로 선물매입자에 대하여 매도자 의무, 선물매도자에 대하여 매입자 의무를 진다. 즉, 결제소는 선물거래소에서 이루어진 모든 선물계약에 대한 거래의 상대방으로서 선물계약의 이행을 보증하는 역할을 한다.

결제소의 주요 기능에는 일일정산기능, 청산기능, 실물인수 · 도기능 등이 있다.

■ **일일정산기능**

선물거래는 선도거래와 달리 시장에서 매일매일 거래가 이루어지고 그 가격이 변하게 된다. 따라서 결제소는 매일매일 형성되는 정산가격(settlement price)을 기준으로 모든 거래참여자들의 미결제약정(open interest)에 대한 손익을 계산하여 반영하며, 이를 일일정산(marking to market)이라 한다. 선물의 정산가격은 시장마감 직전에 거래된 선물계약을 대표하는 가격(평균가격 또는 종가)이며, 미결제약정은 반대매매 또는 만기일의 인수 · 도 등에 의해서 청산되지 않고 남아 있는 선물계약을 의미한다.

---

4. 결제소는 선물거래소의 한 부서조직으로 운영되거나, 몇 개의 거래소가 공동으로 설립하여 운영되기도 한다. 우리나라의 경우 한국거래소(KRX)의 파생상품시장본부가 선물거래소 및 결제소의 역할을 모두 하고 있다.

이와 같은 일일정산을 통해 당일의 모든 선물 미결제약정에 대하여 매일 당일의 정산가격으로 재평가함으로써 실질적으로 매일 결제를 하는 것과 같은 효과를 볼 수 있다. 즉, 결제소의 일일정산제도에 의해 선물가격 변동으로 인한 손실이 누적되지 않고 매일매일 정산되기 때문에 계약당사자들의 계약불이행위험을 줄일 수 있다. 그러나 만기일에 결제되는 선도거래와 달리 선물거래는 일일정산으로 인하여 수시로 현금의 유・출입이 발생될 수 있기 때문에 선물거래자는 이에 필요한 현금을 확보해야 한다는 단점이 있다.[5]

■ 청산기능

결제소는 기존의 선물포지션을 쉽게 마감 또는 청산(liquidation)할 수 있도록 해준다. 선물거래자가 선물을 매입(매도)하였지만 이를 이행할 의도가 없는 경우 선물을 매도(매입), 즉 반대매매(reversing trade)함으로써 계약이행의 의무를 벗어날 수 있다.[6] 이와 같이 반대매매를 통하여 선물거래가 청산될 때 결제소는 확정이익과 손실을 청산당일에 지급 또는 수취하게 된다. 확정이익이 났을 때는 예탁했던 증거금과 이익금을 함께 지급하며, 확정손실이 났을 때는 증거금과 손실액의 차액을 지급한다. 그러나 손실액이 예탁한 증거금을 초과할 때는 그 차액을 해당 회원으로부터 징수한다.

■ 실물인수・도기능

선물의 만기일까지 반대매매에 의해 청산되지 않은 선물포지션을 보유하고 있을 경우, 매입포지션에 있는 자는 현물을 인수하여야 하고 매도포지션에 있는 자는 현물을 인도하여야 한다. 이때 결제소는 인도자와 인수자를 연결하여 실물의 인수・도가 원활하게 이루어지도록 서류상 처리를 하고 실물을 직접 취급하지는 않는다.

---

5. 선물계약이 만기일에 결제된다면 현재가치를 고려하지 않는 손익총계는 선도거래와 일치하게 된다. 그러나 선물거래의 경우 일일정산제도에 의해 수시로 현금흐름이 발생되기 때문에 그 손익의 총현재가치는 선도거래에서 발생한 손익의 총현재가치와 다를 수 있음을 유의해야 한다.
6. 반대매매에 의해서 투자자의 순포지션(net position)이 0이 되기 때문에 계약이행 의무가 없어지게 된다.

3) 선물중개회사

선물중개회사(futures commission merchant ; FCM)는 고객의 주문에 따라 선물계약 체결, 증거금 및 계좌 관리 등의 서비스를 제공하고 수수료를 받는다. 선물중개회사는 먼저 거래소회원인 경우와 거래소회원이 아닌 경우로 구분되는데, 거래소회원만이 투자자의 주문을 직접 처리할 수 있고, 비회원인 중개회사는 거래소회원인 중개회사를 통해서 투자자의 주문을 처리할 수 있다. 그리고 이와 같은 회원제도의 운영은 결제제도에도 동일하게 적용된다. 즉, 선물중개회사를 결제소회원(clearing member)이냐 비회원이냐로 구분하고, 비결제소회원일 경우에는 결제소회원에게 결제업무를 위임하여 수행하도록 하고 있다.

1.3 증거금제도

매매계약의 체결과 동시에 상품의 인수 · 도와 대금결제가 이루어지는 현물거래와 달리, 선물거래는 미래 일정 시점에서 정해진 가격으로 상품을 인수 · 도하고 대금을 결제하기로 약속한 것이기 때문에 결제일에 계약당사자가 약속을 이행하지 않을지도 모른다는 우려가 있을 수 있다. 선물을 매입한 후 선물가격이 하락하거나 선물을 매도한 후 선물가격이 상승한 경우, 계약자가 계약이행에 따른 손실을 회피하기 위하여 계약을 이행하지 않을 가능성이 있다. 따라서 선물거래에서는 계약의 이행을 제도적으로 보장하는 것이 필요하게 되며, 이와 같은 계약이행 보증을 위한 제도의 하나가 증거금제도이다.[7]

증거금(margin)은 일일정산 시 발생될 수 있는 계약불이행을 방지하기 위한 수단으로, 예치해야 하는 현금 또는 현금성자산(유동성이 높은 유가증권 등)을 의미한다. 증거금에는 [그림 12-4]에서 볼 수 있는 바와 같이 고객이 선물중개회사에 납부하는 위탁증거금(customer margin)과 결제소회원인 선물중개회사가 결제소에 납부하는 거래증거금(clearing margin)이 있다.

7. 앞에서 설명한 일일정산제도와 더불어 증거금제도를 실시함으로써 선물계약에 대한 이행을 거의 완벽하게 보장할 수 있게 된다.

그림 12-4 증거금의 구분 : 위탁증거금과 거래증거금

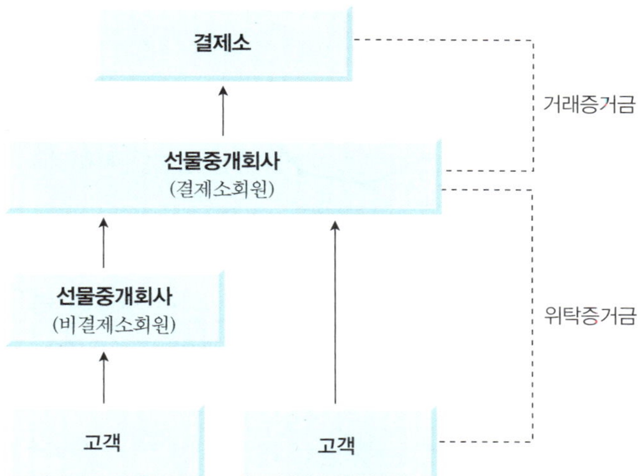

1) 위탁증거금

위탁증거금은 개시증거금과 유지증거금으로 구분된다.

■ 개시증거금

개시증거금(initial margin)은 고객이 신규 또는 추가적으로 선물을 매수하거나 매도할 때 선물중개회사에 예치해야 하는 증거금을 의미한다. 개시증거금 수준은 기초자산의 가격수준과 변동성, 선물거래 동기 등에 따라 다소 차이가 있으며, 한국거래소(KRX)는 분기마다 한 번씩 변동성 등을 감안하여 개시증거금률을 조정해 공표하고 있다.

■ 유지증거금

유지증거금(maintenance margin)은 고객이 자신의 선물거래포지션을 유지하는 데 필요한 최소한의 증거금을 의미하며, 일반적으로 개시증거금의 2/3수준에서 결정된다. 선물거래에서는 시장가격변동에 따라 발생되는 손익이 매일 일일정산되어 고객의 증거금에 반영되는데, 만일 선물가격이 크게 하락하여 손실금액이 고객

그림 12-5 위탁증거금 : 개시증거금과 유지증거금

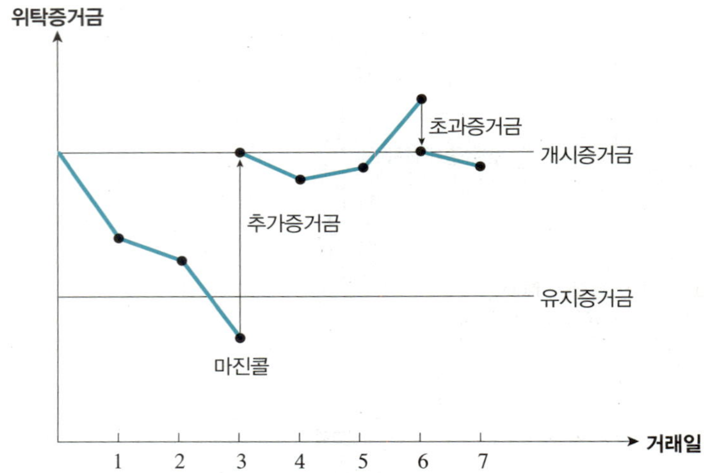

의 증거금을 초과하게 되면 증거금은 그 기능을 상실하게 된다. 따라서 [그림 12-5]에서 볼 수 있는 바와 같이 증거금이 일정한 수준(유지증거금) 이하로 떨어지게 되면, 선물중개회사는 고객에게 증거금을 당초의 개시증거금 수준까지 현금으로 충당하도록 요구하며, 이를 마진콜(margin call)이라 한다. 이와 같이 증거금이 유지증거금 수준 이하로 떨어지는 경우 개시증거금 수준으로 회복시키기 위하여 고객이 추가적으로 납부해야 하는 증거금을 추가증거금(variation margin)이라 한다. 만일 고객이 요구받은 증거금(추가증거금)을 충당하지 않을 경우 선물중개회사는 개시증거금 부족분에 해당하는 고객의 미결제약정을 임의로 반대매매한다. 한편 증거금이 개시증거금 수준을 초과하는 경우, 그 초과분을 초과증거금(excess margin)이라 한다. 이와 같은 초과증거금에 대한 인출은 일부 선물거래소에서 허용되고 있다.

2) 거래증거금

거래증거금은 결제소회원인 선물중개회사가 자신 또는 고객의 미결제약정을 성실하게 이행하겠다는 증거로 결제소에 예치하는 것이며, 선물중개회사가 고객으로부터 납입받은 증거금 중에서 일부를 결제소에 예치하는 것이 일반적이다. 대부분의 경우 거래증거금은 유지증거금 수준에서 결정된다. 그리고 결제소회원이 아닌 선물중개회사는 결제소회원인 중개회사를 통하여 거래증거금을 결제소에 예치한다. 결제소회원의 거래증거금계좌도 고객의 위탁증거금계좌와 같은 방법으로 매일 일일정산된다. 일일정산에 의해 거래증거금이 감소되는 경우 그만큼을 보충해야 하며, 거래증거금을 초과하는 금액은 인출될 수 있다. 즉, 결제소회원의 경우 위탁증거금에서의 유지증거금제도는 없고 개시증거금(거래증거금)제도만 있다고 할 수 있다.

시사 포커스

"하루 만에 수천만원 날렸습니다" … 도박개미들 '비명'

올 들어 국내 개인투자자의 해외파생상품 거래대금이 5,000조원을 넘어섰다. 고위험을 감수하면서 큰 수익을 얻고자 하는 투기적 수요가 늘어난 영향이라는 분석이다. 2021년 10월 10일 금융투자협회에 따르면 올해 1~8월 국내 개인투자자의 해외파생상품 거래금액은 4조 3,076억 달러(약 5,144조원)로 집계됐다. 지난해 같은 기간(3조 7,510억 달러)보다 14.8% 증가했고, 2019년(2조 4,427억 달러)과 비교하면 76.4% 급증했다. 나스닥 100지수 선물 등 해외파생상품은 최대 수십 배의 레버리지를 일으킬 수 있고, 단타 거래가 대부분이다. 여기에 기초자산의 변동성까지 더해지면 거래대금은 기하급수적으로 커진다.

글로벌 증시가 조정을 받고 원자재 가격이 급등한 2021년 9월에는 개미들의 '베팅' 규모가 더 커졌다. 9월 한 달간 국내 5개 증권사(KB, 대신, 메리츠, 신한, 키움)를 통한 해외파생상품 거래대금은 452조 4,194억원을 기록했다. 8월보다 11.8% 늘었다. 전문가들은 선물 · 옵션 투자로 단기간에 큰 손실을 입을 수 있는 만큼 유의해야 한다고 지적했다. 2020년까지 개인투자자는 해외파생상품 투자에서 큰 손실을 봤다. 금융감독원에 따르면 2020년 개인투자자는 해외파생상품 투자에서 9,126억원의 순손실을 입었다. 2019년 손실 규모(4,159억원)보다 119.4% 급증했다. 2021년에는 2020년보다 거래대금이 증가하며 손실 규모도 더 커진 것으로 금융당국은 파악하고 있다. 금감원 관계자는 "해외파생상품에 투자할 때는 상품가격 변동과 환율 변동 위험을 종합적으로 고려해야 한다"며 "해외파생상품은 손익구조가 복잡하기 때문에 특정 정보에만 의존한 '묻지마식 투자'는 큰 손실을 불러올 수 있다"고 말했다.

■ 지지부진한 증시 … 해외선물 몰려든 '도박개미' "변동성 극심 … 투자 유의해야"

30대 직장인 A씨는 2021년 해외 주식 투자를 시작했다. 미국 주가가 계속 오른 2021년 8월까지 안정적으로 수익을 거뒀지만 10% 안팎의 수익률에 만족하지 못했다. 단기간에 많은 수익을 얻고 싶다는 생각에 해외파생상품 시장에 뛰어들었다. '미국 주식은 우상향한다'는 말을 믿고 지수 상승에 '베팅'했다. 하지만 2021년 9월 말 미국 증시가 일제히 급락하면서 하루 만에 수천만원을 잃었다. 서학개미 열풍이 해외파생상품 시장으로 번지고 있다. 최근 글로벌 증시가 주춤하고 원자재 가격이 급등하자 많은 수익을 얻고자 하는 투기성 수요가 해외파생상품 시장으로 몰리고 있다.

■ 미국 지수 · 원자재 선물 '인기'

올 들어 8월까지 국내 개인투자자가 가장 많은 금액을 거래한 해외파생상품은 'E-mini 나스닥100'이었다. 이 상품은 나스닥 시가총액 상위 100개 종목으로 구성된 '나스닥100 지수'를 추종한다. 2021년(1~8월) 개인투자자의 'E-mini 나스닥100' 거래대금은 1조 7,083억 달러로 전년 동기(1조 1,795억 달러) 대비 44.8% 늘었다. 최근 원자재 가격이 급등하면서 원자재 관련 파생상품에 투자하는 개인투자자도 많아졌다. 뉴욕상업거래소에서 거래되는 '크루드오일 서부텍사스원유(WTI)' 선물 거래대금은 올해 3,407억 달러로 전년 동기 대비 34.6% 증가했다. 뉴욕상업거래소에 상장된 구리 선물 거래대금은 838억 달러로 전년 동기보다 178.2% 급증했다.

해외파생상품 시장에서 개인투자자는 '큰손'이다. 2021년 8월까지 국내 증권사의 해외파생상품 거래대금은 6,997억 달러로, 개인투자자 거래대금(4조 3,076억 달러)의 5분의 1 수준에도 못 미쳤다. 은행과 투신의 거래대금은 각각 1,367억 달러, 834억 달러에 불과했다.

■ 리스크 크고 수수료 비싸

파생상품은 주식, 채권, 원자재, 통화 등을 기초자산으로 해 기초자산의 가치 변동에 따라 가격이 결정되는 금융상품을 말한다. 선물 · 옵션이 대표적이다. 선물 · 옵션 거래는 증거금(위탁증거금 + 유지증거금)만 있으면 최대 수십 배의 레버리지를 일으킬 수 있어 '초고위험' 상품으로 꼽힌다. 해외선물 투자의 손익은 '가격변동폭 × 거래승수 × 계약 수'로 계산된다. 가격이 조금만 움직여도 손익이 크게 널뛰는 이유다. 예를 들어 'E-mini 나스닥100'을 14,900.00포인트에 5계약 매수해 14,800.00포인트에 팔았다면 지수는 100.00포인트 움직였지만 손

증가하는 개인투자자 해외파생상품 거래대금

(단위 : 억 달러)

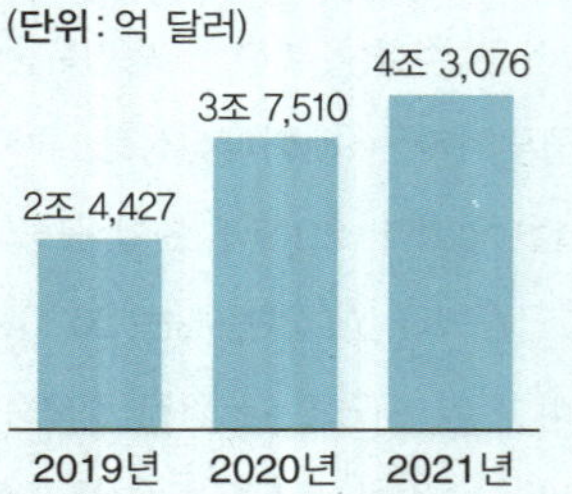

※ 각 해 1~8월 기준

자료 : 금융투자협회

개인투자자 해외파생상품 거래 손실 규모

(단위 : 억원)

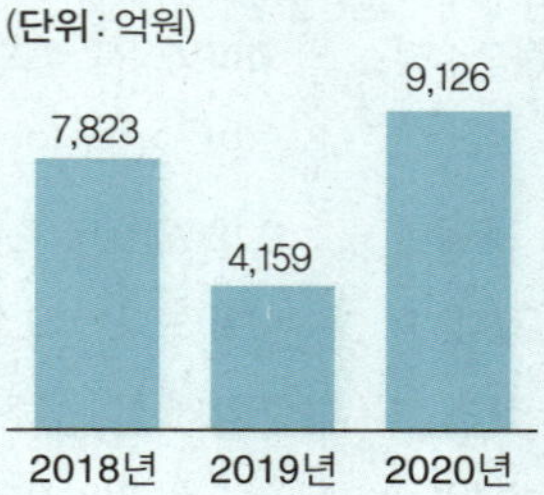

자료 : 금융감독원

해외선물 거래 구조

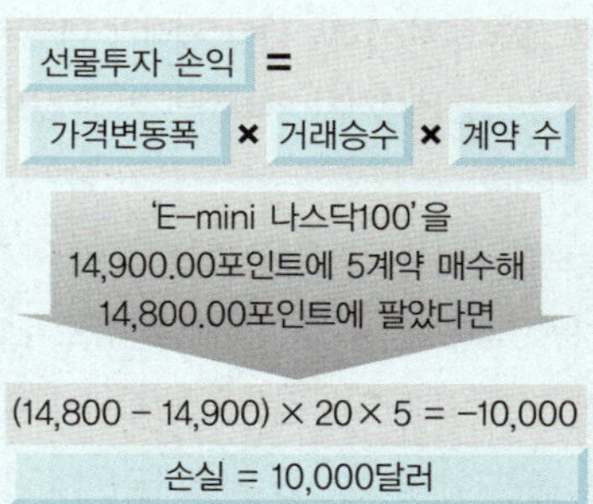

※ 거래승수는 선물 상품마다 다름

실은 1만 달러(100 × 20 × 5)에 이른다.

상품마다 만기(월물)가 있기 때문에 장기투자도 어렵다. 단타 거래를 할 수밖에 없는 구조다. 계약당 수수료가 6~12달러에 육박해 수수료 비용이 천정부지로 치솟기도 한다. 계약당 수수료가 6달러인 선물 상품을 하루 동안 5계약씩 사고판다면 총 수수료는 300달러(6달러 × 5계약 × 10회)에 육박한다.

■ **투자 상품이냐, 도박판이냐**

업계에 따르면 최근 글로벌 증시와 원자재 가격의 변동성이 커지면서 해외파생상품 투자자의 손실 규모가 큰 것으로 추정된다. 증권업계 관계자는 "지난주 증시가 급락한 이후 당분간 하락장이 계속될 것으로 예상한 투자자가 많았는데 증시가 반등하면서 큰 손실을 봤다"며 "원자재 가격을 고점으로 생각하고 매도포지션을 취한 투자자도 많았다"고 전했다.

해외파생상품을 '투자 상품'과 '도박' 중 무엇으로 볼 것인지에 대해 전문가들의 의견은 분분하다. 일각에서는 개인투자자의 금융 이해도가 높아지면서 자연스럽게 해외파생상품 투자가 늘어난 것이라는 분석이 나온다. 한 증권사 해외파생팀 관계자는 "과거에는 선물 · 옵션을 도박으로 접근했다면 최근에는 포트폴리오 일부로 분산투자하는 사람이 많아졌다"며 "현물과 선물에 각각 투자해 위험 회피(헤징)를 하거나 지수와 원자재 선물에 나눠 투자하는 전략을 쓰기도 한다"고 했다. 반면 개인투자자의 해외파생상품 거래 자체를 우려하는 목소리도 있다. 이채원 라이프자산운용 의장은 "해외파생상품이 추종하는 기초자산의 변동성이 큰 시기에는 하루 만에 투자금을 모두 날릴 수도 있다"며 "수수료와 환차손 비용이 크기 때문에 헤징 수단으로도 적절하지 않다"고 강조했다.

출처 : 한국경제(2021년 10월 11일) 수정.

1.4 선물거래자의 유형과 선물시장의 경제적 기능

1) 선물거래자의 유형

선물거래의 동기에 따라 선물거래자는 헤저(hedger), 투기자(speculator), 차익거래자(arbitrageur) 등 세 가지 유형으로 구분될 수 있다.

▲ 위험이 높은 파생상품을 투기적으로 거래할 경우 돈을 모두 날릴 수 있다.

■ 헤저

헤저는 선물의 매입 또는 매도를 통해서 예상하지 못한 현물의 가격변동으로 인하여 발생될 수 있는 손실을 최소화시킬 목적으로 선물거래를 하는 사람을 의미한다. 헤저의 선물거래 목적은 현물의 가격변동에 따른 위험을 최소화하는 데 있다. 이 과정에서 헤저는 기회손실을 입을 수 있으나, 이는 현물포지션으로부터의 손실을 방어하기 위해 지불하는 대가로 보아야 할 것이다.

■ 투기자

투기자는 현물시장에서의 포지션과 관계없이 선물가격 변동에 따른 시세차익을 얻기 위하여 선물거래를 하는 사람을 의미한다. 투기자의 선물거래 목적은 향후 기초자산 가격이 오를 것으로 전망되는 경우 선물 매입포지션을 취하고 반대로 기초자산 가격이 내릴 것으로 예상되는 경우 선물 매도포지션을 취해 높은 투기적 이익을 얻는 데 있다. 그러나 예상이 빗나갈 경우 큰 손해를 볼 수도 있다. 이와 같이 투기자들은 보호되지 않는 포지션(uncovered position)을 보유함으로써 선물가격 변동에 따른 위험을 감수하더라도 높은 투기적 이익을 얻고자 한다. 투기자는 선물시장에서 헤저의 위험을 떠맡을 뿐만 아니라 선물시장의 안정을 도모하는 중요한 경제적인 기능을 수행한다.[8]

■ 차익거래자

차익거래자는 현물가격과 선물가격 간의 일시적인 불균형을 이용하여 무위험 이익을 얻을 목적으로 선물거래를 하는 사람을 의미한다. 현물가격 또는 선물가격이 균형에서 이탈하여 차익거래이익(arbitrage profit)이 존재하는 경우 이를 얻기 위하여 차익거래가 발생하게 되며, 이와 같은 차익거래 과정에 의해 현물가격과 선물가격이 균형 상태로 되돌아가게 된다.

---

8. 투기와 도박은 위험을 대가로 수익을 얻고자 하는 점에서는 유사하지만, 투기는 사회적으로 유익한 기능을 수행하는 반면에 도박은 백해무익한 것이라는 점에서 다르다.

2) 선물시장의 경제적 기능

선물시장은 다음과 같은 몇 가지 중요한 기능을 수행한다.

■ 가격변동위험의 관리

시장에서는 미래의 가격변동에 따른 위험이 항상 존재한다. 예를 들어 특정 원재료를 계속적으로 필요로 하는 제조업자의 경우에는 원재료의 가격 상승에 따른 위험에 직면하게 되는 반면, 농산물을 생산하는 농부의 경우에는 수확기 농산물의 가격 하락에 따른 위험에 직면하게 된다.

선물시장은 예상하지 못한 가격변동으로 인한 손실위험을 사전에 방지할 수 있는 수단을 제공한다. 현물시장에서의 포지션과 반대되는 포지션(예를 들어 현물 : 매입(또는 매도) ↔ 선물 : 매도(또는 매입))을 선물시장에서 취함으로써 위험을 회피할 수 있다. 이 경우 위험을 회피하려는 거래자, 즉 헤저로부터 위험을 부담하여 보다 큰 투기적 이익을 추구하려는 거래자, 즉 투기자에게로 위험이 전가된다. 이와 같이 선물시장은 가격변동에 따른 위험을 관리할 수 있는 수단을 제공함으로써 기업 경영자는 경영계획과 투자계획을 보다 안정적으로 수립할 수 있고 한정된 투자자금을 훨씬 효율적으로 활용할 수 있다.

■ 가격의 예시

선물가격은 미래 특정 시점에서의 현물의 수요·공급에 대한 예상에 의해 결정되기 때문에 이것에 의해서 미래 현물가격의 동향을 사전에 예측할 수 있다. 이와 같은 선물시장의 가격예시기능(price discovery)으로 인하여 현물시장의 생산자나 투자자가 미래에 대한 일정한 예측을 할 수 있게 되어 장기적으로 현물시장의 안정을 가져온다.

■ 시장효율성의 제고

선물시장은 전문적으로 시장정보를 수집하고 평가하는 다수의 투기자를 시장에 참여시킴으로써 시장정보의 양과 질을 높이고 거래비용을 절감시킨다. 즉, 선물거래는 시장효율성을 높이고 이에 따라 경제 전체의 자원배분 효율성을 증대시킨다.

■ **자본형성의 촉진**

선물시장은 투기자의 부동자금을 헤저의 산업자금으로 이전시키는 자본형성 기능(capital formation function)을 간접적으로 수행한다. 선물시장이 효율적인 투자장소로 운영되면 투기자의 부동자금이 금융시장으로 유입되고, 이 자금은 다시 건전한 산업자금으로 활용될 수 있다.

특히 금융선물은 은행, 증권회사, 투자신탁 등 금융기관이 직면하는 주가변동위험과 이자율변동위험을 관리하는 데 있어 중요한 수단을 제공함으로써 저축과 투자의 흐름을 개선시킨다. 선물시장을 이용하여 주가와 이자율변동위험을 효과적으로 관리함으로써 주식과 채권 등 증권에 대한 수요가 증가하여 저축을 증대시킬 수 있다. 이 경우 기업의 자금조달이 용이해지고 자금조달비용이 감소하기 때문에 투자가 촉진되어 궁극적으로 국가 전체의 부를 증진시킬 수 있다.

1.5 우리나라 주요 선물의 거래제도

현재 한국거래소(KRX)의 파생상품시장에서 코스피200선물, 코스닥150선물, 코스피200섹터지수선물, 유로스톡스50선물, 코스피200변동성지수선물, 개별주식선물, ETF선물, 3년(5년, 10년) 국채(KTB)선물, 미국달러선물, 엔선물, 유로선물, 위안선물, 금(gold)선물 등이 거래되고 있다.

1) 주가지수선물의 거래제도

주가지수(stock price index)는 특정 주식시장에 상장된 주식들의 가격수준을 나타내는 지표로, 지수산정방법에 따라 시가총액가중식 주가지수(market value weighted index), 가격가중식 주가지수(price weighted index) 등으로 나눌 수 있다. 시가총액가중식 주가지수는 비교시점의 시가총액을 기준시점의 시가총액으로 나누어 구하는 반면, 가격가중식 주가지수는 비교시점의 단순주가평균을 기준시점의 단순주가평균으로 나누어 구한다.[9] 주가지수는 주식가격의 움직임을 나타내는

표 12-3 주가지수선물의 거래제도

구분	코스피200선물	미니코스피200선물	코스닥150선물	개별주식선물
기초자산	코스피200지수	코스피200지수	코스닥150지수	한국거래소 상장주식[1)]
거래승수[2)]	1포인트당 25만원	1포인트당 5만원	1포인트당 1만원	10주
호가가격 단위	0.05포인트	0.02포인트	0.1포인트	▪ 코스피 : 10~1,000원 ▪ 코스닥 : 1~100원
최소가격 변동금액	12,500원 (0.05p × 25만원)	1,000원 (0.02p × 5만원)	1,000원 (0.1p × 1만원)	▪ 코스피 : 100~10,000원 ▪ 코스닥 : 10~1,000원
결제방법	현금결제	현금결제	현금결제	현금결제

1) 개별주식선물의 기초자산은 주식시장에 상장되어 있고 유통주식 수가 200만 주 이상, 소액주주 수가 2,000명 이상, 1년간 총거래대금이 5천억원 이상인 보통주식 중에서 시가총액과 재무상태를 감안하여 선정된다.
2) 선물 1계약금액(거래단위) = 해당 선물지수 × 거래승수

지수에 불과하지만 주가지수를 금액으로 환산하여 이를 선물거래의 대상으로 한 것이 주가지수선물(stock index futures)이다.

주가지수는 실체가 없는 추상적인 수치로서 만기일에 현물결제가 불가능하므로 현금결제를 통하여 주가지수선물거래를 청산하게 된다. 현재 우리나라에서 거래되고 있는 주가지수선물의 거래제도는 〈표 12-3〉과 같다.

그리고 〈표 12-4〉는 코스피200선물 시세표를 예시한 것이다. 〈표 12-4〉에서 종가는 당일의 마지막 거래에 적용된 선물가격으로서 일일정산의 기준이 되며, 다음 날 거래의 기준가격이 된다. 시가는 당일의 첫 거래에 적용된 선물가격이며, 고가와 저가는 각각 당일 거래 중 가장 높은 가격과 낮은 가격을 의미한다. 여기서 종가로 산출된 20×1년 3월물 코스피200선물의 1계약금액은 8,757.5만원(350.30 × 25만원)이 된다. 그리고 미결제약정은 반대매매 또는 만기일의 인수·도 등에 의해서 청산되지 않고 남아 있는 선물계약을 의미한다.

---

9. 한국거래소의 유가증권시장에 상장된 주권 200종목의 시가총액 기준으로 산출된 시가총액가중식 주가지수인 코스피200지수(기준시점 : 1990. 1. 3.)의 계산식은 다음과 같다.

$$\text{코스피200지수} = \frac{\text{코스피200 구성종목의 비교시점 시가총액 합계}}{\text{코스피200 구성종목의 기준시점 시가총액 합계}} \times 100$$

여기서 시가총액 = 보통주 주가 × 보통주 상장주식 수

표 12-4 **코스피200선물 시세표**(20×1년 3월 2일 현재) (단위 : 포인트, 계약)

종목	종가	전일 대비	시가	고가	저가	거래량	미결제약정
20×1년 3월물	350.30	−0.50	349.30	350.60	348.70	175,202	121,790
20×1년 6월물	349.30	−0.45	348.05	349.40	347.65	512	2,453
20×1년 9월물	349.55	−1.55	349.55	349.55	349.55	1	1,176
20×1년 12월물	0.00	0.00	0.00	0.00	0.00	0	183
20×2년 6월물	0.00	0.00	0.00	0.00	0.00	0	85
20×2년 12월물	0.00	0.00	0.00	0.00	0.00	0	36
20×3년 12월물	0.00	0.00	0.00	0.00	0.00	0	0

알아두기 12-1

쿼드러블위칭데이

쿼드러플위칭데이(quadruple witching day)는 증권시장에서 코스피200선물, 코스피200옵션, 개별주식옵션, 개별주식선물 등 4가지 주식 관련 상품의 만기가 동시에 겹치는 날을 의미한다. 즉, 코스피200선물, 코스피200옵션, 개별주식옵션, 개별주식선물이 동시에 만기일이 되는 3, 6, 9, 12월이 쿼드러플위칭데이이다. 쿼드러플위칭데이는 '네 명의 마녀'가 심술을 부리듯이 선물이나 옵션의 만기일에 선물 · 옵션과 현물의 포트폴리오(차익거래에 의해 구성된 포트폴리오)를 청산하거나 포지션을 변경함으로써 현물시장에서 주식거래량이 늘어남과 동시에 주가의 변동성이 커지는 것을 의미한다.

한국시장의 선물 · 옵션 거래량은 전 세계 파생상품 거래량 중 으뜸으로, 꼬리가 몸통을 흔드는 현상, 즉 '왝더독'(wag the dog) 현상도 자주 나타나곤 하는데, 특히 쿼드러플위칭데이에 심하다. 가끔 조용히 지나가는 경우도 있기는 하지만 쿼드러플위칭데이가 가까워지면 투자자들은 심리적으로 위축되기 쉽다. 따라서 대부분의 경우 쿼드러플위칭데이에는 투자자의 투자심리가 위축되면서 약세장이 펼쳐지기 때문에 투자자들은 평상시보다 좀더 신중하게 주식거래를 해야 한다. 그러나 쿼드러플위칭데이에는 무조건 현물 주식시장이 약세를 보이는 것은 아니다. 선물 · 옵션과 연계돼 매물화될 수 있는 매수차익거래(현물매수, 선물 · 옵션매도)의 잔고에 대한 청산물량이 많고 적음에 따라 장 분위기가 결정되기 때문이다. 매수차익거래의 잔고에 대한 청산물량이 적으면 증시 충격은 그만큼 줄어들고, 많으면 증시 악영향이 불가피하게 된다. 따라서 실제 증시에 미치는 영향의 정도는 심리적인 측면이 강한 쿼드러플위칭데이보다는 그 시점에서 매수차익거래의 잔고에 대한 청산물량이 어느 정도인가에 따라 결정된다고 할 수 있다.

2) 금리선물의 거래제도

금리선물(interest rate futures)이란 이자율에 의해서 가격이 결정되는 기초자산(채권)에 대하여 거래되는 선물계약을 의미한다. 현재 우리나라에서 거래되고 있는 금리선물의 거래제도를 살펴보면 〈표 12-5〉와 같다.

표 12-5 금리선물의 거래제도

구분	3년 국채선물	5년 국채선물	10년 국채선물
기초자산	3년 만기 국고채권 (표면금리 5%, 6개월 단위 이자지급)	5년 만기 국고채권 (표면금리 5%, 6개월 단위 이자지급)	10년 만기 국고채권 (표면금리 5%, 6개월 단위 이자지급)
거래단위	액면가 1억원	액면가 1억원	액면가 1억원
가격의 표시	액면가 100원당 원화 (백분율 방식)	액면가 100원당 원화 (백분율 방식)	액면가 100원당 원화 (백분율 방식)
호가가격 단위	0.01포인트	0.01포인트	0.01포인트
최소가격변동금액[1]	10,000원	10,000원	10,000원
결제방법	현금결제	현금결제	현금결제

1) 3년(5년, 10년) 국채선물의 최소가격변동금액 = 0.01% × 1억원 = 10,000원

3) 통화선물의 거래제도

외환(foreign excahnge)을 기초자산으로 하는 통화선물(foreign exchange futures, foreign currency futures)은 1970년대 초반 국제통화제도가 고정환율제도에서 변동환율제도로 변화함에 따라 급격한 환율변동에 따른 위험을 회피하기 위한 수단으로 거래되기 시작하였다. 주요 통화선물시장인 CME그룹에서는 유럽연합 유로(EURO ; €), 일본 엔(Japanese Yen ; ¥), 영국 파운드(British Pound ; £), 호주 달러(Australian Dollar ; A$), 캐나다 달러(Canadian Dollar ; C$) 등 주요 통화에 대한 통화선물이 거래되고 있다.

현재 우리나라에서 거래되고 있는 통화선물의 거래제도를 살펴보면 〈표 12-6〉과 같다. 한국거래소(KRX)의 파생상품시장에서 미국달러선물 매입자는 만기일에 원화를 지급하고 미국 달러를 매입하게 되며, 미국달러선물 매도자는 만기일에 미국 달러를 매도하고 원화를 받게 된다.

표 12-6 **통화선물의 거래제도**

구분	미국달러선물	엔선물	유로선물	위안선물
기초자산	미국 달러화	일본 엔화	유로화	중국 역외위안화[1]
거래단위	US $10,000	JP ¥1,000,000	EU €10,000	CNH ¥100,000
가격의 표시[2]	원/$	¥100당 원화	원/€	원/CNH ¥
최소가격변동폭	0.10원	0.10원	0.10원	0.01원
최소가격변동 금액	1,000원 ($10,000×0.10원)	1,000원 (¥1,000,000/100 × 0.10원)	1,000원 (€10,000 × 0.10원)	1,000원 (100,000위안 × 0.01원)
결제방법	인수도결제	인수도결제	인수도결제	인수도결제

1) 중국 역외위안화(Chinese Yuan in Hong Kong ; CNH)는 중국 정부가 위안화를 국제 기축통화로 육성하려는 노력에서 생겨난 것으로, 중국 본토에서 거래되는 위안화(Chinese Yuan ; CNY)와는 달리 역외시장인 홍콩에서 거래되는 위안화를 말한다.
2) 자국통화표시환율(외국통화 한 단위의 가격을 자국통화로 나타내는 방법)

재테크 Tip

성공적인 선물거래를 위한 다섯 가지 황금률

선물거래는 기본적으로 미래의 불확실성을 피하기 위해 고안되었지만 많은 투자자들이 미래 가격 예측을 통해 이익을 얻고자 선물거래에 참여하고 있다. 선물거래의 저변이 확대되면서 많은 개인투자자들이 시장에 참여하고 있다. 선물투자 시 전문가들이 공통적으로 조언해 주는 사항을 참고한다면 실패의 위험을 줄이고 성공의 가능성을 키울 수 있을 것이다.

1. 자신만의 선물투자 계획을 고수하라

선물투자를 하기 전에 자신의 투자자금 한도를 설정하고 투자 비중 등을 결정한 후 사전에 정한 원칙을 고수하며 투자에 임해야 한다. 또한 어느 정도 이익을 확보했을 때는 이익을 취하고, 손실을 입었을 때는 손실을 최소화하는 자신만의 계획을 설정해야 한다. 시장의 흐름에 휩쓸리거나 다른 사람의 의견에 따라 원칙을 어기고 투자한다면 상대적으로 위험이 높은 선물투자에서 쉽게 실패할 것이다.

2. 시장의 흐름을 따르라

다른 투자와 마찬가지로 선물투자도 시장의 흐름을 파악하는 것이 중요하다. 단기적인 상승과 하락에 집착하여 거래하다 보면 전반적으로 상승하는 장에서 매수포지션을 잡고서도 단기하락에 휩쓸려 많은 이익을 취할 기회를 놓치기도 하고, 반대로 하락하는 장에서 일시 가격이 오를 때 매수포지션을 잡았다가 낭패를 볼 수도 있다. 선물거래는 시장의 흐름과 추세를 잘 판단하고 그에 따라 투자하는 것이 중요하다.

3. 쉬는 것도 훌륭한 투자전략이다

투자에 한 번 성공하면 계속 수익을 올릴 수 있을 것 같은 자신감에 도취되어 투자금액도 커지고, 예측이 어려운 상황에서도 높은 위험을 감수하며 계속 투자하는 경우가 있다. 또한 투자에 실패해서 손실을 입게 되면 손실을 만회하기 위해 비이성적으로 투자하게 되고, 급기야 도박하는 심정으로 매매하는 경우도 있다. 투자도 일하는 것과 마찬가지로 휴식을 취해 시장을 객관적으로 볼 수 있는 시야를 갖는 것이 필요하다. 특히 큰 수익을 올렸거나 손실이 났을 때는 더욱 그렇다.

4. 투자자금을 한 번에 증거금으로 사용하지 말라

과도한 포지션은 한 번의 거래실패로 재기불능 상태에 빠질 수 있다. 선물거래는 거래대상 금액의 일부인 증거금만으로 거래가 가능하다. 예를 들어 코스피200선물은 거래대상 금액의 15%만 증거금으로 납입하고 거래할 수 있다.

만약 자신이 설정한 투자자금을 모두 증거금으로 사용했을 때 자신이 투자한 것과 반대로 시장이 움직인다면 단 며칠 만에 모든 자금을 잃을 수도 있다. 또한 자금 여유가 없기 때문에 자신의 전략을 구사할 기회가 줄어들 뿐만 아니라, 마음의 여유도 잃어버려 올바른 투자판단을 내릴 수가 없게 된다. 따라서 개인투자자가 선물거래에 투자할 때에는 손실에 대비한 여유자금을 남겨놓고 시장에 참여해야 한다.

5. 모의투자로 경험을 쌓아라

선물 및 옵션 거래는 위험이 큰 시장이기 때문에 투자 관련 지식뿐 아니라, 투자경험을 쌓는 것도 중요하다. 이론적으로 배운 투자원칙이나 요령 등을 모두 실천할 수 있다면 투자에 쉽게 성공할 수 있으나 실상은 그렇지 못하다.

자신의 성격이나 습관을 감안한 투자방법을 발견하기 위해서는 실제로 투자에 참여해 보는 것이 가장 좋다. 하지만 초보자들이 거금을 들여 트레이딩을 경험하는 것은 부담스러운 일이다. 다행스럽게도 이런 초보자들을 위해 증권회사, 선물회사 및 기타 많은 선물 · 옵션 투자 사이트에서 모의투자시장을 운영하고 있어 이를 적극적으로 활용하는 것이 좋다. 모의투자란 사이버머니를 가지고 코스피200 선물 및 옵션 등의 상품에 투자하는 것을 말한다. 물론 사이버머니이기 때문에 실제 금전적인 이익이나 손실은 발생하지 않는다. 그러나 이러한 모의시장은 실시장과 동일하게 운영되기 때문에 투자경험을 통해 사소한 실수를 예방할 수 있을 뿐 아니라, 자신의 투자습성을 가늠해 볼 수 있는 좋은 기회가 된다.

간혹 증권사 등에서 모의투자대회를 개최해서 수익률이 높은 사람에게 시상을 하기도 하니, 이를 잘 활용하면 일석이조의 효과를 거둘 수도 있다. 다만 모의투자의 성격상 실제 손익이 발생하지 않아 가볍게 투자할 수 있다는 단점이 있다. 실제로 자신의 자금이 투입될 경우에는 투자에 대한 판단이 흐려지는 것이 다반사이기 때문에 모의투자라 할지라도 실전처럼 진지하게 임하는 것이 중요하다.

출처 : 한국거래소, 『시민을 위한 증권투자이야기』(한국경제신문, 2005), pp.173~176.

1.6 선물의 가격결정

선물의 이론적 가격은 차익거래 기회가 존재하지 않는다는 전제 하에서 도출되며, 이와 같은 선물가격결정모형을 **보유비용모형**(cost-of-carry model)이라 한다.

기본적인 보유비용모형을 도출하기 위하여 필요한 완전시장 가정은 다음과 같다.

첫째, 거래비용(예를 들어 위탁수수료, 거래소수수료, 매수-매도호가 차이 등)과 세금이 존재하지 않는다.

둘째, 공매도(short selling)에 대한 제한이 없고, 공매도에 의해 취득한 자금을 전액 사용할 수 있다.[10]

셋째, 모든 투자자들은 무위험이자율로 얼마든지 자금을 차입하거나 대출할 수 있으며, 차입이자율과 대출이자율이 같다.

이론적 선물가격은 현물가격에 만기일까지 발생한 모든 보유비용(carry costs)을 합한 후, 보유수익(carry returns)을 차감한 값이라 할 수 있다.

선물가격 = 현물가격 + 보유비용 − 보유수익

이를 보다 구체적인 식으로 나타내면 다음과 같다.[11]

$$F_{0,T} = S_0(1 + r_T) + C_T - D_T \tag{12-1}$$

여기서 $F_{0,T}$: 현재시점에서의 만기일이 T인 선물가격
S_0 : 현재시점에서의 현물가격
r_T : 현재시점에서 만기일인 T시점까지 기간의 무위험이자율
C_T : 현물보유비용(보험료, 창고료, 수송비, 진부화 및 파손으로 인한 손실 등)의 T시점에서의 가치
D_T : 현물보유수익(이자수익, 배당금 등)의 T시점에서의 가치

10. 공매도(空賣渡)는 소유하지 않은 현물을 빌려서 매도하는 것으로 우리나라 주식시장에서의 대주거래(개인)나 대차거래(기관, 외국인)와 유사한 개념이다.

11. 식 (12-1)에서는 편의상 차입금에 대한 이자비용과 현물보유비용을 구분했지만, 이자비용도 현물보유에 따른 기회비용의 성격을 갖고 있으므로 현물보유비용에 포함된다고 할 수 있다.

기초자산이 금융상품인 경우에는 보유수익은 발생될 수 있으나, 보험료, 창고료, 수송비, 진부화 및 파손으로 인한 손실 등의 보유비용은 발생되지 않는다. 반면 기초자산이 실물상품인 경우에는 보험료, 창고료, 수송비, 진부화 및 파손으로 인한 손실 등의 보유비용이 발생될 수 있으나, 보유수익은 발생되지 않는다.

알아두기 12-2

콘탱고와 백워데이션

콘탱고(contango)는 선물가격이 현물가격보다 높은 상태를 말하고, **백워데이션**(backwardation)은 선물가격이 현물가격보다 낮은 상태를 말한다. 일반적으로 선물시장은 콘탱고 상태가 정상적이라 볼 수 있다. 왜냐하면 선물가격은 현재의 현물가격에 선물만기일까지의 이자비용을 포함한 보유비용 등이 고려되어야 하므로 현물가격보다 높게 형성되는 것이 정상이기 때문이다. 선물가격의 백워데이션 상태는 주로 시장에 갑작스런 악재가 등장했을 때 가격반응이 빠른 선물이 현물보다 빠르게 가격이 하락할 때 나타날 수 있다.

예제 12-1

선물의 가격결정

최매입은 현재 만기가 3개월 남아 있는 코스피200선물 1계약을 매입하려고 한다. 현재 코스피200지수는 300포인트, 무위험이자율은 연 4%, 그리고 코스피200지수에 포함되어 있는 주식들의 가중평균배당수익률은 연 2%이다(단, 배당은 연중 균등하게 지급되며, 1개월은 30일이라고 가정한다).

최매입이 현재 매입하려고 하는 3개월 만기인 코스피200선물 1계약의 이론적 가격은? (단, 코스피200선물의 거래승수는 ₩250,000임.)

해답

$$F_{0,T} = S_0(1 + r_T) - D_T = S_0(1 + r_T - d_T)$$

$$= 300 \times ₩250{,}000 \times \left[1 + (0.04 - 0.02) \times \left(\frac{90일}{360일}\right)\right] = ₩75{,}375{,}000$$

여기서 d_T = 현재시점에서 만기일까지의 가중평균배당률

1.7 선물거래에 의한 위험의 헤징

헤지(hedge)는 현물시장에서의 가격위험(price risk)을 줄이는 것을 의미한다. 선물을 이용함으로써 현물시장에서의 예측하지 못한 가격변동에 따른 위험을 저렴하고 효율적으로 제거할 수 있다. 이는 선물의 주요한 존재이유 중 하나이다.

선물시장을 이용한 헤지는 현물시장에서의 가격위험을 제거하기 위해 현물시장에서의 포지션과 반대되는 포지션을 선물시장에서 취하는 것을 의미한다. 헤지를 선물시장에서 취하는 포지션에 따라 매입헤지(long hedge)와 매도헤지(short hedge)로 나눈다.

매입헤지는 미래에 구입할 예정인 현물의 가격 상승으로 인한 손실을 방지하기 위하여 선물을 매입하는 것을 의미한다. 매입헤지로 인하여 미래 현물가격의 변동에 관계없이 미래에 구입할 현물의 가격을 현재시점에서 고정시킬 수 있다. 예를 들어 방적회사가 원면가격 변동으로 인한 위험을 제거하기 위하여 앞으로 구입할 원면에 대하여 선물계약을 맺는 경우, 이를 매입헤지라 한다. 그러나 원재료인 원면가격의 변동에 따라 생산제품인 면사의 판매가격이 연동하여 변할 경우 원재료(원면)에 대한 헤지를 함으로써 오히려 제품(면사)의 가격변동에 따른 위험에 노출될 수 있다. 따라서 제품의 판매가격이 안정되어 있을 때 미래에 구입할 원재료에 대한 선물을 매입, 즉 매입헤지함으로써 위험을 제거할 수 있음을 유의해야 한다.

한편 매도헤지는 현재 보유하고 있는 현물의 미래 판매가격 하락으로 인한 손실을 방지하기 위하여 선물을 매도하는 것을 의미한다. 매도헤지로 인하여 미래 현물가격의 변동에 관계없이 미래에 판매될 현물의 가격을 현재시점에서 고정시킬 수 있다. 예를 들어 농부가 농산물 가격변동으로 인한 위험을 제거하기 위하여 앞으로 수확할 농산물을 매도하는 선물계약을 맺는 경우, 이를 매도헤지라 한다.

선물을 이용한 헤지의 목적은 미래의 불확실한 현물가격을 현재시점에서 고정시키는 것이지, 보다 많은 이익을 보장받는 것은 아니라는 점을 유의해야 한다. 현물가격이 불리하게 변동했을 때는 선물의 이익으로 인하여 현물에서의 손실을 상쇄할 수 있지만, 현물가격이 유리하게 변동했을 때는 선물의 손실이 오히려 현물에서의 이익을 상쇄시킬 수 있다.

재테크 Tip

선물투자 고집부리면 망한다

'압구정 미꾸라지'로 잘 알려진 윤강로(48) KR투자 대표는 주식시장의 전설적 존재다. 선물시장이 문을 연 1996년부터 경이적인 수익률을 올리면서 8,000만원의 투자원금을 최대 1,300억원까지 불렸다.

그동안 재야의 고수로 철저히 은둔해 왔던 그는 작년 5월 한국선물을 인수, 자신의 이니셜을 딴 KR선물로 이름을 바꾸면서 제도권으로 행보를 넓혀가고 있다. 대주주로서 KR선물을 돕고 싶은 마음에 지난 2월에는 일반인을 대상으로 하는 투자설명회도 열었다.

▪ 한 해 350억원 벌어들인 적도 있어

'미꾸라지'라는 별명은 손해를 보지 않고 요리조리 잘 피해 나간다는 뜻에서 붙었다. 선물시장의 큰손끼리 부르던 별칭이 자연스럽게 퍼져나가면서 평생을 따라다니는 또 하나의 이름이 됐다. 윤 대표는 한해 최고 350억원을 벌어본 적도 있다고 밝혔다. 그럼 미꾸라지처럼 투자위험을 잘 피한 그만의 비법은 뭘까?

"분초 단위로 돌아가는 주식시장과 선물시장에서 돈을 벌기 위해서는 독수리처럼 자기 고집부리지 말고 비둘기처럼 장세(주가흐름)에 순응해야 합니다. 시장은 언제나 옳습니다. 그걸 재빨리 잘 받아들이면 승리하고, 그러지 않으면 지는 겁니다."

윤 대표는 주가의 흐름을 예상하고 공격적으로 투자하는 '포지션 매매'를 통해 수익을 극대화한다. 다만 자신의 판단이 맞지 않는다 싶으면 다소 손실을 보더라도 재빨리 빠져나오는 순발력도 갖추고 있다.

윤 대표는 어려서부터 승부에 강했다. 어려서는 동네 딱지랑 구슬을 모조리 휩쓸어 따로 상자를 만들어 보관해야 했을 정도였다고. 자기가 딴 딱지를 1만 5,000장까지 세어본 경험도 있다. "재운(財運)도 무시하지 못할 변수입니다. 어머니가 아는 절의 스님께 여쭤 보니 제가 마흔살부터 불처럼 일어난다고 했다더군요. 우리 나이로 마흔 살이 되던 1996년 선물시장이 열렸습니다. 그냥 우연이라고만 하기엔 너무 신기하죠?" 윤 대표는 지금도 주위 사람에게 "재운이 없는 것 같으면 주식이든 선물이든 크게 일을 벌이지 말라"고 만류한다고 한다. 노력으로 커버할 수 있는 부분은 한계가 있다는 생각에서다.

윤 대표의 '포지션 매매'는 주가를 정확하게 읽지 못하면 큰 손해를 볼 수밖에 없는 기법이다. 결국 윤 대표는 지난 9년간 주가흐름을 굉장히 잘 읽었다는 이야기다. 비결은 의외로 '증권사 데일리'라고 불리는 일일시황 분석자료였다. "주식으로 밥 벌어 먹고 사는 전문가의 땀과 노하우가 다 데일리에 담겨 있습니다. 다만 데일리라고 다 똑같은 건 아니고 주가를 잘 맞히는 사람이 쓰는 데일리를 골라서 봐야죠. 시장분석가를 분석하라는 이야기입니다."

윤 대표는 특히 종가 부근의 주가 움직임을 주목한다. 시초가는 전날과 그날 아침 뉴스에 따라 움직이는 '아마추어 주가'지만, 종가는 자금력이 센 기관과 외국인 등 선수가 만드는 '프로 주가'이기 때문이다. 주가가 하락세로 끝났어도 종가 부근에서 내림폭이 크게 줄었다면 그만큼

기관이나 외국인이 주가를 긍정적으로 보고 있다는 증거라는 설명이다.

선물시장 개장 초기엔 '시초가 따라잡기' 라고 해서 장초반 주가가 오르면 그날 양봉(시초가보다 종가가 높은 것)이 나타날 확률을 70%로 봤는데, 최근엔 시초가에 큰 의미를 두지 않고 있다.

■ 새벽 4시에 일어나 각국 시황 분석

그러나 윤 대표도 작년 하반기 이후 급등락 장세에 제대로 대응하지 못하면서 한 해 동안 무려 500억원의 손실을 입었다. 다행히 올 들어서는 두 달만에 100억원을 벌어들여 작년 손실을 빠른 속도로 만회하고 있다.

윤 대표가 벌어들인 1,300억원 중 남의 돈을 맡아 수익을 내준 300억원과 작년과 올해 매매분을 제외하고 자신의 수중에 남아 있는 돈은 600억원 선이다. 윤 대표는 자산의 대부분을 채권과 현금으로 운용하고, 150~200억원 선의 자금만 투자하고 있다. 작년 8월 이후 윤 대표가 대거 손실을 입으면서 압구정동 일대 은행가에는 예금인출 비상령이 걸렸었다는 후문도 있다.

윤 대표는 올해 주식시장은 종합주가지수 1,000선을 넘는 강세장이 될 것으로 전망했다. 환율과 유가 등 무시하지 못할 악재가 많이 있지만, 국내 경기가 바닥을 치고 강한 회복세를 보일 전망이기 때문에 주가도 오름세를 보일 것이라는 분석이다. 윤 대표는 "비둘기가 모이 주워 먹듯 시장을 따라다니며 수익을 즐기라"고 말했다.

그러나 어떤 순간에서도 자만하지 말고 위험관리에 나서야 한다는 조언도 잊지 않았다. "투자자로서 성공하기 위해서는 자산관리(money management)에 충실해야 합니다. 전체 자산 중 3분의 2는 현금이나 채권 같은 안전자산으로 운용하고, 3분의 1 범위까지만 손실 위험이 있는 투자에 나서야 합니다."

일반 투자자 중에도 단기간에 10억원 이상의 수익을 올리는 사람이 많지만 자산을 크게 불리지 못하는 이유는 자산관리에 실패하기 때문이라는 설명이다. 윤 대표 자신은 벌어들인 돈이 100억원을 넘었던 1999년, 100억원은 통장에 빼놓고 남아 있던 5억원으로 다시 투자에 나서 넉 달 만에 100억원을 벌어들였다고 한다.

윤 대표는 1983년 서울은행 펀드매니저로 주식시장과 인연을 맺었다. 선물시장 개장을 2년 앞두고 1994년 미국 시카고에 3개월간 연수를 다녀온 게 선물과 맺은 첫 인연이었다.

이후 1996년 선물시장 개장 때 국내 최초의 선물운용팀을 만들어 놀라운 수익률을 올렸다. 이후 1998년 서울은행을 나와 재야의 고수로 변신했지만 경이적인 수익률 행진은 계속됐다. 선물시장 전문가인 페타포투자자문의 하태형 사장은 "선진 매매기법과 자금력으로 중무장한 외국인 투자자 사이에서 윤 대표처럼 엄청난 수익을 올린 것은 6·25 때 군인 한 명이 낙동강 전선에서부터 혈혈단신으로 압록강까지 진격한 것과 비슷하다"고 감탄했다.

윤 대표는 지금도 밤 10시만 되면 잠자리에 들고, 새벽 4시부터 일어나 미국은 물론 세계 각국 주가를 분석하면서 하루를 시작한다. "세상에 공짜는 없습니다. 돈을 벌고 싶으면 그 일

이외에는 욕심을 버려야 합니다. 적당히 즐기면서 사는 복잡한 일상 속에서 남이 따라올 수 없는 실력이 나올 수 없습니다. 55세 때까지 투자를 계속하려면 단순하고 평범한 일상 속에서 건강을 지켜야 합니다. 저에게는 선물시장이 삶의 전부이자 생명입니다."

출처 : 주간조선, 2005. 3. 9 수정.

시사 포커스

LTCM 사태

롱텀캐피탈매니지먼트(Long-Term Capital Management ; LTCM)는 1990년대 이름을 날리다 러시아 모라토리엄(moratorium ; 채무상환 유예)으로 파산한 미국의 유명 헤지펀드다. 과도한 레버리지 투자의 위험성을 대표하는 사례로 꼽히지만, 최근 러시아 디폴트 우려가 부상하면서 다시 주목을 받고 있다. LTCM은 1990년대 초반 살로먼 브라더스의 유명 채권 트레이더였던 존 메리워더가 창업했다. 옵션 가치 산출 공식인 '블랙-숄즈 모델'을 고안했고, 노벨 경제학상까지 수상한 경제학자인 마이런 숄즈 교수 등 저명한 학자도 파트너로 함께하며 당시 선풍적인 인기를 끌었다.

고금리 국가의 국채선물을 사고, 저금리 국가 국채선물을 공매도하는 등의 금리차익 투자로 높은 수익을 구가했다. LTCM은 하지만 대규모 투자를 감행했던 러시아가 1998년 모라토리엄을 선언하면서 막대한 손실을 봤고, 결국 파산했다. LTCM의 막대한 부실이 알려지자 여파가 미국 금융권 전반으로 번졌고 대규모 공적자금의 투입을 촉발하기도 했다. 최근 금융시장에서는 LTCM과 같은 사례가 다시 나타날 수 있다는 우려가 부상했다. 지난 1998년과 같이 러시아의 디폴트 가능성이 있는 탓이다.

우크라이나 침공으로 미국 등 서방국가는 자산 동결 등 러시아에 대한 대대적인 제재를 가했다. 해외 자산이 동결된 러시아는 외화표시 국채 등에 대한 이자를 자국 통화인 루블로 지급하겠다고 선언했지만 이는 받아들여지지 않을 가능성이 크다. 러시아가 이번 주 국채 이자를 지급하지 않으면 디폴트 상태로 전락할 수 있다. 해외 주요 투자기관들이 이미 러시아 자산을 손실 처리하고 있지만, 파생상품 경로를 통해서는 예기치 못한 상황이 전개될 수 있다는 전망도 나온다.

일본 니혼게이자이는 금융파생상품인 크레디트디폴트스와프(credit default swap ; CDS) 시장을 통한 위험은 있다고 지적했다. CDS는 디폴트 시 보험과 같은 것으로, 판매자는 손실 상당액을 지불해야 한다. 판매자는 헤지펀드가 많아 국채 보유자와는 달리 누가 위험을 떠안고 있는지 볼 수 없는 상황이다. 다이와총연 런던 리서치센터 관계자는 "산하 펀드를 경유로 금융기관이 예상치 못한 손실을 입으면 금융불안으로 이어질 수 있다"고 말했다.

출처 : 연합인포맥스, 2022. 3. 17.

2. 옵션

옵션에 대한 거래는 1973년 미국의 조직화된 거래소인 시카고 옵션거래소(Chicago Board of Options Exchange ; CBOE)에서 주식옵션에 대한 거래가 이루어진 이후 급성장하고 있다. 그리고 현재 한국거래소(KRX)의 파생상품시장에서 코스피200옵션, 미니코스피200옵션, 코스닥150옵션, 개별주식옵션 등이 거래되고 있다.

2.1 옵션의 기초개념

1) 옵션의 의의

옵션은 특정 자산(주로 주식)을 지정된 날짜 또는 그 이전에 미리 약정된 가격으로 사거나 팔 수 있는 권리를 그 소유자에게 부여하는 계약을 의미한다.[12] 옵션은 반드시 이행할 의무는 없으며 유리할 경우에만 그 권리를 행사할 수 있는 독특한 형태의 재무적 계약이다.

옵션거래에서 옵션을 매입한 사람을 매입자 또는 소유자(buyer, owner, holder)라 하며, 그 거래상대방, 즉 옵션을 매도한 사람을 매도자 또는 발행자(seller, writer)라 한다. 옵션거래는 기초자산인 주식의 발행자(해당 기업)와 관계없이 옵션거래소(한국거래소의 파생상품시장)를 통해 옵션의 매입자와 매도자 간에 이루어진 특별한 계약이다. 옵션의 매입자는 향후 옵션을 행사할 권리를 갖는 대가로 일정한 금액(옵션가격 또는 옵션프리미엄)을 옵션의 매도자에게 지불하게 된다. 이와 달리 옵션을 매도한 사람은 일정한 금액을 받게 되나, 향후 옵션의 매입자가 옵션을 행사할 때 반드시 이를 이행하여야 할 의무를 지게 된다. 이와 같은 관계는 [그림 12-6]에 나타나 있다.[13]

12. 옵션은 주식을 대상으로 하는 주식옵션이 가장 보편적이지만, 주가지수에 대한 옵션(주가지수옵션), 외환에 대한 옵션(통화옵션), 채권에 대한 옵션(금리옵션), 선물계약에 대한 옵션(선물옵션) 등 특수한 형태의 옵션도 존재한다.

그림 12-6 옵션의 매입자와 매도자 간의 권리-의무관계

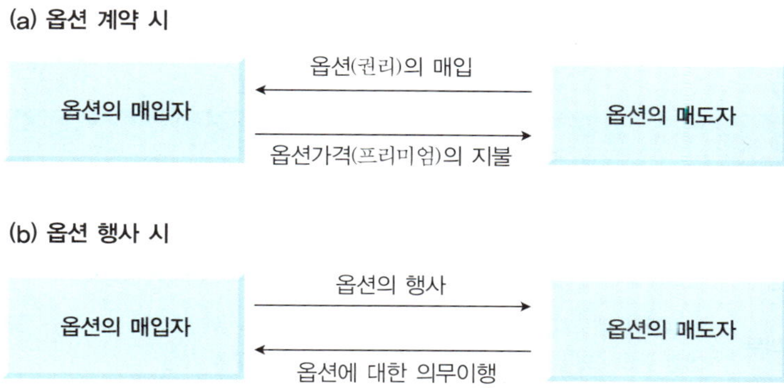

알아두기 12-3

옵션 관련 용어

- **옵션의 행사**(exercising the option) : 옵션의 행사는 옵션계약을 통해 기초자산을 사거나 파는 행위를 의미한다.
- **기초자산**(underlying asset) : 기초자산이란 옵션계약의 대상이 되는 자산으로, 주식옵션일 경우 기초자산은 해당 주식이 된다.
- **행사가격**(striking or exercise price) : 행사가격이란 옵션계약 시 약정된 기초자산의 매입 또는 매도 가격을 의미한다.
- **만기일**(expiration date) : 옵션의 만기일은 옵션을 행사하여야 하는 최종일로, 만기일이 지나면 그 옵션은 사라지게 된다.
- **미국형 옵션**(American option)**과 유럽형 옵션**(European option) : 미국형 옵션은 만기일 이내 언제든지 행사가 가능하나, 유럽형 옵션은 만기일에만 행사할 수 있다.
- **콜옵션**(call option)**과 풋옵션**(put option) : 콜옵션은 기초자산을 살 수 있는 권리가 부여된 옵션이고, 풋옵션은 기초자산을 팔 수 있는 권리가 부여된 옵션이다.

앞에서 설명한 선물거래는 계약쌍방이 그 계약을 이행하여야 할 의무가 있다는 점에서 권리를 나타내고 있는 옵션과 근본적으로 다르다. 옵션의 소유자(매입자)는 옵션의 행사가 자신에게 불리한 경우 그 옵션의 행사를 포기할 수 있지만, 선물거

13. 옵션의 매입자와 매도자 간의 손익관계는 매입자(또는 매도자)가 얻게 되는 이익만큼 매도자(또는 매입자)에게 손실이 발생하는 제로섬게임(zero-sum game)의 관계라 할 수 있다.

래는 계약당사자가 임의적으로 그 계약을 파기할 수 없다. 이와 같은 선물거래와 옵션거래의 차이점을 요약하면 〈표 12-7〉과 같다.

표 12-7 **선물거래와 옵션거래의 비교**

구분	선물거래	옵션거래
거래대상	기초자산 그 자체에 대한 매매계약	기초자산의 매수 또는 매도에 대한 권리
거래대가	없음(선물의 가치=0)	옵션가격(프리미엄)
포지션 청산	반대매매 또는 실물인수 · 도	반대매매 또는 옵션행사
권리와 의무	매수자와 매도자 모두 선물계약 이행에 대한 권리 · 의무를 가짐	옵션행사에 대하여 매수자는 권리, 매도자는 의무를 가짐
증거금	매수자와 매도자 모두 납입	매도자만 납입

알아두기 12-4

옵션의 역사

옵션의 역사를 고대 그리스 시절 기하학의 아버지로 불리는 탈레스(Thales)로부터 찾는 사람들도 있다. 당시에는 올리브유를 얻기 위해서 돈을 주고 압착기를 빌려야 했는데, 탈레스는 파종기에 미리 돈을 주고 수확기에 일정한 임대료로 압착기를 빌릴 수 있는 권리를 사두었다. 올리브 풍작으로 압착기를 필요로 하는 사람이 많아지면 임대료가 상승할 것으로 판단했던 것이다.

한편 성경에서 옵션의 기원을 찾는 사람들도 있다. 구약성경에는 야곱이 라반의 두 딸 중 동생 라헬과 결혼하기 위해 라반의 농장에서 7년간 일하겠다는 조건을 수락했다는 기록이 남아 있는데, 이것이 옵션의 시작이라는 것이다. 이를테면 야곱은 라헬과의 결혼을 위해 7년간 일하겠다는 프리미엄을 지불하면서 라헬과 결혼할 수 있는 권리인 콜을 취득했다는 것이다. 한편 7년의 기한이 되었을 때 야곱은 라반과의 약속을 어기고 언니인 레아와 결혼하게 되었는데, 이 역시 옵션의 '불확정 계약'에 대한 사례로 들 수 있다.

진정한 의미에서 옵션거래가 처음으로 크게 유행한 것은 17세기 네덜란드에서 찾아볼 수 있다. 당시 네덜란드에서는 튤립 뿌리의 투기가 성행하면서 부자는 물론 가난한 사람들까지 튤립 재배 및 매매에 참가했다. 하지만 작황에 따라 가격변동폭이 심한 것이 문제였다. 이에 튤립시장에서 튤립을 기초자산으로 하는 옵션이 처음으로 거래되기 시작한 것이다. 결국 옵션은 헤지의 수단으로 이용되었는데, 딜러들은 튤립의 가격 상승에 대비하여 필요한 양의 콜옵션을 매수했고, 튤립 재배자들은 안정적으로 튤립을 판매하기 위해 일정한 가격의 풋옵션을 매수했다. 그러나 갑자기 가격이 폭락하면서 풋옵션 발행자들이 계약을 이행하지 못하게 되었고 혼란 상황에 빠지기도 했다. 그 결과 네덜란드 경제는 공황으로까지 치닫게 되었다. 이는 유럽 전역에 옵션에 대한 나쁜 인상을 남기게 된 사례가 되었다.

출처 : 알기 쉬운 증권 · 파생상품시장 지표 해설, 한국거래소(2010).

2) 만기일에서의 옵션가치

■ 콜옵션

콜옵션은 그 소유자에게 기초자산(주식 등)을 지정된 날짜 또는 그 이전에 미리 약정된 가격으로 살 수 있는 권리를 부여한다. 예를 들어 어떤 사람이 옵션거래소를 통해 3개월 후 또는 그 이전에 A기업 주식 1주를 30,000원에 살 수 있는 콜옵션을 매입하였다고 생각해 보자. 이 경우 콜옵션의 기초자산은 'A주식 1주', 만기일은 '3개월 후', 행사가격은 '30,000원'으로, 이는 A기업과 전혀 관계없이 옵션거래소를 통해 개개인들 간, 즉 콜옵션의 매입자와 매도자 사이에 이루어진 계약이다.

만기일에서의 옵션의 가치는 기초자산인 보통주의 만기일 가치에 의해 결정된다. 만기일(T)에 보통주의 가치(S_T)가 행사가격(X)보다 크다면, 콜옵션의 소유자가 보통주의 가격보다 낮은 행사가격으로 주식을 구입할 수 있기 때문에 콜옵션의 가치는 그 차이인 ($S_T - X$)가 된다. 이와 같이 $S_T > X$ 라면, 콜옵션을 '가치가 있다' 또는 '내가격(in the money ; ITM)'이라고 한다. 예를 들어 만기일에 행사가격이 30,000원이며 기초자산인 보통주의 가격이 35,000원인 콜옵션이 있다면, 그 소유자는 콜옵션을 행사하여(콜옵션의 매도자에게 30,000원을 지불하여) 35,000원의 가치를 갖는 보통주를 취득할 것이다. 따라서 만기일에서의 콜옵션의 가치는 그 차액인 5,000원(35,000원 − 30,000원)이 된다. 그러나 만기일(T)에 보통주의 가치(S_T)가 행사가격(X)보다 작다면, 콜옵션의 소유자는 보통주의 가격보다 높은 행사가격을 갖는 콜옵션을 행사하여 주식을 구입하기보다는 직접 주식시장에서 그 주식을 구입하는 것이 더 유리하기 때문에 콜옵션을 행사하지 않을 것이다. 따라서 그 옵션의 가치는 0이 된다. 이와 같이 $S_T < X$라면, 콜옵션을 '가치가 없다' 또는 '외가격(out of the money ; OTM)'이라고 한다.[14] 예를 들어 만기일에 행사가격이 30,000원이며 기초자산인 보통주의 가격이 25,000원인 콜옵션이 있다면, 그 소유자는 콜옵션을 행사하여(콜옵션의 매도자에게 30,000원을 지불하여) 25,000원의 가치를 갖는 보통주를 취득하지는 않을 것이다. 즉, 콜옵션의 소유자는 그 권리를 포기하게 되므로 그 콜옵션의 가치는 0이 된다.

따라서 만기일에서의 보통주의 가치에 따라 콜옵션의 가치는 다음과 같다.

$$C_T \begin{cases} S_T - X, & \text{만약 } S_T > X \text{ 라면} \\ 0, & \text{만약 } S_T \leq X \text{ 라면} \end{cases} \tag{12-2}$$

여기서 C_T : 만기일(T)에서의 콜옵션의 가치

위의 식 (12-2)를 수학적 기호를 사용하여 하나의 식으로 나타내면 다음과 같다.[15]

$$C_T = \text{Max}[S_T - X, 0] \tag{12-3}$$

이상에서 살펴본 만기일에서의 콜옵션의 가치를 그림으로 나타내면 [그림 12-7]과 같다.

[그림 12-7]에서 볼 수 있는 바와 같이 콜옵션의 가치는 결코 0보다 작을 수 없다는 점을 유의하여야 한다. 이는 콜옵션이 유한책임증권(limited-liability instrument)임을 나타내는 것으로 옵션매입자의 손실은 콜옵션의 매입가격에 한정되는 것이다. 즉, 옵션의 매입자(소유자)는 옵션의 행사가 자신에게 불리할 경우 그 권리를 포기하면 된다.

---

14. $S_T = X$일 경우 콜옵션의 행사 여부에 관계없이 그 가치는 0이며, 이를 '등가격(at the money ; ATM)'이라고 한다.

15. Max $[S_T - X, 0]$는 수학적 기호로서 괄호 안의 두 값 중 큰 것을 취한다는 것을 의미한다. $S_T > X$인 경우 $(S_T - X) > 0$이므로 $(S_T - X)$가 되며, 반대로 $S_T \leq X$인 경우 $(S_T - X) \leq 0$이므로 0이 된다.

그림 12-7 콜옵션의 만기일 가치

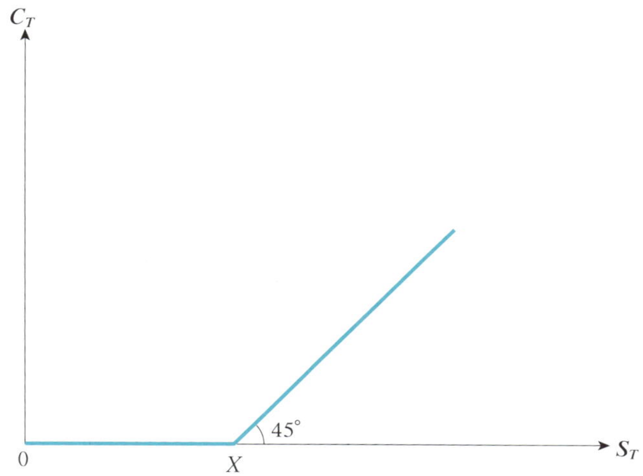

■ **풋옵션**

풋옵션은 콜옵션과 상반되는 것으로 그 소유자에게 기초자산(주식 등)을 지정된 날짜 또는 그 이전에 미리 약정된 가격으로 팔 수 있는 권리를 부여한다. 예를 들어 어떤 사람이 옵션거래소를 통해 3개월 후 또는 그 이전에 A기업 주식 1주를 30,000원에 팔 수 있는 풋옵션을 매입하였다고 생각해 보자. 이 경우 풋옵션의 기초자산은 'A주식 1주', 만기일은 '3개월 후', 행사가격은 '30,000원'으로, 이는 A기업과 전혀 관계없이 옵션거래소를 통해 개개인들 간, 즉 풋옵션의 매입자와 매도자 사이에 이루어진 계약이다.

만기일에서의 풋옵션의 가치를 결정하는 상황은 콜옵션의 경우와 상반된다. 만기일에 보통주의 가치(S_T)가 행사가격(X)보다 작다면, 풋옵션의 소유자가 보통주의 가격보다 높은 행사가격으로 풋옵션의 발행자(또는 매도자)에게 주식을 매도할 수 있기 때문에 풋옵션의 가치는 그 차이인 ($X - S_T$)가 된다. 이와 같이 $S_T < X$라면, 풋옵션을 '가치가 있다' 또는 '내가격'이라고 한다. 예를 들어 만기일에 행사가격이 30,000원이며 기초자산인 보통주의 가격이 25,000원인 풋옵션이 있다면, 그 소유자는 풋옵션을 행사하여(풋옵션의 매도자로부터 30,000원을 받고서) 25,000원의 가치를 갖는 보통주를 매도할 수 있다. 따라서 만기일에서 풋옵션의

가치는 그 차액인 5,000원(= 30,000원 − 25,000원)이 된다. 그러나 만기일(T)에 보통주의 가치(S_T)가 행사가격(X)보다 크다면, 풋옵션의 소유자는 보통주의 가격보다 낮은 행사가격을 갖는 풋옵션을 행사하여 주식을 매도하기보다는 직접 주식시장에서 그 주식을 매도하는 것이 더 유리하기 때문에 풋옵션을 행사하지 않을 것이다. 따라서 그 옵션의 가치는 0이 된다. 이와 같이 $S_T > X$ 라면, 풋옵션을 '가치가 없다' 또는 '외가격' 이라고 한다. 예를 들어 만기일에 행사가격이 30,000원이며 기초자산인 보통주의 가격이 35,000원인 풋옵션이 있다면, 그 소유자는 풋옵션을 행사하여(풋옵션의 매도자로부터 30,000원을 받고서) 35,000원의 가치를 갖는 보통주를 매도하지는 않을 것이다. 즉, 풋옵션의 소유자는 그 권리를 포기하게 되므로 그 풋옵션의 가치는 0이 된다.

따라서 만기일에서의 보통주의 가치에 따라 풋옵션의 가치는 다음과 같이 나타낼 수 있다.

$$P_T \begin{cases} X - S_T, & \text{만약 } S_T < X\text{라면} \\ 0, & \text{만약 } S_T \geq X\text{라면} \end{cases} \tag{12-4}$$

여기서 P_T : 만기일(T)에서의 풋옵션의 가치

식 (12−4)를 앞의 식 (12−3)과 같이 수학적 기호를 사용하여 하나의 식으로 나타내면 다음과 같다.[16]

$$P_T = \text{Max}[X - S_T, 0] \tag{12-5}$$

이상에서 살펴본 만기일에서의 풋옵션의 가치를 그림으로 나타내면 [그림 12−8]과 같다. [그림 12−8]을 앞의 [그림 12−7]과 비교해 보면, 콜옵션은 주가가 행사가격보다 높을 때 가치가 있으나 풋옵션은 주가가 행사가격보다 낮을 때 가치가 있음을 알 수 있다. 즉, 콜옵션은 향후 주가가 행사가격보다 높을 가능성이 있을 때 매입하는 반면, 풋옵션은 주가가 행사가격보다 낮을 가능성이 있을 때 매입하게 된다.

16. 콜옵션과 마찬가지로 풋옵션의 가치도 역시 0보다 작을 수 없다. 즉, 풋옵션도 유한책임증권이다.

그림 12-8 풋옵션의 만기일 가치

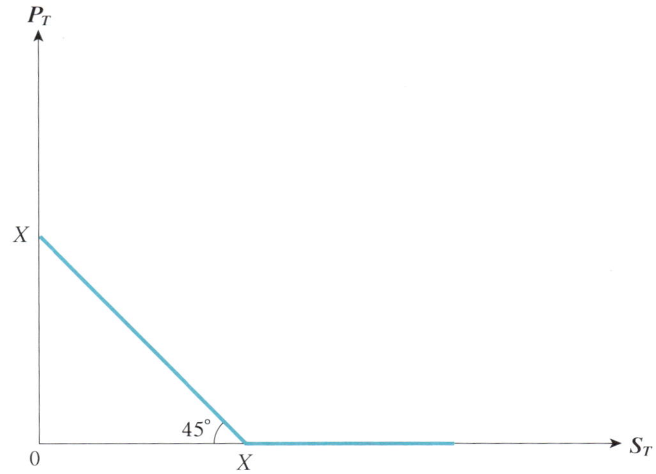

■ 옵션의 매도

콜옵션을 매도한 사람은 콜옵션 소유자가 그 옵션을 행사할 때 옵션계약상의 기초자산인 주식을 행사가격으로 인도할 의무를 져야 한다. 만기에 보통주의 가격(S_T)이 행사가격(X)보다 낮으면 콜옵션은 행사되지 않을 것이며 매도자의 의무는 없어진다. 그러나 만기에 보통주의 가격(S_T)이 행사가격(X)보다 높으면 콜옵션은 행사될 것이며 이 경우 매도자는 매입자가 얻게 되는 이익인 ($S_T - X$)만큼의 손실을 입게 된다.

반면 풋옵션을 매도한 사람은 풋옵션 소유자가 그 옵션을 행사할 때 옵션계약상의 기초자산인 주식을 행사가격으로 인수할 의무를 져야 한다. 만기에 보통주의 가격(S_T)이 행사가격(X)보다 높으면 풋옵션은 행사되지 않을 것이며 매도자의 의무는 없어진다. 그러나 만기에 보통주의 가격(S_T)이 행사가격(X)보다 낮으면 풋옵션은 행사될 것이며 이 경우 매도자는 매입자가 얻게 되는 이익인 ($X - S_T$)만큼의 손실을 입게 된다. 이상에서 설명한 콜옵션과 풋옵션 매도자의 만기일에서의 성과를 요약하면 〈표 12-8〉과 같다.[17]

17. 옵션의 매도자는 옵션소유자가 옵션을 행사할 때 그 상대방으로서 의무를 이행해야 할 책임을 져야 한다. 따라서 옵션매도자의 만기일에서의 성과는 항상 0보다 작은 값을 갖게 된다.

표 12-8 콜옵션과 풋옵션 매도자의 만기일 성과

	만기일 성과	
	$S_T<X$	$S_T \geq X$
콜옵션의 매도자	0	$-(S_T-X)$
풋옵션의 매도자	$-(X-S_T)$	0

그리고 콜옵션과 풋옵션 매도자의 만기일에서의 성과를 그림으로 나타내면 [그림 12-9]와 같다.

그림 12-9 콜옵션과 풋옵션 매도자의 만기일 성과

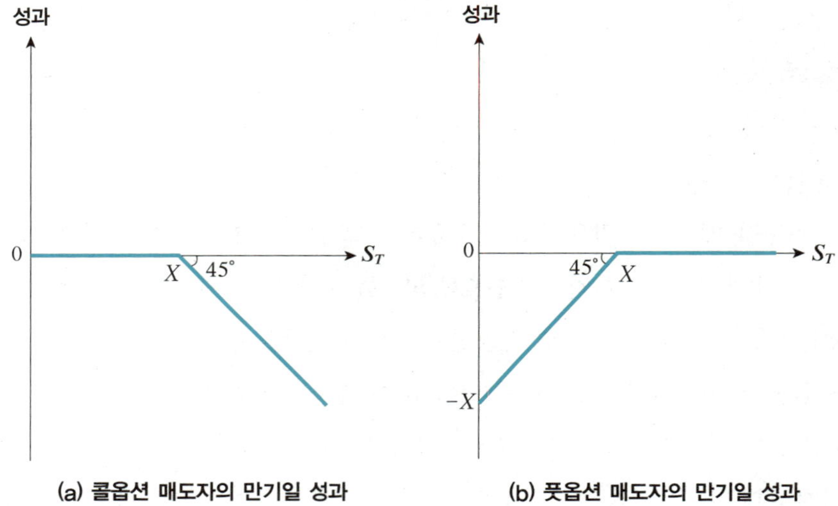

선물 · 옵션, ELW, ETF, ELS …

재테크 Tip

파생상품 활용방법과 유의할 점

파생상품	활용방법	유의할 점
ELW (주식워런트증권)	• 풋ELW를 이용해 주가가 빠질 때도 수익 추구 가능 • 레버리지 효과로 일반 주식투자보다 높은 수익 노릴 수 있어	• 전체 주식투자 자금의 10% 정도만 투자하는 게 바람직 • 만기일까지 90일 이상 남아 있는 종목을 택해야
ELS (주가연계증권)	• 증시상황에 맞는 다양한 수익구조를 고를 수 있어 • 불안한 장세에선 원금보장형 선택	• 기초자산의 향후 전망을 잘 따져봐야 • 기초자산과 수익구조를 고려해 위험을 분산시켜야
ETF (상장지수펀드)	• 증시 하락기에 개별 종목의 리스크 회피수단으로 활용(분산투자 효과를 기대할 수 있기 때문) • 과매도 국면이라고 판단되면 투자	• 단기매매 자제(장기투자의 이점 못 누려) • 평균 거래량이 일정 수준 이상인 ETF에 투자
DLS (파생결합증권)	• 이자율, 환율, 원자재 등 다양한 기초자산에 분산투자 효과	• 복잡한 상품구조를 명확히 이해해서 위험에 대비해야 함
선물 · 옵션	• 일반적인 주식투자의 헤지 목적으로 이용하는 게 바람직	• 고위험 · 고비용 투자인 만큼 위험관리가 가장 중요

■ 고위험 · 고수익 파생상품

선물 · 옵션은 가장 대표적인 파생상품이다. 고수익을 추구할 수 있는 상품인 만큼 어느 파생상품보다 위험이 크다. 특히 요즘 같이 변동성이 큰 장에선 한순간에 '대박'과 '쪽박'으로 운명이 갈릴 수 있어 주의가 필요하다. 코스피200선물이 14.20포인트 급락한 지난 24일의 경우 선물 1계약(50만원)을 매도한 사람은 단번에 710만원(50만원×14.20)을 벌었다. 반면 선물 1계약을 매수한 사람은 그만큼을 날렸다. 선물 · 옵션에 투자하려면 계좌를 트는 데만 1,500만원이 있어야 한다. 이처럼 상대적으로 고비용이 있어야 하는 데다 고위험 상품이라서 개인들 중에선 전문 투자자들이 선물 · 옵션을 이용하고 있는 실정이다. 정인지 동양종금증권 파생상품리서치팀 과장은 "선물 · 옵션에선 위험관리가 가장 중요하다"며 "어느 정도 준비가 된 투자자들부터 주식투자의 헤지 목적으로 제한해 투자하는 게 바람직하다"고 조언했다.

ELW도 적지 않은 위험이 따르는 파생상품이다. 코스피200지수나 특정 종목 등 기초자산을 사전에 정한 미래의 시기(만기일)에 미리 정한 가격(행사가격)으로 사거나(콜 ELW) 파는(풋 ELW) 권리를 지닌 유가증권이 ELW다. 따라서 풋 ELW를 이용하면 주가가 빠질 때도 수익을 올릴 수 있다. 하지만 자신의 예상과 반대로 주가가 움직이면 꼼짝없이 손실을 봐야 한다. 이 때문에 전문가들은 전체 주식투자 자금의 10% 정도만 ELW에 투자하는 게 좋다고 권한다. 투자대상 ELW 종목을 고를 때도 만기일이 90일 이상 충분히 남아 있는 종목을 택하는 게 유리하다. 자신의 주가 예상 방향이 틀리더라도 이를 만회할 수 있는 기회를 확보하려면 만기가 임박한 종목은 곤란하다.

■ ETF와 장외파생상품

ETF는 증시 조정기에 개별 종목의 주가 하락 리스크(위험)를 회피할 수 있는 수단으로 활용할 수 있다. 특히 코스피200지수를 추종하는 ETF는 시장수익률과 동일한 수익률이 나오기 때문에 특정 종목이 아닌 모든 종목에 분산투자하는 효과를 기대할 수 있다. 최근 주가 급락으로 과매도 국면이라는 판단이 확산되면서 ETF 투자에 대한 관심이 커지고 있다. 김남기 삼성투신운용 ETF팀 매니저는 "지수가 급락하면서 콜센터에 액티브 펀드로 손실을 본 투자자 등의 ETF 투자 문의가 빗발쳤다"며 "실제로 지난 24일 기준으로 코스피200지수가 기초자산인 ETF의 거래량이 한 달 전에 비해 1.5배 이상 급증했다"고 말했다.

ELS와 DLS는 장외파생상품이다. 선물·옵션, ELW, ETF 등은 HTS(홈 트레이딩 시스템)로 손쉽게 거래할 수 있지만 ELS와 DLS는 증권사 지점에 직접 가서 투자해야 한다. 두 상품 모두 투자자가 선택할 수 있는 상품구조가 다양하다는 게 장점이다. ELS는 주식에만 투자하지만, DLS(derivatives linked securities)는 이자율, 환율, 원자재 등 다양한 기초자산에 투자할 수 있다. 둘 다 기초자산의 향후 전망을 꼼꼼히 따져보고 투자해야 한다. 특히 DLS는 상품구조가 복잡하기 때문에 어떻게 수익을 올릴 수 있는지를 잘 이해해야 한다. ELS와 DLS는 원금 보장형에 비해 원금 비보장형이 기대수익률이 상대적으로 높지만 원금 손실의 위험이 따른다는 점에 유의해야 한다.

출처 : 한국경제신문 2008. 10. 30 수정.

2.2 옵션의 종류와 거래절차

1) 옵션의 종류

현재 우리나라에서는 코스피200옵션, 미니코스피200옵션, 코스닥150옵션, 개별주식옵션 등이 거래되고 있다.[18] 우리나라에서 거래되고 있는 옵션들에 대한 거래제도의 개요는 〈표 12-9〉에 나타나 있다.

18. 개별주식옵션과 유사한 주식워런트(equity linked warrant ; ELW)는 만기에 정해진 가격으로 주식을 사거나(call) 팔(put) 수 있는 권리로 금융기관에 의해 발행되며, 한국거래소에 의해 결제가 보증되는 옵션과 달리 발행자(금융기관)에 따라 결제위험이 존재할 수 있다.

표 12-9 우리나라의 옵션거래제도

구분	코스피200옵션	미니코스피200옵션	코스닥150옵션	개별주식옵션
기초자산	코스피200지수	코스피200지수	코스닥150지수	한국거래소 상장기업 주식[1)]
옵션의 종류	콜옵션과 풋옵션	콜옵션과 풋옵션	콜옵션과 풋옵션	콜옵션과 풋옵션
옵션의 유형	유럽형	유럽형	유럽형	유럽형
거래단위(승수)	1포인트당 25만원	1포인트당 5만원	1포인트당 1만원	10주
결제방법	현금결제	현금결제	현금결제	현금결제

1) 개별주식옵션의 기초자산은 주식시장에 상장되어 있고 유통주식 수가 200만 주 이상, 소액주주 수가 2,000명 이상, 1년간 총거래대금이 5천억원 이상인 보통주식 중에서 시가총액과 재무상태를 감안하여 선정된다.

이 중 코스피200옵션은 실물이 없는 추상적인 코스피200지수를 대상으로 하고 있다. 코스피200옵션의 경우 실체가 없는 주가지수를 거래대상으로 하고 있기 때문에 권리행사 시에 기초자산(주가지수)을 주고받을 수 없고, 당사자 간에 사전 설정된 주가지수(행사가격)와 만기일에서의 주가지수와의 차이에 거래승수(1포인트당 50만원)를 곱한 금액으로 결제가 이루어진다.

▲ "은행 말 안 듣자니…" 중소기업 울린 파생상품 덫[19]

출처 : 한국일보, 2008. 9. 23.

〈표 12-10〉은 코스피200옵션 시세표 일부를 예시한 것이다. 종가는 당일의 마지막 거래에 적용된 옵션가격으로, 다음 날 거래의 기준가격이 된다.

표 12-10 코스피200옵션 시세표(20×1년 7월 21일 현재) (단위 : 포인트, 계약)

구분	결제월	행사가격	종가	전일 대비	시가	고가	저가	거래량	미결제 약정수량
콜	20×108	362.5	2.39	−0.09	2.96	3.45	2.36	40,615	18,951
풋	20×108	362.5	3.15	−0.05	2.66	3.15	2.18	63,063	8,970

19. 키코(knock in-knock out ; KIKO)는 환율변동에 따른 피해를 최소화하기 위한 일종의 위험회피(헤지) 통화옵션이다. 기업과 은행 간에 원 · 달러 환율 변동의 상 · 하한선을 정한 뒤 실제 환율변동이 계약범위 안에서 변동할 때 기업에 수익이 나는 형태이다. 즉, 계약한 환율범위 내에서 환율이 움직일 경우에는 기업에 유리한 가격으로 달러를 거래할 수 있지만 환율이 한 번이라도 하한선 아래로 내려가면(녹아웃) 계약이 무효화된다. 또 환율이 상한선에 도달하면(녹인) 기업이 계약금액의 2배에 달하는 달러화를 매입해서 오히려 시장가보다 낮은 약정환율로 은행에 팔아야 한다. 녹인의 경우 기업은 큰 손실을 보게 된다.

시가는 당일의 첫 거래에 적용된 옵션가격이며, 고가와 저가는 각각 당일 거래 중 가장 높은 가격과 낮은 가격을 의미한다. 여기서 행사가격이 262.5포인트인 20×1년 8월물 콜옵션 1계약을 종가로 매입하는 경우 매입금액은 597,500원(2.39×25만원)이며, 풋옵션 1계약을 종가로 매입하는 경우 매입금액은 787,500원(3.15×25만원)이 된다. 그리고 미결제약정수량은 현재 만기일이 도래하지 않았거나 반대매매에 의해서 청산되지 못한 옵션의 계약 수를 의미한다.

2) 옵션의 거래절차

증거금 및 결제제도 등 특정 부분을 제외하고는 선물과 옵션의 거래절차는 거의 동일하다. 선물 · 옵션의 거래절차를 요약하면 [그림 12-10]과 같다.

■ 선물 · 옵션 계좌개설

한국거래소(KRX)의 파생상품시장에서 선물 · 옵션을 거래하고자 하는 고객은 회원사 또는 회원사 제휴은행 등에서 거래계좌를 개설하여야 한다. 선물 · 옵션거래를 하기 위해서는 주식거래 시 사용하는 위탁계좌 이외의 별도의 선물 · 옵션계좌를 개설해야 한다.

그림 12-10 선물 · 옵션의 거래절차

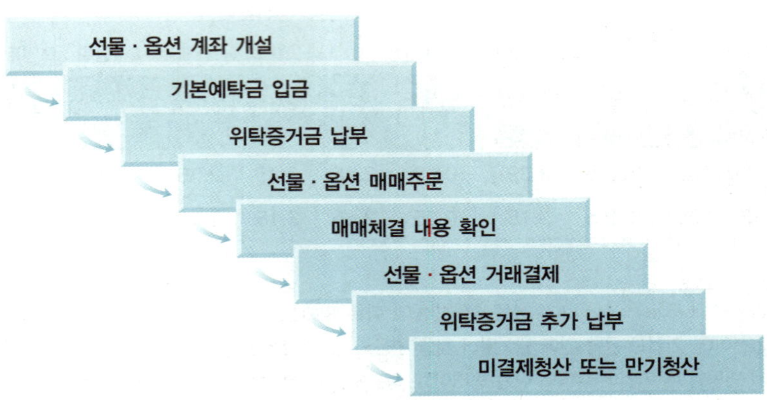

■ 증거금 납부

선물 · 옵션거래에서 증거금은 미래의 채무이행을 성실히 수행하겠다는 표시로 예탁하는 보증금 성격의 자금이라 할 수 있다. 따라서 투자자들은 선물 · 옵션거래에 의한 미래의 채무이행을 위하여 증거금을 예탁하고 모든 채무를 이행한 후에 해당 증거금을 찾아가게 된다.

■ 주문

고객은 주문 시 컴퓨터 통신, 서면(팩스 포함), 전화를 이용하거나 회원사로 직접 방문할 수 있다.

■ 거래체결

회원사에 접수된 고객의 주문은 신속하고 정확하게 파생상품시장본부 전산시스템에 전달되고 전달된 주문은 가격우선, 시간우선 등의 정해진 원칙에 따라 체결이 이루어진다.

■ 체결내용의 통보

회원사는 주문이 체결되거나 미결제약정에 대하여 최종결제 또는 옵션 권리행사 배정이 있을 경우에는 그 내용을 고객에게 전화, 팩스 또는 컴퓨터 통신 등의 방법으로 통지한다.

■ 정산 및 최종결제

보유하고 있는 선물 · 옵션에 대하여 최종거래일 이전에 반대매매에 의해 청산하는 방법과 결제일에 실물인수 · 도 또는 현금 결제방식에 의해 청산하는 방법이 있다.

알아두기 12-5

코스피200 옵션거래의 결제방법

■ 프리미엄(옵션가격)의 수수

옵션거래가 성립한 경우 매도고객은 매수고객으로부터 옵션대금을 결제금액으로 지급받는다. 또한 이러한 옵션대금이 수수된 후에는 동일 종목의 옵션 매도 · 매수 가격은 같아지게 되므로, 선물거래와 같이 동일 종목의 매도 · 매수 수량은 같은 수량에서 자동 상계 · 소멸하게 된다. 즉, 3포인트로 옵션 1계약을 매도한 자가 동일 종목을 2포인트로 1계약 매수한 경우 1포인트(매도 3포인트 − 매수 2포인트)를 지급받은 후 매도 · 매수의 같은 수량 1계약은 자동 소멸되어 미결제약정은 없어진다.

■ 권리행사 및 권리행사의 포기

코스피200 옵션거래는 최종거래일에만 권리행사를 할 수 있다. 즉, 최종거래일의 매매거래시간 종료 시까지 소멸되지 않은 매수 미결제약정을 보유하고 있는 고객은 매매거래시간 종료 후 1시간 30분 이내에 증권사에 권리행사를 하겠다는 의사표시 신고를 해야 한다. 그러나 0.01포인트(1,000원) 이상의 이익이 발생하는 때에는 권리행사의 신고가 없더라도 신고한 것으로 본다. 권리행사할 경우 오히려 손해가 발생하는 옵션매수의 미결제약정을 보유한 자는 권리행사를 포기할 수 있다. 권리행사의 포기는 특별한 의사표시가 필요하지 않으며, 권리행사 신고시한까지 신고하지 않은 경우에는 포기한 것으로 보아 미결제약정은 자동 소멸된다. 만기일의 권리행사 시 현금결제방식에 따라 옵션의 매도자는 매수자에게 아래와 같은 권리행사 차금을 지급하여야 한다.

- 콜옵션 : (권리행사결제기준가격 − 옵션행사가격) × 종목별 미결제약정수량 × 25만원
- 풋옵션 : (옵션행사가격 − 권리행사결제기준가격) × 종목별 미결제약정수량 × 25만원

2.3 옵션의 가격결정

지금까지 만기일에서의 옵션가치에 대해서 살펴보았다. 그러면 현재시점에서의 옵션가치는 어떻게 결정되는가? 여기서는 현재시점에서의 옵션가치가 어떠한 요인들에 의해서 결정되는지를 살펴보도록 하자.[20]

20. 구체적인 옵션평가모형에 대해서는 감형규 · 신용재 · 이의택 · 김영규 공저, 『제5판 증권투자론』(율곡출판사, 2022), pp.423 ~ 425를 참조할 것.

1) 콜옵션가치의 결정요인

▪ 행사가격

행사가격은 콜옵션을 행사하여 주식을 매입할 때 지불하여야 하는 금액이다. 따라서 다른 모든 것이 일정하다면, 행사가격이 높을수록 콜옵션의 가치가 하락하게 된다.

▪ 만기일

미국형 콜옵션은 만기일 이전에 언제든지 옵션의 행사가 가능하다. 따라서 미국형 콜옵션의 경우 만기가 길면 길수록 옵션을 행사할 수 있는 기회를 보다 더 많이 갖게 되므로 옵션의 가치가 상승하게 된다.[21]

▪ 주식가격

콜옵션은 주가가 행사가격보다 높을 때 가치를 갖는다. 따라서 현재의 주식가격이 높을수록 만기일에 주가가 행사가격 이상일 가능성이 높아지기 때문에 콜옵션의 가치가 상승하게 된다.

▪ 주식의 변동성

주식의 변동성이 커지면, 콜옵션의 가치가 상승하게 된다. 앞에서 이미 설명하였듯이 옵션은 유한책임증권으로서 주식가격이 큰 폭으로 변동한다 하더라도 옵션가치가 있는 부분(주가가 행사가격보다 큰 경우)만 옵션의 가치에 영향을 미친다. 따라서 주식의 변동성이 증가하는 경우 주가가 크게 상승하거나 하락할 수 있으나, 크게 상승하는 부분만이 옵션의 가치에 영향을 미치게 되어 콜옵션의 가치가 상승하게 된다.

이는 기초자산에 대한 옵션을 보유하는 것과 기초자산 그 자체를 보유하는 것이 근본적으로 다름을 의미하는 것으로서 위험회피형 투자자의 경우 주식에 직접 투자할 경우 위험이 작은 주식을 선택할 것이나, 콜옵션을 매입할 경우 변동성이

21. 옵션의 경우 현금배당이 조정되지 않기 때문에 이러한 관계는 유럽형 콜옵션에서는 성립하지 않을 수 있다.

더 높은 주식에 대한 콜옵션을 선택하게 된다.

■ **무위험이자율**

콜옵션가격은 이자율의 수준에 의해서도 영향을 받는다. 콜옵션의 매입자는 옵션을 행사할 때까지 행사가격을 지불하지 않을 것이다. 이와 같이 행사가격의 지불을 연기하는 것은 이자율이 낮을 때보다 높을 때 훨씬 큰 가치를 갖는다.[22] 그러므로 콜옵션의 가치는 이자율과 정(+)의 상관관계를 가진다.

2) 풋옵션가치의 결정요인

앞에서 설명한 콜옵션가치의 결정요인을 이용하여 풋옵션가치의 결정요인에 대해서도 설명해 보기로 하자.

■ **행사가격**

행사가격은 풋옵션을 행사하여 주식을 매도할 때 받게 되는 금액이다. 따라서 다른 모든 것이 일정하다면 행사가격이 높을수록 풋옵션의 가치가 상승하게 된다.

■ **만기일**

미국형 풋옵션은 만기일 이전에 언제든지 옵션의 행사가 가능하다. 따라서 미국형 풋옵션의 경우 만기가 길면 길수록 옵션을 행사할 수 있는 기회를 보다 더 많이 갖게 되므로 옵션의 가치가 상승하게 된다.[23]

■ **주식가격**

풋옵션은 주가가 행사가격보다 낮을 때 가치를 갖는다. 따라서 현재의 주식가격이 높을수록 만기일에 주가가 행사가격 이하일 가능성이 낮아지기 때문에 풋옵션의 가치는 하락한다.

---

22. 이자율이 높을수록 콜옵션 행사가격의 현재가치는 작아진다.
23. 유럽형 풋옵션의 경우 만기가 길수록 행사가격의 현재가치가 낮아지기 때문에 이러한 관계가 성립하지 않을 수 있다.

■ 주식의 변동성

주식의 변동성이 커지면 풋옵션의 가치가 상승하게 된다. 풋옵션도 콜옵션과 마찬가지로 유한책임증권으로서 주식가격이 큰 폭으로 변동한다 하더라도 옵션가치가 있는 부분(주가가 행사가격보다 낮은 경우)만 옵션의 가치에 영향을 미친다. 따라서 주식의 변동성이 증가하는 경우 주가가 크게 상승 또는 하락할 수 있으나, 크게 하락하는 부분만이 옵션의 가치에 영향을 미치게 되어 풋옵션의 가치가 상승하게 된다.

■ 무위험이자율

풋옵션의 매입자는 옵션이 행사될 때까지 행사가격을 받지 못할 것이다. 이자율이 높을 때 풋옵션의 매입자가 받게 되는 행사가격의 현재가치가 작아지기 때문에 풋옵션의 가치는 하락하게 된다. 그러므로 풋옵션의 가치는 이자율과 음(−)의 상관관계를 가진다.

지금까지 설명한 옵션가치에 영향을 미치는 5가지 요인들이 옵션가치에 어떤 영향을 미치는지를 요약하면 〈표 12-11〉과 같다. 이 표에서 볼 수 있는 바와 같이 5가지 요인 중 기초자산의 가치, 행사가격 및 무위험이자율이 콜옵션가치와 풋옵션가치에 미치는 영향은 서로 상반됨을 알 수 있다.

표 12-11 옵션가치에 영향을 미치는 요인

요인	콜옵션	풋옵션
행사가격	−	+
만기일[1)]	+	+
기초자산의 가치(주식가격)	+	−
기초자산(주식)의 변동성	+	+
무위험이자율	+	−

1) 이 관계는 유럽형 옵션의 경우에는 성립하지 않을 수 있음.

재테크 Tip

옵션이 로또보다 100배 낫다

옵션을 공부할 때 복권과 자주 비교한다. 이해를 돕기 위해서다. 그러나 그러한 비유는 이해를 돕기는커녕 방해가 된다. 옵션이 복권과 다른 점은 너무나 많고, 다르다는 사실은 자명하다. 옵션이 복권과 같은 점이 없는 것은 아니다. “그거 해서 돈 벌기 힘들다. 그거 사서 성공했다는 사람 주변에는 없다.” 강력한 공통점이다. 그러나 그 정도 공통점은 경마에도 있고, 고스톱에도 있으니 별로 특별할 것은 없다. 로또는 가장 진화한 형태의 복권이다. 로또 발행자는 “땅 짚고 헤엄치기”로 돈을 번다. 로또는 인간이 생각해 낼 수 있는 가장 완벽한 형태의 사기다. 로또의 환급률은 50%다. 로또 발행자는 리스크가 전무한 상황에서 매출액의 50%를 수익으로 올린다. 일반 추첨식 복권은 생각보다 리스크가 크다. 복권을 10만 장 발행했는데, 딱 한 장만 팔릴 수 있다. 그리고 그 팔린 한 장이 1등에 당첨될 수 있다. 실수로 같은 번호가 2장 인쇄되었는데, 마침 그 번호가 1등에 당첨될 수도 있다. 로또는 그런 위험이 없다. 1등이 수없이 나와도 아무런 위험이 없다.

가장 완벽한 형태의 복권인 로또와 옵션은 질적으로 다르다.

첫째, 발행자의 의무에서 다르다. 로또 발행자는 모든 위험을 통제한다. 환급률을 발행자가 통제한다. 리스크는 없다. 옵션 발행자(즉, 옵션 매도자)는 어떤 위험도 통제하지 못한다. 시장을, 최대 손실 가능액을 옵션 발행자가 통제하지 못한다. 옵션 발행자도 시장가격의 순응자일 뿐이다.

둘째, 옵션의 가격은 변한다. 옵션은 남아 있는 시간의 길이(잔존 기간), 시장의 변동성, 이자율, 기초자산의 가격 등의 영향을 받아 가격이 변한다. 한번 발행하면 어떠한 변화에도 영향을 받지 않는 복권과는 다르다. 옵션의 가격 변화가 옵션을 어렵게 만든다. 조금만 이익을 보면 팔고 싶고, 손해가 나면 좌불안석이다. 그런 면에서 옵션이 복권에 비해 불리하다. 너무 많은 심리적 스트레스에 노출된다. 그 스트레스 때문에 스스로 무너지는 것이 옵션이란 게임이다.

셋째, 옵션은 제로섬게임이다. 옵션의 수수료와 제반 비용은 아주 낮은 수준이다(투자자의 입장에서는 적지 않다). 그러나 경마의 30% 구전, 로또의 50% 구전에 비하면 할아버지다.

로또가 발행자 입장에서 완벽한 사기라면, 옵션은 매수자 입장에서 가장 유리한 도박이다. 공통점을 찾아보자. 첫째는 맨 처음에 지적한 “돈 벌기 힘들다”는 점이다. 둘째는 대박의 신화다. 큰 돈을 빨리 벌 수 있다는 신화다. 꿈을 가지고 복권을 사듯이 꿈을 가지고 옵션을 한다. 그 점에서 많이 닮았다. 인간의 나약한 허상을 노리는 사기가 복권이라면, 옵션도 그런 면이 없지 않다.

옵션이 로또에 비해 유리함에도 불구하고, 옵션으로 성공하기는 복권으로 성공하는 것만큼 어렵다. 복권은 구조적으로 매수자를 파멸시키지만, 옵션은 심리적으로 매수자, 매도자를 모두 파멸시킨다. 쉽게 흔들리는 자, 돈에 욕심을 내는 자 모두 스스로 파멸하는 심리 게임이다. 돈을 놓고 게임을 하면서, 돈을 탐하지 말아야 한다는 사실을 어떻게 받아들일 수 있고, 그것이 어떻게 가능하겠는가? 그래서 옵션은 스스로 무너지는 게임이다. 옵션에서 성공하기 위해서는 복권이 아닌 것처럼 하면 된다. 즉, 타워팰리스를, 렉서스를, 해외여행을, 멋진 인생 역전을 머릿속에 그리지 말라. 욕심 없이, 겸손한 마음가짐으로 옵션 매도도 해보고, 다양한 옵션 합성전략을 짜보라. 옵션에서 성공하기 위해서는 복권인 것처럼 하면 된다. 복권 사서 망했다는 사람 없지만, 옵션으로 망했다는 사람은 부지기수다. 왜 유리한 게임을 하는데 매번 실패하나? 베팅을 잘못하기 때문이다. 복권 1,500만원 사는 사람 있나? 돈 생기는 족족 복권 사는 사람 있나? 없다. 옵션을 사되 복권처럼 조금씩만 사면, 옵션은 로또보다 10,000% 훌륭한 상품이다.

출처 : 머니투데이, 2004. 7. 28.

시사 포커스

'365 대신 0' …버튼 잘못 눌렀다 파산? 위험한 옵션거래

지난 1995년 233년 역사를 자랑하던 영국 베어링 은행은 단돈 1파운드에 네덜란드 ING그룹에 매각되었다. 사건은 닉 리슨이라는 당시 28세의 젊은이의 오판에서 비롯됐다. 지난 1992년 7월 17일 베어링의 싱가포르법인 주식트레이더였던 입사 3년차 닉 리슨은 우연히 2만 파운드 가량의 손실이 발생한 것을 확인했다. 문책이 두려웠던 그는 이 손실을 눈에 안 띄는 휴면계좌에 은폐했다. 그는 손실을 만회하기 위해 일본 닛케이 선물시장에서 도박성 옵션거래에 손을 댔다. 일본 엔화에 대해 콜옵션과 풋옵션을 동시에 매도하고 엔화가 일정 범위 안에서만 움직이면 수익을 내는 방식이었다. 단, 가격대를 벗어나면 손실이 무한대로 늘어나는데, 이는 수년 전 중소기업 부도사태를 일으킨 '키코(KIKO)'와 유사하다. 그러나 도박성 투자의 말로는 비참했다. 닉의 손실은 1994년 말 1억 6,400만 파운드까지 불어났다. 그럼에도 닉은 가공거래와 가격조작으로 회사에는 수익을 거뒀다고 거짓 보고해 거액의 보너스까지 지급받았다. 그러다 1995년 1월 결국 꼬리가 밟힌다. 고베지진으로 닛케이지수가 폭락하면서 무려 670억 엔을 날렸고, 총 손실은 14억 달러에 달하게 되었다. 영국 6위 은행이던 베어링은 한 젊은이의 오판으로 허무하게 파산했다. 닉 리슨은 4년 가량 징역형을 치른 뒤 '악덕거래인'(rogue trader)이라는 제목의 자서전을 써냈고, 이는 1999년 이완 맥그리거 주연의 동명 영화(국내에서는 '겜블'로 개봉)로 널리 알려졌다. 이는 선물·옵션거래의 위험성을 알리는 대표적 사건이다.

▲ 1995년 베어링은행 파산을 몰고 온 닉 리슨 사건을 영화화한 '악덕거래인들'(rouge traders)의 포스터

지난 2010년 11월 11일 국내에서도 비슷한 일이 터졌다. 옵션 만기일이었던 그날 장마감을 10여 분 앞두고 동시호가에 들어갔을 때 1,976까지 지수가 올라서며 긍정적인 분위기였다. 그런데 돌연 장종료 몇 분 앞두고 대형주들이 일제히 폭락했다. 이른바 도이치증권 옵션사태이다. 도이치증권 창구에서 무려 2조 4,000억원대 매물이 한꺼번에 쏟아지면서 증시가 혼란에 빠진 것이다.

도이치증권은 당시 코스피200지수 풋옵션을 대량매수한 뒤 대규모로 매물을 쏟아내 450억원 가량의 부당이익을 거뒀다. 반면 국내 투자자들은 1,400억원의 손실을 입었다. 이 사건은 3년이 지난 지금까지도 1심 판결이 진행 중이다.

옵션거래는 주식이나 채권, 주가지수 등 특정 자산을 미래의 일정 시점에 정한 가격으로 사거나 파는 권리를 매매하는 거래이다. 살 권리는 콜옵션, 팔 권리는 풋옵션이라고 한다. 매수의 경우 권리를 포기할 수 있어 손실이 제한적이지만 매도 시엔 매수하는 계약자에게 '이행의무'가 주어지는 만큼 손실이 무한정 커진다. 선물옵션 거래의 투자방법은 고도로 복잡해 자세히 파악하기 힘들다. 트레이더들은 자기판단에다 독자적인 알고리듬을 적용해 거래한다. 특히 프로그램매매 기법을 활용해 일정한 거래조건을 만들어낸다. 리스크를 낮추고 주가폭락 등 만약의 사태에 대비하기 위해서이다.

지난 12일 한맥투자증권이 지수옵션시장에서 460억원의 손실을 입은 사건은 의도치 않은 실수에서 비롯되었다. 하지만 회사의 파산까지 거론될 정도로 그 파장은 심각하다. 결국 선물옵션거래의 위험성을 간과한 참사이다. 회사에 따르면, 이 사건은 선물 · 옵션거래 프로그램에 주문조건을 잘못 입력해서 벌어졌다. 옵션가격 변수인 이자율을 계산하는데 '잔존 일수/365일'을 입력해야 할 것을 '잔존 일수/0'으로 잘못 입력해 비정상적인 호가가 발생했다. 결국 컴퓨터는 모든 코스피200옵션에서 차익실현이 가능하다고 판단해 터무니없는 가격에 4만건 이상의 매도 주문을 쏟아낸 것이다. 이 같은 착오거래 호가가 나오자 거래상대방, 특히 외국인들이 횡재를 했다. 의무이행을 해야 하는 상황인데, 자본금 268억원에 불과한 한맥증권으로선 이 같은 거액을 납입할 여력이 없어 일단 거래소가 결제 적립금으로 거래상대방에게 대신 지급했다. 거래소는 한맥증권에 구상권을 청구할 예정인데 대금을 마련하지 못하면 한맥은 파산이 불가피하다. 한맥증권은 이 때문에 거래상대방을 찾아다니며 읍소하고 있다. 어디까지나 실수였던 만큼 국제관례에 따라 이익금을 돌려달라는 것인데 일단 국내 증권사들은 이를 보전해 주기로 했다. 그러나 국내 증권사 이익은 10억원대로 미미하고 이익의 대부분은 외국계가 가져갔다. 일부 외국계 증권사가 10억원 가량을 돌려주기로 했지만 나머지 400억원의 차익을 돌려받을 수 있을지는 여전히 미지수이다. 증권가 일각에서는 한맥투자증권의 과욕과 부주의를 지적하기도 한다. 대규모 주문을 위한 프로그램 매매가 보편화됐지만 회사의 내부통제시스템은 선물 · 옵션거래의 리스크에 비해 허술하기 짝이 없었다는 것이다.

통상 파생상품거래는 초고속주문전용선(DMA)을 통해 순식간에 체결된다. 하루에도 거래가 수십만건이 이뤄질 만큼 매매가 잦은 가운데, 이른바 '팻핑거'(뚱뚱한 손가락, 버튼을 잘못 누르는 실수를 지칭) 같은 주문실수가 발생할 가능성도 높은데도 이를 막기 위해 사전에 호가를 필터링하는 식의 내부통제시스템은 없었다. 금융당국도 이 같은 문제점을 지적하고 증권사들의 선물 · 옵션거래 실태조사에 나서기로 했다. 내년 2월 한국거래소가 차세대 매매체결시스템인 엑스추어플러스를 도입하면서 '킬스위치'(kill switch)를 도입하는 것은 그나마 다행이다. 킬스위치는 주문착오 시 해당 계좌에서 나온 호가를 일괄 취소하는 기능이다. 거래소는 또 한꺼번에 과다호가 접수제한 제도도 도입하기로 했다. 거래소의 안전장치와는 별개로 한맥증권 사태 같은 불행한 사건이 재발하지 않도록 금융투자업계 스스로 내부통제에 대한 인식과 규제강화가 시급하다. 물론 일확천금을 벌어보겠다는 과욕도 함께 다스려야 한다.

출처 : 머니투데이, 2013. 12. 28 수정.

주요 용어

연습문제

Ⅰ. 완성/선택형 문제

01. 선물의 대상이 되는 특정 상품을 (　　　　), 시장에서 거래되고 있는 대상 자산의 현재가격을 (　　　　), 선물계약이 이행(결제)되는 미래의 일정 시점을 (　　　　), 미래 일정 시점에서의 약정된 가격을 (　　　　)이라고 한다.

02. (　　　　)에 의해서 선물거래자가 선물포지션을 없애고 선물시장에서 빠져 나오는 것을 선물포지션을 청산한다고 표현한다.

03. 주요 원자재인 원유, 구리, 금, 은, 옥수수, 밀, 대두 등 일반 상품을 기초자산으로 거래되는 (　　　　)과 주가지수, 금리, 통화 등을 기초자산으로 거래되는 (　　　　)로 구분될 수 있다.

04. 헤지를 선물시장에서 취하는 포지션에 따라 (　　　　)와 (　　　　)로 나눈다.

05. (　　　　)은 특정 자산(주로 주식)을 지정된 날짜 또는 그 이전에 미리 약정된 가격으로 팔 수 있는 권리를 그 소유자에게 부여하는 계약을 의미한다.

06. 만기일에서의 옵션의 가치는 기초자산인 보통주의 (　　　　)에 의해 결정된다.

07. 선물거래와 선도거래에 대한 다음의 설명 중 잘못된 것은?

① 선도거래는 장외시장에서 당사자 간 직접 계약에 의해 이루어지는 반면, 선물거래는 선물거래소에서 공개입찰을 통해 이루어진다.

② 선물계약은 표준화되어 있지만, 선도계약은 거래당사자 간 합의에 의해 거래조건이 결정된다.

③ 선물거래에서는 청산위험이 거의 없으나, 선도거래의 경우 계약자 쌍방 간의 직접거래이므로 계약당사자의 신용도에 따른 위험이 존재한다.

④ 선도거래와 선물거래 모두 계약의 이행을 보증하려는 제도적 장치로 일일정산, 증거금 등의 제도를 두고 있다.

08. 선물결제소의 역할과 거리가 먼 것은?

① 규정이나 규칙 등의 제정 · 시행　　② 일일정산
③ 청산　　④ 실물인수 · 도

09. 증거금제도에 대한 다음의 설명 중 적절하지 못한 것은?

① 선물거래에서 계약이행 보증을 위해 실시하는 제도이다.
② 증거금은 반드시 현금으로 납부되어야 한다.
③ 고객이 선물중개회사에 납부하는 위탁증거금과 결제소회원인 선물중개회사가 결제소에 납부하는 거래증거금으로 구분된다.
④ 위탁증거금은 개시증거금과 유지증거금으로 구분된다.

10. 선물시장의 경제적 기능에 대한 다음의 설명 중 거리가 먼 것은?

① 가격변동위험의 관리　　② 가격의 예시
③ 시장효율성의 제고　　④ 투기적 거래의 방지

11. 헤지에 대한 다음의 설명 중 거리가 먼 것은?

① 선물을 이용함으로써 현물시장에서의 예측하지 못한 가격변동에 따른 위험을 저렴하고 효율적으로 제거할 수 있다.
② 선물시장을 이용한 헤지는 현물시장에서의 가격위험을 제거하기 위해 현물시장에서의 포지션과 동일한 포지션을 선물시장에서 취하는 것을 의미한다.
③ 매입헤지로 인하여 미래 현물가격의 변동에 관계없이 미래에 구입할 현물의 가격을 현재시점에서 고정시킬 수 있다.
④ 매도헤지로 인하여 미래 현물가격의 변동에 관계없이 미래에 판매할 현물의 가격을 현재시점에서 고정시킬 수 있다.

12. 옵션에 대한 다음의 설명 중 잘못된 것은?

① 옵션거래는 기초자산인 주식의 발행자(해당 기업)와 관계없이 옵션거래소를 통해 옵션의 매입자와 매도자 간에 이루어진 특별한 계약이다.

② 미국형 옵션은 만기일 이내 언제든지 행사가 가능하나, 유럽형 옵션은 만기일에만 행사할 수 있다.

③ 만기일에서 보통주의 가치가 행사가격보다 작다면, 콜옵션을 '가치가 있다.(in the money)'라고 한다.

④ 옵션은 유한책임증권으로서 옵션매입자의 손실은 옵션의 매입가격에 한정된다.

13. 옵션가치의 결정요인에 대한 다음의 설명 중 잘못된 것은?

① 행사가격이 높을수록 콜옵션의 가치는 낮아지게 된다.

② 주식의 변동성이 커지면, 콜옵션의 가치는 증가하게 된다.

③ 주식의 변동성이 커지면, 풋옵션의 가치는 감소하게 된다.

④ 풋옵션의 가치는 이자율과 음(−)의 상관관계를 가진다.

Ⅱ. 서술/계산형 문제

01. 선물거래와 선도거래를 비교하여 설명하라.

02. 선물거래에 의한 위험의 헤징에 대해서 사례를 들어 설명하라.

03. 행사가격, 만기일, 기초자산 가격, 기초자산의 변동성, 무위험이자율 등이 콜옵션과 풋옵션의 가격에 미치는 영향을 설명하라.

04. **(선물의 가격결정)**

최매입은 현재 만기가 3개월 남아 있는 코스피200선물 1계약을 매입하려고 한다. 현재 코스피200은 300.20포인트, 무위험이자율은 연 3%, 그리고 코스피200에 포함되어 있는 주식들의 가중평균배당수익률은 연 1%이다. 최매입이 현재 매입하려고 하는 3개월 만기인 코스피200 선물 1계약의 이론적 가격은? (단, 거래승수는 1포인트당 ₩250,000임)

05. (콜옵션의 만기일 가치와 손익)

박매입은 행사가격이 255포인트이고, 1달 후에 만기가 되는 코스피200 콜옵션 10계약을 계약당 5포인트의 가격으로 매입하였다(단, 거래승수는 1포인트당 25만원임).

(1) 만기일의 코스피200이 265포인트일 경우, 콜옵션의 만기일 가치와 손익은?

(2) 만기일의 코스피200이 250포인트일 경우, 콜옵션의 만기일 가치와 손익은?

부록

Appendix

부표 1 복리이자요소 $(CVIF_{r,n}) = (1+r)^n$

1원의 n기간 말의 미래가치

기간	이 자 율									
	1%	2%	3%	4%	5%	6%	7%	8%	9%	10%
1	1.0100	1.0200	1.0300	1.0400	1.0500	1.0600	1.0700	1.0800	1.0900	1.1000
2	1.0201	1.0404	1.0609	1.0816	1.1025	1.1236	1.1449	1.1664	1.1881	1.2100
3	1.0303	1.0612	1.0927	1.1249	1.1576	1.1910	1.2250	1.2597	1.2950	1.3310
4	1.0406	1.0824	1.1255	1.1699	1.2155	1.2625	1.3108	1.3605	1.4116	1.4641
5	1.0510	1.1041	1.1593	1.2167	1.2763	1.3382	1.4026	1.4693	1.5386	1.6105
6	1.0615	1.1262	1.1941	1.2653	1.3401	1.4185	1.5007	1.5869	1.6771	1.7716
7	1.0721	1.1487	1.2299	1.3159	1.4071	1.5036	1.6058	1.7138	1.8280	1.9487
8	1.0829	1.1717	1.2668	1.3686	1.4775	1.5938	1.7182	1.8509	1.9926	2.1436
9	1.0937	1.1951	1.3048	1.4233	1.5513	1.6895	1.8385	1.9990	2.1719	2.3579
10	1.1046	1.2190	1.3439	1.4802	1.6289	1.7908	1.9672	2.1589	2.3674	2.5937
11	1.1157	1.2434	1.3842	1.5395	1.7103	1.8983	2.1049	2.3316	2.5804	2.8531
12	1.1268	1.2682	1.4258	1.6010	1.7959	2.0122	2.2522	2.5182	2.8127	3.1384
13	1.1381	1.2936	1.4685	1.6651	1.8856	2.1329	2.4098	2.7196	3.0658	3.4523
14	1.1495	1.3195	1.5126	1.7317	1.9799	2.2609	2.5785	2.9372	3.3417	3.7975
15	1.1610	1.3459	1.5580	1.8009	2.0789	2.3966	2.7590	3.1722	3.6425	4.1772
16	1.1726	1.3728	1.6047	1.8730	2.1829	2.5404	2.9522	3.4259	3.9703	4.5950
17	1.1843	1.4002	1.6528	1.9479	2.2920	2.6928	3.1588	3.7000	4.3276	5.0545
18	1.1961	1.4282	1.7024	2.0258	2.4066	2.8543	3.3799	3.9960	4.7171	5.5599
19	1.2081	1.4568	1.7535	2.1068	2.5270	3.0256	3.6165	4.3157	5.1417	6.1159
20	1.2202	1.4859	1.8061	2.1911	2.6533	3.2071	3.8697	4.6610	5.6044	6.7275
21	1.2324	1.5157	1.8603	2.2788	2.7860	3.3996	4.1406	5.0338	6.1088	7.4002
22	1.2447	1.5460	1.9161	2.3699	2.9253	3.6035	4.4304	5.4365	6.6586	8.1403
23	1.2572	1.5769	1.9736	2.4647	3.0715	3.8197	4.7405	5.8715	7.2579	8.9543
24	1.2697	1.6084	2.0328	2.5633	3.2251	4.0489	5.0724	6.3412	7.9111	9.8497
25	1.2824	1.6406	2.0938	2.6658	3.3864	4.2919	5.4274	6.8485	8.6231	10.835
30	1.3478	1.8114	2.4273	3.2434	4.3219	5.7435	7.6123	10.063	13.268	17.449
40	1.4889	2.2080	3.2620	4.8010	7.0400	10.286	14.974	21.725	31.409	45.259
50	1.6446	2.6916	4.3839	7.1067	11.467	18.420	29.457	46.902	74.358	117.39
60	1.8167	3.2810	5.8916	10.520	18.679	32.988	57.946	101.26	176.03	304.48

* $CVIF > 99{,}999$

기간	이 자 율									
	12%	14%	15%	16%	18%	20%	24%	28%	32%	36%
1	1.1200	1.1400	1.1500	1.1600	1.1800	1.2000	1.2400	1.2800	1.3200	1.3600
2	1.2544	1.2996	1.3225	1.3456	1.3924	1.4400	1.5376	1.6384	1.7424	1.8496
3	1.4049	1.4815	1.5209	1.5609	1.6430	1.7280	1.9066	2.0972	2.3000	2.5155
4	1.5735	1.6890	1.7490	1.8106	1.9388	2.0736	2.3642	2.6844	3.0360	3.4210
5	1.7623	1.9254	2.0114	2.1003	2.2878	2.4883	2.9316	3.4360	4.0075	4.6526
6	1.9738	2.1950	2.3131	2.4364	2.6996	2.9860	3.6352	4.3980	5.2899	6.3275
7	2.2107	2.5023	2.6600	2.8262	3.1855	3.5832	4.5077	5.6295	6.9826	8.6054
8	2.4760	2.8526	3.0590	3.2784	3.7589	4.2998	5.5895	7.2058	9.2170	11.703
9	2.7731	3.2519	3.5179	3.8030	4.4355	5.1598	6.9310	9.2234	12.166	15.917
10	3.1058	3.7072	4.0456	4.4114	5.2338	6.1917	8.5944	11.806	16.060	21.647
11	3.4785	4.2262	4.6524	5.1173	6.1759	7.4301	10.657	15.112	21.199	29.439
12	3.8960	4.8179	5.3503	5.9360	7.2876	8.9161	13.215	19.343	27.983	40.037
13	4.3635	5.4924	6.1528	6.8858	8.5994	10.699	16.386	24.759	36.937	54.451
14	4.8871	6.2613	7.0757	7.9875	10.147	12.839	20.319	31.691	48.757	74.053
15	5.4736	7.1379	8.1371	9.2655	11.974	15.407	25.196	40.565	64.359	100.71
16	6.1304	8.1372	9.3576	10.748	14.129	18.488	31.243	51.923	84.954	136.97
17	6.8660	9.2765	10.761	12.468	16.672	22.186	38.741	66.461	112.14	186.28
18	7.6900	10.575	12.375	14.463	19.673	26.623	48.039	85.071	148.02	253.34
19	8.6128	12.056	14.232	16.777	23.214	31.948	59.568	108.89	195.39	344.54
20	9.6463	13.743	16.367	19.461	27.393	38.338	73.864	139.38	257.92	468.57
21	10.804	15.668	18.822	22.574	32.324	46.005	91.592	178.41	340.45	637.26
22	12.100	17.861	21.645	26.186	38.142	55.206	113.57	228.36	449.39	866.67
23	13.522	20.362	24.891	30.376	45.008	66.247	140.83	292.30	593.20	1178.7
24	15.179	23.212	28.625	35.236	53.109	79.497	174.63	374.14	783.02	1603.0
25	17.000	26.462	32.919	40.874	62.669	95.396	216.54	478.90	1033.6	2180.1
30	29.960	50.950	66.212	85.850	143.37	237.38	634.82	1645.5	4142.1	10143.
40	93.051	188.88	267.86	378.72	750.38	1469.8	5455.9	19427.	66521.	*
50	289.00	700.23	1083.7	1670.7	3927.4	9100.4	46890.	*	*	*
60	897.60	2595.9	4384.0	7370.2	20555.	56348.	*	*	*	*

부표 2 연금의 복리이자요소 $(CVIFA_{r,n}) = \left[\frac{(1+r)^n}{r} - \frac{1}{r}\right]$

일정 기간 동안 매 기간 말에 1원씩 지급하는 연금의 n기간 후의 미래가치

기간	이 자 율									
	1%	2%	3%	4%	5%	6%	7%	8%	9%	10%
1	1.0000	1.0000	1.0000	1.0000	1.0000	1.0000	1.0000	1.0000	1.0000	1.0000
2	2.0100	2.0200	2.0300	2.0400	2.0500	2.0600	2.0700	2.0800	2.0900	2.1000
3	3.0301	3.0604	3.0909	3.1216	3.1525	3.1836	3.2149	3.2464	3.2781	3.3100
4	4.0604	4.1216	4.1836	4.2465	4.3101	4.3746	4.4399	4.5061	4.5731	4.6410
5	5.1010	5.2040	5.3091	5.4163	5.5256	5.6371	5.7507	5.8666	5.9847	6.1051
6	6.1520	6.3081	6.4684	6.6330	6.8019	6.9753	7.1533	7.3359	7.5233	7.7156
7	7.2135	7.4343	7.6625	7.8983	8.1420	8.3938	8.6540	8.9228	9.2004	9.4872
8	8.2857	8.5830	8.8932	9.1242	9.5491	9.8975	10.260	10.637	11.028	11.436
9	9.3685	9.7546	10.159	10.583	11.027	11.491	11.978	12.488	13.021	13.570
10	10.462	10.950	11.464	12.006	12.578	13.181	13.816	14.487	15.193	15.937
11	11.567	12.169	12.808	13.486	14.207	14.972	15.784	16.645	17.560	18.531
12	12.683	13.412	14.192	15.026	15.917	16.870	17.888	18.977	20.141	21.384
13	13.809	14.680	15.618	16.627	17.713	18.882	20.141	21.495	22.953	24.523
14	14.947	15.974	17.086	18.292	19.599	21.015	22.550	24.215	26.019	27.975
15	16.097	17.293	18.599	20.024	21.579	23.276	25.129	27.152	29.361	31.772
16	17.258	18.639	20.157	21.825	23.657	25.673	27.888	30.324	33.003	35.950
17	18.430	20.012	21.762	23.698	25.840	28.213	30.840	33.750	36.974	40.545
18	19.615	21.412	23.414	25.645	28.132	30.906	33.999	37.450	41.301	45.599
19	20.811	22.841	25.117	27.671	30.539	33.760	37.379	41.446	46.018	51.159
20	22.019	24.297	26.870	29.778	33.066	36.786	40.995	45.762	51.160	57.275
21	23.239	25.783	28.676	31.969	35.719	39.993	44.865	50.423	56.765	64.002
22	24.472	27.299	30.537	34.248	38.505	43.392	49.006	55.457	62.873	71.403
23	25.716	28.845	32.453	36.618	41.430	46.996	53.436	60.893	69.532	79.543
24	26.973	30.422	34.426	39.083	44.502	50.816	58.177	66.765	76.790	88.497
25	28.243	32.030	36.459	41.646	47.727	54.865	63.249	73.106	84.701	98.347
30	34.785	40.568	47.575	56.085	66.439	79.058	94.461	113.28	136.31	164.49
40	48.886	60.402	75.401	95.026	120.80	154.76	199.64	259.06	337.88	442.59
50	64.463	84.579	112.80	152.67	209.35	290.34	406.53	573.77	815.08	1163.9
60	81.670	114.05	163.05	237.99	353.58	533.13	813.52	1253.2	1944.8	3034.8

* $CVIFA > 99{,}999$

기간	이 자 율									
	12%	14%	15%	16%	18%	20%	24%	28%	32%	36%
1	1.0000	1.0000	1.0000	1.0000	1.0000	1.0000	1.0000	1.0000	1.0000	1.0000
2	2.1200	2.1400	2.1500	2.1600	2.1800	2.2000	2.2400	2.2800	2.3200	2.3600
3	3.3744	3.4396	3.4725	3.5056	3.5724	3.6400	3.7776	3.9184	4.0624	4.2096
4	4.7793	4.9211	4.9934	5.0665	5.2154	5.3680	5.6842	6.0156	6.3624	6.7251
5	6.3528	6.6101	6.7424	6.8771	7.1542	7.4416	8.0484	8.6999	9.3983	10.164
6	8.1152	8.5355	8.7537	8.9775	9.4420	9.9299	10.980	12.136	13.406	14.799
7	10.089	10.730	11.067	11.414	12.142	12.916	14.615	16.534	18.696	21.126
8	12.300	13.233	13.727	14.240	15.327	16.499	19.123	22.163	25.678	29.732
9	14.776	16.085	16.786	17.519	19.086	20.799	24.712	29.369	34.895	41.435
10	17.549	19.337	20.304	21.321	23.521	25.959	31.643	38.593	47.062	57.352
11	20.655	23.045	23.349	25.733	28.755	32.150	40.238	50.398	63.122	78.998
12	24.133	27.271	29.002	30.850	34.931	39.581	50.895	65.510	84.320	108.44
13	28.029	32.089	34.352	36.786	42.219	48.497	64.110	84.853	112.30	148.47
14	32.393	37.581	40.505	43.672	50.818	59.196	80.496	109.61	149.24	202.93
15	37.280	43.842	47.580	51.660	60.965	72.035	100.82	141.30	198.00	276.98
16	42.753	50.980	55.717	60.925	72.939	87.442	126.01	181.87	262.36	377.69
17	48.884	59.118	65.075	71.673	87.068	105.93	157.25	233.79	347.31	514.66
18	55.750	68.394	75.836	84.141	103.74	128.12	195.99	300.25	459.45	700.94
19	63.440	78.969	88.212	98.603	123.41	154.74	244.03	385.32	607.47	954.28
20	72.052	91.025	102.44	115.38	146.63	186.69	303.60	494.21	802.86	1298.8
21	81.699	104.77	118.81	134.84	174.02	225.03	377.46	633.59	1060.8	1767.4
22	92.503	120.44	137.63	157.41	206.34	271.03	469.06	812.00	1401.2	2404.7
23	104.60	138.30	159.28	183.60	244.49	326.24	582.63	1040.4	1850.6	3271.3
24	118.16	158.66	184.17	213.98	289.49	392.48	723.46	1332.7	2443.8	4450.0
25	133.33	181.87	212.79	249.21	342.60	471.98	898.09	1706.8	3226.8	6053.0
30	241.33	356.79	434.75	530.31	790.95	1181.9	2640.9	5873.2	12941.	28172.3
40	767.09	1342.0	1779.1	2360.8	4163.2	7343.9	22729.	69377.	*	*
50	2400.0	4994.5	7217.7	10436.	21813.	45497.	*	*	*	*
60	7471.6	18535	29220.	46058.	*	*	*	*	*	*

부표 3 현가이자요소 $(PVIF_{r,n}) = \frac{1}{(1+r)^n}$

n기간 후에 받게 되는 1원의 현재시점의 가치

기간	이 자 율									
	1%	2%	3%	4%	5%	6%	7%	8%	9%	10%
1	0.9901	0.9804	0.9709	0.9615	0.9524	0.9434	0.9346	0.9259	0.9174	0.9091
2	0.9803	0.9612	0.9426	0.9246	0.9070	0.8900	0.8734	0.8573	0.8417	0.8264
3	0.9706	0.9423	0.9151	0.8890	0.8638	0.8396	0.8163	0.7938	0.7722	0.7513
4	0.9610	0.9238	0.8885	0.8548	0.8227	0.7921	0.7629	0.7350	0.7084	0.6830
5	0.9515	0.9057	0.8626	0.8219	0.7835	0.7473	0.7130	0.6806	0.6499	0.6209
6	0.9420	0.8880	0.8375	0.7903	0.7462	0.7050	0.6663	0.6302	0.5963	0.5645
7	0.9327	0.8706	0.8131	0.7599	0.7107	0.6651	0.6227	0.5835	0.5470	0.5132
8	0.9235	0.8535	0.7894	0.7307	0.6768	0.6274	0.5820	0.5403	0.5019	0.4665
9	0.9143	0.8368	0.7664	0.7026	0.6446	0.5919	0.5439	0.5002	0.4604	0.4241
10	0.9053	0.8203	0.7441	0.6756	0.6139	0.5584	0.5083	0.4632	0.4224	0.3855
11	0.8963	0.8043	0.7224	0.6496	0.5847	0.5268	0.4751	0.4289	0.3875	0.3505
12	0.8874	0.7885	0.7014	0.6246	0.5568	0.4970	0.4440	0.3971	0.3555	0.3186
13	0.8787	0.7730	0.6810	0.6006	0.5303	0.4688	0.4150	0.3677	0.3262	0.2897
14	0.8700	0.7579	0.6611	0.5775	0.5051	0.4423	0.3878	0.3405	0.2992	0.2633
15	0.8613	0.7430	0.6419	0.5553	0.4810	0.4173	0.3624	0.3152	0.2745	0.2394
16	0.8528	0.7284	0.6232	0.5339	0.4581	0.3936	0.3387	0.2919	0.2519	0.2176
17	0.8444	0.7142	0.6050	0.5134	0.4346	0.3714	0.3166	0.2703	0.2311	0.1978
18	0.8360	0.7002	0.5874	0.4936	0.4155	0.3503	0.2959	0.2502	0.2120	0.1799
19	0.8277	0.6864	0.5703	0.4746	0.3957	0.3305	0.2765	0.2317	0.1945	0.1635
20	0.8195	0.6730	0.5537	0.4564	0.3769	0.3118	0.2584	0.2145	0.1784	0.1486
21	0.8114	0.6598	0.5375	0.4388	0.3589	0.2942	0.2415	0.1987	0.1637	0.1351
22	0.8034	0.6468	0.5219	0.4220	0.3418	0.2775	0.2257	0.1839	0.1502	0.1228
23	0.7954	0.6342	0.5067	0.4057	0.3256	0.2618	0.2109	0.1703	0.1378	0.1117
24	0.7876	0.6217	0.4919	0.3901	0.3101	0.2470	0.1971	0.1577	0.1264	0.1015
25	0.7798	0.6095	0.4776	0.3751	0.2953	0.2330	0.1842	0.1460	0.1160	0.0923
30	0.7419	0.5521	0.4120	0.3083	0.2314	0.1741	0.1314	0.0994	0.0754	0.0573
40	0.6717	0.4529	0.3066	0.2083	0.1420	0.0972	0.0668	0.0460	0.0318	0.0221
50	0.6080	0.3715	0.2281	0.1407	0.0872	0.0543	0.0339	0.0213	0.0134	0.0085

* 소수 넷째 자리까지 0임

기간	이 자 율									
	12%	14%	15%	16%	18%	20%	24%	28%	32%	36%
1	0.8929	0.8772	0.8696	0.8621	0.8475	0.8333	0.8065	0.7813	0.7576	0.7353
2	0.7972	0.7695	0.7561	0.7432	0.7182	0.6944	0.6504	0.6104	0.5739	0.5407
3	0.7118	0.6750	0.6575	0.6407	0.6086	0.5787	0.5245	0.4768	0.4348	0.3975
4	0.6355	0.5921	0.5718	0.5523	0.5158	0.4823	0.4230	0.3725	0.3294	0.2923
5	0.5674	0.5194	0.4972	0.4761	0.4371	0.4019	0.3411	0.2910	0.2495	0.2149
6	0.5066	0.4556	0.4323	0.4104	0.3704	0.3349	0.2751	0.2274	0.1890	0.1580
7	0.4523	0.3996	0.3759	0.3538	0.3139	0.2791	0.2218	0.1776	0.1432	0.1162
8	0.4039	0.3506	0.3269	0.3050	0.2660	0.2326	0.1789	0.1388	0.1085	0.0854
9	0.3606	0.3075	0.2843	0.2630	0.2255	0.1938	0.1443	0.1084	0.0822	0.0628
10	0.3220	0.2697	0.2472	0.2267	0.1911	0.1615	0.1164	0.0847	0.0623	0.0462
11	0.2875	0.2366	0.2149	0.1954	0.1619	0.1346	0.0938	0.0662	0.0472	0.0340
12	0.2567	0.2076	0.1869	0.1685	0.1372	0.1122	0.0757	0.0517	0.0357	0.0250
13	0.2292	0.1821	0.1625	0.1452	0.1163	0.0935	0.0610	0.0404	0.0271	0.0184
14	0.2046	0.1597	0.1413	0.1252	0.0985	0.0779	0.0492	0.0316	0.0205	0.0135
15	0.1827	0.1401	0.1229	0.1079	0.0835	0.0649	0.0397	0.0247	0.0155	0.0099
16	0.1631	0.1229	0.1069	0.0930	0.0708	0.0541	0.0320	0.0193	0.0118	0.0073
17	0.1456	0.1078	0.0929	0.0802	0.0600	0.0451	0.0258	0.0150	0.0089	0.0054
18	0.1300	0.0946	0.0808	0.0691	0.0508	0.0376	0.0208	0.0118	0.0068	0.0039
19	0.1161	0.0829	0.0703	0.0596	0.0431	0.0313	0.0168	0.0092	0.0051	0.0029
20	0.1037	0.0728	0.0611	0.0514	0.0365	0.0261	0.0135	0.0072	0.0039	0.0021
21	0.0926	0.0638	0.0531	0.0443	0.0309	0.0217	0.0109	0.0056	0.0029	0.0016
22	0.0826	0.0560	0.0462	0.0382	0.0262	0.0181	0.0088	0.0044	0.0022	0.0012
23	0.0738	0.0491	0.0402	0.0329	0.0222	0.0151	0.0071	0.0034	0.0017	0.0008
24	0.0659	0.0431	0.0349	0.0284	0.0188	0.0126	0.0057	0.0027	0.0013	0.0006
25	0.0588	0.0378	0.0304	0.0245	0.0160	0.0105	0.0046	0.0021	0.0010	0.0005
30	0.0334	0.0196	0.0151	0.0116	0.0070	0.0042	0.0016	0.0006	0.0002	0.0001
40	0.0107	0.0053	0.0037	0.0026	0.0013	0.0007	0.0002	0.0001	*	*
50	0.0035	0.0014	0.0009	0.0006	0.0003	0.0001	*	*	*	*

부표 4 연금의 현가이자요소 $(PVIFA_{r,n}) = \left[\frac{1}{r} - \frac{1}{r(1+r)^n}\right]$

일정 기간 동안 매 기간 말에 1원씩 지급하는 연금의 현재가치

기간	이 자 율									
	1%	2%	3%	4%	5%	6%	7%	8%	9%	10%
1	0.9901	0.9804	0.9709	0.9615	0.9524	0.9434	0.9346	0.9259	0.9174	0.9091
2	1.9704	1.9416	1.9135	1.8861	1.8594	1.8334	1.8080	1.7833	1.7591	1.7355
3	2.9410	2.8839	2.8286	2.7751	2.7232	2.6730	2.6243	2.5771	2.5313	2.4869
4	3.9020	3.8077	3.7171	3.6299	3.5460	3.4651	3.3872	3.3121	3.2397	3.1699
5	4.8534	4.7135	4.5797	4.4518	4.3295	4.2124	4.1002	3.9927	3.8897	3.7908
6	5.7955	5.6014	5.4172	5.2421	5.0757	4.9173	4.7665	4.6229	4.4859	4.3553
7	6.7282	6.4720	6.2303	6.0021	5.7864	5.5824	5.3893	5.2064	5.0330	4.8684
8	7.6517	7.3255	7.0197	6.7327	6.4632	6.2098	5.9713	5.7466	5.5348	5.3349
9	8.5660	8.1622	7.7861	7.4353	7.1078	6.8017	6.5152	6.2469	5.9952	5.7590
10	9.4713	8.9826	8.5302	8.1109	7.7217	7.3601	7.0236	6.7101	6.4177	6.1446
11	10.3676	9.7868	9.2526	8.7605	8.3064	7.8869	7.4987	7.1390	6.8052	6.4951
12	11.2551	10.5753	9.9540	9.3851	8.8633	8.3838	7.9427	7.5361	7.1607	6.8137
13	12.1337	11.3484	10.6350	9.9856	9.3936	8.8527	8.3577	7.9038	7.4869	7.1034
14	13.0037	12.1062	11.2961	10.5631	9.8986	9.2950	8.7455	8.2442	7.7862	7.3667
15	13.8651	12.8493	11.9379	11.1184	10.3797	3.7122	9.1079	8.5595	8.0607	7.6061
16	14.7179	13.5777	12.5611	11.6523	10.8378	10.1059	9.4466	8.8514	8.3126	7.8237
17	15.5623	14.2919	13.1661	12.1657	11.2741	10.4773	9.7632	9.1216	8.5436	8.0216
18	16.3983	14.9920	13.7535	12.6593	11.6896	10.8276	10.0591	9.3719	8.7556	8.2014
19	17.2260	15.6785	14.3238	13.1339	12.0853	11.1581	10.3356	9.6036	8.9501	8.3649
20	18.0456	16.3514	14.8775	13.5903	12.4622	11.4699	10.5940	9.8181	9.1285	8.5136
21	18.8570	17.0112	15.4150	14.0292	12.8212	11.7641	10.8355	10.0168	9.2922	8.6487
22	19.6604	17.6580	15.9369	14.4511	13.1630	12.0416	11.0612	10.2007	9.4424	8.7715
23	20.4558	18.2922	16.4436	14.8568	13.4886	12.3034	11.2722	10.3741	9.5802	8.8832
24	21.2434	18.9139	16.9355	15.2470	13.7986	12.5504	11.4693	10.5288	9.7066	8.9847
25	22.0232	19.5235	17.4131	15.6221	14.0939	12.7834	11.6536	10.6748	9.8226	9.0770
30	25.8077	22.3965	19.6004	17.2920	15.3725	13.7648	12.4090	11.2578	10.2737	9.4269
40	32.8347	27.3555	23.1148	19.7928	17.1591	15.0463	13.3317	11.9246	10.7574	9.7791
50	39.1961	31.4236	25.7298	21.4822	18.2559	15.7619	13.8007	12.2335	10.9617	9.9148

기간	이 자 율								
	12%	14%	15%	16%	18%	20%	24%	28%	32%
1	0.8929	0.8772	0.8696	0.8621	0.8475	0.8333	0.8065	0.7813	0.7576
2	1.6901	1.6467	1.6257	1.6052	1.5656	1.5278	1.4568	1.3916	1.3315
3	2.4018	2.3216	2.2832	2.2459	2.1743	2.1065	1.9813	1.8684	1.7663
4	3.0373	2.9137	2.8550	2.7982	2.6901	2.5887	2.4043	2.2410	2.0957
5	3.6048	3.4331	3.3522	3.2743	3.1272	2.9906	2.7454	2.5320	2.3452
6	4.1114	3.8887	3.7845	3.6847	3.4976	3.3255	3.0205	2.7594	2.5342
7	4.5638	4.2883	4.1604	4.0386	3.8115	3.6046	3.2423	2.9370	2.6775
8	4.9676	4.6389	4.4873	4.3436	4.0776	3.8372	3.4212	3.0758	2.7860
9	5.3282	4.9464	4.7716	4.6065	4.3030	4.0310	3.5655	3.1842	2.8681
10	5.6502	5.2161	5.0188	4.8332	4.4941	4.1925	3.6819	3.2689	2.9304
11	5.9377	5.4527	5.2337	5.0286	4.6560	4.3271	3.7757	3.3351	2.9776
12	6.1944	5.6603	5.4206	5.1971	4.7932	4.4392	3.8514	3.3868	3.0133
13	6.4235	5.8424	5.5831	5.3423	4.9095	4.5327	3.9124	3.4272	3.0404
14	6.6282	6.0021	5.7245	5.4675	5.0081	4.6106	3.9616	3.4587	3.0609
15	6.8109	6.1422	5.8474	5.5755	5.0916	4.6755	4.0013	3.4834	3.0764
16	6.9740	6.2651	5.9542	5.6685	5.1624	4.7296	4.0333	3.5026	3.0882
17	7.1196	6.3729	6.0472	5.7487	5.2223	4.7746	4.0591	3.5177	3.0971
18	7.2497	6.4674	6.1280	5.8178	5.2732	4.8122	4.0799	3.5294	3.1039
19	7.3658	6.5504	6.1982	5.8775	5.3162	4.8435	4.0967	3.5386	3.1090
20	7.4694	6.6231	6.2593	5.9288	5.3527	4.8696	4.1103	3.5458	3.1129
21	7.5620	6.6870	6.3125	5.9731	5.3837	4.8913	4.1212	3.5514	3.1158
22	7.6446	6.7429	6.3587	6.0113	5.4099	4.9094	4.1300	3.5558	3.1180
23	7.7184	6.7921	6.3988	6.0442	5.4321	4.9245	4.1371	3.5592	3.1197
24	7.7843	6.8351	6.4338	6.0726	5.4509	4.9371	4.1428	3.5619	3.1210
25	7.8431	6.8729	6.4641	6.0971	5.4669	4.9476	4.1474	3.5640	3.1220
30	8.0552	7.0027	6.5660	6.1772	5.5168	4.9789	4.1601	3.5693	3.1242
40	8.2438	7.1050	6.6418	6.2335	5.5482	4.9966	4.1659	3.5712	3.1250
50	8.3045	7.1327	6.6605	6.2463	5.5541	4.9995	4.1666	3.5714	3.1250

연습문제 해답

제1장 재테크의 이해

Ⅰ. 완성/선택형 문제

01. 재무관리
02. 기회비용
03. 저축
04. 재무생애주기
05. 물가
06. 재무설계
07. 재무목표
08. 자산상태표
09. 수지상태표
10. ④
11. ③
12. ③

제2장 금융시장과 금융기관

Ⅰ. 완성/선택형 문제

01. 금융
02. 금융제도
03. 금융시장, 금융기관
04. 자본시장
05. 발행시장, 유통시장
06. 발행시장
07. 발행주체, 투자자, 발행기관
08. 거래소시장
09. 한국거래소
10. 상장
11. 공시
12. 은행
13. 한국은행
14. 보험
15. 발행시장업무
16. ③
17. ③
18. ④
19. ④
20. ②
21. ④

제3장 화폐의 시간적 가치

Ⅰ. 완성/선택형 문제

01. 화폐의 시간적 가치 **02.** 자본의 생산성 **03.** 복리계산과정

04. 현가이자요소

05. ① **06.** ④ **07.** ③ **08.** ②

09. ① **10.** ④ **11.** ②

Ⅱ. 계산형 문제

02. (1) $FV_5 = 1{,}000\,(1+0.12)^5 = 1{,}762.3$만원

(2) $PV = \dfrac{1{,}000}{(1+0.1)^3} = 751.3$만원

03. $PV(\text{연금}) = 450\left[\dfrac{1}{0.12} - \dfrac{1}{0.12\,(1+0.12)^5}\right]$

$= 450 \times PVIFA_{0.12,\,5} = 450 \times 3.6048 = 1{,}622.16$만원

04. $FV_5(\text{연금}) = 200\left[\dfrac{(1+0.1)^5}{0.1} - \dfrac{1}{0.1}\right]$

$= 200 \times CVIFA_{0.1,\,5} = 200 \times 6.1051 = 1{,}221.02$만원

05. 매년 말에 일정 금액 C를 10년 동안 적립하는 경우 그 현금흐름 유형은 다음과 같이 나타낼 수 있다.

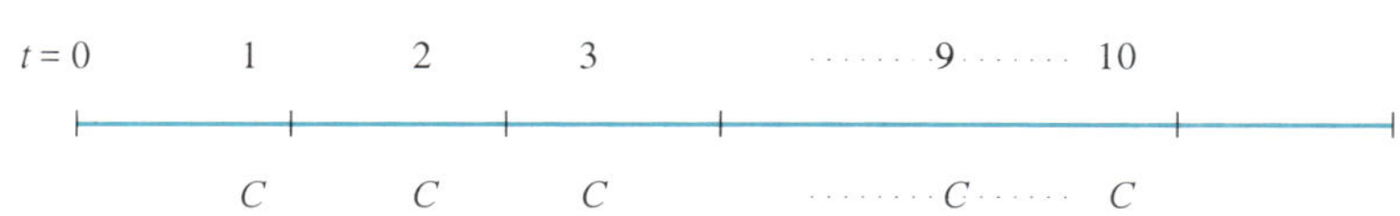

$FV_{10}(\text{연금}) = C\left[\dfrac{(1+0.1)^{10}}{0.1} - \dfrac{1}{0.1}\right]$

$= C \times CVIFA_{0.1,\,10} = C \times 15.937 = 10{,}000$만원

$\therefore\ C = \dfrac{10{,}000}{15.937} = 627.47$만원

06. 분할상환 시 그 현금흐름 유형은 연금과 동일하므로 연금의 현재가치공식을 이용하여 상환금의 현재가치를 구할 수 있다.

$$PV(\text{상환금}) = 2{,}980{,}582\left[\frac{1}{r} - \frac{1}{r(1+r)^{10}}\right]$$
$$= 2{,}980{,}582 \times PVIFA_{r,\,10} = 20{,}000{,}000$$

그러므로 $PVIFA_{r,\,10} = \dfrac{20{,}000{,}000}{2{,}980{,}582} = 6.7101$

연금의 현가표 〈부표-4〉를 이용하면 연간 이자율을 구할 수 있다.

$\therefore\ r = 8\%$

제4장 위험과 수익률

Ⅰ. 완성/선택형 문제

01. 확률분포표 **02.** 1, -1 **03.** 상관계수, 구성자산 수

04. 비체계적 위험, 체계적 위험 **05.** 증권시장선

06. 시장위험 프리미엄

07. ③ **08.** ① **09.** ③ **10.** ②

11. ① **12.** ④

Ⅱ. 계산형 문제

03. (1) 자산 A의 기대수익률과 분산, 표준편차 :

- 자산 A의 기대수익률 $= 0.6 \times 0.40 + 0.4 \times (-0.05) = 0.22$
- 자산 A의 분산 $= 0.6 \times (0.40 - 0.22)^2 + 0.4 \times (-0.05 - 0.22)^2 = 0.0486$
- 자산 A의 표준편차 $= \sqrt{0.0486} = 0.22045$

자산 B의 기대수익률과 분산, 표준편차 :

- 자산 B의 기대수익률 $= 0.6 \times 0.15 + 0.4 \times 0.20 = 0.17$
- 자산 B의 분산 $= 0.6 \times (0.15 - 0.17)^2 + 0.4 \times (0.20 - 0.17)^2 = 0.0006$
- 자산 B의 표준편차 $= \sqrt{0.0006} = 0.0245$

(2) 포트폴리오 P의 기대수익률 $E(r_p) = 0.5 \times 0.22 + 0.5 \times 0.17 = 0.195$

공분산 $= 0.6 \times (0.40 - 0.22)(0.15 - 0.17) + 0.4 \times (-0.05 - 0.22)(0.20 - 0.17)$

$= -0.0054$

포트폴리오 P의 분산 $Var(r_p) = (0.5)^2(0.0486) + (0.5)^2(0.0006)$

$+ 2(0.5)(0.5)(-0.0054) = 0.0096$

포트폴리오 P의 표준편차 $\sigma_p = \sqrt{0.0096} = 0.09798$

04. (1) 상관계수 = 0.5인 경우 공분산은 다음과 같다.

공분산 = 주식 A의 표준편차 × 주식B의 표준편차 × 상관계수

$= \sqrt{0.1} \times \sqrt{0.2} \times 0.5 = 0.07071$

그러므로

- $E(r_p) = 0.6 \times 0.2 + 0.4 \times 0.3 = 0.24$
- $Var(r_p) = (0.6)^2(0.1) + (0.4)^2(0.2) + 2(0.6)(0.4)(0.07071)$
  $= 0.10194$
- $\sigma_p = \sqrt{0.10194} = 0.31928$

(2) 상관계수 = −0.5인 경우 공분산은 다음과 같다.

공분산 = 주식 A의 표준편차 × 주식B의 표준편차 × 상관계수

$= \sqrt{0.1} \times \sqrt{0.2} \times (-0.5) = -0.07071$

그러므로

- $E(r_p) = 0.6 \times 0.2 + 0.4 \times 0.3 = 0.24$
- $Var(r_p) = (0.6)^2(0.1) + (0.4)^2(0.2) + 2(0.6)(0.4)(-0.07071)$
  $= 0.03406$
- $\sigma_p = \sqrt{0.03406} = 0.18455$

(3) 두 주식 간의 상관계수가 0.5에서 −0.5로 감소함에 따라 포트폴리오의 분산은 0.10194에서 0.03406으로 감소하였다. 즉, 상관계수가 작아질수록 포트폴리오의 위험이 감소됨을 알 수 있다.

05. (1) 증권시장선 : $E(r_j) = r_f + [E(r_M) - r_f]\beta_j$
$= 0.04 + (0.12 - 0.04)\beta_j = 0.04 + 0.08\beta_j$

(2) $E(r_j) = 0.04 + 0.08\beta_j = 0.04 + 0.08 \times 1.5 = 0.16$(또는 16%)

(3) $E(r_K) = 0.04 + 0.08\beta_K = 0.112 \quad \therefore \ \beta_K = 0.9$

제5장 금융상품 선택기준

Ⅰ. 완성/선택형 문제

01. 안전성, 세금
02. 수익성
03. 안전성
04. 환금성
05. 15.4
06. 세액공제
07. ④
08. ①
09. ③

제6장 저축성 금융상품

Ⅰ. 완성/선택형 문제

01. 단기금융상품펀드(MMF)
02. 어음관리계좌(CMA)
03. 발행어음
04. 환매조건부채권(RP)
05. 기업어음(CP)
06. 주택청약종합저축
07. ③
08. ①
09. ③
10. ④
11. ②
12. ②

제7장 간접투자 금융상품

Ⅰ. 완성/선택형 문제

01. 채권형, 주식형 02. 적립식 03. 전환형 펀드
04. 주가연계증권(ELS) 05. 리츠(REITs) 06. 재간접펀드
07. ③ 08. ② 09. ④ 10. ①

제8장 보험과 연금

Ⅰ. 완성/선택형 문제

01. 생명보험, 손해보험 02. 실손의료보험 03. CI보험
04. 세제적격 과세 연금상품, 세제 비적격 비과세 연금상품 05. 변액유니버설
06. 국민연금 07. 개인형 퇴직연금(IRP) 08. 주택연금
09. ② 10. ③ 11. ③ 12. ③
13. ① 14. ② 15. ④

제9장 주식투자 Ⅰ : 주식의 가치평가

Ⅰ. 완성/선택형 문제

01. 배당금 02. 투자수익률 03. 경제적 부가가치
04. 주가수익비율(PER) 05. 주가장부가치비율(PBR)
06. ② 07. ② 08. ③

II. 계산형 문제

04.

연도	배당금	배당성장률
1년도	$1{,}000 \times 1.1 = 1{,}100$	10%
2년도	$1{,}000 \times 1.1^2 = 1{,}210$	10%
3년도	$1{,}000 \times 1.1^2 \times 1.05 = 1{,}270.5$	5%
⋮	⋮	⋮

$$\text{목멱㈜의 주식가치} = \frac{1{,}100}{1+0.15} + \frac{1{,}210}{(1+0.15)^2} + \left(\frac{1{,}270.5}{0.15-0.05}\right)\frac{1}{(1+0.15)^2}$$
$$= 11{,}478.26\text{원}$$

05. (1) EPS = 10억/1백만주 = 1,000원, $P_0 = \dfrac{EPS_1}{r} = \dfrac{1{,}000\text{원}}{0.1} = 10{,}000\text{원}$

(2) $\text{새로운 투자안의 총가치} = \dfrac{-1\text{억원} + 3\text{천만원}/0.1}{1+0.1} = 181{,}818{,}181.82\text{원}$

새로운 투자로 인한 종로㈜ 주식은 주당 181.82원(= 181,818,181.82원/1백만주)만큼 증가함.

(3) 새로운 투자 실시 후의 종로㈜의 주식가치 = 10,000원 + 181.82원 = 10,181.82원

06. (1) 20×2년도 말에 기대되는 ㈜혜화의 주가수익비율(PER) :

$$PER_1 = \frac{P_1}{EPS_1} = \frac{24{,}200}{2{,}000 \times 1.1} = 11(\text{배})$$

(2) 20×1년도 말 현재의 주가수익비율(PER_0) = 20,000/2,000 = 10(배)

20×4년도 말 시점에서의 ㈜혜화의 주당순이익은 다음과 같다.

$EPS_3 = 2{,}000\text{원} \times (1+0.1)^3 = 2{,}662\text{원}$

따라서 20×4년도 말의 이론적인 주가는 다음과 같이 추정할 수 있다.

$$P_3 = EPS_3 \times \left(\frac{P}{EPS}\right)^* = 2{,}662\text{원} \times 10 = 26{,}620\text{원}$$

제10장 주식투자 Ⅱ : 증권분석

Ⅰ. 완성/선택형 문제

01. 기본적 분석
02. 톱-다운방식(top-down approach), 보텀-업방식(bottom-up approach)
03. 재무제표분석
04. 유동성비율, 수익성비율, 생산성비율
05. 기술적 분석
06. 단기변동, 중기변동, 장기변동
07. 5개, 3개
08. 캔들(봉)
09. 이동평균선
10. 지지선, 저항선
11. ① 12. ③ 13. ③ 14. ④
15. ① 16. ③ 17. ④ 18. ③
19. ④ 20. ③

제11장 채권투자

Ⅰ. 완성/선택형 문제

01. 액면가, 액면이자율, 만기
02. 할증채, 액면채, 할인채
03. 만기수익률
04. 가격위험, 재투자위험
05. 순자산면역전략
06. 적극적 채권투자관리
07. ④ 08. ② 09. ③ 10. ②
11. ③ 12. ① 13. ④ 14. ③

II. 계산형 문제

06. 순수할인채의 가치 = $\frac{1{,}000}{(1+0.05)^{10}}$ = 613.91만원

07. (1) 사채가격 = $\frac{800}{1+0.06} + \frac{800+10{,}000}{(1+0.06)^2}$ = 10,366.68원

(2) 사채가격 = $\frac{800}{1+0.08} + \frac{800+10{,}000}{(1+0.08)^2}$ = 10,000원

(3) 사채가격 = $\frac{800}{1+0.1} + \frac{800+10{,}000}{(1+0.1)^2}$ = 9,652.89원

(4) 시장이자율과 사채의 발행가격 사이에는 역의 관계가 존재한다.

- 시장이자율 < 액면이자율 : 할증발행
- 시장이자율 = 액면이자율 : 액면발행
- 시장이자율 > 액면이자율 : 할인발행

08. (1) 만기수익률(= 액면이자율) = $\frac{600}{10{,}000}$ = 0.06(또는 6%)

(2) 채권가격 = $\frac{400}{1+0.06} + \frac{400}{(1+0.06)^2} + \frac{400+10{,}000}{(1+0.06)^3}$ = 9,465.40원

제12장 파생상품투자

I. 완성/선택형 문제

01. 기초자산, 현물가격, 만기일(또는 인도일), 선물가격 **01.** 반대매매

03. 상품선물, 금융선물 **04.** 매입헤지, 매도헤지

05. 풋옵션 **06.** 만기일 가치

07. ④ **08.** ① **09.** ② **10.** ④

11. ② **12.** ③ **13.** ③

II. 계산형 문제

04. $F_{0,T} = S_0(1 + r_T - d_T)$

$$= 300.20 \times 250,000 \times \left[1 + (0.03 - 0.01) \times \left(\frac{1}{4}\right)\right] = 75,425,250\text{원}$$

05. (1) 콜옵션의 만기일 가치 = Max[(주가지수 − 행사가격) × 25만원 × 10계약, 0]

= Max[(265 − 255) × 25만원 × 10계약, 0] = 2,500만원

콜옵션의 손익 = 콜옵션의 만기일 가치 − 매입가격

= 2,500만원 − 5 × 25만원 × 10계약 = 1,250만원

(2) 콜옵션의 만기일 가치 = Max[(주가지수 − 행사가격) × 25만원 × 10계약, 0]

= Max[(250 − 255) × 25만원 × 10계약, 0]

= 0(즉, 콜옵션의 행사를 포기함.)

콜옵션의 손익 = 콜옵션의 만기일 가치 − 매입가격

= 0 − 5 × 25만원 × 10계약 = −1,250만원

찾아보기
(국문)

가

바

사

아

자

차

카

타

파

하

찾아보기 (영문)

D

E

V

W

Y

Z

지은이에 대하여

감형규(甘炯奎)

성균관대학교 경영학과 졸업

성균관대학교 대학원 졸업(경영학 석사, 경영학 박사)

SK경제연구소 경영연구실 실장

한국재무관리학회 회장

한국기업경영학회 부회장

한국전문경영인학회 부회장

한국생산성학회 상임이사

청운대학교 기획처장

현, 청운대학교(인천캠퍼스) 경영학과 교수

하나손해보험(주) 사외이사

주요 저서 및 논문

에센스 재무관리(제7판, 공저, 유원북스)

증권투자론(제5판, 공저, 율곡출판사)

에센스 선물옵션(제2판, 공저, 유원북스)

재테크 시작하기(공저, 율곡출판사)

Perfect 재무관리 I, II(공저, 유원북스)

고급재무관리(공저, 박영사)

파생금융상품(공저, 유원북스)

알기 쉬운 재무관리(제2판, 유원북스)

경영분석(공저, 유원북스)

주식수익률과 거시경제변수의 관계에 관한 실증적 연구

한국주식시장에서의 역행투자성과에 관한 실증적 연구

정보유형과 주가변동성의 관계에 관한 연구

주가수익비율의 주가 관련성에 관한 실증연구

자본투자와 주식수익률의 관계에 관한 연구 외 다수

신용재(辛容在)

성균관대학교 경영학과 졸업

성균관대학교 대학원 졸업(경영학 석사, 경영학 박사)

공인회계사, 경영지도사 시험 출제위원

신용분석사(Certified Credit Analyst) 시험 출제위원

한국재무관리학회, 한국기업경영학회 부회장

한국재무학회, 한국증권학회, 한국파생상품학회 이사

한국기업경영학회, 한국산업경영학회 논문편집위원

기술보증기금 자문위원

Brock University, Visiting Scholar

현, 국립한경대학교 경영학과 교수

주요 저서 및 논문

에센스 재무관리(제7판, 공저, 유원북스)

증권투자론(제5판, 공저, 율곡출판사)

에센스 선물옵션(제2판, 공저, 유원북스)

재테크 시작하기(공저, 율곡출판사)

Perfect 재무관리 I, II(공저, 유원북스)

고급재무관리(공저, 박영사)

파생금융상품(공저, 유원북스)

ESG 한번에 이해하기(공역, 유원북스)

경영분석(공저, 유원북스)

Momentum Profits and Idiosyncratic Volatility : The Korean Evidence

Reducing Agency Conflicts with Target Debt Ratios

Fintech : Ecosystem, Business Models, Investment Decisions, and Challenges 외 다수

재테크와 금융상품

초판 1쇄 발행 2022년 7월 5일
초판 2쇄 발행 2023년 1월 20일

지은이 감형규 · 신용재

펴낸이 박기남
펴낸곳 **율곡출판사**
08590 서울시 금천구 가산디지털1로 84(에이스하이엔드 8차), 803호
전화 (代) 02) 718-9872
팩스 02) 718-9874
homepage www.yulgokbooks.co.kr
e-mail yulgokbook@naver.com
등록 1989.11.10. 제2014-000031호
ISBN 979-11-91812-29-9 93320

값 30,000원